भाषाविज्ञान, हिन्दी भाषा और लिपि

भाषाविज्ञान
हिन्दी भाषा और लिपि

लेखक
डॉ. रामकिशोर शर्मा
आचार्य एवं अध्यक्ष
हिन्दी विभाग, इलाहाबाद विश्वविद्यालय, इलाहाबाद

लोकभारती प्रकाशन

लोकभारती प्रकाशन
पहली मंजिल, दरबारी बिल्डिंग, महात्मा गांधी मार्ग
प्रयागराज-211 001
वेबसाइट : www.lokbhartiprakashan.com
ईमेल : info@lokbhartiprakashan.com

शाखाएँ : 1-बी, नेताजी सुभाष मार्ग, दरियागंज
नई दिल्ली-110 002
अशोक राजपथ, साइंस कॉलेज के सामने
पटना-800 006
1, अनमोल सोराबजी संतुक लेन, धोबी तलाव,
मरीन लाइंस, मुम्बई-400 002

पहला संस्करण : 2007
चौथा संस्करण : 2024

बी.के. ऑफसेट
नवीन शाहदरा, दिल्ली-1100 032
द्वारा मुद्रित

BHASHA VIGYAN HINDI BHASHA AUR LIPI
by Dr. Ram Kishore Sharma

ISBN : 978-81-8031-176-5

मूल्य : ₹ 1195

भूमिका

किसी समाज विशेष में जन्म लेने तथा पलने-बढ़ने वाले बालक के मस्तिष्क में भाषा के नियमों, उप-नियमों का ज्ञान बड़ी सरलता से आरोपित हो जाता है। वह इन्हीं नियमों के दायरे में भाषा के जरिए अपने भावों और विचारों का आदान-प्रदान करता है। लेकिन यदि किसी भाषा प्रयोक्ता से पूछा जाये कि वह किसी विचार विशेष के लिए उन्हीं वाक्यों का क्यों प्रयोग कर रहा है। उसके द्वारा प्रयुक्त शब्द कैसे बने हैं। उनसे अर्थ का संकेत कैसे होता है। इन प्रश्नों का उत्तर देना उसके लिए निश्चित ही कठिन होगा। यह कितने आश्चर्य का विषय है कि भाषा प्रयोक्ता भाषा के सभी रचक नियम से परिचित है लेकिन उनके विषय में बता नहीं सकता है। भाषा-विज्ञान भाषा प्रयोक्ता की चेतना में रचे-बसे नियमों को प्रत्यक्ष करने की क्षमता पैदा करता है। भाषा-विज्ञान के अध्ययन से उसे नियमों के क्यों और कैसे का ज्ञान होता है। संदेह पैदा होने पर वह तर्क एवं विवेक से उन्हें सही कर सकता है। यद्यपि भाषा-विज्ञान का अध्ययन सभी के लिए महत्त्वपूर्ण है किन्तु साहित्य के विद्यार्थी के लिए इसका अध्ययन विशेष उपयोगी है। साहित्य का अस्तित्व भाषा के बिना संभव ही नहीं है। साहित्य के गहरी समझ के लिए भाषा के प्रकार्य को विविध आयामों को समझना जरूरी है।

विश्वविद्यालय अनुदान आयोग ने इसीलिए हिन्दी साहित्य के विद्यार्थियों के लिए भाषाविज्ञान के अध्ययन को आवश्यक समझकर एम० ए० के पाठ्यक्रम में उसे अनिवार्य प्रश्न पत्र के रूप में शामिल किया है। प्रस्तुत पुस्तक में यू० जी० सी० द्वारा निर्धारित सम्पूर्ण पाठ्य सामग्री को समाहित किया गया है। नए-नए अनुसंधानों से प्राप्त निर्णयों को भी यथोचित स्थान देकर पुस्तक को अत्याधुनिक बनाया गया है। पुस्तक की भाषा-शैली सरल तथा रोचक है ताकि छात्रों को ज्ञान की गंभीरता सहजता से बोधगम्य हो जाये। अशा ही नहीं पूर्ण विश्वास है कि यह पुस्तक भाषाविज्ञान के अध्येताओं के लिए उपयोगी होगी।

408-ए/15 जी, बक्शी खुर्द,
इलाहाबाद

—**रामकिशोर शर्मा**

अनुक्रम

हिन्दी-भाषा और लिपि

●

भाषाविज्ञान

भाषाविज्ञान ज्ञान की उस शाखा को कहते हैं जिसमें भाषा का वैज्ञानिक अध्ययन किया जाता है। वैज्ञानिक अध्ययन का अभिप्राय है किसी भाषा संरचना के किसी सामान्य नियम की संगति के आधार पर नियंत्रित और परीक्ष्य निष्कर्षों के माध्यम से भाषा का अन्वेषण, परीक्षण करना। भाषा-विज्ञान के अध्ययन क्षेत्र में भाषायी सम्प्रेषण के माध्यम के रूप में प्रयुक्त होनेवाली सभी भाषाएँ आती हैं, साथ ही वे भाषाएँ भी आती हैं, जिन्हें मृत कहा गया है और जिनके साक्ष्य प्राचीन पुस्तकों, लेखों, शिलालेखों तथा पांडुलिपियों में प्राप्त होते हैं।

यद्यपि भाषाओं का अध्ययन अत्यन्त प्राचीन काल से हो रहा है लेकिन स्वतन्त्र विषय के रूप में इसका संयोजन एवं परिकल्पना नई है। आरम्भ में इसे फिलोलॉजी कहा गया है जिसका हिन्दी रूपान्तरण तुलनात्मक भाषाविज्ञान किया गया है। चूँकि किसी विषय में तुलनात्मक पद्धति स्वत: समाहित रहती है इसलिए इस नाम को त्याग कर भाषाशास्त्र, भाषा लोचन, आदि नाम प्रचलित हुए। इस समय इसे अंग्रेजी में 'लिंग्विस्टिक्स' कहते हैं। इसका हिन्दी रूपान्तरण भाषिकी और भाषाविज्ञान दोनों हैं। इनमें अधिक प्रचलित नाम भाषाविज्ञान है। अंग्रेजी में इस विज्ञान के लिए 'साइंस ऑफ लैंग्वेज' का भी प्रचलन है।

भाषाविज्ञान का अध्ययन सामग्री प्रधान, साध्यात्मक तथा तात्विक होते हुए भी प्राकृतिक विज्ञानों के समकक्ष नहीं है। इसके द्वारा गृहीत सामग्री 'भाषा' अन्य प्राकृतिक विज्ञानों की तरह जड़ नहीं है। भाषा गतिशील है। इसके विषय में जो निष्कर्ष निकाले जाते हैं, वे रसायन विज्ञान, भौतिकविज्ञान, प्राणविज्ञान आदि के निष्कर्षों की तरह सार्वभौमिक नहीं होते। इसीलिए इसे समाज-विज्ञान की कोटि में रखा गया है। सामाजिक-विज्ञानों में जिस तरह समान कारणों से समान कार्य नहीं होते उसी तरह भाषाविज्ञान में भी समान कारणों से समान कार्य नहीं होते। एक भाषा के विषय में जो नियम बनाए जाते हैं कोई आवश्यक नहीं कि वही नियम दूसरी भाषाओं पर भी लागू हों। इधर वैज्ञानिकता की रुझान अधिक है बल्कि नई तकनीकों का विकास भाषा से भी सम्बद्ध हो रहा है। अब तो भाषा प्रौद्योगिकी भी एक विषय के रूप में प्रवर्तित हो गया है। पहले जिन विषयों को

कला संकाय में रखा जाता था वे सामाजिक विज्ञान संकाय में सम्मिलित हो गए हैं।

भाषाविज्ञान का अध्ययन क्षेत्र

भाषाविज्ञान में मनुष्य की भाषा का अध्ययन किया जाता है। मानवेतर जीवों में मधुमक्खियों की भाषा सांकेतिक ढंग की महत्त्वपूर्ण भाषा है। मधुमक्खियाँ नृत्य भाषा के जरिए अपने सहवासियों को कुछ सूचनाएँ देती हैं। मधुमक्खियों को यह गुण प्राकृतिक रूप से मिल जाता है। पक्षियों में भी भाषा के सीमित व्यवहार मिलते हैं। पक्षियों के गान में उनकी कामेच्छा की अभिव्यक्ति होती है। किसी संकट के समय पक्षियों की भाषा में परिवर्तन हो जाता है। कुछ स्तनपायी जीव भी सीमित स्तर तक भाषा का प्रयोग करते हैं। चिम्पांजी के एक बच्चे को एक मानव बच्चे के साथ रखा गया तो उसने कुछ शब्द सीख लिए। फिर उसके बाद उसमें वाक्य आदि बनाने की क्षमता नहीं आई। कुछ विद्वानों ने पेड़-पौधों की भाषा पर भी काम किया है। बिलो और बर्च नामक पेड़ों पर अनुसंधान करके यह निष्कर्ष निकाला गया है कि पेड़ संकट के समय एक-दूसरे को चेतावनी देते हैं। भाषाविज्ञान में इन सबकी भाषाओं को अध्ययन के लिए ग्रहण नहीं किया जाता। भाषाविज्ञान में भाषा के अंगों अर्थात् ध्वनि, रूप, शब्द, वाक्य तथा उनके अर्थ पर विचार किया जाता है। अलग-अलग प्रयोजनों के लिए भाषा का विधान परस्पर भिन्न होता है। इसलिए समाजभाषा, काव्यभाषा आदि को भी भाषाविज्ञान में स्थान दिया गया है। मशीनों में भाषा का किस तरह प्रयोग किया जाए, मानव व्यवहार की भाषा को किस तरह से यंत्रों में ढाला जाए उसकी भी चिन्ता भाषाविज्ञान में की जाती है। कम्प्यूटर, इन्टरनेट आदि में भी भाषा-व्यवहार हो रहा है। अनुवाद, टंकण, सम्प्रेषण में इनकी महत्त्वपूर्ण भूमिका है। सम्पूर्ण विश्व एक बाजार के रूप में विकसित हो रहा है अतः विभिन्न भाषा-भाषियों का एक-दूसरे के सम्पर्क में आना अनिवार्य हो गया है। इसलिए विचारों के आदान-प्रदान के लिए अनुवाद का कार्य तेजी से हो रहा है। भाषाविज्ञान के अन्तर्गत कोष निर्माण, अनुवाद प्रविधि आदि पर भी कार्य हो रहा है। कुल मिला-कर भाषाविज्ञान का अध्ययन क्षेत्र अत्यन्त व्यापक होता चला जा रहा है।

भाषाविज्ञान के अध्ययन का प्रयोजन—भाषा मानव की सर्वोत्कृष्ट सांस्कृतिक उपलब्धि है। भाषा के व्यापक व्यवहार के कारण मनुष्य सृष्टि के अन्य प्राणियों की तुलना में विशिष्ट हो गया है। सभी तरह के ज्ञान, विज्ञान के प्रचार-प्रसार में भाषा की भूमिका उल्लेखनीय है। भाषा ज्ञान के बिना संसार का ज्ञान प्राप्त करना कठिन है। उच्चतर ज्ञान के लिए तो भाषा की संरचना प्रणाली को समझना बहुत आवश्यक है। भाषाविज्ञान के द्वारा व्यक्ति को भाषा का सम्यक् ज्ञान होता है। भाषाविज्ञान केवल प्रयोगविधि को नहीं बताता बल्कि उस

तरह का प्रयोग क्यों हो रहा है, उसमें किस तरह के विचलन हो रहे हैं, अलग-अलग सन्दर्भों में एक ही कथन कैसे अपना अर्थ बदल लेता है आदि पर भी प्रकाश डालता है। एक ही भाषा अलग-अलग क्षेत्रों में अलग-अलग व्यक्तियों में किस तरह परिवर्तित हो जाती है और उस परिवर्तन के बावजूद कैसे एक-दूसरे के द्वारा समझी जाती है आदि पर विचार किया जाता है। भाषाओं के अध्ययन से भिन्न-भिन्न जातियों के पारस्परिक सम्बन्धों के सूत्र खोजे जा सकते हैं। विभिन्न जातियों के सहयोग और विरोध के तथ्यों की जानकारी भी भाषाओं के अध्ययन से मिल जाती है। चूँकि भाषा संस्कृति की सम्वाहिका होती है। इसलिए भाषा के वैज्ञानिक अध्ययन से भाषा के विविध अंगों का समुचित परिचय प्राप्त हो जाता है। व्यतिरेकी भाषाविज्ञान के द्वारा दो अलग-अलग भाषाओं के बीच उपस्थित अलगाओं (विरोध) को समझकर अनुवाद की पद्धति को अच्छी तरह से समझा जाता है। मनुष्य की वाणी से उसके मानसिक स्तर का पता लगाया जाता है। मनोरोगियों को समझने में भाषाविज्ञान सहयोग करता है। निष्कर्ष रूप में कहा जा सकता है कि भाषाविज्ञान का अध्ययन सूचना क्रान्ति के युग में अति आवश्यक है। सम्प्रेषण में संक्षिप्तता-प्रभावात्मकता तब तक नहीं आ सकती जब तक कि भाषा की वैज्ञानिक पद्धति से समझ न विकसित की जाए। प्राचीन काल में तो यह मान्यता थी कि यदि मंत्रों का शुद्ध उच्चारण न किया जाए तो उसका दिव्य प्रभाव नष्ट हो जाता है। इसी तरह भाषा की भी यदि सन्दर्भ सापेक्ष अभिव्यक्ति नहीं होती तो अभीप्सित लक्ष्य की प्राप्ति नहीं होती है, इसलिए भाषाविज्ञान का अध्ययन अत्यन्त महत्त्वपूर्ण है।

भाषाविज्ञान की शाखाएँ—चूँकि भाषाविज्ञान में भाषा का अध्ययन किया जाता है, इसीलिए भाषाविज्ञान के प्रकारों का निर्धारण भी या तो भाषा के अंगों के आधार पर होता है या अध्ययन पद्धतियों के आधार पर। भाषा के मुख्यतः दो पक्ष हैं—1. अभिव्यक्ति 2. अनुभूति।

अभिव्यक्ति पक्ष में ध्वनि, रूप एवं वाक्य आते हैं। ध्वनि भाषा की लघुतम इकाई है। ध्वनियों के विषय में अध्ययन प्रस्तुत करनेवाली भाषाविज्ञान की शाखा का नाम है ध्वनि विज्ञान। ध्वनियों के संघटन या निबन्धन से शब्द तथा रूप बनते हैं। शब्द-रूपों का अध्ययन 'रूपविज्ञान' में किया जाता है। रूपों से वाक्य का निर्माण होता है। वाक्य को भाषा की पूर्ण इकाई माना जाता है। वाक्य का अध्ययन प्रस्तुत करने वाली भाषाविज्ञान की शाखा वाक्य-विज्ञान है।

ध्वनिविज्ञान—ध्वनिविज्ञान को स्वनविज्ञान भी कहते हैं। इसके दो भाग हैं—एक भाग सैद्धान्तिक है और दूसरा व्यावहारिक। जिस विज्ञान में ध्वनियों या स्वनों के उत्पादन स्थान, वर्गीकरण और विभिन्न विशेषताओं का सैद्धान्तिक

विवेचन किया जाता है उसे स्वनविज्ञान कहते हैं। स्वन विज्ञान के तीन शाखाएँ हैं—

(1) उच्चारणात्मक

(2) ध्वन्यात्मक या भौतिक

(3) श्रवणात्मक

(1) उच्चारणात्मक—स्वनविज्ञान की यह सर्वाधिक महत्त्वपूर्ण और प्राथमिक शाखा है। इसमें मानवीय स्वनों की उत्पादन प्रक्रिया और उनके पारस्परिक विभेदों को विश्लेषित तथा विवेचित किया जाता है। स्वन को उत्पन्न करने वाले वाक्-अवयवों से ओष्ठ, दाँत, जिह्वा आदि से प्राय: सभी वक्ता परिचित होते हैं। वाक्-अवयवों का परिचय प्रत्यक्ष रूप से तथा काकलदर्शी (लेरिंगोग्राफ) यंत्र तथा एक्सरे चित्रों द्वारा प्राप्त किया जा सकता है। स्वरों तथा व्यंजनों में अन्तर उनका वर्गीकरण, अक्षर, बलाघात् तथा उनुतान आदि पर भी विचार किया जाता है। स्वन परिवर्तन की दिशाएँ और कारण का भी विवेचन इसके अन्तर्गत होता है।

(2) ध्वन्यात्मक या भौतिक शाखा—इस शाखा के अन्तर्गत वाक् स्वनों के भौतिक गुणों का अध्ययन किया जाता है। इस शाखा में अनेक आविष्कृत यंत्रों का सहारा लिया जाता है। यंत्रों की सहायता से सुर, अनुतान, दीर्घता, घोषत्व आदि का वैज्ञानिक अध्ययन हो रहा है। इन स्वन यंत्रों में पैलेटोग्राफ, काइमोग्राफ, आसिलोग्राफ, इंकराइटर, मिंगोग्राफ, कोनोग्राफ, टेपरिकार्डर, स्पेक्टोग्राफ, पैटर्न प्लेबैक, स्पीचस्टेचर आदि उल्लेखनीय हैं।

(3) श्रवणात्मक शाखा—जब वाक् स्वन मनुष्य के कर्णपुटों में प्रवेश करते हैं, तब श्रवण तंत्रिकाओं में कम्पन होता है, इसके पश्चात् मस्तिष्क में उसका अभिप्राय ग्रहण किया जाता है। ग्रहण की यह प्रक्रिया काफी जटिल है। इसीलिए स्वनविज्ञान की यह शाखा काफी अविकसित अवस्था में है। स्वन प्रक्रिया विज्ञान में स्वनियमों का अध्ययन किया जाता है। 'परिच्छेदक भाषण ध्वनियों का अध्ययन ध्वनि (स्वन) प्रक्रिया विज्ञान अथवा व्यावहारिक ध्वनिविज्ञान कहा जाता है। ध्वनि प्रक्रिया विज्ञान में अर्थों का भी ध्यान रखा जाता है। स्वन प्रक्रिया किसी विशेष भाषा के स्वनों का प्रकायत्मिक विश्लेषण प्रस्तुत करती है। स्वन प्रक्रिया सदैव इस मान्यता पर टिकी होती है कि भाषा एक सम्प्रेषण व्यवस्था है। किसी भाषा का स्वन क्रियात्मक विश्लेषण तथा इसके लिए प्रयुक्त स्थूल लिप्यंकन दो भिन्न विषय हैं किन्तु स्वन प्रक्रियात्मक विश्लेषण लिप्यंकन पर कुछ न कुछ आधारित अवश्य होता है।

रूपविज्ञान—रूपविज्ञान में रूपों का अध्ययन किया जाता है। एकवचन से बहुवचन, लिंग भेद शब्द रचना में लगनेवाले प्रत्यय, काल रचना, विभक्ति आदि का अध्ययन रूपविज्ञान में किया जाता है। पद रचना पर भी इसमें विचार किया जाता है क्योंकि शब्द स्वतंत्ररूपी माने जाते हैं, इसीलिए शब्दों के अध्ययन को

भी इसमें समाहित किया जाता है।

वाक्यविज्ञान—वाक्य भाषा के पूर्ण इकाई वाक्यविज्ञान के अन्तर्गत वाक्य की संरचना, भेद, पदक्रम, अन्वय रूपान्तरण, बाह्य तथा आन्तरिक संरचना आदि पर विचार किया जाता है।

अर्थविज्ञान—भाषा का सम्पूर्ण कार्य व्यापार अर्थ के लिए होता है। अर्थ किसे कहते हैं? अर्थ परिवर्तन के कौन से कारण हैं? अर्थ परिवर्तन की दिशाएँ क्या हैं? शब्द से अर्थ का ज्ञान कैसे होते हैं? आदि प्रश्नों पर विचार किया जाता है। निर्देश और आशय, कोशीय और व्याकरणिक अर्थ में अन्तर, विरुद्धार्थता-पूरकता और प्रतिलोमिता आदि का विवेचन भी अर्थ विज्ञान में होता है।

भाषाविज्ञान की अन्य शाखाएँ—भाषा के दो रूप होते हैं—पहला वाचिक और दूसरा लिखित भाषा के ज्ञान के लिए लिपि का ज्ञान जरूरी है। इसलिए भाषाविज्ञान की एक शाखा के रूप में लिपिविज्ञान को भी मान्यता है।

लिपिविज्ञान—इसमें लिपि की उत्पत्ति, विकास, परिवर्तन आदि का अध्ययन किया जाता है।

भाषा-भूगोल—इसके अन्तर्गत किसी विस्तृत भौगोलिक क्षेत्र का ध्वनि, शब्द, रूप, वाक्य आदि दृष्टियों से अध्ययन करके उस क्षेत्र का भाषा या बोली की समानता के आधार पर उपखंड किया जाता है। ग्रियर्सन के द्वारा आर्य भाषाओं का सर्वेक्षण इस तरह का है। बोली-भूगोल भी इसी की एक उपशाखा है।

भाषा-कालक्रम-विज्ञान—इसमें गणना के आधार पर किसी भाषा की प्राचीनता या नवीनता का निर्धारण होता है। यह शाखा भी बहुत अविकसित है।

शैलीविज्ञान—शैलीविज्ञान की प्रतिष्ठा बीसवीं शताब्दी के आरम्भ में जनेवा स्कूल के भाषा वैज्ञानिक चार्ल्स बेली के द्वारा हुई। भाषा का प्रयोग बहुत कुछ सन्दर्भाश्रित होता है। शैली एक तरह से सन्दर्भिक भाषा प्रयोग का वैशिष्ट्य है। साहित्यिक भाषा के अध्ययन के लिए शैलीविज्ञान का प्रयोग होता है। यह भी भाषाविज्ञान की एक शाखा है

अनुवादविज्ञान—भाषाओं का व्यवहार क्षेत्र एक निश्चित भाषा समाज तक सीमित रहता है। ज्ञान-विज्ञान तथा विचारों के आदान-प्रदान के लिए अनुवाद महत्त्वपूर्ण माध्यम है। भाषाओं के परिवर्तन के कारण भी एक ही स्थान की पुरानी भाषा नई पीढ़ी के समझ में नहीं आती। इसलिए एक भाषा में व्यक्त भावों और विचारों को दूसरी भाषा में रूपान्तरित कर दिया जाता है। अनुवादविज्ञान भाषाविज्ञान की शाखा के रूप में मान्य है।

मनोभाषिकी—भाषा व्यवहार मूलतः मानसिक व्यवहार है। इसकी प्रक्रिया विश्लेषक और विभाजक है जो मस्तिष्क द्वारा ही सम्भव है। मनोभाषिकी भी भाषाविज्ञान से जुड़ी शाखा है जो मनोवैज्ञानिकों के लिए अधिक उपयोगी है।

समाजभाषाविज्ञान—भाषा का व्यवहार मुख्यतया सामाजिक है। समाजभाषिकी ऐसा अनुशासन है, जिसमें भाषा और समाज के बीच उपलब्ध

सभी प्रकार के रिश्तों का अध्ययन किया जाता है।

व्यतिरेकीभाषाविज्ञान—व्यतिरेकीभाषाविज्ञान तुलनात्मक भाषाविज्ञान का ही एक रूप है, जिसमें दो भाषाओं की तुलना में समानताओं पर कम विषमताओं पर अधिक ध्यान केन्द्रित किया जाता है। व्यतिरेकी भाषाविज्ञान का विकास द्विभाषिकता की आवश्यकता तथा विस्तार से सम्बद्ध है। द्विभाषिकता की स्थिति कमोवेश सैदव रही है। भाषा जैसे बहुभाषाई राष्ट्र में जहाँ अनेक प्रान्तीय भाषाएँ तथा बोलियाँ हैं, वहाँ एक क्षेत्र का व्यक्ति दूसरे क्षेत्र के व्यक्तियों के सम्पर्क में बराबर आता रहा है और अपनी मातृभाषा के साथ उसे दूसरी भाषाओं को सीखने तथा समझने की आवश्यकता पड़ती रही है। दूसरी भाषा सीखने के क्रम में उसका ध्यान समानता एवं विषमता पर केन्द्रित होता रहा है।

कोशविज्ञान—कोशविज्ञान शब्दों को विभिन्न रीतियों से संकलित तथा प्रस्तुत करने का विज्ञान है। कोशविज्ञान भौतिकविज्ञान की तरह एक परिणामी नहीं है। चूँकि शब्द भाषा की ही मूलभूत इकाई है, इसलिए भाषा की तरह ही यह भी परिवर्तनशील है। शब्दों के संकलन तथा वर्गीकरण की एक निश्चित वैज्ञानिक विधि हो सकती है, किन्तु शब्दों के अर्थ जड़ नहीं हो सकते हैं। अतः एक ही शब्द भिन्न-भिन्न भाषा समाज में भिन्न-भिन्न अर्थ में प्रचलित हो सकते हैं। इसलिए कोश विज्ञान को प्रविधि की दृष्टि से जितना विज्ञान मान सकते हैं, परिणाम की दृष्टि सें उतना नहीं। भाषाविज्ञान की तरह कोशविज्ञान भी लचीला विज्ञान है। कोशविज्ञान को मानवीय विज्ञान के अन्तर्गत मानना अधिक न्याय संगत है।

भाषाविज्ञान के अध्ययन की पद्धतियाँ—आधुनिक भाषाविज्ञान के जनक सस्यूर ने भाषाविज्ञान के दो प्रकारों की ओर ध्यान दिलाया जो मुख्यतया अध्ययन की पद्धतियाँ ही हैं।

(1) एककालिक (2) बहुकालिक

एककालिक—एककालिक अध्ययन कुछ निश्चित काल सीमा के अन्तर्गत किया जाता है, जैसे—ग्यारहवीं शब्ताब्दी की हिन्दी। यह अध्ययन जीवित और मृत दोनों भाषाओं का हो सकता है। इसमें ध्वनियों, शब्दों, रूपों आदि का अध्ययन वर्णनात्मक और विश्लेषणात्मक पद्धति सें किया जाता है। इसमें बोलचाल की भाषा को लिखित भाषा की तुलना में प्राथमिकता दी जाती है क्योंकि लिखित रूप में भाषा वाचिक भाषा से कुछ न कुछ भिन्न हो जाती है। एककालिक अध्ययन को समकालिक अध्ययन भी कहा जाता है। इस अध्ययन में यह मान्यता है कि जीवित भाषा के निष्कर्ष अधिक विश्वसनीय होते हैं। मृत भाषा का अध्ययन उतना विश्वसनीय नहीं है क्योंकि जन प्रयोग का साक्ष्य मिट गया होता है। इसमें इस बात पर कम जोर दिया जाता है कि भाषा का आदर्श

रूप क्या होना चाहिए बल्कि देशी वक्ताओं द्वारा व्यवहार में लाई गई संरचना प्रणाली भाषा के आदर्श की निर्धारक होती है। शाखा के विविध रूप एक-दूसरे के प्रतिरूप होते हैं। किसी क्षेत्र विशेष की बोली को मानक मानकर किसी अन्य क्षेत्र के निवासियों द्वारा उनके प्रयोग को अशुद्ध कहना तर्क संगत नहीं है। किसी काल विशेष की भाषा अपने आप में पूर्ण होती है। उसके प्रयोग के लिए यह आवश्यक नहीं होता है कि वह उसके पूर्व काल की भाषा का ज्ञान रखे। भाषा के वर्तमान रूप का विवेचन इसीलिए तत्कालीन सामाजिक या भौगोलिक परिस्थितियों के परिप्रेक्ष्य में पूर्वतर स्थितियों से निरपेक्ष रहकर किया जा सकता है। आधुनिक भाषाविज्ञान में संरचनावाद को प्रमुखता दी गई है। इसमें किसी काल विशेष की भाषा को सम्बन्धों की एक सुग्रथित प्रणाली माना गया है।

कालक्रमिक या बहुकालिक अध्ययन—इसे ऐतिहासिक अध्ययन भी कहते हैं। इसमें भिन्न-भिन्न कालों में किए गए अध्ययनों के आधार पर भाषा के ऐतिहासिक विकास का निरूपण होता है। ऐतिहासिक अध्ययन एककालिक का मुखापेक्षी है। कालक्रमिक अध्ययन के लिए लिखित भाषा का सहारा लेना पड़ता है। लिखित और प्रयुक्त भाषा में विकास की गति भिन्न होने के कारण शब्दावली और व्याकरण के धरातल पर भेद बढ़ता जाता है। दोनों के अध्ययन से भाषा के परिवर्तनों को निर्दिष्ट किया जाता है। भाषा में नवीन प्रयोगों के साथ ही बहुत से प्राचीन शब्द भी नए अर्थ में ढलकर प्रचलित रहते हैं। प्राचीन सन्दर्भों के उनके पुराने अर्थों को भी जानना जरूरी रहता है इसलिए समकालीन भाषा का पूर्ण ज्ञान तब तक सम्भव नहीं है जब तक कि पूर्ववर्ती भाषाओं का ज्ञान न हो। इसीलिए कालक्रमिक अध्ययन भी महत्त्वपूर्ण है। इसमें तुलनात्मक प्रणाली द्वारा विभिन्न भाषाओं के ऐतिहासिक सम्बन्धों की भी खोज की जाती है।

तुलनात्मक पद्धति—दो भिन्न-भिन्न भाषाओं की ध्वनियों, शब्दों, रूपों, वाक्यों, तथा अर्थों के साम्य और वैषम्य की खोज तुलनात्मक पद्धति से की जाती है, 19 वीं शताब्दी में यूरोप के विद्वानों को जब भारतीय भाषाओं का ज्ञान हुआ और भारत में लिखे गए सर्वांग पूर्ण व्याकरणों का परिचय प्राप्त हुआ तो उन्हें ऐसा प्रतीत हुआ कि यूरोप की अधिकांश भाषाएँ संस्कृत से उत्पन्न हुईं हैं। बाद में विश्व की अनेक भाषाओं की तुलना करके उनका पारिवारिक वर्गीकरण किया गया और मूलभूत भाषाओं की खोज का कार्य किया गया।

सर्वेक्षण पद्धति—किसी क्षेत्र की भाषा के अध्ययन के लिए इस पद्धति की आवश्यकता होती है। सर्वेक्षण करनेवाला व्यक्ति उस क्षेत्र के भाषा-भाषियों के पास जाता है। भिन्न-भिन्न केन्द्रों से बोली के नमूने इकट्ठा करता है। इसके लिए टेपरिकार्डर का भी प्रयोग किया जाता है। फिर उन्हीं नमूनों के आधार पर

वह भाषा का विश्लेषण और विवेचन करता है।

सर्वेक्षण पद्धति में उस व्यक्ति की भाषा का नमूना अधिक उपयुक्त माना जाता है जो व्यक्ति पढ़ा-लिखा न हो और अपनी बोली क्षेत्र से बाहर अधिक समय तक निवास न किया हो। शिक्षित व्यक्ति की भाषा या मूल बोली मानक भाषा से प्रभावित होती है और दूसरे भाषा क्षेत्र में रहनेवाले व्यक्ति की बोली दूसरे क्षेत्र की भाषा का प्रभाव ग्रहण कर लेती है। सर्वेक्षण करनेवाले को चाहिए कि वह भिन्न-भिन्न पेशे, स्तर तथा सम्प्रदाय के लोगों के बोली के नमूने इकट्ठा करे। इसमें इस बात का भी ध्यान रखना पड़ता है कि बोली के नमूनों में शब्दों के विविध रूप—लिंग, वचन, कारक प्रयोग तथा काल सम्बन्धी सूचनाएँ समाहित हों। ध्वनियों के अलग-अलग उच्चारण के नमूने भी समाहित किए जाने चाहिए। अध्ययन की आवश्यकता के अनुसार स्त्रियों और पुरुषों की बोली के नमूने अपेक्षित हैं। बोली के नमूने लेते समय यह भी जानना अपेक्षित है कि व्यक्ति विशेष का सामाजिक दायरा कितना व्यापक या संकुचित है।

पुनर्निर्माण पद्धति—पारिवारिक दृष्टि से परस्पर सम्बद्ध भाषाओं की ध्वनियों, रूपों, शब्दों तथा वाक्यों के नियमों के आधार पर उनकी तुलना करते हुए मूलभाषा का पुनर्निर्माण किया जाता है। संस्कृत, प्राचीन फारसी, ग्रीक और लैटिन आदि भाषाओं की तुलना करके मूल यूरोपीय भाषा का निर्माण किया गया। यदि कोई ध्वनि समान रूप से सभी भाषाओं में है तो इस बात की पूरी सम्भावना है कि वह मूल भाषा में रही होगी। इसी तरह किसी शब्द विशेष की सर्व उपस्थिति उसके आदिम अस्तित्व की सूचक होती है। किसी शब्द विशेष में यदि थोड़ा ध्वनिगत अन्तर है तो यह देखा जाता है कि यह अन्तर किन कारणों से है अगर उसके लिए उपयुक्त कारण दिखाई देता है और उसकी समान परिवर्तन की दिशा निर्दिष्ट हो जाती है तो भी मूलभूत शब्द का निश्चयन हो जाता है। पुनर्निर्माण में प्रायः उन शब्दों को लिया जाता है जो भाषा की मूलभूत शब्दावली में समाहित होते हैं, सगे-सम्बन्धियों के नामों का इस दृष्टि से अधिक महत्त्व है जैसे बिरादर का प्रयोग हिन्दी, अंग्रेजी, संस्कृत आदि भाषाओं में उसी रूप में या थोड़े परिवर्तन के साथ होता है। इसलिए इसके आधार पर भी प्राचीन शब्दावली का निर्धारण होता है।

भाषाविज्ञान का इतिहास

भारतीय भाषविज्ञान

प्राचीन—भाषा का अध्ययन अत्यन्त प्राचीन काल से हो रहा है। 19वीं शताब्दी के पूर्व जो अध्ययन प्राप्त है उसे परम्परागत व्याकरण कहा जाता है, लेकिन भारत में भाषा सम्बन्धी विविध प्रकार के अध्ययन हुए हैं, जिन्हें ध्वनिविज्ञान, ध्वनिप्रक्रियाविज्ञान, अर्थविज्ञान, आदि रूपों में वर्गीकृत किया जा सकता है। वैदिक साहित्य से सम्बद्ध ब्राह्मण ग्रन्थों में शब्दों के निर्वचन का व्यापक प्रयत्न हुआ है। शब्दों की व्युत्पत्ति बताते समय लघुकथाओं का भी प्रयोग किया गया है। डॉ० अरुण कुमार राय ने गोरखपुर विश्वविद्यालय से 'ब्राह्मण ग्रन्थों में शब्द निर्वचन' पर शोध कार्य किया। इसमें बड़े विस्तार से शब्द निर्वचन पर विचार किया गया है। शब्द निर्वचन में कहीं-कहीं त्रुटियाँ भी हैं। जैसे आहूति और आहुति को एक ही माना गया है, जबकि दोनों में भेद है।

'आहुतयो वै नामैता यदाहुयत: एताभिर्वैदेवान्
यजमानो ह्वयति तदाहुति नामाहूतित्वम्।'

(आहुति को ही आहुति कहते हैं। इसके द्वारा यजमान देवों को बुलाता है। यही आहुति का आहूतित्व है।)

ऐतरेय ब्राह्मण, कैषीतकि ब्राह्मण, तैत्तिरीय ब्राह्मण आदि सभी में यज्ञ सम्बन्धी शब्दों की व्युत्पत्ति दी गई है, उदाहरण के लिए नक्षत्रों की प्रशंसा करते हुए तारक शब्द की व्युत्पत्ति तैत्तिरीय ब्राह्मण में इस प्रकार की गई है—

'सलिल्तंवा इदमन्तरासीत्। यदतरन्। तत्तारकारणां तारकत्वम्।

यहां तृ पार करना धातु से तारक शब्द की व्युत्पत्ति की गई है। इसके बाद संहिताओं के पद पाठ तैयार किए गए। संधि और समासों के आधार पर वाक्य के शब्दों को अलग-अलग किया गया और कुछ स्वराघातों पर भी विचार किया गया। इसके बाद उच्चारण आदि को सुरक्षित रखने के लिए प्रातिशाख्यों की

रचना हुई। प्रमुख प्रातिशाख्य ऋक्प्रातिशाख्य, अथर्वप्रातिशाख्य, वाजसनेयी प्रातिशाख्य तथा ऋक्तन्त्र व्याकरण आदि हैं। उस प्राचीन परम्परा को अक्षुण्ण रखने के प्रयास में वेद की प्रतिशाखा का अध्ययन उच्चारण सम्बन्धी विशिष्ट पक्षों की दृष्टि से किया गया।

वेदों के अनुशीलन के लिए छह वेदांगों की रचना की गई—शिक्षा, कल्प, निरुक्त, व्याकरण, ज्योतिष।

शिक्षा—शिक्षा ग्रन्थों में ध्वनि का सैद्धान्तिक विवेचन किया गया है। इस समय लगभग 40 शिक्षा ग्रन्थ उपलब्ध हैं; जिनमें प्रमुख हैं—पाणिनिय शिक्षा, नारद शिक्षा, भारद्वाज शिक्षा, याज्ञवल्क्य शिक्षा, स्वर-व्यंजन शिक्षा आदि। शिक्षा के अन्तर्गत स्वर और व्यंजन के उच्चारण भेद पर प्रकाश डाला गया। स्थान, करण और प्रयत्न के आधार पर ध्वनियों का वर्गीकरण किया गया है। इसे प्राचीन ध्वनिविज्ञान कहा जा सकता है।

कल्प—कल्प या प्रातिशाख्यों में ध्वनियों का व्यावहारिक या प्रायोगिक निदर्शन है। इसे एक सीमा तक ध्वनिप्रक्रियाविज्ञान भी मान सकते हैं।

निघण्टु—यह वेदों के शब्दों का कोश है। इसमें शब्दों के पर्याय दिए गए हैं। यास्क ने निघण्टु की व्याख्या **निरुक्त** के अन्तर्गत किया है। अर्थ-विचार की दृष्टि से इसे विश्व का प्राचीनतम विवेचक ग्रन्थ माना जा सकता है। इसका समय पाँच सौ ईसा पूर्व से पहले माना जाता है। शब्दों का अर्थ समझाते समय इसमें वैदिक संहिताओं में उनके प्रयोग को भी निर्दिष्ट किया गया। इसमें समाज और इतिहास की ओर लेखक ने दृष्टि डाली है और भाषा की उत्पत्ति, गठन और विकास पर भी प्रकाश डाला है। पदों के विभागों की ओर भी ध्यान आकर्षित किया गया है। शब्दों के अर्थ भेद को स्पष्ट करने के लिए आवश्यक व्याख्याएँ भी दी गई हैं। निरुक्तकार ने शब्दों को प्राय: धातुओं पर आधारित सिद्ध करने का प्रयास किया है। **व्याकरण**-यास्क के बाद पाणिनि ने अष्टाध्यायी की रचना की। पाणिनि के पूर्व व्यापक के अनेक सम्प्रदाय विकसित हुए। पाणिनि से पूर्व व्याकरण का ऐन्द्र सम्प्रदाय रहा। जिसके प्रवर्तक इन्द्र ऋषि माने जाते हैं। ऐन्द्र सम्प्रदाय का प्रचार और प्रभाव दक्षिण भारत में अधिक था। पाणिनि के बाद के वैयाकरण कात्यायन का सम्बन्ध इस सम्प्रदाय से माना जाता है। पाणिनि विश्व के सर्वश्रेष्ठ वैयाकरण माने जाते हैं। पाणिनि का समय पाँचवी सदी ईसा पूर्व माना जाता है। पाणिनि की अष्टाध्यायी में आठ अध्याय हैं। प्रत्येक अध्याय में चार पद हैं और प्रत्येक पाद में अनेक सूत्र हैं। सब मिलाकर सूत्रों की संख्या लगभग चार हजार है। पूरी पुस्तक 14 सूत्रों (अइउण्, ऋलृक, एओङ, हयवरट्, लण, ञमङणनम, झभञ, घढधष, जबगडश्, खफछठथचटतव्, कपय्, शषसर्, हल) पर (जिन्हें माहेश्वर-सूत्र भी कहते हैं) आधारित है। संक्षेप में कहने के लिए प्रत्याहार,गण आदि का सहारा लिया गया है। पाणिनि ने अपने व्याकरण में

भाषा की सम्पूर्ण संरचना पर विचार किया है। सन्धि, स्वराघात्, रूपरचना, वाक्यरचना और व्याकरण के अन्य पक्षों का विवेचन किया है। सूत्रों में व्याकरण को निबद्ध करने का अद्‌भुत कौशल अष्टाध्यायी में दृष्टिगत होता है, संक्षिप्तता के साथ-साथ स्पष्टता इसकी अन्य विशेषता है।

शब्दों की निष्पत्ति धातुओं से हुई। धातुएँ किसी क्रिया का भाव व्यक्त करती हैं, धातुओं में प्रत्यय तथा उपसर्ग लगाकर अर्थ भेदक शब्द और रूप निर्मित होते हैं। पाणिनि ने शब्दों को दो श्रेणियों में विभाजित किया है। पहला सुबन्त और दूसरा तिङन्त। पाणिनि के बाद जो व्याकरण लिखे गए उन पर अष्टाध्यायी का गहरा प्रभाव है, ज्यादातर रचनाकारों ने अष्टाध्यायी में ही कुछ संशोधन परिवर्तन, परिवर्धन या स्पष्टीकरण करने का प्रयास किया। संस्कृत में वार्तिक लिखने की लम्बी परम्परा रही है। वार्तिक उसे कहते हैं जिसमें अष्टाध्यायी में उक्त, अनुक्त तथा दुरुक्त अर्थात् जो कहा गया है, जो नहीं कहा गया है या जो गलत कहा गया है पर विचार किया गया है। वार्तिक एक तरह से अष्टाध्यायी के पूरक और संशोधक हैं। वार्तिककारों में कात्यायन का नाम विशेष प्रसिद्ध है। एक सौ पचास ईसवी के आसपास पतंजलि ने अष्टाध्यायी का महाभाष्य लिखा। इन्होंने सूत्रों की व्याख्या करते हुए उन्हें स्पष्ट किया और कात्यायन के अनुचित आक्षेपों का उत्तर दिया। पाणिनि, कात्यायन और पतंजलि को संस्कृत व्याकरण का मुनित्रय कहा जाता है। महाभाष्य के बाद अष्टाध्यायी पर टीकाएँ लिखी गईं। जिन्हें काशिका कहा गया। काशिका में पाणिनि के सूत्रों को उदाहरणों के द्वारा समझाने का प्रयास किया गया। सातवीं सदी में जयादित्य तथा वामन ने जो काशिकाएँ लिखीं, वे विशेष प्रसिद्ध हैं। जिनेन्द्र बुद्धि ने आठवीं सदी में काशिका पर एक टीका लिखी, जिसका नाम है काशिकान्यास। बारहवीं सदी में हरदत्त ने पद मंजरी नाम से काशिका की एक टीका लिखी। भतृहरि ने महाभाष्य की एक टीका लिखी थी जिसके तीन पाद उपलब्ध हैं। इनकी प्रसिद्ध पुस्तक 'वाक्यपदीयम्' है, जिसमें व्याकरण के दर्शन पक्ष पर प्रकाश डाला गया है। कश्मीर निवासी कय्यट ने भतृहरि के 'वाक्यपदीयम्' से प्रेरणा लेकर 'महाभाष्य प्रदीप' लिखा। नागोजी भट्ट नारायण और ईश्वरानन्द ने प्रदीप की टीकाएँ लिखीं। उनका समय सोलहवीं सदी माना जाता है। टीकाओं के बाद अष्टाध्यायी के सूत्रों के विषय में क्रम-परिवर्तन किया गया। विमल सरस्वती ने 'रूपमाला' नाम से व्याकरण ग्रन्थ की रचना की। सत्रहवीं सदी के प्रथम चरण में भट्टोजी दीक्षित ने 'सिद्धान्त कौमुदी' की रचना की। इन्होंने स्वयं 'प्रौढ़ मनोरमा' नाम से इसकी टीका भी लिखी। यह ग्रन्थ विद्यार्थियों के बीच बहुत अधिक लोकप्रिय हुआ। अठारहवीं सदी में वरदराज ने 'सिद्धान्त कौमुदी' के मध्य, लघु और सार तीन संक्षिप्त संस्करण प्रस्तुत किए। पाणिनि के अलावा व्याकरण की अन्य शाखाओं की भी परम्परा रही है। वैयाकरण की एक शाखा चान्द्र शाखा है जिसमें जुड़े हुए प्रसिद्ध वैयाकरण चन्द्रगोमिन ने पाणिनि के नियमों और सूत्रों में परिवर्तन किया। कुछ नए प्रत्याहरों को सम्मिलित किया।

सूत्रों को घटाकर उनकी संख्या एकतीस सौ कर दी। एक दूसरी शाखा जैनेन्द्र शाखा है। चान्द्र शाखा बौद्धों से सम्बन्धित थी और जैनेन्द्र शाखा जैनों से सम्बन्धित रही। इसके पहले वैयाकरण तीर्थंकर महावीर माने जाते हैं। जैनेन्द्र व्याकरण के दो शीर्षक उपलब्ध हैं। एक में तीन हजार सूत्र है और दूसरे में सैंतीस सौ, इनके रचयिता देवनन्दी या पूज्यपाद माने गए हैं। इन पर पाणिनि और कात्यायन का गहरा प्रभाव है। जैनों की एक दूसरी शाखा शाकटायन है जिससे सम्बद्ध वैयाकरण दयापाल (10वीं सदी), प्रभाचन्द्र और अभयचन्द्र (14वीं सदी) हैं। हेमचन्द्र शाखा का पर्याप्त प्रचार-प्रसार रहा है। हेमचन्द्र का समय 1088 से 1172 ईसवी माना जाता है। हेमचन्द्र ने अपने शब्दानुशासन में संस्कृत व्याकरण के साथ प्राकृत और अपभ्रंश का भी व्याकरण प्रस्तुत किया। हेमचन्द्र ने अपने शब्दानुशासन पर शब्दानुशासन वृहद वृत्ति नाम से एक टीका भी लिखी। संक्षिप्त व्याकरण लिखने की भी एक परम्परा चली जो कातन्त्र शाखा नाम से प्रसिद्ध है। पण्डित सर्ववर्मन के कौमार्य व्याकरण में एवं सारस्वत शाखा में और अधिक संक्षेपण की प्रवृत्ति चली। पाणिनि के चार हजार सूत्रों के स्थान पर केवल सात सौ सूत्रों में ही व्याकरण समझाने की चेष्टा हुई। बोपदेव शाखा का आरम्भ तेरहवीं सदी से माना जाता है। बोपदेव ने मुग्धबोध नाम से एक ग्रन्थ रचा। जिसमें संक्षिप्त शैली अपनाई गई है। संस्कृत के अलावा पालि, प्राकृत के भी व्याकरण रचे गए। पालि वैयाकरणों में कच्चायन (8वीं-9वीं सदीं), मोग्गलान (12वीं सदी) और अग्गवंश (12वीं) सदी के नाम उल्लेखनीय हैं। प्राकृत वैयाकरणों में वररुचि पुराने हैं। इनके ग्रन्थ का नाम है 'प्राकृत प्रकाश' हेमचन्द्र ने शब्दानुशासन में प्राकृत और अपभ्रंश का व्याकरण भी प्रस्तुत किया।

भाषा सम्बन्धी चिन्तन भारतीय काव्यशास्त्र के अन्तर्गत भी किया गया है। रीति, अलंकार, ध्वनि आदि में जो विचार प्रस्तुत हुए हैं उनका सम्बन्ध बहुत कुछ काव्य भाषा से भी है। मीमांसा, तर्कशास्त्र, न्यायशास्त्र में भी भाषा सम्बन्धी विचार उपलब्ध हैं।

आधुनिक भाषा वैज्ञानिक कार्य—भारत में यूरोपीय विद्वानों के सम्पर्क से भाषाविज्ञान का कार्य हुआ। इसमें परम्परागत व्याकरण का प्रभाव रहा और अध्ययन की नई पद्धतियों को भी समाहित किया गया। 19वीं शताब्दी में भारत तथा यूरोप दोनों स्थानों में तुलनात्मक अध्ययन को विशेष रूप से अपनाया गया। काल्डवेल ने 1846 में 'द्रविड़ भाषाओं का तुलनात्मक व्याकरण' प्रस्तुत किया। इसी की प्रेरणा से जान बीम्स ने 14 वर्षों तक परिश्रम करके 'ए कम्पैरेटिव ग्रामर ऑफ द मॉडर्न आर्यन लैंग्विजेज ऑफ इंडिया' तीन भागों में प्रकाशित किया। प्रस्तुत ग्रन्थ में इन्होंने हिन्दी, पंजाबी सिन्धी, मराठी, उड़िया, बंगला आदि का संस्कृत से तुलनात्मक विकास दिखाया है। इनकी दूसरी पुस्तक में 'ऐन

आउटलाइन ऑफ इंडियन फिलालोजी' है। सैमुयल एस० केलॉग ने 'हिन्दी व्याकरण' लिखा। इसका पहला संस्करण 1876 ई० में और दूसरा संस्करण 1896 ई० में छपा। यह हिन्दी का सुव्यवस्थित व्याकरण है इसमें विभिन्न बोलियों के व्याकरणिक रूपों पर प्रकाश डाला गया। हार्नले का जन्म भारत में ही हुआ। उन्होंने गौडियन भाषाओं का तुलनात्मक व्याकरण लिखा। जार्ज अब्राहम ग्रियर्सन ने पहले बिहारी भाषा की बोलियों और उपबोलियों का व्याकरण लिखा। इन्होंने भारतीय भाषाओं का सर्वेक्षण करके ग्यारह जिल्दों में छपवाया। ग्रियर्सन का यह कार्य अत्यन्त महत्त्वपूर्ण है। इन्होंने बिहारी, कश्मीरी भाषाओं के कोश भी तैयार करवाए। डी०ट्रम्प ने 1872 में सिन्धी व्याकरण लिखा, जिसमें संस्कृत, प्राकृत तथा आधुनिक भारतीय भाषाओं का तुलनात्मक अध्ययन किया गया। रैल्फ लिलेटर्नर ने कई वर्षों तक परिश्रम करके 1931 में नेपाली कोश प्रकाशित किया। इसमें भारत की प्रमुख आर्य भाषाओं के शब्दों का तुलनात्मक विवेचन भी है, जूल ब्लाक का प्रसिद्ध ग्रन्थ 'मराठी की बनावट' है। भारतीय विद्वानों में आर० जी० भंडारकर, गौरी शंकर हीराचन्द्र ओझा, कामता प्रसाद गुरु, डॉ० सुनीति कुमार चटर्जी, डॉ० सिद्धेश्वर वर्मा, डॉ० धीरेन्द्र वर्मा, डॉ० बाबूराम सक्सेना, डॉ० जी० बी० तगारे, डॉ० हरदेव बाहरी, डॉ० सुकुमार सेन, डॉ० उदयनारायण तिवारी आदि के नाम उल्लेखनीय हैं। भंडारकर ने भारतीय और पाश्चात्य परम्परा दोनों का समन्वय किया। इन्होंने भारतीय आर्य भाषा का विकासात्मक अध्ययन किया। गौरी शंकर हीराचन्द ओझा ने 'प्राचीन लिपिमाला' नामक ग्रन्थ लिखा है। लिपियों पर इनका कार्य प्रामाणिक तथा महत्त्वपूर्ण है। कामता प्रसाद गुरु ने हिन्दी व्याकरण लिखा जो हिन्दी का मान्य ग्रन्थ है। डॉ० चटर्जी ने बंगला और हिन्दी पर डॉ० धीरेन्द्र वर्मा ने ब्रजभाषा पर और डॉ० बाबूराम सक्सेना ने अवधी पर कार्य किया है। डॉ० सुकुमार सेन ने पालि, प्राकृत, अपभ्रंश का तुलनात्मक, व्याकरण लिखा। डॉ० उदयनारायण तिवारी ने सैद्धान्तिक भाषाविज्ञान पर और भोजपुरी तथा हिन्दी के उद्‌भव और विकास पर कार्य किया, डॉ० हरदेव बाहरी ने हिन्दी अर्थ विज्ञान पर शोध कार्य किया 'हिन्दी उद्‌भव विकास और रूप' उनकी अन्य पुस्तक है। बाहरी ने कोश रचनाएँ करके महत्त्वपूर्ण कार्य किया। कृष्णमूर्ति ने तेलुगू पर, बिलगिरी ने मुण्डा पर, पिल्लई ने तमिल पर और केलकर ने मराठी पर कार्य किया। भाषाविज्ञान की नई शाखा शैली विज्ञान पर डॉ० रवीन्द्र नाथ श्रीवास्तव, डॉ० विद्यानिवास मिश्र, डॉ० शशि भूषण शीतांशु ने कार्य किया। डॉ० रामस्वरूप चतुर्वेदी ने आगरा जिले की बोली पर कार्य किया, आचार्य किशोरी दास बाजपेयी ने व्याकरण की परम्परा में हिन्दी शब्दानुशासन तथा 'भारतीय भाषाविज्ञान' नामक पुस्तक लिखी। डॉ० रामविलास शर्मा, डॉ० भोला नाथ तिवारी, डॉ० देवेन्द्र नाथ शर्मा, डॉ०

त्रिभुवन नाथ शुक्ल आदि के नाम भी उल्लेखनीय हैं। गोपालचन्द ने 'उड़िया कोश' में अनेक भाषाओं की शब्दावली का तुलनात्मक अध्ययन प्रस्तुत किया है। गोपीनाथ चन्द शर्मा ने 'उड़िया भाषा तत्त्व' तथा गिरिजाशंकर राय ने 'सरल भाषा तत्त्व' के नाम से किताबें लिखीं हैं। बी० एस० राव रचित 'उड़िया व्याकरण' महत्त्वपूर्ण कृति है।

असमिया में कार्य करनेवाले विद्वान हैं, बानीकान्त काकती। 'असमिया का स्वरूप और विकास, उनकी रचित पुस्तक है, जिसका प्रकाशन 1941 ई० में हुआ था।

बनारसी दास ने 'पंजाबी स्वनों' पर कार्य किया है। सिद्धेश्वर वर्मा ने प्राचीन पंजाबी के अलावा दरद भाषा का अध्ययन किया है। प्यारे सिंह पद्म रचित 'पंजाबी बोली दी इतिहास' प्रेमप्रकाश सिंह रचित 'पंजाबी बोली दी निकास ते विकास' उपयोगी कार्य है। पेरुमल महरचन्दा ने 'सिन्धी भाषा का इतिहास' प्रस्तुत किया है।

गुजराती पर कार्य करनेवाले टेसीटरी (गुजराती फोनोलोजी), नरसिंह राव, भोलानाथ डिवारिया (हिस्ट्री ऑफ द गुजराती लैंग्वेज), पी०बी० पंडित (गुजराती स्वन प्रक्रिया), सांडेसर (गुजराती अर्थ विज्ञान) आदि विद्वानों के नाम उल्लेखनीय हैं।

के० पी० कुलकर्णी ने 'मराठी भाषा उद्गम वा विकास' नामक पुस्तक लिखी। इन्होंने 'आधुनिक मराठी के उच्चतर व्याकरण' नाम से भी एक महत्त्वपूर्ण पुस्तक लिखी है।

एशिया के अन्य देशों में भाषा-चिन्तन

चीन का प्राचीनतम कोश 'एर्हय' है जिसका काल 12वीं सदी ई० पू० के बाद माना जाता है। चीन का प्रथम ज्ञात प्रामाणिक कोशकार हू-शेन है जिसके कोश का नाम 'शुओ-बेन-की-त्सी' है। इसका प्रकाशन 100 ई० के लगभग हुआ था। यहाँ कोश रचना की ही परम्परा मिलती है। 44 हजार शब्दों के अर्थ से युक्त एक महत्त्वपूर्ण कोश 1716 में 'खाँ-शी-त्जतेंय' नाम से प्रकाशित हुआ। जापान में चीनी भाषा का प्रचलन बहुत दिनों तक रहा है। जापानी का पहला व्याकरण यमादातकोव ने लिखा। जापानी का प्रामाणिक कोश ओत्स्की हुमिहिको द्वारा सम्पादित किया गया है, जिसका नाम है 'गेन्काइ'।

अरब देश में भाषा सम्बन्धी कार्य—अरबी में भाषा सम्बन्धित कार्य करने के लिए सिबवे का नाम प्रसिद्ध है। इन्हें अरब का पाणिनि माना जा सकता है इन्हें भाषाविज्ञान का ईमाम या पेशवा माना गया है।

पाश्चात्य परम्परा—अन्य ज्ञानात्मक अनुशासन की तरह 'व्याकरण' का आरम्भ ग्रीक में पाँचवीं सदी ईसा पूर्व में दर्शन के अंग के रूप में हुआ। ग्रीक दार्शनिकों के बहस का मुख्य मुद्दा था कि भाषा प्रकृति शासित है या रूढ़ि

शासित। प्रकृति और रूढ़ि को भाषा विवेचन के संदर्भ में इस तरह बदल कर प्रस्तुत किया गया, 'क्या शब्दों और शब्दों द्वारा द्योतित अर्थ में कोई नैसर्गिक (प्रकृतिगत) सम्बन्ध है अथवा मानवीय पारम्परिक परिणाम मात्र है। प्लेटो (427-347 ई० पू०) के क्रेटीलस संवाद में प्रकृतिवादियों द्वारा रूढ़िवादियों के वाद-विवाद की प्रारम्भिक झलक मिलती है। प्रकृतिवादियों की धारणा थी कि शब्दों के उद्‌गम तथा अर्थ का ज्ञान उनकी आकृति से हो सकता है। इस प्रकार निरुक्ति प्रक्रिया का आरम्भ हुआ। उन्होंने ऐसे बहुत से तथ्यों की पहचान की जिनमें सर्वप्रथम 'अनुकरणात्मक शब्दों' का विवेचन था। अनुकरणात्मक शब्द जैसे हाथ, खटखट, हुड़दंग आदि ऐसे थे जो अपने बनावट में ही तत्सम्बन्धी अर्थ को सूचित करते हैं। उन्होंने दूसरे प्रकार के शब्द जैसे कौआ, पपीहा (कुक्कू, पीवेट) आदि को लिया जो ध्वनि के अनुकरण पर निर्मित तो हुए किन्तु वे ध्वनि सूचक न होकर ध्वनिकर्त्ताओं के सूचक हैं।

ईसा पूर्व दूसरी शताब्दी में प्रकृतिवादी विचारधारा नियमवाद तथा अनियमवाद के रूप में सामने आयी जिनके लिए ग्रीक शब्द अनालोगी (सादृश्य) और अनोमाली (वैषम्य) प्रयुक्त हुए नियममित या सादृश्य का प्रयोग गणित के समानुपात के अर्थ में हुआ है। रात से रातें, गाय से गायें, बाला-बालएँ आदि सादृश्य के उदाहरण हैं। प्लेटो, अरस्तू तथा उनके अनुयायियों ने कहा कि सादृश्य के आधार पर हजारों शब्दों का निर्माण किया जा सकता है। अनियमवादी वैषम्यवादी) उपर्युक्त विचार का पूरी तरह से निषेध नहीं करते थे किन्तु उन्होंने बहुत से ऐसे शब्दों की ओर अवश्य संकेत किया जो नियमित नहीं थे। जैसे अंग्रेजी शब्दों में बोय का बहुवचन बोयज, गर्ल का बहुवचन गर्ल्स होता है किन्तु चाइल्ड का बहुवचन चिल्ड्रेन होता है।

किसी भाषा में समानार्थक शब्दों का अस्तित्व तथा विविध अर्थों के सूचक एक ही शब्द की राशि की उपस्थिति भी शब्द और अर्थ के प्राकृतिक सम्बन्धों को खण्डित करती है। भाषा की नियमित और अनियमित प्रकृति के निर्धारण के पूर्व 'भाषा के नियमित' प्ररूप की जानकारी आवश्यक थी इस विवाद से व्याकरण की प्रणाली का रूप मिला। वैषम्यवादी कहे जाने वाले स्टोइक विद्वानों के निरुक्त सम्बन्धी अनुसंधान में ही परम्परागत व्याकरण की नींव पड़ गयीं। 'परम्परागत व्याकरण' का निबन्धन करने वाले परवर्ती वैयाकरणों ने सादृश्य और विषमता (प्रयोगगत) दोनों को सैद्धान्तिक नियमों के रूप में स्वीकार कर यिा।

इन व्युत्पत्तियों से यह भी स्पष्ट होता है कि ग्रीक भाषा चिन्तक यह भी अनुभव करते थे कि भाषा-रूप समयानुसार परिवर्तित होते रहते हैं। इन्हीं परिवर्तनों के व्यवस्थित अध्ययन से आधुनिक भाषावैज्ञानिकों को भाषा विषयक अनेक समस्याओं के हल का अवसर प्राप्त हुआ। यद्यपि प्राचीन चिन्तकों का इस क्षेत्र में कोई गहरा अनुशीलन नहीं था।

ईसा पूर्व तीसरी शताब्दी में ग्रीक उपनिवेश सिकन्दरिया भाषा विषयक अध्ययन का मुख्य केन्द्र बन गया था। सिकन्दरियाई विद्वानों ने प्राचीन लेखकों विशेषतया होमर की कृतियों के भ्रष्ट पाठ का संशोधन किया और उनका सही पाठ निर्णय किया। होमर के दो महाकाव्य 'इलियड' और 'ओडेसी' पुरानी ग्रीक में लिखे गये थे जो भाषा अप्रचलित तथा दुर्बोध हो गयी थी। ग्रीक साहित्य की अन्य रचनाएँ विभिन्न आंचलिक बोलियों में निर्मित हुई थीं। ग्रीकवासियों को इस तरह भाषा के विभिन्न परिवर्तित रूपों का अध्ययन का मौका मिला। अतीत के साहित्य के अध्ययन से उन्हें भ्रांत विश्वास हो गया कि तत्कालीन जनभाषा की अपेक्षा प्राचीन लिखित भाषा अधिक शुद्ध और सही है।

वैयाकरणों ने ध्वनियों और लिपि चिह्नों की स्पष्ट पहचान नहीं की। वे बोलचाल की भाषा को लिखित भाषा से निसृत मानने का भ्रम भी पालते रहे। उनकी मान्यता थी कि भाषा की साधुता की रक्षा शिष्ट प्रयोगों से होती है।

ग्रीक व्याकरण की प्रमुख उपलब्धियाँ हैं—तीन लिंगों की पहचान, नाम (संज्ञा) और आख्यात (क्रिया) के भेद का निरूपण। प्लेटो के अनुसार नाम उसे कहते हैं जो विधेय के कर्त्ता के रूप में कार्यशील होता है, आख्यात या क्रिया उस पद को कहते हैं जो विधेय में कथित कार्य या गुण को व्यक्त करता है। यहाँ 'आख्यात' के अन्तर्गत क्रिया और विशेषण दोनों को सम्मिलित कर दिया गया है। अरस्तू ने नाम और आख्यात के अलावा समुच्चयात्मक निपातों की एक अलग कोटि निर्धारित कीं। इसने 'आख्यात' में काल या लकार की भी पहचान की।

स्टोइक विद्वानों ने जो मुख्यतः वैषम्यवादी थे चार पद भेदों को स्पष्ट किया—संज्ञा, क्रिया, समुच्चय बोधक और आदि निपात। शब्दों तथा क्रियापदों के रूपविधान का विवेचन स्टोइक विद्वानों द्वारा ही किया गया। उन्होंने 'विभक्ति' को वह अर्थ प्रदान किया जो परवर्ती कालों में भी यथावत स्वीकृत हुआ। उनके द्वारा रूप के दो भेद अपराइट (ऊर्ध्व) ऑब्लाक (तिर्यक) क्रिया रूपों में पूर्णता तथा अपूर्णता, वाच्य (कर्त्तवाच्य, कर्मवाच्य)) सकर्मक, अकर्मक के भेदों को पहचाना गया। ईसा पूर्व दूसरी शताब्दी में डायोनीसियस थ्रैक्स का व्याकरण प्रकाश में आया जिसे पश्चिम का प्रथम व्यापक और पद्धतिबद्ध व्याकरण माना गया है। इस वैयाकरण ने पद के पाँचवें भेद की निर्दिष्ट किया जिसे उसने 'पार्टिसिपिल' कहा, वास्तव में इसमें क्रिया विशेषण और कृदन्त दोनों का भाव निहित था। इसने सर्वनाम तथा कर्म प्रवचनीय (विभक्ति स्थानीय निपात) को भी महत्त्व दिया। सादृश्य और वैषम्य का विवाद यहाँ भी चलता रहा। चौथी सदी में डानटस द्वारा तथा छठी सदी में प्रिशिअन के द्वारा व्याकरण के क्षेत्र में जो कार्य किया गया उसकी महत्ता विशेष रूप से मान्य रही। इन वैयाकरणों ने अपनी समकालीन भाषा का अध्ययन न करके चिचेरी और वर्जिल जैसे श्रेष्ठ लेखकों की भाषा को ही अध्ययन का आधार बनाया। एक तरह से इन्होंने श्रेण्य भ्रांति को और स्थायी बना दिया। शिक्षा शास्त्री दार्शनिकों ने लैटिन

व्याकरण की कुछ विशेषताओं की ओर दृष्टिपात किया है जैसे समन्विति (Concord), अभिशासन (Government) और समानाधिकरण (Apposition)। इन तथाकथित विशेषताओं के बावजूद इनका योगदान प्राचीन वैयाकरणों की अपेक्षा नगण्य है।

तेरहवीं शताब्दी में न्याय, मीमांसा तथा अध्यात्म के धरातल पर व्याकरण की कोटियों को समझाने का प्रयत्न किया गया। इनका बल अर्थ या संकेत पर अधिक था। दोनातुस और प्रिश्चियन के विवेचन के विषय में इनकी मान्यता थी कि इन दो विद्वानों ने व्याकरणिक सत्यों के हेतुओं को वैज्ञानिक स्पष्टीकरण नहीं किया है। शब्द संकेत के रूप में किस तरह मानवी प्रतिभा और संकेतक वस्तु से सम्बद्ध हैं, इसका उत्तर प्रतिफलनवादी वैयाकरणों ने दार्शनिक ढंग से दिया। इनकी दृष्टि में शब्द अपने द्वारा संकेतित वस्तु की प्रकृति का प्रतिनिधित्व नहीं करता बल्कि विशिष्ट पद भेद का रूप धारण करके उसके (वस्तु) अस्तित्व के विशिष्ट प्रकार द्रव्य, क्रिया या गुण का प्रतिनिहधत्व करता है।

मध्य युग में व्याकरण का सार्वभौमिकता सम्बन्धी सिद्धान्त मान्य रहा। आगे आने वाले वैयाकरण यद्यपि इस सिद्धान्त से अपने को मुक्त रखने की घोषणा की है किन्तु वे इससे पूर्णतया मुक्त नहीं हो पाये। पोर्त रायेल के अध्यापकों द्वारा लिखी गयी पुस्तक सामान्य तथा तर्कमूलक व्याकरण (1660 ई०) एवं गोडफ्रिड हर्मन की पुस्तक में इस तथ्य का संकेत मिलता है कि विभिन्न भाषाओं विशेषत: लैटिन के संघटन में सार्वत्रिक वैध तर्कमूलक नियम मौजूद हैं।

सामान्य व्याकरण की धारणा से यह विश्वास दृढ़ हुआ कि वैयाकरण अपनी तर्क बुद्धि के बल पर भाषा का तर्कमूलक आधार सुनिश्चित करके साधु प्रयोग की निर्दिष्ट करता है। इससे प्रयोगनिर्धारी व्याकरणों (Normatic Grammars) के सृजन को विशेष बल मिला।

पुनर्जागरण के पहले से ही वैयाकरणों का ध्यान लोकभाषाओं की ओर जाने लगा था। किन्तु पुनर्जागरण काल की चेतना का भाषिक प्रतिफलन दान्ते की 'दे वुल्गारी एलोक्वेन्तिया पर जो व्याकरण प्रस्तुत किये गये उनकी पद्धति वही रही जो श्रेण्य व्याकरणों की थी।

तुलनात्मक पद्धति का सम्पन्न कार्य—उन्नीसवीं शताब्दी के भाषावैज्ञानिकों की सबके प्रमुख उपलब्धि यह थी कि उन्होंने उन सिद्धान्तों और विधियों का अन्वेषण किया जिनसे अन्य भाषा परिवारों का निर्धारण किया जा सका। तुलनात्मक भाषाविज्ञान संज्ञा अपेक्षाकृत पुरानी तथा कम सन्तोषप्रद संज्ञा तुलनात्मक व्याकरण के स्थान पर उन्नीसवीं सदी में प्रयोग में आई थी। जोन लियोन्स ने दोनों संज्ञाओं के बीच उत्पन्न हुए अन्तर को भाषा-विचार के अन्तर के रूप में निर्दिष्ट करते हुए लिखा है कि पोर रोचॉल के पाण्डित्यवादियों और उनके दार्शनिक उत्तराधिकारियों का परिकल्पनात्मक व्याकरण निश्चित ज्ञान के सम्बन्ध में उनकी अपनी धारणा के अनुसार वैज्ञानिक कहा जा सकता है।

भाषाओं के स्वरूप के औचित्य के विषय में उनका सकारण निदर्शन उन सिद्धान्तों पर आश्रित था जिन्हें वे सार्वभौम रूप से उचित समझते थे। भाषा सम्बन्धी प्रश्नों पर इस दृष्टिकोणवाली विचार पद्धति में अन्तर इस बात में नहीं था कि परवर्ती विचार पद्धति तथ्यों के प्रति अधिक आदरवान और उनके निरीक्षण और संग्रह में अधिक सतर्क थी। (यह तो परिणाम था न कि कारण) बल्कि उनमें अन्तर इस बात में था कि अठारहवीं शती के अन्त तक पूर्व स्थापित एवं तथाकथित तर्कसंगत व्याख्याओं के प्रति एक सामान्य असंतोष विकसित हो चुका था तथा ऐतिहासिक युक्ति क्रम को प्राथमिकता दी जाने लगी थी।

यूरोपीय भाषाओं की तुलना का प्रारम्भ फ्रान्त्स बॉप के (1791-1867) के एक ग्रन्थ से हुआ जिसमें संस्कृत, ग्रीक, लैटिन, फारसी और जर्मन भाषाओं के तिङ्न्त प्रत्ययों पर विचार किया गया। इसके बाद रास्मस क्रिस्टियन रैस्क ने भारोपीय भाषाओं के ध्वनिगत साम्य को प्रदर्शित किया। याकोव ग्रिम ने 'जर्मन व्याकरण' में जर्मन वर्ग तथा अन्य भारतीय भाषाओं के व्यंजन की अनुरूपताओं का पद्धतिबद्ध विवरण प्रस्तुत किया। इनका वर्णन ग्रिम नियम के नाम से आज भी प्रसिद्ध है। ग्रिम द्वारा निर्दिष्ट ध्वनि परिवर्तन दो बार घटित हुआ है एक परिवर्तन प्रागैतिहासिक काल (संभवतः तीसरी और छठीं शताब्दी ई० पू० के आसपास), द्वितीय ध्वनि परिवर्तन सातवीं शताब्दी के आसपास हुआ। ग्रिम का विचार है कि मूल भारोपीय भाषा की ध्वनियाँ, संस्कृत, ग्रीक, लातिन में अपेक्षाकृत अधिक सुरक्षित हैं। प्रथम ध्वनि-परिवर्तन में निम्नलिखित परिणाम घटित हुए—

मूल भारोपीय	**जर्मनिक**
अघोष अल्पप्राण—क, त, प	अघोष महाप्राण—ख (ह)
कः, तनु, पद (संस्कृत)	थ, फ
	हू, थिन, फूट
घोष महाप्राण घ, ध, भ	घोष अल्पप्राण ग, द, ब
घास, बंध, भ्रातु	ग्रास, बंद, ब्रदर
घोष अल्प प्राण ग, द, ब	अघोष अल्पप्राण क, त, प
गौ, द्वौ, तुर्वा (लातिन)	काउ, टू, थोर्प

दूसरी बार में अधोलिखित ध्वनि परिवर्तन उच्च जर्मन तथा निम्न जर्मन के बीच हुआ—

निम्न जर्मन	**उच्च जर्मन**
क, त, प, बुक, वाटर, स्प्रिंग	ख, थ, फ, बुख, ह्वासरे, फ्रथुलिंग
थ	द
थ्रि	द्रेइ

ग्रिम के द्वारा प्रयुक्त अघोष और सघोष आधुनिक परिभाषाओं का प्रयोग किया गया तथा मूल भारोपीय तथा परवर्ती जर्मन भाषाओं की महाप्राण ध्वनियों के अन्तर को स्पष्ट किया गया।

डेन्मार्क के विद्वान कार्ल वेर्नर (फेर्नर) ने 1875 में एक निबंध प्रकाशित किया जिसमें उसने उन ध्वनि परिवर्तन सम्बन्धी तथ्यों पर प्रकाश डाला जिनके द्वारा ग्रिम नियम के अपवादों को नियमित किया जा सका। वेर्नर का कहना है कि क, त, प के पूर्ववर्ती स्वर पर यदि बलाघात था (स्वर उदात्त हो) तो क, त, प का परिवर्तन ख, थ, फ में हुआ यदि बलाघात परवर्ती स्वर पर रहा तो परिवर्तन ग, द, ब के रूप में हुआ।

उदाहरणार्थ—

संस्कृत	गॉथिक
युवशस्	युंग्स (श > ग)
शतम्	हुंद (त > द)
सप्तम्	सिबुन (प > ब)

इसी काल में कुछ अन्य महत्वपूर्ण ध्वनि नियम स्थापित हुए जिनसे भारोपीय परिवार के पारस्परिक सम्बन्धों की स्थापना में आने वाली विषमताओं का समाधान किया जा सका। वी, थाम्सन तथा कालित्ज ने तालव्य नियम (Palatal law) की खोज की जिसके अनुसार मूल भारोपीय भाषा की कंठोष्ठ्य तथा शुद्ध कंठ्य ध्वनियों (क्व, ग्व तथा क् ग्) के तत्काल बाद यदि इ अथवा ए होता है तो इनका रूपान्तरण भारत-ईरानी शाखा में च वर्ग (तालव्य) ध्वनियों में हो जाता है। जैस—

भारोपीय	संस्कृत
किद्	चिद्
क्व	च

ध्वनि अपवादों की व्याख्या आगत शब्दों तथा सादृश्य के आधार पर की गयी है। किसी पड़ोसी भाषा से शब्दों के आगमन के कारण भी ध्वनि परिवर्तन की प्रक्रिया अनियमित दिखाई देने लगती है। यह अनियमितता ऐसे शब्दों के कारण और भी भ्रामक होती है जिनकी अर्थ और ध्वनि व्यवस्था समान होती है। लैटिन भाषा में लाल रंग को सूचित करने वाला एक शब्द है 'रुफूस' और दूसरा शब्द है 'रूबेर', पहले शब्द में लैटिन के ध्वनि नियम के विपरीत ब के स्थान पर फ आया है। इसकी अनियमितता के लिए यही तर्क दिया जा सकता है कि 'रुफूस' निकट पड़ोसी भाषा से ग्रहण किया गया है।

ध्वनि नियम के अपवादों की व्याख्या के लिए भी 'सादृश्य' का सहारा लिया गया। अपभ्रंश में मध्यम पुरुष षष्ठी एकवचन का रूप तुज्झ होता है और उत्तम पुरुष का रूप मज्झ किन्तु तुज्झ के अनुकरण पर मज्झ का रूपान्तर मुज्झ

हो गया। हिन्दी मुझको मानक मान लिया गया। इसी तरह 'देहाती' के सादृश्य पर लोग शहराती शब्द का प्रयोग कर देते हैं। अंग्रेजी भाषा के नियमों को अच्छी तरह से न जाननेवाले नवाभ्यासी प्रयोगक्ता टूथस, चाइल्ड्स का प्रयोग करते देखे जाते हैं। यद्यपि व्याकरणिक नियमों के द्वारा ऐसे असाधु सादृश्यमूलक प्रयोगों को अनुशासित करने की कोशिश होती रहती है किन्तु कुछ प्रयोग अनुशासन की मर्यादा को तोड़कर अपना महत्व बना लेते हैं और कालान्तर में उन्हें मान्यता प्रदान कर दी जाती है। सादृश्य या नियमित अनुरूपता किसी काल विशेष का गुण नहीं है बल्कि भाषा-विकास के हर युग में इसकी सक्रियता परिलक्षित होती है। 'सादृश्य' के आधार पर मूल भारोपीय परिवार की ध्वनियों की पुनः निर्मित तथा विभिन्न भाषाओं में उनके विकास की भेदक स्थितियों को निर्धारित किया गया है। ग्रीक शब्द 'गेनोस्' लैटिन 'जेनुस्' एवं संस्कृत 'जनस्' (परिवार या जाति) तथा अन्य प्रयोगों के आधार पर मूल भारोपीय की पुनर्निर्मित ध्वनि 'स' के परवर्ती विकास के सम्बन्ध में निम्नलिखित ध्वनि-नियम निर्धारित किये गये हैं—

1. संस्कृत में मूल स् प्रायः सुरक्षित है।

2. ग्रीक में व्यंजनों के बीच तथा पद के अन्त में यह सुरक्षित है किन्तु शब्दारंभ में 'ह' में परिवर्तित हो गयी है जैसे हेप्ता (संस्कृत सप्त)।

3. लैटिन में व्यंजनों के आदि या अन्त में संयुक्त स्थिति में, पद के आदि या अन्त में स्वतंत्र रूप से आने पर यह सुरक्षित रहती है किन्तु स्वरों के बीच में आने पर इसका रूपान्तरण र में हो गया है जैसे जेनेसिस् से जेनेरिस।

ग्रीक और लैटिन दोनों भाषाओं में ध्वनि नियमों के अपवाद दृष्टिगोचर होते हैं। भारोपीय की अन्य ध्वनियों के लिए भी उपर्युक्त परिवर्तनों की दृष्टि से नियमितता स्थापित होती है। 'आदर' के लिए 'लैटिन' में आरंभिक शब्द 'ओनोस' (Honos) था जो बाद के लेखकों में ओनोर (Honor) के रूप में व्यवहृत मिलता है। इस शब्द के अन्य रूप ओनोरिस् तथा ओनोरम् हैं। 'ओनोस' में स सुरक्षित है। बाद में उसके स्थान पर र आ गया। लैटिन में बहुत से नाम वाची शब्द र से युक्त है जैसे आमोर=प्यार, लाबोर=श्रम आदि। इन सबके सादृश्य के कारण ही ओनोस, ओनोर में परिवर्तित हो गया।

तुलनात्मक पद्धति की महत्ता के कारण तुलनात्मक भाषाविज्ञान सामान्य भाषाविज्ञान के अन्तर्गत व्याख्याकारी विज्ञान के रूप में स्थापित हो गयी है। इसमें इस तथ्य पर बल दिया जाता है कि भाषाएँ परिवर्तनशील हैं और विविध भाषाएँ कमोवेश एक-दूसरे से सम्बद्ध भी होती हैं। भाषाओं की परिवर्तनशीलता तथा पारस्परिक सम्बद्धता को निर्दिष्ट करने वाली प्राक्कल्पनाएँ जड़ नहीं होती हैं उनमें समय-समय पर बेहतर वैज्ञानिक प्राक्कल्पनाओं के आने पर परिवर्तन भी होता है। भाषाओं में परिवर्तन मात्र कालगत ही नहीं है बल्कि उनके परिवर्तन में भौगोलिक तथा सामाजिक स्थितियों का भी प्रभाव पड़ता है। सैद्धान्तिक भाषाविज्ञान के निर्माण में तुलनात्मक भाषाविज्ञान ने महत्वपूर्ण योगदान किया है।

भाषा-विकास की मान्यता का प्रभाव यह पड़ा कि बोलचाल की भाषा की तुलना में पुरानी आदर्शात्मक भाषा की अनावश्यक ढंग से स्थापित महत्ता कम हो गयी। तुलनात्मक भाषाविज्ञान में यद्यपि 'लिखित भाषा अपने समय की बोलचाल की भाषा की अपेक्षा कुछ सीमा तक पुरानी होती हैं' के सिद्धान्त को मानकर ध्वनि परिवर्तनों का विवेचन लिखित रूप में होने वाले वर्ण परिवर्तनों के रूप में की जाती रही।

श्रेण्य भाषाओं से बोलियों के विकास का तथ्य भी उन्नीसवीं शताब्दी के भाषा वैज्ञानिकों द्वारा अमान्य सिद्ध कर दिया गया। बोलियों का विकास स्वतंत्र रूप से हुआ है वे भाषाओं की विकृति नहीं हैं। व्याकरणिक ढाँचे तथा रचनात्मकता की दृष्टि से उनकी अपनी नियमितताएँ हैं। कोई बोली ही सामाजिक, राजनीतिक तथा सांस्कृतिक कारणों से श्रेण्य भाषा बन जाती है। संसार की विविध भाषाओं का निर्माण किसी बोली के आधार पर ही हुआ है।

तुलनात्मक भाषाविज्ञान में यह प्रदर्शित किया गया है कि भाषाओं का निरन्तर विकास होता रहता है। आदर्श भाषाएँ भी इस विकास क्रम की एक सीढ़ी होती हैं। किसी आदर्श भाषा के व्याकरणिक तत्त्वों को सार्वभौमिक सत्य मानकर आगे आने वाली भाषाओं के ऊपर आरोपित नहीं किया जा सकता है।

आधुनिक अध्ययन पद्धति से सम्पन्न कार्य

बीसवीं शताब्दी में भाषाविज्ञान के अध्ययन-क्षेत्र में उल्लेखनीय परिवत्र्तन घटित हुए। भाषाविज्ञान को नयी दिशा देने वाले विद्वानों में ल्योनार्ड ब्लूमफील्ड, जेस्पर्सन, डेनियल, जोन्स, हॉकेट, ग्लीसन, ह्वार्फ, हाल आदि भाषा-वैज्ञानिकों के नाम लिये जाते हैं। ब्लूमफील्ड अमेरिकी भाषा वैज्ञानिक थे। इनका प्रसिद्ध ग्रन्थ 'लैंग्वेज' वर्णनात्मक भाषाविज्ञान की एक उल्लेखनीय कृति है। इन्होंने भाषा तथा ध्वनि-परिवर्तन को पृथक् तत्व माना। अमेरिकी आदिवासियों की बोलियों का इन्होंने गहन अध्ययन किया।

आट्टो जेस्पर्सन रचित 'भाषा-प्रकृति, विकास और उद्‌भव' भाषा-विज्ञान की चर्चित कृति है। इन्होंने 'व्याकरण दर्शन', 'अंग्रेजी भाषा के मूल तत्त्व' शीर्षक ग्रन्थों में अपने भाषासम्बन्धी विचारों को व्यक्त किया।

आधुनिक भाषाविज्ञान का यदि किसी एक व्यक्ति को जनक माना जाये तो वह व्यक्ति फर्दिनां दे सौस्यूर है। इस विद्वान् के मरणोपरान्त विद्यार्थियों को इसके द्वारा दिये गये नोट्स को पुनर्गठित करके 'सामान्य भाषाविज्ञान का पाठ्यक्रम' (जिसका फ्रेंच शीर्षक कूर्स द लिंग्विस्तीक जेनेरल) शीर्षक से प्रकाशित किया गया। भाषाविज्ञान को उसके वर्तमान रूप में स्वतंत्र विषय के रूप में शुरू करने का श्रेय सौस्यूर को ही है। इस विद्वान् ने भाषिकी के उन मूलभूत तथ्यों का विवेचन तथा उन विशिष्टताओं का उद्‌घाटन किया जिनकी मान्यता सार्वभौमिक भाषिक तत्त्वों के रूप में है। आधुनिक भाषाविज्ञान में जितने भी वाद चल

निकले हैं वे सभी किसी न किसी रूप में 'सौस्यूर' के द्वारा प्रतिपादित विचारों से प्रभावित हैं।

आधुनिक भाषाविज्ञान की प्रमुख विशेषताएँ अधोलिखित हैं—

1. आधुनिक पद्धति में बोलचाल की भाषा को प्राथमिकता दी गयी है। चूँकि बोलचाल की भाषा को दूसरे उपायों, ध्वनि-प्रतीकों या लिपि के द्वारा लिखने की परम्परा बाद की है, संसार में ऐसी अनेक बोलियाँ शताब्दियों तक बिना किसी लेखन-प्रणाली के चलती रही है, इसलिए बोली को लिखित भाषा की अपेक्षा पूर्वतर मानने में कोई कठिनाई नहीं है। लेखन-प्रणाली और भाषा में कोई सहसम्बन्ध नहीं होता। इसीलिए कभी-कभी जब कोई भाषा किसी भिन्न लिपि में लिखी जाती है तो उसमें वास्तविक परिवर्तन नहीं होता। यदि कहीं परिवर्तन दिखाई देता है तो वह लिपि की अपनी सीमा होती है। रोमन लिपि में लिखी जाने वाली अंग्रेजी को जब देवनागरी में लिखते हैं तो कुछ ध्वनियों में थोड़ा-सा अन्तर आता जान पड़ता है; जैसे—डॉक्टर, डॉग, टोमैटो आदि। विविध कारणों से हम कुछ लिखित शब्दों को अलग-अलग पहचान कर लेते हैं जबकि उनके उच्चरित रूप का अलगाव संभव नहीं हो पाता; जैसे—Great—Grate, Meat—Meet, इसी तरह कुछ शब्द लेखन में तो समान होते हैं किन्तु उच्चारण में भेद होता है; जैसे—Read (रेड-रीड) Lead (लेड-लीड)। ध्वनियों की उच्चारण-पद्धति समय-समय पर बदलती रहती है किन्तु लिपि-चिह्नों में उस परिवर्तन का अंकन नहीं हो पाता। किसी भाषा का प्रचार-प्रसार जब विविध भाषा-भाषियों तथा शिक्षितों-अशिक्षितों के बीच व्यापक हो जाता है तो अक्षर-विन्यास एवं उच्चारण में भेद बढ़ता जाता है। इन भेद को समाप्त करने के लिए समय-समय पर लिपि-सुधार करने की आवश्यकता होती है।

उच्चरित भाषा का पूर्ण रूपान्तरण लिखित भाषा में संभव नहीं हो पाता। सुरों और बलाघातों की विविध स्थितियाँ, जो वक्ता के द्वारा बोलचाल के धरातल पर प्रयुक्त होती हैं, उन सभी को प्रतीकों के माध्यम से व्यक्त नहीं किया जा सकता। लिपि की कमियों के निराकरण के लिए विराम-चिह्न विस्मयादिबोधक चिह्न, तिर्यक, मोटे टाइप आदि माध्यमों को अपनाया जाता है; किन्तु इनसे लिपि की कमी अच्छी तरह से पूरी नहीं हो पाती है। वक्ता और श्रोता के आमने-सामने रहने पर वक्ता की अनेक मुद्राएँ और भंगिमाएँ भाषा में निहित भावों की जितनी सूक्ष्मता और विविधता से संकेतित करती हैं उतनी सामान्यत: लिखित भाषा में संभव नहीं हो पाता।

लिखित और प्रयुक्त भाषा में विकास की गति भिन्न होने के कारण शब्दावली और व्याकरण के धरातल पर दोनों में भेद बढ़ता जाता है। संस्कृत के बहुत से शब्द हिन्दी में यथावत लिखे तो जाते हैं किन्तु उनके उच्चारण का मूल रूप खो चुका है। हिन्दी की बोल-चाल में हाँथ, दुनियाँ बोलते हैं किन्तु लेखन में हाथ, दुनिया ही सही माने जाते हैं। फ्रेंच के वर्तमान प्रयुक्त रूप तथा पुराने लिखित रूप में अन्तर आ गया है। व्याकरणिक दृष्टि से असम्बद्ध कई शब्द फ्रेंच

में हैं जिनका लेखन तो अलग-अलग होता है किन्तु उच्चारण एक ही है; जैसे—Cou (ग्रीवा), Cout (मूल्य), Coup (ध्यान) तीनों का उच्चारण है कू। वाक्यों के उच्चारण में भी यह स्थिति है। लिखित और बोलचाल की भाषा का विकासात्मक सम्बन्ध विभिन्न भाषाओं में भिन्न प्रकार का होता है, इसलिए उसकी पहचान बहुत आसान नहीं होती। किन्तु परम्परावादी साहित्यिक भाषा को ही शुद्ध या परिनिष्ठित मानते हैं। वे इस तथ्य पर बल देते हैं कि भाषा की बोलचाल की भ्रष्टता से बचाने का यत्न करना चाहिए।

आधुनिक भाषा-वैज्ञानिक इसे वर्णनात्मक विज्ञान मानने के पक्ष में हैं। परम्परागत व्याकरण में भाषा की साधुता या शुद्धता तथा अपभ्रष्टता का जो प्रश्न उठाया गया है वह अतर्क्य ढंग से स्वीकार्य नहीं हो सकता। शुद्धता का कोई निरपेक्ष प्रतिमान होता ही नहीं। किसी काल विशेष में भाषा के जो रूप मानक होते हैं, दूसरे काल में उनका बदला हुआ रूप मानक बन जाता है। व्याकरणिक अनुशासन के बावजूद भाषा के विकास को अवरुद्ध करना किसी के बूते की बात नहीं है। किसी क्षेत्र विशेष की बोली को मानक मानकर किसी अन्य क्षेत्र के निवासियों द्वारा उनके प्रयोग को अशुद्ध कहना कहाँ तक उचित है। वास्तव में अलग-अलग क्षेत्रों में प्रयुक्त भाषा के विविध रूप एक-दूसरे के प्रतिरूप हैं। सामाजिक या धार्मिक क्षेत्र में भिन्न प्रतीत होने वाले भाषा-प्रयोग अपने स्वतंत्र प्रतिमानों की दृष्टि से आदर्श और शुद्ध प्रयोग हैं। इस मान्यता को स्वीकार करके चलने से भाषा के विवेचन को नयी दिशा मिल जाती है।

आधुनिक पद्धति में श्रेण्य तथा व्यावहारिक एवं सभ्य तथा असभ्य सभी भाषाओं को समान महत्व प्राप्त है। कोई जाति चाहे जितनी पिछड़ी हो, उसके द्वारा प्रयुक्त भाषा उसकी सामाजिक या भावात्मक आवश्यकताओं की पूर्ति करने में पूर्णतया सक्षम होती है। अतीत भाषा में व्यक्त ज्ञान की अधिगृहीत करने के लिए हमें अतीत भाषा की पारिभाषिक शब्दावली को समझने की योग्यता हासिल करनी होती है। हमारी वर्तमान भाषा की शब्दावली पूरी तरह उन विचारों को रूपायित नहीं कर पाती। उदाहरण के लिए यदि हम वैदिक साहित्य का अध्ययन करने में प्रवृत्त हों तो हम पायेंगे कि बहुत से शब्द हमारे लिए अपरिचित हैं, परिचित हैं तो भिन्न अर्थ के सूचक हैं, इसके माने यह तो नहीं कि हमारी वर्तमान भाषा हीन है। हिन्दी के लिए तो प्रायः यह आरोप लगाया जाता है कि यह भाषा ज्ञान-विज्ञान को व्यक्त करने में पूरी तरह से सक्षम नहीं हुई। वास्तव में नयी चीजों के आविष्कार या व्यवहार के लिए हमें पुरानी भाषा या विदेशी भाषा से शब्दों को उधार लेना पड़ता है। यह स्थिति सभी भाषाओं में होती है।

आधुनिक पद्धति में समकालिक अध्ययन को ऐतिहासिक या काल-क्रमिक अध्ययन की अपेक्षा प्राथमिक माना गया है। समकालिक अध्ययन की सीमा जीवित भाषाओं तक ही अन्त नहीं हो जाती, हम तथाकथित मृत भाषाओं का भी अध्ययन कर सकते हैं। इसका परिणाम यद्यपि जीवित भाषा की अपेक्षा हीन

होगा क्योंकि मृत भाषा के जनप्रयोग का साक्ष्य मिट चुका होता है। तुलनात्मक भाषाविज्ञान में कालक्रमिक अध्ययन की प्रमुखता थी। आधुनिक भाषाविज्ञान के जनक कहे जाने वाले सौरयूर ने भाषा की उपमा शतरंज के खेल से देकर समकालिक अध्ययन में कालक्रमिक अध्ययन की असम्बद्धता को निरूपित किया। सौस्यूर का कथन है कि सभी भाषाएँ निरन्तर परिवर्तनशील होती हैं। जिस प्रकार शतरंज के खेल में चौपड़ की स्थिति निरन्तर बदलती रहती है। किसी एक चाल की स्थिति का वर्णन उस क्षण में विविध स्थलों पर रखे गये मोहरों के आधार पर ही की जा सकती है। इसके लिए शतरंज के खिलाड़ी की पूर्व चालों का उल्लेख अपेक्षित नहीं है। इसी तरह से भाषा के वर्तमान स्वरूप का विवेचन तत्कालीन सामाजिक या भौगोलिक परिस्थितियों के परिप्रेक्ष्य में पूर्वतर स्थितियों से निरपेक्ष रहकर किया जा सकता है।

आधुनिक भाषाविज्ञान में 'संरचनावाद' को प्रमुखता दी गयी है। इसमें किसी काल विशेष की भाषा को सम्बन्धों की एक सुग्रथित प्रणाली माना गया है। भाषा संरचना का विवेचन मुख्यतया अनुभूतिपरक साक्ष्य को स्वीकार करता है।

इसी संदर्भ में सौस्यूर द्वारा प्रयुक्त लाङ् और पारोल का जिक्र किया जाना अपेक्षित है। किसी विशिष्ट भाषा-जाति के सभी सदस्य, जब उस भाषा को बोल रहे होते हैं तब वे ऐसी उक्तियों को प्रयुक्त करते हैं जिन्हें व्यक्तिगत विभेदों के रहते भी नियमों और सम्बन्धों की एक विशिष्ट प्रणाली के अन्तर्गत वर्णित किया जा सकता है। इस तरह किसी मात्रा तक उन उक्तियों के संरचनात्मक अभिलक्षण एक ही होते हैं। ये उक्तियाँ 'पारोल्' के उदाहरण हैं, जिन्हें भाषाविद् द्वारा उनके भीतर छिपी सामान्य संरचना 'लाङ्' की रचना के लिए साक्ष्य के रूप में प्रयुक्त किया जाता है। वाक्य लाङ् की इकाई है और उक्ति पारोल् की। वाक्यों और उक्तियों के बीच का भेद आधुनिक भाषाविज्ञान की प्रमुख सैद्धान्तिक मान्यता है।

भाषाविज्ञान और ज्ञान के अन्य अनुशासन

मानव के ज्ञानात्मक क्रिया-कलाप विविध तथा बहुआयामी हैं। सृष्टि का सर्वोपरि प्राणी होने के कारण प्रकृति के विविध रहस्यों को जानने-समझने और उनसे सम्पर्क स्थापित करने की चेष्टा के परिणामस्वरूप ज्ञान की अनन्त दिशाएँ बन गयी हैं। मानव का अपना इतिहास है, अपना परिवेश है, अपनी निजी सामाजिक एवं भौतिक समस्याएँ हैं। जिनके स्मरण, अनुकूलन, सामंजस्य की प्रक्रिया से उसे अनिवार्यतः गुजरना पड़ता है इसलिए किसी न किसी तरह उनमें परस्पर संयोजन तो हो ही जाता है। ज्ञान की अनेक शाखाएँ एक ही ज्ञान-वृक्ष से प्रस्फुटित हुई हैं। इनमें कुछ शाखाएँ एक-दूसरे से मिलकर याँ एक-दूसरे को छूकर जीवन्त होती हैं। कुछ एक-दूसरे से बिलकुल निरपेक्ष और स्वतन्त्र होती हैं। भाषाविज्ञान ज्ञान की ऐसी शाखा है जो कुछ शास्त्रों और विज्ञानों से प्रत्यक्ष रूप से सम्बद्ध है और कुछ के साथ इसका सम्बन्ध बिल्कुल निरपेक्ष है। वनस्पतिविज्ञान के अध्ययन से भाषाविज्ञान का कोई सीधा सम्बन्ध नहीं है, किन्तु भौतिकविज्ञान या शरीरविज्ञान के अध्ययन में भाषाविज्ञान के अध्ययन में काफी सहायता मिलती है। प्राकृतिक विज्ञान, सामाजिकविज्ञान तथा मानविकी के समूह में आने वाले विषयों से भाषाविज्ञन के सम्बन्धों का विश्लेषण आवश्यक है।

प्राकृतिक विज्ञान

शरीरविज्ञान और भाषाविज्ञान—भाषा के उत्पादन में ओठ से लेकर फेफड़े तक के शारीरिक अंगों का प्रत्यक्ष या अप्रत्यक्ष योगदान रहता है। फेफड़े से निकलती हुई वायु स्वर तंत्री, कंठ, तालु, नासिका विवर आदि से टकराकर ध्वनियों को जन्म देती है। ध्वनियों के वर्गीकरण में शारीरिक अंगों तथा प्राण वायु की स्थिति आदि का ज्ञान आवश्यक होता है। अलग-अलग स्थानों पर अलग-अलग प्रयत्नों से ध्वनि का भेद पैदा होता है। इसकी सही पहचान शरीरविज्ञान से परिचित व्यक्ति को ही हो सकता है। शरीरस्थ वागिन्द्रियों का कार्य मुख्यतया ध्वनि पैदा करना नहीं है किन्तु मनुष्य उनसे यह नया कार्य करवाता है। स्वर के आरोह-अवरोह, दीर्घता-ह्रस्वता आदि का ज्ञान शरीरविज्ञान के द्वारा संभव होता है।

भाषा ध्वनि रूप में वक्ता के मुख से निकलकर श्रोता के कान तक पहुँचती है। श्रवणेन्द्रियों के द्वारा उसका ग्रहण कैसे होता है, इसका ज्ञान शरीर-विज्ञान से ही होता है।

भाषाविज्ञान और भौतिकी—वक्ता के मुख से निकली हुई ध्वनियाँ शून्य से होकर श्रोता के कान तक पहुँचती है। ध्वनि एक स्थान से दूसरे स्थान पर कैसे पहुँचती हैं, इस समस्या का निदान प्रस्तुत करती है भौतिकी। मुक्त आकाश में 'ईथर' के द्वारा ध्वनि तरंगों का संचरण होता है। ध्वनि-गति का सम्यक् अध्ययन भौतिकी का विषय है। भाषाविज्ञान को भाषा के इस कार्य-व्यापार की सूक्ष्मता की सूचना भौतिकी के द्वारा ही मिल सकती है।

सामाजिक विज्ञान

भाषाविज्ञान और समाजशास्त्र—समाजशास्त्र मनुष्य के सामाजिक क्रियाकलापों का अध्ययन करता है। सामाजिक क्रियाकलापों में भाषा का प्रमुख स्थान है। सामजिक संगठन में भाषा की महत्त्वपूर्ण भूमिका होती है। सामाजिक सम्बन्धों और परिवर्तनों का प्रभाव भाषा पर पड़ता है और भाषा इन परिवर्तनों को भी तीव्रतर करती है। यदि यह कहा जाय कि एक भाषासमाज भावात्मक दृष्टि से अधिक समीप रहता है तो अत्युक्ति न होगी। चूँकि भावों की अभिव्यक्ति भाषा में होती है, इसलिए समाज को जोड़ने और तोड़ने दोनों में ही भाषा की सक्रिय भूमिका होती है। युद्ध और क्रांति की ललकार, शांति और सहयोग का संदेश भाषा के द्वारा ही दिया जाता है। भाषा का अर्थात्मक क्षेत्र बहुत कुछ सामाजिक ढाँचे से निर्धारित रहता है। 'दास' पहले शूद्र वर्ग का अर्थ द्योतित करता था किन्तु भक्ति आन्दोलन से सामाजिक समता का जो नारा दिया गया उसका परिणाम यह हुआ कि इसका अर्थ उत्कृष्ट हो गया। इस यदि किसी नाम के बाद 'दास' लगा है तो इसका यह तात्पर्य निश्चित रूप से दास नहीं होगा। आधुनिक भारत में जाति-प्रथा काफी शिथिल हो गयी है। जातिवाचक पदवी को लोग स्वेच्छा से धारण करने लगे हैं 'शर्मा' अब नाई, लोहार कोई भी हो सकता है। यह आवश्यक नहीं है वह ब्राह्मण ही हो। इन शब्दों का अर्थ समाज सापेक्ष ही है। इसकी सही स्थिति को पहचानने के लिए समाजशास्त्रीय परिवर्तनों पर दृष्टिपात करना आवश्यक है।

दो भाषा-समाजों के मिलन को भी भाषा के द्वारा विश्लेषित किया जा सकता है। हिन्दी में अरबी-फारसी, अंग्रेजी के शब्दों के आगमन से ही यह पता चल जाता है कि मुसलमानों तथा अंग्रेजों से यहाँ का समाज प्रभावित हुआ है। किसी समाज के रीति-रिवाज तथा परम्परा का ज्ञान किये बिना भाषा का अध्ययन संभव नहीं है।

भाषाविज्ञान और नृवंश (नृतत्त्व) शास्त्र—नृतत्त्व या नृवंशशास्त्र में मानव की उत्पत्ति और विकास का अध्ययन किया जाता है। मनुष्य का विकास प्राकृतिक और सांस्कृतिक दो रूपों में होता है। सांस्कृतिक विकास में भाषा का महत्वपूर्ण स्थान है। आदिम मानव से सम्बन्धित भाषा का सम्यक् अध्ययन किये बिना उसकी अभिरुचि, सामाजिक व्यवस्था, रीति-रिवाज और सृजनशीलता का सम्यक् विवेचन नहीं किया जा सकता है। इस कार्य को सुन्दर बनाने में भाषविज्ञान उसकी सहायता करता है। नृवंशशास्त्र भी भाषाविज्ञान के लिए कुछ ऐसी सामग्री देता है जिससे उसकी भाषागत समस्याओं का उचित समाधान मिलता है। प्रजातीय सम्बन्धों, मिश्रणों आदि का भाषा पर कहाँ तक असर पड़ता है इसकी जानकारी नृवंशशास्त्र के सहारे ही मिलती है। मनुष्य की आरम्भिक भावात्मक प्रवृत्ति ने पद्य माध्यम को और बौद्धिकता ने गद्य माध्यम को विकसित किया। भाषा की सूक्ष्म विवेचन-क्षमता से मानव की चिन्तनशीलता के स्तर को आँका जा सकता है। इस तरह हम देखते हैं कि भाषाविज्ञान और नृवंशशास्त्र एक-दूसरे के अध्ययन से सहायक सिद्ध होते हैं।

भाषाविज्ञान और भूगोल—भूगोल में भू-मंडल की आकृति, जलवायु, मानव-आवास, उपज, खनिज-उत्पादन आदि का अध्ययन किया जाता है। भौगोलिक संरचना तथा परिवेश का भाषा पर भी प्रभाव पड़ता है। कुछ भाषा-वैज्ञानिकों का विचार है कि जलवायु का असर मानव की उच्चारण-पद्धति पर भी पड़ता है। शीत प्रदेश के लोगों का मुँह अधिक नहीं फैलता है, इसीलिए उनके द्वारा उच्चरित ध्वनियाँ बहुत स्पष्ट नहीं रहती हैं। अंग्रेजी में बहुत-सी ध्वनियों का अनुच्चरित रह जाना जीभ के अत्यधिक तोड़-मरोड़ न कर पाने के कारण है। भाषाओं के सीमा-निर्धारण में भूगोल का ज्ञान काफी सहायता करता है। सीमावर्ती बोलियों में पारस्परिक सम्मिश्रण के कारण उनकी भौगोलिक सीमा निर्धारण भाषाविज्ञान की सहायता से किया जाता है।

भाषा के क्षेत्रीय विस्तार तथा सीमित दायरे का कारण भी भूगोल होता है। किसी छोटे से क्षेत्र में अनेक बोलियों का विकास भू-आकृति से उत्पन्न अवरोधों के कारण होता है। पहाड़ी क्षेत्रों तथा दुर्गम जंगली क्षेत्रों में अनेक बोलियों का निर्माण पारस्परिक सम्पर्क के अभाव के कारण होता है। एक ही भाषा-भाषी जाति भिन्न-भिन्न भौगोलिक क्षेत्रों में बँटकर नये ढंग से भाषा को विकसित करती है।

स्थानों का नामकरण भौगोलिक, आर्थिक या उपज सम्बन्धी तत्त्वों पर निर्भर करता है। सैंधव (नमक), केसर आदि नाम उत्पादन-क्षेत्र की प्रमुखता के द्योतक हैं।

भाषाविज्ञान और इतिहास—इतिहास अतीत की राजनीतिक, सामाजिक, धार्मिक स्थितियों का विकासारात्मक अध्ययन प्रस्तुत करता है। इतिहास की घटनाओं का भाषा पर गहरा प्रभाव पड़ता है। भाषा के स्वरूपात्मक परिवर्तन हेतु ऐतिहासिक घटनाएँ पर्याप्त जिम्मेदार होती हैं। राजनीतिक विप्लव, आक्रमण या अन्य कारणों से स्थानान्तरित होने वाली जाति जब दूसरी भाषा जाति के सम्पर्क में आती है तो भाषिक परिवर्तन की गति तेज हो जाती है। आभीर आदि जातियों ने भारत में आकर यहाँ की प्रचलित प्राकृतों को बदलकर अपभ्रंश में ढाल दिया। उनके विचारों, रीति-रिवाजों, मान्यताओं तथा धार्मिक आस्था से सम्बन्धित बहुत-सी शब्दावली का भाषा में प्रवेश हुआ। भारतीय भाषाओं में विदेशी शब्दों के समावेश का कारण ऐतिहासिक है। इतिहास से ही यह ज्ञात होता है कि सोने की चिड़िया समझा जाने वाला भारत सदैव विदेशियों की धन लोलुपता का शिकार होता रहा है। समय-समय पर उनके आक्रमण होते रहे हैं। कुछ विदेशी जातियों का यहाँ राजनीतिक आधिपत्य भी स्थापित हुआ। इन्हीं कारणों से भाषा में विदेशी तत्त्वों का समावेश हुआ।

धार्मिक प्रभाव से भी भाषा में परिवर्तन होता है। जब कोई जाति परम्परागत धर्म को छोड़कर किसी दूसरे धर्म की ओर उन्मुख होती है तो वह उस धर्म से सम्बद्ध कुछ नये शब्दों को ग्रहण कर लेती है। हिन्दी के निर्माण में अनेक धर्मों के मानने वाले लोगों का योगदान है, इसीलिए उसमें हर तरह की शब्दावली देखी जा सकती है। फारसी में अरबी शब्दों के समावेश का सामान्यतः कोई औचित्य नहीं दिखाई देता। क्योंकि दोनों अलग-अलग परिवारों से सम्बद्ध हैं। इसका सही कारण इतिहास ही बता सकता है। सातवीं शताब्दी के बाद अरबों का ईरान पर कब्जा हो गया और सारा देश इस्लाम को मानने के लिए बाध्य हुआ। इसी से फारसी में हजारों शब्द अरबी से आ गये। दक्षिण-पूर्व एशिया की भाषाओं में संस्कृत शब्दों की उपस्थिति यह सूचित करती है कि यहाँ भारतीयों ने प्राचीनकाल में उपनिवेश स्थापित किये थे।

भाषाविज्ञान और मनोविज्ञान—भाषा में व्यक्त होने वाले विचार या भाव अमूर्त्त अवस्था में मन में ही अवस्थित रहते हैं। अमूर्त्त भावों तथा विचारों का अध्ययन मनोविज्ञान में किया जाता है। वक्ता या श्रोता भाषा प्रयोग के समय विभिन्न प्रकार की अनुक्रिया करते हैं। वक्ता के मन में पहले यह भावना आती है कि श्रोता में किस तरह की अनुक्रिया करते हैं। वक्ता के मन में पहले यह भावना आती है कि श्रोता में किस तरह की अनुक्रिया पैदा करनी है। भावात्मक सम्प्रेषणों में तो मानसिक क्रिया-प्रतिक्रिया की प्रत्यक्ष भूमिका रहती है। किसी के प्रति प्रेम प्रदर्शित करने या घृणा व्यक्त करने के लिए भाषा का चुनाव मन में ही कर लिया जाता है। प्रभावगत तीव्रता भी भाषा प्रयोग पर ही निर्भर करती है।

भाषा के अर्थ ग्रहण की प्रक्रिया मानसिक स्थिति पर निर्भर करती है। एक ही वाक्य अलग-अलग मानसिक स्थिति में अलग-अलग प्रभाव छोड़ता है। किसी वस्तु या व्यक्ति पर नाराज हुए व्यक्ति के आगे जब उस वस्तु या व्यक्ति का नाम आता है तो क्रोध से उबल उठता है। द्रौपदी के एक ही कटु वाक्य से महाभारत जैसा भयानक युद्ध हो गया। शब्दों का मन पर अनुकूल या प्रतिकूल प्रभाव कैसे पड़ता है, इसका विवेचन मनोविज्ञान ही कर सकता है। शब्दों में निहित वस्तुओं, भावों तथा विचारों का संप्रत्यय मनुष्य के मस्तिष्क में निर्धारित हो जाता है। एक व्यक्ति जब दूसरे व्यक्ति के आगे उन शब्दों का प्रयोग करता है जिनके अभिप्राय से दोनों परिचित हैं तो उसी तरह का संप्रत्यय श्रोता के मस्तिष्क में उद्‌बुद्ध हो जाता है। भाषा से वक्ता और श्रोता दोनों मानसिक स्तर पर एक-दूसरे से जुड़ जाते हैं। यदि वक्ता और श्रोता के मानसिक धरातल में बहुत अधिक स्तर-भेद होगा तो दोनों के बीच भाषा का हर तरह का प्रयोग पूरी तरह नहीं समझा जा सकेगा।

मानसिक रूप से विक्षिप्त तथा अविकसित व्यक्ति जब भाषा प्रयोग करता है तो बिना किसी विशेष चिकित्सकीय जाँच के पता चल जाता है कि वह सामान्य स्थिति में नहीं है। अर्थ प्रक्रिया तथा परिवर्तन के अध्ययन में मनोविज्ञान का परिचय पर्याप्त सहायक होता है। मनोवैज्ञानिक कारणों से अर्थ नियंत्रित होते हैं या परम्परागत अर्थ में परिवर्तन हो जाता है। भयावह तथा दुखद वस्तुओं तथा घटनाओं के लिए अच्छे शब्दों का प्रयोग मनुष्य की मानसिक अवस्था का ही सूचक है। 'चेचक' को माता निकलना या देवी निकलना इसीलिए कहा जाता है कि उसकी भयंकरता तथा उपचारहीनता को भयभीत कर देती है। इससे सिद्ध होता है कि भाषाविज्ञान और मनोविज्ञान का बहुत घनिष्ठ सम्बन्ध है।

भाषाविज्ञान और दर्शन—भाषाविज्ञान और दर्शन का गहरा सम्बन्ध है। भाषा के अर्थ पक्ष पर गम्भीर विचारों की परम्परा दर्शन से ही शुरू हुई है। ग्रीस और भारत दोनों स्थानों पर भाषा विवेचन में दार्शनिकों ने रुचि प्रदर्शित की है। प्लेटो, अरस्तू ने भाषा के विषय में जो मत प्रस्तुत किये आगे आने वाले भाषा चिन्तन पर उनका प्रभाव बना रहा। भारत में वाणी के जो चार रूप माने गये हैं वे दर्शन से ही सम्बद्ध हैं। परा, पश्यन्ती, मध्यमा और वैखरी आदि भेदों का आधार दर्शन ही है। वैयाकरणों का स्फोटवाद दर्शन पर आधृत है।

भाषाविज्ञान और मानविकी

भाषाविज्ञान और साहित्य—भाषा का सृजनात्मक रूप ही साहित्य है। इसकी मौखिक तथा लिखित दोनों ही परम्पराएँ मिलती हैं। लिखित परम्परा से प्राप्त साहित्य के माध्यम से भाषा का ऐतिहासिक अध्ययन किया जाता है। जिस भाषा का साहित्य उपलब्ध नहीं होता उसका तुलनात्मक तथा ऐतिहासिक

अध्ययन सम्भव नहीं होता है। ऋग्वेद की प्रांजल तथा उत्कृष्ट भाषा को देखने से लगता है कि इसके पहले भी भाषा थी किन्तु उसका साहित्य उपलब्ध न होने के कारण उसके विषय में निश्चित रूप से कुछ कहना सम्भव नहीं हो पाता। संसार की प्रमुख भाषाओं में प्राप्त साहित्य के तुलनात्मक अध्ययन के द्वारा उनकी पारिवारिक एकता का निष्कर्ष निकाला गया।

भाषाविज्ञान के अध्ययन से साहित्य की कतिपय समस्याओं का निदान आसानी से हो जाता है। शब्दों के स्वरूप-परिवर्तन तथा अर्थ-परिवर्तन से सम्बद्ध अनेक तथ्यों का सकारण विवेचन भाषाविज्ञान में होता है। इससे साहित्य की समझ सुन्दर हो जाती है। गर्भिणी और गाभिन, स्थान और थान के अन्तर के कारण को भाषाविज्ञान ही निर्दिष्ट करता है। असुर और सूर में अर्थ का पारस्परिक परिवर्तन क्यों और कैसे हो गया इसका उत्तर भाषाविज्ञान देता है। इस तरह हम देखते हैं कि भाषाविज्ञान और साहित्य एक-दूसरे के अध्ययन में पर्याप्त सहायता देते हैं।

भाषाविज्ञान और व्याकरण—व्याकरण को भाषाविज्ञान की एक शाखा माना जा सकता है। व्याकरण में भाषा का वर्णनात्मक विवेचन होता है। किन्तु भाषाविज्ञान और व्याकरण के वर्णनात्मक विवेचन में उल्लेखनीय भेद परिलक्षित होता है। भाषाविज्ञान किसी भाषा की सम्पूर्ण संरचनात्मक विशेषताओं को उद्घाटित करता है। आवश्यकतानुसार वह अन्य भाषाओं के साथ विवेच्य भाषा की तुलना भी करता है। व्याकरण में प्राय: भाषा के आदर्शात्मक स्वरूप का विवेचन किया जाता है। उसकी दृष्टि प्राय: भाषा प्रयोग की शुद्धता तथा अशुद्धता की ओर रहती है। व्याकरण में कुछ प्रयोगों को मानक मान लिया जाता है और यह अपेक्षा की जाती है कि समस्त देशी वक्ता भाषा का शुद्ध प्रयोग करें अर्थात् उन मानक प्रयोगों को ही स्वीकार करें जो व्याकरण के द्वारा मान्य ठहराये गये हैं। व्याकरण के अनुशासन से च्युत प्रयोगों को वैयाकरण असाधु प्रयोग कहकर मुक्त हो जाता है जबकि भाषा-वैज्ञानिक साधु-असाधु सभी प्रयोगों का सकारण विवेचन करने का प्रयास करता है। भाषाविज्ञान का अध्ययन-क्षेत्र व्याकरण की अपेक्षा अधिक विस्तृत है। व्याकरण की तरह इसमें संज्ञा, सर्वनाम, क्रिया, प्रत्यय जैसे कुछ सीमित तथ्यों का ही विवेचन नहीं होता बल्कि ध्वनि, ध्वनि-प्रक्रिया, ध्वनि-परिवर्तन वाक्य-रचना, अर्थ आदि का भी विवेचन किया जाता है। भाषाविज्ञान में भाषाओं का सम्यक् अनुशीलन करके नये नियमों का निर्माण किया जाता है और व्याकरण में कुछ निश्चित नियमों की कसौटी पर भाषा का विश्लेषण-विवचन किया जाता है। व्याकरण की तरह भाषाविज्ञान की पद्धति एककालिक मात्र नहीं है बल्कि कालक्रमिक भी है। इसमें भाषा का ऐतिहासिक तथा तुलनात्मक अध्ययन भी सम्मिलित किया जाता है।

कालक्रमिक अध्ययन में समय-समय पर लिखे गये व्याकरण की सामग्री का ही उपयोग किया जाता है। संस्कृत, प्राकृत तथा अपभ्रंश के व्याकरण से ही हमें भाषा के ऐतिहासिक स्वरूप का ज्ञान होता है। ध्वनियों की उच्चारणात्मक स्थिति, शब्द-रचना, वाक्य-रचना आदि से सम्बन्धित प्रभूत सामग्री परम्परागत व्याकरण के द्वारा ही भाषाविज्ञान को प्राप्त हुई है। आधुनिक भाषावैज्ञानिकों द्वारा भाषा विवेचन के नये क्षेत्रों की तलाश के बावजूद व्याकरण के साथ सम्बद्धता प्रदर्शित की गयी है। संदर्भ संवेद्य व्याकरण, रचनात्रणी व्याकरण आदि ऐसे क्षेत्र हैं जो नवीन होते हुए भी पुराने व्याकरण से अपनी सम्बद्धता की सूचना देते हैं। इससे यही सिद्ध होता है कि व्याकरण और भाषाविज्ञान में समानता अधिक है, अन्तर कम है। आधुनिक भाषाविज्ञान में व्याकरण को भी समाहित कर लिया गया है।

भाषा : परिभाषा, प्रकृति, उत्पत्ति, व्यवहार और वर्गीकरण

भाषा

भाषा की व्युत्पत्ति संस्कृत के भाष धातु से हुई है। जिसका अर्थ है बोलना या कहना। प्लेटो ने विचार और भाषा में बहुत अन्तर नहीं माना है। विचार आत्मा की मूक या अध्वन्यात्मक बातचीत है। भाषा की निम्नलिखित परिभाषाएँ की गईं—

स्वीट की परिभाषा है, 'ध्वन्यात्मक शब्दों द्वारा विचारों को प्रकट करना ही भाषा है।'

जेस्परसन का कथन है कि, 'मनुष्य ध्वन्यात्मक शब्दों द्वारा अपना विचार प्रकट करता है। मानव मस्तिष्क वस्तुतः विचार प्रकट करने के लिए ऐसे शब्दों का निरन्तर व्यवहार करता है। इस प्रकार के कार्यकलाप को ही भाषा की संज्ञा दी जाती है।'

बान्द्रिए का विचार है कि, 'भाषा एक प्रकार का चिह्न है। चिह्न से तात्पर्य उन प्रतीकों से है जिनके द्वारा मनुष्य अपना विचार दूसरों पर प्रकट करता है। ये प्रतीक भी कई तरह के हैं जैसे, नेत्र ग्राह्य, कर्ण ग्राह्य एवं स्पर्श ग्राह्य। भाषा की दृष्टि से कर्ण ग्राह्य प्रतीक ही श्रेष्ठ है।'

ब्लॉख तथा ट्रेगर के अनुसार, 'भाषा यादृच्छिक ध्वनि प्रतीकों की ऐसी व्यवस्था है जिसके द्वारा एक समाज वर्ग परस्पर सम्पर्क (संसर्ग) करता है।'

स्त्रुतेवॉ के अनुसार, 'भाषा यादृच्छिक ध्वनि-संकेतों की वह व्यवस्था है जिसके द्वारा सामाजिक समूह के सदस्य परस्पर सहयोग एवं विचार-विनिमय करते हैं।'

बाबूराम सक्सेना के अनुसार, 'जिन ध्वनि-चिह्नों द्वारा विचार विनिमय किया जाता है,उसे भाषा कहते हैं।'

सुकुमार सेन के अनुसार, 'अर्थवान, कंठोद्‌गीर्ण ध्वनि-समष्टि ही भाषा है।'

भाषा की पूर्ण परिभाषा इस प्रकार की जा सकती है 'भाषा ध्वनि प्रतीकों

की एक सुव्यवस्थित प्रणाली है जिसके द्वारा मनुष्य चिन्तन करता है और अपने भावों और विचारों का एक निश्चित भाषा समाज में आदान-प्रदान करता है।'

भाषा की प्रकृति और विशेषताएँ— 1.भाषा की संरचनात्मक व्यवस्था के कुछ निश्चित नियम होते हैं। ये नियम भाषा के द्वारा बच्चों के मस्तिष्क पर आरम्भ से ही आरोपित कर दिए जाते हैं। यह प्रक्रिया सहज रूप से होती है। धीरे-धीरे हर व्यक्ति के अन्दर इन नियमों के आधार पर नए-नए माध्यम से अभिव्यक्ति की शक्ति विकसित हो जाती है। भाषा में सर्जनात्मकता होती है। प्रत्येक भाषा की अपनी निजी व्याकरणिक व्यवस्था होती है।

2. भाषा विकसन शील होती है—इसमें धीरे-धीरे परिवर्तन होता है और वह परिवर्तन कुछ वर्षों बाद भाषा समाज के द्वारा मान्य हो जाता है। भाषा का व्याकरण जब बहुत कठोर हो जाता है तो भाषा जन व्यवहार से कटने लगती है, भाषा का लचीलापन और नए-नए प्रयोगों की छूट उसे दीर्घजीवी बनाती है।

3. भाषा आद्यन्त सामाजिक है—मनुष्य भाषा समाज में रहकर ही भाषा सीखता है, यदि किसी बालक को जन्म लेते ही भाषा समाज से अलग कर दिया जाए तो भाषा नहीं सीख सकता। बच्चा जिस समाज में जन्म लेता है, जिसमें पलता बड़ा होता है वहीं की भाषा सीखता है। बड़े होने पर उसे बौद्धिक प्रयत्न से दूसरी भाषा सीखना पड़ता है। मातृभाषा का सीखना जितना सहज होता है उतना दूसरी भाषा सीखना नहीं।

4. भाषा अर्जित सम्पत्ति है—भाषा का अर्जन परिवार से शुरू होकर सामाजिक क्षेत्र तक पहुँचता है।

5. भाषा की एक परम्परा होती है—उस परम्परा में व्यक्ति द्वारा थोड़ा बहुत बदलाव किया जा सकता है लेकिन समाज द्वारा ग्रहीत परम्परित भाषा को कोई व्यक्ति पूरी तरह बदल नहीं सकता।

6. भाषा अनुकरण से सीखी जाती है—छोटा बच्चा अपने आस-पास के प्रयोक्ताओं द्वारा ध्वनि से निर्मित शब्दों और सांसारिक वस्तुओं के सम्बन्धों को जोड़ने का अभ्यास करता है। भाषा सिखाने में माँ की प्राथमिक भूमिका होती है। इसीलिए बच्चे के द्वारा जो भाषा सीखी जाती है उसे मातृभाषा कहते हैं।

भाषा के दो रूप—वास्तविक भाषा वाचिक होती है अर्थात् बोलचाल की भाषा प्राथमिक है। भाषा को स्थायित्व देने के लिए लिपियों का आविष्कार हुआ। भाषा की लिखित रूप में उपलब्धि उसे देशकाल की सीमाओं से मुक्त कर देती है। लेकिन लिखित भाषा बोल-चाल की भाषा की यथावत अनुकारिता में नहीं होती। दोनों में अन्तर होता है।

भाषा की ऐतिहासिक एवं भौगोलिक सीमाएँ होती हैं—कोई भाषा कुछ शताब्दियों तक ही व्यवहार में रहती है, परिवर्तन के कारण उसके स्थान पर नई

भाषा आ जाती है फिर उसके अस्तित्व का पता लिखित माध्यमों से ही चलता है जैसे वैदिक और संस्कृत का जीवन काल पाँच सौ ईसा पूर्व तक माना जाता है और प्राकृत का पहली सदी से लेकर पाँच सौ सदी तक। संस्कृत का प्रयोग आज भी यद्यपि सांस्कृतिक क्षेत्र में होता है, लेकिन उसके व्यापक बोलचाल का समय बहुत पहले समाप्त हो चुका है। वह सामान्य जन समुदाय की भाषा नहीं है। इसी तरह प्रत्येक भाषा की एक भौगोलिक सीमा होती है। राजनीतिक, सामाजिक या ऐतिहासिक कारणों से भाषा अपनी भौगोलिक सीमा के बाहर भी प्रयोग में लाई जाती है लेकिन दूसरी भौगोलिक सीमा में जाने पर उसके स्वरूप में कुछ न कुछ परिवर्तन हो जाता है। अंग्रेजी का प्रयोग लगभग सम्पूर्ण विश्व में होता है, लेकिन इंग्लैंड की अंग्रेजी की तुलना में अन्य स्थानों की अंग्रेजी में कुछ न कुछ उच्चारणगत अन्तर अवश्य है।

भाषा जटिलता से सरलता की ओर उन्मुख होती है—भाषा का आरम्भिक रूप बहुत जटिल नहीं रहा होगा। व्याकरण आदि का बहुत स्पष्ट विधान नहीं रहा होगा। भाषा की स्पष्टता के लिए ही मनुष्य नियमों का संयोजन करता है। लेकिन धीरे-धीरे यह नियम भाषा को जटिल बना देते हैं। अतः भाषा के सरलीकरण का प्रयत्न किया जाने लगता है। कम से कम नियमों को जानकर भाषा का समुचित व्यवहार किया जा सके इसकी चिन्ता जनमानस में रहती है। इसलिए ऐसे नियमों को छोड़ने का प्रयत्न करता है जिनके न रहने पर विचारों और भावों के सम्प्रेषण में सन्दिग्धता न हो। भाषा में अभिव्यंजना शक्ति का निरन्तर विकास होता है। सभ्यता के विकास के साथ ही भाषा अधिक प्रौढ़ एवं सूक्ष्म होती जाती है।

भाषा की उत्पत्ति के सिद्धान्त

भाषा की उत्पत्ति के विषय में अनेक मत प्रस्तुत किए गए। लेकिन वैज्ञानिक रूप से कोई मत सर्वमान्य नहीं हो सका, जो भी मत प्रस्तुत किए गए हैं उनमें अनेक दोष हैं। भाषा वैज्ञानिकों ने इसीलिये भाषा उत्पत्ति पर विचार करना बन्द कर दिया। 1866 ई० में पेरिस में भाषाविज्ञान परिषद की स्थापना हुई। संस्थापकों ने परिनियमों में स्पष्ट निर्देश किया कि भाषा की उत्पत्ति पर विचार न किया जाए, लेकिन भाषा की उत्पत्ति पर विचार करना भाषा-विज्ञान के क्षेत्र के बाहर की चीज नहीं है। भाषा की उत्पत्ति के विषय में प्रमुख मत निम्नलिखित हैं—

1. दैवीय या ईश्वरीय उत्पत्ति सिद्धान्त—भाषाओं की उत्पत्ति का यह सिद्धान्त प्रायः धर्म ग्रन्थों में व्यक्त हुआ है। भारत में वेदों को अपैरुषेयमाना गया है। वेद वाणी ब्रह्मा के मुख से उत्पन्न हुई। पाणिनि के चौदह सूत्र शिव के डमरू से निकले माने गए हैं। ईसाइयों की मान्यता है कि हिब्रू ईश्वर के द्वारा आदम और हव्वा को दी गई। बाबुल की मीनारवाली घटना के कारण उसी के अनेक रूप हो गए। मुसलमान कुरान को खुदा का कलाम मानते हैं। यदि भाषा ईश्वर

प्रदत्त होती तो संसार की सभी भाषाओं में एकरूपता होती, लेकिन ऐसा नहीं है। संसार के मानव, बच्चे एक तरह रोते हैं, लेकिन उनकी आवाज को भाषाओं में भिन्न-भिन्न तरह से व्यक्त किया जाता है। इसी तरह से कुत्ते का भौंकना समान है लेकिन हिन्दी में उसे भौं-भौं कहते हैं और अंग्रेजी में उसे बाऊ-बाऊ कहते हैं। मनुष्य के अन्दर भाषा व्यवहार की क्षमता है। लेकिन उसे ईश्वर प्रदत्त कहना ठीक नहीं है। कोई बच्चा माँ के पेट से भाषा सीखकर नहीं आता।

2. धातु सिद्धान्त—इस सिद्धान्त की ओर प्लेटो ने संकेत किया था और इसे विकसित किया प्रो० हेस और प्रचार-प्रसार किया डॉ० स्टाइन्थाल ने। इसी को डिंगडाँगवाद भी कहा गया है। संसार में हर चीज की अपनी एक ध्वनि होती है। डिंगडाँग का अर्थ है घंटे पर मारने का शब्द या टनटन। मनुष्य में ऐसी ऐसी मूल शक्ति थी कि वह बाह्य वस्तुओं के सम्पर्क में जब आता था, उनके मुँह से एक प्रकार की ध्वनि निकल पड़ती थी। इन ध्वनियों को ही धातु कहा गया है। इस सिद्धान्त में यह भी मान्यता है कि धातुओं की ध्वनि तथा उनके अर्थ में एक रहस्यपूर्ण रिश्ता था। भाषा के विकास के साथ मनुष्य की वह आदिम शक्ति नष्ट हो गई। इस सिद्धान्त के विरुद्ध कई आपत्तियाँ हैं। यह सिद्धान्त निराधार कल्पना पर आधारित है। संसार की बहुत-सी भाषाएँ ऐसी हैं जिनमें धातु जैसी कोई चीज नहीं है। कुछ विद्वानों का मानना है कि धातुओं की खोज व्याकरणिक विश्लेषण से हुई है जो भाषा विकास के बहुत बाद की चीज है।

3. निर्णय सिद्धान्त—इस सिद्धान्त में यह कहा गया है कि आंगिक संकेतों से काम चलता न देख मनुष्य एक जगह मिलकर कुछ ध्वनि संकेतों और प्रतीकों का निश्चियन किया, वहीं से भाषा की उत्पत्ति है। बिना भाषा ज्ञान के इकट्ठे होना सम्भव नहीं और इकट्ठे होने के बाद यदि उनमें विचार विनिमय करने की क्षमता थी तो फिर भाषा का स्वरूप पहले ही बन चुका था। यह प्रक्रिया भाषा बनने के बाद की हो सकती है पहले की नहीं। अतः यह सिद्धान्त मान्य नहीं है।

4. अनुकरण सिद्धान्त—मान्यता है कि मनुष्य अपने आस-पास के जीवों की ध्वनियों का अनुकरण किया और इसी से भाषा का व्यापक ढाँचा निर्मित हुआ। इस सिद्धान्त से ध्वनिमूलक शब्दों की संरचना पर प्रकाश पड़ता है। लेकिन भाषाओं में ध्वनिमूलक भाषाओं की संख्या बहुत कम है। अधिकांश शब्दों की व्याख्या इस सिद्धान्त से सम्भव नहीं है। कुछ भाषाएँ ऐसी हैं जिनमें ध्वनिमूलक शब्द हैं ही नहीं।

5. मनोभावाभिव्यक्ति सिद्धान्त—इसे आवेग सिद्धान्त या पूह-पुहवाद भी कहते हैं। मनुष्य आरम्भ में भाव प्रधान प्राणी था। सुख, दुःख, घृणा, आवेश, विस्मय के समय उसके मुँह से छिः, ओह, आह, ऊह, किश आदि शब्द सहज ही निकल पड़ते हैं। इस सिद्धान्त को मानने में प्रमुख कठिनाई यह है कि अगर भावावेश से ही शब्द निकले तो उनमें भिन्न-भिन्न भाषाओं में भेद क्यों है। घृणा या प्रेम सूचक शब्द सभी भाषाओं में समान होने चाहिए थे, लेकिन ऐसा नहीं है। इस सिद्धान्त से भी कुछ शब्दों की संरचनागत व्याख्या सम्भव है।

6. यो-हे-हो सिद्धान्त—इसे श्रम ध्वनि सिद्धान्त भी कहते हैं। इस सिद्धान्त के प्रवर्तक हैं न्वायर। परिश्रम करते समय श्वांस तेजी से अन्दर-बाहर होती है। इससे स्वर तंत्रियों का विभिन्न रूपों में कम्पन होता है और कुछ ध्वनियाँ उत्पन्न होती हैं। इससे श्रम का परिहार होता है। मल्लाह लोग नाव खेते समय यो-हे-हो कहते हैं। इसी तरह से मजदूर भारी बोझा उठाते समय आवाज करते हैं। यह सिद्धान्त पूर्व सिद्धान्तों की तुलना में और भी कमजोर है। श्रम परिहार के लिए निकलनेवाली ध्वनियों का प्रतीकार्थ एकदम अस्पष्ट रहते हैं। उनसे भाषा उत्पत्ति कैसे संभव है।

7. इंगित सिद्धान्त—इस सिद्धान्त का सर्वप्रथम संकेत पालिनेशियन भाषा के विद्वान डॉ० राए को है। रिचर्ड ने भी इस सिद्धान्त का समर्थन किया। अलेक्जेण्डर जोहान्सन ने अपने अध्ययनों से इस सिद्धान्त को समर्थन दिया। उन्होंने भारोपीय भाषाओं के अलावा हिब्रू, पुरानी चीनी तुर्की भाषाओं को आधाररूप में ग्रहण किया। इस सिद्धान्त में पहली अवस्था वह है जब मनुष्य ने बन्दरों आदि की तरह अपनी मूल भावनाओं, भय, क्रोध, भूख, प्यास आदि की अभिव्यक्ति के लिए भाव-व्यंजक ध्वनियाँ प्रकट की होंगी। दूसरी अवस्था वह है जब उसने जीव-जन्तुओं और निर्जीव पदार्थों की ध्वनियों का अनुकरण करके शब्द निर्माण किया, तीसरी अवस्था में मनुष्य ने अनजाने में अपने ही अंगों के संकेतों का अनुकरण किया, यह अवस्था महत्त्वपूर्ण है। धीरे-धीरे मानसिक विकास के साथ चौथी अवस्था में सूक्ष्म भावों के व्यंजक शब्दों का निर्माण हुआ होगा, ध्वनियों के साथ अर्थ की सम्बद्धता को निरूपित किया, जैसे 'र' से आरम्भ होनेवाली धातुओं का अर्थ गति है क्योंकि इसके उच्चारण में जीभ भी दौड़ती है। इस मत के द्वारा भाषा के विकास के सम्बन्ध में कुछ महत्त्वपूर्ण तथ्य सामने आते हैं। इसमें जो उदाहरण दिए गए हैं वे प्राचीन भाषाओं पर पूरी तरह लागू नहीं होते। अनुकरण की बात पूरी तरह से सार्थक नहीं प्रतीत होती। इसीलिए इस मत को भी स्वीकृति नहीं मिली।

टाटा सिद्धान्त—इस सिद्धान्त में यह माना जाता है कि आदि मानव काम करते समय काम करनेवाले अवयवों की गति का अनुकरण अपने उच्चारण अवयवों से करता था जिससे कुछ शब्द उच्चारित हो जाया करते थे। इन्हीं ध्वनियों और शब्दों से भाषा का विकास हुआ। यह सिद्धान्त भी इंगित सिद्धान्त से मिलता-जुलता है। आरम्भिक निरर्थक ध्वनियाँ कैसे अर्थवान हो गई इसका स्पष्ट निर्देश इसमें नहीं है।

संगीत सिद्धान्त—इस सिद्धान्त का समर्थन येस्पर्शन ने किया है। इसमें यह मान्यता है कि भाषा की उत्पत्ति खाली समय में उच्चारण अवयवों के गाने के खेल से हुई। आदिम व्यक्ति गुनगुनाने में गाने का अनुभव करता होगा। लेकिन गुनगुनाने से शब्द और उनके अर्थ कैसे हो गए इसका स्पष्ट निर्देश इस मत में नहीं किया गया।

सम्पर्क सिद्धान्त—इस सिद्धान्त के प्रतिपादक जी० रेवेज हैं। इन्होंने माना है कि मनुष्य समाज के अन्य व्यक्तियों के सम्पर्क में आके अपनी भावनाओं की अभिव्यक्ति के लिए स्पर्श के अलावा ध्वनियों का भी उच्चारण करता था। जैसे-जैसे सम्पर्क बढ़ता गया वैसे-वैसे सम्पर्क माध्यम ध्वन्यात्मक शब्दों का विकास होता गया। आरम्भिक सम्पर्क भावात्मक रहा होगा और बाद में विचारात्मक हुआ होगा। आरम्भ में सम्बन्धियों के लिए जो शब्द थे वे क्रिया मूलक थे, संज्ञा मूलक नहीं। शब्द ही वाक्य का काम करते रहे होंगे। बाद में शब्द-शब्द जोड़कर वाक्य बनाए गए। इस सिद्धान्त में मनोवैज्ञानिक ढंग से भाषा की उत्पत्ति के विषय में महत्त्वपूर्ण विचार किया गया। लेकिन इससे भी भाषा की उत्पत्ति की पूरी-पूरी व्याख्या नहीं हो पाई।

समन्वित सिद्धान्त—किसी एक सिद्धान्त से भाषा की उत्पत्ति की समुचित जानकारी नहीं होती लेकिन हर सिद्धान्त में कुछ-कुछ सच्चाई है। स्वीट महोदय ने कुछ प्रमुख सिद्धान्तों के समन्वय के आधार पर भाषा की उत्पत्ति और विकास पर प्रकाश डाला है। चाम्स्की मानते हैं कि भाषा की क्षमता और योग्यता मनुष्य के जीन्स में, मनुष्य की आदि संरचना में शुरू से ही मौजूद है, यह उसकी बॉयलोजी का, उसके मस्तिष्क के मूल अस्तित्व का हिस्सा है। साथ ही वह यह भी मानते हैं कि यह मनुष्य का चारित्रिक तथा जीतीय गुण है—पूरे प्राणी-संसार से परे और अलग। वह यह भी देखते हैं कि भाषा योग्यता के विकास की बात न करके भाषा योग्यता के होने की, उसके आन्तरिक संसार की पूर्णता को एक इकाई मानकर चलना तथा उस इकाई को अध्ययन का विषय बनाना अधिक उपयोगी कार्य है। इसका अर्थ यह हुआ कि भाषा योग्यता और क्षमता में शुरू से ही (यदि उसके शुरू होने की अवधारणा का कोई अर्थ है) अभिव्यक्तियों के असंख्य, अनन्त जोड़े मौजूद हैं।

भाषा और प्रतीक व्यवस्था—प्रतीक विशेष प्रकार के संकेत हैं। कुछ घटनाएँ या पदार्थ ऐसे होते हैं जिनके द्वारा अन्य घटनाओं तथा पदार्थों का निर्देशन होता है। अर्थात् एक विशिष्ट घटना या वस्तु को देखकर हमारा ध्यान किसी अन्य घटना या वस्तु की ओर आकृष्ट हो जाता है। इनका सम्बन्ध स्वाभाविक तथा कारणात्मक दोनों प्रकार का हो सकता है। इनका सम्बन्ध मानव निर्मित हो सकता है या कोई सम्बन्ध रूढ़ होकर प्रतीकात्मक बन जाता है। कम्पन ज्वर का संकेत है जो स्वाभाविक सम्बन्ध पर आधारित है। मानचित्र पर रेल, सड़क, स्कूल आदि प्रतीकों के द्वारा ही प्रदर्शित किए जाते हैं। इसी तरह चौराहे पर लगी हुई लाल, हरी बत्तियाँ रुकने तथा जाने की संकेतक होती हैं। भाषाओं को 'प्रतीक व्यवस्थाओं की समावेशक' माना गया है क्योंकि वे इस तरह के रूढ़ संकेतों तथा प्रतीकों को अपने अन्दर समेट लेती हैं। किन्तु मानचित्र आदि पर अंकित संकेतों और भाषा-प्रतीकों में उल्लेखनीय अन्तर होता है। भाषा की प्रतीक व्यवस्था विशुद्ध या यादृच्छिक रूढ़ि पर आधारित होती है। जबकि

मानचित्र पर अंकित संकेत रूढ़ शैली के द्वारा उन वस्तुओं का बोध कराते हैं। दूसरे शब्दों में कह सकते हैं कि संकेत तथा संकेत वस्तु में परस्पर सुनिश्चित सम्बन्ध होता है। भाषा में प्रयुक्त शब्द-प्रतीकों का सम्बन्ध उनके द्वारा संकेतित वस्तु-विशेष के साथ नहीं होता है। प्राय: सभी भाषाओं में पाए जानेवाले अनुकरणात्मक या ध्वनि अनुकरणात्मक शब्दों का सम्बन्ध वस्तु विशेष के साथ कुछ निश्चित सीमा तक पाया जाता है जैसे बिल्ली की बोली के लिए प्रयुक्त शब्द प्रतीक म्याऊँ, चिड़िया की बोली के लिए चीं-चीं आदि। आर०एच० राविन्स ने कहा है कि, 'अम्प (Ump) से अन्त होनेवाले अंग्रेजी भाषा के अनेक शब्द जैसे, थम्प, क्लम्प, स्टम्प, डम्प आदि गुरुता, स्थूलता एवं मन्दता के साथ साहचर्य प्रकट करते हैं।' यह तथ्य सुविदित है कि प्रत्येक भाषा में इस तरह के अनुकरणात्मक शब्दों की संख्या अत्यन्त सीमित होती हे। इसमें एक दूसरी समस्या यह भी है कि विश्व के सभी भाषाओं में एक ही जन्तु की बोली के समान प्रतीक शब्द प्रयुक्त नहीं होता है। अंग्रेजी में कुत्ते की ध्वनि को बाऊ-बाऊ तथा हिन्दी में भों-भों शब्द से प्रकट किया जाता है। अनुकरणात्मक ध्वनियों के आधार पर भाषा की उत्पत्ति ढूँढ़ने वाले कुछ भाषा वैज्ञानिकों के प्रयास के बावजूद यह तथ्य सिद्ध नहीं हो जाता है कि भाषा की शब्दावली का अधिकांश भाग अपने साहचर्यों में विशुद्ध रूप से यादृच्छिक नहीं होता है। यदि ऐसा न होता तो विश्व की अधिकांश भाषाएँ बहुत कुछ समान होतीं।

भारत की प्रतीक व्यवस्था की अतिशय व्याप्ति आश्चर्य में डाल देनेवाली है। भाषा अपनी प्रतीक व्यवस्था में संसार की सभी वस्तुओं, घटनाओं, अनुभूतियों तथा विचारों को बाँध लेने की क्षमता रखती है। अपने वक्ताओं की आवश्यकतानुसार भाषा अनन्त रूपों में परिवर्तित और परिवर्द्धित होती रहती है। इसीलिए भाषा से इतर प्रतीक और कुछ जीवों के द्वारा प्रयुक्त सम्प्रेषणात्मक साधन भाषा की बराबरी नहीं कर पाते।

भाषा के प्रतीक ध्वन्यात्मक होते हैं। ध्वनियों के पारस्परिक संयोजन का प्रत्येक भाषा में एक निश्चित क्रम होता है। इसी तरह भाषा के विभिन्न अंगों (ध्वनि, शब्द, वाक्य और अर्थ) की निश्चित क्रियाशीलता होती है अर्थात् सभी अंग एक व्यवस्था के तहत कार्यरत होते हैं।

भाषा-व्यवहार—भाषा की विविध परिभाषाओं से ही स्पष्ट है कि भाषा किसी समाज वर्ग के बीच प्रमुख रूप से व्यवहार का माध्यम है। यह ऐसा व्यवहार है जिसे हँसने, रोने, उठने, बैठने आदि प्रवृत्यात्मक व्यवहारों की तरह सहज ही में नहीं प्राप्त किया जाता बल्कि उसे समाज के बीच में

रहकर अर्जित करना पड़ता है। समाज में बाहर भाषा सीखना सम्भव नहीं है। भेड़िया बालक रामू का उदाहरण सामने आ चुका है। बचपन ही भेड़िये के द्वारा मानव समाज से अलग हटा दिया गया बालक रामू भेड़िये के संसर्ग में रहकर भेड़िया जैसा व्यवहार करने लगा था। वह मनुष्यवत भाषा नहीं बोलता था।

प्रकृति प्रदत्त अंग जिनसे भाषा का उत्पादन होता है उनका प्राथमिक कार्य भाषा का उच्चारण करना नहीं है। मनुष्य में उच्चारण की शक्ति तो प्राकृतिक है किन्तु उस शक्ति के उपयोग का तरीका समाज बहुत कुछ अनायास सिखा देता है।

भाषा का अर्जन अनुकृति के द्वारा होता है। मातृभाषा सीखने में अनायास प्रयत्न होता है तथा इतर भाषा को सीखने में सायास प्रयत्न होता है।

भाषा सामाजिक क्रिया है। भाषा के द्वारा यह सम्भव होता है कि एक व्यक्ति समुचित अनुक्रिया करता है और उद्दीपन किसी दूसरे व्यक्ति में होता है। ब्लूमफील्ड का कथन है कि श्रम विभाजन और उसके साथ मानव समाज के सारे कार्य-चालन के मूल में भाषा है। 'समाज' की अवधारणा में भाषा व्यवहार की भूमिका इतनी महत्त्वपूर्ण है कि भाषा विहीन समाज की कल्पना भी नहीं की जा सकती। भाषा प्रयोग की कुछ ऐसी स्थितियाँ हैं जहाँ वक्ता और श्रोता एक ही व्यक्ति होता है। जब कोई व्यक्ति अकेले में सोचता है या अकेले में गुनगुनाता है तो वहाँ ऊपरी तौर से समाज नहीं होता है। मेरी दृष्टि में वहाँ अप्रत्यक्ष रूप से समाज है। सोचने की प्रक्रिया में जो भाषा प्रयुक्त हो रही है वह भी समाज के द्वारा ही प्राप्त हुई है।

भाषा की व्यवहार प्रक्रिया अवैयक्तिक है। अर्थात् एक व्यक्ति अकेले न तो भाषा की रचना कर सकता है और न उसे पूर्णतया विनष्ट कर सकता है। व्यक्ति विशेष के द्वारा भाषा में कुछ सीमित नवीनता या परिवर्तन लाया जा सकता है। इस तरह भाषा में धीरे-धीरे परिवर्तन आता रहता है। भाषा व्यवहार में वैयक्तिक विभेदों को भी प्रदर्शित करती है। चूँकि भाषा अनुकरण द्वारा सीखी जाती है इसीलिए एक पीढ़ी के बाद दूसरी पीढ़ी में पहुँचकर उसका स्वरूप थोड़ा-बहुत बदल जाता है। प्रत्येक व्यक्ति और प्रत्येक युग की मानसिक और सांस्कृतिक व्यवस्था का अन्तर ही भाषिक अन्तर को जन्म देता है।

भाषा निरन्तर व्यवहार के परिणामस्वरूप अनियमितता से नियमितता की ओर बढ़ती है। सांस्कृतिक विकास की दृष्टि से भाषा के मौखिक तथा लिखित दोनों रूपों की चर्चा आवश्यक है। मौखिक भाषा के काल और दूरी का अतिक्रमण मुद्रण कला के द्वारा होता है। इस माध्यम से विश्व को एक इकाई के रूप में सिमटने में काफी सहायता मिली है। भाषा सांस्कृतिक हस्तान्तरण का एक सशक्त माध्यम है।

भाषा का आकृतमूलक वर्गीकरण

भाषा में शब्दों के दो रूप होते हैं। एक प्रकार के शब्द अर्थ की सूचना देते हैं और दूसरे प्रकार के शब्द सम्बन्धों के सूचक होते हैं, जैसे 'राम ने दुकान से कपड़ा खरीदा, इस वाक्य में राम, दुकान, कपड़ा और खरीदा अर्थ सूचक हैं और ने तथा से सम्बन्ध सूचक हैं। यह वर्गीकरण वाक्य विज्ञान और रूप विज्ञान पर आधारित हैं। इस वर्गीकरण का श्रेय श्लेगल को दिया जाता है। आकृति की दृष्टि से संसार की भाषाओं को दो वर्गों में रखा जाता है—

1. अयोगात्मक भाषाएँ—इस वर्ग की भाषाओं में सम्बन्ध तत्त्व एवं अर्थ तत्त्व का योग नहीं होता है। इसमें प्रत्येक शब्द स्वतंत्र रहते हैं। वाक्य में स्थान के अनुसार शब्दों का अर्थ प्रकट होता है। इसीलिए इन भाषाओं को स्थान प्रधान भी कहते हैं। एक ही शब्द स्थान के अनुसार अर्थ तत्त्व या सम्बन्ध तत्त्व में परिणत हो जाता है। चीनी भाषा में त्सेन शब्द का है चलना और लिओन का अर्थ समाप्त। भूतकाल बनाने के लिए 'त्सेन' क्रिया के बाद पूर्णता सूचक 'लिओन' लगा देते हैं। इसी प्रकार 'वह आता है' चीनी में होता है 'त लइ'। वह आया के लिए होगा 'तलइ लिआव'। इस वर्ग की भाषाओं में शब्द क्रम का महत्त्व तो है ही तान (Tone) का भी महत्त्व है सुडानी, मलय, बर्मी, श्यामी तथा तिब्बती भाषाएँ भी इस कोटि में रखी जा सकती हैं।

योगात्मक भाषाएँ—योगात्मक भाषाओं में सम्बन्ध तत्त्व एवं अर्थ तत्त्व एक दूसरे से किसी न किसी रूप में जुड़े रहते हैं, जैसे, हिन्दी, हमारा, संस्कृत, रामस्य आदि, संसार की अधिकांश भाषाएँ योगात्मक वर्ग में है। योगात्मक भाषाओं को योग की प्रकृति में ध्यान में रखकर तीन वर्गों में विभाजित किया गया है।

(1) प्रश्लिष्ट योगात्मक

(2) श्लिष्ट योगात्मक

(3) अश्लिष्ट योगात्मक

प्रश्लिष्ट योगात्मक—इस प्रकार की भाषाओं में सम्बन्ध तत्त्व और अर्थ तत्त्व का योग इतना सघन रहता है कि दोनों को अलग-अलग पहचानना कठिन है। इन भाषाओं में शब्द को जब वाक्य में रखा जाता है तो उसके कुछ अंश छोड़ दिया जाता है। दक्षिणी अमरीका की चेरोकी भाषा से एक उदाहरण दिया जा सकता है। हमारे पास नाव लाओ 'नाधो लिनिन' इस वाक्य में तीन शब्द हैं।

नातेन=लाओ

अमोखोल = नाव

निन=हम

कुछ भाषाएँ ऐसी हैं जिनमें प्रश्लिष्टता आंशिक होती है। खड़ी बोली में इसके कुछ उदाहरण मिल जाते हैं। जैसे, उसने कहा=उन्ने का। ब्रज भाषा में जा रहा है को कहते हैं 'जा रै।

(2) श्लिष्ट योगात्मक—इस तरह की भाषाओं में अर्थ तत्त्व के साथ जुड़े सम्बन्ध तत्त्व को पहचाना जा सकता है, जैसे अरबी में क्-त्-ल् धातु से क़त्ल, कातिल, कित्ल बनते हैं। इनमें लगे हुए मध्य योगी प्रत्ययों को आसानी से निर्दिष्ट किया जा सकता है। इसी तरह संस्कृत विभक्तियों की भी पहचान सम्भव हो जाती है, जैसे, राम से रामम्, रामेभ्यः। इस वर्ग के दो विभाग हैं—

(1) अन्तर्मुखी (2) बहिर्मुखी।

(1) अन्तर्मुखी—भाषाओं में अर्थतत्त्व के साथ जुड़े हुए प्रत्यय उसमें मिल जाते हैं। सेमेटिक और हेमेटिक परिवार की भाषाएँ इसी प्रकार की हैं। इन भाषाओं में सम्बन्ध तत्त्व प्रायः स्वरों के प्रयोग से प्रारम्भ होता है। इसमें प्रत्यय ज्यादातर मध्य में जोड़े जाते हैं।

(2) बहिर्मुखी श्लिष्ट—इस वर्ग में भारोपीय परिवार की भाषाएँ आती हैं। इनमें मुख्य रूप से अर्थतत्त्व के बाद सम्बन्ध तत्त्व जुड़ते हैं। जैसे, संस्कृत पठ धातु में ति प्रत्यय जोड़कर बनता है, 'पठति,' राम शब्द में एण जोड़ने से बना 'रामेण'। इस वर्ग के भी दो वर्ग हैं—(1) संयोगात्मक तथा (2) वियोगात्मक

संयोगात्मक—भारोपीय परिवार की प्राचीन भाषाएँ जैसे ग्रीक, लैटिन, संस्कृत आदि संयोगात्मक थीं। क्रिया में काल, वचन और पुरुष का भाव

निहित रहता था। प्रत्ययों को शब्दों के साथ जोड़कर रखा जाता था। जैसे—पठति, बालकस्य।

वियोगात्मक—भारोपीय परिवार की आधुनिक भाषाएँ वियोगात्मक हैं। इनमें सम्बन्ध तत्त्व अर्थ तत्त्व के साथ अलग से जोड़े जाते हैं, जिन्हें परसर्ग कहते हैं; जैसे—राम का घर, चाकू से, अंग्रेजी में सम्बन्ध तत्त्व अर्थ तत्त्व से पहले जोड़े जाते हैं जैसे हाउस ऑफ राम, इन द स्कूल।

(3) अश्लिष्ट योगात्मक भाषाएँ—इस वर्ग की भाषाओं में सम्बन्ध तत्त्व तथा अर्थ तत्त्व इस तरह जुड़े होते है कि उन्हें बहुत आसानी से अलग किया जा सकता है; जैसे—काफिर भाषा में कु सम्प्रदाय का चिन्ह है। ति=हम। इनके योग से बनेगा कुति, (हमको) मुंडा, कुलकी संथाली भाषा में मंझि का अर्थ है मुखिया, प बहुवचन का चिन्ह है। दोनों के योग से बनेगा मपंझि। इस वर्ग की भाषाओं को पाँच भागों में बाँटा जाता है।

(1) पूर्व योगात्मक—इन भाषाओं में शब्दों की रूप रचना में सम्बन्ध तत्त्व आरम्भ में लगता है। इसी कारण इसे पूर्व योगात्मक कहा जाता है। बांटू परिवार की जुलू भाषा में उमु एकवचन का चिन्ह न्तु=आदमी 'उन्मुन्तु' माने एक आदमी। इसी तरह अबन्तु माने बहुत आदमी।

(2) मध्य योगात्मक—इस तरह की भाषाओं में सम्बन्ध तत्त्व मध्य में जुड़ते हैं। इस तरह की संरचना के उदाहरण संथाली भाषा में पाए जाते हैं; जैसे, दल माने मारना, दपल माने परस्पर मारना।

(3) पूर्वान्त योगात्मक—इन भाषाओं में सम्बन्ध तत्त्व अर्थ सूचक शब्दों के पहले और बाद दोनों में जुड़ते हैं। यह प्रवृत्ति कई भाषाओं में मिलती है। संस्कृत गम धातु से जगाम बनता है या अगच्छत्। इस वर्ग का सही उदाहरण है न्यूगिनी की मकोर भाषा।

(4) अन्तयोगात्मक भाषा—इस वर्ग में द्रविड़ तथा यूरालअल्टाई परिवार की भाषाएँ आती हैं; जैसे, कन्नड़ भाषा में राम रू (कर्ता कारक)

रामरन्नु (कर्मकारक)

राम रिन्द (करण कारक)

राम रिगे (सम्प्रदान कारक)

(5) आंशिक योगात्मक—कुछ भाषाएँ योगात्मक और अयोगात्मक के मध्य में पड़ती है। जापानी इसी तरह की भाषा है। न्यूजीलैंड तथा हवाई द्वीप की कुछ भाषाएँ इसी तरह की हैं।

पारिवारिक वर्गीकरण

19वीं शताब्दी में जब यूरोप के विद्वानों को संस्कृत का ज्ञान हुआ तो तुलनात्मक अध्ययन का आरम्भ हुआ। विश्व की अनेक भाषाओं का अध्ययन करके परिवारों का वर्गीकरण किया गया। पारिवारिक वर्गीकरण के लिए दो प्रमुख आधार हैं स्थानीय समीपता और भाषिक समरूपता।

(1) स्थानीय समीपता—एक परिवार की भाषाएँ एक मूल भाषा से निसृत होती हैं। स्थान की दृष्टि से उनमें सामीप्य होता है। भारोपीय परिवार की मूल भाषा का स्थान इसी दृष्टि से यूरोप या एशिया-यूरोप की सीमा पर माना जाता है। भारत में आस-पास की भाषाएँ भिन्न परिवार की हैं। इसी तर्क पर भारत में आर्यों की मूल स्थिति को नकारा जाता है। कभी-कभी दो भाषाएँ स्थान की दृष्टि से समीप होती हैं किन्तु परिवार की दृष्टि से एक नहीं होती हैं; जैसे, बंगाल और वर्मा दोनों एक-दूसरे के नजदीक हैं लेकिन वहाँ की भाषाएँ पारिवारिक दृष्टि से भिन्न हैं।

(2) भाषिक समरूपता—दो या अधिक भाषाओं में ध्वनि, शब्द-रूप, वाक्य रचना तथा अर्थ की दृष्टि से समरूपता हो सकती है। इनसे उन भाषाओं के एक परिवार की होने की सम्भावना बढ़ जाती है। ध्वनियों में असमानता या तो ध्वनि विकास के द्वारा होती है या किसी दूसरी भाषा के ही आगमन के कारण। यदि असमरूपता के कारण स्पष्ट रूप से निर्दिष्ट किए जा सकते हैं तो पारिवारिक एकता का पक्ष सबल हो जाता है। ध्वनियों के परिवर्तन के कारण जो विषमता पैदा होती है उसमें भी यदि नियमितता है तो भाषाओं के एक परिवार की होने की सम्भावना बढ़ती है। ध्वनिगत विषमताओं को व्याख्यायित करने के लिए ही ग्रिम, फरनर और ग्रासमैन आदि विद्वानों ने ध्वनि नियमों की खोज की थी। शब्दों की समानताओं के आधार पर भी पारिवारिक सम्बन्धों का निर्णय होता है; जैसे—संस्कृत पितृ, ग्रीक पेटर, लैटिन पेटर, जर्मन वेटर, अंग्रेजी फादर आदि। किसी भाषा के प्रभाव के कारण दूसरी भाषा में कुछ शब्द आ जाते हैं तो उन्हें पारिवारिक समानता का आधार नहीं माना जाता; जैसे, मिश्री, हिन्दी, चीनी तीनों भाषाओं में बिल्ली के लिए म्याऊँ चलता है लेकिन इन भाषाओं को एक परिवार का नहीं माना जा सकता। इस सन्दर्भ में भाषा के अन्तर्गत पाई जानेवाली मूलभूत शब्दावली को अधिक महत्त्व दिया जाता है। मूलभूत शब्दावली में सम्बन्धियों के नाम जैसे—माता-पिता, भाई-बहन, शरीर के अंगों के नाम, जैसे, सिर, हाथ, पैर, सर्वनाम, जैसे, मैं, वह संख्या वाची शब्द 1, 2, 3, 4, दैनिक जीवन की क्रियाएँ, जैसे-

खाना, पीना, सोना, जाना आदि। इन शब्दों में परिवर्तन कम होते हैं।

रूप रचना की समरूपता पारिवारिक निर्धारण का प्रमुख पक्ष है। रूप-रचना, भाषिक-संरचना का महत्त्वपूर्ण तत्त्व है। एक परिवार की भाषाओं में अर्थ सम्बन्धी समरूपता के अनेक लक्षण हैं। समानता की तलाश करते समय अर्थ परिवर्तन पर भी ध्यान केन्द्रित करने की चेष्टा करनी चाहिए। संसार की भाषाओं को चार खंडों में बाँटा जा सकता है।

(1) अमरीकी खंड—इसके अन्तर्गत लगभग 100 परिवार माने जाते हैं।

(2) अफरीकी खंड—इसमें मुख्यता चार परिवार है—बुशमैन, बांटू, सूडानी, हैमेटिक-सेमेटिक।

(3) यूरेशियाई खंड—इसमें प्रमुख रूप से 9 भाषा परिवार आते हैं। काकेशियन, यूराल-अल्टाइक, चीनी, द्रविड़, आस्ट्रो-एशियाटिक,जापानी, कोरियाई, भारोपीय।

(4) प्रशान्त महासागरीय खंड—इसमें मुख्यतः मलय-पालिनेशियन परिवार है।

विश्व के प्रमुख परिवारों का परिचय नीचे प्रस्तुत किया जा रहा है।

(1) भारोपीय परिवार—इस भाषा को बोलने वालों का मूल स्थान कहाँ था इसके विषय में विद्वानों में मतभेद है। भारतीय विद्वान इनका मूल स्थान भारत में ही मानते हैं। इन विद्वानों में एल०डी० कल्ला, गंगानाथ झा, अविनाश चन्द्रदास, डॉ० सम्पूर्णानन्द के नाम उल्लेखनीय हैं। एडल्फ पिक्टेट और मैक्समूलर ने मूल भाषियों का स्थान पामीर का प्लेटों तथा उसके आस-पास मध्य एशिया माना। डॉ० लैथम ने मूल स्थान स्कैण्डेनेविया (यूरोप) सिद्ध किया। अलग-अलग मतों से एशिया माइनर का पठार, उत्तरी ध्रुव, हंग्री के काकपेथियन पर्वत के आसपास, जर्मनी, दक्षिणी रूस, तिब्बत आदि अनेक स्थानों पर मूल स्थान माना गया है। कुछ विद्वान हित्ती को भी इसी के अन्तर्गत मानते हैं। वे इसका नाम भारत हित्ती परिवार रखना चाहते हैं। इस परिवार की भाषाओं को ध्वनि के आधार पर दो वर्गों में बाँटा गया है पहला केन्तुम् वर्ग, दूसरा सतम्। सौ की गिनती के लिए अवेस्ता में सतम् शब्द है और लैटिन में केन्तुम्।

केन्तुम् वर्ग

केल्टिक, जर्मनिक, लैटिन, ग्रीक, तोखारिक आदि शाखाएँ इसी से सम्बन्धित हैं।

केल्टिक—इस वर्ग की भाषाएँ मध्य यूरोप, उत्तरी इटली, फ्रांस, एशिया माइनर आदि भागों में प्रचलित हैं। इसकी बहुत-सी भाषाएँ समाप्त हो गई। वैल्स, आइरिस प्रचलित हैं।

जर्मनिक—यह भारोपीय परिवार की महत्त्वपूर्ण शाखा है। इसके अन्तर्गत आइसलैण्ड डेनिस, नार्वेजियन, श्रेडिस, अंग्रेजी, जर्मन, डच आदि भाषाएँ आती है।

लैटिन—इसके अन्तर्गत, इतालवी, रूमानियन, फ्रांसीसी, स्पेनिश, पुर्तगाली आदि भाषाएँ हैं।

ग्रीक—इस शाखा की मुख्य भाषा यूनान की भाषा है। जिसे ग्रीक कहते हैं। मूल भारोपीय परिवार की स्वर ध्वनियाँ इसमें अधिक सुरक्षित हैं।

तोखारी—इसका क्षेत्र मध्य एशिया का तुरफान प्रदेश है। सातवीं सदी में यह भाषा लुप्त हो गई।

हित्ती—जर्मन विद्वान ह्यूगो विकलर ने एशिया माइनर के कप्पदोकिया जनपद के बोगाजइकोई नामक ग्राम में मिट्‌टी की पटिट्‌काओं पर कीलाक्षरों में उल्लिखित पुरालेखों का उत्खनन द्वारा प्राप्त किया। इन पुरालेखों में हित्ती भाषा के नमूने प्राप्त हुए। यद्यपि इन लेखों का काल ईसा पूर्व पन्द्रहवीं तथा तेरहवीं शताब्दी है किन्तु कुछ लेख ईसा पूर्व उन्नीसवीं से सत्रहवीं शताब्दी के लेखों की प्रतिलिपि है। इस भाषा को भिन्न-भिन्न विद्वानों ने काकेशियन, लीडियन तथा लीसियन परिवारों से जोड़ने का प्रयास किया। चेक विद्वान् ह्राज्जी ने प्रबल एवं विश्वसनीय तर्कों से इसका सम्बन्ध भारोपीय परिवार से स्थापित किया। हित्ती भाषा के ध्वनि प्रयोगों की अतिशय प्राचीनता से भारोपीय भाषा के प्राक् स्वरूप का भी अनुमान किया गया है। भारोपीय की अनेक विशेषताएँ जो कालान्तर में लुप्त हो गई हित्ती में सुरक्षित मिलती है।

सतम् वर्ग

इसके अन्तर्गत आम्बनीय, आर्मीनी, बाल्तो-स्लाविक, भारत-ईरानी शाखाएँ हैं।

(1) आम्बनीय—इस भाषा का क्षेत्र एड्रियाटिक सागर का पूर्वी पहाड़ी प्रदेश है। इसके बोलनेवाले अम्बेनिया और ग्रीस के मध्य भागों में रहते हैं। इस पर ग्रीक, लैटिन, स्लाविक, इतालीय एवं तुर्की आदि का इतना अधिक प्रभाव है कि इसकी निजता की खोज कठिन है।

(2) आर्मीनी—यह आर्मीनिया की भाषा है। इसका प्रचलन काकेशी पर्वतमाला, कुस्तुन्तुनिया और काला सागर के तटवर्ती भू-भाग में है। इस भाषा में ईरानी के दो हजार शब्द हैं। पहले कुछ विद्वान इसे ईरानी की ही शाखा मानते रहे। बाद में यह स्वतन्त्र भाषा सिद्ध की गई।

(3) बाल्तो-स्लाविक—इस शाखा की दो उपशाखाएँ बाल्तिक और स्लाविक हैं। प्रथम के अन्तर्गत प्रशन, लिथुआनीय तथा लेटी भाषाएँ आती हैं, द्वितीय के अन्तर्गत, स्र्वीय, बुलोरीय, चेक, स्लावेकीय, पोलिस और रूसी भाषाएँ आती हैं। प्राचीन प्रशन का प्रयोग सत्रहवीं सदी के बाद समाप्त हो गया। लिथुआनीय भाषा का प्रयोग लिथुआनिया में होता है। 1750 ई० के लगभग महाकवि दोनेलेटि ने 'सजिन्स' नामक पुस्तक इसी भाषा में लिखी थी। लैट्टि लाटविया की भाषा है। सर्वीय (सर्वोक्राटियन) भाषा दक्षिणी हंगरी, स्लैवोनिया, यूगोस्लाविया आदि स्थानों की भाषा है। यूगोस्लाविया में बोली जानेवाली भाषा का नाम है स्लविकीय। चेक भाषा चेकोस्लाविया और पोलिश पोलैण्ड में बोली जाती है। रूसी सोवियत रूस की भाषा है। महारूसी, श्वेतरूसी, लघुरूसी इसके तीन भाग हैं। महारूसी सोवियत संघ की साहित्यिक और राजभाषा है।

भारत-ईरानी—भारत-ईरानी भारोपीय परिवार की अत्यधिक महत्त्वपूर्ण शाखा है। यह सांस्कृतिक और साहित्यिक दृष्टि से अत्यन्त समृद्ध है। इस उपपरिवार के भाषा-भाषी ही भारत की ओर अग्रसर हुए थे। देशकाल के बदलाव तथा अन्य भाषा-भाषियों के सम्पर्क के कारण आर्यों की इन दो शाखाओं में कुछ अन्तर आ गया। ईरानवासी आर्यों की भाषा को ईरानी तथा भारतागत आर्यों की भाषा को भारतीय आर्य भाषा कहा गया। ईरानी और भारतीय भाषा में ध्वनिगत, शब्दगत एवं व्याकरणगत साम्य परिलक्षित होता है। दोनों में तीन वचन और आठ कारक हैं।

भारोपीय परिवार की विशेषताएँ

ध्वनि व्यवस्था—इस परिवार में स्वरों की संख्या ग्यारह है। स्वर लगभग वही है जो आज भी हिन्दी में प्रचलित है—

अति ह्रस्व—अ

ह्रस्व स्वर—अ,इ,उ,ऍ, ऑ,

दीर्घ स्वर—आ,ई,ऊ, ए,ओ

अर्ध स्वर—य्, व्

ऋ, लृ दो ध्वनियाँ ऐसी हैं जिन्हें कुछ विद्वान शुद्ध स्वर ध्वनियाँ मानते हैं। इनके ह्रस्व और दीर्घ दोनों रूप थे। डॉ० उदयनारायण तिवारी ने इन्हें अर्धव्यंजन माना है। इनमें व्यंजनत्व की सम्भावना से इनकार नहीं किया जा सकता है। यदि इनमें व्यंजन तत्त्व न होता तो अगले विकास में इनका व्यंजन रूपान्तर सम्भव न हो पाता।

व्यंजन ध्वनियों में क वर्गीय ध्वनियों का प्रसार अधिक है। उच्चारण स्थान की दृष्टि से इनकी विविध स्थितियाँ हैं—

1. पुरः कंठ्य—क्,' ख्', ग,' घ्', ङ्

2. पश्चकंठ्य—क्, ख्, ग्, घ्, ङ्

3. कंठोष्ठ्य— क्व्, ख्व्, ग्व्,घ्व्, ङ्

4. दन्त्य या वर्त्स्य त वर्ग—त्, थ्, द्, ध्, न्

5. दन्त्य या वर्त्स्य—स्, न्, त्, (थ्), द्, (ध्)

6. ओष्ठ्य—प वर्ग प्, फ्, ब्, भ्, म्

7. कम्पित—र्।

8. पार्श्विक—ल्

व्याकरणिक विशेषताएँ—1. मूल भारोपीय भाषा में तीन लिंग थे—पुल्लिग, स्त्रीलिंग, नपुंसक लिंग।

2. वचन तथा पुरुष भी तीन थे—(एकवचन, द्विवचन, बहुवचन) (प्रथम पुरुष, मध्यम पुरुष, उत्तम पुरुष।)

3. शब्द निर्माण धातुओं से किया जाता था। प्रत्ययों और उपसर्गों की भूमिका महत्त्वपूर्ण थी।

4. क्रिया के रूप में काल भेद था। वर्तमान, भूत, भविष्य के आधार पर कई रूप बनाए जाते थे।

5. संज्ञा के रूप सात विभक्तियों में चलते थे।

6. मूल भाषा समास बहुला तथा श्लिष्ट योगात्मक थी।

भारोपीय परिवार का क्षेत्र बहुत विस्तृत है। इसमें संसार की अधिकांश प्रसिद्ध भाषाएँ आ जाती हैं।

द्रविड़ परिवार

यह प्रमुख रूप से भारतीय परिवार है। इसका क्षेत्र दक्षिणी भारत, उत्तरी लंका, लक्षदीप, बलूचिस्तान, मध्य प्रदेश, बिहार तथा उड़ीसा है इसके अन्तर्गत तमिल, मलयालम, तेलुगू, कन्नड़, गोड़, कोरांव, बाह्वी,

कुई, माल्टो, तुलु, कोलामी आदि भाषाएँ आती हैं। इस परिवार की भाषाएँ अश्लिष्ट और श्लिष्ट अन्त योगात्मक है। मूल शब्द या धातु में एक के बाद दूसरा प्रत्यय जुड़ता जाता है। इन भाषाओं में शब्दारम्भ में घोष व्यंजनों का प्रयोग नहीं होता। इस परिवार में ट वर्गी ध्वनियों की प्रधानता है। इनमें दो वचन और तीन लिंग है। नपुंसक लिंग, पुल्लिग और स्त्रीलिंग, नपुंसक लिंग प्राय: एक वचनीय होते हैं। द्रविड़ परिवार का भारतीय आर्य भाषा पर पर्याप्त प्रभाव पड़ा है, विद्वानों की मान्यता है कि भारतीय आर्य भाषा में मूर्धन्य ध्वनियों का आगमन द्रविड़ परिवार से ही हुआ है। स्वतन्त्र रूप से परसर्गों का प्रयोग इन्हीं के प्रभाव के कारण है। संस्कृत में बहुत से शब्द इसी परिवार के प्रभाव से आए हैं; जैसे—नीर, मीन, कठिन, अटवी आदि।

चीनी-तिब्बती परिवार

चीनी-तिब्बती परिवार या एकाक्षरी परिवार—इस परिवार का विस्तार चीन, तिब्बत, बर्मा, श्याम, मणिपुर, (पूर्वीभारत) आदि क्षेत्रों तक है। इसके अन्तर्गत चीनी (जिसकी छह मुख्य बोलियाँ हैं। जिनमें मदारिन, कैटनी, फुकनी आदि प्रमुख है।) तिब्बती अथवा भोट, बर्मी, श्यामी, मैटे, गारो, बोड़ोनागा, निवारी आदि भाषाएँ आती हैं। इस परिवार की भाषाओं में शब्दों के स्थान का बहुत महत्त्व है। शब्दों का कारकीय सम्बन्ध मुख्य रूप से स्थान से सुनिश्चित होता है। शब्द रूप की दृष्टि से अपरिवर्तित रहते हैं। वह एक प्रकार से अव्यय रूप होता है। सुरों के उतार-चढ़ाव से भी शब्दों में अर्थान्तरण हो जाता है। एक शब्द के कई अर्थ होते हैं; जैसे-ताओ माने सड़क, झंडा, गल्ला आदि। लू माने ओस, जवाहर, सड़क आदि। यदि ताओ, लू का एक साथ प्रयोग कर दिया जाए तो दोनों मिलकर सड़क बाची हो जाते हैं। एक ही शब्द आवश्यकतानुसार संज्ञा, क्रिया, विशेषण सभी का काम करता है। इस भाषा में अनुनासिक ध्वनियों का प्रयोग अधिक होता है, ध्वनियों की संयोजन की प्रक्रिया भी पर्याप्त जटिल है।

सैमैटिक-हैमैटिक या सामी-हामी परिवार

यह परिवार उत्तरी अफ्रीका तथा पश्चिमी एशिया में फैला है। हजरत नूह के पुत्र सेम और हेम के नाम पर यह नामकरण किया गया है। सैमेटिक के अन्तर्गत हिब्रू, अरबी और अर्शीरियन और सुमेरियन भाषाएँ आती हैं। हैमैटिक के अन्तर्गत प्राचीन मिस्री, काप्टिक, सुमाली, गल्ला,

वेजा, नामा आदि भाषाएँ आती हैं। अरबी इनमें सबसे सम्पन्न भाषा है। ये भाषाएँ श्लिष्ट योगात्मक और अन्तर्मुखी है। सम्बन्ध स्वरों के संयोजन से सूचित होते हैं जैसे—अरबी भाषा में क्-त्-ल् से कितल, कित्ल, कुतिल, कातिल तथा कट्ल आदि शब्द बनते हैं। इनमें काल की तुलना में पूर्णता-अपूर्णता का अधिक महत्त्व है। बहुवचन बनाने के लिए कुछ निश्चित प्रत्यय जोड़े जाते हैं। स्त्रीलिंग ओर पुल्लिग दो लिंग है।सैमैटिक परिवार की भाषाओं में उपसर्ग भी जोड़े जाते हैं। जैसे कतल् हि जोड़कर हिक्तिल बना जो प्रेरणार्थक का कार्य करता है। समास प्रायः उल्टे जोड़े जाते हैं। जैसे साहेवक्त—समय का बादशाह। हैमैटिक परित्रार में नर और मादा का भेद प्राकृतिक नहीं है। बड़ी और सबल वस्तुएँ पुल्लिग मानी जाती है, और निर्बल-कोमल वस्तुएँ स्त्रीलिंग संज्ञा के वचन में परिवर्तन होने पर लिंग में भी परिवर्तन हो जाता है। होयोन्दि (माता) स्त्रीलिंग है होयिन-कि (माताएँ) पुल्लिंग।

यूराल अल्टाईय परिवार

यह भाषा परिवार तुर्की, रूस, हंग्री, फिनलैण्ड, उजबेर, मंगोलिया, कगाज, किर्गिज आदि क्षेत्रों तक फैला है। इस परिवार की भाषाएँ अश्लिष्ट अन्तः योगात्मक है। इनमें व्याकरणिक लिंग नहीं होते। स्वरों के गुरु और लघु दो वर्ग हैं। स्वरों का प्रभाव प्रत्ययों पर भी पड़ता है। तुर्की में यज में मक लगाकर बनता है यजमक। जिसका अर्थ है लिखना, सेव में मक लगाकर बनता है सेवमेक जिसका अर्थ है प्यार करना। इन भाषाओं में कारकों की संख्या बहुत अधिक है। कुछ भाषाओं में 23 कारक तक मिलते हैं।

काकेशियन परिवार

इस परिवार का क्षेत्र काकेशियन सागर और कृष्ण सागर के बीच काकेशश पर्वत और उसके आस-पास है। इसके अन्तर्गत चेचेन, कबार्दियन, अवर, अबरवासियन, दक्षिणी जार्जियन, मिंग्रेलियन आदि भाषाएँ हैं। इन भाषाओं में भी अनेक कारक मिलते हैं। सर्वनाम और क्रिया एक में ऐसे गुथ जाते हैं कि दोनों को अलग-अलग करना कठिन हो जाता है।

जापानी-कोरियाई परिवार

जैसा नाम से ही स्पष्ट है इसके अन्तर्गत दो भाषाएँ जापानी और कोरियाई आती हैं। यह परिवार अश्लिष्ट योगात्मक है। र और ल ध्वनियाँ

परस्पर विनिमय की ध्वनियाँ है। स्वरों के ह्रस्व और दीर्घ के अलावा अतिह्रस्व रूप भी हैं, वचन भेद बहुत स्पष्टनहीं है। लिंग तथा पुरुष में भी अस्पष्टता है।

मलय पॉलिनेसियाई परिवार

अफ्रीका के तटवर्ती से लेकर मेडा गास्कर से लेकर पूर्व में इस्टरद्वीप तक तथा उत्तर में फारमोसा से लेकर दक्षिण से लेकर न्यूजीलैण्ड तक फैला है। इसमें मलय जावा, सुमात्रा, बोर्नियो, फिलीपीन, न्यूजीलैण्ड, हवाई आदि अनेक छोटे-छोटे द्वीप आते हैं। इसमें मलय इण्डोनेशियन, जावाई, बालीय, हवाईय, समोईय, माओरी, न्यूजीलैण्डीय आदि भाषाएँ आती हैं। ये भाषाएँ अश्लिष्ट योगात्मक आदि, मध्य तथा अन्तय प्रत्ययों का प्रयोग पद रचना के लिए किया जाता है। मूल शब्द या धातुएँ दो अक्षरों की होती हैं। शब्दों के बहुवचन बनाने के लिए ऊपर नीचे अथवा बारम्बारता के लिए शब्दों की पुनरूक्ति की जाती है जैसे—रज=राजा, रज-रज=राजे। इन भाषाओं पर संस्कृत का काफी प्रभाव है। संज्ञाओं में न तो विभक्तियाँ होती है न लिंग न वचन उपसर्गों और प्रत्ययों के सहारे विभक्तियाँ निर्मित होती है। संस्कृत के अलावा चीनी, अरबी, फारसी, डच एवं पुर्तगाली शब्दों का भी आगमन इन भाषाओं में हुआ है।

आस्ट्रो-एशियाटीक अथवा दक्षिण-पूर्वी एशियाई परिवार

इसे आग्नेय परिवार भी कहा जाता है। पहले इसका क्षेत्र बहुत व्यापक था। अब स्याम, ब्रह्मा, नीकोबार, कम्बोडिया, बंगाल, बिहार, मध्य प्रदेश, तमिलनाडु आदि में इस परिवार की भाषाएँ प्रचलित हैं। इसके अन्तर्गत मुण्डा, संथारी, भूमिज, धीमाल, लिम्बू, बूनान, पाटनी, कनावरी आदि भाषाएँ हैं। ध्वनियों की दृष्टि से मुण्डा परिवार पर्याप्त समृद्ध है। इसमें स्वर और व्यंजन के स्पष्ट भेद हैं। शन्दान्त में व्यंजक ध्वनियाँ नहीं आती है भाषाएँ प्राय: अश्लिष्ट योगात्मक है प्रत्ययों का योग मध्य में किया जाता है यहाँ द्विवचन भी मान्य है लिंग दो है और लिंगों का भेद स्वतंत्र शब्द जोड़के किया जाता है। जैसे—आडिया कोल=बाघ, ऐंगाकूल=बाघिन। यहाँ एक ही शब्द संज्ञा या सर्वनाम हो सकता है। वचन तीन है—एकवचन, द्विवचन, बहुवचन।

बुसमैन परिवार

इसका क्षेत्र दक्षिण अफ्रीका में औरंज नदी से नगामी झील तक माना जाता है। यहाँ बुसमैन जाति निवास करती है। इस परिवार की मुख्य भाषाएँ

है। ऐकवे, औकवे, होतेतोत आदि। इसमें क्लिक ध्वनियाँ पाई जाती है। पुल्लिग तथा स्त्रीलिंग का निर्धारण सजीव-निर्जीव के आधार पर होता है। बहुवचन बनाने के अनेक नियम हैं।

बांटू परिवार

यह परिवार मध्य और दक्षिणी अफ्रीका तथा जंजीबार द्वीप में फैला है। इसमें लगभग 150 भाषाओं को सम्मिलित किया गया है। इनमें मुख्य है काफिर, स्वाहिली, जुलु, कांगो, सेसुतो, रुआन्दा, उम्बुन्दू आदि। इस परिवार की भाषाएँ अश्लिष्टपूर्ण भाषाएँ हैं। यहाँ संयुक्त व्यंजनों का प्रयोग नहीं होता है। क्लिक ध्वनियाँ भी प्रयोग में लाई जाती है।

अमरीकी परिवार

यह परिवार अमरीका में आदिवासियों द्वारा व्यवहृत लगभग 1000 भाषाओं का परिवार है। इस परिवार की भाषाओं का अभी सम्यक् अध्ययन नहीं किया जा सका है। इनकी मुख्य भाषाएँ हैं—एस्किमो, अथबस्कन, नहुअत्ल, करीब, चेरोकी, गुअर्नी, क्वेचुआ, अरबक, नुत्का आदि। ये भाषाएँ प्रश्लिष्ट योगात्मक हैं। कुछ स्थानों में स्त्रियों और पुरुषों की भाषाओं में भेद रहता है।

भाषा की संरचना, विविध रूप और परिवर्तन

भाषा की लघुतम इकाई ध्वनि है। ध्वनियों के सार्थक संयोजन से शब्द बनते हैं। शब्दों से वाक्य और वाक्य से प्रोक्ति। यह भाषा संरचना की परम्परागत अवधारणा है। भाषा सम्बन्धी परम्परागत विचार में निबन्धन और सहसम्बन्ध की धारणाएँ भी निहित हैं। आधुनिक भाषाविज्ञान में निबन्धन के लिए स्तर तथा सहसम्बन्ध के लिए धरातल या तल का प्रयोग करते हुए माना गया है कि भाषा-संरचना की व्याख्या रूप और अर्थ दो धरातलों पर सम्भव है। रूप को अभिव्यक्ति और अर्थ को वस्तु का धरातल कहा जाता है। अभिव्यक्ति के दो स्तर ध्वनि और व्याकरण की पहचान के बाद भी यह अनुभव किया गया कि इनकी सीमाओं में भाषा का अध्ययन हमें परम्परागत दृष्टिकोण से बहुत आगे नहीं बढ़ा पाता। आधुनिक भाषाविज्ञान, जिसे संरचनात्मक भाषाविज्ञान नाम से अभिहित किया गया है, भाषा की संरचना को भिन्न रूप में व्याख्यायित करने की चेष्टा करता है।

सत्त्व और आकृति

प्रत्येक भाषा का अपना निजी अर्थतंत्र होता है। अभी तक प्राय: यही मान्यता रही है कि शब्द और अर्थ के बीच रूढ़िगत सम्बन्ध होता है। विविध भाषाओं के अन्तर्गत प्रचलित बहुत से समानार्थी शब्दों को उदाहरण के तौर पर प्रस्तुत करके इस धारणा की पुष्टि की जाती रही है। यह धारणा काफी दूर तक सच भी प्रतीत होती है। किन्तु इसका यह अर्थ लेना कदापि उचित नहीं है कि किसी आलोच्य भाषा की शब्दराशि ऐसे नामों या

संज्ञाओं का संग्रह मात्र है जिनका स्वतंत्र अस्तित्त्ववाली वस्तुओं के साथ रूढ़िगत ढंग से आर्थिक सम्बन्ध बन गया है। किन्तु जब हम अपनी मातृभाषा के अलावा किसी अन्य भाषा को सीखते हैं तो हमें तुरन्त इस कठिनाई का अनुभव होने लगता है कि जिस अन्य भाषा को हम सीखना चाह रहे हैं उसमें अर्थ के ऐसे विभेद मौजूद हैं जो हमारी भाषा में नहीं है। अंग्रेजी में प्रचलित ब्रदर-इन-लॉ शब्द का अनुवाद हिन्दी में साला और बहनोई दो शब्दों में किया जा सकता है। रूसी में तो इसके चार शब्दों स्ताज, शूरिन, स्वोयाक, देवर में अनुदित किया जा सकता है। रूसी में बहनोई तथा जमाई दोनों को ही सूचित करनेवाला एक शब्द है—स्ताज। अंग्रेजी में स्ताज का सूचक कोई शब्द नहीं है। वृक्षों, फसलों तथा खान-पान एवं पहनावे से सम्बद्ध बहुत-सी वस्तुएँ यदि किसी भाषा-जाति के व्यवहार में नहीं है तो उनसे सम्बद्ध शब्दों का भी वहाँ अभाव होगा। यदि किसी भाषा के शब्दार्थों को दूसरी भाषा के शब्दार्थों की पूर्ण अनुकारिता में लाया जा सके तो उन्हें अर्थात्मक समाकृतिवाली भाषाएँ माना जाएगा। अर्थात्मक समाकृति का सम्बन्ध दो भाषा-जातियों की सांस्कृतिक एवं सामाजिक समानताओं से होता है।

विभिन्न भाषाओं के अर्थ-तंत्र के भेदों को समझाने के लिए सौस्यूर तथा उनके अनुगामी भाषा-वैज्ञानिकों ने सत्त्व (द्रव्य) और आकृति (आकार) के बीच विभेद का आश्रय लिया। शब्द राशि की आकृति सम्बन्धों की वह संरचना है जिसे कोई भाषा किसी एक ही आधार सत्त्व (द्रव्य) पर आरोपित कर देती है। जिस प्रकार मिट्टी के द्रव्य से खिलौने की आकृतियाँ बनाई जा सकती हैं उसी प्रकार सत्त्व या माध्यम को, जिसके भीतर अर्थ की तुल्यताएँ स्थापित की जाती हैं, भिन्न-भिन्न भाषाओं में विविध आकृतियों में ढाला जा सकता है। सौस्यूर ने अर्थ के सत्त्व (द्रव्य) की भी परिकल्पना मानव मात्र के सामान्य विचारों और भावनाओं के एक समग्र पिंड के रूप में की है। इसमें भाषा का विभेद चाहे जो हो यह एक ऐसा अविभेद्य सम्प्रत्ययात्मक माध्यम है जिनसे विविध भाषाओं में विशिष्ट ध्वनि-समूहों के रूढ़िपरक साहचर्य के कारण अर्थों को सम्प्रयत्यात्मक माध्यम के कुछ अंशों के साथ निरूपित करना सम्भव है।

सौस्यूर की अर्थ संरचना विषयक मान्यता ऐसे मनोवैज्ञानिक सिद्धान्तों पर आधारित है जिसे आज अमान्य ठहरा दिया गया है। भाषा और संस्कृति से स्वतंत्र किसी सम्प्रत्ययात्मक सत्त्व से सम्बद्ध धारणा का औचित्य निर्विवादित नहीं है।

सत्त्व सम्बन्धी यह विचार कुछ सन्दर्भों में विश्लेषित किया जा सकता है। पहले कहा जा चुका है किसी एक भाषा के शब्दों को किसी दूसरी भाषा के शब्दों की यथावत अनुकारिता में नहीं लाया जा सकता है। यहाँ वर्णवाची शब्दों को उदाहरण के लिए लिया जा सकता है। हिन्दी भूरा के लिए अंग्रेजी में ब्राउन है किन्तु फ्रेंच में इसके लिए कोई शब्द नहीं है। इसी तरह रूसी में नीला के लिए कोई यथावत शब्द नहीं है। वहाँ गोलुबाँय और सिनोय दो शब्द हैं, जो क्रमशः हल्का नीला और गहरा नीला के लिए प्रयुक्त होते हैं। अलग-अलग भाषाओं में विविध रंगों की अनुभूति को कुछ सीमित शब्दों में व्यक्त किया जाता है। कुछ में उनके लिए अधिक शब्द हैं, कुछ में थोड़े कम। कुछ शब्द ऐसे हैं जिनके अभिव्यक्ति का क्षेत्र किसी दूसरी भाषा के अभिव्यक्ति क्षेत्र से भिन्न होता है। वर्णवाचक शब्दराशि को भौतिक सान्तत्य के रूप में माना जाता सकता है, जिसके अन्तर्गत विविध भाषाएँ उतनी ही भिन्न संख्या में सीमाएँ बना सकती हैं, उन्हीं या भिन्न स्थलों को उन सीमाओं में आवृत्त कर सकती हैं।

संसार की सभी वस्तुएँ या लक्षण भाषा में ही आकार ग्रहण करते हैं। भाषा से अलग उनका कोई स्वतंत्र आकार नहीं होता। किन्तु यह तथ्य भी ध्यातव्य है कि विभिन्न रंगों, जीव-जन्तुओं और वनस्पतियों के लिए अलग-अलग भाषाओं में शब्दों का अर्थ-विस्तार अलग-अलग है। जैसे—फ्रेंच सैंझ शब्द से वनमानुष और बन्दर दोनों का बोध होता है। सत्त्व या द्रव्य की और भी अधिक अमूर्त धारणा सौस्यूर के द्वारा निरूपित अर्थात्मक संरचना की परिधि में लाने के लिए अपेक्षित है। वस्तु धरातल के द्रव्य पर आकार के आरोपण की स्थित बहुत सरल नहीं है।

अर्थात्मक संरचना की धारणा द्रव्य की धारणा से स्वतंत्र मानी गई है।

आकृति और द्रव्य की अवधारणा भाषा के वस्तु धरातल की अपेक्षा अभिव्यक्ति के धरातल पर अधिक सरलता से लागू होती है। सौस्यूर द्वारा दिए गए सादृश्य शतरंज के खेल को यदि देखें तो यही सिद्ध होगा कि भाषा आकृति है द्रव्य नहीं। खेल में प्रयुक्त मोहरों की निर्माण-सामग्री, उसके आकार आदि का प्रभाव प्रत्यक्ष रूप से खेल की चालों पर नहीं पड़ता है। यदि कोई मोहरा टूट जाए तो हम उसके स्थान पर किसी भी वस्तु को प्रतिनिधि रूप में सर्वसम्मति से रख सकते हैं। जिस तरह मोहरा के आकार और कार्य का सम्बन्ध यादृच्छिक रूढ़ि पर आधारित होता है, उसी तरह भाषा के अभिव्यक्ति तल पर ध्वनियों, आदि की जो प्रतीकात्मक

व्यवस्था है उनसे भावों तथा विचारों का संचरण होता रहता है।

भाषा की द्रव्य रूप में भी उपलब्धि हो सकती है। ध्वनियाँ मानव वाक् तन्त्र से उत्पन्न होती हैं, जिन्हें कागज या पत्थर पर उल्लिखित कर दिया जाता है। बोलचाल की भाषा ही प्राथमिक होती है। यह रूपान्तरण की एक प्रक्रिया मात्र है। वैज्ञानिक उपकरणों के माध्यम से इसका और भी सूक्ष्म रूपान्तरण हो सकता है, जैसे टेलीप्रिन्टर से सन्देश भेजना। इससे यह बात स्पष्ट हो जाती है कि भाषा की अभिव्यक्ति तल उस द्रव्य से बहुत अधिक स्वतंत्र होता है जिसमें उसकी उपलब्धि की जा सकती है। भाषा की ध्वनियों को कुछ वर्णचिह्नों के द्वारा प्रस्तुत किया जाता है। किन्तु इस तथ्य से हम अवगत हैं कि ध्वनियों को एक सीमा तक वर्णों में अंकित किया जा सकता है। यदि ध्वनियों को पूरी तरह से उनकी समस्त क्षेत्रीय या परिवेशगत भेदकता के साथ ध्वनि-प्रतीकों में व्यक्त किया जा सकता है तो संध्वनि या समाकृति की समस्या ही न उठती और न ही लिखित और उच्चार भाषा में कोई अन्तर ही पैदा होता। ध्वनि और लिपि-चिह्न ऊपरी तौर पर क्रमशः आकारात्मक इकाई तथा द्रव्यात्मक उपलब्धि के रूप में दृष्टिगोचर होते हैं। हम कह सकते हैं कि क ध्वनि क लिपिचिह्न के रूप में प्रस्तुत किया जा सकता है। इसके विपरीत क चिह्न क ध्वनि का अनुकारी है, अर्थात् कोई विशिष्ट ध्वनि किसी विशिष्ट लिपि चिह्न की अनुकारिता में होती है या लिपि चिह्न ध्वनि की अनुकारिता में। वास्तव में ध्वनियाँ और चिह्न दोनों ही प्राथमिक नहीं है बल्कि दोनों ही उन आकारात्मक इकाइयों की उपलब्धियाँ हैं जो विशुद्ध भावात्मक या अमूर्त अवयव हैं। ध्वन्यात्मक द्रव्य या आरेखीय द्रव्य के अलावा अभिव्यक्ति अवयव को अन्य द्रव्यों के माध्यम से भी उपलब्ध किया जा सकता है; जैसे—रंग-संकेत, हाव-भाव, अंग-स्पर्श आदि। यद्यपि भाषा के सहचारी रूप में अन्य द्रव्यात्मक उपलब्धियों को स्थान दिया जा सकता है किन्तु उनके द्वारा उस प्रकार की आकृतिमूलक इकाइयों की उपलब्धि सम्भव नहीं हो पाती जिस तरह की उपलब्धि सहचारी शब्दों की अंगभूत ध्वनियों के द्वारा हो जाती है।

भाषा के अभिव्यक्ति अवयव को द्रव्य रूप में उपलभ्य बनाने के लिए कुछ आवश्यक शर्तें अपेक्षित हैं—

1. सन्देश प्रेषक के पास ध्वनि, रूप आदि द्रव्यों में अन्तर प्रदर्शित करने वाला कोई उपकरण हो और गृहीता के पास भी इसी तरह का उपकरण हो। दोनों के बीच सन्देश सन्चारण की प्रक्रिया को पूरी तरह से निर्वहित करनेवाले द्रव्य को पर्याप्त स्थाई भी होना चाहिए।

प्रायोगिक तथा लिखित भाषा के द्रव्य

भाषा-वैज्ञानिकों की यह धारणा रही है कि भाषा का ध्वनि-द्रव्य अन्य माध्यमों की अपेक्षा अधिक महत्त्वपूर्ण है। ध्वनि प्रकाश द्रव्य की तरह किसी स्रोत पर निर्भर नहीं है। प्रकाश के मार्ग में आनेवाला अवरोध जिस तरह प्रकाश को बाधित करता है उसी तरह ध्वनि के मार्ग में पड़नेवाला अवरोधक बाधक नहीं होता। स्पर्श माध्यम में वक्ता और श्रोता या प्रेषक और ग्रहीता निकटस्थ हों। यदि किसी का पैर दबाकर हमें कोई भाव व्यक्त करना है तो यह आवश्यक है कि वह व्यक्ति हमारे अत्यन्त निकट मौजूद हो। ध्वनि के प्रयोग में दूरी बढ़ सकती है। आरेखीय द्रव्य में तो यह दूरी एकदम मिट जाती है। ध्वन्यात्मक द्रव्य उपलब्धता तथा सुविधा की अपेक्षित शर्तों को पूरा करता है। लेखन के आविष्कार के पहले ध्वन्यात्मक द्रव्य की भी कुछ निश्चित सीमाएँ थीं। ध्वनि मानव-कंठ से निकलकर एक निश्चित दूरी तक ही पहुँच पाती है और कुछ निश्चित काल के बाद स्वर-लहर वातावरण में विलीन होकर समाप्त हो जाती है। लेखन के द्वारा ध्वनियों को अपेक्षाकृत अधिक स्थायित्व मिल जाता है। इससे देश-काल दोनों की सीमाएँ टूटती हैं। भाषण का प्रयोग आमने-सामने मौजूद वक्ता और श्रोता के बीच होता है जबकि लेखन अपने भावों और विचारों को दूर-दूर तक पहुँचाने या भविष्य में सुरक्षित रखने के लिए बड़ी सतर्कता से किया जाता है।

अभिव्यक्ति अवयवों की द्रव्यात्मक उपलब्धि यादृच्छिक होती है अर्थात् किसी ध्वनि को प्रस्तुत करनेवाले लिपि चिह्न परस्पर में अनिवार्य सम्बन्ध नहीं होता है। उदाहरण के लिए अ,क, झ आदि ध्वनियों को व्यक्त करनेवाले चिह्न अ,क, झ आदि का स्वरूप बदला जा सकता है। इन्हें पहले यद्यपि भिन्न रूप में लिखा जाता था—जैसे अ, झ आदि, किन्तु ये तब भी भाषा की उन्हीं ध्वनियों को व्यक्त करते थे। इसी तरह मध्यकाल में ष ख का प्रतीक बन गया था। यदि हम परम्परागत लिपि-प्रणाली की प्रतीकात्मक स्थितियों में सर्वसम्मति से निर्णय कर दें कि अब से कमल को 'गमल' के रूप में लिखा जाएगा अर्थात् ग चिह्न क ध्वनि को व्यक्त करेगा। इससे भाषा की अर्थात्मक अभिव्यक्ति पर कोई प्रभाव नहीं पड़ेगा। इसी प्रकार द्रव्यात्मक उपलब्धि की भिन्नता आ जाने पर भी भाषा अपरिवर्तित ही रहेगी; क्योंकि ध्वनि और लिपि का कोई सहज सम्बन्ध नहीं होता है। गङ्गा, अङ्क , हिन्दी का गंगा, अंक, लिखने पर भाषागत कोई अन्तर नहीं होता है।

विभिन्न वर्णों के लिपि चिह्न जैसे अ,इ,उ,क,ग आदि में ऐसी कोई आवृत्तिमूलक बाधा नहीं है जो इनके पारस्परिक संयोगों को मुश्किल बना दे। लेकिन इतना अवश्य है कि कुछ ध्वनियों का पारस्परिक संयोजन उच्चारण की योग्यता को समाप्त कर देता है। इसीलिए भाषा के कुछ अभिव्यक्ति अवयवों या उनके संयोगों का निर्णय कुछ अंशों में उनके प्राथमिक द्रव्य की प्रकृति तथा वाक् एवं श्रुति की यान्त्रिकता के द्वारा होता है। प्रत्येक भाषा के अपने निश्चित संयोगात्मक बन्धन या मर्यादाएँ होती हैं, जिनका ज्ञान उस भाषा की ध्वनि प्रक्रियात्मक संरचना के अन्तर्गत होता है। इसीलिए यह कहना पड़ता है कि सौस्यूर की यह मान्यता है कि अभिव्यक्ति के अवयव अपनी उपलब्धि के द्रव्य पर सर्वथा अनाश्रित और स्वतन्त्र होते हैं, कुछ अपवादों को जन्म देते हैं।

स्वर और व्यंजन की परम्परागत गान्यताओं को स्वीकार करते हुए यदि यह कहा जाए कि यह द्वैध विभाजन विशिष्ट भाषाओं के ध्वनिवैज्ञानिक सिद्धान्तों तथा ध्वनियों की संयोगात्मक स्थितियों को निरूपित करने में सहायक है। यदि किसी रूढ़ ध्वनि प्रतीक को नवकल्पित प्रतीकों के रूप में पलट दिया जाए और उसके उच्चारण प्रभावित न हों, ऐसी स्थिति में भाषा की व्यंजनात्मक एवं वाचिक प्रकृति स्थिर रहेगी। यदि किसी भाषा को किसी नई अभिव्यक्ति प्रणाली में शब्दों को पूर्व स्थिति में रखा जा सके तो उसका व्याकरणिक ढाँचा नहीं बदलेगा। इससे सिद्ध होता है कि दो या अधिक भाषाएँ व्याकरणिक दृष्टि से समाकृति हो सकती हैं। इस तरह की समाकृति भाषाओं की ध्वनि प्रक्रिया की दृष्टि से भी समाकृति हो आवश्यक नहीं। एक भाषा दूसरी भाषा से ध्वनिवैज्ञानिक दृष्टि से तभी समाकृति होगी जब एक भाषा की ध्वनियाँ दूसरी भाषा की ध्वनियों की अनुकारी हों।

ध्वनियाँ एक संसर्गों या समूहों में संयुक्त होती हैं, जिनसे शब्दों और वाक्यों की अलग-अलग पहचान सम्भव होती है। ध्वनियों का एक प्रमुख कार्य विषमतामूलक है अर्थात् एक ध्वनि दूसरी ध्वनि से विरोध प्रदर्शित करती है, यों कहें कि सभी भाषात्मक इकाइयाँ प्रकृति से ही निषेधात्मक होती हैं। हिन्दी के कुछ शब्दों को लेकर देख सकते हैं कि एक अवयव के स्थान पर दूसरे अवयव के आने पर शब्द ही बदल जाते हैं; जैसे—

क. 123

नकल

ख. 456

सकल

ग. 789

एकल

इसमें क शब्द और ख शब्द में केवल यही अन्तर है कि 1 के स्थान पर 4 आ गया है, ग शब्द में 4 के स्थान पर 7 आ गया है। इनके आधार पर हम निष्कर्ष निकाल सकते हैं कि 1, 4 7 परस्पर-विरोधी हैं। आकृतिमूलक इकाई के रूप में 1 को ऐसा अवयव कहा जा सकता है जो 4 नहीं है किन्तु उसे 2, 3, 4 आदि के साथ संयुक्त किया जा सकता है। आकृतिपरक इकाई की परिभाषा इस प्रकार बनती है—अपने से विषमता रखनेवाले अवयवों से विविक्त कुछ विशिष्ट संघात्मक गुणों से युक्त इकाई को आकृतिपरक इकाई कहते हैं।

भाषा का अभिव्यक्ति तल ऐसी इकाइयों पर आधारित होता है जो परस्पर विविक्त हों। पृथकतावादी यथेच्छ इकाइयों की भौतिक द्रव्य के रूप में उपलब्धि ऐसे ध्वनि परिसरों के द्वारा की जाती है जिसमें अन्तर होने की पर्याप्त सम्भावना रहती है। इसीलिए दोनों ध्वनियों के बीच भेद बनाए रखने के लिए एक सुरक्षात्मक रेखा होनी ही चाहिए। कुछ ध्वनिगत अन्तर समयानुसार मिट भी जाते हैं या सभी वक्ताओं द्वारा उनका अन्तर स्पष्ट रूप से व्यक्त नहीं होता। हिन्दी में ब और व श, ष और स, न और ण के अन्तर को कतिपय बोलियों में कायम नहीं रखा गया है। उच्चारण के धरातल पर भी यह अन्तर कम ही है, जैसे—वन>बन, शुक्ल>सुक्ल, भाषा-भाशा, बहुगुणा>बहुगुना।

व्याकरणात्मक तथा ध्वनि प्रक्रियाजन्य शब्द में भी अन्तर निर्दिष्ट किया गया है। अभिव्यक्ति अवयवों के संसर्ग से ध्वनि प्रक्रियात्मक शब्द उपलब्ध होते हैं। दोनों तरह के शब्द यथासंख्य एक-दूसरे के अनुकारी नहीं होते। जैसे—पाद शब्द के भिन्न प्रयोग—पूज्यपाद, सरहपाद, पादपखारना, इसी तरह वह वाराणसी **गया**। वह सो **गया**। इससे स्पष्ट है कि व्याकरणात्मक शब्दों की उपलब्धि ध्वनि प्रक्रियात्मक शब्दों से ही होती है।

द्रव्य और आकृति के बीच अन्तर के आधार पर एक ऐसी पद्धति का निर्माण होता है जिससे भाषाओं के ऐतिहासिक विकास को समझने में काफी सहायता मिलती हे। इससे मानवीय भाषा की संरचना, उपार्जन और प्रयोग के विषय में व्यापक सिद्धान्तों का निर्माण सम्भव हो सका है। इस

सिद्धान्त से व्यावहारिक लाभ भी हुआ है। दूर संचार की प्रणाली के निर्माण, कूटलेख विद्या में कम्प्यूटर के द्वारा भाषाओं के विश्लेषण के अभिकल्प में इससे मदद मिली है।

रूपक्रमात्मक तथा विन्यासक्रमात्मक सम्बन्ध

वाक्य के स्तर से नीचे की भाषात्मक इकाई अपने प्रयोग के प्रसंगों में सीमित तथा विशिष्ट वितरण से युक्त होती है। यदि एक ही विशिष्ट प्रसंग परिसर में दो या अधिक इकाइयाँ आ सकें तो उन्हें वितरणात्मक दृष्टि से समतुल्य इकाई कहा जाता है। यदि दोनों इकाइयों के बीच कोई समान प्रसंग न हो तो उन्हें पूरक वितरण कहा जाता है। समतुल्य और पूरक वितरणों के बीच आंशिक समतुल्यता भी होती है। यदि दोनों इकाइयों के बीच पूर्ण समतुल्यता नहीं रहती तो एक इकाई दूसरी के वितरण को परिच्छद किए रहती हैं; जैसे—क्ष की उपस्थिति उन्हीं प्रसंगों में होती है जहाँ त्र उपस्थित होता है, यदि कहीं त्र का प्रयोग हुआ हो किन्तु क्ष न हो तो यही कहा जाएगा कि त्र के वितरण में क्ष का वितरण भी अन्तर्निहित है। यदि क्ष और त्र कुछ ही प्रसंगों में साथ-साथ आते हैं और ज्यादातर स्थितियों में वे अलग-अलग स्वतंत्र रूप से ही आते हैं तो ऐसे वितरण को **अतिव्यापी** वितरण कहा जाता है।

वितरण का तात्पर्य है उन प्रसंगों का परिसर जिसमें कोई भाषात्मक इकाई प्रयोग में लाई जाती है। किन्तु यह प्रयोग उस सीमा तक उचित रहता है जिसके अन्तर्गत प्रणालीबद्ध ढंग से उस सम्बन्ध परिसर को आवृत्त किया जा सके। प्रणाली-बद्धता को हिन्दी के एक उदाहरण के द्वारा समझा जा सकता है। हिन्दी के अवयव क और र वितरण की दृष्टि से लगभग समतुल्य है। ये ध्वनि प्रक्रियात्मक दृष्टि से समतुल्य शब्दों में आते हैं; जैसे—काम, राम, कोष, रोष, कमाना, रमाना आदि। ऐसे बहुत से शब्द हैं जिनमें एक तो मिलता है किन्तु दूसरा ध्वनि प्रक्रियात्मक दृष्टि से तुल्य नहीं बैठता है, जैसे क्लान्त, रलान्त नहीं, हिन्दी में इसी तरह के अन्य ध्वनि संयोग या ध्वनियाँ हैं जिनसे वाक्य शुरू नहीं हो सकता है जैसे ङ, ञ, ण से, दो महाप्राण व्यंजनों का संयोग नहीं हो पाता है। क्ग, क्घ, क्ज आदि कई ध्वनि संयोजनों को उदाहरणस्वरूप लिया जा सकता है। र के साथ इसके विपरीत अधिकांश ध्वनियों के साथ संयोजन की स्थितियाँ मिलती है। जैसे, अर्क, मूर्ख, सर्ग, अर्घ, अर्च आदि। इसी तरह अंग्रेजी में ट्ल, स्र संयोग से कोई शब्द आरम्भ नहीं होता किन्तु ल और र के विषय

में ऐसा कोई नियम नहीं बन पाता। व्रिक, ब्लिक शब्द इसके प्रमाण हैं। यद्यपि अंग्रेजी में ब्लिक, ब्रेण्ड शब्द नहीं मिलते। ट्लिप् और स्लिप की 'तुलना' में ब्लिक, और ब्रेण्ड की सम्भाव्यता है तो किन्तु ये व्याकरणिक शब्द नहीं हैं। इस प्रसंग में यह बात उल्लेखनीय है कि वितरणात्मक पूर्ण या आंशिक समतुल्यता का तात्पर्य यह नहीं है कि उन प्रसंगों के क्षेत्र में भी पूर्णतया एकरूपता विद्यमान हो, जिनमें भाषिक इकाई प्रयुक्त है। इसका मात्र इतना तात्पर्य है कि उसमें उस मात्रा तक एकरूपता हो जहाँ तक वे ध्वनि प्रक्रियात्मक तथा व्याकरणात्मक नियमितताओं से निर्दिष्ट हो।

प्रत्येक भाषात्मक इकाई विरोधात्मक प्रकार्य तभी कर पाती है जब कम से कम आंशिक रूप में समतुल्य वितरण में हो। उन्मुक्त विचरण में आनेवाली इकाइयाँ विरोधमूलक नहीं होती है। उन्मुक्त विचरण और वितरणात्मक समरूपता को एक ही मानने की भूल नहीं करनी चाहिए। हिन्दी में व, ब, श, स प्राय: उन्मुक्त विचरण में देखे जा सकते हैं; जैसे—वन>बन, वाटिका> बाटिका, बात और बात। अर्थ की अवधारणा के सन्दर्भ में भी उन्मुक्त विचरण और वितरणात्मक समतुल्यता विचारणीय होती है।

एक विशिष्ट सन्दर्भ में प्रयुक्त हो सकनेवाली कोई भाषात्मक इकाई दो प्रकार के सम्बन्धों का संवहन करती है--

1. रूपक्रमात्मक सम्बन्ध—यह ऐसा सम्बन्ध है जो उसी सन्दर्भ में प्रयुक्त होनेवाली सभी अन्य इकाइयों के बीच स्थापित होता है। अन्य इकाई उसके साथ वैषम्य या उन्मुक्त विचरण चाहे जिस भी स्थिति में मौजूद हो जैसे—केला, मेला, ठेला, तीनों शब्दों में क+ए+ल+आ, म+ए+ल+आ, ठ+ए+ल+आ। इन उदाहरणों में 'एला' के साथ अपने होने की सामर्थ्य के कारण क, का, म, ठ, इकाइयों के साथ पारस्परिक सम्बन्ध रूपक्रमात्मक।

2. विन्यासक्रमात्मक—एक भाषिक इकाई उसी स्तर की अन्य सहप्रयुक्त और उसी प्रसंग की बनाने वाली इकाइयों के साथ विन्यासक्रमात्मक सम्बन्ध को सूचित करती है। जैसे उपर्युक्त उदाहरण में क् का सम्बन्ध ए तथा ला के साथ विन्यास-क्रमात्मक है। इसी तरह केला, किला तथा काला में आए हुए ए का, ई, आ से सम्बन्ध रूपक्रमात्मक तथा क, ल के साथ विन्यासक्रमात्मक है।

रूपक्रमात्मक तथा विन्यासक्रमात्मक सम्बन्ध अन्योन्याश्रित होते हैं। शब्द तथा भाषा वर्णन के विविधि स्तरों पर ये सम्बन्ध दृष्टिगत होते हैं।

एक लीटर दूध, एक बोतल दूध, एक प्याला दूध, एक गिलास दूध। इन प्रयोगों में एक ओर दूध का सम्बन्ध विन्यासात्मक है और लीटर का बोतल, प्याला, गिलास से रूपक्रमात्मक सम्बन्ध है। सम्बन्धों का निर्णय विद्यमानता की शक्यता अर्थात् पदबन्ध या वाक्य की अर्थवत्ता, उक्ति के अभिप्राय के विविध प्रसंग, वाक्यों की अन्योन्याश्रितता आदि को ध्यान में रखकर या बिना ध्यान में रखे हो सकता है। विद्यमानता की शक्यता की समस्या एक भिन्न भाषा वैज्ञानिक समस्या है। किन्तु इतना सुनिश्चित है कि प्रत्येक भाषात्मक इकाई अपने स्तर की अन्य इकाइयों के साथ रूपक्रमात्मक तथा विन्यासक्रमात्मक दोनों तरह की सम्बन्धों को स्थापित करती हैं। भाषात्मक इकाई के सन्दर्भ को उसके विन्यास-सम्बन्धों, उसके विस्तार आदि को निहितार्थ के रूप में 'विद्यमानता की शक्यता' (उपस्थित होने की योग्यता) की संगति में देखा जाता है। रूपात्मक व्याकरण में स्वीकार्यता पर विस्तार से विचार किया गया है। स्वीकार्य कथन उसे कहते हैं, जिसे कोई देशी वक्ता किसी विशिष्ट सन्दर्भ में प्रयुक्त करता हैं और अन्य देशी प्रयोक्ता उसी भाषा से उसे सम्बद्ध मान लेते हैं। भाषा वैज्ञानिक इसके द्वारा (स्वीकार्यता द्वारा) ऐसी उक्तियों की सम्भावनाओं का अध्ययन करता है जो अतीत में घटित हुई है या भविष्य में घटित हो सकती हैं।

दोनों प्रकार के सम्बन्धों की अन्योन्याश्रितता को कुछ शब्दों के उदाहरण द्वारा विश्लेषित किया जा सकता है—बल, बेल, बिल, किन, मूल, जिन आदि शब्दों में—

ब्+अ+ल्+अ=	व्यंजन	स्वर,	व्यंजन	स्वर,	बल
ब्+ए+ल्+अ=	,,	,,	,,	,,	बेल
ब्+इ+ल्+अ=	,,	,,	,,	,,	बिल
क+इ+न्+अ=	,,	,,	,,	,,	किन
म+ऊ+ल्+अ=	,,	,,	,,	,,	मूल
ज्+इ+न्+अ+	,,	,,	,,	,,	जिन

इन शब्दों के पहले और दूसरे अवयवों के संघात से ब, बे, बि, कि, मू, जि आदि का निर्माण होगा। इसका मतलब है कि अ, ए, इ, उ, आदि से अभिव्यक्ति-अवयवों की स्पष्ट उपलब्धि सम्भव नहीं हो पाती। क्योंकि इनकी स्थिति न तो रूपात्मक सम्बन्ध की है और न वैषम्य की। प्रत्येक

शब्द की वैषम्य की स्थिति अगले व्यंजनों के प्रयोग के बिना निर्मित नहीं हो पाती है। इन शब्दों में कुल आठ अभिव्यक्ति अवयव उपलब्ध किए जा सकते हैं—ब,बे, बि, कि,मू, जि, ल,न आदि। हम पुनः इन अभिव्यक्ति अवयवों को छह अवयवों ब्, क्, म्, ज्, ल् तथा स्वर के रूप में भी वर्गीकृत कर सकते हैं। अवयवों को पहले से स्थापित करके फिर उनके संघातों को बताना सम्भव नहीं है। उनके रूपात्मक और विन्यासक्रमात्मक सम्बन्धों पर एक साथ विचार करके ही अवयवों का निर्धारण करना चाहिए। हिन्दी में प्रायः विषमता की चार स्थितियाँ मिलती हैं। इससे भिन्न अंग्रेजी में विषमता की तीन स्थितियों में ही रूपक्रमात्मक तथा विन्यासक्रमात्मक सम्बन्ध स्थापित हो जाते हैं; जैसे—बेट्, पेट्, विट्, पिट्, टिप् आदि शब्दों में ब्+ए्+ट्+, प+ए+ट्+, ब्+इ+ट, प्+इ+ट्, ट+इ+प्। हिन्दी में भी लिप्यंकन से अलग उच्चारण प्रवृत्ति व्यंजनान्त की ओर है; जैसे—कम आदमी, राम गया, कल् आए। इनमें म और ल ध्वनि उच्चारण के धरातल पर स्वर रहित है। कम्, काम्, राम् आदि शब्दों में अंग्रेजी की तरह विषमता की तीन स्थितियों को पहचानना जा सकता है।

विन्यासक्रमात्मक सम्बन्ध अनुक्रमात्मक का पर्याप्य नहीं है— विन्यासात्मक सम्बन्ध में यह अवधारणा कारगर नहीं होती कि एक अवयव की द्रव्यात्मक उपलब्धि दूसरे अवयव के पूर्व निश्चित रूप से होनी चाहिए। यद्यपि भाषा की उक्तियाँ कालक्रम में ही घटित होती हैं; अतएव उनको शृंखला में विभाजित किया जा सकता है। यह ध्वनि-संसर्गों की काल-शृंखला की महत्ता रूपात्मक और विन्यासात्मक सम्बन्धों पर आधारित है। संस्कृत का शब्द है क्षय, जिसके पहले स्वर के उदात्त होने पर अर्थ होगा घर और य के उदात्त होने पर अर्थ होगा नाश।

शब्दों की क्रमिक शृंखला (सापेक्ष शृंखला) व्याकरणिक स्तर पर अर्थात्मक महत्त्व रखती है। अंग्रेजी क्रमबद्ध भाषा है और लैटिन क्रमहीन; इसी तरह संस्कृत क्रमहीन भाषा है और हिन्दी क्रमबद्ध। यद्यपि यह तथ्य दोनों तरह की भाषाओं पर पूरी तरह से लागू नहीं होता है। अंग्रेजी का वाक्य है— राम बीट्स सोहन—राम सोहन को पीटता है। क्रम बदल देने पर (सोहन बीट्स राम—सोहन राम को मारता है) अर्थ बदल गया। अंग्रेजी का शृंखला क्रम है—कर्त्ता+क्रिया+कर्म। इस शृंखला-क्रम को बदलने पर या तो वाक्य का अर्थ बल जाएगा या व्याकरण विरुद्ध ही जाएगा। राम ईट्स बनाना (राम केला खाता है) का क्रम बदल देने पर बनाना ईट्स राम (केला राम को खाता है) व्याकरण विरुद्ध हो गया।

इसी तरह हिन्दी में राम ने रावण को मारा, क्रम के बदलने पर रावण ने राम को मारा बन जाएगा जो अलग वाक्य की द्रव्यात्मक उपलब्धियाँ हैं। संस्कृत में रामः गृहं गच्छति (राम घर जाता है) क्रम उलटने पर गृहं रामः गच्छति (वही अर्थ) दोनों वाक्य समान तरह की द्रव्यात्मक उपलब्ध के प्रमाण हैं। इसी तरह लैटिन में भी क्रमहीनता मिलती है। लैटिन या संस्कृत में सापेक्ष क्रम व्याकरणात्मक दृष्टि से असंगत भले ही हों किन्तु बोलते समय किसी न किसी क्रम को स्वीकार ही करना पड़ता है।

विन्यासात्मक सम्बन्धः सशृंखल और अशृंखल

विचार्य दो श्रेणियाँ जिनका पारस्परिक सम्बन्ध रूपाक्रमात्मक है उन्हें सांकेतिक रूप में क तथा ख मान लें। क श्रेणी के अवयव अ, ब हैं और ख श्रेणी के प, क। इनका शृंखलित क्रम इसी तरह से घटित हो सकता है—यदि क, ख से पूर्व आता है; जैसे अप, अक, बप, बक आदि। यदि क श्रेणी का पूर्वागमन स्थिर है तो पअ, कअ, पब, कब नहीं बन सकता। यदि शृंखलित क्रम मुक्त है तो क श्रेणी पहले आ सकती है; इसके विपरीत ख श्रेणी भी पहले आ सकती है। इस तरह दोनों प्रकार की उपलब्धियाँ सम्भव है। किन्तु दोनों श्रेणियों में तुल्यता अपेक्षित है। तीसरी सम्भावना है कि दोनों श्रेणियाँ स्थिर और मुक्त दोनों हो किन्तु दोनों में वर्णन के विशिष्ट स्तर पर तुल्यता न हो। शब्द-क्रम में ये तीनों क्रम आसानी से अलग नहीं पहचाने जा सकते हैं। यदि क और ख परस्पर विरोध में स्थित नहीं है अतएव, अ,ब,प, क इकाइयाँ अप या पअ जैसी शृंखला में प्राप्त होने पर अशृंखल विन्यासात्मक सम्बन्ध में बद्ध कही जाएँगी। शब्द-प्रयोग की दृष्टि से यह स्थिति मुक्त क्रम भाषाओं में पाई जाती है। यदि क, ख या क ख की इकाइयाँ परस्पर विरोध में हैं तो उन्हें सशृंखल विन्यास की स्थिति में कहा जाएँगा। विशेषण और नाम शब्दों के सम्बन्ध में और फ्रेंच भाषा के विशेषणों में यही स्थिति है।

चिह्नित-अचिह्नित वैषम्य—रूपक्रमात्मक सम्बन्ध के अन्तर्गत प्रयुक्त वैषम्य-सूचक दो इकाइयों में एक चिह्नित रहती है और दूसरी अचिह्नित। जैसे, लड़का, लड़की के बहुवचन लड़के, लड़कियों में ए याँ, अन्त ध्वनि के द्वारा चिह्नित हैं। वास्तव में किसी विशिष्ट इकाई की उपस्थिति उसकी अनुपस्थिति के विरोध की सूचक होती है। अचिह्नित आकार चिह्नित की अपेक्षा अधिक व्यापक क्षेत्र में व्यवहृत होता है। धोबी, नाई, कुत्ता आदि शब्द उदाहरण के तौर पर प्रस्तुत किए जा सकते हैं। जब हम कह सकते हैं कि इस गाँव में कोई धोबी या नाई नहीं रहता है तो हमारा तात्पर्य धोबी-

धोबिन, नाई-नाइन दोनों से होता है। इसी तरह 'कुत्ता-काटने का इलाज यहाँ होता है' वाक्य में कुत्ता शब्द कुतिया का भी सूचक है। अंग्रेजी में डॉग शब्द अचिह्नित है जो कुत्ता और कुतिया अर्थात् पुल्लिग और स्त्रीलिंग दोनों का सूचक है। बिच् शब्द चिह्नित है जो केवल स्त्रीलिंग के लिए ही प्रयोग में आता है। इसकी स्थिति अचिह्नित के विरोध में है। इसी तरह हिन्दी में छात्र शब्द है। 'छात्रा' इसके विरोध को प्रदर्शित करता है। पुरुष छात्र, महिला छात्र का प्रयोग तो किया जा सकता है, किन्तु पुरुष छात्रा या महिला छात्रा का नहीं। दूसरी स्थिति पुनरुक्ति मात्र है। रूपक्रमात्मक विरोधों के बीच चिह्नांकन की धारणा भाषा संरचना के प्रत्येक स्तर पर अत्यन्त महत्त्वपूर्ण है।

सांख्यिकीय संरचना

प्रकार्य क्षमता—भाषा में सभी रूपक्रमात्मक विरोध बराबर महत्त्व के नहीं होते हैं। प्रकार्य क्षमता की दृष्टि से उनमें भेद पाया जाता है। कल,नल, जल आदि शब्दों में क्, न्,ज्, आदि न्यूनतम अभिव्यक्ति अवयवों को निर्दिष्ट किया जा सकता है। इनकी प्रकार्य क्षमता 'उच्च' मानी जाएगी। कुछ शब्द ऐसे हैं जिनका वैषम्य ध्वनि के विशिष्ट उच्चारण भेद से पहचाना जाता है: जैसे—शाला-साला। श्, स् के वैषम्य की क्षमता निम्न स्तरीय है।

अर्थात्मक स्पष्टता के लिए ध्वनियों की प्रकार्य क्षमता के अन्तर को बनाए रखना जरूरी है। यद्यपि अभिव्यक्ति अवयवों के बीच एक विशिष्ट वैषम्य की कार्य-क्षमता शब्दगत संरचनात्मक स्थिति के अनुसार बदलती रहती है। शब्दों के आदि में अवयवों का वैषम्य जितना प्रखर रहता है प्रायः अन्त में उतना ही नहीं रहता है जैसे—भूख, भूक, बाबू, बापू आदि। किसी विशिष्ट वैषम्य की प्रकार्य क्षमता की गणना उन शब्दों के आधार पर की जानी चाहिए जिनका वितरण समान या अतिव्यापी है। जिनमें प्रकार्य क्षमता शून्य हो उन्हें विचार के लिए अधिक महत्त्व नहीं देना चाहिए। ऐसे शब्द अपेक्षाकृत अधिक विचारणीय है जिनमें वैषम्य न बनाए रखने से अर्थ भी कुछ का कुछ हो जाता है। किसी विशिष्ट वैषम्य का मात्रा-निर्धारण उसके प्रयोग की आवृत्ति से सम्बद्ध माना जाता है। मान लिया कि क्ष, त्र, ज्ञ के रूप में तीन अभिव्यक्ति अवयव वितरण श्रेणी में एक ही संरचनात्मक स्थिति में आते हैं। यदि क्ष, त्र प्राय: वैषम्य में स्थित रहते हैं तो उन्हें उच्च आवृति शब्द माना जाएगा, वहीं ज्ञ युक्त शब्द को निम्न आवृत्ति वाला माना जाएगा। क्ष और ज्ञ के बीच क्ष, त्र की अपेक्षा वैषम्य कम है। यदि कोई

भाषा प्रयोक्ता क्ष, त्र के अन्तर को नहीं पहचान पाता तो उसे अपेक्षाकृत अधिक कठिनाई का अनुभव होगा, भाषाविज्ञान में 'प्रकार्य क्षमता' का सिद्धान्त अत्यन्त महत्त्वपूर्ण है। इसकी महत्ता इस बात से न्यून नहीं हो जाती है कि हम आसानी से वैषम्यों की क्षमता तुलनात्मक ढंग से नहीं बता पाते।

सूचनांश और उपस्थिति की प्रायिकता (होने की सम्भावना)

सूचनांश का अर्थ है—किसी इकाई को प्रायिकता का प्रकार्य। यदि एक ही सन्दर्भ में दो इकाइयां समप्रायिक होती हैं तो उनका सूचनांश एक समान होता है। ''यदि केवल दो ही समप्रायिक इकाइयाँ क्ष, त्र उपस्थित रहती हैं, तब उनमें से प्रत्येक औसतन उसी सन्दर्भ के पूर्ण आधे अवसर पर उपस्थित रहेगी अर्थात् तब उनमें से प्रत्येक की प्रायिकता बिना अनुभव किए भी 1/2 होती है। क्ष की विशिष्ट इकाई 'क्ष' की प्रायिकता को प्रक्ष के रूप में दिखाया जाता है। जो इकाइयाँ अनिवार्यता किसी एक सन्दर्भ में उपस्थिति होती हैं उनकी प्रायिकता 1 होती हैं। यदि इकाइयाँ समप्रायिक हैं तब वे समान मात्रा में सूचक का वहन करती हैं'' (सैद्धान्तिक भाषा विज्ञान-जानलियोन्स, पृ० 88-89)

भाषा में असम प्रायिकताओं की प्रवत्ति प्रमुख होती है। जिस इकाई की प्रायिकता अधिक होती है उसका सूचनांश उतना ही कम होता है। अंग्रेजी में क्यू के साथ लेखन में यू अवश्य आता है। यहाँ इसकी प्रायिकता 1 है। इसी तरह 'ही वान्ट्स टु गो मार्केट' में टु की प्रायिकता 1 है। यदि यू या टु को त्याग दिया जाय तो सूचनांश की हानि नहीं होगी। अतः ये शून्य सूचनांश की इकाइयां हैं। जिस इकाई की प्रायिकता जितनी अधिक होगी उसके विषय में प्राक्कलन उतना ही अधिक हो सकता है। उसकी अवांछनीयता भी उतनी ही अधिक होती है। सूचनांश की माप प्रायः द्विपदांकों में की जाती है; क्योंकि द्विपद प्रणाली के द्वारा कई संचार-प्रणालियाँ कार्य करती है।

सूचना-सिद्धान्त

1950 के बाद भाषाविज्ञान तथा अन्य विज्ञानों पर संचारण सिद्धान्त या सूचना सिद्धान्त का गहरा प्रभाव पड़ा है। इस सिद्धान्त की प्रमुख मान्यताएँ जान लियोन्स के अनुसार निम्नलिखित हैं—

1. समस्त संचारण (या संव्यवहार) विकल्पों के एक समूह से किए जाने वाले वरण या चुनाव पर निर्भर करता है । इससे अर्थ विचार के

सन्दर्भ में 'सार्थकता' की व्याख्या उपलब्ध हो जाती है।

2. कोई इकाई जितनी प्राक्कथनीय होगी उसका उतना ही कम अर्थ होगा। प्रचलित और रूढ़ मुहावरों की तुलना में इसीलिए नए मुहावरे अधिक प्रभावशाली माने जाते हैं। नए उपमानों तथा प्रतीकों में भी यही बात होती है।

3. भाषात्मक इकाइयों की द्रव्यात्मक उपलब्धि में समधिकता वह अन्तर है, जो इसके विवेक के लिए वांछित द्रव्य के विभेदों की संख्या और इसके सूचनांश के बीच विद्यमान होता है।

4. सूचना सिद्धान्त के अनुसार तब भाषा अधिक समर्थ समझी जाएगी जब इकाइयों का विन्यासात्मक दैर्घ्य उनकी प्रायिकता के साथ प्रतिलोम रूप में प्रतिबद्ध हो।

भाषा के विविध रूप

इतिहास और प्रयोग की दृष्टि से भाषा के अनेक रूप निर्मित हो जाते हैं। भाषा का वह रूप जिसे आदिम कहा जा सकता है, जो किसी से प्रसूत नहीं हुई बल्कि अनेक भाषाओं की जन्मदात्री है, उसे आदि भाषा या प्रोटोस्पीच या मूल भाषा कहा गया है। मूल भाषा से भौगोलिक तथा ऐतिहासिक कारणों से अनेक भाषाओं तथा बोलियों का विकास हुआ है। परवर्ती भाषाओं तथा बोलियों में पुनः वर्ग-उपवर्ग या शाखाएँ-उपशाखाएँ बनीं। मूल भाषा जिसे भारोपीय भाषा कहते हैं के अगले विकास-क्रम में ग्रीक, वैदिक, संस्कृत आदि प्राचीन भाषाएँ आती हैं। कालान्तर में इनके मध्यकालीन तथा आधुनिक स्वरूप का निर्माण हुआ। संस्कृत के बाद पालि, प्राकृत, अपभ्रंश तत्पश्चात् हिन्दी, बंगला, उड़िया आदि भाषाओं का ऐतिहासिक क्रम में उल्लेख किया जाता है।

व्यक्ति बोली—भौगोलिक दृष्टि तथा सामाजिक इकाई के आधार पर भाषा व्यवहार का लघुतम रूप व्यक्ति बोली है। किसी भाषा समाज में आने वाला व्यक्ति अपने कुछ विशिष्टताओं के कारण भाषिक विभेद को प्रदर्शित करता है, यद्यपि यह विभेद ऐसा नहीं होता कि अपने समाज के अन्य व्यक्तियों के द्वारा समझा न जा सके। मनुष्य में भाषा सीखने की प्राकृतिक क्षमता है किन्तु सीखने का कार्य किसी भाषा-समाज में ही हो सकता है। जिस समाज में वह जन्म लेता है, जहाँ पलता है वहाँ की भाषा वह सीख लेता है। वह केवल छोटे से समूह में प्रचलित बोली की ही नहीं, बल्कि व्यापक धरातल पर प्रयुक्त मानक भाषा तथा आवश्यकतानुसार

विदेशी भाषा भी सीखता है। उसके सामाजिक सम्बन्धों का जैसे—जैसे विस्तार होता है वैसे-वैसे उसकी भाषिक क्षमता तथा भाषिक शैली का विस्तार होता है। वह अलग-अलग भाषा-प्रयोगों में अपनी वैयक्तिक विशिष्टता को बनाए रख सकता है। अवध क्षेत्र में पैदा हुआ बालक कुछ दिनों तक गाँव में रहकर अपनी बोली सीखता है फिर स्कूल जाकर मानक हिन्दी तथा अंग्रेजी सीखता है। एक बोली और दो भाषाओं के ज्ञाता उस बालक की व्यक्ति बोली का निर्धारण कैसे किया जाए। यही नहीं, मनुष्य की सम्पूर्ण जीवन-यात्रा में भाषा व्यवहार का स्वरूप भी बदलता जाता है। बचपन में उच्चारण का जो ढंग तथा शब्द ज्ञान की जो सीमा रहती है वह युवा अवस्था में बदल जाती है। वृद्धावस्था में इन्द्रियों के शिथिल हो जाये तथा शारीरिक परिवर्तन के कारण उच्चारण में उल्लेखनीय परिवर्तन हो जाता है। व्यक्ति बोली का निर्धारण किसी व्यक्ति विशेष के सम्पूर्ण जीवन में प्रयुक्त भाषा के आधार पर नहीं किया जाता है। चार्ल्स एफ हाकेट का विचार इस सन्दर्भ में उल्लेखनीय है ''किसी एक व्यक्ति की किसी निर्धारित समय की बोलने की आदत की समग्रता व्यक्ति बोली कहलाती है।'' इसका तात्पर्य है कि एक व्यक्ति अलग-अलग सन्दर्भों तथा देश-काल में अलग-अलग व्यक्ति बोली का प्रयोग करता है। वह अनेक भाषा-समाजों का सदस्य बन सकता है। व्यक्ति बोली भौगोलिक सीमा भी बदल सकती है।

बोली और उपभाषा—अनेक व्यक्ति बोलियों की सर्वनिष्ठता के आधार पर कुछ निश्चित भौगोलिक सीमा के बीच स्थानीय बोली का निर्माण होता है। कुछ स्थानीय बोलियों की भाषिक सर्वनिष्ठता के आधार पर अपेक्षाकृत बड़े भौगोलिक भू-भाग से उपबोली और कई उपबोलियों के समवाय से अपेक्षाकृत वृहत्तर क्षेत्र की बोली का निर्माण होता है। कई बोलियों का समूह उपभाषा कहलाता है और उपभाषाओं की सर्वनिष्ठता भाषा का निर्माण करती है। यदि हिन्दी प्रदेश को ध्यान में रखकर कहें तो कह सकते हैं कि यहाँ निवासियों द्वारा प्रयुक्त बोली वैयक्तिक स्तर व्यक्ति बोली है। हर जनपद की अपनी बोली को स्थानीय बोली कह सकते हैं। अवधी क्षेत्र में आनेवाले जनपद सुल्तानपुर तथा प्रतापगढ़ की बोली को ध्वन्यात्मक तथा शाब्दिक प्रयोग की दृष्टि से अलग-अलग पहचाना जा सकता है। किन्तु इनके बीच में जो भेद हैं वह अति सूक्ष्म तथा नगण्य ही माना जाएगा। रायबरेली और सुल्तानपुर की बोली में यह अन्तर ज्यादा स्पष्ट है। इसीलिए रायबरेली, उन्नाव आदि जनपदों की बोली को बैसवाड़ी

के नाम से अवधी की उपबोली माना गया है। अलग-अलग उपबोलियों का सम्मिलित रूप बोली कहा जाता है। बैसवाड़ी तथा प्रतापगढ़ी को मिलाकर अवधी का निर्माण हुआ है। अवधी, बघेली, छत्तीसगढ़ी ऐसी बोलियाँ है जिनमें कुछ भेद हैं किन्तु वे भेद ऐसे नहीं हैं कि उन्हें अलग-अलग भाषा का दर्ज दे सकें। इन बोलियों की विकास परम्परा तथा कतिपय समानताओं के आधार पर इन्हें एक ही उपभाषा वर्ग पूर्वी हिन्दी के अन्तर्गत रखा जाता है। इसी तरह पश्चिमी हिन्दी, राजस्थानी हिन्दी, पहाड़ी हिन्दी, बिहारी हिन्दी आदि उपभाषाओं का वर्ग बनता है। उन उपभाषा क्षेत्रों की कोई न कोई बोली समय-समय पर सम्पूर्ण हिन्दी प्रदेश में व्यापक साहित्यिक एवं सम्पर्क भाषा का स्थान पाती रही है। खड़ीबोली के आधार पर विकसित परिनिष्ठित हिन्दी जिसे कि भाषा कहा जाता है इन प्रदेशों में ही नहीं बल्कि सम्पूर्ण भारत में राजकाज की भाषा के लिए प्रयोग में लाई जा रही है।

भाषा के इन विविध रूपों में बोली और भाषा का भेद ही प्रमुखतः विचारणीय है। बोली की भौगोलिक सीमा घटाते-घटाते व्यक्ति बोली तक परिसीमित कर दिया जाता है। भाषा के नीचे की सभी इकाइयाँ बोली के अन्तर्गत ही हैं। भाषा और बोली में भी अन्तर निर्दिष्ट करना बहुत कठिन है। डॉ० ग्रियर्सन का कथन है कि, "भाषा और बोली में वही सम्बन्ध है जो पहाड़ तथा पहाड़ी में। यह निःसंकोच कहा जा सकता है कि एवरेस्ट पहाड़ है और हालवर्न पहाड़ी किन्तु इन दोनों के मध्य विभाजक रेखा को बताना कठिन है।" बोली का प्रयोग वाक् के उन रूपों के लिए किया जाता है जो कि भिन्न-भिन्न होने पर भी बिना किसी विशेष प्रशिक्षण के परस्पर बोधगम्य होते हैं। वाणी के उन रूपों को बोली कहा जाता है जो राजनीतिक दृष्टि से एकीकृत क्षेत्र में प्रयुक्त होते हैं जैसे बघेली। भाषा भी तो बोली है या बोलियों का वर्ग है जो राजधानी के आस-पास से सम्बद्ध होती है जिसे प्रायः शिक्षित लोगों की बोली होने का गौरव प्राप्त होता है। बोली और भाषा के सूक्ष्म विभेद की ओर संकेत करते हुए द ससूर न लाँग और पेरोल का जिक्र किया है। लाँग का अर्थ है किसी भाषा का शाब्दिक, व्याकरणिक एवं स्वन प्रक्रियात्मक संविधान जिसे परा वैयक्तिक के रूप में चित्रित किसी भाषा-समुदाय की सामूहिक उपलब्धि के रूप में बचपन से ही मूल वक्ता के बुद्धि पर आरोपित कर दिया जाता है। अपनी भाषा को बोलते समय वक्ता इसी लाँग की परिधि में कार्यशील होता है लेकिन वह जो कुछ बोलता है वह 'पेरोल' है। उसे उन नियमों में

से देश-काल के अनुसार चयन की स्वतन्त्रता अवश्य रहती है। 'पेरोल' भाषा का बोला जाने वाला रूप है। हर बोली में बोली के नियमों का प्रत्यक्ष या अप्रत्यक्ष अवधारणात्मक दबाव तो रहता है किन्तु जब कोई बोली मानक भाषा बन जाती है तो उसका दबाव और भी अधिक हो जाता है। इसमें भाषिक संविधान का आरोपण कुछ हद तक कल्पित या आदर्शात्मक होने के कारण स्वाभाविकता से किंचित हटकर रहता है। बोली में नियमितता के बदले यादृच्छिकता अधिक होती है। भाषा में यादृच्छिकता की अपेक्षा नियमितता होती है। किसी भाषा के अन्तर्गत बोलियों का रेखांकन भाषिक व्यवस्था से सम्बद्ध है। भौगोलिक दृष्टि से सीमितता और व्यापकता बोली और भाषा के विभेदक तत्त्व माने गए हैं किन्तु इससे भी महत्त्वपूर्ण है—बोधगम्यता की मात्रा। बोधगम्यता भी सापेक्षिक पद है। एक ही बोली के प्रयोक्ताओं में यह यदि शत-प्रतिशत है तो दो विभिन्न बोलियों के प्रयोक्ताओं में 75 प्रतिशत, दो उपभाषाओं में 50 प्रतिशत या उससे भी कम, दो भाषाओं में लगभग शून्य। जब एक भाषा क्षेत्र की बोलियाँ राजनीतिक या सामाजिक कारण से भाषा बन जाती है तो उनमें बोधगम्यता का प्रतिशत उपभाषा की अपेक्षा थोड़ा ही कम होता है। ब्रजभाषा बोलने वाला व्यक्ति ब्रजभाषा को पूरी तरह से समझता है, अवधी को उसकी अपेक्षा कुछ कम समझता है, बिहारी को उससे भी कम समझता है और पंजाबी या बंगला को उससे भी कम। यद्यपि पंजाबी, बंगला, हिन्दी अलग-अलग भाषाएँ हैं किन्तु इनमें बोधगम्यता का प्रतिशत बिहारी, राजस्थानी की तुलना में थोड़ा कम है। हिन्दी-अंग्रेजी में यह अन्तर बहुत अधिक है। यहाँ बोधगम्यता शून्य कहीं जा सकता है। बोधगम्यता उच्चारण प्रकृति, शब्द प्रयोग, वाक्य आदि अनेक बातों पर निर्भर करती है।

किसी भाषा-क्षेत्र में बोलियों का भेद प्राकृतिक कारणों से पड़ता है—ऊँचे पर्वत, बड़ी नदी, विस्तृत जंगल या दुर्गम घाटी से एक बोली क्षेत्र के वक्ताओं का सम्पर्क दूसरे बोली क्षेत्र के वक्ताओं से स्थापित नहीं हो पाता है। इसीलिए अलग-अलग बोलियों का अस्तित्त्व बनता और सुरक्षित रहता है। पहाड़ी क्षेत्रों तथा सघन जंगलों में इसीलिए बोलियों की संख्या अधिक होती है।

सामाजिक सम्पर्क, धार्मिक, साहित्यिक, राजनीतिक, शैक्षिक, वैज्ञानिक, आर्थिक आदि कारणों से बोली की सीमाएँ टूटती हैं और भाषा की सीमा बढ़ती है।

सामाजिक कारण—विवाह, खेल-कूद, मेला आदि से विभिन्न भाषिक समुदायों को एक-दूसरे से मिलने तथा अपने भावों के आदान-प्रदान का मौका मिलता है। ऐसे अवसरों पर अपनी बोली को छोड़कर उन्हें मानक या सम्पर्क भाषा का व्यवहार करना आवश्यक हो जाता है। लड़की का विवाह कभी-कभी ऐसे घर में हो जाता है जहाँ की बोली उसकी बोली से भिन्न होती है। ससुराल जाकर लड़की वहीं की बोली धीरे-धीरे सीख जाती है। अलग-अलग बोलियों से सम्बद्ध रिश्तेदारों के पारस्परिक मिलन से बोली का आदान-प्रदान चलता रहता है इससे दोनों बोलियों के बीच का अन्तराल मिटता जाता है। शिक्षित परिवारों में यदि बहुएँ अलग-अलग भाषा क्षेत्रों या बोली क्षेत्रों से आई रहती हैं तो वे परस्पर बातचीत करते समय सम्पर्क भाषा या मानक भाषा का प्रयोग करती है। शहरीय क्षेत्रों में, खेल या मेलों में भी लोग एक दूसरे की भाषा को जानने की चेष्टा करते हैं।

धार्मिक—धार्मिक कारण से भी सम्पर्क भाषा का विस्तार होता है। भारतवर्ष के कोने-कोने में स्थापित तीर्थों में प्राचीन काल से आज तक संस्कृत का वर्चस्व दिखाई देता है। संस्कृत के स्थान पर अब सामान्य सम्पर्क का माध्यम हिन्दी हो गई है। प्राचीन काल में धर्म-भाषा संस्कृत में अनेक दार्शनिक विचारों की अभिव्यक्ति की जाती थी। दक्षिण के आचार्यों जैसे शंकराचार्य, बल्लभ आदि ने संस्कृत को ही माध्यम भाषा बनाया था। आज संस्कृत का प्रयोग यद्यपि सामान्य जनों के द्वारा नहीं किया जा रहा है फिर भी पूजा-पाठ, यज्ञ-यजन, विवाह आदि कृत्यों में संस्कृत भाषा में ही मंत्र पढ़े जाते हैं।

ब्रज और अवधी के विकास में भी धार्मिक कारण की उल्लेखनीय भूमिका रही है।

साहित्यिक—बोली को भाषा बनाने में साहित्यिक रचनाओं का भी महत्त्व है। जब कोई बोली व्यापक साहित्यिक भाषा बनती है तो वह अपनी क्षेत्रीय सीमाओं को लाँघकर अन्य बोलियों के क्षेत्र में प्रवेश कर जाती है। अन्य क्षेत्रों से वह बहुत कुछ प्रभाव भी ग्रहण करती है इससे उसका एक व्यापक भाषिक रूप निर्मित हो जाता है। ब्रजभाषा में पर्याप्त भक्ति काव्य रचा गया इसीलिए इसको बहुत अधिक लोकप्रियता मिली है।

राजनीतिक— किसी बोली या भाषा के प्रयोक्ताओं के राजनीतिक वर्चस्व के साथ भाषा का भी वर्चस्व स्थापित होता है। अंग्रेजों ने सम्पूर्ण संसार में अपना उपनिवेश स्थापित किया था इसीलिए अंग्रेजी सम्पूर्ण विश्व

में प्रसार पा गई। आज भी भारत जैसे अनेक राष्ट्र हैं जहाँ अंग्रेजों की प्रभुसत्ता तो नहीं है किन्तु अंग्रेजी की प्रभुसत्ता है। संस्कृत, पालि, हिन्दी आदि भाषाओं के प्रचार-प्रसार में राजनीति का उल्लेखनीय योगदान है। यद्यपि हिन्दी के विकास काल में विदेशी शासन रहा है किन्तु भारत के बहुसंख्यक की भाषा होने तथा संस्कृत की समृद्ध परम्परा को आत्मसात करने के कारण हिन्दी को सदैव राजनीतिक महत्त्व मिलता रहा। दिल्ली के आस-पास की भाषा होने के कारण भी इसे राजनीतिक महत्त्व मिला।

आक्रमणकर्त्ता की सेना जिस-जिस स्थान पर जाती है उसे वहाँ की भाषा का ज्ञान आवश्यक होता है। इसलिए एक ओर सैनिक उस क्षेत्र की भाषा सीखते हैं और दूसरी ओर अपनी भाषा से क्षेत्रीय भाषा को प्रभावित करते हैं। 'उर्दू' भाषा का विकास मुगल छावनियों तथा बाजारों में ही हुआ। दक्षिण भारत में हिन्दी का प्रचार-प्रसार मध्यकालीन मुस्लिम शासकों की सैनिक-कार्यवाही का प्रतिफल है।

शैक्षिक—शिक्षा के प्रचार-प्रसार के लिए किसी एक मानक भाषा का आश्रय लेना पड़ता है। मानक भाषा के प्रचार से बोलियों का अस्तित्त्व संकटग्रस्त हो जाता है। शिक्षित व्यक्ति अपनी बोली में मानक भाषा का समावेश करता रहता है और बोलीगत अनेक शब्दों एवं प्रयोगों को वह अमानक समझकर छोड़ देता है।

संचार-माध्यम—अनेक भाषा-भाषियों, बोली-क्षेत्रों में जितना अधिक सम्पर्क होता है मानक भाषा के प्रचार में उतनी ही सुविधा रहती है। रेल, मोटर, जहाज आदि यातायात के साधनों से नित्य प्रति लाखों आदमी एक-दूसरे के सहयात्री बनते हैं। वे एक स्थान से दूसरे स्थान को जाते हैं, वहाँ व्यावसायिक, राजनीतिक या अन्य कार्यों को सम्पादित करने के लिए कुछ दिन रुकते हैं। ऐसी स्थिति में यह अनिवार्य हो जाता है कि उनके द्वारा किसी ऐसी सम्पर्क भाषा का व्यवहार किया जाय जिसे ज्यादातर स्थानों पर समझा जा सके। जिन लोगों का स्थाई व्यवसाय या निवास किसी महानगर में हो जाता है वे लोग वहाँ की देशी भाषा सीख लेते हैं। हिन्दी में छपनेवाली हजारों पत्र-पत्रिकाओं, रेडियो, टेलीविजन, सिनेमा आदि के कार्यक्रमों से भी हिन्दी भाषा का व्यापक प्रचार-प्रसार हो रहा है।

व्यावसायिक—आज का युग अर्थ प्रधान है। अपने माल को बेचने तथा विज्ञापन करने के लिए व्यवसायी को वही भाषा अपनानी होती है जिसके प्रयोक्ताओं की संख्या अधिक होती है। अंग्रेजी का प्रचार तथा व्यवहार व्यावसायिक कारणों से भी हुआ है। आरम्भ में यह धारणा रही

और बहुत कुछ आज भी है कि अंग्रेजी के माध्यम से व्यवसाय करने से देश-विदेश दोनों क्षेत्रों को अधिग्रहीत किया जा सकता है। भारतीय महानगरों में हिन्दी का व्यवहार व्यावसायिक कारणों से हो रहा है। हिन्दी प्रदेश के हजारों श्रमिक तथा व्यवसायी अन्य प्रान्तों में कार्यरत हैं। उनके द्वारा हिन्दी का प्रयोग सम्पूर्ण वातावरण को हिन्दीमय बना देता है। भाषा और बोली के अलावा भाषा के अन्य अनेक भेद प्रदर्शित किए गए हैं।

अपभाषा या विकृत भाषा—अपभाषा अंग्रेजी के 'स्लैंग' का हिन्दी रूपान्तरण है। किसी भाषा समाज में एक निश्चित शिष्टाचार से च्युत भाषा संरचना को अपभाषा कहते हैं। इसका प्रचलन विशेष श्रेणी या सम वर्गों में होता है। अपभाषा में अशुद्धता तथा अश्लीलता का समावेश हो जाता है। इसके प्रयोक्ता प्रायः शब्द-निर्माण या वाक्य-निर्माण में व्याकरण के नियमों को ओझल कर देते हैं। अपभाषा में सामान्य सांकेतिक अर्थ का अपकर्ष दिखाई देता है। वैसे अपभाषा के कुछ प्रयोग अपनी सशक्त व्यंजना के कारण शिष्ट भाषा में स्वीकृत हो जाते हैं। मक्खन लगाना, चमचागीरी आदि इसी तरह के प्रयोग हैं। गाली-गलौज को भी अपभाषा का उदाहरण माना जा सकता है। 1960-70 के बीच कविता के कुछ ऐसे आन्दोलन चले जिनमें अपभाषा का खुलकर व्यवहार किया गया। हिन्दी के कुछ उपन्यासों तथा कहानियों में भी अपभाषा का प्रयोग दृष्टिगोचर होता है।

व्यावसायिक भाषा—व्यावसायिक वर्गों के आधार पर भाषा की अनेक श्रेणियाँ बन जाती हैं। किसान, बढ़ई, डाक्टर, वकील, पंडित, मौलवी, दुकानदार आदि की भाषा में व्यावसायिक शब्दावलियों के समावेश के कारण अन्तर हो जाता है। इस व्यावसायिक शब्दावली की स्थिति बहुत कुछ पारिभाषिक होती है। कुछ व्यवसायों में बहुप्रचलित शब्दावली के स्थान पर विशिष्ट अर्थ सूचक नई शब्दावली गढ़ ली जाती है। इसकी स्थिति बहुत कुछ सांकेतिक भाषा जैसी होती है। कभी-कभी यह अपभाषा की कोटि में पहुँच जाती है। कहारों की भाषा (वधू की डोली ढोते समय) इसी तरह की होती है। बैल के व्यवसायी आपस में एक भाषा बोलते हैं जिसे ग्राहक बिलकुल नहीं समझ पाता है। मौलवी साहब जब हिन्दी बोलते हैं तो उनका झुकाव प्रायः अरबी-फारसी निष्ठ भाषा की ओर रहता है और पंडितजी की हिन्दी-संस्कृत की ओर झुकी रहती है।

कूटभाषा—इसे अंग्रेजी में कोड लैंग्वेज कहते हैं। कूटभाषा का प्रयोग

पांडित्य प्रदर्शन, मनोरंजन तथा गोपन के लिए होता है। सेना में कूटभाषा का प्रयोग गोपन के लिए होता है। इसमें शब्दों को सर्वप्रचलित अर्थ के स्थान पर नए अर्थों से जोड़कर प्रयुक्त किया जाता है। इनका अर्थ वही व्यक्ति समझ पाता है जिसे पहले से बता दिया गया होता है। सूर ने साहित्यिक चमत्कार दिखाने के लिए कूट के पदों की रचना की है जिनकी अर्थ साहित्य-शास्त्रियों द्वारा ही प्रस्फुटित किया जा सकता है।

कृत्रिम भाषा—यह निर्मित भाषा है। संसार में अनेक भाषाएँ हैं। एक भाषा-भाषी दूसरे भाषा-भाषी को बिना पूर्व शिक्षा के समझ नहीं पाता। भाषा-भेद के कारण जीवन के विविध क्षेत्रों जैसे व्यवसाय, राजनीति, भ्रमण, शिक्षा आदि में बड़ी कठिनाई पैदा हो जाती है। इस समस्या के निवारण के लिए 'एसपेरेन्तो' नामक कृत्रिम भाषा बनाई गई। यूरोप में कुछ लोग इस भाषा को सीखते भी हैं। इस भाषा के निर्माण में जो उद्देश्य था वह निश्चित ही महत्त्वपूर्ण था किन्तु जनाधार के अभाव में यह भाषा उस उददेश्य को पूरा करने में समर्थ नहीं हो सकी। कृत्रिम भाषा में सामान्य बातचीत ही हो सकती गम्भीर चिन्तन या साहित्य लेखन नहीं हो सकता। भाषा एक तरह से मानव के संस्कार का अभिन्न हिस्सा है, इसलिए उसकी सृजनशीलता भी मातृभाषा में ही घटित होती है। अपनी मातृभाषा के उच्चारणात्मक संस्कार के साथ यदि एसपेरेन्तो का उच्चारण करेगा तो उसमें भी परिवर्तन ला देगा। इस तरह पुनः भाषा की एकता खंडित हो जाएगी।

मिश्रित भाषा—दो भाषाओं के मिश्रण से इसका निर्माण होता है। इससे सामान्य कार्य, व्यवसाय आदि किए जाते हैं। चीन में अंग्रेजी शब्दों को चीनी उच्चारण तथा व्याकरण के अनुसार ढालकर पिजिन का निर्माण किया गया है। दक्षिण अफ्रीका में डच+अंग्रेजी+बांटू से मिश्रित भाषा का निर्माण हुआ है। कभी-कभी दो भाषाओं का मिश्रण इतना सबल तथा आवश्यक हो जाता है कि एक समुदाय अपनी मातृभाषा को छोड़ देता है। जमैका, टिनीदाद, मारिशस विभिन्न समुदायों के मिलन से संकर भाषाएँ बन गई हैं। इन भाषाओं को अंग्रेजी में क्रिओल (संकर) कहा जाता है। इंडोनेशिया की सिशूल विश्व की सर्वाधिक संकर भाषा मानी गई है। उर्दू को भी संकर भाषा कहा जा सकता है।

भाषा परिवर्तन और उसके कारण

भाषा मनुष्य के सामाजिक व्यवहार का माध्यम तथा उसकी चिन्तन प्रक्रिया का आधार है। मनुष्य ही आशा-आकांक्षा, विचार-सम्पर्क, ज्ञान

आदि में निरन्तर विकास होता रहता है। इसीलिए यह स्वाभाविक है कि उसके द्वारा प्रयुक्त भाषा में भी परिवर्तन होगा। यद्यपि भाषा का परिवर्तन बड़ी मद्धिम गति से होता है जिसकी पहचाने शताब्दियों बाद हो पाती है। भाषा में परिवर्तन का ही परिणाम है कि एक ही मूल भाषा से हिन्दी, मराठी, गुजराती, पंजाबी, बंगला, उड़िया, असमी आदि अनेकों भाषाओं का विकास हो गया। भाषा में परिवर्तन का तात्पर्य है कि उसकी आन्तरिक संरचना में अन्तर। किसी अन्य भाषा से शब्दों उधार लेकर उसका बाह्य स्वरूप को बदल देने से भाषा का परिवर्तन नही हो जाता है। व्यावहारिक दृष्टि से भाषा प्रयोक्ताओं के द्वारा रोज ही अनेक नए वाक्यों का सृजन होता रहता है। विषय, विचार और भाव के बदलाव के साथ उसमें बदलाव होता रहता है। किन्तु उसकी व्याकरणिक व्यवस्था नहीं बदलती। जब व्याकरणिक व्यवस्था में परिवर्तन होता है तभी यह माना जाता कि भाषा अपनी पूर्वतर स्थितियों से परिवर्तित हो गई है। परिवर्तन के क्रम को वैदिक, संस्कृत, पालि, साहित्यिक प्राकृतों अपभ्रंश तथा हिन्दी में देखा जा सकता है। भाषा के तीन अंग हैं—स्वन, पद और वाक्य के चौथा उसकी आत्मा है अर्थ। भाषा परिवर्तन का तात्पर्य है इन चारों अंगों में परिवर्तन। स्वन परिवर्तन उच्चारण प्रयत्न, उच्चारण स्थान आदि में परिवर्तन के कारण होता है। जिन स्वन-अनुबन्धों के उच्चारण में कठिनाई होती है उनमें कुछ स्वनों को छोड़ना या कुछ को सम्मिलित करने की छूट लोक प्रयोक्ताओं द्वारा स्वतः ले ली जाती है। दो भाषा जातियों के मिलने से नए स्वनों का प्रभावित भाषा में समावेश हो जाता है। हिन्दी में क़, ख़, ज़, फ़ इसके उदाहरण हैं।

शब्दों को भाषा में प्रयेाग करने के लिए कुछ रूपों में संयुक्त किया जाता है। रूपों के संयोजन की स्थितियाँ भी कालक्रमानुसार परिवर्तित होती हैं। भाषा कठिनता से सरलता की ओर यात्रा करते हुए कुछ अनावश्यक रूपिमों को त्याग देती है और नए को स्थापित कर देती है। संस्कृत को कारक विभक्तियाँ हिन्दी तक आते-आते समाप्त हो गई उनके द्योतन के लिए स्वतन्त्र परसर्गों का इस्तेमाल किया जाने लगा।

वाक्य भाषा की महत्त्वपूर्ण इकाई है। रूप रचना के परिवर्तन का असर वाक्य रचना पर भी पड़ता है। हिन्दी में शब्दों का क्रम निश्चयन रूप परिवर्तन के कारण ही हुआ।

अर्थ परिवर्तन की प्रक्रिया में शब्द अपने परम्परागत संकेतन को छोड़कर नए संकेत से संयुक्त हो जाते हैं, कुशल, प्रवीण, उत्तीर्ण, आदि

इसी तरह के शब्द हैं जो अपने वास्तविक अर्थ से अधिक व्यापक हो गए हैं।

भाषा परिवर्तन के कारण

भाषा परिवर्तन के अनेक कारण हैं जिन्हें बाह्य और आभ्यन्तर दो वर्गों में बाँटा गया है।

बाह्य कारण

भौगोलिक प्रभाव—कुछ भाषा वैज्ञानिकों जैसे हाइनरिख, मेयर बेन्फी एवं कोलिन्स ने भाषा परिवर्तन पर भौगोलिक प्रभाव को महत्त्व दिया है। उनका विचार है कि जलवायु का प्रभाव शारीरिक गठन पर पड़ता है जिससे उच्चारण प्रभावित होता है। जेस्पर्सन ने इस सिद्धान्त का खंडन किया है। कहते हैं कि ठंडी जलवायु में रहने वाले लोगों के अंगों में संकोचन रहता है जिससे उनकी ध्वनियाँ मुखरित कम होती हैं, गर्म प्रदेशों में मुखरित अधिक होती हैं। वास्तव में जिस भाषा की उच्चारण प्रकृति में मनुष्य के अंग ढले रहते हैं उससे भिन्न स्वनों के उच्चारण में कठिनाई होती है। भौगोलिक प्रभाव को गौण कारण ही माना जा सकता है।

ऐतिहासिक प्रभाव— भिन्न-भिन्न भाषा-जातियों का सम्पर्क कतिपय कारणों से होता रहता है। सबल जाति अपना साम्राज्य बढ़ाना चाहती है फलतः वह अन्य भाषा-जाति पर आक्रमण करती है। उस पर विजय प्राप्त करके अपनी भाषा को भी उस पर थोपती है। व्यापारिक तथा राजनीतिक सम्बन्धों से भी दो भाषा जातियों का सम्पर्क होता है। भारत पर समय-समय पर विदेशियों के द्वारा आक्रमण किए गए और राज्य स्थापित किए गए। विदेशों से इसका व्यापारिक सम्बन्ध भी रहा। मुसलमानों के साथ यहाँ हजारों अरबी-फारसी के शब्द आ गए और अंग्रेजों के साथ अंग्रेजी के बहुत से शब्द भारतीय भाषाओं में समाहित हो गए। हिन्दी पर इनका गहरा प्रभाव देखा जा सकता है। फारसी और अंग्रेजी की कुछ ध्वनियों को भी हिन्दी को अपनाना पड़ा। इसकी व्याकरणिक संरचना पर भी इन भाषाओं का प्रभाव है। दसवीं शताब्दी में फ्रांस की नार्मन जाति की इंग्लैण्ड पर राजनीतिक प्रभाव जमी जो शताब्दियों तक जमी रही जिसके कारण अंग्रेजी में फ्रेंच के हजारों शब्द प्रविष्ट हो गए। जब कोई जाति भिन्न भाषा-जाति में प्रवेश करती है और अपनी मूल भाषा को छोड़कर नई भाषा को अपनाती है तो उसमें उल्लेखनीय परिवर्तन कर देती है। ईरान से आभीर जाति तीसरी शताब्दी के आस-पास भारत आई और उसने

पश्चिमोत्तर क्षेत्र की प्राकृत में अपनी उच्चारण प्रकृति के अनुसार परिवर्तन करके अप्रभंश को आकार दिया। सांस्कृतिक जागृति के कारण भाषा में नवीनता आती है। उसमें नई शक्ति तथा चेतना भरने की कोशिश की जाती है। इससे कोई भाषा जाति पुनः उपजीव्य भाषा से बहुत कुछ ग्रहण करके नवीन आवश्यकतानुसार शब्दों तथा रूपों को ढालने की चेष्टा करती है। आधुनिक काल में नव-जागरण के फलस्वरूप संस्कृत के शब्दों से हिन्दी को समृद्ध किया गया और जीवन के अनेक क्षेत्रों में उत्पन्न नई आवश्यकताओं के अनुकूल शब्दों का सृजन किया गया।

वैज्ञानिक प्रभाव— वैज्ञानिक आविष्कारों के लिए नए शब्दों को गढ़ना पड़ता है। आधुनिक युग विज्ञान का युग है। विज्ञान के विविध क्षेत्रों में नित्य नई उपलब्धियाँ हो रही हैं। उन्हें प्रस्तुत करने के लिए भाषा में नित्य नए शब्दों का समावेश हो रहा है। रेडियो, ट्रांजिस्टर, दूरदर्शन, दूरसंचार, बम, बन्दूक, आदि इसी तरह के शब्द हैं।

आभ्यन्तरण कारण— भाषा परिवर्तन के आभ्यन्तरण कारण तीन हैं—

(1) ध्वनि यंत्र की भिन्नता

(2) अनुकरण की अपूर्णता

(3) मुख-सुख या प्रयत्न लाघव

1. ध्वनि यंत्र की भिन्नता— प्रत्येक व्यक्ति का ध्वनि यंत्र एक-दूसरे से भिन्न होता है। इसलिए दो व्यक्तियों के उच्चारण में अन्तर आना स्वाभाविक है। उच्चारण का यह अन्तर भाषा के परिवर्तन का कारण बन जाता है।

2. अनुकरण की अपूर्णता— भाषा अनुकरण से सीखी जाती है। प्रत्येक व्यक्ति में अनुकरण की क्षमता में भेद पाया जाता है। जिसका सम्बन्ध मुख्यतः बौद्धिक क्षमता से भी है। विदेशी या अन्य भाषा के शब्द किसी भाषा में प्रवेश करते हैं तो देशी वक्ता प्रायः उनका उच्चारण भिन्न कर देता है। टिकट को टिकस, डॉक्टर को डागडर, पोस्ट कार्ड को पोसकाट, अनुकरण की अपूर्णता के ही परिणाम हैं।

3. मुख-सुख या प्रयत्न लाघव—सुविधा भोगी होना मुनष्य की एक प्रमुख प्रवृत्ति है। कर्म-लाघव का प्रयत्न वह सदैव से करता रहा है। प्रयास कम करना पड़े फल अधिक मिल जाए यही उसकी कामना रहती है।

भाषा के उच्चारण में भी उसकी यही प्रवृत्ति कार्य करती है। जिस ध्वनियों के उच्चारण में जीभ को अधिक पीछे की ओर खींचना पड़ता है

या बहुत तोड़-मरोड़ करना पड़ता है उसे प्रायः सीधा कर दिया जाता है। उनका उच्चारण स्थान तथा प्रयत्न का स्वरूप बदल दिया जाता है। 'ष' का उच्चारण इसीलिए बदल गया है। जिन ध्वनि संयोगों के उच्चारण में कठिनाई होती है उनमें भी मुख सुख के कारण ही समीकरण की प्रवृत्ति आ जाती है। कम्बल को इसीलिए कम्मर या कमरा कहा जाने लगा। मुख-सुख या प्रयत्न लाघव से कुछ ध्वनियों का लोप जैसे स्थल>थल कुछ ध्वनियों का आगम जैसे मर्म > मरम, स्तुति> अस्तुति, कुछ का विपर्यय जैसे डूबना >बूड़ना, पिशाच > पिचास कुछ का समीकरण जैसे पुत्र>पूत कुछ का विषमीकरण जैसे कंकन>कंगन हो जाता है।

यह नियम वाक्य स्तर पर भी लागू होता है। वाक्य के पूरे परिवेश में तथा उनसे निरपेक्ष ध्वनियों तथा शब्दों की स्थिति में उल्लेखनीय अन्तर रहता है।जैसे—

चोर ले गया >चोल्लेगया

उसके माता पिता आ गये > उसके माता-पिता आगे (ये)

वार्तालाप के समय एक वाक्य के कुछ शब्दों का अध्याहार करके उन्हें अकथित रूप में ही व्यक्त कर दिया जाता है। जैसे—

तुम कब आए

कल

और कब जाओगे

परसों

कल मेरे यहाँ आओगे?

हाँ

इन वाक्यों में कल, परसों, हाँ अलग से स्वतन्त्र रूप में वाक्य रचना नहीं कर सकते किन्तु वार्ता के क्रम में पूर्व वाक्य से जुड़कर ये पूरा वाक्य बना देते हैं। इसे भी प्रयत्न लाघव का ही परिणाम माना जा सकता है।

बल—किसी बात या ध्वनि पर अधिक बल देने के कारण भी भाषा परिवर्तन हो जाता है। जैसे—ऋतु> ऋतू, मधु>मधू, है ही>हई।

शब्द के नए रूपों के निर्माण में ध्वन्यात्मक बल का महत्त्वपूर्ण स्थान है। संस्कृत द्वे के द् और व् दोनों रूपों की सुरक्षा और विकास का कारण है कि दोनों पर अलग-अलग क्षेत्रों और परिस्थितियों में बल दिया गया। हिन्दी में ही दोनों का अस्तित्व देखा जा सकता है जैसे द्वे> दो, द्वा> बा (रह)। कौरवी में दीर्घ ध्वनियों पर अतिरिक्त बल के कारण ही द्वित्त्व उच्चारण हो जाता है जैसे—बाप्पू, राण्णी।

भावातिरेक—प्यार, क्रोध, शोक आदि भावों की अतिशयता भी भाषा को प्रभावित करती है—बच्चा से बचवा, बेटा से बेटवा, महिला से मेहरिया, रामू से रमुआ भावातिरेक के ही परिणाम हैं।

सादृश्य—किसी शब्द की संरचना के समान दूसरे शब्द का निर्माण कर लेना सादृश्य कहलाता है। कुछ लोग देहाती के सादृश्य पर शहराती, निर्धनता के सादृश्य पर गरीबता का प्रयोग करते हैं। इन्हें मिथ्या सादृश्य कहा गया है।

ध्वनि विज्ञान या स्वन विज्ञान

स्वन या ध्वनि भाषा की मूलभूत इकाई है। भाषा वर्णन के सन्दर्भ में परम्परागत मान्यता यही रही है कि भाषा की दीर्घ इकाई वाक्य का निर्माण शब्दों या पदों से और शब्दों का निर्माण ध्वनियों से होता है। अब यह मत निर्विवाद रूप से मान्य हो गया है कि किसी भाषा का ज्ञान उसकी ध्वनियों के अलग-अलग पहचान के बिना सम्भव नहीं है। यहाँ ध्वनि शब्द पर्याप्त अस्पष्ट है। प्रायः किसी भी तरह के घर्षण या टकराहट से उठी हुई स्वर-लहर ध्वनि कही जाती है। भाषाविज्ञान में हर तरह की स्वर लहरियों को स्वीकार नहीं किया जाता है। भाषा विज्ञान की एक प्रमुख शाखा ध्वनिविज्ञान में मुख्य रूप से वाक्ध्वनि या स्वन का अध्ययन किया जाता है। वागितर स्वनों जैसे हँसना, खखारना, पुचकारना आदि को भाषा अध्ययन के लिए ग्रहण नहीं किया जाता है। वाक् ध्वनि (स्वर) और वर्ण (स्वनिम) के बीच में स्पष्ट विभाजक रेखा खींचना भी ध्वनि-विज्ञानी के लिए आवश्यक होता है।

वाक्ध्वनि

वाक्-अवयवों द्वारा निसृत परस्पर विविक्त (भेदक या परिच्छेदक) इकाई को वाक्स्वन या वाक्-ध्वनि कहते हैं। व्यावहारिक भाषा में वाक्-स्वनों की सीमा बहुत विस्तृत है इससे कोई ध्वनि-विज्ञानी अपनी निजी सूझ-बूझ अथवा यंत्रों के माध्यम से भी अन्तिम रूप से नहीं कह सकता है कि उसने ध्वनियों के सम्पूर्ण सूक्ष्म विभेदों को अन्तिम रूप से पहचान लिया है। वास्तव में वाक्-स्वनों के परिसर के विभाजन की कोई प्राकृतिक सीमा निश्चित नहीं है। ध्वनि-विज्ञानी को इस समस्या के निदान के लिए व्यापकतर और सूक्ष्मतर सम्भावनाओं के बीच का मार्ग अपनाना पड़ता है।

हिन्दी में जब हम क का प्रयोग करते हैं तो विविध परिसरों में उसका स्वरूप किंचित् भिन्न होता है जैसे—क़लम, कमल, कटक आदि। क के

तीनों प्रयोगों में ळ, म और ट का प्रभाव मौजूद है। क यद्यपि अलग परिस्थितियों में किंचित भेदक है किन्तु इससे अर्थभेद नहीं पैदा होता है। हिन्दी में प्रयुक्त 'क' संस्कृत परम्परा से तो जुड़ा ही है फारसी परम्परा से आगत ध्वनि क भी इसी में समाहित है। व्यापक अनुलेखन में इस अन्तर को प्रदर्शित नहीं किया जाता है कि सूक्ष्म लेखन में क, क़ दो तरह से लिखे जाते हैं। इसी तरह अंग्रेजी की ध्वनियाँ पी (प्) ट (ट्) के (क्) कुछ शब्दों में लघु महाप्राण के रूप में उच्चरित होती हैं और कुछ स्थानों में विशेषकर से के बाद अल्पप्राण उच्चरित होती हैं जैसे—टॉप, स्टॉप, पॉट, स्पॉट आदि। डेनियल जोन्स का विचार है कि खंडीय स्वन ही वाक्स्वन हैं अधिखंडीय अभिलक्षण एवं श्रुतियाँ वाक्-स्वन नहीं हैं। इस दृष्टि से जपित स्वर, प्रतिलोम, क्लिक तथा काकल्य स्वनों को स्वन विज्ञान से बहिष्कृत होना पड़ेगा। पाइक महोदय ने दोनों के बीच सामंजस्य स्थापित करते हुए वाक्-स्वनों को केन्द्रक स्वन और दुर्लभ स्वनों को 'सीमान्त' (मार्जिनल) स्वन के नाम से निर्दिष्ट किया है।

स्वनिम या वर्ण

किसी भाषा की स्वन-व्यवस्था का अध्ययन करते समय ज्ञात होता है कि उसमें स्वनों की स्थिति असीमित है। उल्लेख किया जा चुका है कि अलग-अलग परिसर में आनेवाली ध्वनियों में सूक्ष्म भेद मौजूद होता है जिसे व्यापकतर अनुलेखन में महत्त्वहीन मान लिया जाता है। ध्वनियों के तान का हल्का भेद कभी-कभी अर्थभेदक भी हो जाता है। हिन्दी के कुछ शब्दों को दृष्टान्त रूप में प्रस्तुत किया जा सकता है।

घर, घन, घटक। इन शब्दों में र, न, ट के अलग-अलग परिसर में घ के उच्चारण में अन्तर है किन्तु इन अन्तरों को ध्यान में न रखकर हम घ को एक वर्णमात्र मानते हैं। घ एक ध्वनि नहीं है बल्कि अनेक परिसरों में आनेवाली घ जैसी ध्वनियों का सामूहिक प्रतिनिधि है। घ स्वन नहीं बल्कि स्वनिम है। विविध परिसरों में पड़नेवाले ध्वनि के स्थितिजन्य विभेद को ध्वनिकल्प या संध्वनि कहते हैं। वाक्ध्वनियाँ ध्वनि विवरण की इकाइयाँ हैं और वर्ण (स्वनिम) ध्वनि प्रक्रियात्मक विवरण की इकाइयाँ हैं। स्वन शब्द की स्पष्टता के लिए दोनों भेदों को समझना आवश्यक है। स्वनिम की परिभाषा करते हुए हॉकेट ने लिखा है कि 'स्वनिम वे तत्त्व हैं जो उस भाषा की स्वन-प्रक्रियात्मक पद्धति में एक-दूसरे के व्यतिरेकी रूप में आते हैं। ब्लॉक तथा टेगर का कहना है कि स्वनिम रचनात्मक दृष्टि से समान स्वनों का समूह है जो किसी भाषा-विशेष में उसी प्रकार के अन्य समस्त समूह से व्यतिरेकी और अन्यापवर्जी होता है।

ब्लूमफील्ड का विचार है कि, 'किसी उच्चार के स्थूल ध्वनिकीय अभिलक्षणों में से कुछ परिच्छेदक हैं और ये क्रमिक उच्चारों में पहचान योग्य और अपेक्षाकृत अचर आकृति में मिलते हैं। ये परिच्छेदक अभिलक्षण समूह में मिलते हैं और उनमें से प्रत्येक स्वनिम कहलाता है।' निरन्तर दीक्षा और अभ्यास से श्रोता उन्हीं अभिलक्षणों पर अनुक्रिया करता है जो व्यवच्छेदक होते हैं। प्रत्येक भाषा या बोली का परिच्छेक लक्षण दूसरी भाषा या बोली से भिन्न होता है। मिनामनी भाषा में 'जले' के लिए प्रयुक्त शब्द nipew में पी का उच्चारण प या ब दोनों रूपों में सुनाई देगा। इस भाषा में इन दोनों ध्वनियों के अपरिच्छेदक लक्षण हैं इसीलिए अंग्रेजी या हिन्दी भाषियों के लिए आसानी से ग्राह्य हो सकते हैं। अंग्रेजी में स्वराघात का महत्त्व नहीं है जब कि चीनी में उसका विशेष महत्त्व है। एक भाषा या बोली के परिच्छेदक लक्षण दूसरी बोली में अपरिच्छेदक हो सकते हैं। इसी अन्तर के कारण एक ही भाषा को बोलनेवाले भिन्न-भिन्न देश के लोगों का मंतव्य एक-दूसरे के द्वारा कठिनाई से समझा जाता है। उदाहरण के लिए अमेरिकन अंग्रेजी में वाटर के बीच में आनेवाली (T) 'ट' ध्वनि बहुत कुछ ड (D) की तरह उच्चरित होती है जिसे इंग्लैण्ड में कठिनाई से समझा जाएगा। अंग्रेजी में ट, तो दो स्वनिम नहीं हैं। हिन्दी 'तात' को एक अंग्रेज कोशिश करके भी 'टाट' बोलेगा। इसी तरह जर्मन भाषा अंग्रेजी के टिन Tin, Thin थिन में भेद नहीं कर पाता है।

स्वनिम के वितरण के विषय में डेनियन जोन्स का यह मंतव्य ग्राह्य है 'स्वनिम सम्बन्धित स्वनों का एक परिवार होता है जिसका कोई सदस्य किसी शब्द में इस प्रकार आता है कि उसी प्रकार के ध्वन्यात्मक सन्दर्भ में इसका कोई दूसरा सदस्य नहीं आता।'

स्वनिम तथा स्वनकल्प का निर्धारण

ध्वनिग्राम या स्वनिम उच्चारणात्मक भाषा की विशेषता है। इसलिए इसकी अध्ययन सामग्री स्वाभाविक प्रयोग में आने वाली भाषा के आधार पर संकलित की जाती है। संकलित स्वनात्मक भेदों को सूक्ष्मता से अंकित करने के लिए ध्वन्यात्मक लिपि का प्रयोग किया जाता है। स्वर और व्यंजन ध्वनियों की एक सारिणी बना लेने के बाद वितरण तथा व्यतिरेक के आधार पर स्वनों तथा स्वनकल्पों का निर्धारण किया जाता है। हिन्दी भाषा के कुछ शब्दों को लेकर स्वर और व्यंजन का निश्चयन किया जा सकता है। चल, चमक, लचक, लटका, कटक, कीचक।

इन शब्दों में प्रयुक्त—

व्यंजन स्वन

च्	=	4 बार
ल्	=	3 बार
म्	=	1 बार
क्	=	7 बार
ट्	=	2 बार
		17 बार

स्वर स्वन

अ	=	15 बार
आ	=	1 बार
इ	=	1 बार
		17 बार

गणना करने पर कुछ 34 ध्वनियाँ आती हैं किन्तु वितरण तथा समानता के सिद्धान्त के अनुसार इनमें से कई ध्वनियाँ सूक्ष्म परिसर भेद को ही प्रदर्शित करती हैं। क् ध्वनि यद्यपि सात बार आती है किन्तु प्रत्येक परिस्थिति में आने पर इसमें ऐसी कोई असमानता नहीं पैदा होती हैं कि इन्हें अलग-अलग स्वनिम माना जाए। वास्तव में ये क् स्वनिम के अलग स्वनकल्प (ध्वनिकल्प या संध्वनि) हैं। च्, ल्, म्, ट्, अ, आ, ई अलग-अलग स्वनिम हैं। स्वनिम और स्वनकल्पों का अंकन इस प्रकार किया जाएगा—

स्वनिम	संस्वन या स्वनकल्प (ध्वनिकल्प)
च् = 1	[च 1] [च 2] [च 3] [च 4] = 4
ल् = 1	[ल 1] [ल 2] [ल 3= 3
म् = 1	[म 1]= 1
क् = 1	[क 1] [क 2] [क 3] [क4] [क 5] [क 6] [क 7] = 7
ट् = 1	[ट1] [ट2] = 2
अ = 1	[अ 1] [अ 2] [अ 3] [अ 4] [अ 5] [अ6] [अ 7] [अ 8] [अ 9] [अ 10] [अ 11] [अ12] [अ13] [अ14] [अ 15] =15

आ = 1	[आ 1] = 1
ई = 1	[इ 1]=1
8	34

स्वनों की वितरण की तीन स्थितियाँ होती हैं—

1. व्यतिरेकी वितरण
2. परिपूरक वितरण
3. मुक्त वितरण

1. व्यतिरेकी वितरण—समान परिसर में आने पर जो स्वन अर्थभेदक होते हैं तो उन्हें व्यतिरेकी कहा जाता है—जैसे—कल, खल, चल आदि शब्दों में क, ख, च आदि व्यतिरेकी हैं। इन्हें स्वतंत्र 'स्वनिम' कहा जाता है।

2. परिपूरक वितरण—एक ही 'स्वनिम' अलग-अलग परिसरों में आकर उच्चारण आदि की दृष्टि से थोड़ा भेद तो प्रदर्शित करता है किन्तु अर्थभेदक नहीं होता। कान में आनेवाला क और काल में आनेवाला क में सूक्ष्म भेद है। न परिवेश के कारण क का उच्चारण हल्की अनुनासिकता से युक्त है किन्तु काल में आने वाला 'क' उससे मुक्त है। दो अलग परिवेश में आने वाले क परिपूरक वितरण में हैं। परिपूरक वितरण में आने वाले स्वनकल्प एक ही स्वनिम के भिन्न-भिन्न सदस्य की तरह अपने-अपने क्षेत्र में व्यवहृत होते हैं।

3. मुक्त वितरण—यदि किसी भाषा के दो या अधिक स्वन बिना अर्थ परिवर्तन के ही प्रयुक्त हों तो वे मुक्त वितरण में माने जाते हैं। हिन्दी में श, के स्थान पर स, व के स्थान पर ब, के प्रयोग मिलते हैं, जैसे—शाल=साल, वन=बन। ऐसे स्थलों पर ये भिन्न-भिन्न स्वनिम न होकर स्वनकल्प या ध्वनिकल्प ही हैं।

स्वनिम दो प्रकार के होते हैं—

1. खंडीय स्वनिम—जिन स्वनिमों को अलग-अलग किया जा सके वे खंडीय स्वनिम हैं। स्वर-व्यंजन खंडीय स्वनिम माने जाते हैं।

2. अधिखंडीय स्वनिम—इनका विखंडन नहीं लिया जा सकता किन्तु ये स्वर और व्यंजन दोनों पर आसन जमाए रहते हैं। मात्रा, बल, सुर, विवृत्ति आदि अधिखंडीय स्वनिम है। चीनी भाषा में अधिखंडीय स्वनिमों की विशेष महत्ता है।

स्वनविज्ञान की विविध शाखाएँ

स्वनविज्ञान के अन्तर्गत स्वनों का विवेचन किया जाता है। यह विवेचन स्वनों के उत्पादन, संचरण या संवहन तथा ग्रहण से सम्बद्ध होता है। इन्हीं के आधार पर स्वन-विज्ञान की तीन शाखाएँ निर्मित होती हैं—

(1) उच्चारणात्मक

(2) ध्वन्यात्मक या भौतिक

(3) श्रवणात्मक

वाक्-स्वनों का श्रवणात्मक वर्गीकरण सूक्ष्मता से सम्भव नहीं हो पाया है इसीलिए भाषा वैज्ञानिकों की दृष्टि में स्वनविज्ञान की उच्चारणात्मक और भौतिक, दो ही शाखाएँ बनती हैं।

उच्चारणात्मक स्वनविज्ञान

स्वनविज्ञान की यह सर्वाधिक महत्त्वपूर्ण और प्राथमिक शाखा है। इसमें मानवीय स्वनों की उत्पादन प्रक्रिया और उनके पारस्परिक विभेद को विश्लेषित तथा विवेचित किया जाता है। स्वन को उत्पन्न करने वाले वाक्-अवयवों से ओष्ठ, दाँत, जिह्वा आदि से प्रायः सभी वक्ता परिचित होते हैं। वाक्-अवयवों का परिचय प्रत्यक्ष रूप से तथा काकलदर्शी (लेरिंगोग्राफ) यंत्र तथा एक्सरे चित्रों द्वारा प्राप्त किया जा सकता है। पारिभाषिक शब्दावली में इनकी ध्वन्यात्मक कार्य विधि का व्रिवेवचन करके अनेक भाषा प्रयोक्ताओं को भाषिक प्रक्रिया के प्रति जागरूक तथा दीक्षित किया जा सकता है। उच्चारण से सम्बन्धित प्रक्रिया के अभिज्ञान से व्यक्तियों वाक्-ध्वनियों को अलग-अलग पहचानने की क्षमता बढ़ जाती है। निरन्तर अभ्यास से उनमें वागवयवों के आवश्यकतानुसार नियंत्रण की कला भी विकसित हो जाती है। ध्वनि या स्वनविज्ञान की अन्य शाखाओं से सम्बन्ध में इतनी सरलता से भिज्ञता नहीं हो सकती। यही कारण है कि उच्चारण तंत्रों के स्थान या प्रयत्न के आधार पर ही स्वनों का अध्ययन और विश्लेषण अत्यन्त प्राचीनकाल से किया जा रहा है।

वाक्-शरीरक्रियात्मक दृष्टि से आवश्यक श्वास-प्रश्वास की प्रक्रिया का एक उपफल है। ज्यादातर वाक्-ध्वनियों का उत्पादन निःश्वास की स्थिति में होता है। मुख विवर से बाहर निसृत होनेवाली वायु का वक्ता अनेक प्रकार से नियंत्रण या अवरोध करता है। वाक्-स्वनों में बाधा के ही स्थानगत या प्रयत्नगत विभेद के अनुसार अन्तर पैदा हो जाता है।

उच्चारण अवयव

उच्चारण तंत्र दो तरह के हैं—(1) स्थिर और (2) चल। स्थिर

अवयव उच्चारण स्थल हैं। सही अर्थ में चल अवयव ही उच्चारण अवयव हैं। शरीरस्थ विभिन्न अवयवों का मुख्य कार्य भोजन करना, साँस लेना या रक्त शुद्ध करना है। भाषण का कार्य उनका गौण या आरोपित कार्य है। प्रमुख वाक्-अवयवों का संक्षिप्त परिचय इस प्रकार है—

1. **फेफड़े**—जीवित प्राणी में श्वास-प्रश्वास की प्रक्रिया में फेफड़े की महत्त्वपूर्ण भूमिका है। रक्त शोधन के लिए ऑक्सीजन का ग्रहण और कार्बन डाई ऑक्साइड का उन्मोचन आवश्यक है। निःश्वास के समय ही ध्वनि उत्पन्न की जाती है। यद्यपि फेफड़ों का ध्वनि उत्पादन में प्रत्यक्ष योगदान नहीं है, किन्तु चूँकि यहाँ से प्रश्वास बाहर निकलती है इसलिए इसका महत्त्व स्थापित हो जाता है।

2. **श्वासनली**—यह फेफड़ों का ही एक अंग है, इसके द्वारा श्वास बाहर-भीतर आती-जाती है।

3. **भोजननली**—भोजननली की स्थिति श्वास नलिका के पीछे है। श्वासनली और भोजननली को अलग करने के लिए एक दीवार है। भोजन जाते समय यह दीवार श्वास नली को बन्द कर देती है।

4. **स्वरयंत्र**—श्वासनली के ऊपरी भाग में स्वर-यंत्र नाम का एक अंग है। ध्वनि उत्पादन का यह प्रमुख अंग है। फेफड़े से बाहर आनेवाली वायु स्वर-यंत्र से ही निसृत होती है।

स्वरयंत्र के बीच में पतली झिल्ली के दो लचीले मांसल कपाट हैं जिन्हें स्वरतंत्री कहते हैं। स्वरतंत्री के बीच के छिद्र को स्वरतंत्रमुख या काकल कहते हैं। स्वरतंत्रियों की प्राकृतिक अवस्था एक-दूसरे से पृथक् एवं शिथिल रहने की है। इसके मुख (काकल) से वायु आती-जाती रहती है। अघोष ध्वनियों का उच्चारण इसी अवस्था में होता है। स्वरतंत्रियों की दूसरी अवस्था वह है जब वे दोनों एक-दूसरे के काफी निकट आ जाती हैं। इस स्थिति में निःश्वास वायु तंत्रियों को धक्का देकर बाहर निकलती है, धक्के के कारण स्वरतंत्रियों में कम्पन पैदा होता है। घोष ध्वनियों का उच्चारण इसी अवस्था में होता है। स्वरतंत्रियों की तीसरी अवस्था एक तरह से मध्यम अवस्था है। इसमें स्वरतंत्रियाँ समीप होती हैं किन्तु सही नहीं रहतीं। कंकाल संकीर्ण हो जाता है। फुसफुसाहट की ध्वनि इसी अवस्था में होती है।

5. **स्वरयंत्रावरण**—भोजन नली के विवर (छिद्र) के साथ श्वासनली, की ओर झुका हुआ एक छोटी जीभ जैसा मांस का टुकड़ा है जिसे अभिकाकल या स्वर-यंत्रमुख कहते हैं। गायन के समय यह अंग सक्रिय

होता है। आ, आ तथा इ, ए के उच्चारण में भी यह कुछ भूमिका का निर्वाह करता है।

6. **अलिजिह्वा**—जहाँ से नासिकाविवर और मुखविवर के मार्ग निकलते हैं वहाँ एक छोटा मांस खंड है, जिसका आकार छोटी जीभ जैसा है इसे अलिजिह्वा कहते हैं। यह कोमल ताल का अन्तिम भाग है। इसकी प्रमुख तीन अवस्थाएँ हैं—

1. **स्वाभाविक अवस्था**—इस अवस्था में यह ढीला और नीचे की ओर लटका होता है। मुँह बन्द रहता है और साँस-प्रश्वास की निर्वाध गति होती रहती है। 'हूँ' का उच्चारण इसी अवस्था में होता है।

2. **तनाव की अवस्था**—इस अवस्था में अलिजिह्वा से नाक का रास्ता बन्द हो जाता है और श्वासनली से आनेवाली हवा को नासिका विवर में जाने से रोक देती है। ऐसी परिस्थिति में वायु को मुख-विवर से आना-जाना पड़ता है। मौखिक स्वर और व्यंजन इसी अवस्था में उच्चरित होते हैं।

3. **मध्यम स्थिति**—इस अवस्था में अलिजिह्वा के बीच में रहती है । वायु का आवागमन नासिका और मुख दोनों से होता है। आनुनासिक ध्वनियों का उच्चारण इसी अवस्था में होता है।

कोमलतालु—मूर्धा के अन्तिम अस्थिमय भाग को जहाँ कोमल मांस खंड का आरम्भ होता है कोमल तालु कहते हैं। इसे ध्वनि उत्पादन का प्रमुख अवयव कहा जा सकता है। यह उच्चारण का स्थान भी है। मुखविवर से वायु के अन्तर्मुखी होने पर यह ऊर्ध्वगमित होता है और जब नासिकविवर से वायु बाहर या भीतर होती है तो कोमलतालु नीचे झुकता है। मुखविवर और नासिकविवर के बीच यह आच्छादन (कपाट) का कार्य करता है।

मूर्धा—कठोरतालु और कोमलतालु के बीच का हिस्सा मूर्धा है। यह केवल उच्चारण स्थान है।

कठोरताल—वर्त्स से शुरु होकर मूर्धा तक का भाग कठोरतालु कहलाता है। यह भी उच्चारण स्थान ही है।

वर्त्स—ऊपरी दन्त पंक्ति और कठोर तालु की आरम्भिक सीमा के बीच का भाग वर्त्स कहलाता है। यह उच्चारण का स्थान है।

दन्त—ऊपर के सामनेवाले दाँत से जिह्वा के स्पर्श से विभिन्न ध्वनियों का उत्पादन होता है।

जिह्वा—ध्वनि उत्पादन में जिह्वा की सर्वाधिक महत्त्वपूर्ण भूमिका है। इसीलिए संसार की विभिन्न भाषाओं में भाषा के लिए वाणी, जबान, टंग,

लिंगुना, आदि जिह्वा के पर्यायवाची शब्द संज्ञा के रूप में प्रयुक्त होते हैं। जिह्वा के नोक से लेकर जिह्वा के मूल तक का हर भाग ध्वनि उत्पादन के सन्दर्भ में महत्त्वपूर्ण है। जिह्वा के अग्रबिन्दु को जिह्वा नोक कहते हैं। अग्रबिन्दु से थोड़ा पीछे कठोरतालु के विपरीत में स्थित भाग को जिह्वाग्र कहते हैं। जिह्वा की जड़ जिह्वामूल है। मूल से थोड़ा आगे (दाँत की ओर) कोमलतालु के विपरीत का भाग जिह्वापश्च कहलाता है। जिह्वाग्र और जिह्वापश्च के बीच का भाग जिह्वामध्य है।

नासिकाविवर—नाक का छिद्र ही नासिकाविवर है। नासिक्य ध्वनियों के उच्चारण में इस अवयव का योगदान होता है।

ओष्ठ—ध्वनि उत्पादन में ऊपर और नीचे के ओष्ठ (ओठ) भी कार्यरत होते हैं।

स्वनों का वर्गीकरण

उच्चारणात्मक ध्वनिविज्ञान या स्वनविज्ञान में स्वनों का वर्गीकरण मुख्यत: उच्चारण-प्रयत्न तथा उच्चारण-स्थान के आधार पर किया गया है। ध्वनियों का प्राचीनतम और सर्वाधिक प्रचलित वर्गीकरण स्वर और व्यंजन के रूप में प्राप्त है। प्राचीन भाषा-चिन्तकों का स्वर और व्यंजन के विषय में समान मत मिलता है। विदेशी चिन्तक थ्रैक्स और भारतीय वैयाकरण पंतजलि दोनों की ही मान्यता है कि व्यंजन ऐसी ध्वनियों को कहते हैं जिनका उच्चारण स्वरों की सहायता से किया जाता है। स्वर ऐसी ध्वनियाँ हैं जिनका उच्चारण किसी अन्य ध्वनि की सहायता के बिना किया जा सकता है। आधुनिक भाषा-वैज्ञानिकों ने इस परिभाषा को निर्दोष न मानते हुए बेहतर परिभाषा देने की कोशिश की है। विद्वानों की आपत्ति है कि कुछ व्यंजन ऐसे हैं जिन्हें स्वर की सहायता के बिना भी उच्चरित किया जा सकता है। हिन्दी में राम, नाम आदि के अन्त में आनेवाले इसी तरह के व्यंजन हैं। अधिकांश भाषाओं में स्वर से अक्षर निर्माण होता है किन्तु ऐसी भाषाएँ भी हैं जिनमें व्यंजन भी अक्षर निर्माण करते हैं। अंग्रेजी के Mutton और Little शब्दों के न् और ल व्यंजन होते हुए भी अक्षर का निर्माण करते हैं। ये दोनों स्वन अपने पार्श्व स्वनों से अधिक मुखर है। संस्कृत के र, ल्, म आक्षरिक हैं।

किसी भाषा में शब्द या वाक्य के धरातल पर जितने शिखर होते हैं, उनमें उतने ही अक्षर माने जाते हैं। स्वर व्यंजन की अपेक्षा अधिक मुखर होते हैं इसीलिए स्वर से शिखर का और व्यंजन से गह्वर का निर्माण होता है। विश्व की सम्पूर्ण भाषाओं के सन्दर्भ में स्वर और व्यंजन की परिभाषा निर्धारित करना जटिल है किन्तु स्वीट और डेनियल जोन्स ने स्वर की

परिभाषा देने की चेष्टा की है। स्वर वह घोष (अघोष भी) स्वन है जिसके उच्चारण में हवा अबाध गति से मुख विवर से निकल जाती है। व्यंजन स्वन के उच्चारण में वायु-मार्ग में पूर्ण या अपूर्ण अवरोध अवश्य आता है। हिन्दी तथा संस्कृत के स्वनों पर उपर्युक्त परिभाषा लगभग शत-प्रतिशत सच है।

स्वरों का वर्गीकरण

स्वरों का वर्गीकरण मुख्यत: तीन आधारों पर किया जाता है—

(1) जिह्वा के भागों की दृष्टि से।

(2) जिह्वा की ऊँचाई की दृष्टि से।

(3) ओष्ठाकृति की दृष्टि से।

(1) स्वर के उच्चारण में जिह्वा का जो भाग सक्रिय होता है उसी के आधार पर स्वर का नामकरण किया जाता है।

1. अग्र स्वर—मुखविवर से निकलने वाली वायु को जिह्वा का अग्र भाग ऊपर उठाकर गूँजने के लिए अवसर देता है। इ, ई, ए, ऐ, स्वर अग्र-स्वर हैं।

2. मध्य स्वर—जिह्वा के मध्य भाग के ऊपर उठने से जिन स्वरों का उच्चारण होता है उन्हें मध्य स्वर कहते हैं। हिन्दी अ मध्य स्वर है।

3. पश्च स्वर— जिह्वा के पिछले भाग के उठने से जिन स्वरों का उच्चारण होता है उन्हें पश्च स्वर कहते हैं। हिन्दी के उ, ऊ, ओ, औ, आ इसके उदाहरण हैं।

जिह्वा की ऊँचाई की दृष्टि से—यह वर्गीकरण स्वर सीमा के अन्तर्गत जिह्वा की ऊँचाई के आधार पर किया जाता है। 'स्वरसीमा' का तात्पर्य है कि जीभ वायु को उतनी सीमा तक ही संकुचित या विवृत दायरा प्रदान करती है जिस सीमा तक अवरोध न पैदा हो। इस दृष्टि से स्वरों को चार भागों में विभक्त किया जा सकता है।

1. सम्वृत—जिह्वा और स्वर सीमा के बीच कम से कम स्थान रिक्त होने की दशा में उच्चरित स्वंर सम्वृत कहलाते हैं। इ, ई, उ, ऊ इसी तरह के स्वर है।

2. अर्धसम्वृत—जब जिह्वा और स्वर सीमा के बीच का स्थान सम्वृत की अपेक्षा थोड़ा अधिक हो तो अर्धसम्वृत स्वर उच्चरित होते हैं, जैसे—ए, ओ।

3. अर्धविवृत—जब जिह्वा और स्वर सीमा के मध्य विवृत की अपेक्षा

थोड़ा कम स्थान खाली हो तो जो स्वर उच्चरित होंगे उन्हें अर्धविवृत कहेंगे। उदाहरणार्थ—ए, औ।

विवृत—जब जिह्वा तथा स्वर सीमा के मध्य अधिकाधिक स्थान रिक्त हो तो उच्चरित स्वरों को विवृत कहते हैं। उदाहरणार्थ—आ।

ओठों की आकृति की दृष्टि से—ओठों की आकृति की दृष्टि से स्वरों के दो वर्ग किए जाते हैं।

1. **वृत्ताकार**—स्वरों के उच्चारण में ओठों की आकृति यदि गोलाकार है तो स्वरों को वृत्ताकार कहा जाएगा। जैसे—उ, ऊ, ओ, औ।

2. **अवृत्ताकार**—यदि उच्चारण में ओठ गोलाकार नहीं है तो स्वरों को अवृत्ताकार कहा जाएगा। जैसे—आ,ए।

डॉ० देवेन्द्र नाथ शर्मा इस दृष्टि से स्वरों की तीन कोटियाँ मानते हैं—

1. **प्रसूत**—ओठों की स्वाभाविक स्थिति में उच्चरित स्वर प्रसृत कहलाते हैं; जैसे—इ, ई, ए, ऐ।

2. **वर्तुल**—ओठों की गोलाकार आकृति में उच्चरित स्वर वर्तुल हैं; जैसे—उ, ऊ, ओ, औ।

3. **अर्धवर्तुल**—ओठों की अर्ध गोलाकार अवस्था में उच्चरित स्वर अर्धवर्तुल होते हैं; जैसे—आ।

मान स्वर :

मान स्वर किसी भाषा विशेष के स्वर नहीं हैं बल्कि स्वरों के उच्चारण स्थान के निर्धारण की एक पद्धति है। इसके आविष्कार का श्रेय डेनियल जोन्स को है। मान स्वरों की संख्या आठ है—

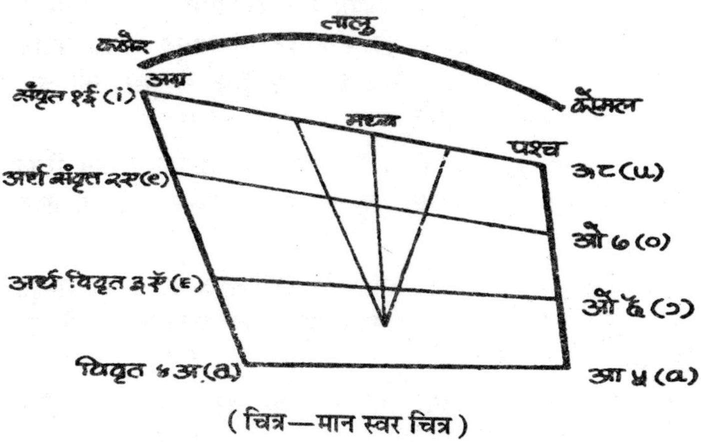

(चित्र—मान स्वर चित्र)

1. अऽ (a)—इसके उच्चारण में जिह्वा प्राय: प्रकृतावस्था में रहती है। इसका अग्रभाग बहुत थोड़ा सा उठा रहता है।

2. आ (a)—इसके उच्चारण में भी जीभ स्वाभाविक (शायित) अवस्था में होती है किन्तु उसका पिछला भाग थोड़ा उठा होता है।

3. ई (i) —स्वर रेखा के अग्रभाग पर मान स्वर ई का उच्चारण होता है।

4. ऊ (u)—जीभ के पिछले भाग को ऊपर उठाकर स्वर रेखा तक ले जाकर इसका उच्चारण किया जाता है।

5. ए (e)—जिह्वा के अग्रभाग पर अर्ध संवृत ए (e) की स्थिति है।

6. ए (E)— जिह्वा के अग्रभाग पर अर्धविवृत एँ (E) का उच्चारण होता है।

7. ओ (O) — जिह्वा के पिछले भाग में अर्धसंवृताओं का उच्चारण होता है।

8. ओ (O)—जिह्वा के पश्च भाग में विवृतावस्था में उच्चरित स्वर ओ है। इन्हें चतुष्कोण के द्वारा प्रदर्शित किया जाता है।

गौण मान स्वर

ओठों की स्थिति के आरोपण से गौण मान स्वरों का निर्माण होता है। अनेक भाषाओं में अग्रस्वरों को वृत्ताकार तथा पश्च स्वरों को अवृत्ताकार उच्चरित किया जाता है। जब अग्रमान स्वरों के उच्चारण में पश्च मान स्वरों के उच्चारण में प्राप्त ओठों की स्थिति का आरोपण किया जाता है तो अग्र गौण मान स्वर तथा जब पश्च मान स्वरों पर अग्र मान स्वरों की उच्चारण स्थिति का आरोपण किया जाता है तो पश्च मान स्वर बनते हैं। इनकी संख्या सात है, आठ नहीं क्योंकि संसार की किसी भी भाषा में अर्ध विवृत अग्र स्वर पर पश्च स्वर के ओठों की स्थिति का आरोपण करने पर कोई स्वर प्राप्त नहीं होता है। इन्हें इस तरह दिखाया जाता है।

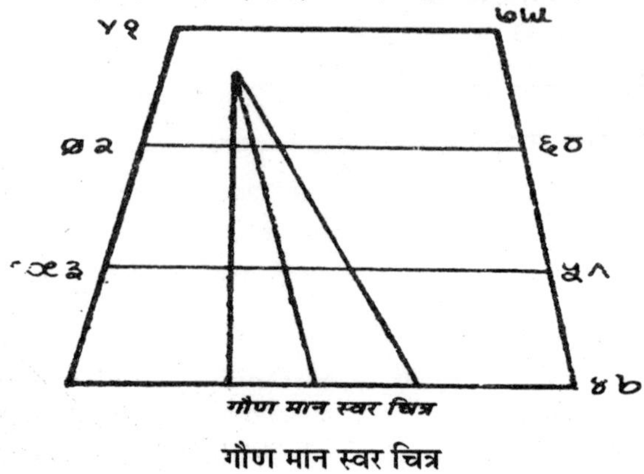

गौण मान स्वर चित्र

व्यंजन स्वनों का वर्गीकरण

व्यंजन के वर्गीकरण के मुख्यत: चार आधार हैं—

1. उच्चारण स्थान के आधार पर

जहाँ निर्गत वायु का अवरोध होता है इसे उच्चारण स्थान कहते हैं। इस आधार पर व्यंजन स्वनों को निम्नलिखित भागों में विभक्त किया जा सकता है—

1. **द्वयोष्ठ्य**—निचले और ऊपरी ओष्ठ के सम्पर्क से होनेवाले वायु अवरोध की अवस्था में उच्चरित स्वन द्वयोष्ठ्य कहलाते हैं। जिनका उच्चारण दोनों ओठों से हो; जैसे—

प्, फ्, ब्, भ्, म्, व्।

2. **दन्त्योष्ठ्य**—नीचे के ओठ तथा ऊपरी दाँतों के सम्पर्क से वायु अवरोध की दशा में वहीं से उच्चरित स्वनों को दन्त्योष्ठ्य व्यंजन कहते हैं; जैसे—फ्, व।

3. **दन्त्य**— जब जिह्वा की नोंक ऊपरी दन्तपंक्ति से सम्बद्ध होकर वायु का अवरोध करती है, तब उच्चरित ध्वनियाँ दन्त्य कहलाती है; जैसे—त्, थ्, द्, ध्।

4. **वर्त्स्य**—जिह्वा की नोंक मसूढों से सम्बद्ध होकर इस तरह के स्वनों को उच्चरित होने के लिए वायु अवरोध की स्थिति पैदा करती है। न्, ल्, र्, स् इसी तरह के स्वन हैं।

5. **कठोरतालव्य**— जब उच्चारण में जिह्वा का अग्रभाग कठोरतालु को स्पर्श करके निर्गत वायु का अवरोध करता है तब उच्चरित स्वन कठोर तालव्य व्यंजन कहलाते हैं; जैसे—च्,छ् ज्, झ,अ, श, य।

6. **मूर्धन्य**—जिह्वा की नोंक उलटकर जब मूर्धा का संस्पर्श करके वायु का अवरोध करती है तो मूर्धन्य स्वनों का उच्चारण होता है; जैसे—ट,ठ,ष।

7. **कोमलतालव्य**—जब जिह्वा का पिछला भाग कोमल तालु के सम्पर्क में वायु का अवरोध करता है तब उच्चरित स्वन कोमल तालव्य व्यंजन कहलाते हैं; जैसे—हिन्दी के क्, ख्,ग्, घ्,ङ्।

8. **अलिजिह्वीय**—जब जिह्वा का पश्च या मूल भाग अलिजिह्वा के सम्पर्क में जाकर वायु-प्रवाह को अवरुद्ध करता है तब अलिजिह्वीय ध्वनियाँ उच्चरित होती हैं—अरबी-फारसी से गृहीत क़ , ख़, ग़ स्वन अलिजिह्वीय व्यंजन हैं।

9. **काकल्य**—जिन स्वनों के उच्चारण में स्वर यंत्र से निसृत वायु यंत्रमुख से घर्षण करती हुई निकलती है उन्हें काकल्य व्यंजन कहते हैं। हिन्दी का ह इसी तरह का व्यंजन है।

2. उच्चारण प्रयत्न के आधार पर

विभिन्न व्यंजनों के उच्चारण में वाक् अवयवों को अनेक प्रयत्न करने पड़ते हैं। निर्गत वायु के अवरोध की प्रकृति के आधार पर समस्त व्यंजनों के दो वर्ग बनाए गए हैं—

(1) पूर्ण अवरोधी

(2) आंशिक अवरोधी।

पूर्ण अवरोधी—जब निकलती हुई वायु के दो अवयव सम्पर्क में आकर पूर्णरूपेण अवरोध पैदा करते हैं तो पूर्ण अवरोधी स्वनों का उच्चारण होता है। पूर्ण अवरोधी स्वन भी दो प्रकार के होते हैं—

(क) स्पर्श—दो उच्चारण अवयव एक-दूसरे को छूकर निसृत हवा को रोकते हैं और हल्के स्फोट के साथ वायु को बाहर जाने देते हैं, इस प्रयत्न में जो व्यंजन स्वन उच्चरित होते हैं उन्हें स्पर्श या स्फोट व्यंजन कहते हैं। इसमें हवा का आगमन, अवरोध एवं उन्मोचन या स्फोट तीन स्थितियाँ होती हैं। हिन्दी के क से म तक के व्यंजन स्पर्श व्यंजन हैं।

(ख) स्पर्श संघर्षी—इस प्रयत्न में वायु का अवरोध तो होता है किन्तु उन्मोचन झटके से न होकर धीरे-धीरे घर्षण के साथ होता है। इस स्थिति में उच्चरित ध्वनियाँ स्पर्श संघर्षी कहलाती हैं। हिन्दी के च, छ, ज, झ, स्पर्श संघर्षी ध्वनियाँ हैं।

आंशिक अवरोधी—जिन स्वनों के उच्चारण में निर्गत वायु का अवरोध नहीं होता उन्हें आंशिक व्यंजन कहते हैं। इनके निम्नलिखित उपवर्ग हैं-—

(क) संघर्षी—दोनों ओंठ, ऊपर-नीचे के दाँत, जीभ एवं वर्त्स्य एक-दूसरे के समीप आकर प्रश्वास को बाहर निकलने से रोकते हैं। आंशिक अवरोध के कारण वायु घर्षण करती हुई बाहर निकलती है। श, ष, स इसी तरह की ध्वनियाँ हैं।

(ख) पार्श्विक—जब जिह्वा के द्वारा मूर्धा को छूकर आंशिक अवरोध होता है और हवा जीभ के एक या दोनों पार्श्वों (बगल) से निकल जाती है। ल का उच्चारण इसी प्रयत्न से होता है।

(ग) लुंठित—जब जिह्वा की नोंक वर्त्स (मसूढ़े) पर एक या अनेक

बार टक्कर मारती हैं तो लुंठित ध्वनि पैदा होती हैं। हिन्दी का र इसी तरह का व्यंजन है।

(घ) उत्क्षिप्त—जिन व्यंजनों के उच्चारण में जिह्वा तालु के किसी भाग को झटका मारकर हट जाती है उन्हें उत्क्षित ध्वनियाँ कहते हैं। हिन्दी ड़, ढ़ इसके उदाहरण हैं।

(ङ) अनुनासिक—जिन स्वनों के उच्चारण में निःश्वास के मुख विवर के साथ ही नासिका विवर से भी निकलती है उन्हें अनुनासिक व्यंजन कहते हैं। ङ्, ञ्, ण्, न्,म् इसी तरह के व्यंजन हैं।

(च) अर्ध स्वर—ऐसे व्यंजन स्वन जिनके उच्चारण में न तो पूरी तरह से स्पर्श होता है और न स्वरों के उच्चारण की तरह पूर्ण निर्वाधता। य, व इसी तरह के व्यंजन हैं। इनमें स्वर और व्यंजन दोनों का वैशिष्ट्य रहता है इसीलिए इन्हें अन्तस्थ या अर्ध स्वर कहते हैं।

3. स्वरतंत्रियों के आधार पर

स्वरतंत्रियों के कम्पन या अकम्पन के आधार पर व्यंजन की दो कोटियाँ बनती हैं।

(क) अघोष—जिन व्यंजन स्वरों के उच्चारण में स्वरतंत्रियों में कम्पन नहीं होता है वे अघोष कहलाती हैं। हिन्दी के क्, ख्, च्, छ्, ट्, ठ्, त्, थ्, प्, फ्, स एवं विसर्ग अघोष व्यंजन के उदाहरण है।

(ख) घोष (सघोष)—जिन व्यंजन स्वनों के उच्चारण के समय स्वरतंत्रियों के समीप होने के कारण कम्पन होती है उन्हें सघोष कहते हैं उपर्युक्त व्यंजनों के अलावा शेष व्यंजन अर्थात् वर्ग के तीसरे, चौथे, पाँचवे य, र,ल,व, ह आदि इसके उदाहरण हैं।

4. प्राणत्व के आधार पर

प्राण का अर्थ है हवा या हवा की शक्ति। इसके आधार पर व्यंजनों के दो वर्ग बनाए जाते हैं—

(क) अल्पप्राण—जिन व्यंजनों के उच्चारण में श्वासबल कम लगता है उन्हें अल्पप्राण व्यंजन कहते हैं। हिन्दी के क वर्ग, च वर्ग आदि वर्गों के पहले और तीसरे व्यंजन अल्पप्राण हैं।

(ख) महाप्राण—जिन व्यंजनों के उच्चारण में हवा का आधिक्य हो या श्वासबल अधिक लगता हो तो उन्हें महाप्राण कहा जाता है। हिन्दी व्यंजनों में वर्ग के दूसरे-चौथे महाप्राण हैं।

अन्य व्यंजन

1. अन्तः स्फोटात्मक—ये मुख्यतः स्पर्श व्यंजन हैं। किन्तु इनके उच्चारण के समय स्पर्श स्थान और स्वरयंत्र के बीच स्थान विवृत्त होता है जिससे हवा फैलकर हल्की हो जाती है। अवरोध उत्पन्न होते ही बाहर ही हवा तीव्र गति से अन्दर प्रवेश करती है और अन्दर स्फोट होता है। अफ्रीका की एपिक, इबो, हौसा, जुलू, तथा भारत की सिन्धी तथा राजस्थानी में इस तरह के स्वन मिलते हैं।

2. उद्गार व्यंजन—इनके उच्चारण में मुँह के अन्दर स्पर्श अवरोध के साथ ही स्वर यंत्र मुख स्पर्श तंत्रियों के समीप आने से बन्द हो जाता है। इसमें पहले मुँह में, कुछ क्षण बाद स्वर-यंत्र में स्फोट होता है। दोहरे अवरोध और उन्मोचन के परिणामस्वरूप यह कुछ तेज सुनाई देती है। अफ्रीकी भाषाओं में (K क) जैसी यह विशिष्ट ध्वनि मिलती है।

3. क्लिक व्यंजन—इन्हें अन्तःस्फोटात्मक द्विस्पर्शी व्यंजन कहते हैं। फ्रांसीसी भाषा में आश्चर्य या सन्देह को व्यक्त करने के लिए 'त' का क्लिक उच्चारण होता है। हिन्दी च्, च् टिक्, टिक् इसी तरह के स्वन हैं।

4. संयुक्त व्यंजन—दो या अधिक व्यंजनों के संयोग से संयुक्त व्यंजनों का निर्माण होता है। जैसे—रम्य। एक ही व्यंजन दो बार प्रयुक्त होने पर मुख्यतः उच्चारण की दृष्टि से प्रलंवित या दैर्घ्य के सूचक होते हैं।

स्वनगुण

भाषिक स्वनों में मुख्य रूप से स्वन और व्यंजन को समाहित करके उनका भाषावैज्ञानिक विवेचन किया जाता है। किन्तु भाषा को मूर्त्त रूप देने में कुछ अन्य तत्त्वों की महत्त्वपूर्ण भूमिका होती है जिन्हें स्वन गुण की संज्ञा दी गई हैं। स्वन गुण एक ही तरह के स्वर-व्यंजनों से संघटित वाक्य में अर्थ भेद पैदा कर देते हैं। स्वन-गुण के अतिरिक्त उन्हें रागतत्त्व, तथा अभिखंडीय अभिलक्षण भी कहा जाता है। प्रमुख ध्वनिगुण निम्नलिखित हैं—

1. दीर्घता, 2. बलाघात, 3. सुर, 4. अनुतान

1. दीर्घता—संस्कृत वैयाकरणों ने दीर्घता और ह्स्वता का विवेचन मात्रा के आधार पर किया है। उन्होंने एक मात्रा वाले स्वनों को ह्स्व, दो मात्रा वाले स्वनों को दीर्घ तथा इससे अधिक मात्रा वो को प्लुत माना है। ह्स्व की अपेक्षा दीर्घ के उच्चारण का मात्रा काल अपेक्षाकृत अधिक होता है और दीर्घ की अपेक्षा प्लुत में मात्रा के अनुसार काल की सीमा बढ़ती है।

ह्रस्व और दीर्घ मात्राओं का भेद स्वनिमिक भी होता है। जैसे—विना और वीना, दिन और दीन प्लुत का प्रयोग प्रायः पुकारने के लिए किया जाता है। तीनों के उदाहरण इस प्रकार हैं—

ह्रस्व—कि, दि, गि

दीर्घ— की, दी, गी

प्लुत—की ई ई ई

आघात—आघात का अर्थ है चोट करना। स्वनों का उच्चारण करते हुए सभी पर बराबर बल नहीं पड़ता। बल की चोट कम-ज्यादा होती है। आघात केवल स्वनों तक ही सीमित नहीं रहता, इसका प्रभाव पूरे शब्द या पूरे वाक्य पर भी दृष्टिगोचर होता है। इसी आधार पर आघात या बलाघात के भेद भी किए गए हैं। स्वर या तान का प्रयोग करके आघात पैदा करने की स्थिति स्वराघात कहलाती है और बल या श्वास वायु के प्रयोग से उत्पन्न आघात बलाघात कहलाता है। चूँकि अक्षर, शब्द और वाक्य तीनों पर बलाघात होता है, इसीलिए भाषा-वैज्ञानिकों ने अक्षर बलाघात, शब्द बलाघात, वाक्य बलाघात इसके तीन भेदों को निर्दिष्ट किया है।

सुर—सुर का सम्बन्ध स्वनों की कम्पनवृत्ति से है। पीछे उल्लेख किया जा चुका है कि घोष स्वनों के उच्चारण में स्वरतंत्रियों में कम्पन होता है। कम्पन की गति को अभ्यास से उच्च और निम्न किया जा सकता है।

सुर प्रधान भाषा चीनी में सुर की अत्यधिक महत्ता है क्योंकि इसके द्वारा वहाँ विभिन्न शब्दों में अर्थभेद पैदा किया जाता है। वैदिक भाषा सुर प्रधान थी इसीलिए वहाँ उदात्त, अनुदात्त तथा स्वरित की स्पष्ट विवेचना मिलती है। इन्हें उच्च, निम्न तथा सम स्वर कहा जा सकता है। स्वनविज्ञान में इन्हें आरोही/अवरोही तथा—समरेखा द्वारा प्रदर्शित किया जाता है।

प्रेम, घृणा, क्रोध तथा आश्चर्य की मनःस्थितियों को व्यक्त करने के लिए सुर का प्रयोग शब्द या वाक्य के धरातल पर भी होता है। सुर को अंग्रेजी में Tone कहते हैं। इसका अनुवाद, तान भी किया गया है।

अनुतान—शब्द का वाक्य में सुरों के आरोह-अवरोह के भ्रम को सूर लहर (Intonation) या अनुतान कहते हैं। सुर का सम्बन्ध केवल घोष ध्वनियों से है जबकि सुर लहर घोष और अघोष दोनों तरह की ध्वनियों से सम्बद्ध है।

संगम (Juncture)—भाषिक उच्चार में एक स्वन के बाद दूसरा स्वन उच्चरित होता है। एक स्वन के बाद दूसरे स्वन के उच्चारण में कभी-कभी थोड़ा विराम या मौन आता है। इसी को संगम कहते हैं।

उदाहरणार्थ (1) कल आएगा, तथा (2) कल्लायेगा में प्रथम ल और आ के बीच विराम रखना पड़ता है। नहीं तो दूसरे की तरह उच्चरित वाक्य अर्थभेदक हो जाएगा।

ध्वन्यात्मक या भौतिक शाखा

इस शाखा के अन्तर्गत वाक् स्वनों के भौतिक गुणों का अध्ययन किया जाता है। इस शाखा में अनेक आविष्कृत यंत्रों का सहारा लिया जाता है। यंत्रों की सहायता से सुर, अनुतान, दीर्घता, घोषत्व आदि का वैज्ञानिक अध्ययन हो रहा है। इन स्वन यंत्रों में पैलेटोग्राफ, काइमोग्राफ, आसिलोग्राफ, इंकराइटर, मिनोग्राफ, कोनोग्राफ, टेपरिकार्डर, स्पेक्टोग्राफ, पैटर्न प्लेबैक, स्पीचस्टेचर आदि उल्लेखनीय हैं। इनका अतिसंक्षिप्त परिचय प्रस्तुत किया जा रहा है—

1. **पैलटोग्राफ (कृत्रिम तालु)**—यह धातु से बनी कृत्रिम तालु है। यह हल्का और पतला होता है, इसे फ्रेंच चाक या पाउडर से रंग दिया जाता है। मुख में रखकर परीक्ष्य ध्वनि का उच्चारण किया जाता है, उच्चारण से जिह्वा का जो भाग ऊपर उठता है उसका रंग छूट जाता है। कृत्रिम तालु को बाहर निकाल कर उसे अंकित कर लिया जाता है। कीट्स महोदय ने 1871 में इसका सर्वप्रथम प्रयोग किया था।

2. **कायमोग्राफ**—यह एक ऐसा यंत्र है जिसकी सहायता से स्वनोच्चार के समय नासारंध्र, मुखरंध्र तथा स्वरतंत्रियों में होनेवाले कम्पन की माप की जाती है। घोषत्व, अनुनासिकता, दीर्घता तथा महाप्राणत्व का ज्ञान भी इसके द्वारा किया जाता है।

3. **इंकराइटर**—यह भी कायमोग्राफ की श्रेणी का यंत्र है। दोनों में अन्तर यह है कि कायमोग्राफ में धूमाच्छादित कागज पर सुई के द्वारा चित्र बनते हैं और इंकराइटर में स्याही से चित्र बनते हैं।

4. **आसिलोग्राफ**—यह भी कायमोग्राम की श्रेणी का यंत्र है। इसके द्वारा ध्वनियों का कम्पन तथा उनकी दीर्घता मापी जाती है। इसमें उच्चारण के समय जो स्वन-लहरें बनती हैं वे स्क्रीन पर दिखाई पड़ती हैं।

5. **टेपरिकार्डर**—टेपरिकार्डर द्वारा विभिन्न वक्ताओं की ध्वनियों को अंकित कर लिया जाता है और बाद में उनका विश्लेषण किया जाता है।

6. **स्पेक्टोग्राफ**—यह महत्त्वपूर्ण यंत्र है जिसका प्रयोग अमेरिकी भाषा वैज्ञानिकों द्वारा किया जा रहा है। इस यंत्र में इलेक्ट्रान की सहायता से प्रविष्ट ध्वनि का चित्र अंकित हो जाता है। इससे स्वन की क्षिप्रता तथा सघनता एवं मात्रा की नाप की जाती है।

7. पैटर्न प्ले बैक—यह ऐसा यंत्र है जिसमें दृश्यमान ध्वनि चित्रों को पुनः ध्वनि (स्वन) चित्र में परिणत कर दिया जाता है।

8. स्पीचस्ट्रेचर—यह ध्वनि विस्तारक यंत्र है। विदेशी स्वनों के ग्रहण में इसकी सहायता ली जाती है। इसमें वक्ता द्वारा उच्चरित स्वनों की गति शिथिल हो जाती है जिसे आसानी से अलग-अलग सुना जा सकता है।

9. पिचमीटर—यह सुर नापने के लिए प्रयोग में लाया जाता है।

स्वनों का अध्ययन करने के लिए, आटोफोनोस्कोप, ब्रीदिंगफ्लास्क, स्ट्रोबोलैरिंगोस्का आदि अन्य यंत्रों का निर्माण हुआ है।

श्रवणात्मक शाखा

जब वाक् स्वन मनुष्य के कर्णपुटों में प्रवेश करते हैं, तब श्रवण तंत्रिकाओं में कम्पन होता है, इसके पश्चात मस्तिष्क में उसका अभिप्राय ग्रहण किया जाता है। ग्रहण की यह प्रक्रिया काफी जटिल है इसीलिए स्वनविज्ञान की यह शाखा काफी अविकसित अवस्था में है।

स्वनपरिवर्तन : दिशाएँ और कारण

वाक् अवयवों में भेद, पीढ़ी परिवर्तन, अनुकरण की अपूर्णता, मुख-सुख आदि अनेक कारणों से स्वनों में परिवर्तन होता रहता है। इन परिवर्तनों की निम्नलिखित दिशाएँ हैं।

1. आगम—उच्चारण की सुविधा के लिए आदि, मध्य तथा अन्त में स्वर या व्यंजन या अक्षर को मिला देना(आ जाना) आगम कहा जाता है। उदाहरणार्थ—स्त्री=इस्त्री, लोप=अलोप, सूर्य=सूरज, दवा=दवाई, बन्दर=वानर, चील=चील्ह।

2. लोप—किसी शब्द में विद्यमान स्वन का उच्चारण में लुप्त हो जाना लोप कहलाता है। लोप आगम का विपरीतार्थक माना जा सकता है। लोप की प्रक्रिया भी शब्द के आदि, मध्य, अन्त कहीं भी प्रभावी हो सकती है। स्वर, व्यंजन तथा अक्षर तीनों के लोप होते हैं। उदाहरणार्थ—अनाज=नाज, असवार=सवार, कपड़ा=कप्ड़ा, स्थापना=थापना, डाकिन=डाइन, अंग्रेजी—Father (फादअ), नेकटाई=टाई, फलाहारी=फलारी, माता=माँ।

3. विपर्यय— किसी शब्द में स्वर, व्यंजन या अक्षर का पारस्परिक स्थान परिवर्तन विपर्यय है; जैसे—कुछ=कछु, चिह्न=चिन्ह, लखनऊ=नखलऊ।

4. समीकरण—जब कोई प्रभावशाली स्वन दूसरे स्वन को अपने समान बना लेता है तो उस परिवर्तन को समीकरण कहते हैं।

जैसे—कर्म=कम्म, धर्म=धम्म, श्रेष्ठ=सेट्ठ, इक्षु < उक्खु।

5. विषमीकरण—इसमें समान ध्वनि किसी एक ध्वनि के प्रभाव से भिन्न हो जाती है; जैसे—काक = काग, मुकुट = मउर, नूपुर = णेउर, कंकण = कंगन।

6. मात्रा भेद— दीर्घ ध्वनि का ह्रस्व होना ह्रस्वीकरण तथा ह्रस्व ध्वनि का दीर्घ हो जाना दीर्घीकरण कहलाता है।

ह्रस्वीकरण—आभीर=अहीर, पाताल=पताल।

दीर्घीकरण—हरिण=हरिना।

7. घोषीकरण-अघोषीकरण— अघोष स्वनों का घोष हो जाना घोषीकरण तथा घोष का अघोष हो जाना अघोषीकरण है; जैसे—

घोषीकरण—सकल=सगल, एकादश-एगारह।

अघोषीकरण—अदद=अदत।

8. महाप्राणीकरण-अल्पप्राणीकरण— अल्पप्राण स्वनों का महाप्राण होना महाप्राणीकरण तथा महाप्राण स्वनों का अल्पप्राण में परिवर्तन अल्पप्राणीकरण कहा जाता है—

महाप्राणीकरण— पृष्ट=पीठ,गृह=घर, पुष्कर=पोखरा।

अल्पप्राणीकरण—भूख=भूक, हाथ=हात, सिन्धु=सिन्दु।

ऊष्मीकरण—ऊष्मीकरण का सबसे अच्छा उदाहरण है केन्तुम् वर्ग की भाषाओं की क ध्वनि की सतम् वर्ग की भाषाओं में ऊष्म (श, स) में परिलर्तन।

आनुनासिकीकरण—ऐसे स्वन जो आनुनासिक नहीं हैं, उनका आनुनासिक हो जाना आनुनासिकीकरण है; जैसे—सर्प=साँप, अक्षि=आँख।

स्वन परिवर्तन के कारण

स्वन परिवर्तन के कारणों को दो भागों में विभक्त किया गया है—

1. आभ्यन्तर कारण

प्रमुख

(क) वाक्यंत्र की विभिन्नता

(ख) श्रवणेन्द्रिय की विभिन्नता

(ग) अपूर्ण अनुकरण

(घ) अज्ञान

(ङ) प्रयत्नलाघव या मुखसुख

(च) लौकिक व्युत्पत्ति

(छ) त्वरित उच्चार

गौण

(क) भावातिरेक

(ख) आत्म प्रदर्शन

(ग) विभाषा का प्रभाव

(घ) सुर या बलाघात

(ङ) सादृश्य

(च) लिप्यन्तरण की अपूर्णता

2. बाह्य कारण

(क) भौगोलिक परिस्थितियाँ

(ख) ऐतिहासिक परिस्थितियाँ

आभ्यन्तर कारण

1. वाक् यंत्र की विभिन्नता—शारीरिक संरचना की तरह ही प्रत्येक मनुष्य के वाक् यंत्रों में भी अन्तर होता है। इसी अन्तर के कारण उच्चरित स्वनों में अन्तर पैदा होता है, यह अन्तर ध्वनि परिवर्तन को जन्म देता है। भाषावैज्ञानिकों की दृष्टि में ध्वनि परिवर्तन का यह कारक नगण्य है।

2. श्रवणेन्द्रिय की विभिन्नता—यह कारण भी बहुत अधिक महत्त्व का नहीं है। भाषा का अनुकरण सुनकर होता है, यदि श्रोता के कर्णपुट किसी ध्वनि को सुनने के आदी नहीं है तो उन्हें वह ठीक से ग्रहण नहीं कर पाता। विदेशी ध्वनियों के परिवर्तन में यह कारण सक्रिय होता है।

3. अनुकरण की अपूर्णता—उपर्युक्त दोनों कारण इसी में समाहित किए जा सकते हैं। वास्तव में वाकेन्द्रिय या श्रवणेन्द्रिय की भौतिक भिन्नता भाषा परिवर्तन में लगभग निष्प्रभावी ही है। कोई बालक जब किसी स्वन को उच्चरित होता हुआ सुनता है तो वह ठीक उसी प्रकार बोलने की कोशिश करता है, यद्यपि ठीक वैसे बोल नहीं पाता। यदि कोई प्रौढ़ व्यक्ति उसकी ही तोतली भाषा में उससे कुछ कहना चाहे तो वह अपनी तरफ से शुद्ध उच्चारण का सुझाव देने की कोशिश करता है, भले ही वह ऐसा करने में असफल ही रहे। अनुकरण की प्रक्रिया मेरी दृष्टि में मस्तिष्क की पकड़ पर निर्भर करती है। विदेशी शब्दों को ग्रहण करने में स्वन परिवर्तन अपेक्षाकृत अधिक होता है (1) उदाहरणार्थ टिकेट=टिकस,

स्टेशन=टेशन, हास्पिटल=हस्पताल=अस्पताल।

4. अज्ञान—भाषा को जिस स्रोत से ग्रहण किया जाता है यदि वहीं उसका अशुद्ध प्रचलन है तो वही प्रसार पा जाएगा। प्रत्येक वक्ता को उसकी वास्तविकता का ज्ञान नहीं रहता है। यह भी एक तरह से अनुकरण की अपूर्णता है किन्तु प्रत्यक्ष नहीं अप्रत्यक्ष। बहुत से लोग इडिटर को आडिटर कहते हैं। उन्हें दोनों शब्दों का अलग-अलग ज्ञान नहीं होता है। यदि इन्हें इनका प्रयोगगत अन्तर समझा दिया जाय तो वे उसे सीख सकते हैं।

5. प्रयत्नलाघव या मुखसुख—मानव-स्वभाव है कि वह कम से कम कष्ट उठाकर अपना काम निकालना चाहता है। भाषा के स्वनों के उच्चारण में यदि कहीं विशेष प्रयत्न की आवश्यकता होता है तो वह उसे सहज या सरल प्रयत्न में परिवर्तित कर देता है । परिणामस्वरूप प्रयत्न बदलने से ध्वनि भी बदल जाती है। अंग्रेजी का Knowledge (नॉलेज) शब्द इसका अच्छा उदाहरण है। उच्चारण सौकर्य के ही कारण क्, ड् दोनों को शब्द में उपस्थित रहते हुए उच्चारण में छोड़ दिया गया है। मुख-सुख या प्रयत्न लाघव का ही परिणाम है कि ष=स में क्ष=(क्ष) च्छ में बदल गया। उपाध्याय शब्द ओझा में इसी कारण परिणत हो गया।

6. लौकिक व्युत्पत्ति—किसी आदर्श या विदेशी शब्द को स्वदेशी भाषा के प्रकृति प्रत्ययों के आधार पर समझने का भ्रम भी स्वन परिवर्तन को जन्म देता है; जैसे—फारसी इन्तिकाल को हिन्दी में अन्तकाल कहा जाता है।

7. त्वरित उच्चार—शीघ्र बोलने में भी स्वन परिवर्तन होता है जैसे—चोर ले गया—चोल्लेगा, मास्टर साहब=मास्साब, डॉक्टर साहब=डाक साहब।

8. भावातिरेक—प्रेम, क्रोध आदि के आवेश में स्वनोच्चार बदल जाता है; जैसे—वधु=बहुरिया, बेटी=बिटिया।

9. आत्मप्रदर्शन—यह अतिरिक्त भाषिक जागरुकता है जो शुद्ध उच्चार को अशुद्ध बनाती है जैसे—शाप=श्राप, धूम=धूम्र आदि।

बलाघात—जिस स्वन पर बलाघात अधिक होता है, उसके निकट का स्वन निर्बल हो जाता है। धीरे-धीरे निर्बल स्वन लुप्त हो जाता है; जैसे—बहिनी=बहनी, आभ्यंतर=भीतर।

सादृश्य—एक शब्द का स्वन कभी-कभी दूसरे शब्द के स्वन को प्रभावित करता है। तुज्झ के सादृश्य पर मज्झ मुझ हो गया। पैंतीस के

सादृश्य पर सैंतीस हो गया।

लिप्यंतरण की अपूर्णता—सभी भाषाओं के लिए समान लिपि का प्रचलन नहीं है। भाषा विशेष के लिए प्रचलित लिपि उसके स्वनों को अपेक्षाकृत अधिक स्पष्ट ढंग से व्यक्त करती है, जब किसी भाषा को भिन्न लिपि में प्रस्तुत किया जाता है तो उसके स्वनों में परिवर्तन कर देना पड़ता है। फारसी में प्रकाश को परकास लिखा जाता है। इसी तरह हिन्दी का तोमर रोमन में टोमर हो जाएगा।

बाह्य कारण

1. ध्वनियों का परिवेश—शब्द संरचना में ध्वनियाँ एक-दूसरे से जुड़ती है या परिसर का निर्माण करती हैं। ध्वनियों पर परिसर या परिवेश का प्रभाव पड़ता है जिससे उसमें परिवर्तन हो जाता है। जैसे—राम> राँम, गृह>घर, इन उदाहरणों में 'म' के प्रभाव से 'र' में अनुनासिकता आ गई और ह के प्रभाव से ग महाप्राण हो गया।

2. भौगोलिक और ऐतिहासिक परिस्थितियाँ—जिस देश में भौगोलिक उन्मुक्तता अधिक होती है वहाँ सम्पर्क की सम्भावनाएँ भी अधिक होती हैं इसीलिए ध्वनि परिवर्तन या स्वन परिवर्तन अधिक होता है। शीत प्रधान देशों में स्वन सम्वृत्तात्मक तथा उष्ण देशों में विवृत्तात्मक होते हैं। यदि किसी देश के इतिहास में अलग-अलग जातियों का सम्पर्क अधिक हुआ होता तो स्वन परिवर्तन अधिक होता है। नई जाति अपने साथ अपनी भाषा भी ले आती है और निजी उच्चारण की प्रकृति भी। कहा जाता है कि प्राकृत की एक शाखा आभीरादि जातियों के विशिष्ट उच्चारण के कारण ही अपभ्रंश में बदल गई। ओकार की जगह उकार की प्रवृत्ति उन्हीं के कारण आई। फारसी अंग्रेजी के सम्पर्क से हिन्दी में कई नवीन ध्वनियों का समावेश हो गया। क़ , ख़, ग़, ज़, फ़ , ऑ ऐसी ही ध्वनियाँ हैं।

स्वनप्रक्रिया

पीछे स्वन और स्वनिम के भेदों की चर्चा की जा चुकी है। स्वन-विज्ञान में यदि स्वनों का अध्ययन किया जाता है तो स्वनप्रक्रिया में स्वनिमों का अध्ययन होता है। ब्लूमफील्ड का कथन है कि, 'परिच्छेदक भाषण ध्वनियों का अध्ययन ध्वनि (स्वन) प्रक्रियाविज्ञान अथवा व्यावहारिक ध्वनिविज्ञान कहा जाता है। ध्वनिप्रक्रियाविज्ञान में अर्थों का भी ध्यान रखा जाता है। भाषिक रूपों का अर्थ वैज्ञानिक रूप से तभी परिभाषित हो सकता है जबकि विज्ञान की सभी शाखाओं का विशेषतः मनोविज्ञान और शरीर प्रक्रिया का अधिक से अधिक पूर्ण हो जाए, तब तक ध्वनि-प्रक्रिया विज्ञान और उसके साथ भाषाई अध्ययन के अर्थ सम्बन्धी सभी चरण के मूल में एक पूर्व कल्पना है कि 'प्रत्येक भाषिक समुदाय में कुछ उच्चार रूप और अर्थ में एक से होते हैं।' स्वनविज्ञान और स्वनप्रक्रिया स्थूल ढंग से इस तथ्य में समान हैं कि दोनों भाषा के उच्चार से श्रव्य परिणाम के रूप में उपलब्ध स्वनों से सम्बद्ध हैं किन्तु दोनों का उपागम भिन्न है। ध्वनिविज्ञान सामान्य स्वनों का वर्णनात्मक तथा वर्गीकरणात्मक विवेचन प्रस्तुत करता है और स्वनप्रक्रिया किसी विशेष भाषा के स्वनों का प्रकार्यात्मक विश्लेषण प्रस्तुत करती है। स्वन-प्रक्रिया सदैव इस मान्यता पर टिकी होती है कि भाषा एक सम्प्रेषण व्यवस्था है। किसी भाषा का स्वनप्रक्रियात्मक विश्लेषण तथा इसके लिए प्रयुक्त स्थूल लिप्यंकन दो भिन्न विषय हैं किन्तु स्वन प्रक्रियात्मक विश्लेषण लिप्यंकन पर कुछ न कुछ आधारित अवश्य होता है।

स्वनिम के सम्बन्ध में व्यवस्थित तथा सैद्धान्तिक रूप में विवेचन सर्वप्रथम प्राहा स्कूल के विद्वानों की कृतियों में मिलता है। यद्यपि स्वनिम शब्द का प्रयोग उन्नीसवीं शताब्दी में स्वनिक इकाई के रूप में मिलने लगता है।

1920 ई० के आरम्भ में अमेरिकी भाषावैज्ञानिकों ने महत्त्वपूर्ण तथा महत्त्वहीन स्वनिक इकाइयों का निर्देश तो किया परन्तु सम्प्रत्यात्मक रूप में इसकी समझ नहीं बन पाई। एडवर्ड सपीर स्वनिमिक स्वतिरेक की चर्चा तो करते हैं किन्तु नियमबद्ध विवेचन नहीं करते।

प्राहा विचारधारा के वैज्ञानिकों के अनुसार स्वनिम अमूर्त्त कार्यकारी सम्प्रत्यय है और व्यवच्छेदक अर्थवान इकाई है। भाषावैज्ञानिकों का एक दूसरा वर्ग है जो स्वनिम को मूर्त्त तत्त्व मानता है। ब्लूमफील्ड, याकोबसन आदि विद्वान इसी वर्ग के हैं।

स्वनिम सिद्धान्त के अनुसार तथा स्वनप्रक्रियात्मक विश्लेषण द्वारा यह निष्कर्ष निकाला गया है कि भाषाएँ मानव वाक् में उपलब्ध ध्वनि विभेदों का जो चयन करती हैं उसे वे आवर्ती विभेदक इकाइयों को एक सीमित संख्या में संगठित करती हैं। इन्हें ही स्वनिम कहा जाता है। स्वनिमों की संख्या प्रत्येक भाषा में अलग-अलग होती है। इनकी संख्या अधिकतम पचास तथा न्यूनतम पन्द्रह के आस-पास परिगणित की गई है। स्वनिमिक विश्लेषण के पीछे कार्यरत सिद्धान्तों का प्रारम्भिक विवेचन व्यंजनों तथा स्वरों से सम्बन्धित रहा है।

स्वरों और व्यंजनों के विषय में ध्वनि खंड के अभिलक्षण का अत्यावश्यक गुण-धर्म यह माना गया है कि परिच्छेदक या व्यावर्तक हों। सौस्यूर स्वनों की भेदकता को विशेष महत्त्व देते हैं। किन्हीं दो ध्वनियों के व्यावर्तक रूप में अन्तर दिखाने के लिए यह आवश्यक है कि वे एक ही पर्यावरण में घटित हों। उदाहरण के लिए हिन्दी यन के पर्यावरण में च, न, श घटित हो सकते हैं; जैसे—चयन, नयन, शयन। भिन्न-भिन्न पर्यावरणों में घटित स्वनों का विवेचन पर्यावरण या वितरण के आधार पर किया जा सकता है किन्तु उनसे व्यावर्तक गुण की पहचान सही तरीके से नहीं हो सकती है। कुछ स्वन एक-दूसरे के स्थान पर प्रयुक्त हो जाते हैं। अर्थात् एक ही वातावरण में स्वनिक दृष्टि से भिन्न होते हुए भी अपरिच्छेक (अविभेदक) रूप में प्रयुक्त स्वनों को भी एक ही स्वनिम माना जाता है। अंग्रेजी में शब्दान्त में प्, ट्, क् का उच्चारण दो तरह से होता है; श्रव्य मोचन तथा श्रव्य ध्वनिहीन मोचन। इनमें से कोई भी स्पर्श व्यंजन प्रयोग में आ सकता है। यह मुक्त विकल्पन का उदाहरण है। स्यामी तथा वियतनामी भाषाओं में इस तरह के मुक्त विकल्पन का अभाव है; हिन्दी में व, ब, श, स उच्चारण के धरातल पर मुक्त विकल्पन के उदाहरण हैं। जैसे—

वन-बन, वाटिका-बाटिका, शुक्ल-सुक्ल, परशु-परसु आदि।

प्रत्येक भाषा में प्रयुक्त सभी स्वरों और व्यंजनों को कुछ सीमित स्वर

और व्यंजन स्वनिमों में समाहित कर लिए जाते हैं। असंख्य स्वनों में से कुछ पर्यावरणों में व्यतिरेकी स्वनों को स्वनिमों की एक निश्चित संख्या में सीमित कर दिया जाता है। इसे मितव्ययिता का सिद्धान्त कहा गया है। इसमें यह निर्देश है कि स्वनिमिक विश्लेषण कम से कम संख्या में सूत्रवत होने चाहिए। इस सिद्धान्त के अनुसार यदि हम हिन्दी के दस अनुनासिक स्वरों के लिए एक ही स्वनिमिक स्वर अधिखंडीय अनुनासिकता मान लें तो यह संख्या दस से एक में सीमित हो जाएगी।

भाषाओं के स्वनिमिक विश्लेषण में भाषा की प्रकृति का ध्यान रखना आवश्यक होता है क्योंकि हर भाषा की अपनी व्यवस्था होती है। जो व्यवस्था अंग्रेजी की है वही चीनी, हिन्दी आदि की नहीं। ट्,ठ्, जो अंग्रेजी में व्यतिरेकी नहीं हैं इन भाषाओं में हैं। इसी तरह अंग्रेजी की 'ल' ध्वनि की दो स्थितियाँ अग्र तथा पश्च हैं जैसे लिल् lil तथा पिल Pill किन्तु यहाँ यह स्वनिमिक नहीं है। पोलिश की कुछ बोलियों में यह व्यावर्तकता स्वनिमिक है क्योंकि ये एक ही स्वर प्रक्रियात्मक वातावरण में उपस्थित हो सकते हैं। हिन्दी में ऐ, तथा औ कतिपय बोलियों में अइ,अउ, अए, अओ ए, ओ के स्वनात्मक भेदों को प्रदर्शित करते हैं; जैसे—पैसा—मूल कौरवी—पेसा, अवधी पइसा, औरत-अउरत आदि। किन्तु इन भेदों को अर्थ भेदक या व्यावर्तक न मानकर ऐ, औ स्वनिम के संस्वन या स्वनकल्प ही कहना चाहिए।

स्वनप्रक्रिया में व्यतिरेक (Contrast) तथा परिच्छेदक या व्यावर्तक (Distinctive) का प्रयोग कुछ भाषा वैज्ञानिक विशिष्ट पारिभाषिकता के साथ करते हैं। सामान्य रूप से व्यतिरेक तथा व्यावर्तक का प्रयोग स्वनिमों की उस क्षमता के लिए किया जाता है जिससे एक स्वन का दूसरे स्वन से विभेद पैदा होता है।

निर्विषमीकरण—उन्मुक्त विचरण की तरह ध्वनिप्रक्रिया में निर्विषमीकरण भी प्राय: पाया जाता है। जर्मन, रूसी, तुर्की आदि भाषाओं में अघोष और सघोष व्यंजनों के बीच विभेद मिलता है किन्तु शब्दान्त में सघोष व्यंजन नहीं आते। जर्मन में Rad (चक्र, साइकिल) Rat (समिति, सलाह) दोनों के उच्चारण राट् ही सुनाई देते हैं। अघोष तथा सघोष का अन्तिम उच्चारण निर्विषम हो गया। इसी तरह हिन्दी में कुछ शब्दों में अल्पप्राण तथा महाप्राण का अन्तर मिटता दिखाई देता है; जैसे—भूक,-(भूख) अबी-अबी (अभी-अभी) एक ही स्वन भिन्न-भिन्न वातावरण में यदि अर्थ भेदक नहीं होता तो उसे लिपि में अलग-अलग अंकित भी नहीं किया जाता है। स्थूल लिप्यंकन में इनकी अलग सूक्ष्म स्थितियों को

प्रदर्शित भी नहीं किया जाता है। अंग्रेजी में प् (P) ट् (T) क् (C) स्वन शब्द की आद्य स्थिति में महाप्राणता से युक्त होते हैं। इनका उच्चारण हिन्दी फ, ठ,ख के समीप रहता है। इन स्वनों के पूर्व में यदि स् (S) रहता है तो इनका उच्चारण अल्पप्राण होता है। एक ही पर्यावरण में महाप्राण का स्थान अल्पप्राण नहीं ले सकता और अल्पप्राण (प्, ट्, क्) महाप्राण (फ्,ठ्, ख्) का स्थान नहीं ले सकता। इसी कारण से अंग्रेजी में स्वनिक दृष्टि से भिन्न होते हुए अल्पप्राण और महाप्राण प्,ट्, क् को एक ही तरह के स्वनिम P,T,C में प्रतीकित किया गया है। हिन्दी में ऐसी स्थिति नहीं है। इसमें प, ट, क के अल्पप्राण तथा महाप्राण दोनों रूप एक ही पर्यावरण में आने पर अर्थ भेदक हो जाते हैं । उनसे वस्तु धरातल के भिन्न द्रव्यों की उपलब्धि होती है।

जैसे—पलक—फलक

कल—खल

ओट—ओठ

हिन्दी में इन्हीं कारणों से प, फ, क, ख, ट, ठ को भिन्न-भिन्न स्वनिम माना गया है। निर्विषमीकरण के विषय में विद्वानों के अलग-अलग मत मिलते हैं। पहला मत रूपवार्णिकी पर आधारित है। व्याकरण और ध्वनिप्रक्रिया के मध्यम मार्ग का आश्रय लेकर ट् को दोनों शब्दों के उच्चरित रूप पर उपस्थित मानता है। दूसरा मत है कि विचार्य भाषा में ध्वनिप्रक्रियात्मक विरोध निर्विषमीकरणीय होते हैं। प्राग मत के भाषावैज्ञानिक इनके भिन्न प्रकार्य को सूचित करने के लिए इन्हें वर्ण कल्प (आर्किफोनीम) का नाम देते हैं। वर्णकल्पों को अंग्रेजी में कैपिटल(बड़े अक्षरों) तथा देवनागरी में तिर्यक ढंग से अंकित किया जाता है।

वर्ण-विन्यासपरक ध्वनिप्रक्रिया—अभी तक जिन स्वनिमों की चर्चा की गई है उनके परिच्छेदक तथा व्यतिरेकी गुण की पहचान रूपक्रमात्मक स्तर पर हुई है। हिन्दी के कुछ शब्दों को उद्धृत करके इस विमर्श को आगे बढ़ा सकते हैं।

1. काला क्+आ+ल्+आ
2. मेला म्+ए+ल्+आ
3. टीला ट+ई+ल्+आ

क्षैतिज रूप में ये वर्ण विन्यासात्मक सम्बन्ध को व्यक्त करते हैं। यदि प्रथम वर्ग के किसी वर्ण का सन्घात दूसरे, तीसरे वर्ण से विन्यासात्मक क्रम में करें तो काला, केला, कीला, मेला, माला, मीला, टीला, टाला,

टेला बनते हैं। इन शब्दों में मीला, और टेला दो शब्द हिन्दी के स्वीकारात्मक शब्द तो हैं किन्तु इन्हें भाषा व्यवहार में नियोजित नहीं किया गया है। इन्हें अर्थपरक तथा व्याकरणात्मक कार्य भी नहीं सौंपा गया है। इसी तरह अंग्रेजी में पेट, पोट, टिन आदि शब्द तो बनते हैं किन्तु बिन, लोक शब्द नहीं बनते। चूँकि प्रत्येक भाषा ऐसी शब्दराशि से सम्पन्न होती है• जिनकी ध्वनिप्रक्रियात्मक दृष्टि से नियमित माना जाता है। यदि भाषा में प्रयुक्त शब्दों को छोड़कर केवल ध्वनिप्रक्रियात्मक दृष्टि से शब्द श्रेणियों का निर्माण किया जाए तो बहुत से ऐसे शब्द भी सामने आएँगे जिनकी व्याकरणिक नियमितता भले ही स्वीकार्य न हो किन्तु ध्वनि प्रक्रियात्मक नियमितता माननी होगी। कुछ प्रयुक्त तथा नियमित शब्द ध्वनिप्रक्रियात्मक दृष्टि से अनियमित भी हो सकते हैं यदि वे आलोच्च भाषा के अधिकांश शब्दों की विशिष्ट रचना के अनुकारी न हों। ऐसे शब्द किसी विदेशी या पड़ोसी भाषा से आगत हो सकते हैं।

स्वनिम विश्लेषण: विभेदक लक्षणों के आधार पर

भाषावैज्ञानिकों का एक वर्ग ऐसा है जो मानता है कि स्वनिम भाषा के न्यूनतम अभिव्यक्ति अवयव है। इनका और अधिक विश्लेषण सम्भव नहीं है। इस मत का विरोध प्राग विचारधारा के विद्वानों ने तीस के दशक से पहले ही करना शुरू कर दिया था। टुबेत्जकोइ तथा जैकब्सन इसी विचारधारा से जुड़े हैं। इन विद्वानों के विचार के अनुसार स्वनिमों का कुछ अधिक विश्लेषण कुछ विभेदक लक्षणों के आधार पर सम्भव है। हिन्दी के कुछ स्वनिमों को लिया जा सकता है—

क,ग, ङ, त, द, न, ब, म से शुरू होनेवाले तथा अन्त होनेवाले कुछ शब्द हैं—कान, नाक, गला, आग, गंगा, तान, शत, दान, नाद, पाप, बाप, बात, तब ,मत, तम। उपर्युक्त सभी स्वनिम ङ को छोड़कर शब्द के आदि और अन्त दोनों में आ सकते हैं। ङ शब्दारम्भ में नहीं आ सकता, हिन्दी के कुछ देशी शब्दों वाङ् टाङ् में यह अन्त में भी आ सकता है। मानक हिन्दी में अधिकांशतः अपने वर्ग के पहले आता है। उपर्युक्त नौ स्वनिमों को सात लक्षणों के द्वारा पहचाना जा सकता है—कंठ्य (या कोमलतालव्य), ओष्ठ्य, दन्त्य (या वत्स्र्य) अघोष, सघोष, मौखिक, अनुनासिक। इनमें सघोष और अघोष, मुखगत और अनुनासिक, कंठ्य (कोमलतालव्य) ओष्ठ्य, और दन्त्य-वत्स्र्य में प्रत्येक वर्ग में एक उपस्थित या अनुपस्थित रह सकता है। घोष रहेगा या अघोष, मौखिकता रहेगी या अनुनासिकता, उच्चारण स्थान में कंठ्य, ओष्ठ्य या दन्त्य में कोई एक रहेगा। भावात्मक और अभावात्मक को द्विअंकीय पद्धति में इस तरह प्रदर्शित किया जा

सकता है—

	क	ग	ङ	प	ब	म	त	द	न
ओ (ओष्ठ्य)	0	0	0	1	1	1	0	0	0
क या को (कंठ्य या कोमल तालव्य)	1	1	1	0	0	0	0	0	0
द (दन्त्य या वर्त्स्य)	0	0	0	0	0	0	1	1	0
घो (घोष)	0	1	1	0	1	1	0	1	1
ना (नासिक्य)	0	0	1	0	0	1	0	0	1

इसमें क के स्तम्भ का अंकन ऊपर से नीचे 01000 हैं। इसमें एक स्वनिम अन्य से पाँच परिवर्ती लक्षणों में से कम से कम एक मूल्य की दृष्टि से अवश्य भिन्न है। क और ग में ध्वनिवैज्ञानिक वैषम्य घोष की अनुपस्थिति तथा उपस्थिति का ही है। यही तथ्य प, ब और त, द के वैषम्य के लिए भी है। हिन्दी में घोष, अघोष के विरोध को न्यूनतम कार्यात्मक वैषम्य के रूप में स्वीकार किया जा सकता है अतः उसे विभेदक लक्षण माना जाएगा। ङ का क और ग से, म का प ब से, न का त, द से वैषम्य अनुनासिकता के कारण है। ङ, न, म में अनुनासिकता का लक्षण घोषत्व के साथ है। यह अनुनासिकता घोषवत्ता को निहित करके चलती है। ऐसी ध्वनि शायद ही उपलब्ध हो जो अघोष अनुनासिक हो। इसलिए इस सन्दर्भ में घोष एक तरह से अकार्यात्मक है। स्थान की दृष्टि से ऐसा व्यंजन नहीं है जो एक साथ कंठ्य, या दंन्त्य या ओष्ठ्य में से दो लक्षणों को धारण करे। एक का होना शेष दो का न होना सिद्ध करता है। इसे +— के द्वारा अंकित करके उपर्युक्त स्वनिमों को दो या तीन विभेदक लक्षणों के द्वारा विभिन्न रूप में पहचाना जा सकता है—

	क	ग	ङ	त,	द,	न,	प,	ब,	म
ओ							+	+	+
क	+	+	+						
द				+	+	+			
घो	—			—	+		—	+	
ना	—	—	+	—	—	+	—	—	+

यह प्रणालीबद्धता अधिक संक्षिप्त रूप में वर्णों की विशिष्ट श्रेणी के वितरण पर लगे प्रतिबन्धों को अच्छी तरह से ज्ञापित कर सकता है। हिन्दी में शब्दारम्भ में स्क तो हो सकता है किन्तु स्ग नहीं। इसी तरह, स्द, स्ब भी

वर्जित संयोग है। इससे कम से कम यह निष्कर्ष निकाला जा सकता है कि स के सन्दर्भ में घोष और अघोष व्यंजनों के बीच विभेद अकार्यात्मक है।

दीर्घता और बलाघात—स्वरों के मात्रात्मक भेद—ह्रस्व और दीर्घ तथा ध्वनिगुण बलाघात का उल्लेख किया जा चुका है। मात्रात्मक भेद को सभी भाषाएँ स्वन-प्रतिक्रियात्मक स्तर पर परिच्छेदन रूप में प्रयोग नहीं करती हैं। कुछ भाषाओं में इन्हें उच्चारण शैली या यादृच्छिक परिवर्तन का विषय माना गया है। हिन्दी में ह्रस्व और दीर्घ स्वर पूर्णतया स्वनिमिक हैं। उनके प्रयोग परिच्छेदक हैं; जैसे—

कल	=	काल
किला	=	कीला
कुल	=	कूल

देवनागरी में इनके लिए अलग-अलग लिपि चिन्हों की व्यवस्था है। रोमन लिपि में इस तरह की अलग व्यवस्था नहीं दिखाई देती। अंग्रेजी में दीर्घता को अन्य स्वरों के व्यावर्तक लक्षण के रूप में स्वीकार किया गया है और उसके लेखन के लिए प्रतीकों का निर्माण किया गया है। जैसे—/i/=i:, t/= /t/, एक स्वर को दो बार लिखकर भी दीर्घता सूचित की जाती है; जैसे—ii ।

किसी ध्वनि के उच्चारया पर अधिक बल देना अंग्रेजी उच्चारण का एक महत्त्वपूर्ण अंग है। इसीलिए बलाघात को स्वनप्रक्रियात्मक व्यवस्था में सम्मिलित किया जाता है। अमेरिकी भाषावैज्ञानिकों ने बलाघात की उपस्थिति की तीन कोटियाँ तथा अनुपस्थिति की चार कोटियों का निर्धारण किया है जिसे—समस्त पद (Elevatoroperator) द्वारा निदर्शित किया जाता है।

अक्षर (Syllable)

स्वनप्रक्रियात्मक रूप में अक्षर का प्रयोग वाक् स्वनों के उस अनुक्रम का संकेत करने के लिए होता है जो श्रव्यता की दो न्यूनतम स्थितियों के बीच एक उच्चतम स्थिति को धारण करता है। यह श्रव्यता का उच्च शिखर होता है। स्वर के सन्दर्भ में सूचित किया जा चुका है कि स्वर व्यंजन की अपेक्षा अधिक श्रव्य होते हैं। व्यंजनों में भी प्रवाही व्यंजन स्पर्श व्यंजन की अपेक्षा अधिक श्रव्य होते हैं। स्वनप्रक्रियात्मक इकाई के रूप में अक्षर पद दीर्घता एवं बलाघात आदि अन्य अभिलक्षणों सहित स्वनों के विभिन्न अनुक्रमों का तथा एकाकी स्वरों और व्यंजनों का बोधक होता है जो कि भाषा विशेष में आगे के विश्लेषण के लिए एक एकात्मक समूह

के रूप में उपयुक्त प्रतीत होते हैं। भाषाविज्ञानी किसी भाषा विशेष के विश्लेषण के लिए ऐसी पद्धति का निर्माण करते हैं जिसमें आवश्यक स्वनिक गुण समाविष्ट हों जिनके आधार पर वह वर्णनाधीन भाषा के स्वनिमात्मक विश्लेषण के उन अनुक्रमों को निर्धारित कर सके जो अक्षर के घटक तत्त्व के रूप में स्वीकार्य हों।

शब्दों को अक्षरों के अनुसार एकाक्षरी, द्वयाक्षरी, त्रयाक्षरी आदि वर्गों में विभक्त कर सकते हैं। दो स्वरों के बीच में आनेवाले व्यंजन के विषय में यह निर्णय कठिन होता है कि वह किस अक्षर का अंग है। स्वनिक दृष्टि से ऐसे व्यंजनों को उभयाक्षरी कहा जाता है। किन्तु व्यंजन को किसी स्वर का अंग मानना ही है तो उसे दूसरे स्वर का अंग मानना चाहिए, इसका अंकन स व-स की तरह होगा। ऐसा इसलिए किया जाता है कि अधिकांश भाषाओं में स-व की तुलना में व-स अनुक्रम अधिक पाया जाता है। अक्षर के निर्धारण में किसी भाषा के सम्भाव्य प्रतिबन्धरहित आद्य व्यांजन गुच्छ के तथा इसके अक्षर की आद्य स्थितियों के बीच संवादित देखी जाती है। उदाहरण के लिए अंग्रेजी में ट्र (Tree) तथा क्ल Climb) की आदिस्थिति निर्बाध रूप में स्वीकार्य है ल्क्, ड्न नहीं। अन्य शब्दों जैसे—बल्की, बैडनेस में इसी आधार पर अक्षर निर्धारण 'बल्-कि', बैड्निस होगा।

व्यंजनों के अन्तर्वर्ती अनुक्रम की स्थिति में श्रव्यता और निकोचन का मापदंड बनाया जाता है। यदि बलाघात ऐसे व्यंजन पर हो जो न्यूनतर श्रव्य रूप है तो अक्षर विभाजन उस व्यंजन से पूर्व किया जाता है; जैसे—अस्ट्रेइ (Astray) मिसटेक का अक्षर विभाजन अ-स्ट्रेइ तथा मि' स्टेक होगा। बलाघात का उपांश यदि दूसरे व्यंजन पर होता है तो विभाजन भिन्न होगा; जैसे—मिस्टाइम (Mistime-मिस्' टाइम।

अधिकतर भाषाओं में स्वन प्रक्रियात्मक अक्षरों की रचना एक या अधिक व्यंजनों तथा एक स्वर से होती है किन्तु अकेला स्वर या व्यंजन भी अक्षर की रचना कर सकता है; जैसे—आइ, ईख, राम् (राम्) अंग्रेजी में न्, म्, ल् से अन्त होनेवाले शब्दों में ये व्यंजन आक्षरिक हैं।

भाषावैज्ञानिकों ने विभिन्न भाषाओं के आरक्षिक विश्लेषण का स्वनप्रक्रियात्मक अध्ययन करके कुछ महत्त्वपूर्ण निष्कर्ष निकाले हैं।

1. हर भाषा अपनी आक्षरिक संरचना में एक-दूसरे से भिन्न होती है। अक्षर संरचना का सार्वभौम रूप व स (CV) है किन्तु प्रत्येक भाषा को इसके विषय में अपने निजी नियम हैं। अरबी में प्रत्येक शब्द व्यंजन से आरम्भ होता है, इतालियन में किसी शब्द के अन्त में व व (CC) नहीं होता।

2. भाषाएँ वाक् अवयव से उपलब्ध उच्चारण से किए जानेवाले चयनों तथा स्थानाश्रित व्यवस्थापन तथा उन पर आरोपित आक्षरिक समूहीकरण दोनों में एक-दूसरे से विभेद प्रदर्शित करती हैं। विदेशी भाषा को सीखने में यही सबसे बड़ी कठिनाई है। हिन्दी में ङ प्रायः शब्द के मध्य में आता है; जैसे—गंगा। स्वाली तथा सूडानी में शब्दारम्भ में आता है। जैसे—ङ्गोमा (स्वाहिली ढोल), ङ्रान् (सूडानी, नाम) का उच्चारण हिन्दी भाषियों के लिए मुश्किल है। इसी तरह अंग्रेजी का O हिन्दी के आ तथा ओ के बीच का स्वर है जिसका उच्चारण अभ्यास से सीखना पड़ता है।

3. अपनी स्वनप्रक्रियात्मक व्यवस्था में परिच्छेदक अभिलक्षण के रूप में बलाघात को स्वीकार करनेवाली भाषाओं में घातित तथा अनाघातित अक्षरों की रचना अपनी सम्भावनाओं के परिसरों में विभिन्नता रखती है।

सुर स्वनिम—स्वनप्रक्रिया में सुर का भी महत्त्वपूर्ण स्थान है। सुरात्मक भाषाओं में इसकी विशेष महत्ता के कारण इसे स्वनिमों में सम्मिलित किया गया। सुर भाषाओं में सुर एक या अधिक अक्षरों के व्यतिरेक को प्रदर्शित करते हैं। सुर या तान को दीर्घता या बलाघात की तरह अधिखंडात्मक स्वनिम माना जाता है। तान स्वनों का निर्देश तानिम (Toneme) का भी प्रयोग किया जाता है। सुरों के प्रमुख भेद सम, अवरोही, आरोही, अवरोहारोही, आरोही—अवरोही हैं। इनमें से प्रत्येक एक ही पर्यावरण में दूसरे से व्यतिरेक प्रदर्शित करता है। तान या सुर भाषाओं में इनकी संख्या भिन्न-भिन्न होती है। मैक्सिको की एक भाषा मैजातेको निम्न के उपरान्त उच्च तान से बोलने पर 'ति' का अर्थ कटोरा होता है किन्तु अकेले उच्च तान से बोलने पर अर्थ होता है 'जलाता है'।

अनुतान—सुर प्रधान भाषाओं से इतना भाषाओं में स्वराघातों के प्रकार्य को अनुतान के रूप में अधिक पहचाना जाता है। ये वास्तव में वाक्यों के धर्म हैं, तान भाषाओं की तरह भिन्न-भिन्न कोषीय शब्दों के नहीं। वाक् के अन्य तात्विक अभिलक्षणों की तरह इनका वास्तविक विश्लेषण भिन्न अनुतानात्मक लयों आरोह, अवरोह के आधार पर किया जाता है। अनेक बलाघात भाषाओं की तरह अघातित अक्षरों की अपेक्षा घातित अक्षरों पर अनुतान अधिक प्रमुखता के साथ पाया जाता है। जैसे—It was yesterday. Was it yesterday अनुतानीय लयों को अपेक्षाकृत अधिक मुखर करने के लिए उच्च, मध्य तथा निम्न अनुतान में परस्पर बदलाव किया जा सकता है। उदाहरणार्थ—

मैं आज घर जाऊँगा—सामान्य कथन

मैं आज घर जाऊँगा—कर्त्ता पर उच्च अनुतान

मैं **आज** घर जाऊँगा—समय पर उच्च अनुतान

मैं आज **घर** जाऊँगा—कर्म पर उच्च अनुतान

अनुतान को अंकित करने के लिए /' /,/ ! /?/, / .1 आदि चिह्नों का प्रयोग होता है। ये प्रतीक लिप्यंकानात्मक विराम चिह्न माने गए हैं।

संहिता स्वनिम—स्वनप्रक्रियात्मक विश्लेषण के लिए स्वन-विज्ञान एवं स्वनप्रक्रिया के अतिरिक्त स्तरों को स्वीकार करने या न करने की बात पर विद्वानों में विवाद चलता रहा है। ब्रिटेन तथा अन्यत्र स्वनप्रक्रिया पर रचित ग्रंथों में शब्द, समस्त शब्द, शब्द समूह आदि का प्रयोग स्वनों का स्वनिमों के अंग निर्धारण तथा बलाघात के प्रभेदों के निर्धारण के लिए पर्यावरण के अंग के रूप में किया जाता रहा है। अंग्रेजी या इस तरह की अन्य भाषाओं में शब्दों की सीमाएँ तथा समस्त शब्दों के आन्तरिक संयोजकों की प्रांसगिकता स्वनिमिक अंगों के निर्धारण में मान्य है। अंग्रेजी में अग्र तथा पश्च ल् में भेद इसी कारण से है। अनेक अमेरिकी भाषावैज्ञानिक अस्वनिक सामग्री—शब्दों के बीच के रिक्त स्थानों तथा संयोजक चिह्नों को मान्यता नहीं देते।

हिन्दी से एक उदाहरण लिया जा सकता है—

तुम आ गए—तुम और आ के बीच एक हल्का विराम आता है। वैसे उच्चारण में दोनों एक-दूसरे से मिल जाते हैं; जैसे—तुमा गए। अंग्रेजी में भी लिप्यात्मक तथा व्याकरणिक शब्द विभाजनों एवं स्वनिम विभाजनों को निर्दिष्ट किया जा सकता है। यदि अन्तिम आर का उच्चारण आरक्षिक दृष्टि से शब्द के आद्य स्वर के साथ संयुक्त हो जाता है; जैसे—Paper पेप्। वक्ताओं के द्वारा not at all का अक्षरीकरण इस प्रकार होता है—no-ta-tto:।

यद्यपि संहिता स्वनिम के विश्लेषण सिद्धान्त में अभी बहुत प्रांजलता नहीं आई है किन्तु अंग्रेजी शब्दों an aim, और a name, an ocean, और a notion आदि युग्म उच्चारों में अलग-अलग सुने जाते हैं। इनमें संहिता स्वनिम से शब्द का भेद पैदा होता है। हिन्दी में 'रोको मत जाने दो' वाक्य में रोको पर हल्का विराम और मत पर हल्का विराम ध्वनि संयोजन के अलग आधार पर होता है। इससे अर्थ भेद भी पैदा होता है। इसी तरह तुम्हारे एवं तुम हारे में भेद पैदा किया जाता है। इनमें संहिता स्वनिम की स्थापना इस तरह होगी—तुम्हः आरे, तुमः हारे।

स्वन-गुणिमिक स्वनप्रक्रिया
(Prosodic Phonology)

ग्रेट ब्रिटेन में कुछ वर्षों पूर्व इस स्वनप्रक्रियात्मक सिद्धान्त का विकास हुआ। सबसे पहले जे०आर० फर्थ ने अपने लेखों में स्वनगुणिमिक विश्लेषण का सूत्रपात किया। स्वनगुणिमिक विश्लेषण में स्वनगुणिमों तथा स्वनिमात्मक इकाइयों को जिन्हें एक सर्वमान्य प्रकार में समाहित नहीं किया जा सकता है, मौलिक संकल्पनाओं के रूप में प्रयुक्त किया जाता है। स्वनगुणिमिक विश्लेषण भाषा विशेष के लिए स्वनिक विश्लेषण का एक ढाँचा प्रस्तुत करता है। स्वनगुणिमिक विश्लेषण में सैद्धान्तिक निष्कर्ष उच्चार या वाक्य तथा उसके अंगों से निकाला जाता है। किन्तु यह सदैव नियत संरचना के सन्दर्भ में ही होता है। इसमें सम्बद्ध स्वनिक विषय सामग्री को स्वनगुणिमों की भिन्न-भिन्न इकाइयों; जैसे—वाक्य स्वनगुणिम, वाक्यांग स्वनगुणिम, शब्द, अक्षर आदि में नियत किया जाता है। यह कार्यप्रणाली दीर्घतर, इकाई से लघुतर की ओर संचरित होती है। तानयुक्त भाषाओं में स्वनगुणिमों के रूप में तान, बलाघात एवं दीर्घता का निरूपण स्वनिमिक निरूपण से बहुत अधिक अन्तर नहीं प्रदर्शित करता, इनके अभिलक्षण बहुत कुछ संहिता स्वनिमों के लिए निर्धारित अभिलक्षणों के समान ही होते हैं। स्वनगुणिमिक विश्लेषण में अक्षर का अभिप्राय स्वनप्रक्रिया ही होता स्वनिक नहीं। इसमें दीर्घता को किसी स्वर या व्यंजन के साथ सम्बद्ध न मानकर एक निरपेक्ष अक्षर का अभिलक्षण माना जाता है।

स्वनगुणिमिक विश्लेषण को बहुव्यवस्थित माना गया है। विभिन्न व्याकरणिक तत्त्व विभिन्न स्वनप्रक्रियात्मक विश्लेषण इसके विषय बन सकते हैं, ऐसा स्वनगुणिमिक विश्लेषण के लिए अपेक्षित भी नहीं है। इसमें स्वनप्रक्रियात्मक संरचनाओं में किसी जड़ व्यवस्था को मान्यता नहीं दी जाती। यह अनेक प्रसंगों में या विभिन्न स्तरों पर व्यतिरेकी स्वनिमात्मक इकाइयों तथा स्वनगुणिमों की अलग-अलग व्यवस्थाओं को स्थापित करने पर विचार करती है।

रूप एवं पदविज्ञान

परम्परागत भाषाविज्ञान में व्याकरणात्मक वर्णन में मुख्यत: दो ही इकाइयों शब्द और वाक्य का वर्णन किया जाता रहा है। शब्द को ही व्याकरणिक स्तर की लघुतम सार्थक इकाई के रूप में मान्यता प्राप्त रही, इससे अधिक न्यून इकाइयों के विश्लेषण या विवेचन के प्रति परम्परागत भाषाविज्ञान में न तो रुचि प्रदर्शित की गई न उस दिशा में कोई प्रयत्न किया गया। इन दोनों इकाइयों की निम्नतर तथा उच्चतर इकाइयों के रूप में रूपांश, पदबन्ध, वाक्यान्तर, प्रोक्ति आदि की स्थापना और विवेचन प्रस्तुत किया गया है। इन व्याकरणिक इकाइयों का पारस्पकि सम्बन्ध निबन्धन का होता है। उच्चतम इकाई प्रोक्ति या वाक्य को माना जाता है क्रमश: वाक्यान्तर, पदबन्ध, शब्द, रूपांश निम्नतर इकाइयाँ हैं। इनके पारस्परिक सम्बन्ध निबन्धन के हैं। निम्नतर इकाइयों के निबन्धन से उच्चतर इकाई और उच्चतर इकाई के विश्लेषण या निबन्धन से निम्नतर इकाई का निर्माण होता है। प्रोक्ति को वाक्य में, वाक्य को वाक्यान्तर में, वाक्यान्तर को पदबन्ध, पदबन्ध को शब्द में, शब्द को रूपांश में विश्लेषित किया जाता है। यहाँ निम्नतर क्रम से विवेचन का प्रयत्न किया जा रहा है।

रूपांश या रूपिम

न्यूनतम व्याकरणिक इकाई को रूपांश या रूपिम कहा जाता है। किसी भाषा के रूपिमों का निर्धारण करने के लिए उनके घटकों को पृथक किया जाता है, इसके लिए प्रत्येक शब्द को पूर्णत: एक या एकाधिक स्वनिमों में विश्लेषित कर लिया जाता है। किसी शब्द की आक्षरिक संरचना तथा रूपमिक संरचना में अनुरूपता का होना अनिवार्य नहीं है; जैसे अंग्रेजी के टेलर शब्द का आरक्षिक रूप होगा 'te-la/टे-ल/ तथा रूपमिक स्वरूप होगा टेल्-अ। सभी रूपिम स्वनों के अनुक्रम होते हैं किन्तु सभी स्वनों के अनुक्रम रूपिम नहीं होते हैं। उदाहरण के लिए प्रबन्ध, प्रचलन, प्रकाण्ड आदि शब्दों में प्र एक अर्थवान न्यूनतम इकाई होने के कारण रूपिम है किन्तु प्रश्न और प्रथा शब्दों में प्र अर्थवान नहीं है

क्योंकि पूर्व प्र की तरह इसे विखंडित नहीं किया जा सकता है।

शब्दों का विखंडन या निर्बंधन करके रूपिमों को प्राप्त करना एक कठिन समस्या है। कुछ शब्दों का विखंडन तो आसानी से हो जाता है; जैसे—लघुत्व=लघु+त्व, दीर्घता=दीर्घ+ता। कुछ शब्दों में विखंडन कठिन होता है जैसे—अंग्रेजी Men, Went आदि। मैन से मेन, तथा गो से वेन्ट शब्दों का निर्माण अर्थ तत्त्व सूचक शब्द तथा रूपतत्त्व सूचक शब्द की एक जटिल संरचना है। इससे ज्ञात होता है कि कुछ भाषाओं में ऐसे शब्द मौजूद हैं जिनका खंडों में विभाजन नहीं किया जा सकता है। यदि उनका कोई विभाजन किया जाता है तो उसे स्वेच्छाचारिता ही कही जाएगी। जैसे यह कहना कि Went शब्द go और ed का सूचक है। जोन लियोन्स इन कठिनाइयों को ध्यान में रखकर इस निष्कर्ष पर पहुँचते हैं कि रूपांश शब्द का खंड नहीं है; सिवाय घटकात्मक प्रकार्य के इसकी शब्द में कोई स्थिति ही नहीं है।

उपरूप या रूपकल्प—सौस्यूर द्वारा प्रदर्शित द्रव्य और आकृति के विभेद के समान ही रूप और रूपांश (रूपिम) के बीच भेद दिखाया जा सकता है। रूप को आकृति का अवयव माना जा सकता है जिसकी यादृच्छिक रूप से ध्वनिप्रक्रियात्मक स्तर पर द्रव्यात्मक उपलब्धि की जाती है। रूपिम हर स्थान पर एक ही तरह के रूप के द्वारा प्रतिनिधित्व नहीं पाता है। रूपांश (रूपिम) के विभिन्न प्रतिनिधान रूप कल्प या उपरूप कहे जाते हैं। जैसे हिन्दी में स्त्रीलिंग प्रत्यय ई, इन, नी, आनी अनेक रूपों में दृष्टिगत होते हैं। इन्हें एक ही रूपिम (रूपांश) के उपरूप या रूपकल्प कहा जाएगा। इसी तरह बहुवचनान्त रूपिम के विविध उपरूप परिस्थिति तथा वातावरण के भेद के अनुसार निर्मित होते हैं। आकारान्त शब्दों में ए, ईकारान्त में इयाँ, या याँ के रूप में इसकी अलग-अलग उपलब्धि होती है। इसी तरह अंग्रेजी में बहुवचनात्मक रूपांश (रूपिम), S.Z.is उपरूपों में व्यक्त होता है। इन तीनों का प्रयोग ध्वनि-वैज्ञानिक आकृति से निर्धारित होता है। जैसे—जब शब्दान्त में संघर्षी स, ज़, श, ज, च, हो तो इसका उच्चारण इज होता है; जैसे—buses, sizes, fishes, garages, baches, यदि अन्त में घोष वर्ण होता है तो जैसे—Dogs beds (डाग्ज, वेड्ज़्)। यदि रूपिम (रूपांश) का अन्त अघोष है तो स होता है; जैसे कैट्स, बैट्स आदि। लेखन प्रणाली में इनको दो चिह्नों में ही प्रकट किया जाता है—स, ज को एस (s) से तथा इज को es से।

रूपिमों का निर्धारण

भाषावैज्ञानिक नाइडा ने पाँच सूत्रों के आधार पर रूपिमों के निर्धारण

की व्यवस्था दी है।

1. स्वनिमिक आकार और अर्थ में समानता रखने वाले रूपों (रूपकल्पों) के द्वारा रूपिम का निर्माण होता है; जैसे—शीघ्रता, दीर्घता, लघुता।

2. स्वनिमिक आकार भिन्न हो परन्तु अर्थ में समानता हो तो रूपिम का निर्माण होता है; जैसे—सन्तोष (संतोष, सञ्चालन (संचालन), सङ्गम (संगम) इनमें सम् रूप अलग-अलग रूपों में उपलब्ध हो रहा है जो ध्वन्यात्मक पर्यावरण के कारण है। अतः सं एक रूपिम है सम् सन्, सअ तथा सङ् उसके उपरूप हैं।

3. स्वनिमिक आकार में भिन्नता रखनेवाले रूप यदि समान अर्थ को सूचित करते हैं किन्तु यह भिन्नता स्वनात्मक और रूपात्मक सन्दर्भों में प्रवचनीय (Definable) है; जैसे—Look, Reject, आदि। धातुओं में ed जोड़कर भूतकाल का रूप बनाया जाता है—Looked, Rejected आदि। किन्तु Put, cut में ed नहीं लगता । इन धातुओं में शून्य प्रत्यय जुड़ता है। ढाँचे की एक रूपता को बनाए रखने के लिए इस उपरूप की मान्यता आवश्यक है। Sheep में शून्य रूप है। ध्वनि गुणात्मक दृष्टि से विश्लेषण करके रूपकल्पों को और अधिक आसानी से प्रदर्शित किया जा सकता है। अंग्रेजी के बहुवचनांत प्रत्ययों जैसे एन (चिल्ड्रेन) आक्सेन में दृष्टिगत होती है। इसी सूत्र में ये रूपिम के अन्तर्गत उपरूप है। किन्तु इनको ध्वनि प्रक्रियात्मक संरचना या किसी अन्य दृष्टि से किसी सामान्य नियम के अन्तर्गत बाँधने में कठिनाई अवश्य होती है। क्स से अन्त होनेवाले रूपों का बहुवचन इज होता है। अन् की उपस्थिति ध्वनि वैज्ञानिक दृष्अि से सानुबन्ध नहीं कही जा सकती है। इसी तरह के शब्द अनियमित हैं।

4. किसी संरचना श्रेणी का प्रत्यक्ष आकार भेद एक स्वतंत्र रूपिम (रूपांश) बन सकता है। शर्त यह है कि आकार-भेद तथा परवर्ती शून्य संरचनात्मक भेद मिलाकर रूप और अर्थ की भिन्नता की व्याख्या प्रस्तुत करते हों। अंग्रेजी Foot—Feet (u-i) में संरचना श्रेणी का आकार भेद प्रकट होता है। फूट शब्द के अन्त में कोई बहुवचनान्त प्रत्यय नहीं लगता है। यह आकार भेद अन्तिम शून्य संरचनात्मक भेद से मिलकर भेद बन जाता है। इसी तरह Run-Ran, Sing-Sang, Man=Men में होता है। इनमें i,a,e, को रूपिम माना जा सकता है। रूप और स्वन--प्रक्रिया की इन स्थितियों को सही ढंग से विश्लेषित करने के लिए रूप-स्वन प्रक्रिया का आश्रय लिया जा रहा है। अमेरिका में व्याकरण के इसी पक्ष के लिए रूप-स्वन-विज्ञान का प्रयोग किया जाने लगा है।

5. सन्दर्भ के अन्तर से अलग-अलग अर्थ देनेवाले एक ही रूप को दो रूपिम माना जाता है; जैसे--जलज का अर्थ बादल तथा कमल दोनों होता है, इसीलिए ये दो रूपिम हैं। इसी तरह नीली साड़ी का ई तथा पंजाबी, मारवाड़ी का ई समस्वनात्मक होते हुए भी अर्थ भेदक होने के कारण भिन्न रूपिम हैं।

रूपिम या रूपांश के भेद

रूपिमों को अनेक दृष्टियों से वर्गीकृत किया जा सकता है।

1. बद्ध रूपिम—ये ऐसे रूपिम हैं जो स्वतंत्र रूप से नहीं आते हैं; जैसे—रातें, घरों में प्रयुक्त एं और ओं।

2. मुक्त रूपिम—इनका स्वतंत्र प्रयोग होता है; जैसे—रात, घर, वृक्ष आदि। मुक्त रूपिम एक रूपमिक शब्द होते हैं। कुछ भाषाएँ ऐसी हैं जिनमें सभी रूपिम मुक्त होते हैं, जैसे वियतनामी। ऐसी भाषाओं को अपवाद माना जाता है क्योंकि अधिकांश भाषाओं में रूपिम (मुक्त) तथा बद्ध की स्थितियाँ पाई जाती हैं।

प्रयोग की दृष्टि से दोनों रूपिमों को मिलाकर बहुरूपिमिक शब्दों का निर्माण होता है। समस्त पद इसी तरह के होते हैं। जैसे—तपोभूमि, पीताम्बरधारी, घरेलूकाम आदि।

प्रकृति-प्रत्यय को ध्यान में रखकर रूपिमों को दो भागों में विभक्त किया जा सकता है।

1. मूल रूप

2. प्रत्यय

1. मूल रूपिम शब्द संरचना के वे अंग हैं जो सभी प्रत्ययों को विश्लेषित कर देने के बाद अवशिष्ट बचते हैं; जैसे—पाठक-अक=पठ, ईर्ष्यालु=ईर्ष्या-आलु=ईर्ष्या। मूल रूपिम बद्ध तथा मुक्त दोनों तरह के हो सकते हैं। भाषा विशेष में इनकी संख्या असीमित होती है।

2. प्रत्ययबद्ध रूपिम हैं और अर्थ की नई-नई प्रतीति कराने के लिए इनका प्रयोग किया जाता है। प्रत्येक भाषा में इनकी संख्या अलग-अलग मिलती हैं किन्तु इनकी निश्चित सीमा होती है। इन्हें पूरी तरह से सूचीबद्ध किया जा सकता है। हिन्दी में अ, आ,अक, आवत, आलु, ईला, आदि अनेक प्रत्यय हैं; जैसे—पढ़, पढ़ा, पाठक, लिखावट, श्रद्धालु, चमकीला आदि।

रूप निर्देशन की पद्धतियाँ

विभिन्न भाषाओं में अर्थतत्त्व और सम्बन्ध तत्त्व को सूचित करने की

अलग-अलग पद्धतियाँ मिलती हैं, जिनमें से प्रमुख पद्धतियाँ निम्नलिखित हैं—

1. शब्द स्थान—अनेक भाषाओं में शब्दों के स्थान से ही उनकी कारकीय स्थिति का पता चलता है। चीनी आदि भाषाओं में प्रायः सभी शब्द अविकारी हैं। स्थान प्रधान भाषाओं में शब्दों के स्थान का बड़ा महत्त्व होता है। चीनी का एक उदाहरण है—

न्गो त नि = मैं तुम्हें मारता हूँ।

नित न्गो = तू मुझे मारता है।

अंग्रेजी तथा हिन्दी में भी इस पद्धति के उदाहरण मिल जाते हैं मोहन राम को मारता है। राम मोहन को मारता है। संस्कृत में स्थान परिवर्तन का प्रभाव कारकीय सम्बन्धों पर नहीं पड़ता। जैसे—

रामः मोहनम् ताडयति।

मोहनम् रामः ताडयति।

2. शब्दों में बिना कोई विकार लाए वाक्य में प्रस्तुत कर दिया जाता है। ऐसे प्रयोगों में शून्य विभक्ति मानी जाती है।

3. स्वतंत्र सम्बन्ध सूचक शब्द—कुछ भाषाओं में सम्बन्धसूचक स्वतंत्र शब्द होते हैं जिन्हें परिसर्ग या पूर्वसर्ग कह सकते हैं। जैसे—हिन्दी में को, से आदि। अंग्रेजी के टू, फ्राय, आन, इन इसी प्रकार के शब्द है।

4. ध्वनि प्रतिस्थापन—इस पद्धति में शब्दाकृति में कुछ ध्वनि परिवर्तन कर दिया जाता है। यह परिवर्तन आरम्भ मध्य कहीं भी हो सकता है। जैसे—अंग्रेजी में सिंग से सैंग तथा गो से वेन्ट।

5. ध्वनि आवृत्ति—कभी-कभी ध्वनि की पुनरावृत्ति से भी सम्बन्ध तत्व सूचित किया जाता है। अफ्रीका के भाषा का उदाहरण देखिए।

इरिक = चलना

इरिक रिक = वह चलता है।

6. प्रत्यय—बहुत-सी भाषाओं में शब्दों के आदि, मध्य या अन्त में प्रत्ययों का संयोजन करके कारकीय सम्बन्ध सूचित होते हैं। इसी पद्धति से लिंग, वचन आदि के परिवर्तनों को भी निर्दिष्ट किया जाता है। संस्कृति गच्छत में अ जोड़कर भूतकाल सूचित किया गया। इसी तरह अफ्रीकी परिवार की काफिर भाषा में—

कु = के लिए अथवा को

ति = हम, कुति = हमको

अरबी और मुण्डा आदि भाषाओं में मध्य में प्रत्यय जोड़ने का विधान मिलता है।

कतब = किताब या कुतुब

मंझि = मुखिया

मपंझि = मुखिया लोग

संस्कृत में अन्त में प्रत्यय जोड़े जाते हैं। जैसे—

राम + एषु = रामेषु

राम + आय = रामाय

7. ध्वनि गुण—बलाघात या सुर ध्वनि के गुण हैं।

इन गुणों से भी चीनी तथा अफ्रीकी भाषा में सम्बन्ध सूचित किए जाते हैं। बलाघात तथा स्वराघात का महत्व वैदिक एवं संस्कृत में था। अंग्रेजी में कंडक्ट शब्द में यदि क पर बलाघात होगा तो शब्द संज्ञा होगा और शब्द ड पर होगा तो शब्द क्रिया होगा।

रूप परिवर्तन की दिशाएँ

1. सादृश्य के आधार पर रूप परिवर्तन—भाषा में सरलता और स्पष्टता की आवश्यकता होती है। रूपों की विविधता सामान्य वक्ताओं के लिए कठिनाई पैदा करता है। इसीलिए रूप भेदों को कम करके सरलीकरण होता है। संस्कृत में रूपों के जितने भेद थे प्राकृत में उनमें कुछ कमी आई। अपभ्रंश में रूप और कम किए गए। रूपों की कमी करने में द्विवचन तथा बहुवचन के रूपों के समानता का असर पड़ा और अकारान्त शब्दों के कुछ रूपों को इकारान्त, उकारान्त के साथ भी जोड़ा जाने लगा, जैसे—रामस्य का स्य प्राकृतों में स्स के रूप में वायु और अग्गि के साथ प्रयुक्त हुआ।

2. पुराने रूपों के घिस जाने के बाद नए रूपों की जरूरत पड़ती है। जैसे—संस्कृत रामः के विसर्ग के लुप्त हो जाने के बाद हिन्दी में राम ने का प्रयोग किया गया। इसी तरह रामम् के स्थान पर राम को का प्रयोग किया गया।

3. अतिरिक्त प्रत्यय का प्रयोग—कोई शब्द जब अपनी वास्तविक प्रतीति या तात्पर्य को खो देता है या सामान्य जन उसके मूल भाव को भूल जाते हैं तो उसमें अतिरिक्त प्रत्यय जोड़कर भावाभिव्यक्ति को अधिक सशक्त बनाना पड़ता है। अनेक से अनेकों, स्वागतम् से सुस्वागतम्, कागजात से कागजातों आदि में अतिरिक्त प्रत्यय जोड़े गए हैं।

4. कभी-कभी नए प्रत्यय जोड़ दिए जाते हैं, जैसे—प्रभावशाली से प्रभावी।

रूप परिवर्तन के कारण

1. मानकीकरण लाने के लिए रूपों में परिवर्तन कर दिया जाता है। सामान्य प्रयोक्ता पहले तो नियमों से छूट लेने की दिशा में प्रयत्नशील होते हैं। परिणामस्वरूप अव्यवस्थित रूप विकसित हो जाते हैं। क्षेत्रीय भेदों के कारण एक ही सम्बन्ध तत्व के लिए अनेक रूप बन जाते हैं। प्राकृत में चाहिए के अर्थ में ज्जइ प्रत्यय का प्रयोग होता है; जैसे—करिज्जइ हिन्दी में इसे करीजय दूसरा प्रत्यय था यइ जैसे करियइ इससे हिन्दी में शब्द बना करिए। इससे इन दोनों के मेल से बना कीजिए और करिए। इसी तरह से चल से चला, पढ़ से पढ़ा और कर से करा बने। लेकिन करा को मान्यता नहीं दी गई, उसकी जगह किया प्रयोग को स्वीकार किया गया। इसी तरह जाइये के स्थान पर जाइए प्रयोग को मान्यता मिली। अन्य भाषाओं के प्रभाव से भी रूपों में परिवर्तन होता है। जैसे—ताजा खबर के स्थान पर ताजी खबर।

2. **सरलीकरण और समानीकरण**—भाषा में सरलीकरण की प्रवृत्ति के कारण भिन्न-भिन्न प्रकार के रूपों को समान करने की चेष्टा की जाती है, जैसे—संस्कृत के शब्द रूपों में शब्दान्त स्वरों के परिवर्तन के साथ अलग-अलग रूपों का विधान था। कहने का तात्पर्य यह है कि राम, हरि आदि के पंचमी एकवचन के रूप अलग-अलग थे। प्राकृतों में सभी के लिए हिन्तो या सुन्तो का प्रयोग होता है। अपभ्रंश में समानीकरण के परिणामस्वरूप करण और अधिकरण के रूप समान हो गए। चतुर्थी, पंचमी और षष्ठी के रूपों में भी समानता दिखाई देती है। हिन्दी में तो स्वतंत्र परसर्गों के द्वारा कारकीय रूप सूचित किए जाते हैं।

3. **ध्वनि परिवर्तन**—रूप तत्व का निर्देश ध्वनि के माध्यम से ही होता है। रूप को निर्दिष्ट करनेवाली ध्वनि जब बदल जाती है तो उसके स्थान पर नया रूप दृष्टिगोचर होने लगता है; जैसे—रामस्य के स्थान पर क्रमशः रामस्स, रामह के प्रयोग हुए यह रूप परिवर्तन स रूप परिवर्तन के कारण है।

4. **रूप के अर्थ का विस्मरण**—देशी प्रयोक्ता कभी-कभी शब्द में निहित रूप तत्व के सही अर्थ को विस्मृत कर देता है। वह अपने प्रयोग में स्पष्टता लाने के लिए अशुद्ध रूपों को जोड़ता है। यह परिवर्तन विदेशी शब्दों में खासतौर से होता है; जैसे—उर्दू में दरअस्ल का अर्थ है सही में, कुछ लोग इसे 'दरअसल में' कहते हैं। उन्हें दर के अर्थ का ज्ञान नहीं रहता है। इसी तरह उत्तम को लोग कहते हैं बहुत उत्तम या सर्वोत्तम। उत्तम अपने आप में ही चरम श्रेष्ठता का सूचक है। हिन्दी में बहुत कम लोग जानते हैं कि तू एकवचन है और तुम बहुवचन। आदरार्थ बहुवचन के प्रयोग के कारण तुम के साथ समूह सूचक लोग, सब आदि जोड़कर बहुवचन बनाया जाता है।

5. अज्ञान—उपर्युक्त जो कारण बताए गए हैं उनमें अज्ञान मुख्य कारण है। जैसे—कुछ लोग कहते हैं कि मुँह जबानी जबकि जबानी का ही अर्थ है मौखिक। इसी तरह प्रत्ययों का सही भेद न मालूम होने के कारण लोग दो-दो प्रत्ययों का प्रयोग कर देते हैं—जैसे—कोमल+ता+आई = कोमलताई, पूज्यनीय (पूज्+य+नीय)।

6. नवीनता—भाषा में नूतनता लाने के लिए नए-नए प्रयोग किए जाते हैं, जैसे—नकारना के वचन पर सकारना शब्द बना लिया गया। संज्ञा पदों से क्रिया बनाने की प्रवृत्ति भाषाओं में होती है। उसी के तहत धकियाया, मुकियाया बनाए गए। इधर फिल्म से फिल्माया बनाया गया है।

शब्द या पद

परम्परागत व्याकरण में शब्द या पद की इकाई अत्यन्त महत्वपूर्ण रही है, क्योंकि रूप प्रक्रिया और वाक्य संरचना में प्राय: विभेद शब्द के माध्यम से प्रदर्शित किया जाता है। शब्द कोश के निर्माण में भी शब्द ही एकमात्र मुख्य इकाई रहती है। शब्द की अर्थात्मक परिभाषा इस प्रकार से दी गई है—किसी विशिष्ट अर्थ के उस विशिष्ट ध्वनि समुदाय के साथ एकीभाव को पद (शब्द) कहते हैं, जो किसी विशिष्ट व्याकरणात्मक विनियोग के योग्य होता है। शब्द या पद होने के लिए प्राय: तीन शर्तों की पूर्ति होनी चाहिए—ध्वनिप्रक्रियात्मक आकृति, अर्थ तथा व्याकरणिक विनियोग। इसीलिए कुछ विद्वान इन तीनों शर्तों को जोड़कर शब्द की परिभाषा देना चाहते हैं। लेकिन कुछ शब्द ऐसे हैं जो तीनों शर्तों को पूरा तो करते हैं किन्तु स्वतंत्र पद नहीं कहे जा सकते। जैसे—अभाव—अ + भाव में दोनों रूपों में उपर्युक्त शर्तें पूरी होती हैं, किन्तु अ स्वतन्त्र पद नहीं है। इसलिए इसकी सर्वमान्य परिभाषा में अर्थात्मक इकाई को गौण मानकर चला जा सकता है। ब्लूमफील्ड का कथन है कि 'शब्द एक न्यूनतम उन्मुक्त रूप (लघुतम स्वतन्त्र आकार) है।'

शब्द और पद में भी अन्तर किया जाता है। कोश में संग्रहीत अर्थात्मक स्वर समूहों की इकाइयों को शब्द कहते हैं। इसे संस्कृत में प्रकृति कहा जाता है। प्रत्यय (रूपांशों) में संयुक्त शब्द पद कहलाते हैं। राम शब्द है। राम:, रामौ:, रामा: आदि पद हैं। हिन्दी में लड़का—वाक्य निरपेक्ष रूप में शब्द है, वाक्य में प्रयुक्त होने पर पद है। यहाँ शब्द और पद का भेद कई स्थलों पर नगण्य है। परम्परागत ढंग से शब्द का विवेचन-विश्लेषण तीन क्षेत्रों में उपलब्ध होता है—

1. विकरण (रूप रचना)—वाक्य रचना प्रसंग में अन्य रूपांशों से मिलने पर शब्द के रूप में जो परिवर्तन आता है उसे विकरण या रूप रचना करते हैं। विकरण युक्त शब्दों या रूपों पर व्याकरण में विस्तार से विचार किया गया है।

2. व्युत्पत्ति (शब्द-रचना)—इसमें शब्दों की रचना प्रक्रिया का विचार किया जाता है। इसमें अर्थ तत्त्व एवं सम्बन्ध तत्त्व के संयोजन पर विचार करते

हुए उसके विशिष्ट अर्थ के कारण पर भी प्रकाश डाला जाता है। भारत में व्युत्पत्ति का विवेचन करने वाला एक शास्त्र है जिसे निरुक्ति कहा जाता था।

आधुनिक भाषाविज्ञान में रूप रचना शब्द रचना दोनों का विवेचन एक साथ रूप प्रक्रिया (रूपविज्ञान, मार्फोलॉजी) में किया जाता है।

3. वाक्य रचना—वाक्य रचना के सन्दर्भ में शब्द ऐसी इकाइयाँ हैं जिनका संश्लेषण वाक्य के रूप में किया जाता है। शब्दों का रूप विधान उनकी वाक्य में आवश्यकता तथा सांयोगिकता के कारण होता है। वैसे शब्दों के समूह से वाक्य बनता है किन्तु एक शब्द भी वाक्य बना सकते हैं; जैसे—1. राम ने श्याम से पूछा कि आप कब आए। 2. श्याम ने उत्तर दिया कल। शब्द की परिभाषा देते हुए पतंजलि उसकी ध्वन्यात्मकता, अर्थ ग्राह्यता, को एक साथ समेटकर कहते हैं कि 'शब्द कर्ण से उपलब्ध, बुद्धि से ग्राह्य तथा प्रयोग से स्फुरित होने वाली आकाश व्यापी ध्वनि है।' पाश्चात्य भाषावैज्ञानिक ब्लाक और ट्रेगर अविभाजित मुक्त रूप को एवं एल० आर० पामर 'लघुतम भाषण इकाई को शब्द मानते हैं। सपीर का कथन है कि, 'किसी एक विचार का प्रतीकात्मक तथा भाषण रूप शब्द है।' के० एल० पाइक, 'शब्द को किसी भाषा की ऐसी लघुतम व्याकरणिक इकाई मानते हैं जो रिक्त स्थान (शक्य विराम) से पृथक् किया जा सके।' पृथक्करण का तात्पर्य है कि देशी वक्ता द्वारा प्रकार्यात्मक इकाई के रूप में पद की अलग पहचान जो उसकी अपनी चेतना का परिणाम है। जान लियोन्स का कहना है कि, 'पद या शब्द का एक अभिलक्षण यह भी है कि रूप तत्त्वीय घटकों की दृष्टि से यह आन्तरिक रूप से स्थाई होता है, यद्यपि इसका स्थान बदल सकता है (अर्थात् उसी वाक्य के अन्य शब्दों के साथ इसका स्थान व्यतिहार हो सकता है)। विशेषकर यह अभिलक्षण उन भाषाओं में और भी स्पष्ट है जिनमें पद-व्यवस्था उन्मुक्त होती है।

शब्दों के प्रकार

रचना की दृष्टि से शब्दों के निम्नलिखित भेद हैं—

1. अयोगिक शब्द—ऐसे शब्द जिनका विभाजन नहीं किया जा सकता है; जैसे—हाथ, काम, धाम।

2. यौगिक शब्द—ऐसे शब्द जिनका निर्माण मूल शब्द में उपसर्ग-प्रत्यय जोड़कर हुआ है; जैसे—मौलिक, अग्रज, सभ्य।

3. यौगिक रूढ़—कुछ शब्द ऐसे होते हैं जो यौगिक हैं किन्तु किसी एक वस्तु विशेष के लिए रूढ़ हो गए हैं। उदाहरणार्थ—पंकज, पंक (कीचड़) से उत्पन्न कीचड़ से बहुत-सी चीजें पैदा होती है किन्तु यह शब्द कमल के लिए रूढ़ हो गया है।

सामासिक शब्द—इसमें दो स्वतंत्र शब्दों का योग रहता है; जैसे—राजभक्ति, घुड़सवार, रातो-दिन, तपोभूमि आदि।

1. रूपान्तर के आधार पर—शब्दों की कोटियाँ निर्मित होती हैं—

विकारी—जो शब्द लिंग, वचन तथा काल आदि दृष्टियों से परिवर्तित हो सकते हैं, उन्हें विकारी कहते हैं; जैसे—लड़का, पढ़ना, अच्छा आदि।

2. अविकारी—ऐसे शब्द जो सदैव अपरिवर्तित रहते हैं। इन्हें अव्यय भी कहा जाता है—अब, तब, कब, आज, कल, पुनः, फिर पर, में से अंग्रेजी, a, an, the आदि। उपसर्ग, निपात आदि इसी वर्ग में आते हैं।

संस्कृत वैयाकरणों ने पदों के चार भेद किए हैं—

1. नाम—संज्ञा (जैसे—मोहन, राधा आदि।)

2. आख्यात—क्रिया (पढ़ना, लिखना, सोना आदि)।

3. उपसर्ग—निबद्ध अव्यय (प्र, परा, अप, निष, दुष आदि)।

4. निपात—स्वतन्त्र अव्यय (इव, एव, ननु)।

हिन्दी व्याकरण में अंग्रेजी के अनुकरण पर शब्दों की आठ कोटियाँ निर्धारित की गई हैं—संज्ञा, सर्वनाम, विशेषण, क्रिया, क्रिया-विशेषण, सम्बन्ध सूचक, समुच्चय बोधक और विस्मयादि बोधक।

संज्ञा—किसी व्यक्ति, वस्तु, स्थान या भाव के नाम को संज्ञा कहते हैं; जैसे—राम, टमाटर, कानपुर, मिठास। संज्ञा के दो भेद हैं—1. पदार्थ वाचक, 2. भाववाचक।

पदार्थवाचक—जिस संज्ञा से पदार्थ या पदार्थों का बोध होता है उसे पदार्थ वाचक कहते हैं, इसके दो उपभेद हैं—

1. व्यक्तिवाचक—जिस संज्ञा से एक व्यक्ति या पदार्थ या समूहों में एक समूह का बोध हो; जैसे—राम, काशी, प्रार्थना समाज आदि।

2. जातिवाचक—जिस संज्ञा से सभी पदार्थों तथा उनके समूहों का बोध होता है; जैसे—मनुष्य, गाय, पहाड़, सभा आदि।

भाववाचक संज्ञा—जिस संज्ञा से पदार्थ में पाए जानेवाले किसी धर्म अथवा व्यापार का बोध होता है; जैसे—लम्बाई, बुढ़ापा, चतुरता आदि।

सर्वनाम—सभी नामों के लिए जिस पद का प्रयोग हो सकता है, वह सर्वनाम है। संज्ञा के स्थान पर ही सर्वनाम का प्रयोग होता है, जैसे—मैं, तुम, वह, उसे आदि। प्रयोग के अनुसार सर्वनामों के छह भेद हैं—

1. पुरुषवाचक—वक्ता, श्रोता या विषय के बोधक शब्द को पुरुष वाचक सर्वनाम कहते हैं—इसके तीन भेद हैं—

उत्तम पुरुष—मैं, हम आदि।

मध्यम पुरुष—तू, तुम आदि।

अन्य पुरुष—वह, वे, यह, ये आदि।

2. **निजवाचक**—आप, अपना, माई, योर, हिज आदि।

3. **निश्चयवाचक**—यह, वह, दिस, दैट आदि।

4. **सम्बन्धवाचक**—जो, जिस, किस आदि।

5. **प्रश्नवाचक**—कौन, क्या, ह्वाट आदि।

6. **अनिश्चयवाचक**—कोई, कुछ आदि।

विशेषण—जिस विकारी शब्द से संज्ञा का गुण बताया जाता है, उसे विशेषण कहते हैं। इसमें संज्ञा की व्याप्ति मर्यादित होती है। उदाहरणार्थ—बड़ा, छोटा, काला, गोरा, दो, दस, सब आदि। विशेषण तीन प्रकार के होते हैं।

1. **सार्वनायिक विशेषण**—पुरुषवाचक और निजवाचक सर्वनामों को छोड़कर शेष सर्वनामों का प्रयोग विशेषण की तरह हो सकता है; जैसे—**वह** नौकर, **किसी** यादव, **यह** मकान, **कुछ** काम, **ऐसा** कपड़ा, **जैसा** देश **वैसा** वेष, **कोई** प्रश्न, **कौन** आदमी, **क्या** बात है (आश्चर्य सहित)।

1. **गुणवाचक**—नया, पुराना, गोल, नुकीला, सुन्दर आदि।

2. **संख्यावाचक**—1. एक, दो आदि संख्याएँ, दसवाँ, पहला, दूसरा आदि। इनके पाँच उपभेद हैं—

(क) गणनावाचक—एक, दो, पाव, आधा आदि।

(ख) क्रमवाचक—पहला, दूसरा आदि।

(ग) आवृत्तिवाचक—दुगुना, चौगुना, दसगुना आदि।

(घ) समुदायवाचक—दसों, चारों, सोलहों आदि।

3. **परिमाणवाचक**—इन विशेषणों से किसी वस्तु की नाप या तौल का बोध होता है—कम, थोड़ा, बहुत, सब आदि।

क्रिया—जिस विकारी शब्द से किसी काम का करना या होना पाया जाए उसे क्रिया कहते हैं। इससे किसी व्यक्ति या वस्तु के विषय में कुछ विधान किया जाता है, जैसे—वह **जाएगा,** राम **खाता है,** मोहन **गया आदि।**

जिस मूल शब्द से क्रिया का निर्माण होता है उसे धातु कहते हैं; जैसे—पढ़ से पढ़ा, पढ़े, पढ़ता आदि। धातु दो प्रकार की होती हैं।

1. **सकर्मक**—जिस धातु से सूचित होनेवाले व्यापार का फल कर्म पर पड़ता है उसे सकर्मक कहते हैं। सकर्मक का शाब्दिक तात्पर्य है कर्म के साथ होना—राम पुस्तक पढ़ता है। सीता मिठाई खाती है। इन वाक्यों में पढ़ने तथा

खाने की क्रिया का फल पुस्तक और मिठाई पर है। इसीलिए ये क्रियाएँ सकर्मक हैं।

2. अकर्मक—जिस धातु में सूचित व्यापार और फल कर्त्ता तक ही सीमित रहे उसे अकर्मक क्रिया कहते हैं; जैसे—लड़का **सोता है,** वह **गया।**

व्युत्पत्ति के अनुसार धातुओं के दो भेद हैं—

1. मूल धातु—ऐसी धातुएँ जो किसी दूसरे शब्द के योग से नहीं बनतीं; जैसे—करना, बैठना आदि।

2. यौगिक धातु—जिन धातुओं का निर्माण दूसरे शब्दों के योग से होता है; जैसे—चलना से चलाना, पढ़ना से पढ़ाना, पढ़वाना आदि। यौगिक धातुएँ तीन प्रकार की होती हैं—

(क) प्रेरणार्थक—चलाना, चलवाना, गिराना, गिरवाना आदि।

(ख) नाम धातु—धिक्कारना, लतियाना, बतियाना आदि।

(ग) संयुक्त धातु—गिर गया, हो गया, चल पड़ा, उठ बैठा आदि।

प्रयोग की दृष्टि से क्रिया के प्रमुख भेद हैं—

1. वर्तमानकालिक	सोता है, खाता है।
2. भूतकालिक	सोया, गया।
3. भविष्यकालिक	जाएगा, खाऊँगा।
4. पूर्वकालिक	खाकर, सोकर।
5. संज्ञार्थक	खाना, पीना।
6. आज्ञार्थक	सुनो, जाओ।
7. विध्यर्थ	जाना चाहिए, खाना चाहिए, खाइए।

सम्भावनार्थ—आता होगा, जाता होगा।

क्रिया-विशेषण—जो अविकारी शब्द क्रिया की विशेषता बताते हैं उन्हें क्रिया-विशेषण कहते हैं; जैसे—जल्दी जाओ, मोहन अभी आया है। जब, जहाँ, जैसे, आदि इसके उदाहरण हैं।

अर्थ के अनुसार क्रिया-विशेषणों के चार वर्ग हैं।

1. स्थानवाचक—यहाँ, वहाँ, ऊपर, नीचे, पास, इधर, उधर, जिधर, अलग।

2. कालवाचक—आज, कल, तुरन्त, फिर, सबेरे, नित्य, सदा, सर्वदा, बहुधा।

3. परिमाणवाचक—बहुत, अति, भारी, कुछ, थोड़ा, केवल, काफी, बारी-बारी।

4. रीतिवाचक—ऐसा, वैसा, अचानक, एकाएक।

सम्बन्ध सूचक—जो अव्यय संज्ञा या संज्ञावत प्रयुक्त शब्द के आगे आकर उसका सम्बन्ध वाक्य के किसी दूसरे शब्द के साथ मिलाता है उसे सम्बन्ध सूचक शब्द कहते हैं; जैसे—विद्या के **बिना** धन नहीं मिलता। क्रिया विशेषण का प्रयोग जब संज्ञा के साथ होता तो वह सम्बन्ध सूचक हो जाता है; जैसे—लड़की अपने पिता के **यहाँ** रहती है।

समुच्चय बोधक—एक वाक्य से मिलाने वाले अव्यय को समुच्चय बोधक शब्द कहते हैं, उदाहरणार्थ—

और, यदि, तो, क्योंकि, इसलिए तथा, या तो आदि।

विस्मयादि बोधक—जिन शब्दों से हर्ष, शोकादि भावों का ज्ञापन होता है उन्हें विस्मयादि बोधक अविकारी शब्द (अव्यय) कहते हैं; जैसे—आह, वाह, धन्य, शाबाश, हाय आदि।

रूपिम के कार्य

धातु (मूल क्रिया) तथा मूल शब्द में रूपिमों (सम्बन्ध तत्त्वों) का संयोजन करने की आवश्यकता क्यों पड़ता है? अतः एक अहम प्रश्न है। भाषा व्यवहार में अधिकाधिक स्पष्टता लाने के लिए पुरुष, वचन, लिंग, काल आदि को सटीक ढंग से सूचित करने के लिए या इनमें भेद स्थापित करने के लिए सम्बन्ध तत्त्वों (रूपांशों) का संयोजन होता है। यही रुपिम का प्रकार्य है।

पुरुष

वक्ता और श्रोता की भागीदारी के अनुसार पुरुष के तीन भेद हैं—

1. प्रथम पुरुष (अन्य पुरुष)

2. मध्यम पुरुष

3. उत्तम पुरुष : जो वक्ता है वह उत्तम पुरुष है। जो सामने होता है, वह मध्यम पुरुष, जिसके विषय में बातचीत हो रही है, वह अन्य पुरुष या प्रथम पुरुष है। जैसे—

उत्तम पुरुष—मैं, हम

मध्य पुरुष—तू, तुम

प्रथम पुरुष या अन्य पुरुष—वह, वे, कोई नाम (राम मोहन)

पुरुष का प्रमुख क्षेत्र क्रिया और गौण क्षेत्र 'सर्वनाम' का है। उत्तम पुरुष और मध्यम पुरुष की तुलना में अन्य पुरुष या प्रथम पुरुष का विभाजन निश्चित, अनिश्चित, समीपस्थ या दूरस्थ के आधार पर हो सकता है। प्रथम पुरुष के सूचक, वह, यह, ये आदि ' 'निश्चित' हैं, कोई, कुछ आदि अनिश्चित हैं। इसी तरह यह, ये निकटता के सूचक हैं। वह, वे दूरस्थित सर्वनामों के सूचक हैं। उत्तम पुरुष और मध्यम पुरुष सर्वनामों के योग मुख्यतः मानव के लिए होते हैं जबकि अन्य पुरुष में मानव तथा मानवेतर दोनों तरह के प्राणियों या पदार्थों का संकेतन होता है। उत्तम पुरुष और मध्यम पुरुष 'भावात्मक' हैं और प्रथम पुरुष अभावात्मक अर्थात् उक्ति में भागीदारी की दृष्टि से तीसरा अनुपस्थित है। पुरुष और वचन के संयोजन की दृष्टि से पुरुषों में किंचित् भेद दृष्टिगोचर होता है। मैं का बहुवचन हम उस तरह से बहुवचन नहीं है; जैसे—लड़का और लड़के हैं। इसी तरह अंग्रेजी और हिन्दी दोनों में तुम, यू का प्रयोग एकवचन तथा बहुवचन दोनों के लिए होता है। पुरुष का एकवचन अपवर्जी या बहिष्कारी होता है जबकि बहुवचन अन्तर्ग्राही। 'मैं आ गया' का अर्थ है वक्ता के अलावा अन्य कोई नहीं आया। 'हम आ गए' कहने से श्रोता तथा अन्य भी समाहित हो गए। तू, तुम, वह, वे में भी यही स्थिति दिखाई देती है। पुरुष क्रिया की भी कोटि माना जाता है। सर्वनाम का क्रिया के साथ संयोजन क्रिया के पुरुष भेदों के अनुसार होता है। लैटिन तथा संस्कृत आदि प्राचीन भाषाओं में क्रिया में ही सार्वनामिक पुरुष भेद निहित होता है; जैसे—लैटिन—आमो (प्यार करता है), अमास (तू प्यार करता है), संस्कृत—पठति (वह पढ़ता है), पठसि (तू पढ़ता है), पठामि (मैं पढ़ता हूँ)। अंग्रेजी और हिन्दी के उदाहरणों से उस प्राचीन अवधारणा का खंडन हो जाता है कि सर्वनाम का प्रयोग क्रिया के प्रयोग से ही नियंत्रित होता है। हिन्दी में 'जाता है'. क्रिया के लिए वह, तू दोनों सर्वनामों का प्रयोग हो सकता है। इसी तरह 'जाते हैं' क्रिया के साथ वे, हम (अन्य पुरुष या प्रथम पुरुष तथा उत्तम पुरुष दोनों ही आ सकते हैं)।

आदरार्थ पुरुष सर्वनामों के लिए कुछ भाषाओं में बहुवचन का प्रयोग होता है। जैसे—महात्माजी की उपस्थिति में की जगह उनकी उपस्थिति में कहा जाएगा। तू (मध्यम पुरुष एकवचन) का प्रयोग अनेक भाषाओं फ्रेंच, जर्मन, रूसी, इतालवी, हिन्दी आदि में बच्चों, छोटे लोगों तथा बहुत आन्तरिक मित्रों के लिए होता है।

लिंग

लिंग का अर्थ है चिह्न। यह ऐसा चिह्न है जिससे किसी व्यक्ति या वस्तु की पहचान की जाती है। लिंग दो तरह के हैं—1. प्राकृतिक, 2. व्याकरणिक। प्राकृतिक लिंग का भेद नर-मादा का भेद है। जैसे स्त्री-पुरुष, गाय-बैल,

लड़का-लड़की। प्राकृतिक लिंग का विभाजन मुख्यत: सजीवों के लिए है। भाषा में बहुत से ऐसे शब्दों का व्यवहार होता है जो निर्जीव हैं। उन शब्दों को भी भाषा की व्यवस्था में संयोजित करना होता है। इसलिए संसार की अनेक भाषाओं में उनके व्याकरणिक लिंग का निर्धारण किया गया है। व्याकरणिक लिंग के निर्धारण में प्राकृतिक लिंग की पूर्ण अनुरूपता नहीं मिलती है। लिंग निर्धारण में आकार, रचना, रंग, भक्ष्याभक्ष्य आदि अन्य आधारों को भी ग्रहण किया गया है। लिंग का सम्प्रत्यय अर्थात्मक साहचर्य से भी विहीन है। उदाहरण के लिए ग्रन्थ—पुल्लिग है और पुस्तक स्त्रीलिंग है। अर्थ की दृष्टि से दोनों एक ही शब्द हैं। इसी तरह शरीर के अंगों में पेट पुंल्लिग है, नाक स्त्रीलिंग है, कान पुल्लिग है। सड़क आकार की दृष्टि से बड़ी है वह है स्त्रीलिंग और रास्ता छोटा है लेकिन वह है पुल्लिग। इससे सिद्ध होता है कि प्राकृतिक और व्याकरणिक लिंग में पूर्ण अनुकारिता नहीं होती।

प्राचीन भाषाओं में लिंग तीन थे—(1) पुल्लिग, (2) स्त्रीलिंग, (3) नपुंसक लिंग। व्याकरणिक दृष्टि से यह लैंगिक विभाजन सर्वनामात्मक निर्देशन तथा विशेषणात्मक संगति के लिए किया गया था। स्पेनी, इतालवी और फ्रेंच में नामों को दो ही लिंगों में विभाजित किया गया था। जर्मन और रूसी में संस्कृत की तरह तीन लिंग हैं। स्वाहिली भाषा में इनकी संख्या छह है। स्वाहिली तथा अन्य वान्टू परिवार की भाषाओं में लिंगों का वर्गीकरण उनके एकवचनात्मक और बहुवचनात्मक उपसर्ग-प्रत्ययों के आधार पर होता है।

लिंग की उपयोगिता अर्थात्मक दृष्टि से उतनी नहीं है जितनी व्याकरणिक अन्विति की दृष्टि से है। पुल्लिग शब्दों की अन्विति पुल्लिग के साथ, स्त्रीलिंग शब्दों की स्त्रीलिंग के साथ की जाती है। लिंग निर्धारण पर व्याकरण का अनुशासन होने का ही प्रतिफल है कि पुल्लिग से स्त्रीलिंग बनाने के लिए प्रत्ययों का स्पष्ट विधान किया गया है; जैसे नर से नारी, जेठ से जेठानी, बालक से बालिका। इन प्रत्ययों को स्त्री प्रत्यय कहते हैं। कुछ शब्दों के लिंग अनिर्दिष्ट हैं। लोमड़ी, कौआ आदि ऐसे शब्द हैं जो पुल्लिग में ही प्रयुक्त होते है। इनमें मादा, नर दोनों होते हैं। प्रयोग के धरातल पर स्पष्ट निर्देश के लिए नर, मादा शब्द का व्यवहार करना पड़ता है; जैसे—नर लोमड़ी या मादा लोमड़ी आदि। अंग्रेजी में भी यही स्थिति दिखाई पड़ती है (Male Servant) मेल सर्वेन्ट, मेड सर्वेन्ट, ही गोट, शी गोट। अर्थात्मक दृष्टि से लिंग की संगति परम्परागत रूप से अनिर्दिष्ट लिंग के समझने में हैं। फ्रेंच में आँफाँ (Enfant) लिंग की दृष्टि से अनिर्दिष्ट शब्द है किन्तु इसका प्रयोग बच्चे के लिंग के अनुसार होता है। इसी तरह युग्म शब्दों के प्रयोग तथा लिंग सूचक प्रत्यय अर्थभेदक होते हैं, जैसे—कुत्ता, कुतिया, बिल्ला-बिल्ली।

लिंग की तरह की या उससे मिलती-जुलती एक प्रवृत्ति दक्षिण-पूर्व एशिया की कुछ भाषाओं में पाई जाती है, यहाँ व्यक्तिकरण और संख्या की दृष्टि से नामों का वर्गीकरण किया जाता है। चीनी में यदि नाम स्वत: परिणाम को व्यक्त नहीं करते और निर्देशक (मह-झे) संख्या के साथ प्रयोग में आते हैं तो उनके पूर्व श्रेणी विभाजक या वर्गक का उल्लेख आवश्यक होता है। हिन्दी के उदाहरण से यदि बात को स्पष्ट करना चाहें तो कह सकते हैं कि तीन केले, तीन केले के पौधे के लिए चीनी में प्रयोग होगा, तीन फल केले, तीन वृक्ष केले।

वचन

वचन का सम्बन्ध मुख्यत: संख्या विधान से है। यह लिंग की तुलना में अधिक तर्कसंगत आधार लिए हुए है। इसे मुख्यत: नाम की कोटि माना जा सकता है। क्रिया को भी नाम की कोटि के अनुसार एकवचन, द्विवचन तथा बहुवचन में रूपान्तरित करने का विधान मिलता है। विश्व की अधिकांश भाषाओं में वचन की अभिव्यंजना एकवचन तथा बहुवचन के रूप में पाई जाती है। संस्कृत, लिथुआनी जैसी कुछ ऐसी भी भाषाएँ हैं जिनमें द्विवचन को भी मान्यता प्राप्त है। एक और अनेक की समझ ऊपरी तौर से आसान है किन्तु एक, अनेक, समूह तथा समूह पिण्ड का विभेद विशिष्ट भाषा के कोषीय गठन से ही सही ढंग से निर्धारित हो सकता है। उदाहरण के लिए अंग्रेजी में ग्रेप शब्द संख्येय है इसे बहुवचन के रूप में गेप्स में रूपान्तरित किया जा सकता है। इसके सूचक शब्द त्राउबे रूसी में समूहवाचक हैं। हिन्दी में सामान्यत: अंगूर एकवचन तथा बहुवचन दोनों का सूचक है। उदाहरणार्थ, मैंने एक **अंगूर** खाया, मैंने कई **अंगूर** खाए, मैंने बहुत से **अंगूर** खाए।

कुछ भाषाओं में द्विवचन की जो परिकल्पना है उसके आधार स्वरूप जोड़े में आने वाली वस्तुएँ मानी जा सकती है; जैसे—आँख कान, हाथ, ओठ आदि। चूँकि बहुवचन में दो से अधिक का बोध होता है, फिर तो तीन, चार, पाँच इनका बोध उससे नहीं हो पाता। धीरे-धीरे एक तथा एक से अधिक इन्हीं दो संख्या रूपों को द्योतित करने की धारणा दृढ़ होती गई और प्राचीन भाषाओं से विकसित आधुनिक भाषाओं में द्विवचन को छोड़ दिया गया।

बहुत्व की धारणा व्यक्ति और समूह के आधार पर अलग-अलग मानी गई है। एक से अधिक व्यक्ति के बहुवचन का प्रयोग होता है; किन्तु जब अधिक व्यक्ति एक समूह का बोध कराते हैं तो एकवचन होता है। जैसे—सरकार, कमेटी। जातिवाचक शब्द भी एकवचन में रखे जाते हैं; जैसे—मनुष्य, कुत्ता।

वचन का निर्धारण भी कतिपय भाषाओं में व्याकरण के अधीन है। संस्कृत में बीस के ऊपर के संख्यावाची शब्द एकवचन में ही चलाए जाते हैं। पत्नीवाचक दारा, दर्शन तथा प्राण शब्द बहुवचन में ही प्रयुक्त होते हैं।

वचन नाम के अलावा विशेषण, क्रिया आदि कोटियों से सम्बद्ध है। प्राचीन भाषाओं की अपेक्षा आधुनिक भाषाओं में विशेषण में इसका प्रयोग न्यून हुआ है। जैसे—सुन्दर लड़का, सुन्दर लड़के।

फिजियन आदि कुछ भाषाएँ ऐसी हैं जिनमें त्रिवचन की भी सत्ता मान्य है।

विभक्ति

ग्रीक, लैटिन, संस्कृत आदि भाषाओं में संज्ञा, सर्वनाम और विशेषण पदों का वर्गीकरण कारकीय विभक्तियों में किया जाता है। कारकीय विभक्तियों के विभेद में लिंग, वचन की भी स्पष्ट पहचान की जाती थी। अर्थात् लिंग और वचन के अनुसार उनमें अन्तर उत्पन्न हो जाता था। ग्रीक और लैटिन में विभक्ति के स्थान पर जिन शब्दों का प्रयोग होता था उनका अर्थ था अवपात और विचलन। वाक्य रचना के लिए कोषीय शब्द को पद रूप में परिणत करने के लिए जो विकार पैदा होता है उसे विचलन कहा जाता था। प्रत्येक विभक्ति का नामकरण उससे सम्बद्ध अर्थ-भावना के आधार पर किया गया था। जिसकी स्पष्ट व्याख्या कुछ विभक्तियों के आधार पर की जा सकती है, जैसे—सम् + प्रदान (देने के अर्थ में), अपादान (अपसरण के अर्थ में)। लेकिन सभी विभक्तियों की नामवाची व्याख्या मात्र से उनके व्याकरणिक प्रकार्य को आसानी से नहीं विश्लेषित किया जा सकता है। लैटिन, संस्कृत आदि भाषाओं मे विभक्ति और वचन की एकरूपता दृष्टिगोचर होती है। कारकीय विभक्ति अनिवार्य रूप से अपने सुन्दर वचन की प्रतीति को समाहित किए रहती है। विभक्तिक रूपान्तरण के लिए जिन प्रत्ययों का प्रयोग किया जाता है वे विभक्ति और वचन का निर्धारण एक साथ करती हैं। विभक्तियों की रूपावली को देखने से यह ज्ञात होता है कि एक ही प्रत्यय एक से अधिक विभक्तिक रूप के निर्माण में प्रयुक्त हो जाता है। किसी भाषा में जितनी विभक्तियाँ पहचानी गई हैं या निर्धारित की गई हैं उसमें यह अनिवार्य नहीं है कि रूपों के भी उतने ही भेद हों। लैटिन में छह विभक्तियाँ हैं किन्तु कोई भी ऐसा नाम शब्द नहीं है जिसका छहों विभक्तियों में आकृतिमूलक भेद मिलता हो। लैटिन में लूपस (वृक) शब्द का रूप सम्प्रदान अपादान में एक समान होता है। संस्कृत के उदाहरणों से भी इस तथ्य को आसानी से समझा जा सकता है। संस्कृत में नपुंसक लिंग के रूप प्राय: कर्त्ता, कर्म में एक समान होते हैं। पुल्लिंग या स्त्रीलिंग शब्दों में भी कई तरह की विभक्तिक समानताएँ मिलती हैं—

जैसे—

कर्त्ता	रामः	रामौ	रामाः
कर्म	रामम्	रामौ	रामान्

करण	रामेण	रामाभ्याम्	रामैः
सम्प्रदान	रामाय	रामाभ्याम्	रामेभ्यः
अपादान	रामात्	रामाभ्याम्	रामेभ्यः
सम्बन्ध	रामस्य	रामयोः	रामाणाम्
अधिकरण	रामे	रामयोः	रामेसु
सम्बोधन	हे राम	हे रामौ	हे रामाः

इस रूपावली में कर्त्ता और सम्बोधन के रूप लगभग एक समान हैं। कर्त्ता-कर्म के द्विवचन रूप, करण, सम्प्रदान, अपादान के द्विवचन रूप, सम्बन्ध, अधिकरण के द्विवचन रूप, सम्प्रदान, अपादान के बहुवचन रूप एक समान हैं। मध्यकालीन भारतीय आर्यभाषाओं में विभक्तियों को आवृत्तिमूलक एकता और भी बढ़ जाती है। अपभ्रंश में कर्त्ता-कर्म, करण-अधिकरण, सम्प्रदान-अपादान—सम्बन्ध तीन ही रूपभेद रह गए। इनकी व्याकरणिक प्रकार्यात्मकता को बनाए रखने के लिए अलग से परसर्गों को जोड़ा जाने लगा। इस विमर्श से यह निष्कर्ष निकाला जा सकता है—(1) एक ही विभक्ति एकाधिक विन्यासात्मक कार्यों को सम्पन्न कर सकती है। (2) किसी विशिष्ट विन्यासात्मक कार्य को एक ही भाषा में भिन्न-भिन्न माध्यम से उपलब्ध किया जा सकता है।

भारोपीय भाषाओं में विभक्ति की कोटि लिंग की कोटि पर आश्रित है। रूपरचना में लिंग का अनिवार्य प्रभाव पड़ता है। लिंग का विभेद मुख्यतः पुल्लिग और स्त्रीलिंग के रूप में मान्य हैं। नपुंसक लिंग कर्त्ता-कर्म में ही पुल्लिग से भेद प्रदर्शित करता है। कालान्तर में बहुत-सी भाषाओं में नपुंसक लिंग को पुल्लिग या स्त्रीलिंग में ही सम्मिलित कर दिया गया। मध्यकालीन प्राकृतों में ऐसा ही हुआ है। रूसी में पुल्लिग होने के लिए सजीवता की प्राकृतिक शर्त अनिवार्य है। पुल्लिग सजीव नामों की कर्त्तवाची विभक्ति तथा कर्म विभक्ति के बीच विभेद के लिए कर्म के स्थान पर सम्बन्धवाची विभक्ति लगा दिया जाता है क्योंकि परम्परागत व्याकरण में पुल्लिग और नपुंसक लिंग कर्त्ता—कर्म के रूपों में समानता है।

विभक्तियों से कारक का निर्धारण होता है। एक ही शब्द को विभिन्न कारकों को विभक्त करने के कारण ही इन्हें विभक्ति कहते हैं।

प्रथमा विभक्ति सामान्य रूप से कर्त्ता को अंकित करती है; जैसे—रामः गच्छति। क्रिया का करनेवाला ही कर्त्ता होता है। द्वितीया विभक्ति का कार्य सकर्मक क्रिया के कर्म को अंकित करना है, जैसे—रामः पुस्तक पठति (राम पुस्तक पढ़ता है)। हिन्दी में 'पुस्तक' के साथ कर्म अचिह्नित हैं। तृतीया

विभक्ति करण या साधन को अंकित करती है अर्थात् जिस साधन से कर्त्ता क्रिया का सम्पादन करता है उसे तृतीया विभक्ति द्वारा अंकित किया जाता है। चतुर्थी अप्रत्यक्ष कर्म को द्योतित करती है। जिसे कुछ दिया जाए उसमें चतुर्थी का प्रयोग करते हैं। पंचमी अपादान अर्थात् एक वस्तु से दूसरी का अलगाव सूचित करती है। षष्ठी विभक्ति स्वस्वामिभाव को प्रदर्शित करती है। सप्तमी अधिकरण को सूचित करती अर्थात् इससे उस आधार भूमि या धरातल का बोध होता है जहाँ कर्त्ता होता है या क्रिया करता है। सम्बोधन किसी के प्रति उन्मुख होकर कथन का सूचक है।

विभक्तियों के व्याकरणिक प्रकार्य सभी भाषाओं में विभक्ति भेदों द्वारा स्वत: उपलब्ध नहीं हो जाते हैं। कर्त्तपरक, कर्मपरक, अप्रत्यक्ष कर्म तथा अधिनामिक स्वामिभाव क्रमश: प्रथमा, द्वितीया, चतुर्थी, षष्ठी विभक्तियों द्वारा निर्दिष्ट होते हैं; किन्तु करण हेतु ससाधक तथा साहचर्य के कार्य भिन्न-भिन्न भाषाओं में पृथक् ढंग से उपलब्ध किए जाते हैं। लैटिन में करण कारक में अपादान से काम लिया जाता है, ग्रीक में सम्प्रदान से इसका कार्य लिया जाता है। रूसी और संस्कृत में करण की अपनी अलग-अलग विभक्तियाँ हैं। लैटिन में हेतु या कर्त्ता का कार्य 'आ' कर्म प्रवचनीय (प्रिपोजिसन) के द्वारा सम्पन्न होता है। इससे यह स्पष्ट है कि भारोपीय भाषाओं में कर्म प्रवचनीय तथा विभक्ति के बीच कार्यात्मक समरूपता पाई जाती है। करण तथा कर्त्ता (हेतु) करण और साहचर्य में परस्पर अतिव्यापन भी मिलता है; जैसे—संस्कृत, शरेन, रामेण सह। दो उदाहरण लिए जा सकते हैं—यही वह तलवार है जिसने मोहन को मारा। यह वह डाकू है जिसने मोहन का मारा। यहाँ तलवार और डाकू एक ही विन्यासात्मक कार्य का वहन करते हुए दिखाई दे रहे हैं। कर्त्ता के अभाव में तलवार का करणात्मक प्रयोग भी कर्त्ता के रूप में हुआ है। यहाँ तलवार का मानवीकरण कर दिया गया है। जोन लिओन्स का मानना है कि इस प्रकार की धारणात्मक व्याख्याएँ निरादृत नहीं की जानी चाहिए।

विभक्ति कोटि द्वारा स्थानिक कार्य भी सम्पन्न होता है अर्थात् इसमें दिशा और काल का भी अन्तर्ग्रहण होता है। फिनी भाषा में आन्तरिक, बाह्य तथा सामान्य स्थानिक विभक्तियाँ उपलब्ध हैं, उदाहरणार्थ—

तालोस्सा	घर में	} आंतरिक
तालोस्ता	घर में से	
तालून्	घर के भीतर	
तालोल्ला	घर पर या घर के पास	

तालोल्ता　　　　　घर से

तालोल्ले　　　　　घर को

विभक्तियों में निरपेक्ष और सापेक्ष दो निर्देश दृष्टि निहित होती है। निरपेक्ष दृष्टि का अर्थ नदी पर्वतादि जैसे—वातावरण के किसी ऐसे अभिलक्षण से जिससे स्थिति या दिशा का संकेत दिया गया हो, जैसे—अनुगंगम्, उत्तरी, दाक्षिणात्य, पौर्वात्य, पाश्चात्य, एस्किमो—आन्ना (उत्तरीय), कान्ना (दक्षिणी) आदि को भी निरपेक्ष के अन्तर्गत सम्मिलित किया जा सकता है। सापेक्ष निर्देश बिन्दु वे योजक हैं, जिनसे स्थिति तथा दिशा का निर्देश दिया जाता है—मैं, पर, को, टु, अत्र, कुत्र, हियर, दिअर आदि।

विभक्ति के स्थानिक कार्यों की दिशात्मक दो प्रकार्य हैं, जैसे—**घर में, घर पर** अधिकरणात्मक हैं और घर को, घर से दिशात्मक। इनमें स्थितिक और गतिकता की अभिव्यंजनाएँ भी जुड़ी हुई हैं। उदाहरणार्थ—(1) इलाहाबाद में, सोमवार को, (2) इलाहाबाद को, बुधवार तक।

काल तथा भाव

संस्कृत में काल तथा भाव दोनों के लिए लकारों का प्रयोग किया जाता है। नाम पदों की भेदकता, जैसे विभक्ति से बनती है उसी तरह क्रिया पदों की काल तथा भावपरक विभेदकता लकारों से निर्मित होती है। अंग्रेजी में लकार के लिए टेन्स शब्द का प्रयोग होता है। टेन्स की व्युत्पत्ति काल के वाचक शब्द लैटिन टैम्पुस से मानी जा सकती है। काल का प्रमुख विभेद वर्तमान, भूत, भविष्य किया गया है। प्रायः यह मान्यता रही हैं कि कालभेद विश्व की सभी भाषाओं में उपलब्ध है किन्तु यह मान्यता सर्वथा सत्य नहीं है। संस्कृत तथा लैटिन आदि प्राचीन भाषाओं में लकार के अलावा अन्य माध्यमों से काल की अभिव्यक्ति की जाती थी। भारोपीय परिवार की भाषाओं में यद्यपि काल क्रिया की एक महत्त्वपूर्ण कोटि है किन्तु यह कोटि सार्वभौमिक नहीं है। मलय तथा यूरोक दो ऐसी भाषाएँ हैं जिनमें क्रियाओं की रूप रचना में किसी भी काल की कोटि का निर्धारण नहीं किया जा सकता है। क्रियाविशेषणों तथा निपातों के द्वारा काल तथा पक्ष को निर्दिष्ट किया जाता है। चीनी में भी निपात शब्द वर्ग के निपातों द्वारा यह प्रकार्य सिद्ध किया जाता है। लकार सम्बन्धी भावना प्रायः इस बात पर केन्द्रित रही है कि वर्तमान, भूत, भविष्य सम्बन्धी प्राकृतिक विभाग भाषा से परे भी प्रतिफलित होता है। येस्पर्सन ने इसी धारणा से वर्तमान को शून्य बिन्दु मानकर भूत को वर्तमान पूर्व तथा भविष्य को वर्तमानोत्तर कहा है। पुनः उन्होंने द्वितीय विनियोग के आधार पर भूतपूर्व, भूतोत्तर, भविष्यपूर्व, भविष्योत्तर विभाजन करते हुए सात सूत्री लकार प्रणाली निर्धारित की। इस प्रणाली की

उपलब्धि भाषाओं में पूर्ण या आंशिक हो सकती है। जोन लियोन्स ने सुझाव दिया है कि शून्य बिन्दु अब और अब भिन के बीच की स्थिति का वर्तमान और अवर्तमान के द्विविभाजन के रूप में देखा जा सकता है। उक्ति के काल की दृष्टि से सामीप्य और असामीप्य के रूप में द्विविभाजन किया जा सकता है।

काल के विभाजन में अनेक आधुनिक भाषाओं में भ्रम तथा अवैज्ञानिकता की स्थिति बनी हुई है। अंग्रेजी में भविष्यकाल की उपलब्धि के लिए बिल या शैल सहायक क्रियाओं को जोड़ा जाता है। इनका प्रयोग इससे अतिरिक्त वाक्यों में भी होता है। भविष्यकाल को आंशिक रूप से भावात्मक भी माना जा सकता है। हिन्दी के कुछ वाक्यों को लेकर देखा जा सकता है जिसमें काल का भेद भ्रामक हो जाता है। वर्तमान काल के सूचक ये वाक्य 'सूरज पूरब में निकलता है। वह प्रतिदिन सड़क पर टहलता है, भूत, वर्तमान तथा भविष्य तीनों को आवृत्त कर लेते हैं। 'कल मैं बम्बई जा रहा हूँ।' संरचना की दृष्टि से वर्तमानकालिक है किन्तु अर्थ की दृष्टि से भविष्यकालिक। 'मैंने अपना काम कर लिया' भूत का सूचक है किन्तु 'मैंने अपना कार्य कर लिया है' पूर्ण वर्तमान है। उक्ति और कार्य के होने का काल के बीच सन्निकटता की रेखा निर्धारित करना भी कठिन है। लकार की कोटि की रचनागत जटिलता के कारण ही कुछ भाषाओं में इससे मुक्त होने की चेष्टा परिलक्षित है। संस्कृत में दस लकार थे—इनमें छह काल सूचक और चार भाव सूचक। लट्, लिट्, लङ्, लुङ्, लुट्,लृट् काल सूचक थे। लट् वर्तमान काल का सूचक था। लिट् परोक्ष भूत का, लङ् अद्यतन भूत का, लुङ् सामान्य भूत का, लुट् असम्पन्न भविष्यत्, लृट् सामान्य भविष्यत्। लोट् आज्ञार्थ, विधिलिङ्ग आदर्श कथन, आशीर्लिङ् आशीर्वाद और लृङ् हेतुहेतुमद्भाव के सूचक हैं। कृत् प्रत्ययों यथा क्तः शतृ, शानच आदि से भी काल की अभिव्यक्ति की जाती थी। क्तः, आदि प्रत्ययों के संयोग से निर्मित भूतकालिक क्रियाओं में पुरुष भेद नहीं था तथा इनके द्वारा सुदूरवर्ती, अद्यतन तथा सामान्य सभी प्रकार के अतीत कथनों को व्यक्त किया जा सकता था, इसीलिए परवर्ती भाषाओं यथा प्राकृत, अपभ्रंश तथा हिन्दी आदि में भूतकाल की रचना के लिए इन्हें ही स्वीकार किया गया।

काल और भाव की कोटियाँ एक-दूसरे का कई स्थितियों में प्रतिच्छेदन कर सकती हैं। कोई विशिष्ट भावबोध किसी एक लकार के साथ सम्बद्ध होने पर दूसरे के प्रति वह निष्प्रभावी रहता है। अंग्रेजी में मस्ट सहायक क्रिया अ-भूतपरक सन्दर्भों में आवन्धात्मक और आनुमानिक अर्थों में उदासीन होती है; जैसे—She must come regularly (शी मस्ट कम रेगुलरली)। इस वाक्य के दो अर्थ हो सकते हैं। उसे नियमित रूप से आना ही होता है, दूसरा अर्थ है 'मेरा अनुमान है कि वह नियमित रूप से आता है', किन्तु भूतकालिक संरचना में यह

पूर्णरूप से स्पष्ट हो जाता है, जैसे—'ही हैड टु कम रेगुलरली।' इसी तरह हिन्दी में वह आता होगा की अपेक्षा वह आ गया होगा अधिक सुनिश्चित है। किसी क्रिया की उदासीनता पक्ष पर भी निर्भर करती है। आबन्ध के अन्तर्गत एक और विभेद स्वीकार्यता और अस्वीकार्यता का हो सकता है। अंग्रेजी में, मस्ट, हैव, आट आदि प्रयोगों के पीछे कुछ न कुछ भावात्मक परिकल्पनाएँ निहित होती हैं। हिन्दी में जब यह कहा जाता है कि उसे कोलकाता जाना चाहिए था तो यह स्पष्ट है कि भूतात्मक वाक्य में श्रोता के द्वारा यह अनुमेय है कि वक्ता की जानकारी के अनुसार संकेतित कर्त्ता ने अपना कार्य पूरा नहीं किया है। 'उसे बम्बई जाना ही पड़ा।' वाक्य निश्चितता का भाव है। भविष्य में तो काल और भाव दोनों ही निहित है; जैसे—'वह आता होगा' वाक्य में काल की सूचना तथा आने की सम्भावना दोनों ही निहित है। **'मैं जाऊँगा'** प्रतिज्ञात्मक भी है। इसी तरह 'मैं **यह काम करूँगा** देखिए मेरा कौन क्या कर लेता है।' अंग्रेजी में विल और शैल सामान्यतः भविष्यत् के लिए प्रयोग में आते हैं, किन्तु भविष्य कथन अभिप्राय, प्राक्कथन तथा विश्वास पर आश्रित होता है। संस्कृत में भी भविष्यत् (लृट्) का प्रयोग लेट् (आशीः) के साथ कर दिया जाता है। होपी भाषा में तीन लकार हैं—(1) कालातीत सत्यों के कथन के लिए, जैसे—नदियाँ बहती हैं। (2) ज्ञात घटनाओं के लिए—इस समय मैं जा रहा हूँ, (3) अज्ञात घटनाएँ जो भविष्य के गर्भ में हैं; जैसे—वह कल आ रहा है।इन लकारों को भावाश्रित कहना अधिक समीचीन है। ब्लूमफील्ड का विचार है कि मेनोमिनी भाषा में पाँच वैषम्य उपलब्ध हैं जिन्हें भावात्मक कहा जा सकता है यद्यपि अर्थात्मक दृष्टि से उनके कालात्मक (लकारात्मक) अर्थ भी उपलब्ध होते हैं।

वाक्य एवं प्रोक्तिविज्ञान

वाक्य विज्ञान में पदों के संघटन से निर्मित होने वालेवाक्यों की रचना-प्रक्रिया उनके भेदों, उपभेदों आदि का वर्णात्मक एवं ऐतिहासिक अध्ययन किया जाता है। पद और वाक्य के बीच की कुछ भी इकाइयाँ हैं जिनका यहाँ वर्णन करना अपेक्षित है।

पदबंध

एक से अधिक पदों के निबन्धन से निर्मित एक व्याकरणिक इकाई को पद बंध कहते हैं। यह उपवाक्य तथा पद के बीच की इकाई है। अधिकांश भाषा वैज्ञानिक पदबंध को कोई महत्वपूर्ण इकाई नहीं मानते हैं। परम्परागत व्याकरण में भी पदबंध और वाक्यान्तर को गौण इकाइयाँ माना गया है। आधुनिक भाषा वैज्ञानिक इस विषय से विशेष विचार-विमर्श किए बिना आगे बढ़ जाते हैं। पद बंधों का प्रयोग संज्ञा, सर्वनाम, विशेषण, क्रिया, क्रिया विशेषण आदि रूपों से होता है। इसी के अनुसार इनके भेद भी बनाए गए हैं—

1. संज्ञा पदबंध—जब कोई पदबंध वाक्य से संज्ञा का कार्य करता है तो उसे संज्ञा पदबंध कहते हैं जैसे—गोली से घायल चोर को पुलिस ने पकड़ लिया। इस वाक्य मों गोली से घायल चोर संज्ञा पदबंध हैं।

2. सर्वनाम पदबंध—जब कोई पदबंध वाक्य में सर्वनाम का सूचक होता है तो उसे सर्वनाम पदबंध कहते हैं। जैसे—जीवन से निराश वह घर छोड़कर चला गया। इस वाक्य में जीवन से निराश वह सर्वनाम पदबंध है।

3. विशेषण पदबंध—जिस पदबंध का कार्य विशेषण का होता है उसे विशेषण पदबंध कहते हैं; जैसे—सुन्दर रूप-रंगवाली स्त्रियाँ सबको अच्छी लगती हैं। इस वाक्य सुन्दर रूप-रंग वाली विशेषण पदबंध है।

4. क्रिया पदबंध—वाक्य में जब क्रिया पदों का संश्लेषण हो तो उसे क्रिया पदबंध कहते है; जैसे—उसे जाने दिया जाए। क्रिया पदबंध वाक्य में एक साथ न होकर बिखरी अवस्था में भी हो सकते हैं; जैसे—अगले वर्ष पढ़ाई करने सोहन शहर जाएगा।

क्रिया-विशेषण पदबंध—जो पदबंध क्रिया की विशेषता बताते हैं, उन्हें क्रिया-विशेषण पदबंध कहते हैं। पीछे क्रिया-विशेषण के जितने भेद किए गए

हैं उनके अनुसार इसके कई उपभेद भी सम्भव हैं। जैसे—स्थानवाचक, कालवाचक, परिणामवाचक और रीतिवाचक आदि। वाक्य में क्रिया-विशेषण की स्थिति को उदाहरणों के द्वारा निर्दिष्ट किया जा सकता है। मोहन आवश्यकता से अधिक बोलता है, आप कितनी दूर तक जाएंगे, उसे इसी समय जाना है।

वाक्यान्तर या उपवाक्य—दो या अधिक सरल वाक्यों को मिलाकर जब एक वाक्य की संरचना की जाती है तो उस बड़े वाक्य में मिले हुए वाक्यों को उपवाक्य कहते हैं। अंग्रेजी में इसे क्लाज कहते हैं। उपवाक्य दो प्रकार के होते हैं।

1. प्रधान वाक्य—यह वाक्य किसी दूसरे वाक्य पर आश्रित न रहकर स्वतंत्र होता है। वह आदमी चला गया जो सबसे लम्बा था। वह आदमी चला गया, स्वतंत्र और प्रधान वाक्य है।

2. आश्रित उपवाक्य—जो वाक्य प्रधान वाक्य पर आश्रित होता है एवं गौण होता है उसे आश्रित उपवाक्य कहते हैं। वह आदमी चला गया जो लम्बा था। 'जो लम्बा था' वाक्य प्रथम प्रधान वाक्य पर आश्रित है।

वाक्य

उपवाक्यों के संश्लेषण को वाक्य कहते हैं। चूँकि उपवाक्य भी एक तरह के वाक्य हैं इसीलिए पदों तथा पदबन्धों के संश्लेषण को ही वाक्य कहा जा सकता है। वाक्य की प्राचीनतम परिभाषा इसी तर्क पर निर्धारित की गई है। यूरोपीय विद्वान थ्रैक्स एवं भारतीय विद्वान पतंजलि दोनों ही वाक्य की समान परिभाषा देते हैं 'पूर्ण अर्थ की प्रतीति कराने वाले शब्द समूह को वाक्य कहते हैं।' इस परिभाषा में निहित दो कमियों की ओर ध्यान आकृष्ट किया गया है। पहला-वाक्य का निर्माण कभी-कभी एक पद से भी हो जाता है। जैसे—आप कब जाएंगे। कल। इस उदाहरण में 'कल' एक पद का वाक्य है। किन्तु विचारणीय है कि दूसरे वाक्य में पहले वाक्य की पद सामूहिकता पूरी तरह से कार्यरत है। इसीलिए उपर्युक्त परिभाषा को इस तर्क पर खंडित करना उचित नहीं है। अर्थ की दृष्टि से वाक्य की पूर्णता यद्यपि संदिग्ध रहती है किन्तु जिस भाव खंड को एक वाक्य में बाँधा जाता है वह पूर्ण ही होता है। चूँकि वाक्य भाव के खंड मात्र से ही होते हैं इसीलिए अपूर्ण ही कहे जा सकते हैं।

आधुनिक भाषा-वैज्ञानिकों ने वाक्य की परिभाषा इस प्रकार निर्धारित की है। ब्लूमफील्ड के अनुसार 'वाक्य एक स्वतन्त्र रूप है जो किसी भी व्याकरणात्मक रचना के कारण किसी भी बृहत्तर भाषात्मक 'रूप' (आकृति) में अन्तः निविष्ट नहीं होता।' मोहन का स्वास्थ्य ठीक है, कल कौन दिन पड़ेगा, रोहित कबड्डी में भाग नहीं लेगा। ये तीनों वाक्य स्वतंत्र इकाई के उदाहरण हैं। इन्हें किसी वृहत्तर इकाई में आबद्ध करने के लिए किसी भी व्याकरणात्मक व्यवस्था का अभाव है। जान लियोन्स ब्लूमफील्ड की परिभाषा को और अधिक संक्षिप्त रूप में इस तरह प्रस्तुत करते हैं—'वाक्य व्याकरण-वर्णन की सबसे

बड़ी इकाई है।' आर० एच० रोविन्स स्वन प्रक्रियात्मक दृष्टि से वाक्य की परिभाषा इस रूप में प्रस्तुत करना चाहते हैं, 'वाक्य वह वाक्-खंड है जिसका उच्चारण परिपूर्ण अनुतानीय लय के साथ किया जा सकता है तथा जिसके पूर्व में तथा पश्चात् अनुच्चार की स्थिति रहती है।' इससे भी संक्षिप्त रूप में कहा जा सकता है कि वाक्य वह है जो शक्य रूप में पूर्ण उच्चार हो।

मीमांसकों में वाक्य के महत्व के सम्बन्ध में दो मत मिलते हैं। अभिहितान्वयवाद तथा अन्विताभिधानवाद। प्रथम में पद की सत्ता प्रधान मानी जाती है और कहा जाता है कि पदों के संश्लेषण से वाक्य बनता है। दूसरे में वाक्य की महत्ता प्रधान मानी जाती है और कहा जाता कि वाक्य को तोड़ने से पद बनते हैं। भर्तृहरि इसी दूसरे सिद्धान्त का प्रतिपादन करते हुए लिखते हैं कि—

पदे न वर्णा विद्यन्ते वर्णेष्वयवा न च।
वाक्यात् पदानामत्यन्तं प्रविवेकी न कश्चन।

जिस प्रकार वर्णों में अवयव नहीं होते, उसी प्रकार पदों में वर्ण या वाक्य में पद नहीं होते। अर्थात् वाक्य की ही सत्ता वास्तविक है।

वाक्य को पूर्ण तथा स्वतंत्र व्याकरणिक इकाई प्राय: सभी भाषावैज्ञानिकों को मान्य है। व्यक्ति वाचक सर्वनामों—वह, यह आदि से शुरू होनेवाले वाक्यों में लिंग, वचन के वितरणात्मक प्रतिबन्ध के बावजूद उनका विस्तार संज्ञा की अपेक्षा बहुत अधिक है। 'सर्वनाम' शब्द के अभिप्राय में ही यह बात निहित है। वह कुछ दिनों के बाद यहीं उपस्थित होगा। इस वाक्य में श्रोता को ऐसी स्थिति में होना चाहिए कि 'वह' के स्थान पर ठीक व्यक्ति को ग्रहण कर सके। वितरणात्मक संयमन की आवश्यकता अनेक उपवाक्यों या वाक्यान्तरों की शृंखला में भी होती है। उदाहरणार्थ मुख्यमंत्री ने कहा कि 'उन्हें देश की वर्तमान गतिविधियों पर गहरी चिन्ता है। वे हर सम्भव प्रयत्न करेंगे कि उसमें कुछ सुधार हो। इसके लिए वे अपने मंत्रिमंडल की बैठक करके विचार-विमर्श करेंगे।' इस तरह की प्रोक्ति को छोटे-छोटे अनाश्रित वाक्यों में विभक्त करके प्रस्तुत किया जा सकता है। एक दूसरी स्थिति वह हो सकती है जिसमें अप्रधान व्याकरणिक नियमों की रचना करके 'कहना' क्रिया के बाद आने वाले वक्तव्य को एक-दूसरे के साथ अनुकारी रूप में अप्रत्यक्ष रचना में शृंखलित क्रम से बदला जा सके।

कुछ वाक्य ऐसे होते हैं जिनमें पहले या बाद में कुछ शब्दों को जोड़ने की आवश्यकता बनी रहती है। 'मैं किसी की कोई चिन्ता न करता, अगर तुम्हारी जगह पर होता, मैं कोई निर्णय तुरन्त लेता।' 'अगर मैं तुम्हारी जगह होता' वितरण की दृष्टि से स्वतंत्र नहीं है। इसके पूर्व और पर कुछ होने की सम्भावना ही नहीं अनिवार्यता सी है। इस तरह के वाक्य के पूर्व और पर सम्भावनाओं पर विचार करते समय शक्य विराम और अनुतान दो कसौटियों का सहारा लेना पड़ेगा। अंग्रेजी तथा हिन्दी दोनों भाषाओं में तान की भिन्नता के कारण तथा

परिणाम जन्य ह्रस्व और दीर्घ विराम के द्वारा एक उक्ति में आनेवाले वाक्यों को पृथक् किया जा सकता है। भाषा के समग्र वर्णन के लिए और व्याकरण के द्वारा न सुलझी हुई समस्याओं के लिए अनुतान आदि ध्वनि प्रक्रियात्मक अभिलक्षणों का भी आश्रय ग्रहण करें। वास्तविकता यह है कि वाक्य ऐसी इकाई है जिसमें अधिकतम विभिन्न स्तरों का संगम होता है।

प्रसिद्ध भाषावैज्ञानिक सौस्यूर ने 'पूर्व निर्मित उक्तियाँ' की चर्चा करते हुए कहा है कि ये व्याकरण द्वारा प्रजनित वाक्यों की पूर्ण अनुकारिता में नहीं होती हैं। कब्र के पाषाण पर लिखी जानेवाली उक्ति Rest in Peace को आज्ञार्थक या विध्यर्थक नहीं माना जा सकता है। परम्परागत रूप से प्रचलित लोकोक्तियाँ भी पूर्व निर्मित्त उक्तियों के उदाहरण हैं; जैसे—हाथ धोकर पीछे पड़ना, लोहे का चना चबाना, ऊँट के मुँह में जीरा आदि।

वाक्य की आवश्यकताएँ

भारतीय आचार्यों ने वाक्य के लिए पाँच आवश्यकताएँ निर्धारित की हैं। सार्थकता, योग्यता, आकांक्षा, सन्निधि और अन्विति।

सार्थकता—वाक्य में प्रयुक्त होनेवाले शब्द सार्थक होने चाहिए। सार्थकता भाषा की ही मूलभूत अनिवार्यता है। इसलिए इस आवश्यकता का निर्देश अलग से करना अनिवार्य नहीं है।

योग्यता—शब्दों में संयोजन को पारस्परिक संगति तथा सन्दर्भ विशेष में अर्थ देने की क्षमता होनी चाहिए। इस योग्यता के अभाव में व्याकरणिक दृष्टि से शब्दों का संश्लेषण तो हो जाएगा किन्तु सार्थक वाक्य नहीं बन पाएगा; जैसे—वह पानी की दीवार बना रहा है। वह पत्थर पी रहा है।

आकांक्षा—एक शब्द के सुनने के बाद उसके विषय में कही जानेवाली उक्ति के प्रति आकांक्षा (जिज्ञासा) आवश्यक है। आकांक्षा को श्रोता की मानसिक स्थिति से सम्बद्ध माना जा सकता है। एक पद प्रायः पूर्ण अर्थ प्रस्तुत करने में असमर्थ रहता है। उसके साथ दूसरे, तीसरे पदों की आवश्यकता पड़ती है। उदाहरण के लिए 'राम आज बम्बई से आएगा।' वाक्य के आरम्भ में राम का उच्चार होते ही श्रोता के मन में उत्सुकता या आकांक्षा जाग उठती है कि 'राम' के विषय में कुछ कहा जाएगा। प्रत्येक पद इस आकांक्षा की पूर्ति करते, और जागते क्रिया आते-आते लगभग उसकी पूर्ति कर देते हैं।

सन्निधि या आसत्ति—सन्निधि का तात्पर्य समीपता है। अर्थात् वाक्य बनाने के लिए पदों का उच्चार या लेखन एक साथ शृंखलित होना चाहिए। उन्हें किसी काल विशेष में शक्य विराम से बहुत अधिक कालावरोध किए बिना पदों का उच्चार होना चाहिए। इससे पदों की सन्निधि स्वयं निर्मित हो जाएगी। लेखन में भी समीपता की आवश्यकता होती है। विशेषण विशेष्य के समीप होना चाहिए। श्याम पद के उच्चार के बाद तुरन्त क्रिया का उच्चार अपेक्षित है—जाता है, खाता है, जो कुछ भी कहना हो। यदि इसमें से एक पद आज कहा जाए और

दूसरा पद एक दिन बाद कहा जाए या कुछ घंटे बाद कहा जाए तो वाक्य नहीं बनसकता। आसत्ति की आवश्यकता अलग-अलग भाषाओं में भिन्न तरह की होती है। हिन्दी में संस्कृत की अपेक्षा पदक्रम सामीप्य की आवश्यकता अधिक है। चीनी में तो पदक्रम का और भी अधिक महत्व है। हिन्दी का एक उदाहरण लिया जा सकता है—'राम दौड़ता तेज है, ठीक वाक्य नहीं बन पाया क्योंकि पदों का सामीप्य उचित ढंग से नहीं है।

अन्विति—अन्विति का अर्थ है व्याकरणिक दृष्टि से एकरूपता। व्याकरणिक एकरूपता का स्वरूप प्रत्येक भाषा का पृथक् होता है। प्राय: लिंग, पुरुष, वचन, कारक आदि की अनुकूलता अपेक्षित होती है। हिन्दी में यदि हम कहते हैं कि राम खाना खा रही है तो ठीक वाक्य नहीं बनता। इसके विपरीत अंग्रेजी में क्रिया का यह लिंग भेद मान्य नहीं है वहाँ शुद्ध वाक्य बन सकता 'Ram is eating, Sita is eating' दोनों में राम और सीता के लिंग भेद का क्रिया पर कोई प्रभाव नहीं पड़ता है।

वाक्य रचना के आधार

वाक्य की आवश्यकता के अन्तर्गत ही आधार की स्थितियाँ बहुत कुछ स्पष्ट हो जाती हैं। वाक्य की रचना चूँकि पदों से होती है इसलिए पदों के चयन, क्रम और अपरिवर्तन पर ध्यान रखना पड़ता है।

1. चयन—भाषा विशेष में एक वस्तु या पदार्थ के सूचक कई शब्द होते हैं। उन शब्दों में अर्थ की दृष्टि से सूक्ष्म भेद होता है। इसी तरह एक ही शब्द के रूपों में भी भेद होता है। वाक्य रचना करते समय अर्थ तथा रूप दोनों दृष्टियों से उपयुक्त पद का चयन आवश्यक होता है। वायु, हवा, समीर, प्रभंजन आदि शब्द यद्यपि पर्यायवाची माने जाते हैं किन्तु इनमें सूक्ष्म अर्थ भेद मौजूद है। वायु की व्याप्ति और उपस्थिति व्यापक है, हवा की सीमित, समीर हवा का हल्का अहसास है और प्रभंजन तोड़ती-फोड़ती हुई हवा की गति है। 'साइकिल की पहिया में वायु भर दो' नहीं कहा जाता बल्कि 'साइकिल की पहिया में हवा भर दो' कहते हैं। अर्थ की दृष्टि से चयन का सम्बन्ध मनोविज्ञान तथा भाव की सूक्ष्मता से है किन्तु रूप की दृष्टि से चयन का सम्बन्ध योग्यता से है। 'जाती है'—क्रिया के साथ किसी स्त्रीलिंग एकवचन शब्द की ही स्थिति हो सकती है। व्याकरणिक दृष्टि से 'राम की' पदबन्ध के साथ कोई स्त्रीलिंग शब्द ही आ सकता है—राम की पुस्तक, राम की आदत। राम की घर, नहीं हो सकता। न और नहीं दो निषेधात्मक रूपांश है। दोनों के प्रयोग में भी चयन की जरूरत पड़ती है; जैसे—राम नहीं जाएगा। राम न जाएगा, में प्रथम वाक्य सही है दूसरा नहीं। जहाँ दो क्रियाओं के साथ दोहरी निषेधात्मकता होती है वहाँ न का प्रयोग आवश्यक होता है; जैसे—राम न तो पढ़ता है और न कोई काम करता है।

पदक्रम—वाक्य में पदक्रम का विशेष महत्व है। वाक्य में पदों के क्रमिक विन्यास की कोई निश्चित पद्धति नहीं है। सभी भाषाओं में इसकी अलग-अलग पद्धतियाँ दृष्टिगोचर होती हैं। सामान्य धारणा यह है कि हिन्दी, अंग्रेजी आदि

भाषाओं के पदक्रम निश्चित है और संस्कृत, रूसी आदि भाषाओं का स्वतन्त्र। किन्तु इन भाषाओं के पदक्रम को न तो एकदम निश्चित कहा जा सकता और न एकदम स्वतंत्र। कविता की रचना में तो पदक्रम का उल्लंघन प्राय: किया जाता है। हिन्दी में पदक्रम में कर्त्ता-कर्म-क्रिया होती है किन्तु अंग्रेजी में कर्त्ता-क्रिया-कर्म। संस्कृत चूँकि विभक्ति प्रधान भाषा है इसी से उसमें पदक्रम का कोई कठोर नियम नहीं है। तीनों भाषाओं के एक-एक वाक्य यहाँ उद्धृत किए जा रहे हैं।

1. राम घर जाता है—कर्त्ता, कर्म, क्रिया

2. Ram Goes home. कर्त्ता, क्रिया, कर्म।

3. रामः गृहं गच्छति—इस वाक्य को गृहं गच्छति रामः, गच्छति गृहं रामः भी लिखा या कहा जा सकता है। हिन्दी में यदि क्रम उलट दिया जाए तो कर्त्ता कर्म हो जाएगा और कर्म कर्त्ता—राम सोहन को मारता है। सोहन राम को मारता है। इसी तरह अंग्रेजी में Ram beats Sohan, Sohan beats Ram, किसी पद पर विशेष बल देने के लिए पदक्रम कभी-कभी उलट दिया जाता है—मैंने आम खाया, **आम** मैंने खाया। छन्द रचना में यात्रा, लय और तुक मिलाने के लिए पदक्रम उलट दिया जाता है। पदक्रम की दृष्टि से स्वतन्त्र कही जानेवाली भाषाओं में भी जिस पद पर बल देना होता है उसे पहले रखा जाता है।

परिवर्तन—दो या अधिक पद जब एक-दूसरे से मिलते हैं तो उनमें ध्वन्यात्मक या स्वरात्मक परिवर्तन हो जाते हैं। इसे ही संस्कृत में संधि कहा जाता है। कुछ पदों के पारस्परिक मेल सम्बन्धी परिवर्तनों को सैद्धान्तिक मान्यता प्राप्त है। कुछ परिवर्तन ऐसे होते हैं जो बोलते समय घटित होते हैं किन्तु लेखन में उन्हें मान्यता नहीं दी जाती है; जैसे—चोर ले गया—चोल्ले गया, चाय गरम = चारम। स्वरों के आरोह, अवरोह, तान आदि का प्रभाव वाक्य रचना पर भी पड़ता है। उदाहरणार्थ—आप आ गए। वाक्य में आ—गए पर क्रमशः स्वरारोह होने पर प्रश्नवाचकता का भाव आ जाता है। इसी तरह 'आप तो चले जाइए न' निषेधवाचक न होकर विधिवाचक वाक्य है। वाक्य में ध्वन्यात्मक या स्वरात्मक परिवर्तन तो होता ही है, कभी-कभी पदों का लोप भी हो जाता है—कब जाओगे? (तुम का लोप) तुम कहाँ जाओगे? कोलकाता—(जाऊँगा का लोप)। बोलचाल में कभी-कभी अनावश्यक पदों को भी शामिल कर लिया जाता है। जैसे—वह दुर्जन आदमी है। मलयाचल पर्वत से समीर बह रहा है। प्रथम वाक्य में जन और आदमी, दूसरे वाक्य में अचल और पर्वत एक ही अर्थ के सूचक हैं, दो पदों का प्रयोग किया गया है।

वाक्य के अंग—वाक्य के दो अंग माने जाते हैं—

1. उद्देश्य 2. विधेय

1. उद्देश्य वाक्य का वह अंश है जिसके विषय में शेष वाक्य में कुछ कहा जाता है—

2. विधेय—विधेय उद्देश्य के विषय में सूचना देनेवाला अंश है।

राम घर जाता है

राम—उद्देश्य, घर जाता है—विधेय

संसार की सभी भाषाओं पर वाक्य का यह विभाजन लागू नहीं होता है।

वाक्य के निकटतम अवयव—वाक्य एक तरह की संघटक संरचना है। इसके संयोजक तत्त्वों को अवयव कहते हैं। निकटतम अवयव के द्वारा ही वाक्य का सही अर्थ निश्चित किया जाता है। Ram is eating food, इज पद की निकटता राम की अपेक्षा ईटिंग के अधिक समीप है। निकटतम अवयव के भेद से वाक्य के अर्थ में भी भेद आ जाता है। जैसे—**1. सुन्दर लड़कियाँ और लड़के जा रहे हैं। 2. सुन्दर लड़कियाँ और लड़के जा रहे हैं।** पहले निर्धारण में सुन्दर विशेषण लड़कियाँ और लड़के दोनों के लिए लागू होगा तथा दूसरे निर्धारण में केवल लड़कियों के लिए ही लागू होगा। इसी तरह **रोको, मत जाने दो, रोको मत, जाने दो,** निकटतम अवयव की भिन्नता के साथ अर्थ भेदक हो जाते हैं।

वाक्य के भेद

वाक्य के भेद कई दृष्टियों से किए जा सकते हैं।

रचना की दृष्टि—से वाक्य के तीन भेद हैं।

1. सरल वाक्य—इस तरह के वाक्य में एक उद्देश्य (कर्त्ता) तथा एक विधेय (क्रिया) होती है; जैसे—**लड़का** भोजन **करता है।**

2. मिश्र वाक्य—इसमें एक मुख्य वाक्य तथा एक या अधिक उपवाक्य होते हैं। उदाहरणार्थ जो आदमी समय से उठता है, उसे स्वास्थ्य लाभ होता है।

3. संयुक्त वाक्य—इसमें अनेक प्रधान उपवाक्य होते हैं। प्रधान उपवाक्य के साथ एक या एकाधिक उपवाक्य भी आ सकते हैं। उदाहरणार्थ—राम खाना खा रहा है और मोहन बैठा है किन्तु श्याम अभी सोकर ही नहीं उठा।

अर्थ के अनुसार—वाक्य के आठ भेद हैं।

1. विधि वाक्य—वह खाता है।

2. निषेधात्मक वाक्य—वह नहीं खाता है।

3. प्रश्नवाची वाक्य—क्या वह पढ़ता है?

4. आज्ञार्थ वाक्य—तुम जाओ, वह पढ़े।

5. इच्छार्थक—तुम्हें सफलता मिले।

6. सन्देहात्मक—वह खाता होगा।

7. संकेतार्थक—(हेतु-हेतुमद्भाव) यदि वह परिश्रम करता तो सफल अवश्य होता।

विस्मयादि बोधक—अरे, वह नहर में कूद गया।

क्रिया के अनुसार—वाक्य दो प्रकार के होते हैं—

1. क्रिया युक्त वाक्य—अधिकांशतः वाक्य क्रिया युक्त ही नहीं होते हैं; जैसे—Ram is going, सीता गाना गाती है।

2. क्रिया विहीन—कुछ परिस्थितियों में वाक्य बिना क्रिया के भी बनाए जाते हैं। रूसी, संस्कृत तथा बंगला में सहायक क्रिया के बिना भी वाक्य बना लिए जाते हैं; जैसे—

इदं मम गृहम्—संस्कृत

एइ आमार बाड़ी (बंगला)

हिन्दी मुहावरे का प्रयोग बिना क्रिया के होता है। जैसे—आम के आम गुठली के दाम, ऊँची दुकान फीका पकवान। घबराहट, आश्चर्य तथा विस्मय में भी एक शब्द का वाक्य बिना क्रिया के प्रयोग से संघटित होता है। क्रिया का भाव उसी में निहित रहता है। उदाहरणार्थ—आग, खून, साँप।

वाक्य का रचनात्मक भेद—वाक्य की रचना दो प्रकार की मानी जाती है।

1. अन्तःकेन्द्रिक—अन्तःकेन्द्रिक रचना उसे कहते हैं जिसका केन्द्र पद के भीतर ही हो; जैसे—'बहुत सुन्दर लड़की बेंच पर बैठी है' इस वाक्य में लड़की और बहुत सुन्दर लड़की दोनों में कोई भेद नहीं है। बहुत सुन्दर का केन्द्रीय आधार लड़की है। अतः केन्द्रित रचना दो प्रकार की होती हैं—**संवर्गी**—जैसे—**राम और श्याम** जा रहे हैं। **आश्रित वर्गी—अच्छी लड़की** लड़की मुख्य वर्ग है अच्छी उसी पर आश्रित है।

बहिष्केन्द्रिक—यह रचना अन्तःकेन्द्रिक के विपरीत मानी जा सकती है। इसमें एक पद का स्थान दूसरा पद नहीं ले सकता अर्थात् एक पद दूसरे पद का विस्तार या सहयोगी नहीं होता बल्कि स्वतंत्र रूप से आवश्यक होता है। राम कुत्ते से डर गया। इस पद में राम की जगह 'कुत्ते' नहीं आ सकता।

एक ही वाक्य में दोनों तरह की संरचनाएँ मिलती हैं। वहिस्तलीय रचना का अर्थ समझने के लिए अन्तस्तलीय संरचना का ज्ञान आवश्यक होता है।

प्रोक्ति विज्ञान

भाषा विज्ञान में व्याकरणिक स्तर की सबसे बड़ी इकाई वाक्य है। पश्चिमी भाषा वैज्ञानिकों ने भाषा प्रयोग के सन्दर्भ में यह अनुभव किया कि यह एक वाक्य में वास्तव में बात पूरी नहीं होती। पूरी बात कहने के लिए कई वाक्यों का प्रयोग करना पड़ता है। फर्दिना द सस्यूर मानते हैं कि कहना भाषा नहीं है बल्कि बातचीत करना है यही बातचीत को डिस्कोर्स कहते हैं। हैलिडे ने इसे टेक्स्ट कहा है। डिसकोर्स के लिए हिन्दी में प्रोक्ति का प्रयोग किया गया है। भारतीय काव्यशास्त्र में बहुत पहले इस पर विचार किया गया। साहित्य दर्पण में आचार्य विश्वनाथ ने वाक्यों के उच्चय को महावाक्य कहा है—'वाक्योच्चयो महावाक्यम्'। महावाक्य की संरचना को इस प्रकार निरूपित किया है।

स्वार्थ बोधे समाप्त नामंगांगित्वव्यपेक्षया।
वाक्यनामेकवाक्यत्वं पुनः संहत्य जायते।

महावाक्य के प्रत्येक वाक्य का अपना अर्थ होता है किन्तु जब वे एक-दूसरे से अंग अंगीभाव से जुड़ते हैं तो मिलकर उनमें एक वाक्यत्व आ जाता है और वे एक अर्थ देते हैं।

प्रोक्ति की परिकल्पना महावाक्य के समकक्ष है। प्रोक्ति की परिभाषा इस प्रकार से की जा सकती है—एकाधिक वाक्यों की ऐसी व्यवस्थित इकाई जिसमें तर्कसंगत क्रम हो, अर्थ या संरचना की दृष्टि से आन्तरिक संगति हो। प्रोक्ति में यद्यपि एकधिक वाक्यों की अपेक्षा है लेकिन कभी-कभी एक वाक्य में भी प्रोक्ति हो सकती है। जैसे—विद्यालय बन्द होने के बाद सभी छात्र अपने घर चले गए। मुहावरे तथा सार्वभौम सत्य को व्यक्त करनेवाले वाक्य भी भाव या विचार की दृष्टि से पूर्ण होते हैं, इसलिए वे प्रोक्ति के अन्तर्गत आते हैं, प्रोक्ति, पैराग्राफ, छन्द के साथ-साथ पूरी कहानी, उपन्यास, कुछ भी हो सकता है। प्रोक्ति के पाँच घटक माने गए हैं। वक्ता, श्रोता, कथ्य, सन्दर्भ और मौखिक सरणि। सरणि लिखित भी हो सकती है। प्रोक्ति का निर्णय भाषिक प्रकार से होता है आकार से नहीं। यह सम्प्रेषण की एक पूर्ण इकाई है प्रोक्ति से वाक्य की संदिग्धता और अधिक स्पष्ट होती है। प्रोक्ति के अनेक प्रकार बताए गए हैं।

1. **प्रोक्ति का विधागत सम्बन्ध**—उपन्यास, नाटक, कहानी, खंडकाव्य मुक्तक आदि इसके अनेक भेद हो सकते हैं। इन विधाओं में सम्वाद, एकालाप, वर्णात्मकता आदि दृष्टियों से अन्तर होता है।

2. **प्रोक्ति का संसक्ति के साधन**—इसमें यह देखना पड़ता है कि वाक्य को किन साधनों के द्वारा जोड़कर एक इकाई बनाया गया। संयोजन के लिए ज्यादातर समुच्चबोधक अव्ययों का प्रयोग होता है, जैसे—तथा, और, एवं, इसलिए, कि, परन्तु, लेकिन, मगर, या, अथवा आदि। कभी-कभी कारक का लोप कर दिया जाता है और कभी अनेक साधनों का प्रयोग करके वाक्यों को एक इकाई में समायोजित किया जाता है।

3. **सम्वाद में व्यक्तियों की हिस्सेदारी**—इसमें यह देखा जाता है कि दो व्यक्तियों की बातचीत हो रही है या केवल एक व्यक्ति बोल रहा है। जिसमें दो या दो से अधिक व्यक्तियों की बातचीत होती है तो उसे संलाप कहते हैं और यदि अकेले बोल रहा है तो उसे एकालाप कहेंगे। इसी तरह जहाँ वक्ता और श्रोता आमने-सामने होते हैं वहाँ द्विअभिमुख स्थिति होती है। जैसे कोई नेता मंच पर भाषण दे रहा हो वहाँ वक्ता और श्रोता आमने सामने होते हैं। जहाँ वक्ता अकेले हो, लेकिन श्रोता सामने न हो उसे एकाभिमुख आलाप कहेंगे। जैसे—रेडियो वार्ता में श्रोता सामने नहीं होता।

4. **कथन के आधार पर प्रोक्ति के दो भेद हो सकते हैं**—(1) प्रत्यक्ष कथन।

(2) अप्रत्यक्ष कथन या परोक्ष कथन।

प्रत्यक्ष कथन—जैसे मोहन, ''राम तुम्हारा क्या नाम है। राम, ''मुझे राम कहते हैं या मेरा नाम राम है।

अप्रत्यक्ष कथन—जैसे—मोहन ने राम से पूछा कि उसका क्या नाम है।

5. कथन की प्रकृति के आधार पर प्रोक्ति के अनेक रूप हो सकते हैं—विवर्णात्मक, विवेचनात्मक, निर्णयात्मक आदि। प्रभाव उत्पादन की दृष्टि से आश्चर्यसूचक, उत्तेजक, सूचनापरक आदि भेद किए गए हैं। कथन की शैली कैसी है उस आधार पर भी औपचारिक, अनौपचारिक, सामान्य, रूढ़िगत तथा नवीन आदि भेद किए जा सकते हैं।

6. प्रोक्ति में स्थानीय तथा सार्वभौमिक संसक्तियाँ भी होती हैं। स्थानीय संसक्ति निकटता अथवा दूर के निर्देशकों से घटित की जाती है; जैसे—यह, वह, इसी, उसी, तुम, तुम्हारा आदि। स्थानीय संसक्ति का एक रूप शब्द संसक्ति भी है। कभी-कभी शब्दों की पुनरावृत्ति करके अनेक वाक्यों को एक प्रोक्ति के रूप में प्रस्तुत किया जाता है; जैसे—शाम के समय मैं घूमता हूँ, मेरे पिता घूमते हैं और मेरा साथी घूमता है। अनेक स्थलों पर गुण और रूप साम्य के आधार पर प्रोक्ति निर्मित की जाती है; जैसे—उदित उदयगिरि मंच पर रघुबर बाल पतंग, विकसे संत सरोज सब, हरसे लोचन भृंग।

सादृश्य विधान भी इसी के अन्तर्गत आता है। इसके विपरीत विरोध मूलक शब्दों की संसक्ति होती है; जैसे—बूड़े अनबूड़े तरे, जे बूड़े सब अंग।

7. एक वर्गीय संसक्ति—इसमें व्यवहार की दृष्टि से या सम्बन्धों की दृष्टि से संयोजन रहता है; जैसे—लेखक, लेखनी और लेख। नदी, नाव और धारा। शाब्दिक संसक्ति में ही अनेक नामों का संयोजन जैसे—राम, मोहन और सोहन गए। विराम चिह्न तथा समुच्चयबोधक शब्दों के प्रयोग से निर्गत वाक्यों को समाहित किया जा सकता है; जैसे—यदि तुम्हें ऐसा ही करना था, तो तुमने साथ चलने का वादा क्यों किया।

8. सार्वभौमिक संसक्ति—सन्दर्भ, तर्कशीलता, वातावरण, कथा, भाव, चरित्र आदि में यह संसक्ति बिखरी होती है। कहीं घटना के लिए सन्दर्भ देना जरूरी होता है कहीं घटना के लिए सन्दर्भ दिया जाता है और कहीं तर्क प्रस्तुत किया जाता है। बिहारी के दोहों को समझने के लिए कुछ प्रसंगों को ग्रहण करना पड़ता है। कहीं-कहीं तर्क के द्वारा वाक्यों की संसक्ति होती है। जैसे—दंगे में गोलियाँ चली, कई लोग मर गए, कई स्त्रियाँ विधवा हो गई। इसी तरह वातावरण निर्माण किया जाता है। चारों ओर अँधेरा था कुछ भी दिखाई नहीं दे रहा था। साँय-साँय की आवाज हो रही थी। कथा के माध्यम से पूरी कृति को संसक्त करके प्रोक्ति के रूप में प्रस्तुत किया जाता है।

व्याकरणिक प्रकार्य : कर्त्ता, विधेय अधियोजी और वाच्य

प्रत्येक सरल वाक्य में दो प्रमुख घटक होते हैं जिन्हें कर्त्ता (उद्देश्य) तथा विधेय कहा जाता है। इन घटकों के साथ स्थान, समय, प्रकार और कारण सम्बद्ध स्वैच्छिक घटक भी होते हैं जिनको संरचनात्मक दृष्टि से वाक्य में से हटाया भी जा सकता है। इन परिहार्य घटकों को अधियोजी कहते हैं। उदाहरण के लिए, राम ने मोहन को रविवार की शाम को खेत में मार डाला, इस वाक्य में कर्त्ता है राम, और विधेय है 'मोहन को मार डाला'; शेष घटक रविवार की शाम को, खेत में क्रमशः काल और स्थान के अधियोजी हैं। वाक्य की व्याकरणात्मकता को कोई नुकसान पहुँचाए बिना इन घटकों को वाक्य से बहिष्कृत किया जा सकता है। किन्तु 'राम ने' 'मोहन को मार डाला' में से किसी भी त्यागने का परिणाम होगा वाक्य का अधूरापन। अपरिहार्य घटकों को वाक्य का केन्द्रक (नाभि) माना जाता है अर्थात् कर्त्ता (उद्देश्य) तथा विधेय मिलकर वाक्य के केन्द्रक का निर्माण करते हैं। परिहार्य घटक अर्थात् अधियोजियाँ बहिर्नाभिक होती हैं।

प्राचीन वैयाकरणों द्वारा प्रतिपादित नाम और आख्यात के साथ कर्त्ता और विधेय का निकट का रिश्ता है। आधुनिक भाषा विज्ञानी सैपिर घुमाफिराकर परम्परागत दृष्टिकोण को ही स्वीकार करते हुए लिखते हैं। (भाषण में) कुछ (ऐसा) होना चाहिए जिसके बारे में कुछ कहा जाए और कथन के इस विषय (कर्त्ता) के सम्बन्ध में कुछ कही जानेवाली बात भी होनी चाहिए। हॉकेट का विचार है कि विधेय रचनाओं का सर्वाधिक सामान्य लक्षण विषय और टिप्पणी संज्ञाओं से ध्वनित होता है। अंग्रेजी तथा अन्य भारोपीय भाषाओं में विषय ही कर्त्ता और टिप्पणी ही विधेय के रूप में पाई जाती है। हॉकेट का मानना है कि विषय सदा टिप्पणी से पूर्व आता है जैसे 'दैट न्यू बुक बाई थौमस' को पहले इसलिए कहा जाता है क़ि वक्ता इसी के विषय में कुछ वक्तव्य देने वाला है।

इस वाक्य का यह विषय है किन्तु कर्त्ता नहीं। यही विषय बाद में कही गई क्रिया 'हैवन्ट रैड्' (यट्) का कर्म है, उसी क्रिया का कर्त्ता आई है जो कि सम्पूर्ण वाक्य में टिप्पणी का भाग है। अन्य भाषा वैज्ञानिकों ने जिनमें हैलिडे का नाम लिया जा सकता है विषय और टिप्पणी के विषय में भिन्न ढंग से विचार जो करता है। विषय या उद्देश्य (कर्त्ता), कथन का वह अवयव है जो या तो सामान्य स्थिति में, या वक्ता द्वारा उत्तर दिए जा रहे किसी स्पष्ट प्रश्न में, प्रदत्त होता है, तथा टिप्पणी उक्ति का वह भाग है जो नया जोड़ है। इस प्रतिमान के आधार पर यदि विषय और टिप्पणी को अलग-अलग समझना है तो इतना ज्ञान पहले से आवश्यक है कि क्या प्रदत्त है। उदाहरणार्थ 'सीता दौड़ गई' में यदि कौन दौड़ गई के रूप में किसी स्पष्ट प्रश्न का उत्तर अन्तर्निहित है तब प्रदत्त और नई सूचना की कसौटी के आधार पर कहा जा सकता है कि सीता की टिप्पणी और दौड़ गई को विषय कहना चाहिए। यदि कथित प्रश्न 'सीता ने क्या किया है' तो सीता को विषय तथा दौड़ गई को टिप्पणी कहा जाएगा। अंग्रेजी तथा हिन्दी में दत्त तथा नए की यह कसौटी का प्रयोग वाक्य की संरचनात्मक धारणा के लिए नहीं होता है।

उद्देश्य और विधेय की धारणा सार्वभौमिक नहीं है और जटिल तथा संश्लिष्ट रचना प्रक्रिया में आसानी से निर्दिष्ट भी नहीं की जा सकती है। प्राचीन व्याकरण में यह धारणा थी कि सत्त्व या द्रव्य वह व्यक्ति या वस्तु है जिसके विषय में मात्रा-गुण, धर्म पर सम्बन्ध के आधार पर कुछ विधेय कथन किया जा सकता है। राम लम्बा है, गीता दिल्ली में रहती है, मनुष्य चिन्तनशील प्राणी है, आदि वाक्यों में राम, गीता तथा मनुष्य आदि पद द्रव्यों का बोध कराते हैं, इनके विषय में लम्बा है, दिल्ली में है, चिन्तनशील प्राणी है आदि गुण, स्थान का बोध कराते अर्थात् ये विधेय कथन हैं।

एक और अनेक या व्यष्टि और समष्टि के भाव के आधार पर शब्दों की दो कोटियाँ निर्धारित की गई हैं जिससे किसी निश्चित व्यक्ति रूप द्रव्य का बोध होता है उसे व्यक्तिवाचक माना जाता है। जिनसे अनिश्चित, सामान्य, अमूर्त्त या भावात्मक नाम का बोध होता है उन्हें जाति वाचक पद कहा जाता है। जाति शब्दों में भी दो भेद निर्दिष्ट किए गए हैं—(1) समूहक जाति शब्द—जिसमें व्यक्तियों को श्रेणियों में समूहबद्ध किया जाता है। जैसे—मनुष्य, पशु आदि। (2) लक्षणात्मक जाति शब्द इसके अन्तर्गत आते हैं।

उद्देश्य तथा विधेय में इस विभाजन की एक महत्वपूर्ण उपयोगिता है, जाति शब्द को कर्त्ता या विधेय दोनों तरह के वाक्य में स्थित किया जा सकता है तथा व्यक्ति वाची शब्द केवल कर्त्ता की स्थिति में होता है (यद्यपि इसके अवयव बहुत मिल जाएँगे)।

परम्परागत व्याकरण के नाम और कर्त्ता को अविच्छिन्न माना गया है। 'राम दौड़ा' वाक्य में वक्ता के वक्तव्य का केन्द्र 'राम' को माना जाता है। 'गधे बुरे पशु हैं' तथा सत्य का अभाव है, आदि वाक्यों में भी परम्परागत वैयाकरण का निष्कर्ष प्रथम वाक्य की तरह ही रहेगा। एक विशिष्ट और एक सार्वभौम (जातिवाची) पद से बने साधारण वाक्यों में द्रव्य और घटना के आधार पर विषय-टिप्पणी-निकष (उद्देश्य या विधेय) का निर्धारण होता है। किन्तु यदि दोनों पद सार्वभौम या जातिवाचक हों तो विषय-टिप्पणी-निकष का निर्धारण व्याकणिक ढाँचे के आधार पर किया जाता है।

कर्त्ता और विधेय की अवधारणा का व्याकरणिक विकास परम्परागत तर्कशास्त्र से प्रभावित रहा है जिसे बाद में एक दार्शनिक आधार भी मिल गया कि यह विश्व मनुष्य, पशु, वस्तु (द्रव्यों) से निवसित है और ये द्रव्य क्रियाओं के कर्त्ता हैं या उनसे (क्रियाओं या प्रक्रमों से) प्रभावित हैं, इनकी कुछ निजी विशेषताएँ या गुण भी हैं। इतना निश्चित है कि कर्त्ता और विधेय की धारणा आरम्भिक स्थिति में एक नाभिक कर्त्ता तथा एक क्रिया की वाक्य संरचना पर घटित किया गया। कर्त्ता के निर्धारण में अनेक कठिनाइयाँ वाक्य की जटिल रचना के कारण पैदा हो गईं। भारोपीय भाषाओं में सकर्मक वाक्यों में प्रयुक्त कर्त्ता और अकर्मक वाक्य के कर्त्ता की विभक्ति समान रहती है। जैसे—संस्कृत में—

राम: पुस्तकं पठति।
राम: गच्छति।

इनमें क्रिया के पुरुष और वचन का निर्धारण कर्त्ता के अनुसार होता है। सकर्मक क्रिया के साथ प्रयुक्त कर्त्ता क्रिया का साधक है तथा अकर्मक क्रिया के साथ वह विषय नाम है। भारोपीय परिवार से इतर एस्किमो, बास्क आदि भाषाओं में इस दृष्टि से थोड़ा भेद है। वहाँ सकर्मक क्रिया के कर्म और अकर्मक के कर्त्ता में प्रत्ययगत साम्य मिलता है जिसे विद्वानों ने साधकता का परिणाम माना है। एक वाक्य है—कुत्ता स्त्री को देख रहा है।

किम्मी—प् अग्ना क् ताकु ब्—आ-आ

यदि कुत्ता भाग रहा है का प्रयोग करना है तो किम्मी के साथ क् प्रत्यय को संयुक्त किया जाएगा। कुछ भाषा वैज्ञानिक इसी आधार पर यह कहना चाहेंगे कि सकर्मक क्रिया का कर्म अकर्मक क्रिया का कर्त्ता बन जाता है।

कर्त्ता और कर्म की स्थितियों के इस विवाद को हल करने के लिए तर्काश्रित और व्याकरणाश्रित कर्त्ता में भेद किया गया है। 'रावण' राम के द्वारा मारा गया वाक्य में तर्काश्रित कर्त्ता राम है किन्तु व्याकरणिक कर्त्ता रावण है।

किन्तु कर्त्तृवाच्य में 'राम ने रावण को मारा' वाक्य में 'राम' तर्काश्रित तथा व्याकरणाश्रित दोनों तरह का कर्त्ता है। इस विचार के संस्थापक शोम्स्की हैं। शोम्स्की के सुझाव के अनुसार दोनों वाक्यों 'यह पुस्तक लाखों लोग पढ़ चुके हैं' (कर्त्तृवाच्य) तथा 'यह पुस्तक लाखों लोगों द्वारा पढ़ी गई है' में 'यह पुस्तक' कर्त्ता है जबकि सही-सही दूसरे वाक्य में ही इसे कर्त्ता माना जाएगा। यदि आरंभिक स्थिति में क्रिया है जैसे कि रूसी वाक्यों में मिलती है तब उसे ही कर्त्ता मानने का भ्रम हो सकता है। जैसे—बेझाल् इवान (दौड़ गया इवान)।

इस विवेचनसे यह निष्कर्ष निकलता है कि कर्त्ता (उद्देश्य) तथा विधेय की धारणा का विनियोग एक नाभिक अभिव्यक्ति और अकर्मक विधेय के मिलने से निर्मित होती है।

चूँकि उद्देश्य और विधेय की सभी भाषाओं में प्रयोगगत एकरूपता नहीं मिलती है इसीलिए किसी विशिष्ट भाषा में इसका प्रयोग करते समय इसे पहले ही परिभाषित कर देने की आवश्यकता होती है। कुछ भाषाओं में प्रथमा विभक्ति के प्रयोग तथा पुरुष (सर्वनाम के सन्दर्भ में) वचन की अन्विति जो संज्ञा और क्रिया पद में पाई जाती है के आधार पर कर्त्ता (उद्देश्य) तथा विधेय का निर्धारण होता है। विभक्ति प्रधान भाषाओं जैसे संस्कृत में इनका आदि स्थान आवश्यक नहीं है। अंग्रेजी या हिन्दी में वाक्य में पद स्थान भी उद्देश्य निर्धारण में प्रभावशाली भूमिका निबाहता है।

कुछ आज्ञार्थक वाक्यों में उद्देश्य और विधेय अभिज्ञान सम्भव नहीं हो पाता है। जैसे—दौड़ो, उसे पकड़ो। ऐसे वाक्यों में उद्देश्य प्रायः अकथित होता है। इनमें उद्देश्य की अध्याहृत करना बहुत आवश्यक नहीं।

अधियोजी या विशेषक

सन्निहित घटकों के विश्लेषण करके उनके वितरण के आधार पर ब्लूमफील्ड ने रचना का अन्तःकेन्द्रिक और बहिःकेन्द्रिक में विभाजन किया है। अन्तःकेन्द्रिक रचना उसे कहते हैं जिसका वितरण निज घटकों के वितरण के समरूप होता है। जैसे— 'गरीब लड़का' वाक्य में जहाँ लड़का का प्रयोग होगा ठीक उसी स्थान पर गरीब लड़का का भी प्रयोग होगा। दोनों पद मिलकर (गरीब लड़का), नाम पदबंध ही कहे जाएंगे। इसके विपरीत 'इलाहाबाद में' बहिःकेन्द्रिक रचना है, क्योंकि इलाहाबाद में का वितरण अलग-अलग है, सभतुल्य नहीं है। यह प्रयोग यहाँ, वहाँ आदि स्थानवाची अव्ययों के समतुल्य है। अन्तःकेन्द्रिक रचनाओं के दो प्ररूप हैं समानाधिकरण और आश्रित। समानाधिकरण रचना उन्हें कहा गया है जिनका वितरण अपने अन्य घटक के पृथक्शः वितरण के समान होता है। जैसे—दाल-भात, रोटी-घी आदि। आश्रित रचनाओं का वितरण अपने किसी एक घटक के तुल्य होता है। जैसे—वि+ना

(विशेषण+नाम) लम्बा मोहन, या क्रिवि+वि (क्रिया विशेषण+विशेषण) अत्यधिक चतुर, नाम संघ+क्रिया विशेषण जैसे The man on the tree. इन घटकों में से जिसका वितरण परिणत रचना के समतुल्य होगा उसे 'शीर्ष' कहा जाएगा और अवशिष्ट घटक को विशेषक कहा जाएगा। 'पेड़ चढ़ा आदमी' में आदमी शीर्ष है और पेड़ चढ़ा विशेषक। आश्रित रचना में एक विशेषक दूसरे विशेषक में प्रविष्ट भी हो सकता है। उदाहरण के लिए—

विशेषक शीर्ष

पर्वत की ऊँची **चोटी पर चढ़ा आदमी?**

विशेषक घटक एक बहि:केन्द्रिक क्रिया विशेषणिक संघ है जिसमें 'पर' स्थानिक निपात या परसर्ग है। 'पर्वत की ऊँची चोटी' नाम संघ है। नाम संघों का वाक्य में पर्याप्त विस्तार भी हो सकता है।

विशेषक जिसका दूसरा नाम अधियोजी भी है शीर्षघटक के साथ सम्बद्ध होकर संशोधक का कार्य करता है और वाक्य के विन्यास से बिना किसी विशेष क्षति के इसे अलगाया जा सकता है। विशेषक पद, पदबन्ध, वाक्यान्तर आदि किसी भी रूप में आ सकते हैं। नाभिक वाक्य किसी भी रूप में आ सकते हैं। नाभिक वाक्य 'मोहन विद्यालय चला गया' के साथ पद रूप विशेषक तत्काल, तुरन्त आदि को जोड़ा जा सकता है। जैसे—'तत्काल मोहन स्कूल चला गया', 'तुरन्त मोहन स्कूल चला गया'। पदबन्ध रूप में आनेवाले विशेषक जैसे—एक घंटे बाद, सात दिन बाद भी इसी तरह नाभिक वाक्य से संयुक्त होते हैं। एक घंटे बाद या सात दिन बाद मोहन स्कूल चला गया। तीसरे प्रकार का विशेषक वाक्यान्तर रूप में होता है। जैसे—'ज्योंही वह आया राम चला गया।' या 'ज्योंही वह आया मोहन स्कूल चला गया।' अर्थात्मक दृष्टि में विशेषक काल, स्थान, प्रयोजन, परिणाम, अनुबन्ध अनेक प्रकार के हो सकते हैं 'राम ने मोहन को सायं 6 बजे कम्पनी बाग में मारा' इस वाक्य में सायं 6 बजे काल और कम्पनी बाग **स्थान** सूचक विशेषक हैं। 'मैं **पढ़ने के लिए** गया था', इसमें पढ़ने के लिए प्रयोजन सूचक विशेषक है। '**मेरे पहुँचते ही** काम पूरा हो जाएगा', 'मेरे पहुँचते ही' परिणाम सूचक अधियोजी या विशेषक है।

वाक्य रचना में कालात्मक और स्थानात्मक विशेषकों का प्रयोग अधिक महत्वपूर्ण तथा विचारणीय है। ये पद या पदबन्ध के स्तर पर कालात्मक तथा स्थानात्मक पूरकों के समरूप दिखाई देते हैं। जैसे 'मोहन ने गेंद पकड़ी' वाक्य में गेंद पकड़ी क्रिया का पूरक है। सकर्मक क्रिया में चूँकि कर्म की स्थिति प्रबल या अनिवार्य है इसलिए कर्म का कथन एक तरह से विधेय का पूरक विन्यास है। कुछ प्रयोगों में कालात्मक तथा स्थानात्मक संकेत अधियोजी के रूप में नहीं आते। अंग्रेजी के दो वाक्य हैं—

'द परेड वाज् इन ग्राउंड या द डिमोन्सट्रेशन वाज ऑन मंडे।' दोनों वाक्यों में से यदि इन ग्राउंड तथा आन मंडे को निकाल दिया जाए तो वाक्य विन्यासात्मक दृष्टि से अधूरा हो जाएगा। विशेषक या अधियोजी के लिए यह शर्त आवश्यक है कि उसे हटा देने पर वाक्य विन्यास की पूर्णता पर कोई असर नहीं पड़ना चाहिए। इसका तात्पर्य यह है कि एक ही शब्द वाक्य विशेषांक तथा विधेय पूरक दोनों रूपों में प्रयुक्त हो सकता है। 'द डिमांसट्रेसन अकर्ड आन मंडे' में आन मंडे विशेषक है क्योंकि 'द डिमान्सट्रेशन अकर्ड' पूर्ण वाक्य है।

लकारयुक्त भाषाओं में कालात्मक विशेषक या अधियोजी वाक्य के अन्तर्गत क्रिया से ही सूचित हो जाती है। उसमें अलग से कुछ जोड़ना नहीं पड़ता बल्कि विशेषक क्रिया की लकार रचना में निहित होता है। संस्कृत में दूरवर्ती भूत, अद्यतन भूत, अनद्यतन भूत का भेद कालात्मक ही है। कालात्मक अधियोजी से वाक्य का चुनाव क्षेत्र परिमित होता है तथा कालात्मक विशेषक का वाक्य ही क्रिया के साथ एक तरह का अनुबन्ध-सा रहता है जिसके टूटने पर वाक्य ही गलत हो जाता है।जैसे—राम अगले सोमवार को गया, या राम पिछले सोमवार को जाएगा, व्याकरणिक दृष्टि से अशुद्ध प्रयोग है। प्रजनक व्याकरण में वाक्य के साथ इसके संयोजन के नियमों तथा लकार तथा पद के साथ इसकी सात्म्यता को स्पष्टतः निर्दिष्ट किया जाना चाहिए।

वाच्य

वाच्य के मूल में वच धातु है जिसका अर्थ है कथन करना। पश्चिम में प्राचीन वैयाकरणों ने 'वायस' शब्द का प्रयोग ध्वनि तथा शब्द के रूप या आकृति दो अर्थों में किया है। इसका दूसरा अर्थ धीरे-धीरे लुप्त हो गया। ग्रीक में 'दिया थेसिस' संज्ञा का प्रयोग वाच्य के अर्थ में होता था, कुछ विद्वान अर्थ की स्पष्टता को बनाए रखने के लिए इसी संज्ञा को इस्तेमाल करना उचित मानते हैं। संस्कृत में ध्वनि और वाच्य दो अलग-अलग संज्ञाओं का प्रयोग उपलब्ध होता है।

वाच्य में निर्धारण का केन्द्रीय तत्त्व क्रिया है। क्रिया के जिस रूप से ज्ञात किया जाए कि उसके वर्णन का मुख्य विषय कर्त्ता है, कर्म है या धातु का भाव है उसे वाच्य कहते हैं। वाच्य तीन हैं—

1. **कर्तृवाच्य**—जहाँ क्रिया के विधान का केन्द्र कर्त्ता हो उसे कर्तृवाच्य कहते हैं। जैसे—

1. मोहन घर जाता है।
2. वह पुस्तक पढ़ता है।
3. सीता गई।

4. बालक सो रहा है।

कर्तृवाच्य में अकर्मक तथा सकर्मक दोनों तरह की क्रियाओं का प्रयोग हो सकता है।

2. कर्मवाच्य—जिस रचना में क्रिया के विधान का विषय कर्म हो उसे कर्मवाच्य कहते हैं—

1. नरेश द्वारा पुस्तक पढ़ी गई।

2. मोहन द्वारा मिठाई खरीदी गई।

3. सेठ द्वारा कपड़े बेचे जा रहे हैं।

कर्मवाच्य में सकर्मक क्रिया का प्रयोग होता है। कर्मवाच्य में कर्तृत्वविहीन वाक्य का निर्माण सम्भव है। जैसे—

1. किताब पढ़ी जा रही है।

2. वेद का प्रचार किया जा रहा है।

3. भाववाच्य—भाव वाच्य में कर्त्ता तथा कर्म क्रिया के विधान का विषय न होकर क्रिया का अर्थ अर्थात् भाव ही मुख्य विषय होता है। जैसे—

1. मुझसे चला नहीं जाता।

2. राम से उठा नहीं गया।

3. बच्चे से गंगा-घाट तक नहीं चला जाएगा। भाववाच्य से क्रिया का प्रयोग (हिन्दी में) पुल्लिग एकवचन अन्य पुरुष में ही किया जाता है।

विश्व की अनेक प्राचीन और आधुनिक भाषाओं में वाच्य के सम्बन्ध में क्रिया की जो तीन स्थितियाँ पहचानी गई हैं उनमें अनेक तरह की भ्रान्तियाँ या अस्पष्टताएँ रही हैं। इसीलिए वाच्य के सम्बन्ध में परस्पर विरोधी कथन भी उपलब्ध हो जाते हैं। कर्त्ता, कर्म के प्राथमिक विरोध की एक मध्यस्थ स्थिति भाव की है। इसके द्वारा कर्तृ की भाँति कार्य होने की भी सूचना मिलती है और कर्म की भाँति स्थिति की। ग्रीक क्रिया के अधिकांश रूपों में कर्मवाच्य तथा भाववाच्य का विभेद नहीं उपलब्ध है। कर्तृ और भाव को अपेक्षा कर्म वाच्य का विकास परवर्ती माना जाता है। कर्त्ता के अकर्तृक होने पर कर्मवाच्य और भाववाच्य का अन्तर मिट जाता है। कर्मवाच्य के रूप में और प्रकार्य के बीच संघर्ष की सम्भावनाओं को प्राचीन वैयाकरणों ने स्पष्ट किया था। संस्कृत दिवादिगण जब आत्मनेपद में प्रयुक्त होता है तो आकार में वह भाववाचक लगता है, किन्तु अर्थात्मक दृष्टि से कर्तृवाचक। लैटिन में 'सेक्वौर' नाम क्रिया जिसका अर्थ मैं पीछा करता हूँ होता है जिसका प्रयोग कर्मवाचक होता है किन्तु अर्थ कर्तृवाचक । हिन्दी के 'राम मोहन के द्वारा मारा गया' तथा 'मोहन राम के

द्वारा मारा गया' वाक्यों में मारा गया क्रिया एक ही है किन्तु के द्वारा करणवाची शब्द जोड़ने से कर्तृत्व सुनिश्चित किया गया जिनमें एक वाक्य का कर्त्ता दूसरे अनुकारी वाक्य में कर्म बन जाता है। उनमें यही निष्कर्ष देना समीचीन है कि कर्तृवाच्य तथा कर्मवाच्य की क्रिया वाच्य निरपेक्ष है।

कर्मवाच्य का व्याकरणिक प्रकार्य जो प्रायः अधिकांश भाषाओं में लागू है वह है कर्तृहीन वाक्य का निर्माण। कर्त्ता और कर्म के प्रयोग की पाँच सम्भावनाएँ निरूपित की जा सकती हैं—

1. निर्दिष्ट कर्त्ता के साथ कर्तृवाच्य

जैसे—राम जाता है।

2. अनिर्दिष्ट कर्त्ता के साथ कर्तृवाच्य

जैसे—कोई खाता है।

3. निर्दिष्ट कर्त्ता के साथ कर्मवाच्य

जैसे—राम के द्वारा पुस्तक पढ़ी गई।

4. अनिर्दिष्ट कर्त्ता के साथ कर्मवाच्य

जैसे—पुस्तक पढ़ी गई।

5. कर्त्ता के उल्लेख के साथ कर्मवाच्य

जैसे—रावण मारा गया।

इन सम्भावनाओं में सभी किसी भाषा विशेष में नहीं भी उपलब्ध हो सकती है। तुर्की भाषा में तीसरी और चौथी सम्भावना नहीं मिलती। अनिर्दिष्ट कर्त्ताओं में भी चयन की स्वतन्त्रता हो सकती है। कतिपय भाषाओं में अनिर्दिष्ट कर्त्ता पदों के द्वारा इसे सीमित कर दिया जाता है। जैसे—हिन्दी में कोई आया था, यहाँ कोई प्रायः मनुष्य के लिए है। जानवर के लिए कोई जानवर लगाना अपेक्षित है। इसी तरह लैटिन भाषा में क्विदम और अलिक्विस दोनों का अर्थ कोई हो सकता है, किन्तु इन प्रयोगों में प्रथम वक्ता के लिए परिज्ञात अनिर्दिष्ट व्यक्ति होता है जबकि दूसरा अज्ञात व्यक्ति का सूचक है।

हिन्दी में एक ऐसे कर्तृवाच्य वाक्य का विकास हुआ है जिसकी क्रिया कर्मवाच्य जैसी है अर्थात् कर्म पर आधारित होती है। उदाहरणार्थ—

1. मैंने खाना खाया।

2. राम ने पुस्तक पढ़ी।

इन वाक्यों के पूर्व ऐतिहासिक स्वरूप पर यदि ध्यान दिया जाए तो ये कर्म वाच्य के ही ठहरते हैं। जैसे—रामेण पुस्तकं पठितं। इस तरह की संरचना के हिन्दी में दो भेद बन गए—'राम के द्वारा पुस्तक पढ़ी गई' तथा 'राम ने पुस्तक

पढ़ी'। मुख्य क्रिया पढ़ी के साथ एक और मुख्य क्रिया जोड़कर (गई) नई संरचना प्रस्तुत की गई। दोनों क्रियाओं में यद्यपि 'गई' अपने अर्थ में पूर्णतया विरहित है, किन्तु उसका व्याकरणिक महत्त्व है क्योंकि उसकी अनुपस्थिति में इस तरह की संरचना सम्भव नहीं हो पाएगी। जैसे—'राम के द्वारा पुस्तक पढ़ी'। 'पढ़ी' को छोड़कर यदि दूसरी क्रिया का इस्तेमाल करते हुए भिन्न वाक्य बनाना चाहें तो भी रचना सम्भव नहीं होगी जैसे—'उसके द्वारा पुस्तक पढ़ी'।

यद्यपि अंग्रेजी, हिन्दी आदि में कर्मवाच्य के लिए सकर्मक क्रियाओं का विधान किया गया है किन्तु विश्व की कुछ भाषाओं में जैसे तुर्की में अकर्मक कर्मवाच्य भी उपलब्ध होता है। जैसे—इस्ताम्बुला बु योल्दान् गिदेर्—वह इस्ताम्बूल इस रास्ते से जाता है, इस्ताम्बुला बु योल्दान्, गिद्–दूर (इस्ताम्बुल को इस रास्ते जाया जाता है।) संस्कृत तथा हिन्दी में इसे भाववाच्य के अन्तर्गत समाहित किया गया है।

भाषा संरचना की नई दृष्टियाँ

रचनान्तरण प्रजनक भाषिकी

व्याकरण की भाषिकी के विकास में रचनान्तरण प्रजनक भाषिकी सर्वाधिक उल्लेखनीय है। इसके लिए प्रयुक्त अंग्रेजी संज्ञा है 'ट्रान्सफार्मेस्नल जनरेटिव', जिसे संक्षेप में टी० जी० कहा जाता है। इस सिद्धान्त की ओर सर्वप्रथम जे० हैरिस ने संकेत किया था, किन्तु नोम चाम्स्की ने इस सिद्धान्त को विस्तृत ढंग से प्रतिपादित तथा विश्लेषित किया। इस सिद्धान्त को विवेचित करनेवाली उनकी पुस्तक 'सिन्टैक्टिक स्ट्रक्चर' का प्रकाशन 1957 में हुआ। इसके बाद इस पद्धति का प्रयोग करते हुए अनेक भाषाओं का विश्लेषण किया गया। परिणामस्वरूप विश्लेषण पद्धति में अनेक परिष्कारों का सुझाव आया। इन परिष्कारों को समाहित करते हुए चाम्स्की ने 1965 में 'एसपेक्ट्स ऑफ द थिअरी ऑफ सिन्टाक्स' शीर्षक पुस्तक प्रकाशित की।

इस सिद्धान्त के खंडन-मंडन पर अनेक ग्रंथों का प्रकाशन हुआ। ब्रिटेन के भाषा वैज्ञानिक एम० ए० के० हैलिडे तथा उनके सहयोगियों ने 'व्यवस्था विकल्प व्याकरण' सिद्धान्त की स्थापना करके रचनान्तरण प्रजनक भाषिकी का विरोध किया। अमेरिका के भाषा वैज्ञानिक के० एल० पाइक ने टागमेटिक (वंधिम) विश्लेषण पर बल दिया।

जोन लियोन का कथन है कि 'जो भी व्याकरण प्रत्येक वाक्य की पृष्ठ संरचना और गहरी संरचना का विश्लेषण करता है तथा उन दोनों विश्लेषणों के बीच प्रणालीबद्ध सम्बन्ध स्थापन करता है, उसे रचनान्तरणी व्याकरण कहा जा सकता है।' प्रजनन शब्द गणित की पारिभाषिक शब्दावली से लिया गया है। इसका शाब्दिक तात्पर्य है परिगणन करना, मापन कर पहचानना या आरेख अंकित करना। रचनान्तरणी व्याकरण न तो शब्दों को उत्पन्न करता है और न भाषायी तत्त्वों को ही, बल्कि भाषा के शब्द समुच्चय के तत्त्वों के योजन से,

संरचना सूत्रों का प्रयोग या अन्वयन करके नए-नए वाक्यों की रचना करता है। इसमें उन रूपों का पूर्व कथन किया जाता है जिन्हें कि उस भाषा के वाक्य उत्पादित किए जाने पर प्राप्त करेंगे।

इस सिद्धान्त में मूल लक्ष्य है उस प्राकृत भाषा या उस भाषा के प्रवाह वक्ता की भाषिक दक्षता या सहजानुभूतिक बोध का विवेचन करना। इसमें ऐसे विवरणों के विवेचन का स्थान नहीं है जो भाषा-प्रयोग करनेवाले की भाषा के बोलने, समझने, व्याकरणिक दृष्टि से स्वीकार्य वाक्यों को पहचानने की उसकी भाषिक सहजानुभूति या सम्वेदना से इतर या अधिक है। समाज में प्रति व्यक्ति का भाषा व्यवहार परिस्थिति एवं काल भेद के अनुसार विशिष्ट होता है। अर्थात् भाषा का बाह्य व्यवहार प्रति व्यक्ति विलक्षण है। किन्तु एक ही भाषा समाज का व्यक्ति (देशीवक्ता) प्रति व्यक्ति भाषिक भेद के बावजूद एक-दूसरे को समझ लेता है। इसका कारण है कि भाषा के एक सामाजिक सामान्य रूप की धारणा अथवा चेतना सहज रूप में उस भाषा के हर वक्ता में होती है। इस चेतना का आधार मनुष्य की सहज बौद्धिक भाषायी शक्ति है। यह बौद्धिक दक्षता सूक्ष्म रूप में मौजूद रहती है। इसी से भाषा व्यवहार के अन्तरों के मूल में साम्य या एकरूपता स्थापित हो जाती है। यह व्याकरण या कोई भी व्याकरण इसी बौद्धिक दक्षता के आधार पर बनता है। स्वस्थ व्यक्ति की बुद्धि में उसकी मातृभाषा के संरचना सूत्र विद्यमान रहते हैं जिनसे वह नए-नए वाक्यों का उत्पादन करता है। वह उन सूत्रों की व्याख्या कर भी सकता है नहीं भी। भिन्न भाषा सीखते समय यदि हम उसके संरचना सूत्र को समझ लेते हैं तो असंख्य वाक्य निर्मित करने की दक्षता प्राप्त कर लेते हैं। रचनान्तरण प्रजनक भाषिकी में संरचना के इन्हीं सूत्रों को उपलब्ध किया जाता है। इन सूत्रों के प्रयोग से नई-नई संरचनाएँ प्राप्त की जा सकती हैं। इन सूत्रों के अन्वयन या प्रयोग के द्वारा भाषायी तत्त्वों को योजित करने पर प्राप्त अंश को 'अंतिम शृंखला' कहते हैं। वाक्य पर सूत्रों का प्रयोग करने से अंतिम शृंखला का विकास होता है। इस विकास क्रम को व्युत्पादन या प्रजनन क्रिया कहते हैं। अंतिम शृंखला वास्तव में पदरूपों की ही शृंखला है जिस पर स्वन प्रक्रिया के सूत्रों का संयोजन करके वाक्य को प्राप्त किया जाता है जो सहज भाषा व्यवहार में उपस्थित है।

विध्यर्थ, निषेधात्मक, प्रश्नवाचक, सन्देहास्पद आदि अनेक वाक्य भेदों में समानता के जो तत्त्व विद्यमान होते हैं, उनका विवेचन प्रायः परम्परागत व्याकरण में नहीं किया जाता है। रचनान्तरणी व्याकरण में विभिन्न वाक्य संरचनाओं के सम्बन्धों को स्पष्ट करने का प्रयत्न किया जाता है। इसकी मान्यता है कि प्रत्येक भाषा में एक सुगठित व्यवस्था मौजूद रहती है। इसके सभी प्रकार्य निश्चित हैं और इनका विवेचन एवं परिगणन सम्भव है। गणित के द्वारा विभिन्न इकाइयों

तथा उनके सम्बन्धों को समझना आसान है। भाषा का विवेचन भाषा के द्वारा करना लकड़ी के चूल्हे में ईंधन जलाना है। इसीलिए भाषा निरूपण के लिए संकेतों, प्रतीकों तथा अंकन पद्धति का इस्तेमाल शुरू किया गया।

कोष्ठन या घटक संरचना की धारणा को व्याकरण में प्रवेश कराने का प्रमुख लक्ष्य है। व्याकरणात्मक अस्पष्टताओं को दूर करना। कुछ उदाहरणों से इसे स्पष्ट किया जा सकता है। ईश्वर का प्रेम कबीर को उन्मत्त किए था तथा ईश्वर का प्रेम है (मानवता के प्रति) कि वह स्वयं मनुष्य बन जाता है। 'ईश्वर का प्रेम' अपने आप में अस्पष्ट है। इस अस्पष्टता की रचनान्तरण व्याख्या इस प्रकार दी जाएगी ऐसे वाक्य जिसमें ईश्वर स्वयं प्रेम करनेवाला है अर्थात् कर्त्ता है और दूसरे तरह के वाक्य जिसमें ईश्वर को प्रेम किया जा रहा है अर्थात् कर्म स्थानिक है। इसलिए यह माना जाना चाहिए कि 'ईश्वर का प्रेम' दो वाक्यों में प्रजनित है। इसी तरह का दूसरा वाक्य है—घर से विदा लेता हुआ सिपाही **पत्नी के प्रेम** से बार-बार खड़ा हो जाता है या पत्नी के मन में सिपाही के प्रति प्रेम जाग रहा है। 'पत्नी के प्रेम' पदबन्ध में यह तय नहीं है कि सिपाही के मन में पत्नी के प्रति प्रेम जाग रहा है। इस वाक्य की भी रचनान्तरणी व्याख्या से ही अर्थ की स्पष्ट प्रतीति सम्भव है। वाक्य की एक स्थिति में पत्नी प्रेम करने क्रिया की कर्त्ता होगी तथा दूसरी स्थिति में पत्नी को प्रेम किया जा रहा है (सिपाही के द्वारा) इसलिए वह कर्म है। शोम्स्की द्वारा गृहीत उदाहरण है—फ्लाइंग प्लेन्स। एक व्याख्या के अनुसार यह पूरा नाम संघ कर्त्ता है। जैसे—

1. उड़ते जहाज खतरनाक हैं।

2. जहाज उड़ाना खतरनाक है।

अंग्रेजी में 'फ्लाइंग प्लेन्स' का प्रयोग कृदन्त पार्टिसिपल (उड़ता वायुयान) तथा संज्ञार्थक क्रिया—वायुयान उड़ाना दोनों रूपों में हो सकता है, जैसे—

फ्लाइंग प्लेन्स आर डैन्जरस

फ्लाइंग प्लेन्स इज डैन्जरस।

इसमें कर्त्ता और क्रिया की अन्विति से कृदन्त और संज्ञार्थक क्रिया का भेद स्पष्ट हो जाता है। पहले वाक्य में फ्लाइंग विशेषक है उसकी स्थिति अन्य विशेषणों के समान ही है। जैसे—जर्जरित वायुयान।

इसके साथ प्रयुक्त 'आर' सहायक क्रिया बहुवचनीय है और अन्तःकेन्द्रिक संघ 'फ्लाइंग प्लेन्स' के शीर्ष पर स्थित है। दूसरे वाक्य में फ्लाइंग का प्रयोग नाम के रूप में है 'फ्लाइंग प्लेन्स'। दोनों पद मिलकर नाम संघ का निर्माण करते हैं और वाक्य में कर्त्ता की भूमिका निबाहते हैं। अतः परम्परागत वैयाकरणों की स्थापनाएँ मूलतः रचनान्तरणी हैं। एक ही क्रिया रचनान्तरणी पदबन्ध की स्थिति

में विशेषक और नाम दोनों ही बनकर रह सकती है। इसी तरह हिन्दी के दो वाक्य लेकर क्रिया के द्विविध प्रयोग को स्पष्ट किया जा सकता है—

1. आज राम ने कुछ भी पढ़ा-लिखा नहीं।

2. पढ़ा-लिखा आदमी सर्वत्र इज्जत पाता है।

प्रथम वाक्य में पढ़ा-लिखा क्रिया भूतकालिक है तथा दूसरे वाक्य में विशेषक है।

रचनान्तरण पदबन्धों को भाषा विशेष के वाक्यात्मक प्रयोगों के आधार पर सूत्रित किया जाता है। रचनान्तरण भाषिकों में पदों के लिए अंकों (आक्षरिक संक्षेपणों) का प्रयोग किया जाता है। जैसे—

मोहन शेर को मारता है।

इसका आकार इस प्रकार होगा।

मोहन = नाम संघ$_1$, शेर नाम संघ$_2$ मारता है—क्रि सक

= ना सं$_1$ ना सं$_2$ क्रि सक

इसमें व्याकरण की दीर्घतम इकाई के रूप में मान्य पदबन्ध संरचना पर वाक्य को नियमों के विनियोग के द्वारा उत्तरोत्तर लघुतर इकाइयों में विस्तृत किया जाता है जो शाब्दिक इकाइयों तथा व्याकरणिक तत्त्वों के मिश्रण के साथ समाप्त होती जाती है।

रचनान्तरणी व्याकरण के चार भाग हैं—

(1) मूल सूत्र या शब्द संवर्ग

(2) रचनान्तरण सूत्र

(3) स्वन प्रक्रियात्मक सूत्र

(4) अर्थात्मक विवेचन

1. मूल सूत्र के दो उपभाग हैं—(1) मूल वाक्य के संरचना सूत्र जिन्हें पदबन्ध-संरचना सूत्र या निर्माण सूत्र भी कहते हैं। (2) विशेष प्रकार के संयोजित शब्दावली का समुच्चय।

किसी भी भाषा में वाक्य दो प्रकार के होते हैं। प्रथम प्रकार के वाक्य मूल वाक्य हैं। इन्हें आधार वाक्य कहते हैं। यह मूल वाक्य कथनात्मक, कर्तृप्रधान, विध्यर्थ तथा सरल होता है। रचनान्तरण के द्वारा इसी से प्रश्नवाचक, निषेधात्मक, कर्मणि प्रयोग, मिश्र वाक्य, संयुक्त वाक्य आदि रूपों में प्रजनित किया जाता है। मूलवाक्य की संरचना जिन घटकों से होती है उन्हें पदबंध कहते हैं। पदबंध की रचना शब्दों से होती है जो मुक्त और बद्ध दो रूपों में मिलते हैं।

रचनान्तरणी व्याकरण में वाक्य रचना तथा पद रचना दो भिन्न भाग नहीं हैं। इसमें वाक्य से लेकर रूप तक सभी स्तरों का विश्लेषण अपेक्षित है। मूल वाक्य को प्रजनित करने के लिए जो सूत्र निर्मित किए जाते हैं उन्हें **पदबंध संरचना** नियम कहते हैं। इस नियम में व्याकरणिक कोटियों, प्रकार्यों तथा पद्धतियों का विनियोजन कुछ गणितीय चिह्नों के साथ किया जाता है। उदाहरणार्थ—

+ (धन) - (ऋण) → (पुनर्लेखन)।

मूल वाक्य के दो भाग होते हैं। पहला उद्देश्य भाग दूसरा विधेय भाग। उद्देश्य रचनाकी दृष्टि से नामसंघ होता है और विधेय क्रियासंघ। वाक्य का पुनर्लेखन इस प्रकार हो सकता है—

वाक्य → नामसंघ + क्रियासंघ।

क्रियासंघ में नामपद, अव्यय या क्रिया विशेषण हो सकते हैं, जिन्हें क्रियासंघ को विखंडित करके प्राप्त किया जा सकता है। भाषा विशेष के विश्लेषण की सुविधा को ध्यान में रखकर क्रियासंघ के साथ आनेवाले नाम संघ (कर्म) को अलग से लिख लिया जाता है। कर्त्ता तथा कर्म आदि एकाधिक स्थानों पर आनेवाले नाम संघ को संख्या क्रम द्वारा संकेतित किया जाता है। व्याकरणिक संवर्गों को संक्षिप्त रूप में इस तरह लिखा जाता है—

वाक्य = वा

नाम संघ या संज्ञा पदबंध = नासं$_1$ या संप$_1$, नासं$_2$ या संप$_2$

क्रिया संध या क्रिया पदबंध = क्रि सं या क्रिप

क्रिया विशेषण = क्रिवि

पू = पूरक

उद्देश्य = उ

विधेय = वि

इनका विस्तृत सूत्रण इस प्रकार होता है—

(1) वा → नासं$_1$ + वि

(2) वि → नासं2 + क्रिसं

(3) क्रिसं → {(क्रिवि) (पू०)} क्रि

(4) क्रि → मुख्य + (सहायक)

( ) इसके भीतर का अंश विकल्प से आता है। { } एक समुच्चय का सूचक है। इन आरेखों के द्वारा अंकित किया जाता है।

'वृक्ष शाखा' आरेख से इसे इस तरह प्रस्तुत किया जा सकता है—

(नि:शब्दता का चिह्न है)

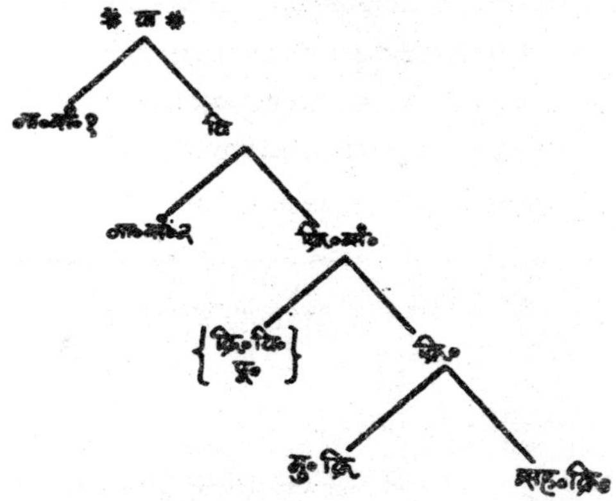

इस वृक्ष आरेख में दो रेखाओं का मिलन बिन्दु संगम बिन्दु है। उसके नीचे जाने वाली दो रेखाएँ पातरेखाएँ हैं। पात रेखा जिस अंश की ओर जाती है वह अंश वह संगम बिन्दु का प्रभावी है जो संगम बिन्दु के अधिकार में अन्तर्युक्त है। हिन्दी का एक वाक्य है—

'लम्बा लड़का पुस्तक पढ़ रहा है। वाक्य का आरेख इस प्रकार बनेगा—

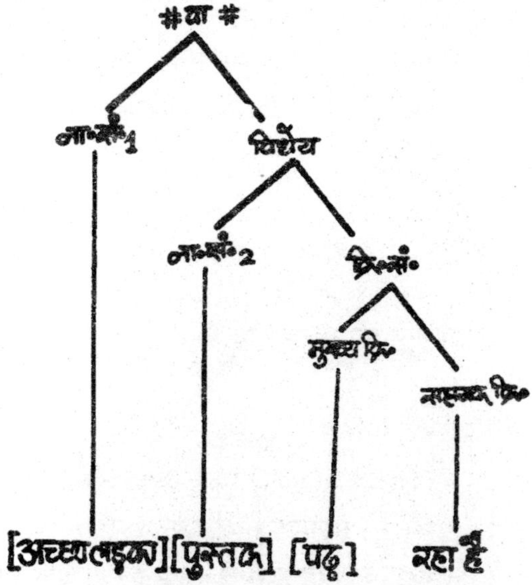

क्रमश: एक-एक सूत्र का प्रयोग करते हुए वाक्य का व्युत्पादन होता है। प्रजनक सूत्रों का विवरण इस प्रकार है—

(1) व $\rightarrow$ नासं1 + वि

(2) वि $\rightarrow$ (नासं2) क्रिसं

(3) क्रिसं $\rightarrow$ (क्रिवि०), क्रि

(4) क्रि $\rightarrow$ मुख्य + (सहा०)

(5) मुक्रि $\rightarrow$ [धातु + प्रत्यय]

(6) सहक्रि०

(7) नासं$_1 \rightarrow$ नासं + $\left\{\begin{array}{c}\theta \\ \hline \text{ने}\end{array}\right\}$

(8) नासं $\rightarrow$ विशेषण + नाम

(9) नासं$_2$ $\rightarrow$ नासं + $\left\{\begin{array}{c}\theta \\ \hline \text{को}\end{array}\right\}$

(10) नासं $\rightarrow \left\{\begin{array}{c}\text{सर्वनाम} \\ \text{नासं}_2 \\ \text{नासं}_3\end{array}\right\}$

(11) नासं$_3$ $\rightarrow$ (क, ख, ग)

'लम्बा लड़का पुस्तक पढ़ रहा है' का प्रजनन इन सूत्रों से इस प्रकार होगा—

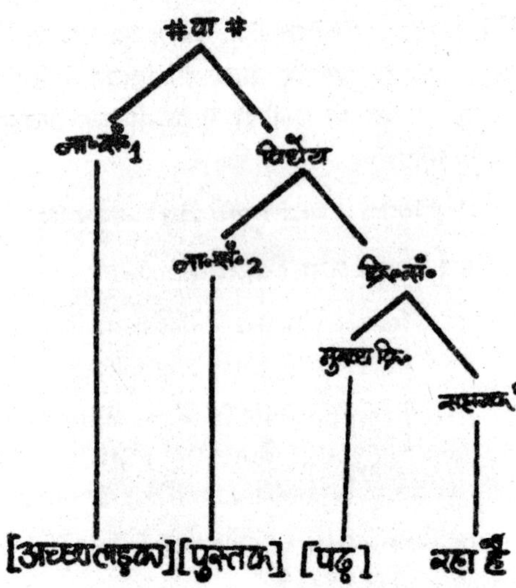

पदबंध नियमों का निर्गम बीजसूत्र रूप में होता है। इस बीजसूत्र से बिना किसी वैकल्पिक रचनान्तरण के प्रजनित वाक्य बीज वाक्य कहलाते हैं। कुछ सरल वाक्यों को छोड़कर शेष संश्लिष्ट या जटिल वाक्यों की संरचनात्मक व्याख्या के लिए पदबन्ध नियम अपर्याप्त है। वाक्य रचनात्मक संघटक में अन्तिम विनिर्गम को प्राप्त करने के लिए रचनान्तरण नियम को लागू करना होता है। पदबन्ध नियम तथा रचनान्तरणी नियम में विद्वानों ने जो अन्तर बताया है वे इस प्रकार हैं 'पदबंध नियम ऐच्छिक या अनिवार्य, पुनरावर्ती या अपुनरावर्ती अथवा सन्दर्भ निर्दिष्ट या सन्दर्भ युक्त किन्हीं पूर्वतर प्रयुक्त नियमों के निर्गम पर लागू होते हैं जबकि रच (रचनान्तरणी) नियम केवल उन्हीं सूत्रों के लिए परिभाषित किए जाते हैं जो संवि (संरचनात्मक विश्लेषण) में बताए गए अवयवों की दृष्टि से विश्लेषण होते हैं।' इसका तात्पर्य यह है कि संरचनात्मक परिवर्तन में रचनान्तरण उन सूत्रों तक ही परिमित है जिनका विश्लेषण नाम संघ (नासं), सहायक क्रिया (सहाक्रि), क्रिया (क्रि) और नाम संघ (नासं) के रूप में सम्भव होता है। ये चारों अवयव क्ष$_1$, क्ष$_2$, क्ष$_3$ के रूप में अंकित किए जाते हैं।

शोम्स्की ने रचनान्तरण में 'विषय जन्यता' को प्रमुख लक्षण माना है। रचनान्तरण में दो प्रमुख लक्षणों की पहचान सम्भव है।

1. यह पदबन्ध संरचना नियम द्वारा स्थापित प्रतिबन्धों की समाकृति से रहित है।

2. पुनर्लेखन बाण के बाईं ओर के प्रतीक सूत्र में से न्यूनतम एक सूत्र ऐसा अवश्य होगा जो परिवर्ती (रिफ्लेक्सिव) होगा। मूल्यवत्ता की दृष्टि से उस नियम के निवेशन रूप में लिखित सूत्र के सहचर पदबन्ध अंकक में उपस्थित उस प्रतीक द्वारा प्रभावित अवसूत्रों की समस्त श्रेणी में से किसी एक अवसूत्र के रूप में हो सकती है। उदाहरण के लिए—

संवि—(संरचनात्मक विश्लेषण) : नासं (नाम संघ)—सहाक्रि

(सहायक क्रिया)—क्रि (क्रिया) नासं (नामसंघ)

रचनान्तरण की व्याख्या में वाक्य विन्यास के स्तर पर निष्प्रभावन तथा विपथन की भी चर्चा की गई है। जब किसी वाक्य रचना में कर्त्ता या कर्म का भेद प्रभावहीन हो गया हो। लैटिन का एक उदाहरण है जो सामान्य व्यवहार की भाषा से गृहीत है—'दिको क्लोदियम् अमारे कैतुल्लम्' इसमें दिको—कहता हूँ के कर्म के रूप में क्लोदिया अमात कैतुल्लम (क्लोदिया कैतुल्लस को प्यार करती है) तथा क्लोदियम् अभात कैतुल्लस (क्लोदिया को कैतुल्लस प्यार करता है)। दोनों को अन्तर्निविष्ट किया जा सकता है।

इस संरचना में दो अलग-अलग संरचनाओं का भेद समाप्त हो गया है। मध्यकालीन भारतीय आर्य भाषा अपभ्रंश में कर्त्ता और कर्म के विभक्तिक रूप समान हो गए हैं। वाक्य में पदों का स्थान अभी बहुत निश्चित नहीं है। कर्त्ता और कर्म के संयोजन से जहाँ वाक्य बनेगा (यदि पद स्थान की महत्ता को अस्वीकार करके चलें) तो इस तरह की अस्पष्टता पैदा होगी—

'रामु मोहनु ताडेइ'

विभक्ति चिह्न के आधार पर यदि (संस्कृत की तरह) इस वाक्य का अर्थ किया जाए तो—'राम मोहन को मारता है', 'मोहन राम को मारता है' दोनों अर्थ लिए जा सकते हैं। इसमें इस तरह की दो संरचनाओं को अन्तर्निविष्ट कर लिया गया है।

कुछ वाक्य बाह्य संरचना में भिन्न होकर भी अन्त:संरचना में समरूप रहते हैं। ऐसी रचना को विपथन कहते हैं। जैसे—उसने ईश्वर के अस्तित्व को नकार दिया है तथा उसने नकार दिया है कि ईश्वर का अस्तित्व है। हिन्दी और संस्कृत के कर्त्तृवाच्य और कर्मवाच्य को विन्यासात्मक दृष्टि से सम्बद्ध माना गया है। रचनान्तरणी दृष्टि से इनकी अन्त:संरचना समरूप मानी गई है।

रचनान्तरण नियमों में तत्त्वों के क्रम में परिवर्तन, परिवर्धन एवं विलोपन की प्रक्रिया मान्य है। अंग्रेजी का एक वाक्य है—जॉन परचेज्ड द बुक की कर्मवाच्य में उपलब्धि होगी दि बुक वाज परचेज्ड बाई जॉन। वैकल्पिक कर्म वाच्य—दि बुक वाज परचेज्ड भी हो सकता है किन्तु परचेज्ड द बुक' स्वतंत्र व्याकरणिक वाक्य नहीं बनता। न्यूनपदीय सन्दर्भ प्रतिबद्ध वाक्य प्ररूपों की व्याख्या 'पदबन्ध संरचना शृंखला' या 'मध्यवर्ती रचनान्तरित शृंखलाओं में से किसी एक के विलोपन से की जा सकती है। 'सेनापति के द्वारा युद्ध की घोषणा कर दी गई' तथा 'युद्ध की घोषणा कर दी गई'। ये दोनों वाक्य समीपी संघटकों की दृष्टि से यद्यपि समान हैं, किन्तु रचनान्तरण की दृष्टि से इनमें भेद हैं। प्रथम वाक्य सेनापति ने युद्ध की घोषणा कर दी का कर्म वाक्य रचनान्तरण समानार्थी है जबकि दूसरा वाक्य कर्त्ता के विलोपन का अनुवर्ती रचनान्तरण (किसी ने) युद्ध की घोषणा कर दी।

कुछ शब्दानुक्रम द्व्यर्थक होते हैं। जैसे—जवान आदमी और औरतें। इसका एक अर्थ होगा—जवान आदमी और जवान औरतें और दूसरा अर्थ होगा जवान आदमी और औरतें (जवान, बूढ़ी सब तरह की)। इसका निर्वचन समीपी संघटकों के विश्लेषण से अच्छी तरह हो जाता है।

संसार की सभी भाषाओं में असीम उत्पादकता होती है। स्थाई शब्दावली को ही अनेक व्याकरणिक वाक्यों में उत्पादित किया जाता है। हर प्रयोग अपने आप अनुशासित रहते हुए भी नयापन लिए रहता है। उब्लू फोन हेम्बोल्ड ने

'सीमित साधनों द्वारा असीमित उपयोग' की भाषिक सामर्थ्य को एक शताब्दी पहले ही निर्दिष्ट किया था किन्तु टी० जी० भाषा वैज्ञानिकों ने पुनरावर्तिता के सन्दर्भ में इस पर विशेष बल दिया है। संज्ञा पदों (नासं) को असीमित समानाधिकरण किया जा सकता है। जैसे—राम श्याम, मोहन, सीता और रीता आदि। अन्त:स्थापन का प्रयोग या अनुप्रयोग प्रदर्शित करनेवाला एक वाक्य है—

यह वह गाय है जो खेत में चर रही है जिसको डंडा मारने के कारण सोहन जो गाय का मालिक है, और राम जो इसका पड़ोसी है में लड़ाई हो गई थी।

रचनान्तरण भाषिकों में स्वन प्रक्रिया को आभ्यान्तर संरचना तथा बाह्य संरचना के बीच योजक माना जाता है। भाषिक विवरण में ध्वनि प्रक्रियात्मक नियमों का समुच्चय एक घटक के रूप में सम्मिलित होता है जो बाह्य संरचना के उत्पादन को उच्चारण तथा लिप्यंकन के योग्य ध्वनि क्रमों में परिवर्तित किया करता है। जैसे—डाक्टर-डॉक्टर अनुतान, बलाघात आदि का भी चिह्नों द्वारा अनुलेख किया जाता है। शब्दकोश में प्राप्त पदों में संज्ञा (सं), क्रिया (क्रि), वि (विशेषण) आदि व्याकरणिक प्रकार्यों को सूक्ष्म पहचान की जाती है। उदाहरणार्थ—लड़का-संज्ञा-पद में सजीव संख्येय, तथा अमूर्तत्त्व के लक्षण बताए गए हैं। जेल में निर्जीव, असंख्येय तथा अमूर्त के लक्षण होते हैं। इन अभिलक्षणों के चिह्न हैं—'+सजीव—सजीव, +संसजीव के द्वारा सूत्रित किया जाता है।

कुछ भाषावैज्ञानिकों ने यह सुझाव दिया है कि शब्द के अर्थ को आर्थी एवं व्याकरणिक अभिलक्षणों के द्वारा बताया जा सकता है। अविवाहित शब्द का विश्लेषण आर्थी अभिलक्षणों के अनुसार इस प्रकार है—मानव, नर, युवा, जिसका अभी तक विवाह नहीं हुआ है। पारिवारिक सम्बन्धों की व्याख्या यद्यपि इस विधि से की जा सकती है। किन्तु इस तरह का समग्र शाब्दिक विश्लेषण होना मुश्किल है।

इस सिद्धान्त के प्रतिपादक भाषाविज्ञानी सभी भाषाओं के लिए सर्वमान्य व्याकरण की तलाश करना चाहते हैं या उनकी धारणा ऐसी है कि सभी भाषाओं में वाह्य दृश्यमान भिन्नता के बावजूद उनकी व्याकरणिक संरचना में कुछ सहजात मूलभूत विशेषताएँ होती हैं।

इस सिद्धान्त पर अब भी वाद-विवाद बना है। टी० जी० भाषिकी में वर्णनात्मक कोटियों में मानसिक सह सम्बन्धों के महत्त्व देने पर भी मतभेद है।

पदबंध रचनात्मक व्याकरण

रचनान्तरण प्रजनक भाषिकी पर विचार करते समय पदबंध रचनात्मकता का उल्लेख होता है। रचनान्तरण में इस प्रविधि का भी इस्तेमाल किया गया है। यद्यपि व्याकरण के नियमों की विविध प्रणालियों को इस रूप में विनियोजित

किया जा सकता है, जिन्हें अपने रचित वाक्यों की घटक संरचना के विश्लेषण पर प्रतिष्ठित कर दें। किन्तु पदबंध रचनात्मक व्याकरण का अभिप्राय सानुबंधन पुनर्लेखन प्रणालियों तक ही सीमित है। सानुबंध का अर्थ है सश्रृंखल अर्थात् शब्द विन्यास की क्रमिक व्यवस्था। यद्यपि वाक्य रचना में घटक अवयवों की शृंखलित तथा अश्रृंखलित दोनों तरह की व्यवस्था हो सकती है। पुनर्लेखन का नियम इस प्रकार है—

(1) वा → नासं + क्रिसं

(2) क्रि → क्रि + क्रिवि

(3) नासं → वि + ना

इन नियमों को क्रमिक रूप में इस तरह से प्रयुक्त किया जाए कि प्रथम को छोड़कर प्रत्येक का प्रयोग पहले नियमों के निर्गम के पुनर्लेखन या स्थानापादन के लिए हो। प्रथम नियम का निर्गम होगा।

वा { नासं + क्रिसं

दूसरे नियम का निर्गम होगा—

वा { नासं + क्रिसं + (क्रि + क्रिवि)

तीसरे का निर्गम होगा—

वा { नासं (वि + ना) + क्रिसं (क्रि + क्रिवि) हैं।

नासं → ना तथा ना → वि + ना इन दोनों नियमों में दूसरा वैकल्पिक है और प्रथम अनिवार्य। नासं में नाम (संज्ञा या सर्वनाम) का होना अनिवार्य है किन्तु दूसरे नियम के अनुसार नाम के साथ विशेषण हो भी सकता है नहीं भी हो सकता।

पदबंध रचनात्मक व्याकरण में नियमों का विनियोग उसी क्रम में करना अपेक्षित है जिस क्रम में वे प्रदत्त हैं। क्रम के उलटने से निर्गम में भी परिवर्तन हो जाता है। उदाहरणार्थ—

1. ना →आ + ना = द मैन

2. ना → वि + ना = गुड मैन

यदि दूसरे नियम को पहले रख दिया जाए तो गुड द मैन वाक्य प्रजनित होगा जो अस्वीकार्य है। यद्यपि क्रम विन्यास का महत्त्व अस्वीकार्य अवयव शृंखला के रोकने के लिए है किन्तु कभी-कभी क्रम परिवर्तन करके भी स्पष्टता लाई जाती है। जैसे—दो नियम लें।

1. ना → वि + ना

2. ना → ना + और + ना

एक वाक्य है—जवान आदमी और

प्रथम नियम—जवान आदमी+ और औरत

दूसरा नियम—जवान आदमी + और जवान औरत

दोनों सूत्रों के परस्पर-विनिमय से उपर्युक्त वाक्य को स्पष्ट किया जा सकता है। क्रमिक और क्रम-विरुद्ध नियम के प्रयोग से जो कोशबद्ध उपलब्ध होंगे वे अर्थात्मक दृष्टि से समतुल्य होंगे; जैसे—जवान (आदमी + औरत) तथा

(जवान आदमी) और (जवान औरत)

प्रत्येक नियम में उन घटकों को कोष्ठक में रख दिया जाता है जिनसे इनके द्वारा परिभाषित रचना निर्मित होती है। प्रथम नियम में नाम से उन रचनाओं का प्रतिनिधित्व होता है जिसके घटक के रूप में व्याकरण से प्रजनित सभी अवयव सम्मिलित होते हैं। इसे प्रथम प्रतीक कहा जाता है। वाक्य की रचना से सम्बद्ध व्याकरण के सभी प्रतीकों को अन्त्य प्रतीक और इन प्रतीकों से युक्त निर्मित कोष्ठकों की निर्मित को अन्त्य सूत्र कहते हैं। यदि अन्त्य सूत्र में निहित अन्त्य प्रतीकों के स्थान पर उसकी शब्दकोशीय श्रेणी का एक प्रतीक रख दिया जाए तो वाक्य निर्मित हो जाएगा। यह घटकीय संरचना अन्त्य सूत्र के प्रजनक नियमों में निर्दिष्ट होगी।

ना = राम

क्रि = दौड़ा

वि = गरीब

क्रि वि = दूर तक

गरीब राम दूर तक दौड़ा।

इस व्याकरण में व्याकरण नियमों में किसी भी दिशा में परिवर्तन होता है किन्तु यह प्रवर्त्तन कुछ सामान्य शर्तों के अनुकूल होता है। शोम्स्की का कहना है कि क और ख के मूल्यों पर दो महत्त्वपूर्ण प्रतिबन्ध है। क और ख समरूप नहीं होने चाहिए (अर्थात् क के स्थान पर दुबारा क का उल्लेख नहीं होना चाहिए। क एक प्रतीक मात्र होना चाहिए जबकि ख को एकाधिक प्रतीकों का सूत्र।

भिन्न-भिन्न संरचनावाले वाक्यों के लिए पुनर्लेखन में नए नियम का सृजन करना होता है। नियम बनाने में भी स्वैच्छिक तथा अनिवार्य दो तरह के नियम निर्दिष्ट भाषा प्रयोग में नाम के साथ अनेक नामों के समन्वयन की आवश्यकता होती है। इसलिए ना → ना + और + ना की बार-बार पुनरावृत्ति हो सकती है। इसके लिए वैकल्पिक नियम नियत किए जा सकते हैं। जैसे—ना → ना + और + ना + और + नौ। इस तरह + और + ना के द्वारा सूत्र को चाहे जितना विस्तार दे दें फिर भी उससे अधिक नामों के समन्वित होने की सम्भावना बनी ही रहेगी।

इसलिए यह अधिक उचित माना गया है कि ना → ना + और + ना के लिए ही यह निर्देश कर दिया जाए कि इस नियम को अनिश्चित बार दोहराया जा सकता है। बार-बार दोहराये जाने के कारण ऐसे नियम को '**पुनरावर्ती**' नियम कहा जाता है। भिन्न-भिन्न संख्या (दो, तीन, चार) के घटकोंवाले वाक्यों को क्रम से पुनरावर्ती संरचना द्वारा प्रजनित करके प्रायिकताओं का निर्धारण किया जा सकता है। इससे वाक्य प्रजनन का वास्तविक व्याकरणिक प्रतिमान बनाया जा सकता है। इसमें अधिक आवृत्तिवाली तथा कम आवृत्तिवाली दोनों प्रकार की संरचनाओं को प्रस्तुत किया जा सकता है। तीन या अधिक नाम संघों से युक्त रचनाएँ कई तरह से प्रजनित हो सकती है। जैसे—राम और मोहन और सोहन या मोहन और राम और सोहन या सोहन और राम और मोहन। इसीलिए उन्हें बहुगुण अस्पष्ट रचना कहा गया है। इससे यह सिद्ध होता है कि पुनरावर्ती नियम शुद्ध संरचनी वर्णन प्रस्तुत करने में पूरी तरह सफल नहीं हो पाते।

वाक्य में घटकों का विन्यास सदैव क्रमिक नहीं होता है, बल्कि वैकल्पिक रूप से क्रमिक या अक्रमिक दोनों होता है।

उदाहरणार्थ—

(क) राम काल्ड अप मोहन

(ख) राम काल्ड मोहन अप

(ग) राम काल्ड हिम अप

इन वाक्यों को देखने से स्पष्ट होता है कि नाम शब्द यदि कर्म के स्थान पर होता है तो अप अक्रमिक होता है, किन्तु यदि सर्वनाम कर्म के स्थान पर होता है तो यह सन्तत होता है। इसके लिए ऐसा घटक संरचना-नियम निर्मित किया जाएगा जो प्रथम और द्वितीय वाक्य में स्वैच्छिक तथा तृतीय वाक्य में अनिवार्य रूप से प्रयुक्त हो सकेगा।

घटक संरचनी व्याकरण (पदबंध रचनात्मक व्याकरण) मिश्र और सरल दोनों तरह के वाक्यों पर घटित किया जा सकता है।

पदबंध रचनात्मक व्याकरण में घटक संरचना सम्बन्धी सामान्य नियम क → ख प्रकार के होते हैं। इसमें प्रथम प्रतीक क का स्थान वही अपेक्षित है जो वा (वाक्य) का है। ख अर्थात् अन्त्य सूत्र (ना, क्रिसक, क्रिअक, वि) में क को परिणत करने के लिए किसी सन्दर्भ के आश्रय की जरूरत नहीं है।

कोटिबद्ध व्याकरण

इस व्याकरण की शुरुआत लेज्निएव्स्की के अनुयायी पोलिश आजुकीविक्ज के ग्रन्थों से मानी जाती है। इसका नियम का विकास बारहिल्लेल तथा लाम्बेक के द्वारा किया गया।

इस व्याकरण में वाक्य और नाम दो आधारभूत कोटियों को महत्त्व दिया जाता है। नाम के अतिरिक्त शब्दों का निवद्धन अन्य इकाइयों के साथ इस ध्यान

के साथ किया जाता है कि उनका घटक संरचना या मौलिक इकाइयों के साथ सम्बन्ध योग्यता क्या है। इसमें यह बताने का प्रयत्न किया जाता है कि वाक्य घटक के सृजन में कोई अवयव किसी अन्य कोटि के साथ संहत हो सकता है या नहीं और इस प्रक्रिया में घटक की कोटिगत श्रेणीकरण का भी निर्धारण कर दिया जाता है। जाना या सोना अवयव (अकर्मक क्रिया) किसी नाम (कर्त्ता + आदि) के साथ संहत होकर वाक्य रचना कर सकते हैं—

राम गया, राम सोता है, वह जाता है।

कोटिबद्ध व्याकरण में बारहिल्लेल ने जाना अवयव को भिन्न के रूप में प्रस्तुत किया है। इसका भाजक उस कोटि का निर्देशक है जिससे मिलकर वाक्य का निर्माण सम्भव हुआ है। इसका कोषीय वर्गीकरण इस प्रकार है—

गया कोषीय वर्गीकरण : $\frac{\text{वा}}{\text{न}} = \frac{\text{राम गया}}{\text{राम}}$ = गया (: अर्थ है कि ऐसे अवयव नाम के साथ मिलकर वाक्य रचना करते हैं।)

दौड़ना या जाना के इस श्रेणीकरण को मानकर किसी न (नाम) से संयुक्त करके हम राम दौड़ा या राम गया जैसे सुगठित व्याकरणिक वाक्य प्राप्त कर सकते हैं।

गणितीय निरसन या काट नियम से भी सूत्रण करके वाक्य (वा) की उपलब्धि की जा सकती है।

$$\text{य} \times \frac{\text{क्ष}}{\text{य}} = \text{क्ष}$$

इसी तरह न $\frac{\text{वा}}{\text{न}}$ = (बिन्दु का प्रयोग रैजिक अनुबन्धन को सूचित करने के लिए है)।

इस सिद्धान्त में अव्याकरणात्मक वाक्यों की शृंखला को बहिष्कृत करने के लिए अवयव के संघात की दिशा का निर्देश बाण द्वारा किया जाता है। जैसे—

वा
: ← अर्थात् नाम के साथ संहत होनेवाला अवयव बाईं ओर आएगा
न

जैसे—मूर्ख

मोहन बोल पड़ा बाएँ-दाएँ दोनों और संयोजन को अनुमत करके यह प्रणाली एक तरह से उपयदिक कार्य करती है। इसीलिए पुनर्लेखन प्रणाली की

तरह यह प्रणाली भी अक्रमिक घटकों की समस्या का निदान नहीं प्रस्तुत कर पाती है।

इस प्रणाली में अंकनात्मक लेखन इस प्रकार होता है क्रिया के लिए (वा न), विशेषण के लिए (न न), क्रिया विशेषण के लिए {(वा न) (वा न)} निरसन या काट से जो निष्कर्ष निकाला जाता है वह ब्लूम फील्ड के द्वारा सन्निहित घटकों के विश्लेषण से मेल खाता है। जैसे—गरीब लड़का दूर भागा चार घटकों से निर्मित है। इसमें दो-दो घटक सन्निहित घटक हैं—गरीब लड़का, दूर भागा।

सन्दर्भ संवेद्य व्याकरण

सन्दर्भ संवेद्य व्याकरण को सन्दर्भबद्ध व्याकरण भी कहते हैं। जिस व्याकरण में एकाधिक सन्दर्भ संवेद्य नियम हों उन्हें सन्दर्भ संवेद्य संघ संरचनी व्याकरण कहते हैं। विश्व में अनेक ऐसी भाषाएँ हैं जिनमें लिंग, वचन, विभक्ति, पुरुष आदि की दृष्टि से पदों या घटकों की अन्विति में एक तरह की सहमति होती है। इसे यों भी कह सकते हैं कि उनमें समरूपता होती है। संस्कृत का एक उदाहरण लेकर इसे स्पष्ट किया जा सकता है—एका सुन्दरी बालिका, एकं सुन्दरं पुस्तकं, एकः सुन्दरः बालकः। हिन्दी में क्रिया की अन्विति कर्त्ता के लिंग वचन तथा लिंग से प्रभावित रहती है। जैसे—

वह जाता है—कर्त्ता-पुल्लिग एकवचन, अन्यपुरुष, क्रिया पुल्लिग एकवचन

वे जाते हैं—कर्त्ता-पुल्लिग बहुवचन अन्य पुरुष+क्रिया पुल्लिग बहुवचन

वह जाती है—कर्त्ता स्त्रीलिंग (अनांकित) अन्य पुरुष तथा क्रिया स्त्री० एकवचन

वे जाती हैं—कर्त्ता, स्त्री०, अन्य पुरुष बहुवचन तथा क्रिया स्त्री बहुवचन

इस तरह की सम्बन्ध संवेद्य भाषाओं के विश्लेषण के लिए जिस व्याकरणिक प्रणाली का प्रयोग किया है उसे सन्दर्भ-संवेद्य-व्याकरण कहते हैं।

कर्त्ता और क्रिया आदि के घटकों की सहमति पूर्ण या विशिष्ट अन्विति में स्थिति के अलावा इनका कारकीय नियंत्रण क्रिया के द्वारा होता है। संस्कृत लैटिन आदि भाषाओं में क्रिया विशेष के साथ विभक्ति विशेष का होना अनिवार्य है; जैसे—रुच, नम, पा, मंत्र धातु का प्रयोग होने पर चतुर्थी का विनियोजन होना चाहिए—जैसे—रामाय नमामि, तुभ्यम् मोदकं रोचते। निपातों के साथ भी कभी-कभी विभक्तिकता सुनिश्चित होती है। जैसे—प्रति नगरम्, आसमुद्रं, नगरात् बहिः। आधुनिक भाषा वैज्ञानिकों का कहना है कि नियामन केवल विशिष्ट तरह की बहिः केन्द्रित पर ही लागू होता है जबकि अन्विति अन्तःकेन्द्रिक और बहिः केन्द्रिक दोनों ही प्रकार की रचनाओं में पाई जाती है।

अंग्रेजी, हिन्दी आदि भाषाओं के लिए कर्त्ता-क्रिया-अन्विति के नियमों के निरूपण में सन्दर्भ-संवेद्य व्याकरण अधिक सहायक सिद्ध हो सकता है।

सन्दर्भ संवेद्य व्याकरण में सूत्रीकरण के लिए कुछ नियमों या प्रतिबन्धों का निर्देश किया गया है—

क → ख/क्ष.......+त्र के सन्दर्भ में

यदि क्ष और त्र अनाश्रित रूप में अनुबन्धित प्रतीकों की किसी सान्त सूचना के लिए निबद्ध हैं तो क को एक ही प्रतीक का प्रतिनिधित्व करना चाहिए और ख को क के समरूप नहीं होना चाहिए तथा उसे शून्य भी नहीं होना चाहिए। इसका स्वीकृत निरूपण होगा—

प →क/च+छ+.........+ज के सन्दर्भ में

इसमें निम्न नियम वर्जित होगा—

(1) प → प/च +...........+ छ

(2) प → ०/च +.........छ

सन्दर्भ संवेद्य और सन्दर्भ मुक्त दोनों ही नियमों को एक रूपात्मक ढाँचे में लाने के प्रयत्न का परिणाम है संघ संरचनी व्याकरण।

क → ख/क्ष + ...+त्र के सन्दर्भ में।

यदि क्ष और त्र मूल्य की दृष्टि से अप्रतिहत अर्थात् प्रत्येक मूल्य बिना एक-दूसरे पर आश्रित हुए धनात्मक या शून्य हो सकता है तो इस नियम को सन्दर्भ मुक्त माना जाएगा। यदि क्ष या त्र का मूल्य यदि सीमित या बद्ध है अर्थात् धनात्मक या शून्य के रूप में निश्चित है तब उसे सन्दर्भ संवेद्य कहा जाएगा।

प्रत्ययिम प्रक्रिया

व्याकरण की इस प्रणाली को अंग्रेजी में टैग्मीमिक्स कहा जाता है। इस प्रणाली का सम्बन्ध व्याकरणिक विश्लेषण से है जिसे विशेष रूप से प्रयुक्त करने का श्रेय पाइक को भी यह प्रणाली ब्लूमफील्ड की भाषिक विचारों के अत्यन्त समीप है। पाइक ने 1954-60 के बीच इस विचार को प्रस्तुत किया। एल्सन, पिकेट, लोंगेक्रे, हैरिस आदि ने इस प्रणाली पर विस्तार से चिन्तन किया तथा इसके विकास में योगदान किया।

इन भाषावैज्ञानिकों के लिए तैग्मीम या प्रत्ययिम ही विश्लेषण तथा वर्णन की केन्द्रीय संकल्पना है। किसी संरचना में स्थान विशेष ही तैग्मीम है जिसमें कि उस स्थान पर आनेवाले तत्त्वों के रूपात्मक वर्ग का भी समावेश होता है। स्थान को Slot या खाँचा और वहाँ आनेवाले तत्त्व (घटक) Filler या पूरक कहलाते हैं। इस खाँचे में आनेवाले परस्पर विनिमेय इकाइयों के वर्ग के साथ किसी व्याकरिणक प्रकार्य या खाँचे का सह सम्बन्ध तैग्मीम है।

प्रत्ययिम प्रक्रिया में परम्परागत व्याकरणिक इकाइयों या संकल्पनाओं जैसे—संज्ञा, क्रिया, सर्वनाम, विशेषण, क्रिया-विशेषण आदि के साथ उद्देश्य, विधेय तथा कर्म पूरक को जोड़ने का कार्य किया जाता है। उदाहरणार्थ—रत्नसेन पुस्तक पढ़ता है। वाक्य में तीन प्रत्ययिम है—संज्ञा से पूरित उद्देश्य (रत्नसेन), समूहवाचक संज्ञा से पूरित कर्म के साथ सकर्मक क्रिया में पूरित विधेय। इसका सूत्रात्मक संक्षिप्तीकरण इस प्रकार होगा—

+उ (S) : ना (n) + वि (p) : क (O) + : ना (n) :

सक्रि (Tv)

चूँकि अंग्रेजी में कर्त्ता के बाद क्रिया उसके बाद कर्म आता है इसलिए उसका प्रत्ययिम क्रम

+S : n/pn + P : Tv + O : n होगा।

इस व्याकरण में शब्द की संरचनाओं तथा उनसे ऊपर की संरचनाओं जैसे वाक्यान्तर या वाक्य सभी का विवेचन प्रत्ययिम पद्धति से किया जाता है।

इस पद्धति में जो सूत्रीकरण होता है उसमें + तथा ± के चिह्न काफी महत्वपूर्ण हैं। + चिह्न का प्रयोग आवश्यक संघटक प्रत्ययिमों के पूर्व तथा ± का प्रयोग वैकल्पिक संघटक प्रत्ययिमों के पूर्व किया जाता है। हिन्दी का एक वाक्य है—सीता रोटी खाती है। इस वाक्य का सूत्रण उपर्युक्त चिह्नों के प्रयोग के साथ होगा।

: + उ: ना + वि : सक्रि ± क : ना। (± का प्रयोग क्रमशः वि के तुरन्त बाद किया जाना चाहिए।

तात्पर्य है कि सकर्मक क्रिया जिसे विधेय कहते हैं एक का प्रयोग (या सर्वनाम) उद्देश्य का अनुगमन करता है। कर्म संज्ञा का प्रयोग (पूर्वागमन) भी हो सकता है नहीं भी। हिन्दी वाक्य रचना के सन्दर्भ में यह पूर्वागमन होगा किन्तु अंग्रेजी में अनुगमन क्योंकि दोनों वाक्य रचना में पदों के स्थान में थोड़ा भेद पाया जाता है; जैसे—सीता रोटी खाती है (Sita eats bread)।

संघटक विश्लेषण तथा रचनान्तरणी पदबंध संरचना में द्विचर विभाजन होता है, किन्तु प्रत्ययिम प्रक्रिया में आनुक्रमिक तथा समतुलित प्रत्ययिमों का समावेश रहता है। 'वह रोटी खाता है' में तीन प्रत्ययिम माने गए हैं। द्विचर विभाजन की तरह नासं + क्रिसं नहीं। प्रत्ययिम अनुक्रमों को शृंखलाएँ भी कहा गया है जिसकी अंग्रेजी संज्ञा है— Strings.

प्रत्ययिम प्रक्रिया का इस्तेमाल छोटे तथा बड़े सभी प्रकार के वाक्यों के विश्लेषण के लिए किया जा सकता है। एक बड़े वाक्य का विभाजन प्राथमिक रूप में इस प्रकार किया जाएगा—टूटी-खचाड़ा स्कूटर ने राम के बेटे को शाम

तक घर पहुँचा दिया—

1. टूटी खचाड़ा स्कूटर—1. संज्ञा पदबंध पूरित उद्देश्य

2. राम के बेटे को—विधेय {संज्ञा पदबंध में पूरित कर्म

3. शाम तक {क्रिया विशेषणात्मक पदबंध

4. घर {स्थान वाचक

5. पहुँचा दिया {सकर्मक क्रिया

एक प्रत्ययिम में उप प्रत्ययिम भी नियोजित हो सकते हैं। यदि एकाधिक प्रत्ययिम व्याकरणिक विभेद दिखाए बिना या उनके साथ नियत किए जाने पर संरचनात्मक अर्थ में विभेद किए बिना प्रयुक्त हो सकते हैं या प्रयुक्त हुए हैं तो उन्हें एक ही प्रत्ययिम प्रक्रिया के प्रत्ययिम तथा उप प्रत्ययिम कहा जाएगा। उदाहरणार्थ वह **कल** स्कूल जाएगा तथा वह स्कूल **कल** जाएगा, दोनों वाक्यों में 'कल' कालवाची प्रत्ययिम यद्यपि अलग-अलग स्थानों पर आ रहा है, किन्तु इसे एक तैग्मीम को : क्रिवि के साथ नियत किया जाएगा। मुक्त शब्द क्रमवाली भाषाओं; जैसे—लैटिन, संस्कृत आदि में अकेले तैग्मीम का प्रतिनिधित्व करनेवाले अलग-अलग उपतैग्मा सम्भाव्य हैं। आर० एच० रोविन्स इस पद्धति के महत्व पर प्रकाश डालते हुए लिखते हैं—'किसी व्याकरणिक प्रकार्य (संरचनात्मक अर्थ के साथ) तथा एक रूपात्मक वर्ग को एक इकाई में संगठित करने में भाषाओं के ऐसे विश्लेषणों के लिए तैग्मीम विशेष रूप से उपयोगी प्रतीत होता है, जहाँ कि व्याकरणिक प्रकार्यों की विविधता को रूपात्मक दृष्टि से भिन्न-भिन्न तत्वों की विविधता के द्वारा परिपूर्ण किया जा सकता है। तैग्मीम प्रक्रिया सभी संरचनावादी सन्दर्भ में प्रकार्य का पुनर्प्रतिज्ञापन है।

व्यवस्था-संरचना सिद्धान्त

ग्रेट ब्रिटेन के भाषा वैज्ञानिक फर्थ के स्वन गुणिमिक विश्लेषण के कुछ सिद्धान्तों को ध्यान में रखकर हॉलिडे के द्वारा 'व्याकरण सिद्धान्त की कोटियाँ' के अन्तर्गत इस नए सिद्धान्त को प्रतिपादित किया गया। इस नए निर्वचन में भाषा की सामान्य परिकल्पना में भाषित रूप तत्त्वों तथा उनकी अवस्थितियों में व्यतिरेक माना जाता है। भाषिक रूप में व्याकरण एवं शब्द भंडार को केन्द्रीय स्थान माना गया है। ये (व्याकरण और शब्द भंडार) स्वन प्रक्रिया के माध्यम से अपने लेखिक निरूपण के साथ सम्बद्ध होते हैं। इस पद्धति में व्याकरणिक तथा शाब्दिक तत्त्वों के आर्थी प्रकार्यों जो लोक जीवन में विविध अनुभवों तथा अर्थों को संक्षिप्त रूप में प्रस्तुत करते हैं विवेचन का प्रयत्न किया गया है।

इसमें स्वनिम को ही न्यूनतम इकाई मानकर चला जाता है और इसके ऊपर की श्रेणी स्केल के साथ क्रमशः अक्षर, चरण तथा तान समूह आदि दीर्घतर

इकाइयों को व्यवस्थित किया जाता है। भाषिक विवरण के लिए गृहीत मूलभूत कोटियाँ हैं—इकाई संरचना, वर्ग तथा व्यवस्था। इन कोटियों का स्वनिक तत्त्वों के साथ सम्बन्ध श्रेणी (रैंक), सूक्ष्मता (डेलिकेसी) तथा द्योतक (एक्सपेन्स) तीन स्केलों पर होता है। इकाई का तात्पर्य है वाक्य, उपवाक्य, पदबन्ध, शब्द तथा रूपिम। पीछे निर्देश किया गया है कि वाक्य के नीचे की श्रेणी है उपवाक्य और उपवाक्य के नीचे पदबन्ध, पदबन्ध के नीचे शब्द और शब्द के नीचे रूपिम। आकार ग्रहण में इन अन्तर्सम्बन्धों की श्रेणी स्केल कहा गया है। किसी एक शब्द से निर्मित वाक्य का विश्लेषण करते समय इस पद्धति में उसकी ऊपरी तथा निचली श्रेणी को प्रदर्शित किया जाता है—जैसे 'नहीं' शब्द से निर्मित वाक्य का विवरण इस प्रकार दिया जाएगा—एक वाक्य का द्योतक, एक उपवाक्य, एक समूह जो कि एक शब्द तथा एक रूपिम है।

इस सिद्धान्त में भाषिक संरचनाओं (वाक्यादि में निर्मित भाषिक संरचना) में आनेवाली पुनरावर्ती स्थितियों को वर्गान्तरण के रूप में विवेचित किया जाता है। वर्गान्तरण में शर्त यह है कि आनेवाली इकाई को ऊपर की इकाई में न ले जाकर समान वर्ग या उससे निकटतम निम्न वर्ग में ले जाया जाता है। अंग्रेजी या हिन्दी में सम्बन्ध उपवाक्य रचनाएँ वाक्यों को विशेषकों में परिवर्तित कर देती हैं। जैसे—1. मैंने उसे अपनी दुकान में प्रवेश दिया।

2. वह आदमी जिसे मैंने अपनी दुकान में प्रवेश दिया शातिर बदमाश था।

प्रथम वाक्य दूसरे वाक्य में विशेषक पदबंध बन गया है। यह वाक्य से नीचे की इकाई उपवाक्य-परक पदबन्ध जैसा बन गया है।

व्याकरणिक इकाइयों की उच्चतम श्रेणी तथा शेष इकाइयों को अपने निकटतम ऊपरी इकाइयों की संरचना के सन्दर्भ में प्रकार्यात्मकता की दृष्टि से वर्गीकृत किया जाता है। प्रत्येक वर्ग की दो स्थितियाँ हैं—सम्वृत्त और विवृत्त। सम्वृत्त का अर्थ है उनके साथ नए सदस्यों की सरलतापूर्वक सम्बद्ध नहीं किया जा सकता है। पूर्वसर्ग इसी वर्ग के हैं। विवृत वर्ग में नए सदस्यों को आसानी से सम्मिलित किया जा सकता है। संज्ञा और क्रिया वर्ग इस वर्ग से सम्बद्ध हैं। उदाहरणार्थ 'स्त्री' कहने से सम्पूर्ण मानव-जाति की स्त्रियों का बोध होता है। भारतीय स्त्री कहने से शब्द का अभिप्राय सीमित होगा। सीता कहने से यह वर्ग और भी छोटा हो गया बल्कि यों कहिए एक इकाई हो गया। मानदंडों के उत्तरोत्तर संकुचन को सूक्ष्मता के स्केल तक ले आना इस सिद्धान्त की एक मूलभूत मान्यता है।

सुन्दर, सुन्दरी, विशेषणों के प्रयोग से वर्ग विभेद की सूक्ष्मता स्पष्ट हो जाती है। सूक्ष्मता के स्केल पर कार्य करते समय इस बात का ध्यान रखना अपेक्षित होता है कि भाषिक संरचना के पृथक्-पृथक उपवर्गों की स्थापना के ऐसे बिन्दु

पर तो नहीं पहुँच गए हैं जिसके आगे की सूक्ष्मता ज्ञेय अर्थपरक विभेदों से सह-सम्बन्ध को बताने में असफल नहीं हो जाएगी। इस व्यावहारिक समस्या के प्रति कार्यरत भाषावैज्ञानिक को सचेष्ट रहना चाहिए।

रूप को पदार्थ के साथ जोड़ने का कार्य द्योतकता के द्वारा होता है। उप-वाक्य संरचना में एक तत्त्व के रूप में विधेय से क्रिया की ओर गतिशील होते हुए वास्तविक विषय-वस्तु के रूप में शाब्दिक वर्ग से एक रूप का ग्रहण जैसे 'पढ़ना' करते हैं तो एक तरह से हम विषय-वस्तु के अधिक समीपस्थ होते हैं, अन्ततः पढ़ना आदि ध्वनि क्रमों में लिप्यंकित करके स्केल के एक छोर (पर सीमा) पर पहुँच जाते हैं।

इस प्रणाली में श्रेणी, सूक्ष्मता और द्योतकता की जो चर्चा की गई है उन्हें एक-दूसरे के आश्रित या परनिर्भर नहीं माना जा सकता है। सूक्ष्म लिप्यंकन के द्वारा वाक्य की द्योतकता तक पहुँचा जा सकता है, इसमें व्याकरणिक तथा स्वन प्रक्रियात्मक विश्लेषण को चाहें तो छोड़ भी दें।

इसमें चार मौलिक कोटियों में से एक के रूप में व्यवस्था पर कुछ अधिक बल दिया गया है।

अर्थविज्ञान

अर्थविज्ञान की सरलतम परिभाषा है शब्द तथा वाक्य के स्तर पर घटित या निहित अर्थ का विवेचन। अंग्रेजी में इसे 'सेमेटिक्स' कहा जाता है, इसके मूल में ग्रीक धातु है जिसका अभिप्राय है संकेतित करना। भाषाविज्ञान की उल्लेखनीय शाखा के रूप में यद्यपि इसका विकास एक शताब्दी से अधिक प्राचीन नहीं है किन्तु जिस भी देश में भाषा सम्बन्धी चिन्तन हुआ वहाँ अर्थ पर अवश्य विचार किया गया।

भारतीय विचार—भारतीय भाषा चिन्तन में अर्थ पर बड़ी गहराई तथा सूक्ष्मता से विचार किया गया है। अर्थ की महत्ता, लक्षण, शब्द और अर्थ का सम्बन्ध, अर्थबोध के विविध साधन अर्थ प्रतीति के अवरोधक तत्त्व, अनेकार्थक तथा एकार्थक शब्दों के अर्थ निर्णय के साधन आदि विषयों पर भारतीय चिन्तकों के स्पष्ट विवेचन उपलब्ध होते हैं।

भर्तृहरि ने वाक्यपदीयम् में अर्थ की परिभाषा इस प्रकार की है—

यस्मिंस्तूच्चरिते शब्दे यदा योऽर्थः प्रतीयते।
तमाहुरर्थं तस्यैव नान्यदर्थस्य लक्षणम्॥

जिस शब्द के उच्चारण से जब जिस अर्थ की प्रतीति होती है, वही उसका अर्थ है : अर्थ का दूसरा लक्षण नहीं है।

अर्थ की महत्ता पर विचार करते हुए यास्क अपने निरुक्त में कहते हैं कि जिस प्रकार बिना अग्नि के शुष्क ईंधन प्रज्ज्वलित नहीं होता, उसी तरह अर्थबोध के बिना शब्द को दोहराने मात्र से अभीप्सित विषय को प्रकाशित नहीं किया जा सकता है—

यद् गृहीतमविज्ञातं निगदेनैव शब्द्यते।
अनग्नाविव शुष्कैधो न तज्ज्वलति कर्हिचित्॥

भारतीय विचारकों ने शब्द और अर्थ के अभेदत्व को प्रतिपादित किया है। वाक् और अर्थ एक-दूसरे से सम्पृक्त रहते हैं, किन्तु प्रश्न यह उठता है कि शब्द विशेष के ध्वन्यात्मक उच्चार या लिप्यंकन से अर्थ विशेष का ग्रहण कैसे होता है? ध्वनि विशेष के साथ जागतिक वस्तु (या भाव) का सम्बन्ध स्थान संकेतग्रह कहलाता है। संकेतग्रह अर्थबोध के आठ साधन बताए गए हैं--

संकेतग्रहं व्याकरणोपमान कोशात्त वाक्याद् व्यवहारतश्च।

वाक्यस्य शेषाद् विवृतेर्वदन्ति सान्निध्यत: सिद्ध पदस्थवृद्धा:॥

व्याकरण, उपमान, कोश, आप्तवाक्य, व्यवहार, वाक्य विशेष (प्रकरण) विवृत्ति, सिद्धपदों का सान्निध्य आठ संकेत 'ग्रहण के' साधन हैं। इन आठ साधनों में प्राथमिक है—

व्यवहार—क्योंकि भाषा के अर्थ ग्रहण या भाषा सीखने का प्रथम सोपान है। व्याकरणादि पर विशेष ध्यान दिए बिना बालक समाज में भाषा, व्यवहार को देखकर-सुनकर भाषा का प्रयोग करने लगता है। वह सम्बन्धियों, निकट के पशु-पक्षियों, वस्तुओं के लिए प्रयुक्त ध्वनि संकेतों में अर्थ ग्रहण सीखता है। व्यावहारिक जगत में बहुत-सी चीजें ऐसी होती हैं जिनसे हमारा प्रत्यक्ष साक्षात्कार नहीं होता। ऐसी वस्तुओं का अर्थात्मक ग्रहण **आप्त** (वाक्य) या वचन से होता है। जैसे 'ईश्वर' का ज्ञान ऋषियों, मुनियों द्वारा स्थापित तथा बड़े बुजुर्गों द्वारा गृहीत ज्ञान है जो दूसरी पीढ़ी को अध्यान्तरित कर दिया जाता है।

उपमान—एक वस्तु के सादृश्य पर दूसरी वस्तु का ज्ञान प्राप्त करना। घोड़ा, दरियाई घोड़ा। घोड़ा का ज्ञान पहले से है और उसी से मिलते-जुलते जानवर के लिए जो जमीन के ऊपर नहीं बल्कि जल के भीतर (प्राय:) रहता है उसके लिए एक अर्थबोधक शब्द बना दरियाई घोड़ा।

वाक्य विशेष—इसका अर्थ है प्रकरण। जब कोई शब्द अनेकार्थक होता है तो इस विधि की सहायता से अर्थ ग्रहण होता है। रस शब्द के कई अर्थ हैं; जैसे काव्यरस, गन्ने का रस, वेदना निग्रह रस।

विवृत्ति—कुछ शब्दों का संकेत सीधे दूसरे शब्द के माध्यम से व्यक्त नहीं किया जा सकता है बल्कि उसकी व्याख्या की आवश्यकता होती है। इस तरह के शब्दों में प्राय: कुछ पारिभाषिक अर्थ निहित होता है जिसकी विवृति के बिना संकेत ग्रहण नहीं हो सकता; जैसे—छायावाद, रीति, विधि।

प्रसिद्ध पद का सान्निध्य—कुछ शब्दों का अर्थ पूर्व ज्ञात प्रसिद्ध शब्दों के सान्निध्य से खुलता है; जैसे—इस बार गेहूँ, जौ, चना मटर, चना आदि की

फसल अच्छी हुई। मान लीजिए इनमें मटर का अर्थ ज्ञात नहीं है तो उसका गेहूँ, जौ के साथ फसल के बड़े वर्ग के सदस्य के रूप में उपयोग से समझा जा सकता है कि यह भी अनाज ही है। जब कोई वक्ता अपना भाषण शुरू करते समय कहता है, देवियो और सज्जनो, तो साफ जाहिर हो जाता है कि सज्जनो की तरह महिलाओं को देवियो कहा गया है। देवियो का अर्थ काली, दुर्गा आदि नहीं है।

व्याकरण—कोशगत शब्दों का कालगत, वचनगत, या इसी तरह के अन्य रूपान्तरण का ज्ञान व्याकरण के द्वारा होता है। खाना क्रिया खाया क्यों बन गई इसका क्या तात्पर्य है इसका संकेत व्याकरण में ही मिल सकता है। वर्तमान काल की क्रिया भूतकाल में परिवर्तित होकर खाना से खाया बन जाती है। इसी तरह लड़का शब्द अनेक के अर्थ में बहुवचन हो जाता है और इसका रूपान्तरण लड़के हो जाता है।

कोश—बहुत से शब्दों का अर्थ शब्दकोश के माध्यम से जाना जाता है।

संकेत ग्रह के बीच बोधक तत्त्वों की ओर भी ध्यान आकर्षित किया गया है। वक्ता और श्रोता के बीच समानाधिकरण्य का अभाव अर्थ ग्रहण में बाधक होता है। दोनों एक ही भाषा जाति के होने चाहिए, उनमें बौद्धिक तथा भावात्मक स्तर में निश्चित ढंग की समानता होनी चाहिए। संकेत विस्मरण या भ्रान्त अर्थ ज्ञान से भी संकेतग्रह में कठिनाई होती है। सांख्य दर्शन में अतिदूरता, अतिसामीप्य, इन्द्रियघात, मन की अस्थिरता, सूक्ष्मता, व्यवधान, अभिभव, समानाभिहार (समान वस्तु का मिश्रण) आदि व्यवधानों की चर्चा की गई है।

शब्दों के अर्थ की दृष्टि से दो वर्गों को पहचाना गया था—एकार्थी और अनेकार्थी। एकार्थी शब्दों के अर्थ निर्णय का विस्तार से विवेचन काव्यशास्त्र के ग्रंथों में आर्थी व्यंजना प्रकरण में किया गया है। साहित्य दर्पण में दस साधनों का उल्लेख किया गया है—

वाक्तृ-बोद्धव्य-वाक्यानामन्य सन्निधि-वाच्ययोः।
प्रस्ताव देश कालानां काकोश्चेष्टादिकस्य च।
वैशिष्ट्यादन्यमर्थ या बोधयेत् सार्थसंभवा।
वक्ता, बोद्धव्य (श्रोता), वाक्य, अन्य सन्निधि, वाच्य,
प्रस्ताव (प्रकरण) देश-काल, काकु, चेष्टा।

अनेकार्थक शब्दों के अर्थ निर्णय के लिए भर्तृहरि ने संयोग, वियोग, साहचर्य, विरोध, अर्थ (प्रयोजन), प्रकरण, लिंग, अन्य शब्द का सान्निध्य, सामर्थ्य, औचित्य, देश, काल, व्यक्ति, स्वर आदि को साधन के रूप में परिगणित किया है। **संयोग** का तात्पर्य किसी निश्चित शब्द के साथ जुड़ना

जैसे—गो, शब्द के गाय, पृथ्वी, वाणी अनेक अर्थ हैं किन्तु यदि गोघृत कहें तो 'गाय' का ही बोध होगा क्योंकि गाय के दूध से ही घी बनेगा। **वियोग** प्रसिद्ध वस्तु—सम्बन्ध का अभाव वियोग कहा जाता है जैसे—'नगहीन अँगूठी' का प्रयोग नग का अर्थ नगीना के रूप में वियोगात्मक ढंग से सुनिश्चित करता है। **साहचर्य** का अर्थ है साथ रहना जैसे—कृष्ण-अर्जुन, कृष्ण का अर्थ काला तथा अर्जुन का अर्थ एक वृक्ष विशेष भी होता है किन्तु यह दोनों शब्दों के साहचर्य से देवकीपुत्र कृष्ण और कुन्तीपुत्र अर्जुन का बोध हो गया। **विरोध**—जैसे राम-रावण, **अर्थ**—शब्द का मुख्य प्रयोजन (क्रिया के साथ उसकी संगति) से भी अर्थ सुनिश्चित होता है जैसे संसार से मुक्त होने के लिए **हरि** का भजन करना चाहिए। यहाँ हरि भगवान का द्योतक हो गया सिंह, घोड़ा, सर्प का नहीं। **प्रकरण**—से भी अर्थ की स्पष्ट प्रतीति होती है जैसे—भीड़ को तितर-बितर करने के लिए **गोली** चला दो। यहाँ **गोली** का अर्थ दवा की गोली या खेलने की गोली नहीं हो सकता है। **लिंग** क्रियात्मक चिह्न है जैसे क्षुद्र **जलज** से सदा छलकता नीर। यहाँ जलज-कमल नहीं हो सकता क्योंकि नीर छलकाना बादल का लिंग (चिह्न, लक्षण) है। अन्य **शब्द का सान्निध्य** दूसरे शब्द के सम्पर्क से भी अनेकार्थक शब्द का कोई खास अर्थ पकड़ में आता है। जैसे गाँधी और नेहरू। यह निर्देशक साहचर्य के समान ही है। **सामर्थ्य**—शब्द विशेष में प्रयुक्त वस्तु या व्यक्ति के सामर्थ्य अर्थात् क्षमता से भी अर्थ निर्णय किया जा सकता है। **औचित्य**—प्रसंग विशेष में बात को कहने का औचित्य, जैसे—आप अपने **करों** से थाम लीजिए यहाँ करों का अर्थ किरण नहीं हो सकता है क्योंकि किरणों में थामने की क्षमता नहीं है। देश (स्थान), काल (समय)] व्यक्ति तथा बोलने के स्वर से भी अर्थ निर्णय में सहायता मिलती है।

शब्द से अर्थ का द्योतक कैसे होता है। समस्या से जूझने का प्रयत्न दार्शनिक (मीमांसक) काव्यशास्त्री तथा वैयाकरण सभी करते हैं। वैयाकरणों ने शब्द के बीच से अर्थ के प्रस्फुटन को स्फोट कहा है। वाणी से जो उच्चरित होता है वह तो केवल ध्वनि है। इन ध्वनियों के साथ पदार्थ विशेष के साथ जो सम्बन्ध जुड़ा है वही अर्थ है। स्फोट एक प्रकार से संस्कार है। जो भाषा प्रयोक्ता तथा श्रोता के मन में होता है। हृदय में जो भाषा वर्तमान रहती है। शब्द का श्रवण करने के बाद नित्य शब्द हृदय में फूट जाता है। किसी ध्वनि विशेष से विचार विशेष का संकेत होता है।

शब्द में अर्थ के तीन स्तरों को पहचाना गया है। वाच्य (मुख्यार्थ) जिसकी उपलब्धि-अभिधा शब्द शक्ति से होती है। इसे अभिधार्थ भी कहते हैं। लक्षणा शब्द शक्ति से लक्ष्य अर्थ की तथा व्यंजना शब्द शक्ति से व्यंग्यार्थ की उपलब्धि होती है।

अर्थ परिवर्तन में लक्षणा शक्ति की भूमिका विशेष महत्व की है।

पाश्चात्य विचार

भारतीय विचारकों की तरह ही शब्द तथा उसके अर्थ के विषय में दार्शनिकों (तथा मनोवैज्ञानिकों) की गहरी अभिरुचि रही है। वस्तुवादी दार्शनिकों के अनुसार एक ही संज्ञा को वहन करनेवाले सभी द्रव्य कुछ अनिवार्य सामान्य लक्षणों से सम्पृक्त होते हैं जबकि नाममात्रवादियों की धारणा है कि उनमें उस संज्ञा के अतिरिक्त कोई समानता नहीं होती जिसे एक रूढ़ि के कारण वस्तु विशेष के लिए प्रयुक्त किया जाने लगा है।

दार्शनिक मतवादों में विस्तार से जाने की अपेक्षा वैयाकरणों की विचारधारा की ओर दृष्टिपात करना अधिक श्रेयस्कर है। पाश्चात्य परम्परागत व्याकरण में यह मान्यता थी कि वाक्य विन्यास एवं अर्थविज्ञान की आधारभूत इकाई कोशस्थ शब्द हैं। शब्द के दो भाग माने गए—आकार और अर्थ। सुकरात और प्लेटो आदि दार्शनिकों द्वारा शब्दों तथा द्रव्यों के बीच संज्ञाकरण की जो बात उठाई गई थी उसी धरातल पर वैयाकरणों का भी चिन्तन अग्रसर रहा। वैयाकरणों का मत था कि वाचिक शब्द का आकार किसी भाषा के वक्ता के मन में उसके सहचारी सम्प्रत्यय के कारण द्रव्यों को संकेतित करता है। परम्परागत पाश्चात्य व्याकरण में यह मान्यता थी कि विशिष्ट अर्थ के संयोग से ही शब्द की परिणति होती है। भारतीय चिन्तकों की तरह इनमें भी मन में स्थित शब्द जो वस्तु के सम्प्रत्यय के रूप में है का संकेत मिलता है।

एकार्थक तथा अनेकार्थक दो अर्थ कोटियों का विवरण पाश्चात्य परम्परा में भी मिलता है। एक अर्थ के साथ दो या अधिक शब्दाकारों का सम्बन्ध हो सकता है। इस तरह के शब्दाकारों को पर्याय या समानार्थक शब्द कहा जाता है। इसके विपरीत दो या अधिक अर्थ यदि एक ही शब्दाकार में निहित हैं तो उस शब्द को अनेकार्थक कहेंगे। यद्यपि प्राचीन वैषम्यवादियों के अनुसार आदर्श भाषा वही है जिसमें एक आकार का एक ही अर्थ हो अथवा एक अर्थ एक ही आकार से संगत हो।' यद्यपि यह आदर्श शायद ही किसी भाषा में उपलब्ध हो सके।

ग्रीक वैयाकरणों ने भाषा की उत्पत्ति को प्राकृतिक सिद्ध करने के प्रयास में 'अर्थ सीमा' के मूल से आगे के विस्तार की स्थितियों को निरूपित करने के लिए जिन सिद्धान्तों का उल्लेख किया उनमें 'रूपक' (मेटाफर) सर्वप्रमुख है। रूपक के द्वारा मुख्य अर्थ का विस्तार गौण अर्थ में भी हो गया। जैसे—आदमी का मुख, नदी का मुख, सुई का मुख। इनमें मुख शब्द समनाम या अनेकार्थक नहीं हो सकता है। परम्परागत वैयाकरण इन्हें तीन सम्बद्ध अर्थ मानते रहे हैं। अनेकार्थकता तथा बहुअर्थकता का भेद कोश रचना में भी दिखाई देता है। यद्यपि

यह भेद कोशकार की शक्ति और सामर्थ्य को भी द्योतित करता है।

पाश्चात्य परम्परागत व्याकरण के विरुद्धार्थकता, की अर्थात्मक कोटि का भी विवेचन उपलब्ध होता है। यूरोप की अनेक भाषाओं के ऐसे शब्दकोश उपलब्ध हैं जिनमें पर्याय और विरुद्धार्थक शब्दों को संग्रहीत किया गया है।

भारत और पश्चिमी जगत् में अर्थ-विचार में मानसिक सम्प्रत्यय को महत्व दिया गया है। स्फोट के विषय में पहले चर्चा की जा चुकी है। मनोवादी कहता है कि एक भाषिक रूप के उच्चार के पूर्व वक्ता के अन्दर एक भौतिकेतर प्रक्रिया जैसे विचार, धारणा, प्रतिबिम्ब, भावना, इच्छा आदि सक्रिय होती है, और इसी प्रकार श्रोता की ध्वनि तरंगों को पाकर समान या सम्बद्ध मानसिक प्रक्रियाएँ होती हैं। इस धारणा में अन्त: निरीक्षण पर विशेष बल दिया जाता है। हास का कहना है कि 'कोई भी अनुभूतिगम्य विज्ञान किसी भी ऐसी प्रक्रिया से सन्तुष्ट नहीं हो सकता जिसमें प्रत्येक मनुष्य अपने-अपने मन में देखने को बाध्य हो।' अर्थविज्ञान को अनुभूतिगम्य विज्ञान माननेवाले शरीर और मन के बीच भेद या सम्प्रत्यय की स्थिति के प्रति पूर्वाग्रह से ग्रस्त होकर नहीं चलते हैं। यंत्रवादी के लिए मानसिक प्रक्रियाएँ उन शारीरिक क्रियाओं के परम्परागत नाम मात्र हैं। ब्लूमफील्ड ने इनके तीन स्थूल रूपों को प्रस्तुत किया है।

(1) व्यापक क्रियाएँ जो विभिन्न व्यक्तियों में भी प्राय: समान हैं और जिनकी कुछ सामाजिक महत्ता है। वे परम्परागत भाषिक रूपों 'मैं भूखा हूँ' आदि से निरूपित होता है।

(2) अस्पष्ट और अत्यधिक परिवर्तनशील, अल्पमात्रिक मांसपेशीय संकुचन और ग्रंथि-सुख जो व्यक्ति से व्यक्ति में भिन्न होता है और जिनकी तात्कालिक सामाजिक महत्ता भी नहीं है। ये परम्परागत भाषिक रूपों से निरूपित नहीं होते हैं।

(3) वाक् अवयवों के नि:शब्द संचलन का स्थान तो लेते हैं किन्तु अन्य व्यक्तियों द्वारा जाने नहीं जाते।

वैसे मनोवादी तथा यांत्रिकतावादी दोनों में एक समानता है कि—दोनों अर्थ की परिभाषा वक्ता की परिस्थितियों से और यदि इससे कुछ विस्तार होता है तो श्रोता की अनुक्रियाओं से करते हैं।

पाश्चात्य विद्वानों ने अर्थ बोध के तीन साधनों का उल्लेख किया है—

1. निदर्शन
2. विवरण या वाग्विस्तार
3. अनुवाद

1. निदर्शन—किसी वस्तु को दिखाकर शब्द विशेष का अर्थबोध कराने की पद्धति निदर्शन है। जैसे—आम या सेब को दिखाकर इनसे सम्बद्ध शब्दाकार का उच्चारण करना। भाषा ज्ञान की यह आरम्भिक प्रक्रिया है। बच्चे को एक वस्तु की ओर संकेत करके (दिखाकर) भाषा ज्ञान कराया जाता है।

2. विवरण या वाग्विस्तार—किसी वस्तु विशेष के विषय में विस्तार से कथन करना जैसे यह कहा जाए कि गाय एक चौपाया दुधारू जनिवर है जिसके दो सींग एक पूँछ होती है आदि। विवरण के माध्यम से अर्थ ज्ञान करने के लिए उसके इर्द-गिर्द प्रयुक्त शब्दों का पूर्व अर्थ ज्ञान अपेक्षित होता है। जैसे 'गाय' का अर्थ समझने के लिए जानवर, सींग, पूँछ आदि का अर्थ ज्ञान आवश्यक है। निदर्शनात्मक परिभाषा भाववाचक शब्दों को समझाने में कारगर नहीं हो पाती है जैसे सत्य, सुन्दरता। ऐसे शब्दों का अर्थ समझाने के लिए लम्बी परिभाषाओं का सहारा लेना पड़ता है।

3. अनुवाद—यदि जिज्ञासु की मूलभाषा भिन्न है तो जिस भाषा को वह सीखना चाहता है उसका उसकी मूल भाषा में प्रयुक्त संकेतों (शब्दों) में परिवर्तित (अनूदित) कर दिया जाए तो वह अर्थ ग्रहण कर लेगा। अंग्रेजी सीखनेवाले हिन्दी भाषी छात्र को अनुवाद के माध्यम से अर्थ ज्ञान कराया जाता है। वास्तव में जब कोई व्यक्ति किसी शब्द का अर्थ पूछता है तो प्राय: एक भाषा से दूसरे भाषा में अनुवाद करके अर्थ बता दिया जाता है। परिभाषा का यह उपाय द्विभाषी कोशों में मिलता है।

भाषिक रूपों के उच्चरित होने की परिस्थितियाँ अलग-अलग होती हैं। दार्शनिकों की धारणा है कि दो परिस्थितियाँ कभी एक जैसी नहीं होती हैं। सेब शब्द का अनेक बार जिस फल विशेष के लिए प्रयोग होता है वह गंध, स्वाद, आकार में किंचित भिन्न हो सकता है। किन्तु एक भाषा जाति का वक्ता वस्तु विशेष की उपस्थिति की परिस्थिति में कुछ सामान्य लक्षणों के आधार पर 'सेब' शब्द का इस्तेमाल करता है। बहुत से उच्चार ऐसे भी होते हैं जब उचित परिस्थिति मौजूद ही नहीं है। सामने निर्देशक वस्तु है नहीं किन्तु उसका उच्चार किया जा रहा है अर्थात् सामने गाय, सेब या आम कुछ भी नहीं है किन्तु वक्ता के द्वारा इनके शब्द रूपों का उच्चारण किया जा रहा है। ब्लूमफील्ड इसे विस्थापित भाषण कहते हैं। उनका कहना है कि शब्द कोशीय अर्थ ज्ञान के साथ ही विस्थापित भाषण का भी ज्ञान हो जाता है।

पूर्व उल्लिखित मुख्य अर्थ तथा गौण अर्थ के लिए ब्लूमफील्ड प्रसामान्य या केन्द्रक अर्थ तथा सीमावर्ती या स्थानान्तरित अर्थ संज्ञाओं का व्यवहार करते हैं। स्थानान्तरित अर्थ सभी भाषाओं में मिलते हैं किन्तु उन सबमें समरूपता हो ऐसा नहीं है। अभिधार्थ या वाच्यार्थ के लिए पाश्चात्य विद्वानों ने कोशार्थ का उल्लेख

किया है। अर्थ के अन्य दो रूप हैं—**व्याकरणार्थ** और **अनित्यार्थ,** व्याकरण द्वारा निर्दिष्ट शब्द प्रयोगों (वाक्य में) से जो अर्थ ग्रहण होता है उसे व्याकरणार्थ कहते हैं। मोहन राम को मारता है। राम मोहन को मारता है। मोहन और राम के कर्तृत्व और कर्मत्व का अलगाव और उसकी क्रियात्मकता का बोध व्याकरण के द्वारा हो रहा है। बोलते समय वक्ता के द्वारा, सुर, मुद्रा, चेष्टा आदि के द्वारा अर्थ संकेतित होता है उसे अनित्यार्थ कहते हैं, अनित्यार्थ का समाहार व्यंग्यार्थ में किया जा सकता है किन्तु व्यंग्यार्थ को इससे बढ़कर मानना चाहिए।

सार्थकता

अर्थ के अभिज्ञान के विषय में संकेतग्रह की चर्चा की जा चुकी है। जब हम किसी शब्दाकार जो ध्वनियों से निर्मित होता है का प्रयोग करते हैं तो उससे किसी वस्तु या भाव का संकेत मिलता है। कई बार ऐसा होता है कि हम शब्दों के वाक्यात्मक विन्यास का व्यवहार तो करते हैं किन्तु श्रोता अभीप्सित अनुक्रिया नहीं करता है। इसका तात्पर्य यह है कि उस भाषिक प्रयोग से संकेतग्रह या संकेतन नहीं हो पाया। ऐसी स्थिति में प्राय: दो संभावनाएँ हैं या तो शब्द निरर्थक थे या प्रयोग का सन्दर्भ बहुत सटीक नहीं था। कोशपरक शब्द कभी निरर्थक नहीं होते हैं। शब्दों को भाषा की न्यूनतम अर्थवान इकाई माना गया है। वाक्य का प्रयोग संकेतक हो भी सकते हैं नहीं भी। इससे यह सिद्ध होता है कि सार्थकता और संकेतकता में सूक्ष्म अन्तर विद्यमान है जिसे प्राय: परम्परागत व्याकरण में लगभग एक ही मानकर चला गया है या अर्थ के स्थान पर संकेत का प्रयोग करके दोनों गड्ड-मड्ड कर दिया गया। अर्थ की अपेक्षा शब्द विशेष का अर्थवान होना एक पूर्वतर स्थिति है।

उक्ति का सन्दर्भ—कोई भी उक्ति दिक् (दिशा) और काल में जन्म लेती है।विशेष काल में वक्ता और श्रोता दोनों के द्वारा किए जानेवाले कार्यों तथा अनेक बाह्य वस्तुओं और घटनाओं का समावेश होता है। 'गाय' का उच्चारण करनेवाला व्यक्ति जब सामने चरती हुई गाय की ओर संकेत करता है तो श्रोता को उस पशु विशेष का अभिज्ञान हो जाता है। इस अभिज्ञान के लिए यह भी अपेक्षित है कि निर्देशात्मक अवयवों (शब्दों) से सम्बद्ध अभिलक्षण से वह पहले से ही अवगत हो। स्थितिगत सन्दर्भ में एक ही भाषा जाति के वक्ता और श्रोता के मन में प्रतीकों के खास अर्थ या उनसे सम्बद्ध विश्वासों और प्राक्कल्पनाओं को मौजूद होना चाहिए। कभी-कभी उक्ति विशेष को समझने के लिए पूर्व वार्तालाप का भी ज्ञान अपेक्षित होता है। सन्दर्भात्मक अभिलक्षणों का पूर्ण तथा स्पष्ट सैद्धान्तिक विवेचन यद्यपि मुश्किल है किन्तु उसकी सत्ता को इस कारण अस्वीकार नहीं किया जा सकता है।

सन्दर्भ को दृष्टि में रखकर अर्थवत्ता की परिभाषा इस प्रकार की गई है 'इसे (उक्ति को) तभी अर्थवान कहा जा सकता है यदि उसका घटन केवल सन्दर्भ के द्वारा ही पूर्णतः निर्धारित न हो।' इसके मूल में यह मान्यता भी कि अर्थवत्ता के विकल्प भी हो सकते हैं।

जब हम किसी से मिलते हैं तो उससे प्रायः पूछते हैं कि 'कहो भाई क्या हाल है' या किसी के घर जाकर सामने देखते हुए भी 'भाई क्या कर रहे हो'। किसी से मिलकर 'क्या हालचाल है।' पूछना एक तरह की सामाजिक रिवाज है। किसी से बातचीत शुरू करने के पूर्व इस तरह की उक्तियों का प्रयोग किया जाता है। हम चाहें तो इस उक्ति का प्रयोग न भी करें, सीधे अपनी बात शुरू कर दें।

कोई उक्ति सन्दर्भात्मक दृष्टि से अनिवार्य होती हुई भी वक्ता के द्वारा नम्रता, घृणा, पराभाव आदि प्रदर्शित करने के लिए भिन्न-भिन्न ढंग से उच्चरित की जा सकती है। हिन्दी में 'आपकी खबर लूँगा' के कई अर्थ इसी दृष्टि से हैं। एक गुण्डा जब किसी सामान्य व्यक्ति के व्यवहार से रुष्ट होकर कहता है 'आपकी खबर लूँगा' तो इसका तात्पर्य होता है कि वह समयानुसार उसे दंडित करेगा। सामान्य स्थिति में 'खबर लूँगा' का अर्थ केवल हाल-चाल लेना है। हावों-भावों और काकु को अर्थवान तभी माना जाता है जब वक्ता उन्हें निर्दिष्ट अर्थ के विकल्प में बोलता है।

अर्थवत्ता या सार्थकता को परिणाम वाच्य माना गया है। कोई उक्ति किसी सन्दर्भ विशेष में प्रयोग की दृष्टि से जितना अधिक प्रायिक होगी उसकी अर्थवत्ता उतनी ही कम होगी। सन्दर्भ विशेष में बार-बार आकर एक तरह से वह अर्थ की दृष्टि से घिसती जाती है। सामान्य व्यवहार में यदि दो आदमी एक-दूसरे से मिलते हैं और चहककर पूछते हैं 'कहो क्या हाल है।' यदि वही लोग एक-दूसरे से मिलें और कोई चुप रहे तो इसका तात्पर्य है कि कुछ अन्यथा घटित हो गया है जो उस चुप्पी से सम्प्रेषित हो रहा है। पहली उक्ति सामाजिक दृष्टि से अनंकित है। जबकि दूसरी उक्ति सम्प्रेषण से सम्पन्न है। भरत जब ननिहाल से लौटकर अयोध्या आते हैं तो उन्हें कोई नमस्कार नहीं करता, सभी चुपचाप रास्ता छोड़ देते हैं। यहाँ जनपदवासियों की चुप्पी अधिक सम्प्रेषणीय बन गई है।

सार्थकता की परिचर्चा में मालिनोव्स्की द्वारा निर्दिष्ट मानवीय संबोध को भी सम्मिलित करना आवश्यक है। उसका विचार है कि भाषिक उक्तियों का प्रमुख उद्देश्य सम्प्रेषण, आज्ञापन, आज्ञाभिव्यंजन, इच्छा या आशंसा की अभिव्यक्ति अथवा भावनाओं का जागरण मात्र नहीं होता है, बल्कि उनके द्वारा एक मात्र सामाजिक एकता और स्वस्ति की भावनाओं की स्थापना एवं संधारण करना भी

होता है। यदि हम किसी दूकानदार से कहते हैं कि 'इस वर्ष सर्दी बहुत अधिक है?' तो इसका एक तात्पर्य तो मात्र रिवाजी कथन हो सकता है जो इसके प्राथमिक अर्थ से अलग अगली बातचीत का आधार बनाता है। गर्म कपड़े लेने चाहिए, या गर्म ऊनी कपड़े दिखाएं आदि बातें इसी से निकलेंगी। भाषा उपयोग में इन दोनों पक्षों का ध्यान रखना चाहिए। जहाँ ये दोनों पक्ष हों वहाँ सम्भव है कि कोई एक रूप प्रमुख हो जाए।

सन्दर्भात्मक परिभाषा और ध्वन्यात्मक स्तर

उक्ति विशेष में व्यवहृत कोई भाषिक अवयव (शब्द) सन्दर्भ के द्वारा पूर्णतः निर्दिष्ट न होने पर अर्थवान होता है। अर्थवत्ता की यह परिभाषा उक्ति विश्लेषण के अन्य स्तरों पर भी लागू होती है। खल और कल दो अर्थवान शब्द हैं। इनके निर्देश्य और निहितार्थ दोनों ही भिन्न हैं। ध्वन्यात्मक स्तर पर यह विभेद ख और क के कारण भी हैं। इससे भिन्न शब्दों में भी ख और क के कारण अर्थ भेद पैदा होता है जैसे खान और कान। जिन उक्तियों में ख और क के रहने पर भी अर्थ भेद नहीं होता यहाँ उसे पूरक या उन्मुक्त वितरण में मौजूद माना जाएगा; जैसे—खील-कील। वाक् ध्वनियों की अर्थवत्ता का तात्पर्य यह है कि वे कुछ सन्दर्भों में अर्थ भेदक अवश्य होती हैं। हिन्दी में व और ब ध्वनि का अन्तर कई सन्दर्भों में समाप्त हो गया है; जैसे—बट-वट, वतख-बतख, वायु-बायु (उच्चारण में), किन्तु वात और बात में यदि ध्वनि भेद नहीं रखा जाएगा तो अर्थ भेद होगा ही नहीं। ध्वनि वैज्ञानिक विभेद के बावजूद यदि कुछ वाक् ध्वनियाँ कुछ सन्दर्भों में एक ही अर्थ प्रकट करती हैं तो वे समानार्थक या पर्याय होती हैं—वन-बन।

विशिष्ट और सीमित सन्दर्भ

भाषावैज्ञानिकों का विचार है कि जब दो व्यक्ति परस्पर सम्प्रेषण के लिए भाषा का प्रयोग करते हैं तो वाक्यों का सृजन न करके उक्तियों का सृजन करते हैं। ऐसी उक्तियों का जन्म विशिष्ट सन्दर्भों में होता है जिन्हें जाने बिना किंचित मात्र अर्थ ग्रहण नहीं होगा। वार्तालाप के बीच भी सन्दर्भ विकसित होता रहता है। वार्तालाप में पूर्व कथन तथा पर कथन (जो कुछ कहा जाना है)। दोनों का ध्यान रखना पड़ता है। एक भाषा जाति के लोग पूर्व कथित बातों या सूचनाओं पर आश्रित न रहकर उन आस्थाओं, रूढ़ियों तथा प्राक्कल्पनाओं से परिचालित रहते हैं जिनसे समाज विशेष में सार्वभौम वार्तालाप का आधार निर्मित होता है। इन्हें 'सीमित सन्दर्भ' कह सकते हैं। उक्तियों के अर्थबोध के धरातल पर इनकी स्थिति बहुत कम है, क्योंकि अधिकांश उक्तियाँ अपने पूर्व की उक्तियों के

निहितार्थों के माध्यम से ही समझी जाती हैं। यदि हम किसी से कहें कि 'जाओ अलमारी पर से लाल कवर वाली पुस्तक उठा लाओ' वह व्यक्ति अलमारी से किसी दूसरे रंग की किताब ला सकता है या खड़ा हुआ मुँह ताक सकता है।

इसके माने उस रंग या पूरे कथन के प्रति उसकी धारणा हमसे भिन्न है। वह इनमें प्रयुक्त अलमारी, लाल रंग, पुस्तक आदि के विषय में कुछ अलग निहितार्थों को ग्रहण करता है जिसे हम नहीं समझते। सामान्यतः भाषा व्यवहार इस सिद्धान्त पर आधारित रहता है कि हम शब्दों को एक ही रूप में ग्रहण करते हैं। यद्यपि शब्द और ग्रहण की यह निश्चितता काफी लचीली होती है और समय-समय पर बदलती रहती है।

व्याकरणात्मक सीमा मात्र होने के कारण वाक्य वक्ता द्वारा नहीं बोले जाते अतः वाक्यों तथा विशिष्ट सन्दर्भ के बीच कोई प्रत्यक्ष सम्बन्ध नहीं माना जा सकता है, किन्तु उक्तियों का एक व्याकरणात्मक ढाँचा होता है जो वाक्यों से उनकी व्युत्पत्ति पर आधारित होता है। वाक्य के अन्तर्गत स्थित शब्द किस तरह से सन्दर्भात्मक अभिलक्षणों के सम्पर्क में आते हैं इसका परिज्ञान बहुत कठिन है। किन्तु इतना तो मानना ही पड़ेगा कि व्याकरणात्मक संरचना और सन्दर्भात्मक अभिलक्षणों के बीच कुछ क्रिया विनिमय होता अवश्य है।

व्याकरणात्मक अवयवों पर भी अर्थवत्ता की धारणा को आरोपित किया जा सकता है। वाक्य में आनेवाले प्रत्येक संरचक और अभिलक्षण निश्चित रूप से अर्थवान हों ऐसा नहीं है। व्याकरणात्मक और अर्थात्मक स्वीकार्यता में भेद होता है। कुछ वाक्य ऐसे हो सकते हैं जो व्याकरणिक दृष्टि से तो स्वीकार्य हो सकते हैं किन्तु अर्थात्मक दृष्टि में स्वीकार नहीं होते हैं।

जैसे—

1. मोहन रोटी खाता है।
2. मोहन पानी पीता है।
3. मोहन रोटी पीता है।
4. मोहन पानी खाता है।

इन वाक्यों में प्रथम दो वाक्य व्याकरणिक तथा अर्थात्मक दोनों दृष्टियों से स्वीकार्य हैं किन्तु अन्तिम 3 और 4, व्याकरणात्मक दृष्टि से स्वीकार्य हैं किन्तु अर्थात्मक दृष्टि से नहीं। इन वाक्यों में क्रिया और कर्म के रूप में प्रयोग होनेवाले विन्यास उन विन्यासों की अपेक्षा कहीं कम हैं जिनकी उपस्थिति व्याकरण द्वारा अनुमत मानी गई है।

निर्देश और आशय

निर्देश

शब्दों और उनसे संकेतित वस्तुओं, घटनाओं, क्रियाओं और गुणों के बीच मौजूद सम्बन्ध भावना को निर्देश कहा जाता है। निर्देश में एक तरह से वस्तुओं के अस्तित्व या वास्तविकता की प्राक्कल्पना निहित रहती है। निर्देश उसी अर्थ में सत्तावान वस्तु है, जिसमें हम किसी व्यक्ति या वस्तु को सत्तावान कहते हैं। भौतिक अस्तित्व की स्वीकृति में स्थूल से सूक्ष्मतर या सूक्ष्मतम तत्त्व तक समाहित है। इसमें आप्त को भी सम्मिलित किया जा सकता है। एकश्रृंगी, त्रिनेत्र आदि का पंचभुजी अस्तित्व सामान्य अनुभव में भले ही न हो, किन्तु इनका पौराणिक अस्तित्व तो है ही। इसी तरह विज्ञान तथा दर्शन से सम्बद्ध बहुत-सी वस्तुओं या गुणों का निर्देश होता है। इसका तात्पर्य यह है कि कोशगत सभी शब्द किसी वस्तु के अस्तित्व को सूचित करते हैं, वैसे कोशीय शब्द के अलावा कोई दूसरा प्रमाण नहीं दिया जा सकता कि वस्तु को निर्दिष्ट करनेवाला कोशीय शब्द मौजूद है। शब्द का निर्देश कई बार अस्पष्ट भी रहता है। सभी गुण-धर्म किसी भाषा की कोशीय इकाई के वृत्त में गृहीत हों ही, आवश्यक नहीं है। कई शब्दों के मामले में निर्देश की स्थितियों अनिश्चित भी रहती हैं। उदाहरणार्थ—पहाड़ी और पहाड़, हरा और नीला, मुर्गा और चूजा, लड़की या स्त्री आदि के बीच स्पष्ट विभाजन रेखा बनाना कठिन है। भाषाओं की यह एक विशेषता है कि वे शब्दों पर एक विशिष्ट कोशीय कोटिबन्धन को आरोपित कर देती हैं और यादृच्छिक रूप से दोनों के बीच सीमा रेखा खींच दी जाती है। इसमें भ्रम की गुंजायश नहीं रहती क्योंकि वस्तुओं के पहचान के अन्य लक्षण भी होते हैं।

आशय

कोई शब्द अन्य शब्दों के साथ प्रयुक्त होकर सम्बन्ध प्रणाली में अपना जो स्थान बना लेता है, उसे आशय कहते हैं। यदि एक ही सन्दर्भ में वक्ता के द्वारा दो समानार्थक प्रयुक्त किए जाते हैं तो प्रायः यह पूछ लिया जाता है कि इनका अलग-अलग आशय क्या है। दो समानार्थक-इकाइयों के अर्थ की जो समानता या समरूपिता रहती है उसका सम्बन्ध निर्देश से न होकर आशय से होता है। वास्तव में जिन्हें हम समानार्थक या पर्याय शब्द मानते हैं कुशल प्रयोक्ता उन शब्दों के सूक्ष्म अर्थ भेद को पहचानकर प्रयुक्त करता है, किन्तु अधिकांश वक्ताओं द्वारा उनके सूक्ष्म भेद को नहीं समझा जाता है। प्रभंजन, समीर, पवन, अनिल आदि शब्दों में यद्यपि सूक्ष्म अर्थभेद मौजूद हैं किन्तु इन्हें प्रायः एक ही अर्थ का सूचक मान लिया जाता है। आशय को निर्देश से कुछ अधिक व्यापक माना जा सकता है। सामान्य व्यवहार में तो जब अर्थ-निर्देश की सम्भावनाएँ अनेक होती हैं तभी यह पूछा जाता है कि कथन का आशय क्या है?

आशय के रूपक्रमात्मक और विन्यासक्रमात्मक सम्बन्ध भी हैं। रूपक्रमात्मक सम्बन्ध का मतलब है कि अर्थात्मक दृष्टि से किसी विन्यास से सभी सदस्य एक ही सन्दर्भ में प्रयुक्त हो सकते हैं। इस दृष्टि से खटखटाना, पटपटाना, धकियाना, मुकियाना आदि शब्द आशय की दृष्टि से भिन्न होकर भी खाना, पीना आदि शब्दों की अपेक्षा अधिक समीप हैं। इस तरह श्वेत दीवार, भूकना और कुत्ता, मिमियाना और बकरी आदि शब्दों में विन्यास-क्रमात्मक सम्बन्ध है। कोशीय प्रणाली में इस तरह के आशय-सम्बन्धों का विवेचन किया जा सकता है। इसी दृष्टि से अर्थ की परिभाषा की गई है 'प्रत्येक शब्द का अर्थ उस स्थान का प्रकार्य होता है, जो उसे अपनी प्रणाली से प्राप्त होता है।'

अर्थविज्ञान के क्षेत्र में कार्य करनेवाले विद्वानों फान हम्बोल्ट, दे सौस्यूर, सैपिर आदि ने सिद्ध किया है कि कुछ क्षेत्रों में विविध भाषाओं की शब्दावलियाँ असमरूपी हैं अर्थात् उनमें ऐसे भी अर्थात्मक विभेद सम्भाव्य हैं जो किसी एक भाषा में स्पष्ट हों किन्तु दूसरी भाषा में न हो। सौस्यूर का विचार है कि यह एक ही सत्त्व या द्रव्य को जिसके भीतर अर्थ के विभेद या तुल्यता स्थापित की जाती हैं, विविध आकृतियों के रूप में गठित किया जाता है। नीला, पीला आदि रंगों (द्रव्य रूप में) को विभिन्न भाषाओं में विभिन्न आकृतियों में निरूपित किया जाता है। इन शब्दों में इनसे जुड़ी रंगभावना का एक ही अंश व्यक्त हो पाता है। इनमें से किसी एक रंग के निर्देश और प्रयोग को जानकर कोई व्यक्ति सारे रंगों के निर्देश को नहीं जान सकता है। किसी रंग के निर्देश को जानने का तात्पर्य है उसकी सीमाओं को पहचानना। किसी भाषा को सीखनेवाला बालक धीरे-धीरे एक रंग से दूसरे रंग के प्रयोग की सीमा और भेद को पहचान जाता है। रंगों के बीच खींची गई सीमारेखा भिन्न-भिन्न भाषाओं में भिन्न होती हैं। 'नीले' के लिए रूसी में दो वर्ण नाम हैं 'सिनीय' 'गोलूबोय' दो वर्ण शब्द हैं। विविध भाषाएँ एक ही द्रव्य पर भिन्न-भिन्न आकारों को आरोपित करती हैं।

भाषा का सम्बन्ध सामाजिक सन्दर्भों से भी जुड़ा रहता है, इसीलिए अर्थात्मक निर्णय में उसका ध्यान रखना आवश्यक है। प्रत्येक भाषा उस भाषा-समाज की वस्तुओं, संस्थाओं और क्रियाओं के सांस्कृतिक अभिलक्षणों को प्रस्तुत करने की प्रवृत्ति रखती है। सैपिर यह मानते हैं कि अलग समाजों के अपने संसार हैं जिन्हें वह अपने चिह्नों तथा ध्वजों से अंकित करता है। प्रत्येक समाज अपने आवासित संसार के द्रव्यों पर विशिष्ट आकारों (शब्दाकृतियों को)

निरूपित करता है। कोश में परिगणित या निहित सभी शब्द द्रव्य या सत्त्व की प्राक्कल्पना लेकर गठित नहीं होते। ईमानदारी, निष्ठा आदि गुणपरक शब्द (जिनका स्थूल भौतिक अस्तित्व नहीं है) को भी कोशीय प्रणाली में रखा जाता है। इनकी संरचना का विवेचन 'आशय' सम्बन्धों के आधार पर की जा सकती है। वास्तव में द्रव्य की धारणा भी उसी तरह निर्धारित होती है जिससे निर्देश की धारणा निर्धारित होती है।

इस बात पर बराबर बल दिया जाता है कि भाषा और संस्कृति का गहरा रिश्ता है, किन्तु संस्कृतियाँ केवल भाषा की सीमा में ही परिमित नहीं रहतीं। भारत में अनेक भाषाएँ हैं किन्तु संस्कृति एक है। उत्तर और दक्षिण की भाषाओं में जितना भेद है उतना संस्कृति में नहीं। सभी समाजों के बीच कुछ समान सांस्कृतिक लक्षण पाए जा सकते हैं। दो समाजों के बीच कम या ज्यादा सांस्कृतिक अतिव्यापन पाया जाना स्वाभाविक है। एक भाषा-समाज का व्यक्ति दूसरी भाषा को सीखते समय उन द्रव्य, स्थितियों तथा लक्षणों को जल्दी पहचान लेता है और उनसे सम्बद्ध शब्दों को जल्दी ग्रहण कर लेता है जो सांस्कृतिक व्यापन के दायरे में आते हैं। इसी तरह सांस्कृतिक सात्म्यीकरण की प्रक्रिया शुरू होती है।

कोशीय और व्याकरणिक अर्थ

पश्चिमी परम्परागत व्याकरण में पदों के दो मुख्य भेद—मुख्य तथा गौण किए गए हैं। नाम, आख्यात्, विशेषण, अव्यय (क्रिया-विशेषण) आदि को मुख्य पद के अन्तर्गत सम्मिलित किया जाता है क्योंकि ये विचारों के विषय को संकेतित करते हैं जिन्हें प्रवचन का 'पदार्थ' कहा जाता है। इस तरह के संकेतन की शक्ति जिन पदों में नहीं होती उन्हें गौण पद कहते हैं। गौण पद वाक्य के आकार निर्माण में योगदान करते हैं और वही उनकी सार्थकता है। निपात तथा समुच्चयवाची शब्दों को इसी कोटि में रखा गया है। इस पदार्थगत तथा आकारगत विभेद को कुछ भाषा-वैज्ञानिक कोशीय और संरचनात्मक या व्याकरणिक अर्थ में विभेद करके पुष्ट करते हैं। फ्रेइस इसी तरह का विचारक है। उसका मानना है कि प्रमुख पदभेदों के कोशीय अर्थ होते हैं। कोशीय अर्थ के साथ व्याकरणिक निर्देशों को भी कहीं अंकित कर दिया जाता है। वाक्य कर्त्ता-कर्म का विभेद, प्रश्न, प्रार्थना, आज्ञा, आश्चर्य आदि भेदों का निदर्शन संरचनात्मक या व्याकरणिक अर्थ के अन्तर्गत है। व्याकरणिक अर्थ के तीन प्रकार हैं—(1) व्याकरणात्मक इकाइयों का अर्थ, (2) कर्त्ता, कर्म या शोधक के रूप में व्याकरणात्मक कार्य का अर्थ, (3) विधिपरक, प्रश्नात्मक, निषेधात्मक आदि वाक्य श्रेणियों का अर्थ।

1. कोशीय और व्याकरणिक पद में अन्तर

मार्टिने तथा हैलिडे द्वारा रूप प्रक्रियात्मक वैषम्य के आधार पर पदों को दो रूपों में वर्गीकृत किया गया है—

1. व्यापक (अनावृत्त)—इस इकाई में सदस्यों की संख्या विस्तृत होती है। नाम या आख्यात् श्रेणी इस वर्ग से सम्बद्ध है। 'मनुष्य' कहने से सम्पूर्ण मानव जाति का बोध होता है। 'स्त्री' कहने से सम्पूर्ण स्त्री जाति (भारतीय, रूसी, चीनी) का बोध होता है।

2. संकुचित—इस इकाई में सदस्यों की संख्या सीमित होती है। व्यक्तिनाम, लकार, लिंग, इसी वर्ग की इकाइयाँ हैं। ये दोनों इकाइयाँ सापेक्षिक हैं।

प्रथम इकाई कोशीय अर्थ से सम्बद्ध मानी जा सकती है और दूसरी इकाई व्याकरणिक अर्थ से सम्बद्ध।

परम्परागत रूप से कोशीय शब्दों के साथ व्याकरण की अवधारणा का कुछ सीमा तक संयोजन रहता है। जब कोई वैयाकरण किसी शब्द को साधु तथा कुछ को अपभ्रंश कहता है तो उसका तात्पर्य व्याकरण के अनुशासन में चयनित तथा स्तरीकृत शब्द से ही होता है। महाभाष्यकार पतंजलि जब 'गौ' शब्द को साधु घोषित करते हैं, गावी, गोणी, गोता तथा गोपोतालिका को अपभ्रंश तो उनका ध्यान व्याकरण पर ही रहता है। 'गौ' शब्द किसी विशिष्ट भाव को द्रव्य, गुण या क्रिया के माध्यम से ही द्योतित करता है। कोई शब्द व्याकरणिक रूपों में ढलकर ही सार्थक बनता है, यह भी मान्यता प्रचलित है। प्रत्येक प्रमुख पदभेद के साथ कोई विशिष्ट व्याकरणिक अर्थ सहचारी रहता है।

पद भेदों में भी वाक्य रचना के धरातल पर टकराहट दिखाई देती है। क्रिया की सक्रियता और विशेषण की 'गुणवाचकता' एक-दूसरे में प्रवेश कर जाती है। उदाहरणार्थ—

आदमी **टहलता** है	**टहलता** आदमी
क्रिया	विशेषण

चूँकि 'अर्थवत्ता में चुनाव या विकल्प रहता है' इसी से भाषा क्रिया को विशेषण के रूप में भी प्रयोग का अवकाश देती है। क्रिया का यही विशेषणवत अर्थ ही व्याकरणिक अर्थ है। हिन्दी की संयुक्त क्रियाओं के प्रयोग में 'व्याकरणिक अर्थ' की स्थिति सबल है—

उदाहरणार्थ—

वह अब उठ लेता है—वाक्य में 'लेता' का अर्थ ग्रहण करना नहीं है बल्कि 'सकना' है। इसी तरह 'अब मुझसे लेटा नहीं **जाता**' वाक्य में 'जाता' क्रिया भी सामर्थ्यसूचक है।

व्यापक तथा संकुचित इकाइयों के बीच के सापेक्षिक अन्तर चुनाव या विकल्प की स्थितियों में उनके लागू होने की सम्भावना से यह सिद्ध होता है कि कोशीय और व्याकरणात्मक अर्थ के बीच विभेद अनिर्धार्य हैं फिर भी दोनों के भेद को मान्यता देना अनिवार्य है। व्याकरणात्मक संरचना का सम्बन्ध दिक्कालात्मक निर्देश, भाव निर्देश, व्यष्टीकरण आदि से है। इन सबकी अर्थात्मक सूचना कोश अर्थ में सम्भव नहीं होती है।

व्याकरणात्मक प्रकार्य

संरचनात्मक अर्थ का दूसरा क्षेत्र है कर्त्ता, कर्म, शोधक आदि का निदर्शन। कोश में राम, श्याम, सीता को केवल नाम (व्यक्ति) माना जाएगा किन्तु कर्त्ता और कर्म के रूप में इनकी अवस्थिति का विवेचन व्याकरण के द्वारा ही होगा। फ्रेइस का यह विवेचन बाह्य संरचना तक सीमित है इसीलिए उनका वक्तव्य अर्थात्मक विश्लेषण में बहुत कम सहायता देता है। कोशीय अवयवों अथवा उनके संघटन के बीच अन्तः संरचनी व्याकरणात्मक सम्बन्ध इसकी तुलना में अधिक अर्थात्मक विवेचन के लिए सहायक है। शोम्स्की का मानना है कि कर्त्ता, कर्म, विधेय, मुख्य क्रिया आदि का वाक्य में सम्बन्ध निर्देशन प्रकार्यात्मक धारणाएँ हैं जो कोशीय अवयवों (शब्दों) अन्तः संरचनी सम्बन्ध को निर्धारित करती हैं। वाक्य में कर्त्ता, कर्म, विधेय आदि की स्थिति का निरूपण बहुत अधिक स्पष्ट नहीं रहता। व्याकरणिक प्रयोग में कर्म की विभिन्न स्थितियों में भेद दिखाई देता है इसीलिए सामान्य कर्म तथा परिणामी कर्म इसके दो भेद किए गए हैं—

1. वह कविता पढ़ रहा है।

2. वह कविता रच रहा है।

पहले वाक्य में 'कविता' पढ़ना का स्वतंत्र अस्तित्व सम्पन्न कर्म है, किन्तु दूसरे में 'कविता' अभी अस्तित्व में आई ही नहीं। 'रच रहा' से वह अस्तित्व में आएगी। पहले 'कविता' सामान्य कर्म है और दूसरे में परिणामी कर्म। कुछ 'नाम' पद ऐसे भी उपलब्ध हो जाते हैं जिन्हें क्रिया मात्र में निहित देखा जा सकता है। खींचना या चित्रित करना क्रियाएँ इसी तरह की हैं। इसे विन्यासात्मक

परस्पराश्रितता कहा जाता है जिसे किसी भी भाषा की शब्द राशि के विश्लेषण में महत्त्वपूर्ण माना जाता है। कुछ नामों और क्रियाओं के विनियोग परस्पर आबद्ध हैं; पक्षी—उड़ना, मछली—तैरना आदि।

अर्थात्मक संरचना

दे सौस्यूर और उनके अनुयायियों की मान्यता है कि, 'किसी भी प्रणाली में प्रत्येक भाषात्मक अवयव का अपना स्थान होता है और इसका प्रकार्य या मूल्य उन सम्बन्धों से प्रसूत होता है जो उसी प्रणाली में स्थित अन्य अवयवों के साथ इसे आबद्ध करते हैं।'

अर्थात्मक संरचना का विवेचन 'आशय' के इर्द-गिर्द केन्द्रित है। दार्शनिकों के द्वारा 'आशय' को विश्लेषणिक तथा संश्लेषणिक विभेद में विचारा गया है। विश्लेषणात्मक वक्तव्य उसे कहते हैं जो अनिवार्यतः सत्य होता है और संश्लेषणात्मक वक्तव्य सत्य या असत्य दोनों हो सकता है। उदाहरणार्थ—सभी ब्रह्मचारी कुँआरे होते हैं। यह विश्लेषणात्मक वाक्य है क्योंकि ब्रह्मचारी कुँआरा अर्थ की दृष्टि से इस तरह सम्बद्ध है कि वाक्यगत सत्य अनिवार्यतः सिद्ध है। विश्लेषणीयता की धारणा का औचित्य दार्शनिक दृष्टि विहित सिद्ध करना एक जटिल समस्या है। भाषा संरचना में बहुत कुछ-सी उक्तियाँ होती हैं जिन्हें उपर्युक्त दृष्टि से तटस्थ कहा जा सकता है।

निहितार्थ के आधार पर भी आशय सम्बन्धों की व्याख्या की जा सकती है। उदाहरणार्थ—स्वीकृतमूलक (विध्यर्थ) वाक्य में अस्वीकृति या निषेध का भाव निहित रहता है। 'सीता विवाहिता नहीं है' निषेधात्मक वाक्य 'सीता विवाहिता है' वाक्य का 'संवादी' है।

अर्थात्मक संरचना में समानार्थता की चर्चा पीछे की जा चुकी है। यह अर्थात्मक संरचना की एक उपलब्धि है जिसे कतिपय दृष्टियों से विचारणीय माना जा सकता है।

सुस्पष्ट व्याख्या के अनुसार यदि उनकी भावना समान है तो उसे समानार्थक माना जा सकता है। इसके विपरीत समानार्थकता को स्थापित करने की एक शिथिल व्याख्या है जिसमें एक शब्द के समानार्थक शब्दों के समानार्थक शब्दों फिर उनके समानार्थक शब्दों के माध्यम से हमारा परिचय एक ही शब्द के माध्यम से सैकड़ों शब्दों से हो जाता है। उदाहरणार्थ—हिन्दी के हरि शब्द के कई पर्याय हैं—विष्णु, इन्द्र, बन्दर, घोड़ा, सिंह, चन्द्रमा, सूर्य, दादुर, साँप, मोर, पानी, अग्नि, वायु, श्रीकृष्ण, राम, शिव आदि। इन सभी शब्दों के भी एकाधिक पर्याय उपलब्ध हैं। शिथिल व्याख्या के अनुसार विष्णु, इन्द्र, बन्दर, घोड़ा आदि के जितने पर्याय होंगे वे सभी समानार्थक माने जाएंगे।

समानार्थकता के मात्रा भेद के निदर्शन की ओर भी विद्वानों का ध्यान गया है। उनका सुझाव है कि कुछ शब्दों में पूर्ण समानार्थकता हो सकती है कुछ में शिथिल समानार्थकता। किसी भाषा जाति के लोगों द्वारा जिन शब्दों को परस्पर सम्बद्ध माना जाता है उनका भाषिक व्यवहार तथा अर्थ संकेतन की दृष्टि से अधिक महत्त्व है। शेष शिथिल समानार्थकता के द्योतक शब्दों का व्यावहारिक दृष्टि से बहुत महत्त्व नहीं है। 'हरि' शब्द को वे पुनः देख सकते हैं। कविता में चमत्कार दिखाने के लिए ही हरि शब्द का विविध असामान्य अर्थों में प्रयोग दृष्टिगोचर होता है। सामान्य व्यवहार में इसके कतिपय पर्यायों का महत्त्व अस्वीकृत ही है।

भाषा वैज्ञानिकों ने समानार्थकता के प्रसंग में संवेगात्मक तथा संज्ञानात्मक अर्थों के बीच विभेद स्थापित किए हैं। भाषा व्यवहार में दो मनोवैज्ञानिक संकायों 1. प्रतिभा, 2. कल्पना और संवेग का योगदान रहता है। ये दोनों स्थितियाँ पूर्णतया विविक्त नहीं हैं बल्कि कुछ सीमा तक सापेक्षिक मानी जा सकती हैं। उल्मान अंग्रेजी के लिवर्टी : फ्रीडम, हाइड : कन्सील शब्दों को संज्ञानात्मक रूप से ही समानार्थक मानते हैं, संवेगात्मक रूप में नहीं। ज्यादातर विद्वानों ने समानार्थकता का निर्देश संज्ञानात्मक आधार पर ही किया है। ऐसा किसी ने नहीं कहा कि अर्थ संवेगात्मक दृष्टि से समानार्थक है और संज्ञानात्मक दृष्टि से नहीं।

संज्ञानात्मक और संवेगात्मक अर्थ के भेद को मानते हुए इसे सर्वांश समानार्थता की एक शर्त माना गया है। उल्मान की मान्यता है कि सर्वांश समानार्थता शायद ही किसी भाषा में घटित होती हो। सर्वांश समानार्थता की दूसरी शर्त है समानार्थक शब्दों की सभी सन्दर्भों में विनिमेयता। मेष और नरभेड़ को पर्याय माना जा सकता है क्योंकि इनका प्रयोग एक-दूसरे के स्थान पर हो सकता है। यदि किसी शब्द का लिंग अंकित है तो उसके पदबन्ध के विस्तारण में कठिनाई होती है। उदाहरणार्थ—गाय और बैल यद्यपि गाय तथा नर गाय से परिचित व्यक्ति के समक्ष बैल को परिभाषित करने का अच्छा उपाय है कि उसे नर गाय कहा जाए किन्तु भाषा व्यवहार में गाय का लिंग स्त्रीलिंग निर्धारित है इसलिए ऐसा प्रयोग सम्भव नहीं होता। यही कारण है कि नर गाय और बैल की समानार्थता, उपयुक्त अर्थवान सिद्ध नहीं हो पाती।

समानार्थता में सन्दर्भ का महत्व भावना सम्बन्ध की अपेक्षा अधिक है। दो शब्दों के बीच विभेद सन्दर्भ की दृष्टि से कभी-कभी उदासीन हो जाता है। '**पम्मी**' ने पिल्ले दिए हैं' वाक्य में पम्मी की कृतियाँ होना सन्दर्भ से ही स्पष्ट है। उसमें कुत्ता-कुतिया का निर्देश आवश्यक नहीं है। रूपक्रमात्मक तथा विन्यास क्रमात्मक सम्बन्धों के बदलाव से जो वाक्य बनते हैं उनमें भी समानार्थता होती है। जैसे—मैं कल दिल्ली के लिए उड़ रहा हूँ तथा मैं कल वायुयान से दिल्ली

जा रहा हूँ। सन्दर्भगत समानार्थता का कभी-कभी कोश में निर्देश नहीं भी होता है। जैसे—मैंने दुकान से किताब **ली** और मैंने दुकान से किताब **खरीदी**। सन्दर्भगत रूप में ली और खरीदी समानार्थक हो सकते हैं। बाजार से सामान लेना है तथा बाजार से सामान खरीदना है जैसे प्रयोग प्रायिकता तथा सन्दर्भ दोनों दृष्टियों से समानार्थक सिद्ध होते हैं।

न्यूनार्थता—न्यूनार्थता का निर्णय समावेशन के आधार पर किया जाता है। एक संज्ञा की अपेक्षा दूसरी संज्ञा कम समावेशी हो सकती है। 'फूल' की अपेक्षा 'कमल' शब्द कम समावेशी है। इस विभाजन को वाच्यार्थ तथा अभिप्राय पर आधारित माना गया है। इन दोनों में विलोम सम्बन्ध है। जिस शब्द का वाच्यार्थ जितना विशाल होगा उसका अभिप्राय उतना ही सीमित होगा। 'कमल' का विशिष्ट गुण (अभिप्राय) सामान्य फूल की तुलना में अधिक है। फूल की अपेक्षा कमल न्यूनार्थक है। फूल कमल की अपेक्षा अधिकार्थक है। न्यूनार्थता में एक पक्षीय अर्थ संकेत होता है। जैसे—1. मैंने रंगीन पुष्प खरीदे—को विखंडित करके देखें निष्कर्ष निकलेगा—2. मैंने लाल रंग के पुष्प खरीदे। 3. मैंने पीले या नीले या सफेद रंग के पुष्प खरीदे। इसका तात्पर्य है कि प्रथम वाक्य में शेष दो वाक्यों का अन्तर्ग्रहण है।

न्यूनार्थता के सममितीय सम्बन्ध से समानार्थता का निर्धारण हो सकता है। यदि 'क' 'ख' का न्यूनार्थक है और 'ख', 'क' न्यूनार्थक है, और दोनों का सम्बन्ध उभयात्मक (सममितीय) है तो क, 'ख' समानार्थक माने जाएँगे।

अधिकोटीय (अधिकार्थक) संज्ञाओं का व्यवहार या संस्थिति भाषाओं मे बहुत कम है। वर्ण के वाचक विभिन्न न्यूनार्थता जैसे लाल, पीला, काला आदि के अधिकार्थ का द्योतक शब्द 'रंगीन' पूरी तरह से सभी रंगों का निहितार्थ नहीं है क्योंकि कभी-कभी रंगीन का व्यवहार सफेद रंग के विरोध में भी किया जाता है। रंगीन कपड़ा का व्यवहार सफेद कपड़ा के विरोध में होता है।

असात्म्यता—इसका तात्पर्य है निहितार्थों के बीच मौजूद विरोधी सम्बन्ध। अर्थात् यदि एक शब्द का व्यवहार हो रहा है तो शेष शब्दों का निषेध भी उसी में निहित है। उदाहरण के लिए 'मोहन ने नीली शर्ट पहन रखी है' वाक्य में 'नीली शर्ट' कहने से इस तरह के वाक्य रचना का निषेध हो जाता है कि मोहन ने लाल-पीली/हरी/सफेद शर्ट पहन रखी है। यहाँ यह बात भी अकथनीय है कि एक रंग की सीमा को सीखने के लिए अन्य रंग की सीमाओं को जानना अपेक्षित है।

विरुद्धार्थता, पूरकता और प्रतिलोमिता

अर्थात्मक सम्बन्ध में पाई जानेवाली प्रतियोगिता के तीन प्रमुख प्रकारों के आधार पर अर्थ संरचना के तीन प्रभेदों को निरूपित किया गया है।

पूरकता

प्रतिलोमिता का प्रथम सम्बन्ध वहाँ होता है जहाँ एक शब्द अर्थ की दृष्टि से एक-दूसरे का पूरक होता है; जैसे—विवाहित-क्वाँरा, पुरुष-स्त्री आदि। ऐसे शब्दों का विशिष्ट लक्षण यह है कि इनमें एक शब्द के निषेध से दूसरे की स्वीकृति हो जाती है। जब हम कहते हैं कि यह महिलाओं का क्लब नहीं है तो इसका तात्पर्य हुआ कि यह पुरुषों का क्लब है। इसी तरह जब यह कहा जाता है कि वह अविवाहित नहीं है तो इसका तात्पर्य होगा कि वह क्वाँरा है।

शब्द विन्यासों के बीच स्थित असात्म्यता की एक विशिष्ट स्थिति ही 'पूरकता' है। इसमें प्रायः द्विविभाजन ही रहता है। किन्तु इसे द्विपदीय सीमा के बीच प्रतिबद्ध मान लेना भी बहुत उचित नहीं है। शब्दों के विन्यास में पूरक शब्दों की स्थिति पहले से ही मान ली जाती है।

एक ही स्वीकृति और दूसरे की अस्वीकृति सम्पूर्ण सांस्कृतिक परिवेश में हर प्रसंग में सच नहीं होती। दोनों ही स्थितियाँ प्रसंगवश निरस्त हो सकती हैं। स्त्री-पुरुष प्रयोग में लिंग विभेद के आधार पर द्विविभाजन की प्रथम कोटि को लागू माना जा सकता है। यह द्विविभाजन जीवविज्ञान की दृष्टि तथा व्यवहार से भी अपर्याप्त सिद्ध होता है। 'इस कमरे में स्त्रियाँ नहीं रहेंगी' का यह भी तात्पर्य हो सकता है कि 'इस कमरे में छोटी लड़कियाँ रहेंगी' लड़कियाँ और स्त्रियाँ लैंगिक दृष्टि से समान हैं किन्तु वय की दृष्टि से विभेदक हैं। अधिकांश पूरक शब्दों की क्रिया विधि समाज विशेष के सन्दर्भ में प्रतिबद्ध प्राक्कल्पनाओं, विश्वासों तथा प्रचलनों पर आधारित हैं। जब किसी को कहा जाता है कि 'वह विवाहित नहीं है' तो इसकी एक सम्भावना यह भी हो सकती है कि वह विवाहितवत जीवन तो जीता है अर्थात् एक स्त्री के साथ नियमित रहता है, बच्चे पैदा करता है। ऐसे दृष्टान्तों में विश्लेषण सापेक्ष है निरपेक्ष नहीं।

विरुद्धार्थता

इस अर्थ सम्बन्ध की पहचान बहुत पहले कर ली गई थी, किन्तु इसे समानार्थता का पूरक मान लिया गया था। वास्तव में समानार्थता और विरुद्धार्थता नितान्त भिन्न आशय हैं। अनेक प्रतियोगी सम्बन्धों की सूक्ष्म पहचान के बाद विरुद्धार्थता को अनुपम प्रतियोगी सिद्ध किया गया है। विशाल और लघु में इसी तरह का सम्बन्ध है। सैपिर का मत है कि ये नियमित रूप से तुलना

प्रक्रिया के साथ कोटिबद्ध हो सकते हैं। यह तुलना दो वस्तुओं के बीच गुण तथा सामान्य धर्म, या एक ही वस्तु की दो दशाओं के बीच की जा सकती है।

उदाहरणार्थ—1. मेरा कम्बल आपके कम्बल से बड़ा है।

2. पुस्तक का दूसरा संस्करण पहले से बड़ा है। तुलना की स्थिति सदैव व्यक्त नहीं रहती है। जब यह कहा जाता है कि अब वह बड़ा हो गया है तो उसमें पूर्व स्थिति में छोटा होने की बात भी निहित है। अपेक्षाकृत जटिलतर वाक्यों में भी इसी तरह की स्थिति पाई जाती है। शहर के मकान बड़े हैं जितना देहात के थे। इस वाक्य में 'देहात के मकान छोटे होते थे जितना कि शहर के मकान हैं।' निहित हैं। इस सन्दर्भ में बड़ा और छोटा विरुद्धार्थक हैं। विरुद्धार्थक का सर्वप्रमुख लक्षण इस सूत्र से स्पष्ट कर सकते हैं—क और ख विरुद्धार्थक हैं यदि 'क' वाक्य 'ख' को अपने अन्दर निहित करता है और ख वाक्य क वाक्य को निहित करता है।

बहुत से भाषा प्रयोग ऐसे होते हैं जिनसे विरुद्धार्थक स्पष्ट रूप से कोटिबद्ध नहीं होते हैं। जब कोई कहता है कि 'वह दुष्ट नहीं है' तो इसका तात्पर्य यही नहीं हुआ कि 'वह सज्जन है' किन्तु इतना आशय अवश्य निकलेगा कि उसमें कुछ सज्जनता के गुण अवश्य होंगे या सामान्य मानवीय स्थितियाँ होंगी। इसी तरह के अन्य कथन 'मैं जिस मकान में रहता हूँ वह बड़ा नहीं है।' 'मकान बड़ा नहीं है' छोटा होने का भाव तो है किन्तु वक्ता के मन में छोटे की सामान्य धारणा से कुछ अधिक बड़ा का भाव निहित है। लघु-विशाल, थोड़ा-बहुत, कुछ-अधिक आदि शब्दों द्वारा ज्ञात वैषम्य परिणाम के क्षेत्र में निरपेक्ष मूल्यों का भ्रमात्मक आभास देते हैं। सैपिर का विचार है कि तुलनात्मक गुणों को भी अपेक्षाकृत निरपेक्ष प्रकृति का मान लिया जाता है—उदाहरण के लिए भला और बुरा, दूर और पास भी, हरा और पीला के समान ही स्पष्टतः एक मनोवैज्ञानिक विशिष्टता से युक्त हैं। इसीलिए उनके बीच की तर्कात्मक सीमा की सही सीमा का अनुभव नहीं किया जाता, बल्कि उसे एक मिश्र क्षेत्र के रूप में स्वीकार किया जाता है जहाँ विरुद्ध दिशाओं में वर्गीकृत गुण परस्पर मिलते हैं।

वास्तव में बड़ा और छोटा, भला और बुरा आदि शब्द किसी स्वतन्त्र विरोधी गुण के द्योतक नहीं हैं बल्कि किसी अन्तर्निहित आदर्श की अपेक्षा कम या अधिक द्योतक कोश शब्द हैं। एक व्यक्ति या वस्तु के लिए तुलनात्मक रूप में दोनों शब्दों का प्रयोग सम्भव है—छोटा ऊँट भी बड़ी बिल्ली से बड़ा जानवर है। कद की दृष्टि से ऊँट की लम्बाई की जो मर्यादा है उससे कथ्य ऊँट छोटा है। बिल्ली की ऊँचाई की जो मर्यादा है उससे कथ्य बिल्ली बड़ी है।

प्रतिलोमिता

विरोधिता की दृष्टि से शब्दों के बीच एक तीसरा सम्बन्ध वह है जिसे प्रतिलोमिता सम्बन्ध कहा जा सकता है। उदाहरण के लिए, पति-पत्नी, क्रय-विक्रय जब कहा जाता है कि राम सीता का पति है तथा एक दूसरा वाक्यार्थ भी इसी में प्रतिलोमिता के आधार पर निहित रहता है कि सीता राम की पत्नी है। 'राम ने सोहन से पुस्तक क्रय की' वाक्य में यह भाव भी निहित है कि सोहन ने राम को पुस्तक विक्रय की। 'विवाह करना' क्रिया प्रतिलोमिता सम्बन्ध को पूर्णतया प्रदर्शित करनेवाली है। हिन्दी में 'राम ने सीता से विवाह किया' 'सीता का विवाह राम से किया गया' राम के द्वारा सीता ब्याही गई आदि वाक्यों के प्रयोग से सिद्ध है कि एक सममित विधेय के द्वारा तथा भिन्न विधेय द्वारा एक ही भाव को अभिव्यक्ति की जा सकती है।

अर्थ परिवर्तन

सामाजिक और सांस्कृतिक परिस्थितियों के बदलाव तथा अन्य कई कारणों से शब्दों की आर्थिक सांकेतिकता परिवर्तित होतो रहती है। अर्थ परिवर्तन की तीन दिशाएँ हैं—

1. अर्थ-विस्तार
2. अर्थ-संकोच
3. अर्थादेश

1. अर्थ-विस्तार—यह परिवर्तन की वह दिशा है जिसमें किसी शब्द विशेष अर्थात्मक ग्रहण की सीमा का विस्तार हो जाता है। प्रवीण, कुशल, तेल, स्याही आदि इसी तरह के शब्द हैं। प्रवीण का व्युत्पत्ति परक तथा आरम्भिक अर्थ है वीणा बजाने में कुशल किन्तु धीरे-धीरे यह सभी कार्यों में कुशलता का वाचक बन गया। कूदने में प्रवीण, चोरी करने में प्रवीण आदि तरह से इसका प्रयोग होता है। इसी तरह 'कुशल' शब्द कुश लाने में चतुर व्यक्ति के लिए प्रयुक्त होता था किन्तु धीरे-धीरे इसका अर्थ विस्तार हो गया। किसी भी कार्य को ठीक तरह से करनेवाले को कुशल कहा जाता है। स्याही पहले काले रंग का बोधक थी, फिर लेखन कार्य में प्रयुक्त हर रंग के द्रव पदार्थ को 'स्याही' कहा जाने लगा। तिल से निकलनेवाले द्रव पदार्थ को तैल (तेल) कहा जाता था, किन्तु आजकल सरसों, आँवला, महुआ, एरंडी आदि से निकलनेवाले द्रव को भी तेल कहते हैं। कभी-कभी व्यक्तिवाची नाम अपने किसी गुण के आधार पर प्रसिद्ध पा जाते हैं। वे अर्थ की दृष्टि से परे गुण के भी वाचक बन जाते हैं। 'कन्हैया' कहने से नटखटपन, सहृदयता तथा प्रेमकला में प्रवीणता का बोध होता

है। मिथकों में भी अर्थ विस्तार की क्षमता होती है। जयचन्द, विभीषण आदि नामों में भी अर्थ विस्तार हो गया है। ये नाम विश्वासघात या देशद्रोही के सूचक बन गए हैं।

2. अर्थ-संकोच—अर्थ-विस्तार की यह विपरीत स्थिति है। इसमें कोई शब्द विस्तृत अर्थ वाचकता से सीमित दायरे में संकुचित हो जाता है अर्थात् उसकी अर्थ व्याप्ति कम हो जाती है। जलज, गो, मृग आदि शब्दों को उदाहरणार्थ लिया जा सकता है। जलज का मूल अर्थ है जल से पैदा होनेवाला (काई, घोघा, नरई, बादल, कमल आदि) किन्तु इसका अर्थ कमल तक ही सीमित हो गया है। 'गो' शब्द का निर्माण गम् धातु से हुआ है जिसका अर्थ था चलनेवाला। अर्थ संकोच के कारण यह मात्र 'गाय' का सूचक हो गया। इसी तरह 'मृग' आरम्भ में सभी जंगली जानवरों का सूचक था किन्तु कालान्तर में इसका अर्थ मात्र हिरन हो गया।

समास, विशेषण, प्रत्यय आदि के द्वारा अर्थ की 'वाचकता' को अभिप्रेत विशिष्ट शब्द अर्थ की उपलब्धि के लिए संकुचित कर दिया जाता है। घनश्याम (घन की तरह श्याम) तो कोई भी हो सकता है किन्तु यह कृष्ण के लिए रूढ़ हो गया है। यह भी अर्थ संकोचन की ही प्रक्रिया है। विशेषण लगाने से भी शब्द का अर्थ ग्रहण क्षेत्र सीमित हो जाता है। जैसे—

व्यापक अर्थ	**संकुचित अर्थ**
जल	मीठा जल
आदमी	लम्बे आदमी, गोरे आदमी, काले आदमी

जब हम किसी शब्द को विशिष्ट पारिभाषिकता प्रदान कर देते हैं तो उसका अर्थ सीमित हो जाता है। जैसे—रस काव्य के सन्दर्भ में अन्य अर्थों को छोड़ देता है।

3. अर्थादेश—आदेश का तात्पर्य है परिवर्तन। इस प्रक्रिया में अर्थ का विस्तार या संकोचन नहीं होता बल्कि पूर्ण परिवर्तन हो जाता है। असुर शब्द का प्रयोग वैदिक युग में देवता के लिए था, किन्तु बाद में वह राक्षस का वाचक हो गया। अर्थादेश की दो स्थितियाँ हैं—

(क) अर्थोत्कर्ष—यदि किसी शब्द का अर्थ आरम्भ में बुरा हो किन्तु बाद में अच्छा हो जाए। अर्थ का उत्कर्ष हो जाना अर्थात् श्रेष्ठ हो जाना ही अर्थोत्कर्ष है। मुग्ध शब्द पहले मूढ़ का अर्थ देता था अब मोहित होने का अर्थ

देता है। इसी तरह साहसी पहले बुरे कर्मों में शक्ति प्रदर्शन का वाचक था किन्तु अब हर प्रकार के बहादुर और शक्तिपूर्ण कार्यों के लिए 'साहस' शब्द प्रयुक्त होता है।

अर्थापकर्ष—अच्छे अर्थ में प्रयुक्त होनेवाला शब्द कुछ कारणों से बुरे अर्थ में प्रयुक्त होने लगता है। उसकी अर्थगत अवनति हो जाती है। महाराज, पंडित, भद्दा, बुद्धू आदि ऐसे ही शब्द हैं। महाराज का अर्थ है राजाओं में महान, पंडित का मूल अर्थ है विद्वान और भद्दा का अर्थ है भद्र (सुन्दर), बुद्धू का अर्थ है बौद्ध धर्म को माननेवाला। महाराज भोजन बनानेवाले पंडित को कहते हैं। पंडित ब्राह्मण जाति में उत्पन्न किसी भी व्यक्ति के लिए प्रयुक्त हो सकता है चाहे वह मूर्ख ही क्यों न हो। भद्दा का अर्थ है कुरूप तथा बुद्धू का अर्थ है मूर्ख।

अर्थ परिवर्तन के कारण

भाषा में अर्थ व्यापार का सम्बन्ध बहुत कुछ मानव की मानसिक स्थितियों से है। इसे मनोवैज्ञानिक प्रक्रिया भी माना जा सकता है। शब्द की सांकेतिकता का क्षेत्र मानवीय परिस्थितियों के बदलाव के साथ परिवर्तित हो जाता है। भाषा में सीमित 'व्याकरणिक' दायरे में असीमित अर्थ संकेत की सम्भावनाएँ छिपी रहती हैं। वह स्थूल से सूक्ष्म अर्थ संकेतों की ओर विकसित होती है। अनेक भाषिक शब्दों के परिवेश में उसके नूतन अर्थ ग्रहण करने की सम्भावनाएँ विकसित होती रहती हैं। भाषावैज्ञानिकों द्वारा अर्थ परिवर्तन के निम्नलिखित कारण सुझाए गए हैं—

लाक्षणिकता—अर्थ परिवर्तन का यह सर्वप्रमुख कारण है। वास्तव में लाक्षणिक कारण में ही सभी कारण निहित हैं। स्पष्टता के लिए लाक्षणिकता से अलग अन्य कारणों का विवेचन किया जा रहा है।

भाषा का एक सार्वभौमिक लक्षण है सृजनात्मकता अर्थात् प्रत्येक भाषा अपने व्याकरणिक दायरे में नए-नए शब्दों, प्रयोगों को उत्पन्न करती रहती है। प्रत्येक वक्ता यह प्रयत्न करता है कि उसकी भाषा उसके विचारों को बड़ी सूक्ष्मता तथा कलात्मकता से अभिव्यक्त करे। उसे बराबर ऐसा अनुभव होता रहता है कि सुविदित तथा रूढ़ प्रतीकों से युक्त शब्द उसकी आवश्यकता को प्रभावशाली ढंग से पूर्ण नहीं कर रहे हैं। इसका प्रमुख कारण यह है कि लगातार प्रयोग में आते-आते शब्दों की व्यंजकता क्षीण हो जाती है तथा वे अपनी प्रभावोत्पादकता छोड़ देते हैं। अतः उनमें अर्थव्यंजना की शक्ति पैदा करने के लिए प्रयोक्ता उनके इस्तेमाल में कुछ परिवर्तन लाने की चेष्टा करता है। फलतः वह शब्द की अर्थ सीमा को बढ़ाता या घटाता रहता है। निर्जीव की विशेषता या गुण-धर्म को सजीव के लिए और सजीव के गुण-धर्म को निर्जीव के लिए

प्रयुक्त करना अर्थ की नई भंगिमा की आकांक्षा का परिणाम है। सीधे-सरल आदमी को गाय कहना, मूर्ख को गधा कहना, गन्दे व्यक्ति को सुअर कहना इसी तरह के प्रयोग हैं। मिठास, कटुता, नीरसता आदि शब्दों को मूल अर्थ से विस्तृत करके प्रयोग में लाया जाता है। जैसे—मीठी बानी, सजीव भाषा, कटु अनुभव, सरस काव्य आदि।

भाषा के अर्थ विकास में रूपकत्व की भी महत्त्वपूर्ण भूमिका मानी गई है। इसमें मनुष्य के अंगों को अनेक ढंग से आरोपित किया गया है। जैसे—नाव के पाँव, छंद के चरण, नदी का मुहाना, नारियल की आँख, घड़े का मुँह आदि। चन्द्रमुख, कमल नेत्र, तन्वंगी गंगा आदि प्रयोग सौन्दर्य बोध को भाषा में साकार करने के मानवीय प्रयत्न के ही प्रतिफल हैं।

2. परिवेश परिवर्तन—भाषा का प्रयोग जिस क्षेत्र या सामाजिक परिस्थिति में होता रहता है। उसके बदलाव के साथ बहुत से शब्दों के अर्थ में बदलाव आ जाता है। क्षेत्र परिवर्तन को भौगोलिक परिवेश का परिवर्तन कहा जा सकता है। वेद में उष्ट्र शब्द का प्रयोग आरम्भ में 'भैंसे' के लिए हुआ है, बाद में उसका अर्थ ऊँट हो गया। इससे यह निष्कर्ष निकलता है कि आर्य जाति आरम्भ में जहाँ थी ऊँट नहीं थे, 'भैंसे' मुख्य रूप से थे। बाद में स्थानान्तरित होकर जहाँ पहुँचे वहाँ 'ऊँट' अधिक थे। फलत: वे 'उष्ट्र' का प्रयोग दूसरे प्रकार के जानवर के लिए करने लगे। 'कार्न' शब्द का प्रयोग अमरीका में मक्का के लिए, इंग्लैंड में गेहूँ के लिए होता है। ठाकुर शब्द का प्रयोग उत्तर प्रदेश में क्षत्रिय के लिए, बिहार में नाई के लिए और बंगाल में खाना बनानेवाले के लिए होता है। अवध क्षेत्र, बिहार और बंगाल में चावल को पकाने के बाद भात कहते हैं किन्तु खड़ीबोली में 'चावल' खड़ा और पका दोनों का ही बोधक है। सामाजिक परिवेश में परिवर्तन के साथ शब्दों का अर्थ बदल जाता है। घर में 'सिस्टर' का अर्थ है सगी बहन या चचेरी बहन, अस्पताल में नर्स, स्कूल में अध्यापिका। मदर, फादर आदि शब्दों में भी पारिवारिक तथा धार्मिक परिवेश के अनुसार अर्थभेद पाया जाता है। पिता के अलावा पादरी को भी फादर कहा जाता है, इसी तरह माँ तथा महिला पादरी दोनों के लिए 'मदर' का प्रयोग होता है। हिन्दी में माँ का प्रयोग केवल जन्म देनेवाली स्त्री के लिए ही नहीं सभी बड़ी बुजुर्ग औरतों के लिए किया जाता है। 'भाई' का सम्बोधन भी सामाजिक परिवेश के अन्तर के साथ कई अर्थ को प्रकट करता है। सहोदर भ्राता के अलावा साले, बहनोई, सामान्य व्यक्ति, बेटा आदि के लिए इसका प्रयोग अवसरानुकूल किया जाता है।

भौतिक परिवेश में अन्तर आने पर भी शब्दों के अर्थ परिवर्तन हो जाते हैं। कभी-कभी तो किसी अर्थ विशेष का वाचक पुराना शब्द लुप्त भी हो जाता है।

पानी पीने के पात्र के रूप में आज 'गिलास' का प्रयोग होता है जो इस तथ्य का सूचक है कि यह शुरू में काँच से बनता रहा होगा। धीरे-धीरे सभी धातुओं से बने पात्रों को गिलास कहा जाने लगा। 'गिलास' जैसे पात्र के लिए पहले क्या शब्द था इसका पता लगाना ही मुश्किल हो गया है। 'लोटा' गिलास से बड़ा और भिन्न तरह का पात्र है। इसी तरह दर्पण के लिए आजकल 'शीशा' का प्रयोग प्रचलित है।

सामाजिक शिष्टाचार तथा विनय प्रदर्शन—भाषा को संस्कृति की संवाहिका माना गया है। शिष्टाचार तथा आदरार्थ हम भाषा में अर्थ परिवर्तन ही नहीं बल्कि व्याकरणिक मर्यादा का भी उल्लंघन करते हैं। किसी बड़े आदमी के साथ बहुवचन का प्रयोग, इसका उदाहरण है—गाँधीजी पैदा हुए थे। राम विष्णु के अवतार थे। राजा-महाराजा को आदर देने के लिए ही पृथ्वी नरेश, अन्नदाता, प्रजा, सेवक आदि शब्दों से सम्बोधित किया जाता है। यह न कहकर कि 'मेरे यहाँ आइए' यह कहना कि कभी मेरी कुटिया पर भी दर्शन दीजिए। या किसी विशेष मित्र के आ जाने पर यह कहना 'भगवन आज कैसे इतनी कृपा हो गई' या इधर कैसे रास्ता भूल पड़े आदि विनम्रता प्रदर्शन हेतु सामान्य अर्थ से भिन्न अर्थ में प्रयुक्त उक्तियाँ हैं। अपने से बड़ों से कुछ कहने के लिए 'निवेदन करता हूँ' का प्रयोग विनम्रता प्रदर्शन का ही द्योतक है।

सुश्राव्यता—वक्ता को भाषा प्रयोग में श्रोता की उचित मनोनुकूल तथा प्रीतिकर अनुक्रिया का भी ध्यान रखना पड़ता है। लज्जा, घृणा तथा अमंगलसूचक शब्दों के प्रयोग में किंचित परिवर्तन की आवश्यकता होती है ताकि वे अभिप्राय तथा सन्देश का सम्प्रेषण तो कर ही दें किन्तु उससे वक्ता की संवेदना तथा शिष्टाचार भी अखंडित तथा उदात्त बना रहे। यौन, मलमूत्र आदि से सम्बन्धित सूचनाओं को घुमा-फिराकर कहा जाता है। किसी की बीमार लड़की की बीमारी दूर करने का यदि एक प्रमुख साधन है यौन सम्बन्ध तो डॉक्टर यही कहेगा 'इसका विवाह कर दिया जाए।' किसी की बेटी यदि गर्भवती है तो कहा जाएगा कि 'मातृत्व की राह में है' 'पाँव भारी है' आदि। भारतीय नारी अपने पति को 'वह, वो, ये' 'मेरे आदमी' मालिक आदि विभिन्न शब्दों से सम्बोधित करती है। पति भी पत्नी को 'घरवाली' कहता है। मलत्याग के लिए पाखाना, टट्टी, मैदान, शौच, दिशा, बाथरूम आदि अनेक शब्द प्रचलित हैं। इन शब्दों का मूल अर्थ मलत्याग नहीं है। 'बाथरूम' स्नान घर होता है 'साहब बाथरूम में हैं, तो ठीक है क्योंकि बाथरूम (स्नानघर) तथा लैट्रिन सम्बद्ध भी हो सकते हैं। सम्बद्ध नहीं भी है तब भी प्रयोग चल जाएगा किन्तु जब कोई नवसंस्कृति को सीखनेवाली महिला कहती है कि मेरे बच्चे ने बाथरूम कर दिया है तो और भी रोचक प्रयोग हो जाता है।

जुगुप्सा या लज्जाजनक शब्दों को भी प्राय: प्रयुक्त नहीं किया जाता है। उसके सड़े हुए शरीर पर मक्खियाँ भिनक रही थीं के स्थान पर कहा जाएगा कि 'उसका शरीर' बुरी तरह से सड़ गया था। योनि-इन्द्रिय का नाम न लेकर 'पेशाब के रास्ते' आदि प्रयोग चलते हैं। वैसे इस तरह के प्रयोग में कोई अर्थ परिवर्तन नहीं होता।

भयकारक घटनाओं तथा अशुभ स्थितियों की सूचना भी भिन्न ढंग से दी जाती है। 'मृत्यु' के लिए स्वर्गवास, बैकुंठ लाभ, अमर हो जाना, स्मृति शेष, देहावसान आदि शब्दों का प्रयोग किया जाता है। साँप को अवध क्षेत्र में 'कीरा' (कीड़ा) कहते हैं। लघुतावाचक कीड़ा साँप की भयंकरता को भाषिक स्तर पर कम कर देता है। 'चेचक' के लिए 'देवी निकलना' का प्रयोग भी इसी तरह के मनोभाव का परिणाम है।

अन्धविश्वास के कारण भी सुश्राव्य शब्दों का प्रयोग किए जाते हैं। कभी-कभी ऐसे अन्धविश्वासों को शास्त्रीय मान्यता भी दे दी जाती है। मनुस्मृति में उल्लेख है कि गुरु, अतिकृपण, ज्येष्ठ सन्तान और पत्नी का नाम नहीं लेना चाहिए। इनके लिए समाज में वैकल्पिक नामों की परिकल्पना करनी पड़ती है।

विपरीत लक्षणा या व्यंग्य—किसी के ऊपर व्यंग्य करने के लिए कभी-कभी शब्दों को उनके प्रचलित संकेत से विपरीत अर्थ में प्रयुक्त किया जाता है। किसी कुरूप को कामदेव कहना, मूर्ख को बृहस्पति कहना व्यंग्य ही है। कुछ कहावतें भी व्यंग्यमूलक हैं। जैसे—जमीन विस्वा भर नहीं नाम पृथ्वीनाथ। आँख का अन्धा नाम नैनसुख। जब कोई आदमी रोकने के बावजूद अपने अज्ञान का परिचय देता रहता है तो उसे टाँटते हुए कहा जाता है 'कृपया अपना ज्ञान अपने पास ही रखिए' यहाँ 'ज्ञान' का प्रयोग विपरीत अर्थ अज्ञान के लिए हुआ है।

भावात्मक बल—किसी शब्द के प्रचलित अर्थ को खूब बढ़ा-चढ़ाकर व्यक्त करने की भावना से कभी-कभी उसके साथ विचित्र तरह का विशेषण जोड़ दिया जाता है। जैसे—कपड़ों में '**भयंकर छूट**', भीषण सुन्दरता, प्रचंड मूर्ख। आश्चर्य की स्थिति में हे राम, अरे राम, राम-राम का उच्चारण भगवान के नाम स्मरण के लिए नहीं होता, धिक्कार का विस्मय सूचक होता है।

सामान्य के लिए विशेष का प्रयोग—किसी वस्तु या प्राणी के पूरे वर्ग के लिए उसी वर्ग के किसी विशेष नाम का प्रयोग अर्थ विस्तार का प्रमाण है। इससे विशिष्ट वस्तु या व्यक्ति सामान्य अर्थ का वाचक बन जाता है। सभी रंगों की रोशनाई के लिए स्याही (काला) का प्रयोग इसका उदाहरण है। सब्ज का अर्थ है हरा और सब्जी का अर्थ है हरी तरकारी। अर्थ विस्तार के कारण सभी प्रकार की तरकारी को सब्जी कहा जाता है चाहे वह हरी हो या सूखी। 'यह धोबियों

का गाँव है', इस वाक्य में 'धोबियों' शब्द धोबिनों तथा उनके बाल-बच्चों को भी सम्मिलित करता है। 'रात में कुत्ते भूक रहे थे।' वाक्य में प्रयुक्त 'कुत्ते' शब्द कुत्तिओं को भी द्योतित करता है। बहुत से पशु या पक्षियों का नामकरण नर या मादा के आधार पर भी किया गया है। 'कोयल' स्त्रीलिंग शब्द है जबकि इसमें नर-मादा दोनों का आर्थिक दृष्टि से समावेश है। 'कौआ' नर वाची है जबकि इसमें नर और मादा दोनों हैं।

भ्रांतिमूलक अवधारणा—भाषा का ज्ञान समाज में अनुकरण के द्वारा होता है। मातृभाषा के अलावा अन्य शब्द जो भिन्न भाषाओं से आगत होते हैं उनके वास्तविक अर्थ में कभी-कभी भेद पड़ जाता है। लेबर का अर्थ है परिश्रम, लेबरर का अर्थ है मजदूर, किन्तु ध्वनि संकोचन के कारण लेबर का अर्थ मजदूर हो गया। जबानी का अर्थ मौखिक किन्तु प्रयोग में मुँह जबानी शब्द मौखिक के अर्थ में प्रयुक्त होता है। इसी तरह फिजूल के अर्थ में 'बेफजूल', खालिस के अर्थ में निखालिस आदि शब्दों का प्रयोग होता है जबकि इनके अर्थ बे, नि आदि निषेधवाची उपसर्गों के प्रयोग से विपरीत हो जाता है।

अर्थपरक अनिश्चितता—शब्द विशेष में निहित अर्थ की सूचना के लिए यदि भौतिक जगत की वस्तु विशेष जो उस अर्थ से संकेतित है यदि उसका आसानी से निर्देश किया जा सके तो अर्थ की सुनिश्चितता हो जाती है। गाय शब्द का प्रयोग करते हुए यदि 'गाय' की ओर निर्देश कर दिया जाता है तो अर्थ की अवधारणा अधिक मूर्त्त हो जाती है। स्थल तथा दृश्य पदार्थों के लिए ही ऐसे संकेत कुछ सीमा तक सम्भव हैं। भाववाची तथा अमूर्त शब्दों का अर्थ एक तरह से परिभाषित रहता है। अनुकम्पा, कृपा, दया आदि शब्दों का अर्थ भेद इतना सूक्ष्म है कि बिना विशेष ज्ञान के इनका अन्तर समझना कठिन है। सामान्य भाषा प्रयोक्ता इन्हें एक-दूसरे के स्थान पर प्रायः प्रयुक्त करता है अभ्युदय-उन्नति, विकास-प्रगति, इसी तरह के शब्द युग्म हैं।

आधारणात्मक अन्तर—भाषा व्यवहार की एक सांस्कृतिक सीमा भी होती है। व्यक्ति विशेष की सांस्कृतिकता, तथा वैयक्तिक क्षमता भी अर्थग्रहण को प्रभावित करती है। सांस्कृतिकता तथा वैयक्तिक क्षमता के भेद के कारण अर्थ भेद पैदा होता है। धर्म-अधर्म, पाप-पुण्य, सत्य-असतय आदि ऐसे ही शब्द हैं जिनका अलग-अलग संस्कृतियों तथा सम्प्रदायों में अवधारणात्मक अर्थ भेद मिलता है।

शब्दार्थ के लिए एक तत्त्व की प्रधानता—कभी-कभी किसी वर्ग की वेशभूषा या गुण विशेष के आधार पर उसका बोध कराया जाता है। नेता के लिए 'खद्दरधारी', सोने के लिए 'सुवर्ण' (अच्छा रंग) इसके उदाहरण हैं।

साहचर्यजनित गौण अर्थ की प्रमुखता—किसी वस्तु विशेष का उत्पादन या अन्य सम्बन्धों के आधार पर नामकरण करके नए अर्थ को निहित कर दिया जाता है। विदेश से आयातित तम्बाकू को सूरत बन्दरगाह पर उतार कर सारे देश में वितरित किया गया था इसी साहचर्य के कारण तम्बाकू का नया नाम सुरती हो गया। सिन्धु में पैदा होनेवाले नमक को सैन्धव, इसी आधार पर कहा गया। शकर की किस्म विशेष 'चीनी' का नामकरण 'चीन' से इसकी सम्बद्धता के कारण है।

शब्दों के विविध रूपों में नए अर्थ का समावेश—एक ही शब्द ध्वनि परिवर्तन के साथ जब नया शब्द बनता है तो उसमें अर्थभेद आ जाता है। संस्कृत के तत्सम शब्दों से विकसित विविध तद्‌भव शब्दों में नए अर्थ का समावेश हो गया है। चूँकि तद्‌भव शब्दों में ही लोक की सृजनात्मक तथा भावात्मक क्षमता एवं स्थितियों की अभिव्यक्ति होती है इसीलिए उसमें अर्थ का अन्तर पैदा हो जाता है। यह भाषा के विकास का एक प्रमुख लक्षण है। भद्र का अर्थ सुन्दर, अच्छा होता है किन्तु भद्दा का अर्थ खराब है। बौद्ध धर्म के प्रति ब्राह्मण धर्म के अनुयायियों के विरोध का परिणाम है कि बहुत से शब्द विपरीत अर्थ में प्रयुक्त होने लगे। बुद्धू, भद्दा आदि इसी तरह के शब्द हैं। नग्न लुंचित जैन मुनि का विशेषण है किन्तु लोक में उसे नंगा-लुच्चा अशिष्ट अर्थ का वाचक मान लिया गया। स्तन और थन, स्थान और थान, पत्र और पत्ता, पाती, पत्तल आदि में भी अर्थात्मक अन्तर मिलता है।

व्याकरणिक कारण—व्याकरण के कारण भी शब्दों के अर्थ में परिवर्तन होता है। हार में उप, वि, आ आदि उपसर्गों के संयोजन से अर्थ बदल जाता है जैसे उपहार (भेंट), विहार (घूमना), आहार (भोजन)। प्रत्ययों से भी अर्थ परिवर्तन होता है जैसे—कल, कली, मीठा, मिठाई। समास के द्वारा भी अर्थ भेद लाया जाता है जैसे—राजकवि तथा कविराज, पीताम्बर, घनश्याम आदि।

हिन्दी-भाषा और लिपि

प्राचीन भारतीय आर्यभाषा

उल्लेख किया जा चुका है कि भारत-ईरानी शाखा के कुछ आर्य-गण भारत पधारे, इन्हीं द्वारा प्रयुक्त भाषा को भारतीय आर्यभाषा कहते हैं। इन आर्य-गणों के भारतागमन काल के विषय में विद्वानों में मतभेद है लेकिन इतना तो निश्चित है कि 1500 ई०पू० के लगभग ये लोग भारत देश में आ गए थे। आर्यों का भारत प्रवेश उत्तर-पश्चिमी सीमान्त प्रदेश से माना जाता है। यहाँ की पूर्ववासिनी जातियों को परास्त करके ये क्रमशः मध्यदेश—काशी, कोशल, मगध-विदेह, अंग, बंग तथा कामरूप (अर्थात् बंगाल—आसाम तक) फैल गए। वैसे विद्वानों का एक वर्ग ऐसा भी है जो आर्यों का मूल स्थान भारत ही मानता है। इनका क्षेत्र पश्चिम उत्तर की तरफ था। अस्तु जो भी स्थिति हो, भारतीय आर्यभाषा के विकास या प्रेरणा के एक केन्द्र न होकर अनेक केन्द्र थे। एक ही मूल भारोपीय भाषा से सभी भाषाओं के विकास की अवधारणा भी कई कठिनाइयों के कारण मान्य नहीं हो पाती। इतना निर्विवाद रूप से मान्य है कि भारतीय आर्य भाषा पूर्व प्रचलित अनार्य भाषाओं से लगातार प्रभावित होती रही। आर्य (श्रेष्ठता सूचक) विशेषण (कालान्तर में संज्ञा) से विभूषित कृषि प्रधान संस्कृति के उन्नायक, पशुपालक आर्य जाति के समक्ष एक उच्चतर संस्कृति थी जिसका ज्ञान मोहन-जोदड़ों तथा हड़प्पा की खुदाइयों से होता है। अनेक संघर्षों तभा भेदों के बावजूद अनार्य संस्कृति आर्य संस्कृति के लिए आकर्षण का विषय थी। दोनों संस्कृतियाँ मिलकर एक सामान्य धारा में प्रवाहित रहीं किन्तु दोनों में अपने मूल तत्त्व के संरक्षण की चिन्ता भी बनी रही। भाषा का प्रवाह सांस्कृतिक प्रवाह के समरूप रहा। भारतीय भाषा अपनी सम्पूर्ण भाषिक संरचना में ऐसे स्तर पर पहुँच गई कि अपने केन्द्र से बाहर की भाषाओं को प्रभावित करने में सक्षम सिद्ध हुई। अनेक भाषा तत्त्वों का आदान-प्रदान सम्पूर्ण भारोपीय भाषा उपपरिवारों के बीच होता

रहा जिसकी सूचनात्मक खोज की जा चुकी है। भाषिक आदान-प्रदान के आधार पर विशाल मानवता के पारस्परिक सम्पर्क के सूत्रों की खोज की दिशा में भी कार्य किया जा सकता है।

अनार्यों के सम्पर्क के कारण तथा स्वभाविक परिवर्तन के परिणामस्वरूप भारतीय आर्यभाषा में उल्लेखनीय परिवर्तन घटित हुए। भारतीय आर्यभाषा का अविरल प्रवाह जैसे-जैसे परिवर्तित हुआ, यहाँ के नूतनताप्रिय मनीषियों ने भाषा को नए-नए नामों से विभूषित किया। वैदिकी, संस्कृत, पालि, प्राकृत, अपभ्रंश, हिन्दी, बंगला, उड़िया, असमी, मराठी, सिन्धी, पंजाबी आदि अनेक संज्ञाओं को ग्रहण करती हुई आर्यभाषा अब भी एक जीवन्त भाषा है। ऐतिहासिक दृष्टि से इस लम्बे इतिहास को तीन खंडों में विभाजित किया जा सकता है—

1. प्राचीन भारतीय आर्यभाषा काल (2400-1500 ई०पू०से 500 ई०पू० तक)

2. मध्यकालीन भारतीय आर्यभाषा काल (500 ई०पू० से 1000 ई० तक)

3. आधुनिक भारतीय आर्यभाषा काल (1000 ई०—आज तक)

प्राचीन भारतीय आर्यभाषा

भाषा का वास्तविक अध्ययन बोलचाल की भाषा के आधार पर किया जाता है। किन्तु इतने समय पूर्व का कोई भाषा-भाषी जीवित तो मिल नहीं सकता। अत: विवश होकर तत्कालीन लिखित साहित्य का सहारा लेना पड़ता है। उपलब्ध लिखित साहित्य में तत्कालीन वाचिक भाषा के रूपों का समावेश रहता है। अत: उसके स्वरूप का अनुमान लिखित भाषा के आधार पर लगाया जाता है।

प्राचीन भारतीय आर्यभाषा का प्राचीनतम नमूना ऋग्वेद में दिखाई देता है। ऋक, का शाब्दिक अर्थ है स्तुति करना। प्राचीन ऋषियों द्वारा की गई देवताओं की स्तुतियाँ ही मुख्यत: ऋग्वेद में संग्रहीत हैं। इन ऋषियों द्वारा निर्मित सूक्त श्रुति परम्परा से सुरक्षित रखे जाते थे। कालान्तर में इनके लिखित रूप तैयार किए गए। अत: इस तथ्य को अस्वीकार नहीं किया जा सकता है कि श्रुति-परम्परा में रहने के कारण पीढ़ी-दर-पीढ़ी इनमें कुछ परिवर्तन अवश्य हुए होंगे। धीरे-धीरे बोल-चाल की भाषा से साहित्यिक भाषा की भिन्नता बढ़ती जा रही थी। यहाँ तक कि ये संहिताएँ सामान्य सामान्य जनों के लिए सहज बोधगम्य नहीं रह गईं। इसीलिए पद पाठ बनाए गए और पद पाठ से संहिता पाठ बनाने के नियम निर्दिष्ट किए

गए। प्रातिशाख्यों की रचनाएँ इसी तरह के नियमों के निर्देशन के लिए की गईं। इन प्रातिशाख्याओं में अपनी-अपनी शाखा से सम्बन्धित वर्ण विचार, उच्चारण, पदपाठ आदि पर विस्तार से प्रकाश डाला गया। भाषा का परिवर्त्य रूप वैदिक साहित्य में भी आसानी से लक्षित किया जा सकता है। ऋग्वेद के प्रथम और दशवें मंडल की भाषा अपेक्षाकृत परवर्ती है। यजुर्वेद, सामवेद, अथर्ववेद और उपनिषदों की भाषाएँ क्रमशः और अधिक भाषिक अन्तर को प्रदर्शित करती हैं। आर्य लोग पंजाब से जैसे-जैसे मध्य प्रदेश की ओर बढ़ रहे थे भाषा का रूप बदलता जा रहा था। पंजाबवासी आर्यों की साहित्यिक भाषा का दृष्टान्त है ऋग्वेद, कुरू-पांचाल तक पहुँचे आर्यों की भाषिक अभिव्यक्ति सामवेद, यजुर्वेद तथा अथर्ववेद में हुई है। मध्यदेशी आर्यों की भाषा का प्रतिनिधित्व करनेवाले ग्रंथ हैं 'ब्राह्मण' और उपनिषद।

विद्वानों की मानसिकता अपने पूर्व भाषा रूपों के संरक्षण की थी और जन साधारण की ललक परिवर्तित भाषा को प्रतिष्ठित करने की ओर थी। जब वैदिक भाषा साहित्यिक उत्कृष्टता और व्याकरणिक दुरूहता के कारण देवभाषा (आभिजात्य भाषा) बन गई तो सामान्य जनों की भावाभिव्यक्ति के माध्यम के रूप में कुरू -पांचाल की जनभाषा साहित्यिक स्तर की और उद्‌बुद्ध होने लगी। आरंभ में इसमें एकरूपता का अभाव था। वैयाकरण पाणिनि ने इस अभाव की पूर्ति की। 5 वीं सदी ई० पू०के लगभग पाणिनि ने इसे व्याकरण सम्मत बनाया। तभी से संस्कार किए जाने के कारण इसे संस्कृत कहा गया। बोलचाल का रूप अब तक काफी बदल चुका था। संस्कृत का जो लिखित रूप उपलब्ध है बोलचाल का वही वास्तविक रूप नहीं है। वह साहित्यिक भाषा है जिसमें तत्कालीन बोलियों को परिनिष्ठित बनाकर ग्रहण किया गया है। संस्कृत का इतना अधिक सांस्कृतिक महत्व रहा कि अपनी प्रायोगिक काल सीमा से आगे भी साहित्य और धर्म की भाषा के रूप में इसका प्रयोग होता रहा। संस्कृत का अधिकांश साहित्य 5वीं सदी ई० पू० के बाद ही रचा गया। प्राचीन भारतीय आर्यभाषा के संक्षिप्त इतिहास का आकलन करने से यह तथ्य स्पष्ट होता है कि इस काल में वैदिक या छान्दस् तथा संस्कृत दो भाषाओं का साहित्यिक वर्चस्व रहा। प्राचीन भारतीय आर्यभाषा की भाषा वैज्ञानिक विशेषताओं का विश्लेषण भी इन्हीं दो भाषाओं के आधार पर किया जाता है।

ध्वनि-व्यवस्था

प्राचीन भारतीय आर्यभाषा में कुल मिलाकर बावन ध्वनियाँ हैं जिनमें

स्वर तेरह और व्यंजन उनतालीस हैं।

मूल स्वर—अ, आ, इ, ई, उ, ऊ, ऋ ॠ , लृ, (ॡ)

संयुक्त स्वर— ए, ओ, ऐ, औ

व्यंजन—1—सत्ताईस स्पर्श व्यंजन हैं जिन्हें पाँच वर्गों में विभक्त किया गया है—

(क) कंठ्य—क्, ख्, ग्, घ्, ङ्।

(ख) तालव्य—च्, छ्, ज्, झ्, ञ्।

(ग) मूर्धन्य—ट्, ठ्, ड्, ढ्, ण्, ळ्, ळ्ह्।

(घ) दन्त्य—त्, थ्, द्, ध्,न्।

(ङ) ओष्ठ्य—प् फ्,ब्, भ्,म्।

2—चार अन्तस्थ—य् (तालव्य), र् (मूर्धन्य), ल्, (दन्त्य), व् (ओष्ठ्य)

3—तीन ऊष्म—श्, (तालव्य), ष् (मूर्धन्य), स् (दन्त्य)।

4—एक महाप्राण—ह्।

5—एक शुद्ध अनुनासिक—(अनुस्वार)।

6—अघोष ऊष्म् विसर्जनीय, जिह्वामूलीय ख (क), उपध्मानीय फ (प)

इन ध्वनियों में कुछ वैदिक की विशिष्ट ध्वनियाँ हैं जिनका प्रयोग पर परम्परागत ढंग से संस्कृत में मिलता है; जैसे—ऋ, ॠ, लृ। मूर्धन्य ळ, ळ्ह् को संस्कृत में नहीं स्वीकार किया गया। लोक भाषा में इनका अस्तित्व था जो कालान्तर में पालि में फिर उभर कर आया। कई आधुनिक भाषाओं को (पश्चिमी हिन्दी, मराठी) में आज भी इनका प्रयोग होता है। जिह्वामूलीय तथा उपध्मानीय ध्वनियाँ भी संस्कृत में लुप्त हो गईं।

उच्चारण स्थित— स्वरों में अ के उच्चारण में परिवर्तन दिखाई देता है। जिस समय ऋचाओं की रचनाएँ हुई (वैदिकी में) अ का उच्चारण विवृत था। संस्कृत काल आते-आते यह सम्वृत हो गया था। ऋ के उच्चारण में धीरे-धीरे स्वरत्व की समाप्ति हो रही थी। पहले इसका एर ऐसा उच्चारण था। लृ की स्थिति भी ऋ से मिलती-जुलती है। ऋक् प्रतिशाख्य के अनुसार यह मूल र् का प्रतिनिधित्व करनेवाले ल् से मिलता-जुलती है। ऐ, औ, वैदिक में आइ, आउ तथा संस्कृत में अइ, अउ उच्चरित होते थे।

संहिताओं में स्वर दीर्घीकरण, स्वर-भक्ति तथा स्वर लोप के भी

उदाहरण मिलते हैं। ऐसा प्रायः छंद की लय ठीक करने के लिए किया जाता था। लोक में इन पद्धतियों का प्रयोग उच्चारण सुविधा के लिए अवश्य प्रचलित था जिनका साहित्यिक प्रचलन छन्दानुरोध के न होते हुए भी मध्यकालीन भारतीय भाषाओं में हुआ।

सन्धि-नियम

वैदिक में स्वर और व्यंजन दोनों प्रकार की सन्धियाँ मिलती हैं, सन्धि के नियमों को बहुत कड़ाई से पालन नहीं किया जाता था। कई स्वरों या व्यंजनों में जहाँ सन्धि की सम्पूर्ण परिस्थितियाँ विद्यमान हैं सन्धि नहीं की गई है। संस्कृत में सन्धियों की नियमबद्धता अधिक है।

ऋग्वेद में प्रयुक्त श्लोकार्ध के पादों या एक पाद में दीर्घ सन्धि नहीं भी हुई-मनीषा अग्नि; मनीषाः अभि। छन्दानुरोध के कारण इसी सन्धि में कुछ और भी स्वच्छन्दता दिखाई देती है जहाँ दीर्घ को ह्रस्व कर दिया गया है—चासात् को च आसात्। साधारण स्वर इ, ई और उ, ऊ साथ आने पर क्रमशः ए, ओ, गुण स्वरों में परिवर्तित होते हैं।

जैसे—इह+इह=इहेह, पिता+इव=पितेव।

आरम्भिक वैदिक में ऋ के अर् होने के उदाहरण अत्यल्प हैं। कुछ पदों में इसकी सम्भावना की जाती है। संस्कृत में तो अर् होने की अनिवार्यता है।

जैसे—सप्त+ऋषिः=सप्तर्षिः। संस्कृत में स्वर, व्यंजन तथा विसर्ग सन्धियाँ नियमबद्ध हैं।

समास

वैदिक में प्रायः दो पदों का ही समास हुआ है। समासों में सन्धि के पुराने रूप भी अवशिष्ट मिलते हैं जिनका वाक्य-सन्धियों में इस्तेमाल समाप्त हो गया है। संस्कृत में साहित्यिक स्तर पर समास की जटिलता बढ़ती ही गई है। बाणभट्ट की कादम्बरी में कई पंक्तियों का एक समास मिलता है। ऐसा अनुमान किया जा सकता है कि बोलचाल की भाषा में इतने लम्बे समासों की रचना नहीं होती थी। अव्ययी भाव, तत्पुरुष, कर्मधारय, द्विगु, द्वन्द्व तथा बहुब्रीहि समासों के प्रयोग मिलते हैं।

रूप-रचना

प्राचीन भारतीय आर्यभाषा में नाम शब्दों (विशेषण सहित) सर्वनामों के रूप विविध थे। उनके अन्त्यक्षर के भेदानुसार तीन लिंग, तीन वचन में प्रायः अलग-अलग रूप आठ कारकों में चलाए जाते थे। अर्थात् प्राचीन भारतीय भाषाओं में तीन लिंग—पुल्लिंग, स्त्रीलिंग, नपुंसक लिंग और तीन

वचन—एकवचन, द्विवचन, बहुवचन थे। सात विभक्तियाँ इस प्रकार हैं—प्रथमा, सम्बोधन, द्वितीया, तृतीया, चतुर्थी, पंचमी, षष्ठी, सप्तमी। सम्बोधन के लिए विभक्ति नहीं थी।

कुछ अपवादों को छोड़कर सम्बोधन के रूप में प्रायः वही होते हैं जो कि प्रथमा विभक्ति के होते हैं।

विभक्ति रूपों के भेद के कारण प्रातिपादकों का प्रमुख विभाजन इस प्रकार है...

1. हलन्त—(क) अपरिवर्त्य (ख) परिवर्त्य

2. अजन्त—(क) अकारान्त और आकारान्त, (ख) इकारान्त और उकारान्त (ग) ऊकारान्त और ईकारान्त।

विशेषण एवं संख्या वाचक शब्दों के रूप संज्ञा शब्दों के समान सुप् प्रत्ययों से निष्पन्न होते हैं। सर्वनामों के रूपों में भिन्नता मिलती है। इनमें अनियमितता भी पाई जाती है। सर्वनामों में लिंग भेद तथा वचन भेद अत्यधिक क्षीण हैं।

वैदिक तथा संस्कृत के रूपों में भेद दिखाई देता है। जैसे—

अस्मद—

	वैदिक	संस्कृत
कर्त्ता द्विवचन	वाम्	आवाम्
कर्म एकवचन	मा	माम्
सम्बन्ध एकवचन	अस्माक	अस्माकम्

युष्मद्—

त्वा	त्वाम्
त्वत्	तव
युवम्	युवाम्
युवोस्, युबेयोस्	युष्माकम्

भारोपीय परिवार में मध्यम पुरुष तु के प्रयोग के दृष्टान्त मिलते हैं। ऋग्वेद में यह प्रयोग दृष्टव्य है। आधुनिक हिन्दी में प्रयुक्त तू अपनी प्राचीनता को 'तु' में सन्निहित किए हुए हैं।

क्रिया पद

प्राचीन भारतीय आर्यभाषाओं में क्रियाएँ दो पदों में उपलब्ध हैं—आत्मनेपद और परस्मैपद। कुछ क्रियाएँ उभयपदी थीं। प्रत्येक धातु या क्रिया का रूप काल और भाव व्यक्त करने के लिए दस प्रकार से

चलाया जाता है जिसे लकार कहते हैं। क्रिया के रूप प्रथम पुरुष, मध्यम पुरुष तथा उत्तम पुरुष में अलग-अलग तीनों वचन में (एकवचन, द्विवचन तथा बहुवचन) निर्मित होते हैं। लकारों में लट् (वर्तमान काल), लिट् (परीक्षभूत) लङ् (अद्यतन भूत) लुङ् (सामान्य भूत) लुट् (असम्पन्न भविष्यत्) एवं लृट् (सामान्य भविष्यत्) काल सूचक थे। लोट्, विधिलिंग, आशीर्लिंग, लृङ्, लेट्, लेङ भावसूचक थे। वैदिक में भविष्यत् काल के दोनों रूप लुट्, लृट् नहीं थे। इनकी अभिव्यक्ति के लिए लङ् लकार का प्रयोग किया जाता था। वैदिक में चार काल (लट्, लिट्, लङ्, लुङ) छह भाव (लोट्, विधिलिंग, आशीर्लिंग, लृङ, लेट्, लेङ्) थे। संस्कृत में छह काल (लट्, लुट्, लङ्, लुङ्, लूट्, लृट्), चार भाव (लोट्,विधि० आशी०, लृङ्) थे।

दस गण— विकरण की भिन्नता के अनुसार धातुओं को दस गुणों में विभक्त किया गया था। (1) अ विकरण युक्त, भ्वादि गण, (2) विकरण रहित--अदादि गण, (3) (द्वित्व सहित) जुहोत्यादि गण, (4) य विकरण युक्त दिवादि गण, (5) नु विकरण युक्त-स्वादि गुण, (6) स्वराघातयुक्त अ विकरण सहित- तुदार्दि गण (7) न आगम सहित- रुधादि गण, (8) उ विकरण युक्त-तनादि गण, (9) ना विकरण युक्त- क्रयादि गण, (10) अय् विकरण युक्त-चुरादि गण।

प्रत्यय और उपसर्ग

वैदिक और संस्कृत दोनों में शब्द निर्माण के लिए एवं शब्दों को नए अर्थ में प्रस्तुत करने के लिए अनेक प्रत्ययों का प्रयोग किया जाता है। तिङ्न्तीय प्रत्ययों के अतिरिक्त अनेक कृत् प्रत्यय प्रयुक्त होते हैं। देय, योग्य (य प्रत्यय), क्तृत्व (त्व प्रत्यय), जनितव्य(तव्य प्रत्यय), आमन्त्रणीय (नीय प्रत्यय), कृत्वी (त्वी प्रत्यय) श्रुत्वा (त्वा प्रत्यय) गत्वाय (त्वाय प्रत्यय), आच्या (या प्रत्यय) आदि कृदन्तीय शब्द हैं।

उपसर्गो के दो वर्ग हैं। प्रथम वर्ग में शुद्ध या क्रिया विशेषणीभूत उपसर्ग पाए जाते हैं। दूसरा वर्ग उन उपसर्गों का है जो नाम योगी कहलाते हैं क्योंकि ये क्रिया पदों के साथ समस्त नहीं होते अपितु केवल नाम पदों को ही विभक्तियों को नियमित करते हैं। पन्द्रह उपसर्ग ऐसे हैं जो क्रिया पदों से स्वतन्त्र रूपेण प्रयुक्त होने पर भी अपनी विभक्तियों के अर्थ को परिछिन्न करते हैं। इनका प्रयोग मुख्यतः द्वितीया और सप्तमी के योग में और गौणतः पंचमी के योग में सीमित है। अछ (की ओर) अति (परे) अनु (पश्चात्) अभि (की ओर) प्रति (विरोध में) सिरस् (पार), परि (चारों ओर) उप, अपि, अधि, अन्तर, आ, पुरस्, अव, सम् आदि इसी

कोटि के उपसर्ग हैं। द्वितीय कोटि के उपसर्गों में अधस्, अभितस्, उपरि, साकम्, सुमद्, स्मद्, सचा आदि हैं।

वाक्य रचना—वाक्य रचना की दृष्टि से वैदिक और संस्कृत में कुछ अन्तर दिखाई देता है। 'ऋग्वेद' की वाक्य रचना में आत्मेनपद, लकार, प्रकार, सविभक्तिक शत्राद्यन्त रूप तुमुन्नन्त और तुमर्थक कृदन्त रूप एवं उपसर्गों का प्रयोग कहीं अधिक प्रचुर अथवा जीवन्त है। पद स्थान का कोई कठोर नियम नहीं है। वैदिक में उपसर्ग मूल क्रिया से दूर भी प्रयुक्त हैं। संस्कृत में उपसर्ग और क्रिया एक साथ लगते हैं।

मध्यकालीन भारतीय आर्यभाषा

भारतीय आर्यभाषा के इतिहास का मध्यकाल मूलतः प्राकृतों का काल है। भाषा के संस्कृतनिष्ठ होने से पूर्व की अवस्था सामान्य बोलचाल की भाषा का है जिसे सामान्यतः प्राकृत कह सकते हैं। किन्तु मध्यकालीन प्राकृतों के सन्दर्भ में इतना उल्लेखनीय है कि इनका जो रूप उपलब्ध है वह विशुद्ध बोलचाल का नहीं बल्कि साहित्यिक है। प्राकृतों के मूल में वैदिक या छान्दम् कालीन जनभाषाएँ हैं। साहित्यिक वैदिक में प्राकृत-तत्त्वों का समावेश इसी तथ्य को प्रमाणित करता है कि उस समय साहित्यिक भाषा से भिन्न अनेक जन बोलियाँ प्रचलित थीं। व्यंजनान्त शब्दों के हलन्त व्यंजन का लोप, संयुक्त व्यंजन का द्वित्वकरण, क्षतिपूरक दीर्घीकरण, स्वरभक्ति, स्वर संकोच आदि प्रवृत्तियाँ जो प्राकृतों में परिलक्षित होती हैं, उन्हें वैदिक में बड़ी आसानी से खोजा जा सकता है—

1. व्यंजनान्त शब्दों के अन्तिम व्यंजन का लोप—जैसे—पश्चात्>पश्चा, युष्मान्>युष्मा।

2. संयुक्त व्यंजन का लोप तथा क्षतिपूरक **दीर्घीकरण**—दुर्लभ>दूडम, दुर्नाश>दूणाश।

3. **स्वर भक्ति**—स्वर्ग>सुवर्ग।

संस्कृत से भिन्न रूप रचना के जो अन्तर प्राकृतों में दृष्टिगत होते हैं उनकी भी पूर्व स्थितियाँ वैदिक में द्रष्टव्य हैं। जैसे—प्रथम एकवचन का रूप देवो, सो, तृतीया का देवेहि।

संस्कृत भी जब वैदिक की तरह देवभाषा बन गई तो साधारण जनों के लिए दुर्बोध हो गई। अतएव उसके स्थान पर प्राकृतों को महत्व मिलने

लगा। जनभाषा के उन तत्त्वों को जिन्हें साहित्यिक भाषा में स्थान नहीं मिल सका था। उन्हें अब प्रतिष्ठित किया जाने लगा। जिस प्रकार बोलचाल की ग्रामीण भाषा साहित्यिक या परिनिष्ठित भाषा के माहौल में प्रयुक्त होने पर कुछ न कुछ उससे प्रकृतिगत या उच्चारण समझौता करती है उसी तरह प्राकृतों ने संस्कृत से कुछ न कुछ समरूपता के स्तर पर समझौता किया होगा। प्राकृतों ने अपनी साहित्यिक अभिव्यक्ति क्षमता में वृद्धि करने के लिए संस्कृत से पर्याप्त सहायता भी ली है। परिणामतः संस्कृत शब्दों तथा रूपों को अपनी प्रकृति में ढालने का भी प्रयत्न किया है। इसीलिए संस्कृत पंडितों को यह कहने के लिए पर्याप्त मसाला मिल जाता है कि प्राकृतों का विकास संस्कृत से हुआ है।

संस्कृत का वाचिक प्रयोग सीमित होने, उसके रूपों तथा ध्वनियों में परिवर्तन के कई कारण हैं। भाषा का विकास कठिनता से सरलता की ओर एवं विविधता से एकता की ओर होता है। भाषा चूँकि एक सामाजिक प्रक्रिया है इसीलिए पीढ़ी परिवर्तन, सामाजिक परिस्थितियों में बदलाव, अन्य भाषा-भाषी जातियों के सम्पर्क के कारण परिवर्तन की गति और तेज हो जाती है। आर्यों की अगली पीढ़ियों के लिए कुछ ध्वनियों का उच्चारण कठिन होता जा रहा था। अनार्य भाषा-भाषियों के प्रभाव से उनकी भाषिक स्थितियाँ प्रभावित हो रही थीं। आर्यभाषा के भी कई केन्द्र थे जिनकी ध्वनि-व्यवस्था और रूप-रचना में पर्याप्त अन्तर था। अनार्यभाषाओं के सम्पर्क से आर्य गण समाजों का पारस्परिक सम्पर्क कम महत्वपूर्ण नहीं है।

लोक में चलती हुई भाषा का ऐतिहासिक महत्व तब तक स्थापित नहीं हो पाता जब तक उसे राजनीतिक या धार्मिक सम्बल नहीं मिल पाता। पालि, साहित्यिक प्राकृत तथा अपभ्रंश को सौभाग्य से धार्मिक और राजनीतिक संरक्षण प्राप्त था। ब्राह्मण धर्म की संवाहिका भाषा संस्कृत के विरुद्ध बौद्ध धर्म तथा जैन धर्म के प्रवर्त्तकों ने विद्रोह किया। महावीर ने संस्कृत की तुलना में प्राकृत को और महात्मा बुद्ध ने पालि को प्रोत्साहन दिया। लगभग 1500 वर्षों के प्राकृत काल में तीन प्राकृतों (जनभाषाओं) को साहित्यिक प्रतिष्ठा मिली। सर्वप्रथम जो जनभाषा सम्पर्क भाषा के रूप में विकसित हुई उसे पालि, द्वितीय चरण में प्रतिष्ठित भाषा को साहित्यिक प्राकृत और तृतीय चरण में प्रतिष्ठित भाषा को अपभ्रंश कहा गया है।

प्रथम प्राकृत : पालि

व्युत्पत्ति—पालि शब्द की व्युत्पत्ति के सन्दर्भ में विद्वानों में मतैक्य नहीं है। भाषा के अर्थ में इसका प्रयोग अपेक्षाकृत आधुनिक है। चतुर्थ शताब्दी

में आचार्य बुद्धघोष ने मूल त्रिपिटक के अर्थ में पालि शब्द का प्रयोग किया। चौथी शताब्दी में ही रचित अन्य ग्रन्थों में भी पालि शब्द का प्रयोग इसी अर्थ में उपलब्ध होता है। धर्मपाल की रचना 'परमत्थदीपिनी' से (पाँचवी-छठीं-शताब्दी), चूलवंस (तेरहवीं शताब्दी) के रचनाकाल तक पालि का यही अर्थ चलता रहा। भिक्षु जगदीश काश्यप ने यह सिद्ध करने का यत्न किया है कि परियाय शब्द त्रिपिटक में अनेक बार आया है। जैसे—'को नामो, अयं भन्ते धम्म परियायो ति।' यहाँ परियाय का अर्थ बुद्धोपदेश है। अशोक के बभ्रु, शिलालेख में पलियाय शब्द प्राप्त होता है। इसी पलियाय का संक्षिप्त रूप पालि है। महामहोपाध्याय विधुशेखर भट्टाचार्य ने पालि शब्द को संस्कृत पंक्ति से विकसित माना है। उनके द्वारा निर्दिष्ट ध्वनि परिवर्तन का क्रम है—पंक्ति>पन्ति>पट्ठि, पल्लि> पालि। प्रारम्भ में इसका प्रयोग बुद्ध की पंक्तियों के लिए हुआ। बाद में विकसित होकर भाषा के अर्थ में इसका प्रयोग होने लगा। इस व्युत्पत्ति के विरुद्ध तीन आपत्तियाँ उठाई गई हैं—

1. पंक्ति के लिए लिखित साहित्य अनिवार्य है। त्रिपिटक ई०पू० प्रथम शताब्दी के पहले लिखा ही नहीं गया था। अतः तत्कालीन त्रिपिटक के लिए पंक्ति का प्रयोग नहीं हो सकता।

2. उदान पालि जैसे प्रयोगों में पंक्ति अर्थ बहुत सार्थक नहीं बन पाता।

3. पालि शब्द यदि पंक्तिवाचक था तो अट्ठकथाओं में इसे कहीं न कहीं बहुवचन में भी प्रयुक्त होना चाहिए था। भिक्षु सिद्धार्थ ने पाठ से पाळ और पालि की व्युत्पत्ति सिद्ध करना चाहा है। उनके विचार से वेदपाठी और ब्राह्मणों के बौद्ध होने के बाद संस्कारतः वेदपाठ की तरह बुद्धवचनों के लिए पाठ शब्द चल पड़ा होगा। इस मत की समीचीनता तभी हो सकती है जब पाठ शब्द का व्यवहार दिखाई दे। चूँकि पालि साहित्य में इसका इस्तेमाल अभी तक प्राप्त नही हो सका है इसीलिए सिद्धार्थ का यह मत मान्य नहीं हो पाया। भण्डारकर आदि विद्वान् प्राकृत से ही पालि को निष्पन्न मानते हैं—प्राकृत>पाअल>पालि। पालि के मूल में प्राकृत (जनभाषा) अवश्य है किन्तु पालि का विकास भिन्न अर्थ सन्दर्भ में हुआ है। जर्मन विद्वान् मैक्स-वेलसेन ने पाटलिपुत्र की भाषा होने के कारण इसकी निष्पत्ति पाटलि से सिद्ध किया है। वर्तमान अनुसन्धानों से यह सिद्ध हो चुका है कि पालि की मूल भाषा पाटलिपुत्र की नहीं है। कुछ विद्वान् 'पल्लि' गाँव की भाषा होने के कारण इसे पालि कहना चाहते हैं। हर भाषा मूलतः गाँव की है उन्हें क्यों यह संज्ञा नहीं प्राप्त हो गई? इसलिए इस कल्पना का भी कोई आधार नहीं है। मोग्गलान ने पालिकोश

'अभिधानप्पदीपिका' में लिखा है 'पालि रेखा तु राजि च' तथा 'से तुस्मि तन्तिमन्तासु नारियं पालि कथ्यते।' सुभूति इन पंक्तियों की व्याख्या करते हुए लिखते हैं 'पालि-पा रक्खणे लि, पाति रक्खतीति पालि, पालीति एकच्चे। अर्थात् जो बुद्धवचनों का पालन करती है या रक्षा करती है उसे पालि कहते हैं।

उपयुक्त सभी परिभाषाओं को सम्मिलित करके कह सकते है, 'जिस प्राकृत में बुद्ध वचनों या पंक्तियों (उपदेश की पंक्तियाँ भी) को सुरक्षित रखा गया है उसे पालि कहते हैं।'

पालि की मूल बोली

पालि के व्युत्पत्तिपरक अर्थ में यह तथ्य निहित है कि इसमें बुद्ध वचनों की रक्षा की गई है। बुद्ध वचनों की रक्षा संस्कृत, प्राकृत, अपभ्रंश तीनों में की गई है। प्रश्न उठता है कि बुद्ध ने किस मूल भाषा में उपदेश दिया था। हीनयानियों का विश्वास है कि उपदेश की मूल भाषा पालि थी। सम्भवतः इसीलिए श्री लंका के भिक्षुओं ने पालि को मगध की मूल भाषा समझा। पालि की प्रकृति मागधी से बहुत कम साम्य रखती है। अतः यह विश्वास निराधार ही सिद्ध होता है।

डॉ० ओल्डेन वर्ग ने पालि की मूल भाषा कलिंग क्षेत्र की भाषा सिद्ध किया है। उनका कहना कि अशोक के पुत्र महिंद (महेन्द्र) द्वारा सिंहल में बौद्ध धर्म के प्रचार का तथ्य ऐतिहासिक नहीं है। सिंहल में बौद्ध धर्म का प्रचार भारत और सिंहल के पारस्परिक सम्पर्क का परिणाम है। कलिंग क्षेत्र स्थिति खारवेल के खंड-गिरि-अभिलेख की भाषा को ओल्डेन वर्ग ने अपने मत प्रतिपादन के लिए आधार बनाया है। उन्हें इसकी भाषा तथा पालि में काफी साम्य दिखाई दिया है। इस मत के विरुद्ध अनेक आपत्तियाँ उठाई गईं हैं। पहली—कलिंग में प्राप्त अन्य अभिलेखों के भाषा वैषम्य से यह तथ्य निर्विवाद नहीं रह जाता कि खंडगिरि का अभिलेख कलिंग की जनबोली में ही लिखा गया है। दूसरी कलिंग में आर्यभाषा का प्रचार प्रथम शताब्दी ईसा पूर्व के बाद का है। आर०ओ० फ्रैंक तथा स्टेनकोनों ने अलग-अलग तर्कों से यह निष्कर्ष निकाला है कि पालि मूलतः विन्ध्य प्रदेश की भाषा थी। ग्रियर्सन ने पालि में प्राप्त मागधी एवं पैशाची की कुछ विशेषताओं को निर्दिष्ट करते हुए सिद्ध किया कि पालि मगध की भाषा थी। तक्षशिला विद्यापीठ पहुँचने पर इस पर पैशाची का प्रभाव पड़ा। इस मत की निर्बलता द्योतित करनेवाला प्रमुख तर्क यह है कि तक्षशिला महायान सम्प्रदाय का केन्द्र था। महायान का त्रिपिटक संस्कृत भाषा में है। अतः तक्षशिला में पालि के अध्ययन की सम्भावना क्षीण हो जाती है। प्रो०

रीज डेविड्स ने पालि का मूल आधार कोसली को माना है। अपने को कोसलखत्तिय कहनेवाले बुद्ध ने कोसली में उपदेश किया होगा। डेविड्स ने कोसल की बोली को मगध साम्राज्य की राष्ट्र-भाषा माना है। उनका कथन है 'एक बोलचाल की भाषा कोसल के राज-कर्मचारियों, व्यापारियों और शिष्ट वर्गों में सामान्य रूप से प्रचलित थी। सम्भवत: इसका आधार कोसल की राजधानी सावत्थी की बोली थी। इस भाषा का व्यवहार समूचे कोसल राज्यों में ही न होता था वरन् पूरब और पच्छिम में, दिल्ली से पटना तक और उत्तर दक्खिन से अवन्ती तक उसका व्यवहार होता था।' पालि ने कोसल के उस भाषा रूप को अपनाया जो उज्जैन में प्रचलित था। डेविड्स की यह मान्यता काफी सबल है। पालि के भाषा निर्माण में कोसली का योगदान महत्वपूर्ण अवश्य है। आधुनिक आर्य भाषाओं में कोसली के अनेक तत्त्वों की व्याप्ति से भी यह तर्क पुष्ट होता है। बेस्टर गार्ड तथा ई० कुहन् ने भिन्न तर्कों से पालि को उज्जैन की भाषा माना है। अशोक के गिरनार अभिलेख की भाषा की पालि के साथ समरूपता एवं उज्जैन का महेन्द्र की जन्मभूमि होना आदि प्रमाण इस मत को पुष्ट करते हैं। परम्परया मुख्य सम्पर्क भाषा के रूप में मध्य देश की भाषा का वर्चस्व रहा है। अत: उज्जयिनी और मथुरा के बीच प्रचलित जन भाषा पालि की मूलभाषा सिद्ध होती है।

बुद्ध की भाषा-नीति इस कथन से स्पष्ट होता है। 'अनुजानामि भिक्खवे सकाय निरूतिया बुद्धवचनं परिया पुणितं।' भिक्षुओं, अपनी-अपनी भाषा में बुद्धवचन सीखने की अनुमति देता हूँ।' त्रिपिटकों का अनेक भाषाओं में लिखित होने का पुष्ट प्रमाण उपलब्ध है। सम्भव है मूल त्रिपिटक मागधी में रहा हो और उसका अनुवाद संस्कृत, पालि आदि में किया गया हो। बुद्ध के निर्वाण के पश्चात् बुद्धवचनों के संरक्षण के लिए जो बौद्ध सम्मेलन हुआ उसमें मध्यदेश के निवासी महाकश्यप भी थे। इन्होंने मध्यदेश की भाषा (प्राचीन शौरसेनी) में इसका अनुवाद किया होगा। अत: पालि मध्यदेश की भाषा सिद्ध होती है। पालि का स्वरूप सम्पर्क भाषा का है जिसमें अर्धमागधी (कोसली), मागधी, पैशाची का भी योगदान है।

पालि भाषा में त्रिपिटक (सुत्तपिटक, अभिधम्म पिटक, विनय पिटक) तथा जातक कथाएँ मिलती हैं। हीनयान सम्प्रदाय की यह माध्यम भाषा रही है।

पालि की विशेषताएँ

वैदिक काल में प्रचलित उन ध्वनियों, उच्चारण तत्त्वों एवं रूपों को

पालि ने साहित्यिक स्तर पर प्रतिष्ठित किया जिन्हें संस्कृत ने उपेक्षित कर दिया था। मुख-सुख एवं उचारण की कठिनाई के कारण कुछ प्रचलित ध्वनियों में परिवर्तन भी घटित हो गए थे। मोग्गलान व्याकरण सम्प्रदाय के अनुसार पालि भाषा में कुछ 43 ध्वनियाँ तथा कच्चायन व्याकरण सम्प्रदाय के अनुसार 41 ध्वनियाँ थीं। इनमें 8 या 10 स्वर तथा 33 व्यंजन हैं।

स्वर—अ, आ, इ, ई, उ, ऊ, ऍ, ए, ऑ, ओ। ह्रस्व ए, ओ, को छोड़ दिया जाय तो आठ ही स्वर रह जाते हैं।

व्यंजन—					
	क,	ख,	ग,	घ,	ङ
	च,	छ,	ज,	झ,	ञ
	ट,	ठ,	ड,	ढ,	ण
	त,	थ,	द,	ध,	न
	प,	फ,	ब,	भ,	म
	य,	र,	ल,	ळ,	व
	स,	ह,	अं,	(.)	

6. प्राचीन भारतीय आर्यभाषा की ऋ ध्वनि के रेफ का लोप हो गया (ऍर या एरॅ के र का लोप) ऐसा प्रतीत होता है कि ऍ को अ, इ, उ, अनेक स्वर ध्वनियों के समीप उच्चरित किया जाता है। इसीलिए पालि आदि मध्यकालीन भाषाओं में ऋ के अ, इ,उ उच्चारण ही अवशिष्ट रह गए, उदाहरणार्थ—

ऋ के लिए अ (अर्)—ऋक्ष>अच्छ, वृक>वक

ऋ के लिए इ (इर्)—बृश्चिक>विच्छिक, ऋषि>इसि

ऋ के लिए उ (उर्)—ऋजु>उजु, पृच्छति>पुच्छति

ऋ का रि, र या रु के रूप में अवशेष भी मिलता है, जैसे रुक्ख (वृक्ष), पारूत (प्रावृत) आदि।

लृ के स्थान पर भी उ का आगम हुआ है। जैसे—क्लृप्त>कुत्त।

2. संस्कृत की ऐ, औ ध्वनियाँ क्रमशः ऐ, ओ में बदली हैं। जैसे—

ऐरावण>एरावण, शैल>सेल

मैत्री>मेत्ती, गौतम>गोतम, चौर>चोर

3. विसर्ग का लोप हो गया । अ से अन्त होनेवाले शब्दों में यह ओ हो गया है। जैसे—रामः से रामो

4. संयुक्त व्यंजन के पूर्व की ए, ओ ध्वनियाँ प्रायः इ, उ, ध्वनियों में परिवर्तित हो जाती है। इसे ए,ओ, के ह्रस्वीकरण का ही परिणाम कहा जा सकता है। जैसे—

प्रसेवक>पसिब्बक (पसॅब्बक)

ऐश्वर्य>इस्सरिय (एॅस्सरिय)

औत्सुक्य> उस्सुक्क (ऑस्सुक्क)

रौद्र>लुद्द (ळॉद्द)

5. सन्धियों के कारण मूल प्राचीन भारतीय भाषा का अय और अव क्रमशः ए, ओ में बदल जाते हैं—

जयति>जेति, अध्ययन>अज्झेन, त्रयोदश>तेरस, अवधि>ओधि, अवम्>ओम, भवति>होति

मूल रूप अय या आय का आ, आव का ओ, अयि, अवि का ए में परिवर्तन दृष्टिगत होता है—

प्रतिसंलयन>पतिसाल्लान, उपस्थायक>उपट्ठाक, यागू>यागु, प्रातिहार्य> पाटिहारिय।

स्वर परिवर्तन की विभिन्न स्थितियाँ दिखाई देती हैं—

1. लोप—बलाघात के अभाव के कारण किसी स्वर का लोप हो जाता है; जैसे—अलंकार>लंकार।

2. समानीकरण—दो विषम स्वरों को उच्चारण की सुविधा के लिए समान कर दिया गया है; जैसे—इषु>उसु, इक्षु > उच्छु

पड़ोसी स्वर के उच्चारण स्थान का प्रभाव आदि और अन्त स्वर पर ही नहीं मध्य स्वर पर भी पड़ता है; जैसे—कुरंग>कुरूंग, उदंक>उलुंक

(3) विषमीकरण—पूर्ववर्ती या परवर्ती स्वरों तथा कभी-कभी व्यंजनों के प्रभाव से समान स्वरों को विषम कर दिया जाता है; जैसे--मज्जा>मिज्जा, मति>मुति।

स्वराघात के प्रभाव से भी अ, इ, उ में परिवर्तन हुए हैं। जैसे— चरम>चरिम, नवति>नवुति प्रसित>प्रसुत, उदक>ओक।

(4) ह्रस्वीकरण—स्वराघात के प्रभाव से दीर्घ स्वर ह्रस्व में बदल जाता है—उताहो>उदाहु, कार्षापण>कहापण।

(5) दीर्घीकरण—किन्हीं-किन्हीं शब्दों में प्रथम शब्दांश के स्वर पर स्वराघात आ जाने के कारण स्वर दीर्घ हो जाता है—अजिर>आजिर, अलिन्द>आलिन्द

(6) समीकरण—य, व का पूर्व स्वर के साथ अन्तर्भाव (समीकरण) हो गया है—स्त्यान>थीन, श्वान>सून।

(7) स्वरभक्ति—संयुक्त व्यंजन के बीच स्वर जोड़कर उच्चारण करने की पद्धति को स्वर भक्ति कहते हैं। वैदिक भाषा में स्वरभक्ति की आधी या कम मात्रा मानी जाती है जबकि पालि में कुछ अधिक मात्रा का बोध होता है। भाषा वैज्ञानिकों ने इसे विप्रकर्ष संज्ञा दी है। स्वरभक्ति के निम्नलिखित उदाहरण हैं—मर्यादा>मरियादा, कालुष्य>कालुसिय।

व्यंजन परिवर्तन

1. पालि में श, ष, स के स्थान पर केवल स सुरक्षित रह गया है।

जैसे—कुशीनगर>कुसीनगर (कुसीनअर),विष>विस।

2. पालि में स्वरमध्यम ड के स्थान पर ळ और ढ के स्थान पर ळ्ह् हो गया है। जैसे—पेडा>पेळा, हिण्डते>हिळति मीढ>मीळ् वूढ>बूळ्।

ळ, ळ्ह्, व्यंजन संस्कृत में प्रयुक्त नहीं होते थे। वैदिक में इनका प्रचलन था। लोक भाषा में सुरक्षित ये ध्वनियाँ पालि में पुनः महत्वपूर्ण हो गईं। पश्चिमी हिन्दी, मराठी आदि में ये ध्वनियाँ आज भी सुरक्षित हैं।

3. पालि साहित्यिकीकरण की प्रक्रिया में परवर्ती ध्वनि परिवर्तनों को भी समाहित कर रही थी। स्वरमध्यग क, ग, च, ज, त, द, के लोप और मध्यग महाप्राण व्यंजनों के स्थान पर ह का प्रयोग परवर्ती प्राकृतों की विशेषताओं को ग्रहण करने के दृष्टान्त हैं। पालि में कौशिश से कोसिय, खादित से खायित, शत से सव होने के प्रमाण हैं। घ, भ, और ध के स्थान पर ह इन शब्दों में द्रष्टव्य है—लघु>लहु, रुधिर>रुहिर, भवति>होति।

4. तत्कालीन बोलियों के प्रभाव के परिणाम स्वरूप पालि में व्यंजनों के उच्चारण स्थानों, प्राणत्व और घोषित्व में पर्याप्त परिवर्तन एवं वैविध्य परिलक्षित होता है।

उच्चारण स्थान के परिवर्तन के कारण कंठ्य व्यंजन तालव्य रूप में उच्चरित हुए हैं, तालव्य दन्त्य रूप में और दन्त्य मूर्धन्य रूप में।

(क) कंठ्य का तालव्य रूपान्तरण यथा—कुन्द>चुन्द इंग>इज्ज

(ख) तालव्य का दन्त्य रूपान्तरण—चिकित्सति>तिकिच्चति

(ग) मूर्धन्य का दन्त्य रूपान्तरण—डिण्डिम>देण्डिम

(घ) दन्त्य का मूर्धन्य रूपान्तरण—हृत>हट; प्रथम>पठम

दग्ध>दड्ड, उदार>उडार (उळार), ज्ञान>णाण।

अन्य परिवर्तनों की तुलना में मूर्धन्यीकरण की प्रक्रिया अधिक प्रबल है।

प्राणत्व और घोषत्व में परिवर्तन के कारण अघोष ध्वनियाँ सघोष, सघोष ध्वनियाँ अघोष, अल्पप्राण ध्वनियाँ महाप्राण तथा महाप्राण अल्पप्राण का स्थान ग्रहण कर लेती हैं। इस परिवर्तन को निम्न उपशीर्षकों में विभक्त किया जा सकता है।

(क) घोषीकरण—घोष ध्वनियों के सघोष हो जाने की प्रक्रिया को घोषीकरण कहते हैं। जैसे—

क का ग =प्रतिकृत्य>पटिगच्च, ख का घ = निखनिष्यसि>निघञ्जसि, थ का ध = ग्रथित > गधित

(ख) अघोषीकरण—सघोष ध्वनियों का अघोष होना अघोषीकरण है अर्थात् ग, घ, ज, द, ध, ब या व आदि का क्रमशः क, ख, च, त, व, प में परिवर्तन—

उदाहरणार्थ—(ग>क) अगुरू>अकलु, छगल>छकल

(घ>ख) परिघ>परिख, (ज>च) प्राजति>पाचेति

(द>त) मृदंग>मुतिंग, (ध>थ) पिधीयते>पिथीयति

(ब व>प) प्रलाव>प्रलाप, लाब>लाप

अल्पप्राणीकरण—महाप्राण ध्वनियों का अल्पप्राण ध्वनियों में परिवर्तन की प्रक्रिया अल्पप्राणीकरण कहलाती है। जैसे—झल्लिका>जल्लिका, भगिनी> बहिणी।

महाप्राणीकरण—अल्पप्राण ध्वनियों का महाप्राण में रूपान्तरण महाप्राणीकरण हैं, अर्थात् क, ग, त, द, प, ब का ख, घ, थ, ध, फ, भ में परिवर्तन। जैसे—कील>खील, तृष>तुस, परशु>फरसु, बस्त>भस्त, ककुद>ककुध।

5. पालि में न, ल, र ध्वनियों में उच्चारण की दृष्टि से पारस्परिक परिवर्तन हुए हैं। इसमें अर्धमागधी तथा मागधी का प्रभाव कार्यरत माना जा सकता है—द के मूर्धन्यीकृत रूप ड का भी रूपान्तर र में हो गया है। व, य में भी परिवर्तन सामान्य है—

न>ल=एनस>एळ, ल>न=ललाट>नलाट, देहली>देहनी

न>र=नैरज्जना>नेरञ्जरा, र>ल=रोम>लोम, रोहित>लोहित ल>र= आलम्बन> आरम्मण, किल>किर, य>ब= आयुध>आवुध, कषाय>कसावय> ग=जरायु= जलाबु व>य=दाव>दाय

6. शब्द के बीच में पड़नेवाले संयुक्त व्यंजन के निर्बल अंश पालि में लुप्त हो गए और सबल ध्वनि दित्व हो गई। जैसे कर्म>कम्म, मार्ग>मग्ग। द्वित्वीकरण की स्थिति में पूर्व दीर्घस्वर ह्रस्व में परिणत हो गए हैं; जैसे—मग्ग।

7. संयुक्त व्यंजनों में एक ध्वनि के ऊष्म होने पर (श, ष, स,) अगली ध्वनि में ह का प्रवेश हो जाता है। जैसे—स्पन्दन>फन्दन, विनिश्चय>विनिच्छय। ऊष्म ध्वनियों का सानुनासिक ध्वनियों से संयोग होने पर वर्ण विपर्यय भी हो आता है; जैसे—ग्रीष्म>गिम्ह, प्रश्न>पञ्ह, स्नान>न्हान, अस्माकम्>अम्हाकं।

8. त वर्गीय ध्वनियाँ य के संयोग में तालव्य हो जाती हैं। अर्थात् त्य, थ्य, द्य, ध्य, न्य क्रमशः च्च, च्छ, ञ्ञ, ज्झ, ज्ज, में बदल जाती हैं—

सत्य>सच्च, रथ्या>रच्छा, अद्य>अज्जा, विन्ध्य>विज्झ, अन्य>अञ्ञ। शब्दारंभ में एक ही तालव्य ध्वनि शेष रह जाती हैं—व्यजति>चजति, द्योतते>जोतति, न्याय>ञाय।

9. क्ष के दो रूपानतर हैं—क्ख और छ। जैसे-क्षण, छण, खण, संस्कृत त्स, प्स पालि च्छ हो गए हैं; जैसे-वत्स>वच्छ, अप्सरा>अच्छरा।

सन्धि

पालि में संस्कृत की तुलना में सन्धि के नियम भिन्न तथा अधिक उदार हैं। परम्परागत नियमों को सुरक्षित रखने की चिन्ता के कारण संस्कृत के सन्धि नियमों को भी सरलता से देखा जा सकता है। स्वर के बाद स्वर आने पर पूर्व स्वर या उत्तर स्वर के लोप होने का विधान है। कभी-कभी दोनों में से किसी का भी लोप नहीं होता। जैसे—

पूर्व स्वर लोप—सद्धा+इन्द्रियम—सद्धिन्द्रियं, तत्त+इमे=तत्तिमे

उत्तर स्वर लोप=सो+अपि=सोपि, सा+एव=साव

अलोप=लता+इव=लता इव। इति+अस्स=इत्यस्स=इच्चस्स,

स्वरों के दीर्घीकरण का नियम सवर्ण स्वर की शर्त को तोड़ता है। संस्कृत में नियम था अंकः सवर्णे दीर्घः किन्तु पालि में भिन्न स्थिति है, जैसे—

साधु+इति=साधूति, तत्र+अयं=तत्रयं

निग्गहीत के आगम और लोप से सम्बन्धित अनेक उदाहरण उपलब्ध हैं। जैसे—

याव+चिंद=यावचिदं, तासं+अहं=तासाहं।

रूप रचना—(संज्ञा, सर्वनाम, विशेषण, अव्यय)

पालि में शब्द-रूपों में सरलीकरण का प्रयत्न द्रष्टव्य है। हलन्त शब्दों के समाप्त हो जाने के कारण (पालि में हलन्त व्यंजन को छोड़ दिया गया है। जैसे भगवान से भगवा।) रूपों के वैविध्य में कमी आ गई। सभी शब्दों के अजन्त हो जाने के कारण एकरूपता बढ़ गई। पालि में द्विवजन नहीं होता। वचन दो ही रह गए एकवचन, बहुवचन। लिंग तीन हैं, विभक्तियाँ छह हैं। चतुर्थी और षष्ठी, प्रथमा और सम्बोधन के रूपों में समानता आ गई है।

पालि में कुछ वैदिक रूपों की पुनः प्रतिष्ठा के कारण वैकल्पिता बढ़ गई है। तत्कालीन बोलियों में प्रचलित रूपों की अनेकता भी वैकल्पिकता का एक कारण हो सकती है। प्रथमा द्विवचन, द्वितीय, तृतीया बहुवचन, पंचमी, षष्ठी एकवचन तथा सप्तमी में प्रायः एक से अधिक रूपों का विधान मिलता है। दण्डी शब्द का द्वितीया बहुवचन में दण्डी, दण्डिनो, दण्डिने तीन रूप होते हैं।

सर्वनाम—सर्वनामों में कुछ ऐसे रूप परिवर्तन हुए हैं जिनसे भाषा हिन्दी के नजदीक आती दिखाई देती है। वास्तव में आधुनिक भाषाओं में बहुत से पुराने प्रयोग लोक परम्परा द्वारा यथावत सुरक्षित रखे गए हैं। सब्ब (सब), सब्बे (सभे), को, के किस्स (किस), मयं (मैं) सो, तुवं, तुम्हें आदि रूप ऐसे ही हैं।

विशेषण—पालि में संस्कृत की तरह विशेषण विशेष्यों के अधीन होते हैं अर्थात् विशेषण के लिंग, वचन विशेष्य के समान होते हैं, जैसे—विसालो मनुस्सो, विसाला नगरी, विसालं फलं। ध्वनि परिवर्तन के कारण संख्यावाची विशेषणों के रूप परिवर्तित हो गए हैं—

जैसे—छ, सत्त, अट्ठ, नव,दस, एकारस, बारस, वीसति, तिसति, चत्तालीसति, पञ्चासा,सट्ठि, सत्तजि, नवुति तथा सतं।

अव्यय—पालि भाषा में ऐसे बहुत से शब्द उपलब्ध हैं जिनमें लिंग, वचन और विभक्ति के अनुसार परिवर्तन नहीं किया जाता। इन्हें अव्यय कहते हैं। कुछ अव्यय कृदन्त हैं, कुछ तद्धितान्त और कुछ रूढ़। इनकी संख्या बहुत बड़ी है। इन अव्ययों को अधोलिखित भागों में अर्थ की दृष्टि से विभक्त किया गया है—

कालबोधक—अज्ज, अधुना, तदा, कदा आदि

स्थानबोधक—अत्र, ध, उच्च आदि

निश्चयबोधक—अद्धा, अवस्सं

सन्देहबोधक—अप्पेव, अप्पेवनाम
प्रकारबोधक—इत्थं, इति, कथं, नाना
परिमाणबोधक—ताव, तावत, याव
संयोजक—उद, उदाहु, किमुत, च, चे
विस्मयादिबोधक—भो, रे, हे, हन्द, हा

क्रिया-रूप :

क्रिया-रूपों में भी सरलीकरण की प्रक्रिया दिखाई देती है। इसमें भी एकवचन, बहुवचन मात्र शेष हैं। संस्कृत में एक ही लकार में प्रथम पुरुष, मध्यम पुरुष तथा उत्तम पुरुष में तीनों वचनों में कुल नौ रूप बनते हैं जबकि पालि में सिर्फ छह रूप बनते हैं। यह कमी द्विवचन की समाप्ति के कारण है। पालि में दस लकारों के बदले आठ लकारों में ही क्रिया रूपों की रचना होती है। लट् लकार (वर्तमान काल), लङ् लकार (अनद्यतन भूत), लुङ् (सामान्य भूत-अद्यतन भूत), लिट् (परोक्ष भूत), लृट् लकार (भविष्यत् काल), लृङ् (क्रियातिपत्ति या हेतु-हेतुमद्‌भूत), लोट् (अनुज्ञा), विधिलिंङ् (चाहिए अर्थ में)।

पालि में आत्मनेपद का प्रायः लोप हो गया। संस्कृत में कर्मवाच्य में नियमतः आत्मनेपदी प्रत्यय लगते थे। पालि में वहाँ भी परस्मैपदी प्रत्ययों का प्रयोग होने लगा। पालि में मुख्यतः सात गण ही बचे हैं; संस्कृत के अनुकरण पर यद्यपि दसों गणों का उल्लेख मिलता है। अदादि गण को भ्वादि के अन्तर्गत मानकर मोग्गलायन व्याकरण में नौ गणों का उल्लेख किया गया है।

शब्द रूपों की तरह धातु रूपों में वैकल्पिकता प्रयोगों का आधिक्य है। भूतकाल अनद्यतन तथा अद्यतन, हेतुहेतुमद्‌भुत रूपों में वैकल्पिक अधिक है उदाहरणार्थ, अनद्यतन भूत के मध्यम पुरुष एक वचन में भू धातु का अभवो, भवो, अभव, भव, अभवि, भवि, अभवित्थ, भवित्थ, अभवित्थो, भवित्थो दस रूप मान्य हैं। ऐसा लगता है पालि साहित्यिक भाषा बनने के क्रम में लोक बोलियों में प्रचलित अनेक रूपों को अपनाती गई।

प्रेरणार्थक क्रिया—कर्त्ता को प्रेरित करनेवाले व्यापार को बताने के लिए प्रेरणार्थक प्रत्यय क्रिया में लगाए जाते हैं। इन प्रत्ययों से निर्मित क्रिया को प्रेरणार्थक क्रिया कहते हैं।

पालि में णे, णय, णापय आदि प्रेरणार्थक प्रत्यय जोड़े जाते हैं।

पयोजेति, पाचेति, पाचयति, पाचयेति, पाचापयति आदि प्रेरणार्थक क्रिया के उदाहरण हैं।

नामधातु—संज्ञा, सर्वनाम, विशेषण आदि से इच्छार्थक, उपमानार्थक, आचारार्थक क्रियाएँ बना ली जाती हैं। ऐसी धातुओं को नामधातु कहते हैं। जैसे—पुत्रं इच्छति का पुत्रीयति, कुटियं इव आचरति>कुटीयति, सदंकरोति>सद्दायति।

तद्धित और कृत् प्रत्यय—पालि में अनेक तद्धति जोड़कर नए नाम शब्द बनाए जाते हैं; जैसे—वसिट्ठ+ण=वासिट्ठो

णान प्रत्यय=वच्छ+णान=वच्छानो

णिक=वीणा+णिक=वेणिके (वीणा बजानेवाला)

ल=देव+ल=देवल

ता=जन+ता=जनता

इसी तरह के सैकड़ों प्रत्यय कार्यरत दिखाई देते हैं। कृत् प्रत्यय धातुओं के साथ जुड़ते हैं। धातु, वाच्य, व्यापार और फलों के विभिन्न अवस्थाओं को द्योतित करने के लिए विभिन्न अर्थ में कृत् प्रयत्य जुड़ते हैं। जैसे—

क्तवन्तु (तवन्तु)-हु+क्तवन्तु=हुतवन्तु

क्त=हस+क्त=हसितं

क्त=गुप+क्त=गुत्तो

तव्व=गम+तव्व=गन्तव्य

अण=कुम्भ+कर+अण=कुम्भकार। इसी तरह कृत् प्रत्ययों की बड़ी संख्या पालि में है।

मध्य मध्ययुगीन प्राकृत या द्वितीय प्राकृत (साहित्यिक प्राकृत)

पहली सदी ई० से छठी ई० तक की जो लिखित साहित्यिक सामग्री उपलब्ध है उसमें तत्कालीन भाषा के परिवर्तनों को रेखांकित किया जा सकता है। वैसे अधिकांश विशेषताएँ पूर्व शताब्दियों में ही विकसित हो गई थीं। विविध प्राकृतों की साहित्यिक प्रतिष्ठा के बाद लोक में प्रचलित विविध वैकल्पिक रूपों में से कुछ मानक मानकर रचनाकारों ने विशेष प्रश्रय दिया। किसी क्षेत्रीय भाषा के विशेष प्रभाव के कारण भी ध्वनियों में तद्नुकूल परिवर्तन हुए हैं। स्वर-मध्यम क,ग, च, ज, त,द, का लोप, न का ण इस युग का प्रमुख परिवर्तन माना जाता है।

प्राकृत का अर्थ तथा अभिप्राय—संस्कृत (संस्कारित भाषा या परिनिष्ठित भाषा) और प्राकृत के विषय में पीछे थोड़ी सी चर्चा की गई है। (जनभाषा) वैदिक-संस्कृत युग में भी थी, मध्यकाल में तो उसका वर्चस्व था ही, आधुनिक काल में भी उसका अस्तित्व दृष्टिगत होता है। काल क्रम से साहित्यिक और सम्पर्क भाषा के रूप में प्रतिष्ठित होनेवाली प्राकृतों की संज्ञा भी बदलती रही। पालि भी प्राकृत है किन्तु उसके लिए पालि अधिक रूढ़ संज्ञा हो गई है। इसी तरह विस्तृत अर्थ में अप्रभंश भी प्राकृत है लेकिन उसकी प्रतीति इस शब्द से परे हो गई है। प्राकृत शब्द अलंकारशास्त्रियों और वैयाकरणों द्वारा उल्लिखित एवं काव्य और नाटकों में प्रयुक्त प्राकृत भाषा के लिए रूढ़ हो गया है। उत्तरकालीन प्राकृत वैयाकरण पालि से अपरिचित थे, अशोक के शिलालेख, स्तम्भलेखों आदि की भाषा भी उन्हें सूचना न थी। इसीलिए उन्होंने इन पर विचार नहीं किया। प्राकृत के अन्तर्गत जैन आगमों की प्राकृत तथा साहित्यिक एवं नाटकीय प्राकृतें सम्मिलित की जाती हैं।

प्राकृत भाषा का बोधक शब्द प्रकृति से बना है। प्रकति के अर्थ के विषय में वैयाकरणों में मतभेद मिलता है। हेमचन्द्र, मार्कण्डेय, धनिक, सिंहदेव गणी आदि प्राकृत की प्रकृति संस्कृत को मानते हैं। हेमचन्द्र का कथन है 'प्रकृति संस्कृतम, तत्र भवं तत आगतं वा प्राकृतम्। संस्कृतानन्तरं प्राकृतमधिक्रियते। संस्कृतानन्तरं च प्राकस्यानुशासनं सिद्धसाध्यमान भेद संस्कृतयोनेरेव तस्य लक्षण न देश्यस्य इति ज्ञापनार्थम्। प्रकृति संस्कृत है उससे उत्पन्न या आगत भाषा है प्राकृत। संस्कृत के पश्चात प्राकृत का अधिकार प्रारम्भ होता है। प्राकृत में तद्भव दो प्रकार के हैं—सिद्ध और साध्यमान। अनुशासन में इन दानों प्रकार के शब्दों का प्रतिपादन है देश्य शब्दों का नहीं। मार्कण्डेय भी इसी तरह की बात कहते हैं 'प्रकृतिः संस्कृतम्। तत्रभवं प्राकृतमुच्यते।' दशरूपक के टीकाकार धनिक ने इसी तथ्य को निरूपित किया है—प्रकृतेः आगतं प्राकृतम्। प्रकृतिः संस्कृतम्।

इन वैयाकरणों का मूल अभिप्राय यह है कि संस्कृत के प्रकृति-प्रत्यय के साम्यवैषम्य के आधार पर प्राकृत की ध्वनि-व्यवस्था, शब्द-रचना, रूप-रचना आदि व्याकरणिक स्थितियों का ज्ञान प्राप्त किया जाता है। अतएव संस्कृत और प्राकृत में माँ-बेटी का सम्बन्ध नहीं मानना चाहिए। इस सन्दर्भ में एलफेड सी० वुलर का मत विशेष महत्व का है 'यदि 'संस्कृत' के अन्तर्गत हम वैदिक भाषा और भारतीय आर्यभाषा की समस्त बोलियों को सम्मिलित करें तब तो यह कहना सच है कि प्राकृत संस्कृत से उद्भूत है। यदि 'संस्कृत' का प्रयोग बलपूर्वक पाणिनि पतंजलि

की भाषा या आभिजात्य संस्कृत के लिए किया जाता है तो यह कहना असत्य है कि प्राकृत संस्कृत से उद्धृत है। मध्यदेशी प्राकृत शौरसेनी इसका किंचित अपवाद है जो कि प्राचीन मध्यदेशीय भारतीय आर्य बोली से विकसित है जिस पर क्लैसिक संस्कृत आधृत थी।'

डॉ० पिशल की भी मान्यता इसी प्रकार की है। उनका कथन है 'प्राकृत भाषाओं की जड़ें जनता की बोलियों के भीतर जमी हुई है और इनके मुख्य तत्त्व आदिकाल में जीती जागती और बोली जानेवाली भाषा से लिए गए हैं किन्तु बोलचाल की वे भाषाएँ जो बाद को साहित्यिक भाषाओं के पद प्रतिष्ठित हुईं संस्कृत की भाँति बहुत ठोकी-पीटी गई, ताकि उनका एक सुगठित रूप बन जाए।

'प्रकृतेः संस्कृतम्' के विरुद्ध कुछ वैयाकरणों ने अपने विचार व्यक्त किए हैं। नमिसाधु का कहना है 'प्राकृतेति' सकल जगज्जन्तूनां व्याकरणादिभिरनाहित संस्कारः सहजो वचन-व्यापारः प्रकृतिः, तत्रभवं सैव वा प्राकतम्। 'आरिसवयवो सिद्धं देवाणं अद्धमागही वाणी।' इत्यादि वचनाद् वा प्राक् पूर्व कृतं प्राकृतं बाल महिलादिसुबोधं सकल भाषा निबन्धभूतं वचनमुच्यते।' अर्थात् सकल जगत के जन्तुओं के व्याकरण आदि संस्कारों से रहित सहज वचन व्यापार को प्रकृति कहते हैं। उससे उत्पन्न अथवा वही प्राकृत है। प्राक् कृत शब्द से इसका निर्माण हुआ जिसका अर्थ है पहले बना हुआ। आर्षवचनों की वाणी अर्धमागधी है जो बालक महिलाओं के लिए सुबोध है जो सकल भाषाओं का मूल है।

प्राकृत के भेद

संस्कृत नाटकों में प्रयुक्त अनेक प्राकृतों से स्पष्ट है कि उनमें क्षेत्रीय भेद अवश्य थे। साहित्यिक स्तर पर प्रतिष्ठित होने की प्रक्रिया में प्राकृतों के क्षेत्रीय रूप एक-दूसरे से प्रभावित भी हुए हैं। नाटकीय तथा काव्यभाषा के रूप में प्रतिष्ठित प्रमुख प्राकृतों का संक्षिप्त विवेचन प्राकृतों के क्षेत्रीय विस्तार तथा भाषा वैज्ञानिक विशेषताओं को समझने के लिए आवश्यक है।

महाराष्ट्री प्राकृत

यह श्रेष्ठ तथा परिनिष्ठित या मानक प्राकृत मानी जाती है। प्राकृत वैयाकरणों ने इसकी विशेषताओं का विवेचन सामान्य प्राकृत मानकर किया है। संस्कृत नाटकों में प्राकृत-पद्य महाराष्ट्रों में ही निबद्ध किए गए हैं। सेतुबन्ध तथा गउडवहो, जैसे महाकाव्य, गाहासत्तसतई तथा वज्जालग्ग जैसे श्रेष्ठ मुक्तक काव्य महाराष्ट्री में ही रचे गए हैं।

महाराष्ट्री को सम्पूर्ण मध्यदेश में व्यापक प्रतिष्ठा प्राप्त हुई जैसा कि संज्ञा में ही उसके क्षेत्र विस्तार का भाव स्पष्ट है—यह महाराष्ट्र की प्राकृत (जन-भाषा) थी। कुछ विद्वानों ने इसे आधुनिक मराठी का पूर्व रूप माना भी है। हार्नले का विचार है कि महाराष्ट्र का तात्पर्य है 'महान् राष्ट्र'। यहाँ राष्ट्र जनपद के लिए प्रयुक्त है। कुछ विद्वान् महाराष्ट्री प्राकृत को शौरसेनी का परवर्ती विकास मानते हैं। डॉ० मनमोहन घोष का निष्कर्ष है कि महाराष्ट्री प्राकृत शौरसेनी का विकसित रूप है। महाराष्ट्री ने दक्षिण में पहुँचकर स्थानीय लोक भाषा का प्रभाव ग्रहण किया। दक्षिण से यह भाषा उत्तर की ओर काव्य-भाषा के रूप में पुनः लौटी। अवधी के अहै, मराठी के आहे सहायक क्रिया की समानता के आधार पर यह अनुमान अनुचित नहीं होगा—उज्जैन तक विस्तृत प्राचीन कोसली से भी इसका आदान-प्रदान अवश्य हुआ है। हिन्दी के विकास में इस प्राकृत का महत्वपूर्ण योगदान है—

1. महाराष्ट्री में स्वर मध्यवर्ती अल्पप्राण व्यंजनों का लोप हुआ है। जैसे—प्राकृत>पाउअ, लोक>लोअ, सागर>सायर, शची>सई आदि।

2. महाप्राण व्यंजनों के स्थान पर ह रूपान्तर मिलता है। जैसे—शाखा>साहा, साधु>साहु, नाथ>नाह।

3. अपादान एकवचन का रूप मुख्यतः आहि प्रत्यय से बनता है। जैसे—दूराहि।

4. अधिकरण एकवचन में म्मि/ए लगते है—लोए>लोकम्मि।

'आत्मन्' का महाराष्ट्री में अप्प होता है जबकि शौरसेनी और मागधी में अत्ता। क्रिया के कर्मवाच्य का रूप इज्ज से बना है। जैसे—पुच्छिज्जइ

पूर्वकालिक क्रिया ऊण प्रत्यय से युक्त होती है—पुच्छिऊण।

शौरसेनी

शौरसेनी का व्यवहार मुख्यतः नाटकों में गद्यभाषा के रूप में हुआ है, इसलिए इसे नाटकीय शौरसेनी भी कहा जाता है। यह सूरसेन जनपद की भाषा थी जिसका केन्द्र मथुरा था। मध्यदेश की भाषा होने के कारण शौरसेनी संस्कृत के अधिक निकट है।

शौरसेनी में त और थ के स्थान पर क्रमशः द और ध होता है। जैसे—गच्छति>गच्छदि, कथय>कधेहि, त का मूर्धन्यीकृत रूप ड भी मिलता है। जैसे—पुड्डो। ज्ञ; न्य,ण्य के स्थान पर ञ्ञ होता है। जैसे ब्रह्मण्य>बम्हञ्ञ, विज्ञ>विञ्ञो। र्य के स्थान पर विकल्प से य्य आदेश होता है। जैसे— आर्यपुत्रो>अय्यउत्तो, ज्ज भी होता है जैसे—कार्यम्>कज्जं। स्त्री

शब्द का इत्थी, इव के लिए बिअ, एव के लिए ज्जेव, आश्चर्य के लिए अच्चरिअं ध्वनि परिवर्तन के विशिष्ट उदाहरण हैं।

शौरसेनी में पंचमी एकवचन आदो/आदु, सप्तमी एकवचन सि, म्मि प्रत्ययो से सम्पन्न होते हैं। जैसे—बीरादो, वीरादु, वीरसि, वीरम्मि।

धातुओं में स्था का चिट्ठ, स्मृ का सुमर, दृश का पेक्ख और अस का अच्छ आदेश होता है। उदाहरणार्थ—तिष्ठति>चिट्ठदि, स्मरति>सुमरेदि, पश्यति>पेक्खदि, सन्ति>अच्छन्ति। पूर्वकालिक प्रत्यय इय, दूण तथा त्ता प्रयुक्त होते हैं। जैसे—भविय, भोदूण, भोत्ता, कृ और गम् के साथ उअ प्रत्यय जुड़ता है। जैसे—गदुअ (गत्वा।)

भविष्यत् काल में स्सि, स्स प्रत्ययों के प्रयोग होते हैं हि या ह प्रत्ययों के नहीं, जैसे—भविष्सदि, पठिस्सदि। ब्रजभाषा में भविष्यकाल में ह प्रत्यय का प्रयोग अब भी प्रचलित है। महाराष्ट्री में इसका रूप सुरक्षित है। ऐसा लगता है कि स्सि या स्स तथा हि, ह दोनों तरह के प्रत्यय लोक भाषा में चलते थे। भाषा के साहित्यिकीकरण में स रूप को विशेष महत्व इसीलिए दिया गया कि वह संस्कृत प्रयोग के समीप था। अतः इसे मानक समझा गया। किन्तु लोक में ह प्रत्ययों का बाहुल्य था जो महाराष्ट्री में स्वीकृत हुआ जिसका विकास शौरसेनी के बाद माना जाता है।

मागधी

मागधी मगध की भाषा थी। प्राच्य देश की लोक भाषा होने के कारण इसमें अन्य प्राकृतों की तुलना में अधिक ध्वनि परिवर्तन हुए हैं। संस्कृत नाटकों में निम्न श्रेणियों के पात्रों द्वारा इसका व्यवहार हुआ है।

1. इसमें र के स्थान पर ल, स के स्थान पर श हुआ है किन्तु संयुक्त व्यंजन के साथ स का उच्चारण सुरक्षित है। जैसे—नरः>नले, राजा>लाजा, हंस> हंशे, हस्ती, बुहस्पदी। संयुक्त ष का भी स् हो गया है जैसे—निष्फलम्> निस्फल।

2. दृ>स्ट जैसे—पट्ः>पस्टे, स्थ या र्थ>स्त जैसे उपस्थितः>उवस्तिके, अर्थवती>अस्तवादी, ज,>य् जैसे—जनपद यणवदे, यह प्रवृत्ति अन्य प्राकृतों से कुछ विपरीत हैं, क्योंकि अन्य में य को ज करने की प्रवृत्ति है।

3. मागधी में च्छ का श्च और क्ष का क य स्क आदेश होता है। जैसे—उच्छलति>उश्चलति, प्रेक्षते>पेस्कदि।

4. मागधी में अस्मद् शब्द का प्रथम एकवचन का रूप हके, हगे, अहके होता है। सामान्यतः महाराष्ट्री प्राकृत में जहाँ कर्त्ता एकवचन का रूप ओकारान्त होता है मागधी रूप एकारान्त होता है। जैसे—पुरिसो>पुलिशे।

षष्ठी एकवचन में आह और बहुवचन में आहं प्रत्यय विकल्प से लगते है जैसे—पुलिशाह (पुरुषस्य) शय्यणाहँ (सज्जनानाम्) पूर्वकालिक प्रत्यय दाणि है। जैसे—करिदाणि।

मागधी और संस्कृत उद्धरणों की तुलना करके स्पष्टतया देखा जा सकता है कि प्राचीन भा०आ० भाषा की कई ध्वनियाँ मागधी में बदल गई हैं जैसे—

स>श=दिवसे>दिअशे

त>द=कल्पिता:>कप्पिदे

श्च>च्च=पश्चात्>पच्चा (अन्त्य व्यंजन का लोप)

य>ज=यावत्-जाव

र>ल=रोहित>लोहित

क्ष>क्ख=प्रेक्षितम्>पेक्खिदे

क्र, थं>क्क, त्य=विक्रयार्थ>विक्कत्थं (संयुक्त व्यंजन का द्वित्व)

अर्धमागधी

जैन ग्रन्थों में इस बात का उल्लेख मिलता है कि भगवान् महावीर के उपदेशों की भाषा अर्धमागधी थी किन्तु उसका प्राचीन स्वरूप सुरक्षित नहीं मिलता। श्वेताम्बर आगम ग्रंथों में अर्धमागधी का जो रूप प्राप्त है वह वीर संवत् 980 में देवद्धिगण श्रमाश्रमण की अध्यक्षता में हुए मुनि सम्मेलन के द्वारा पुनः सम्पादित है अतएव इसमें नवीनता का आगमन स्वाभाविक है। पद्य की भाषा गद्य की अपेक्षा अधिक प्राचीन है।

अर्धमागधी में 18 देशी भाषाओं का मिश्रण माना जाता है। अर्धमागधी का मूल उत्पत्ति स्थान मगध और शूरसेन का मध्यवर्ती क्षेत्र अयोध्या है। प्रायः यह काशी-कोशल की भाषा मानी जाती है। कुछ विद्वान् इसका सम्बन्ध महावीर के जन्म स्थान से जोड़ने की चेष्टा करते हैं। उनका जन्म स्थान वैशाली था। पूर्व में राढभूमि से पश्चिम में मगध की सीमा, उत्तर में वैशाली से लेकर दक्षिण में राजगृह और मगध के दक्षिणी किनारे तक महावीर के विहार और धर्म प्रचार का प्रमुख क्षेत्र था। अतः अर्धमागधी इसी क्षेत्र की भाषा रही होगी। इन क्षेत्रों में बोली जानेवाली मुंडा का भी इस पर प्रभाव है। अर्धमागधी मूलतः कोसल की ही भाषा है जैसा कि पहले उल्लेख किया जा चुका है कि यह बौद्ध काल में समूचे उत्तर भारत में सम्पर्क भाषा का कार्य करती थी। अपने इस फैलाव में इसने अन्य भाषाओं का प्रभाव ग्रहण किया।

भगवान महावीर ने इसकी सम्पर्क महत्ता को समझकर इसे ही उपदेश

की भाषा बनाया। अर्धमागधी को ऋषिभाषिता कहा गया है और वैदिक के समान ही इसे भी प्राचीन माना गया है।

अर्धमागधी का रूप-गठन मागधी और शौरसेनी के तत्त्वों के सम्मिलन से हुआ है। वास्तव में यह भाषा पश्चिम और पूरब को एक में जोड़नेवाली कड़ी है। मार्कण्डेय का कथन हैं, 'शौरसेन्या अदूरत्वादियमेवार्धमागधी, अर्थात् शौरसेनी भाषा के निकटवर्ती होने के कारण मागधी ही अर्धमागधी है। इस सन्दर्भ में यह उल्लेखनीय है कि मागधी में नाटकीय शौरसेना के तत्त्वों का सम्मिश्रण न होकर जैन शौरसेनी का सम्मिश्रण हुआ है। मध्यदेश में महाराष्ट्री की साहित्यिक महत्ता मान्य होने के बाद उसका प्रभाव पड़ना भी स्वाभाविक है। क्रमदीश्वर ने कहा है कि 'महाराष्ट्रीमिश्राऽर्धमागधी'। उनका यह विचार नाटकीय अर्धमागधी के स्वरूप की दृष्टि से उचित भी हैं। सम्भव है कि प्राचीन कोसली में कुछ प्रवृत्तियाँ ऐसी रहीं है जो महाराष्ट्री में गृहीत हुई हों और जिनसे मागधी भी प्रभावित हुई हो। मागधी वर्ग की बोलियों में र, स का प्रचलन इसका प्रमाण है।

अर्धमागधी में इ, ए और उ, ओ का विनिमय हुआ है। जैसे—मुसा/मोसा, गिरू/गेरू।

दो स्वरों के मध्य आनेवाले क का प्रायः सर्वत्र ग हो गया। जैसे—आकर>आगर, प्रकल्प>पगप्प। द का त हुआ है। जैसे—नदी>नती। दो स्वरों का मध्यवर्ती त् प्राय. बना रहता है। जैसे—वदति।

अर्धमागधी में पुंल्लिग शब्दों के प्रथमा एकवचन में प्रमुख रूप से ए जोड़ा जाता है गौणरूप से भी जुड़ता है। तृतीया एकवचन में ण, सा और सप्तमी एकवचन में स्सि प्रत्यय जुड़ते हैं। आख्यातों में भूतकाल में इंसु प्रत्यय जोड़ते हैं जैसे—पृच्छिसु। कृत् प्रत्ययों में पूर्वकालिक त्ता, त्तू, तूण, ट्ठु, ऊण, इय, इत्ता, एत्ताणं, इतु कई प्रत्यय प्रचलित हैं।

पैशाची

यह प्राचीन प्राकृत है। चीनी तुर्किस्तान के खरोष्ठी शिलालेखों तथा कुवलयमाला में पैशाची की विशेषताएँ मिलती हैं। इसकी उत्पत्ति कैकेय प्रदेश में हुई। जार्ज ग्रियर्सन के विचार से पैशाची का आदिम स्थान उत्तर-पश्चिम पंजाब अथवा अफगानिस्तान प्रान्त है। बाग्भट्ट ने पैशाची को भूतभाषा कहा है।

1. पैशाची में न के रहने पर वर्गों के तृतीय-चतुर्थ वर्ण के स्थान पर प्रथम-द्वितीय वर्ण हो जाते हैं। जैसे—गगनं>गकनं, राजा>राचा, दशवदनो> दसवतनो, शलभो>सलफो।

2. पैशाची में णकार का नकारी होता है। जैसे—गुणेन>गुनने। ल>ळ होता है। जैसे—कमलं>कमळं।

3. मध्यम क, ग, च, ज, त, द, य, व, ख, भ, थ, सुरक्षित हैं।

4. प्रथम एकवचन में ओ जैसे—विसमो, पंचमी एकवचन में आतो, आतु जैसे—जिनातु, जिनातो होते हैं।

5. भविष्य में एय्य प्रत्यय लगता है। जैसे—हुवेय्य।

6. भाव और कर्मवाच्य में ईय, इज्ज के स्थान पर इय्य होता है। जैसे—गिय्यते।

साहित्यिक प्राकृतों की सामान्य विशेषताएँ

प्राचीन भारतीय आर्य भाषा की ध्वनियाँ पालि की तरह ही प्राकृतों में भी बदलती रहीं। ऋ, लृ, ऐ, औ, श, ष, विसर्ग, संयुक्त व्यंजन आदि का परिवर्तन यथा पूर्वोक्त पालि की तरह ही हुआ है अत: उनकी पुनरावृत्ति आवश्यक नहीं है केवल यहाँ कुछ उदाहरणों को ही प्रस्तुत किया जा रहा है—

स्वर परिवर्तन

1. ऋ>रि ऋण>रिण, ईदृश:>एरिसो, ऋ>रु=वृक्ष:>रुक्खो ऋ>अ, इ, उ = कृत>कद, तृण>तिण वृद्ध> बुड्ढो।

2. ऐ>ए=शैल>सेल, बैद्य>वेज्ज।

औ>ओ=कोमुदी>कोमुई,कोमुदी

ऐ का अइ, औ का अउ भी मिलते हैं। जैसे—दैत्य>दइच्च, पौरुष>पउरुष।

3. विसर्ग>ओ=भर्त्तार:>भत्तारो

4. शब्दों में संयुक्त, व्यंजन के पूर्व ह्रस्व स्वर तथा असंयुक्त व्यंजन के पूर्व दीर्घ स्वर का विधान प्राय: सभी साहित्यिक प्राकृतों में है, उदाहरणार्थ—

मनुष्य>मणुस्स (संयुक्त स्स के पूर्व उ स्वर ह्रस्व है > मणूस (असंयुक्त स के पूर्व ह्रस्व उ दीर्घ हो गया)

इस तरह उत्सव और ऊसव हैं। कहीं-कहीं दीर्घता के स्थान पर अनुनासिकता आ गई है। जैसे—अश्रु>अंसु। हिन्दी शब्दों की निर्माण प्रक्रिया इन दोनों ही नियमों से प्रभावित है। परवर्ती अपभ्रंश में द्वित्व के एक वर्ण की क्षति के कारण पूर्व का स्वर दीर्घ किया गया और अनुनासिकता

का भी आगमन हुआ। जैसे—आश्रु>अंसु, अक्षि>अक्खि।

5. पालि की तरह साहित्यिक प्राकृतों में उच्चारण सुविधा के कारण स्वरों में पर्याप्त स्थान परिवर्तन हुआ है। जैसे—

अ>इ=पक्व>पक्कि, अंगार>इंगाल, अ>उ=सर्वज्ञ, सवण्णु,अ>ए=शय्या> सेज्जा, सौन्दर्य>सुन्देर, ओ>अ=तथा>तह, यथा>जह आ>इ=सदा> सइ

इसी तरह इ, ई का उ, ए, उ का अ, ओ, ऊ का ए, ए और ऐ का इ, ओ का उ में परिवर्तन परिलक्षित होता है। जैसे—वृश्चिक>विच्छु, (इ>उ), इत्था> एत्था (इ>ए); मुकुल>मउल (उ>अ), पुष्कर>पोखर, पुस्तक>पोत्थअ (उ>ओ), हिन्दी का पोथा, पोथी इसी से बने हैं। नूपुर>णेऊर (ऊ>ए) एतेन, एतिना (ए>इ), ऐश्वर्य>इस्सरिय (ऐ>इ), अन्योन्य>अण्णुण्ण (ओ>उ), गौरव>गारव (औ>आ)।

व्यंजन परिवर्तन—1. पालि में शब्दात व्यंजन का लोप हो गया था, प्राकृत में भी यही स्थिति है।

2. असंयुक्त ऊष्म व्यंजनों श, ष का स्थान स लेता है किन्तु अनेक प्राकृतों में इन्हें सुरक्षित रखा गया है। मागधी में केवल श्, अर्धमागधी में केवल स् किन्तु पैशाची में श् ष् दोनों हैं।

3. न को सर्वत्र ण करने का प्रयास किया गया है—आधुनिक आर्यभाषाओं की कई ऐसी क्षेत्रीय बोलियाँ मौजूद हैं जिनमें ण ध्वनि प्राय: प्रचलित नहीं है अत: इससे यही ज्ञात होता है कि इन क्षेत्रों में पहले भी ण ध्वनि उच्चारण के स्तर पर न में सम्मिलित थी। पैशाची प्राकृत तथा धम्मपद की प्राकृत में न ध्वनि सुरक्षित है। अत: सभी प्राकृतों में जो न का ण किया गया है वह अति प्राकृतीकरण का नियमानुकूल प्रयास है,लोक में वस्तुस्थिति ऐसी नहीं थी। शौरसेनी वर्ग की भाषाओं में आज भी (मुख्यत: कौरवी में) ण ध्वनि की प्रधानता है। अन्य प्राकृतों पर शौरसेनी का प्रभाव भी माना जा सकता है।

4. प्राकृतों में वर्ग के प्रथम और तृतीय वर्ण दो स्वरों के मध्य में आने पर लुप्त हो गए या उनका स्थान किसी अन्य व्यंजन ने ले लिया। महाप्राण व्यंजनों के स्थान पर ह हो गया। व्यंजनों का क्रमिक रूपान्तर इस प्रकार है—

दो स्वरों के मध्य से क, ग,च, ज, त, द, लुप्त हो गए—

जैसे—मकर>मअर, गगन>गण, राजा>राआ, तात:>ताओ। क, ख, घ, थ, ध, म के स्थान पर ह हुआ। जैसे—मुख>मुह, मेघ>मेह

बधिर>बहिर, कथा>कहा, साधु>साहु, अभीर>अहीर

त=स्वर मध्यम लोप जैसे—अति>अइ, प्राकृत>पाउव त>द जैसे—

आगत>आअद, त>ड=पताका>पडाआ, त>ह=भरत>भरहो, त>ण=ऐरावत: >एरावणो। अर्थात् त का लोप एवं द, ड, ण आदि व्यंजनों में रूपान्तर मिलते हैं। थ>ड जैसे—शिथिल:>सिढिलो।

द>र जैसे—गद्गद्>गग्गर, द्वादश>बारह।

द>ल=कदम्ब>कलम्ब द>ड=दाह>डाह

स्वर मध्यम ध>ढ जैसे—औषध>ओसुढ।

न=ण जैसे—जानि>जाणि, भोजनं>भोअणं

प=स्वर मध्यम लोप जैसे-विपुल>विउल प>म=आपीडो>आमलो, प>फ=परुष>फरुस

म=स्वर मध्यम लोप जैसे—चामुन्डा>चाउन्डा

य = शब्दांरभ में ज जैसे—यमुना>जउणा,स्वर मध्यम लोप जैसे—नयन> णअण।

व=अ जैसे-जीव>जीअ, दिवस:>दिअहो

श, ष, स=अधिकांशत स सुरक्षित, श, ष ध्वनियाँ स में समाहित हो गई हैं।

क्ष=क्ख, रक्षति, रक्खति, च्छ, वृक्ष:वच्छो, झ जैसे—क्षीण:>झीणे

ज्ञ=ञ्ञ, आज्ञा>आञ्ञा

संयुक्त व्यंजनों का द्वित्व रूप—

1. प्राकृत में शब्दों में प्रयुक्त संयुक्त व्यंजनों में एक का लोप हो जाता है शेष का द्वित्व हो जाता है। क, ग, ड, त, प, श, स के प्रथम वर्ण संयोग होने पर इनका लोप होता है जैसे-भक्त>भत्त मुग्ध>मुद्ध, खड्ग>खग्ग उत्पन्न>उप्पन्न, मुग्द>मुग्ग, सुप्त>सुत्त, गोष्ठी>गोट्ठी। इन व्यंजनों के सहप्रयुक्त व्यंजन यदि इनकी तुलना में निर्बल है तो उन्हीं का लोप हो जाता है और ये व्यंजन अवशिष्ट रहते हैं। म, न, र, ल,व के संयोग में प्राय: ऐसा ही होता है। जैसे—रश्मि> रस्सी, नग्न:> नग्गो, रम्य: >रम्मो। मार्ग:>मग्गो, वल्कल:>वक्कलो,पक्व:>पक्को। (स्पर्श व्यंजनों की तुलना में य र ल व (अन्तस्थ) कमजोर होते हैं।

2. संयुक्त व्यंजनों में र कहीं अवशिष्ट भी मिला है जैसे-द्रोह:>द्रोहो। प्राकृत धम्मपद की भाषा में संयुक्त र प्राय: सुरक्षित है।

3. संयुक्त व्यंजनों में यदि पहला ऊष्म है तो अगले व्यंजन में ह प्रविष्ट

हो जाता है जैसे—दृष्टि>दिट्ठी, अष्ट>अट्ठ, वस्तु>वत्थु, हस्तः>हत्थो।

4. स्त के कई रूपान्तर प्राप्त होते हैं जैसे स्त>त्थ अस्त>अत्थ, स्त>ख, स्तम्भ>खम्भ।

5. र्य के स्थान पर प्रायः ज्ज, र, ल्ल, होते हैं जैसे-कार्य>कज्ज, धैर्य>धीर, पर्याण>पल्लाण।

6. त्य, थ्य, द्य, ध्य क्रमशः च्च, च्छ, ज्ज, ज्झ में बदलते हैं जैसे—सत्यं>सच्चं, नित यं>णिच्चं, मिथ्या>मिच्छा, विद्या>विज्जा, मध्यं>मज्झं।

7. क्ष के स्थान पर छ या ख मिलते हैं जैसे—क्षमा>छमा या खमा।

8. श्च, त्स, प्स का विकास च्छ रूप में हुआ है—पश्चात्>पच्छा, वत्स>वच्छ, अप्सरा>अच्छरा। म्र का म्ब में परिवर्तन हुआ है। जैसे—आम्र>अम्ब ताम्र>तम्ब।

9. ज्ञ का ज्ज, ञ्ञ, रूपान्तर जैसे-विज्ञ>विज्ज विज्ज।

10. ङ्, ञ्, ण्, न् का विकास अनुस्वार में हुआ है जैसे—पंरमुहो, कंचुओ, छंमुहो संझा।

सन्धि—प्राकृत में सन्धि नियमों में बड़ी उदारता मिलती है। संस्कृत शब्दों में मध्यग व्यंजनों का लोप तो हो गया किन्तु उच्चारण के स्तर पर स्वर रूप में उनके अस्तित्व को सूचित करने के लिए उनकी अन्य स्वरों के साथ संधि नहीं की गई। जैसे—मकर>मअर, सागर>साअर। कुछ उदाहरण ऐसे भी उपलब्ध होते हैं जिनमें सन्धि की गई है। इनके उच्चारण में कोई विशेष फर्क है भी जैसे-थइर>थेर, चउद्दस>चोद्दस, पउम>पोम। 2-निग्गहीत (अनुस्वार) में दो स्वरों के सन्धि होने पर अनुस्वार का आगमन या लोप होता है। जैसे—त+खणे=तंखणे, गन्तुं+कामो=गन्तुकामो।

3. प्राकृत के कुछ शब्दों में संस्कृत की तरह गुण सन्धि की गई है। जैसे—बाम+उरू=बोमारू, तस्स+इदं=तस्सेदं। इसी तरह यण सन्धि के भी दृष्टान्त उपलब्ध हैं। जैसे—अति-अन्तं>अच्चन्तं, पर्याप्तं>पज्जन्तं/ इन सन्धि नियमों के प्रयोग सर्वत्र नहीं हैं। इनमें कुछ संस्कृत शब्दों के प्राकृत रूपान्तर हैं।

4. कई शब्दों में पूर्व प्रचलित संस्कृत के सन्धि नियमों का उल्लंघन भी किया गया है। जैसे—नीलोत्पल>नीलुप्पल, वसन्तोत्सव>वसन्तूत्सव।

5. संयुक्त व्यंजनों का पूर्व वर्णित विधान भी प्राकृत सन्धि प्रक्रिया का ही परिणाम है।

पद-रूपों की रचना

पालि रूपों के सन्दर्भ में उल्लेख किया जा चुका है कि शब्दों के अन्त्य व्यंजन का लोप हो जाने के कारण सभी शब्द स्वरान्त हो गए। प्राकृतों में सरलीकरण और एकीकरण की प्रवृत्ति बढ़ती रही। फलस्वरूप पुल्लिग शब्दों में अकारान्त, इकारान्त तथा स्त्रीलिंग शब्दों में अकारान्त, ईकारान्त और ऊकारान्त के ही रूप भेद रह गए। द्विवचन का लोप पहले ही हो गया था। चतुर्थी विभक्ति के लिए षष्ठी विभक्ति का प्रयोग होने लगा। कई शब्दों में तो प्रथम एकवचन तथा बहुवचन रूपों को समान किया जाने लगा। अर्थात् एकवचन का प्रयोग बहुवचन के अर्थ में भी होने लगा जैसे-णई (नदी) एकवचन, णई (बहुवचन)।

प्राकृत में पुल्लिग, स्त्रीलिंग तथा नपुंसक लिंग तीनों का अस्तित्व है। नपुंसक लिंगीय शब्दों का रूप प्रथमा एकवचन तथा वहुवचन में पुल्लिग से भिन्न है। द्वितीया में इन्हीं की पुनरावृत्ति हुई है। शेष विभक्तियों में पुल्लिग की तरह ही रूप रचना होती है। ऋकारान्त शब्दों में भर्तृ का भत्तार, भ्रातृ का भाअर या भाआ आदेश होता है। पितृ का पिआ या पिअरो रूपान्तर होता है। इनके रूप अकारान्त पुल्लिग की तरह चलते हैं। मातृ का माआ में परिवर्तन होकर माला की तरह रूप चलता है।

सर्वनाम

ध्वनि-परिवर्तन और सादृश्य के कारण सर्वनाम के रूपों में एकरूपता तथा सरलता दृष्टिगत होती है। उत्तम पुरुष अस्मद् (मैं) की रूप-रचना में अन्य सर्वनामों की तुलना में वैकल्पिकता अधिक है। ऐसा लगता है कि साहित्यिक प्राकृतों में लोक प्रचलित अनेक रूपों को क्षेत्रीय आधार पर ग्रहण किया गया। सर्वनामों के लोक में विविध प्रयोग मौजूद थे। हेमचन्द्र के समय तक अनेक नए रूपों को भी मान्यता मिल गई थी। अस्मद् शब्द का रूप वैविध्य द्रष्टव्य है—

	एकवचन	बहुवचन
प्रथमा	अहं, हं, अहअं, अहिम्म, मि	अम्हे, वअं

संज्ञा रूपों की तरह सर्वनाम के रूपों में भी प्रथमा और द्वितीया, तृतीया, षष्ठी और सप्तमी का अन्तर कुछ समान प्रत्ययों के द्वारा टूटता दिखाई देता है। मध्यम पुरुष युष्मद् के रूपों में कुछ कम वैविध्य नहीं है। उदाहरणार्थ—प्रथम एकवचन के रूपों को प्रस्तुत किया जा सकता है—त्वं, तुवं, तुमं, तुह, तुं।

संज्ञा तथा सर्वनाम दोनों की रूपरचना के लिए संस्कृत में ही प्रायः

समान प्रत्ययों का योग किया जाता है। इसलिए दोनों में पर्याप्त समानताएँ थीं। यही स्थिति प्राकृत में भीहै। सब्बं-सब्बे, शेष अकारान्त पुल्लिग की तरह सव्वा (स्त्रीलिंग) का रूप माला की तरह, सव्व नपुंसक लिंग संव्व-सव्वाइं प्रथम व द्वितीया शेष पुल्लिग की तरह चलते हैं। पुल्लिग [इदम्] इम्, [इमो], [किम्] को [यद्] जो [तद्] सो के रूप में भी प्राय: इसी तरह निर्मित होते हैं। इनके स्त्रीलिंग रूप हैं इमा, का, जा, सा और नपुंसक रूप इदं, कं, जं,तं, हैं।

संख्यावाची विशेषण

प्राकृत में एक्क, एग, दो रूप मिलते हैं। दो, दुबे, दोणि, वेण्णि, तिण्णि चतारो, चउरो, चतारि, पंच, छ, सत्त, अट्ठ, णव, दस, दह, एक्कारस, इक्कारस, एआरह, बारस, बारह, तेरस, तेरह, एगुणवींस [उन्नीस], अउणववीसं, उणतीसं आदि संख्यावाची विशेषण हैं। प्राकृत तक हिन्दी के अधिकांश संख्यावाची शब्दों का निर्माण हो चुका था।

क्रिया-रूप

प्राकृत तक क्रिया रूपों में उल्लेखनीय परिवर्तन घटित हुए। सादृश्य का प्रभाव संज्ञा-सर्वनामों की अपेक्षा क्रिया रूपों पर अधिक पड़ा। द्विवचन का लोप पालि में ही हो गया था। आत्मनेपद का प्राकृतों में पालि की तुलना में अधिक ह्रास हुआ। कर्तृ एवं कर्म वाच्य में एकीकरण का प्रयत्न है। गणों तथा लकारों में परिवर्तन करते हुए पालि ने संस्कृत के समानान्तर अपनी रचना प्रक्रिया को बरकरार रखा। पालि में सात गणों का अस्तित्व मिलता है।

प्राकृत के क्रिया पदों के विकास में भ्वादि गण की भूमिका सर्वाधिक महत्वपूर्ण है। अधिकांश गणों की रूप रचना भ्वादिगण के सादृश्य पर की गई है। कालरचना में अपेक्षाकृत अधिक स्वच्छन्दता परिलक्षित होती है। वर्तमान का प्रयोग सभी कालों के लिए किया गया है। इसी तरह विधिलिंग की व्याप्ति सभी वाच्यों तथा कालों में मिलती है। भूतकाल में तिङ्तीय रूपों की लगभग समाप्ति हो गई। कृदन्तीय रूपों का प्रयोग बढ़ गया। लङ्, लृङ्, लुट्, आशीर्लिङ्, लिट्, लुङ् आदि लकार प्राकृतों में प्राय: समाप्त हो गए हैं। साहित्यिक प्राकृतों में विविध कालों में क्रिया रूपों की स्थिति का विश्लेषण अधोलिखित शीर्षकों में किया जा सकता है।

1. वर्तमान काल—वर्तमानकालिक क्रिया रूपों का विभाजन तीनों पुरुषों तथा दो वचनों में किया गया है। इस तरह प्रथम पुरुष, मध्यम पुरुष, उत्तम पुरुष में कुल छह रूप भेद हैं। एकवचन इ, ए बहुवचन न्ति,

मध्यम पुरुष एकवचन सि, से, बहुवचन ह, त्था, थ, उत्तम पुरुष एकवचन मि, बहुवचन मो, मु प्रत्ययों के योग से निर्मित होते हैं।

अकारान्त से इतर धातुओं में ए, प्रत्यय नहीं लगते।

वर्तमान कृदन्त—वर्तमानकालिक कृदन्त शतृ (न्त) और शानच् (माण) संस्कृत से किंचित ध्वन्यात्मक भिन्नता प्रदर्शित करते हैं। जैसे—संस्कृत पठत, प्राकृत में पठन्तों, संस्कत पठमान प्राकृत में पठमाणी है। स्त्रीवाची शब्दों में इनके अतिरिक्त ई का भी विधान है; जैसे—हसई।

भाववाच्य तथा कर्मवाच्य—भाववाच्य तथा कर्मवाच्य में अइ, ज्जइ प्रत्यय लगते हैं किन्तु धातु के अन्त्य व्यंजन के द्वित्व होने पर केवल इ का प्रयोग होता है जैसे पठीअइ, पठिज्जइ, हस्सइ, गम्मइ।

भविष्यकाल—भविष्यत्काल की रचना मुख्यतः दो प्रकार से होती है। एक तो संस्कृत परम्परा से सम्बद्ध है जिसमें थोड़ा ध्वनि परिवर्तन किया गया है। जैसे—प्रथम पु० हसिस्सदि-हसिस्सइ, हसिस्सन्ति।

लोट्-विधिलिंग—इसके रूपों का निर्माण उ, न्तु, सु, ह, मु, मो प्रत्ययों के संयोग से होता है। जैसे—हसउ—हसन्तु, हससु-हसह, हससु-हसामो। प्राकृत में ज्ज प्रत्ययान्त विधिलिंग का प्रयोग अपेक्षाकृत अधिक व्यापक है। वर्तमानकाल, भविष्यकाल तथा आज्ञार्थ लोट् सब जगह इसका वैकल्पिक व्यवहार दृष्टिगत होता है। हसेज्ज, हसेज्जा, वर्तमान काल प्रथम पुरुष एकवचन, लोट् प्रथम पु० एकवचन भविष्यत् प्रथम पु० एकवचन में यथावत प्रयुक्त हुआ है। यह मुख्यतः विधिलिंग का सूचक प्रत्यय है। इसका रूस इस प्रकार है—वट्टेज्जा-वट्टेज्ज (एकवचन तथा बहुवचन दोनों में यथावत), वट्टेज्जासि, वट्टेज्जइ, वट्टेज्जा, वट्टेजाम।

भूतकाल—भूत काल में कृदन्तीय प्रयोग की प्रधानता है, जैसे—हसिअं, पठिअं (हंसा, पढ़ा)।

पूर्वकालिक क्रिया—पूर्वकालिक क्रिया की रचना मुख्यतः दूण, दाणि, ऊण, त्ता, त्ताणं, उअ आदि प्रत्ययों के योग से होती है। जैसे-हसिदूण, हसेऊण, हसत्ति, गदुअ, हसित्राणुं, करिदाणि।

प्रेरणार्थक—प्रेरणार्थक क्रियाएँ, इअ, विअ, उं प्रत्ययान्त होती है। जैसे— हासिअं, हसाविअं, हसेउं, हसिउं।

संज्ञार्थक क्रिया—हसिदुं, गमिदुं, कारिदुं।

तृतीय प्राकृत या अपभ्रंश

साहित्यिक विकास क्रम की दृष्टि से अपभ्रंश की स्थिति मध्यकालीन तथा आधुनिक आर्यभाषाओं के मध्य में है। अपभ्रंश में वे सभी

भाषावैज्ञानिक तत्त्व परिलक्षित होते हैं जो इसके पूर्व की भाषाओं पालि और साहित्यिक प्राकृतों में हैं तथा बहुत से नूतन तत्त्व समाहित मिलते हैं जो परवर्ती आधुनिक आर्यभाषाओं की अमूल्य निधि बन गए हैं। मध्यकालीन भाषाओं में अपभ्रंश की स्थिति सबसे अधिक वैचित्रियपूर्ण एवं रोचक है। पालि तथा साहित्यिक प्राकृतों के लिए जैसी सम्मान भावना आद्यन्त रही वैसी अपभ्रंश के लिए नहीं। इसके पूर्व प्राचीनकालीन भाषाओं के लिए भी सम्मान सूचक संज्ञाओं का प्रयोग हुआ। एक तरफ है ज्ञान का साक्षात्कार करनेवाली छान्दस, संस्कारों से जोड़नेवाली संस्कृत, महात्मा बुद्ध के वचनों को सुरक्षित रखनेवाली पालि, सकल जगत जन्तुओं के लिए सुबोध प्राकृत और दूसरी तरफ है विकृत, च्युत, स्खलित, अशुद्ध समझी जानेवाली अपभ्रंश। अपभ्रंश शब्द की व्युत्पत्ति अप+भ्रंश्+घ्रञ प्रत्यय से मानी जाती है। अप उपसर्ग तभा भ्रंश् धातु दोनों का ही प्रयोग अध:पतन, गिरना, विकृत होना के अर्थ में होता है। प्राकृत और अपभ्रंश के ग्रंथों में अवहंस, अवभंस, अवहत्थ, अवहठ, अवहट्ठ आदि शब्दों का व्यवहार हुआ है।

सर्वप्रथम व्याडि ने शब्द संस्कार से हीन शब्दों के लिए अपभ्रंश नाम का प्रयोग किया जिसकी सूचना भतृहरि के 'वाक्यपदीयम (5 वीं शताब्दी ई०) में मिलती है। व्याडि का 'संग्रह' नामक मूल ग्रंथ अभी तक उपलब्ध नहीं हो सका है। 150 ई० पूर्व में विद्यमान महर्षि पतंजलि ने अपने महाभाष्य में लिखा है 'भूयांसोऽपशब्दा: अल्पीयास: शब्दा इति। एकैकस्य हि शब्दस्य बहवोऽपभ्रंशा: तद्यथा गौरित्यस्य शब्दस्य गावी, गोणी, गोता गोपोतलिका इत्येवमादयोऽपभ्रंशा: अर्थात् अपशब्द बहुत से हैं, शब्द कम हैं। एक-एक शब्द के अनेक अपभ्रंश मिलते हैं, जैसे 'गौ': शब्द के गावी, गोणी, गोता, गोपोतलिका आदि ऐसे अन्य शब्द अपभ्रंश है। इन शब्दों का प्रयोग पतजलि ने काल्पनिक ढंग से नहीं किया। पालि, प्राकृत के ग्रंथों में इनके अस्तित्व से यही सिद्ध होता कि इनका जनभाषाओं में प्रचलन था।

इस तरह के शब्द संस्कृत के परिनिष्ठित व्याकरणिक स्तर से च्युत थे। म्लेच्छ आर्येतर तथा निम्न श्रेणी के लोगों के बीच संस्कृत च्युत शब्दों का व्यवहार आश्चर्यजनक नहीं है। लोकवादी आचार्य पतंजलि का उपर्युक्त कथन तत्कालीन संस्कृत आचार्यों की भाषिक विशुद्धता की चिन्ता की ओर संकेत करता है। आरम्भ में तो अपशब्द के लिए म्लेच्छ शब्द का इस्तेमाल किया जाता था। पतंजलि के समय तक अपभ्रंश शब्द भाषा के अर्थ में रूढ़ नहीं था, यद्यपि इसमें शब्दों की विशिष्ट उच्चारण प्रवृत्ति की ओर संकेत अवश्य है। यह प्रवृत्ति विभाषाओं के प्रकृतिगत भेद को भी

स्पष्ट करती है।

भरत मुनि ने अपने नाट्यशास्त्र में तीन प्रकार के शब्दों का उल्लेख किया है—

त्रिविधं तत्र विज्ञेयं नाट्ययोगे समासतः।
समान शब्दं विभ्रष्टं देशीगतमथापि च॥

यहाँ विभ्रष्ट का तात्पर्य अपशब्द से ही है। भरत मुनि ने जिन भाषाओं और विभाषाओं का नामोल्लेख किया है उनमें अपभ्रंश नाम नहीं आता। आभीर भाषा को उन्होंने विभाषा अवश्य कहा है। भरत ने उकार बहुला भाषा का क्षेत्र हिमवत्, सिन्धु, सौवीर, निर्दिष्ट किया। नाट्यशास्त्र में उद्धृत 'मोरूल्लउ नच्चंतउ। महागमें संभत्तउ॥ मेहउ हत णेई जोण्हउ। णिच्च, णिप्पहे एहु चंदहु॥ आदि पंक्तियों में अपभ्रंश की कतिपय विशेषताओं को दृष्टिगत किया जा सकता है। इससे सिद्ध होता है कि भरत के समय में अपभ्रंश बोली प्रचलित थी। कालिदास रचित 'विक्रमोर्वशीयं' के चौथे अंक में प्रयुक्त अपभ्रंश छन्दों से भी स्पष्ट होता है कि यह भाषा बहुत पहले से अस्तित्व में थी। इसकी प्राचीनता को द्योतित करनेवाले अन्य अनेक प्रमाण भी उपलब्ध हैं।

धरसेन द्वितीय ने अपने पिता गुहसेन की प्रशस्ति में लिखा है कि वे संस्कृत प्राकृत और अप्रभंश की काव्य रचना में निपुण थे। वसुदेव हिंडी (589 ई०) में भी विद्वानों ने अपभ्रंश के पुराने रूप का संधान किया है। धीरे-धीरे अपभ्रंश का निजी भाषिक संस्कार निर्मित्त हो रहा था उसकी वाचकता संस्कृत की तुलना में अत्यधिक लोक प्रचलन के कारण सबल हो रही थी, ईसा की छठीं शताब्दी तक संस्कृत और प्राकृत (साहि० प्राकृतों, पालि) से अलग अपभ्रंश ने काव्य में अपनी स्वतन्त्र सत्ता एवं महत्त कायम कर दी।भामह अपने 'काव्यालंकार' में इसी तथ्य की गवाही देते हैं—

शब्दार्थौ सहितौ काव्यं गद्यं पद्यं च तद्विधाः।
संस्कृतं प्राकृतं चान्यदपभ्रंश इति त्रिधा॥

सातवीं शताब्दी के रचनाकार दण्डी ने भरत के द्वारा निर्दिष्ट आभीर विभाषा की काव्यात्मक प्रतिष्ठा का उल्लेख इन शब्दों में किया है—

'आभीरादि गिरयः काव्येष्वपभ्रंशः इति स्मृताः।

उद्योतन सूरि ने अपने कुवलयमाला में संस्कृत, प्राकृत के साथ अपभ्रंश को भी साहित्यिक भाषा बताया है। राजशेखर (10 वीं शताब्दी) के द्वारा कल्पित काव्य पुरुष का अपभ्रंश जघन माना गया है। उन्होंने

राजसभा में अपभ्रंश कवियों के पश्चिम में बैठने की व्यवस्था का उल्लेख किया है।

अपभ्रंश के भेद

अपभ्रंश का व्यापक प्रचार-प्रसार होने के कारण इसके अनेक क्षेत्रीय भेदों और उपभेदों का होना स्वाभाविक है। रुद्रट न देश विशेष से अपभ्रंश के अनेक भेदों की ओर संकेत किया। उद्योतन सूरि ने देशी भाषा अपभ्रंश की अठारह विभाषाओं का उदाहरण सहित उल्लेख किया है। प्राकृतानुशासन के लेखक पुरुषोत्तम, प्राकृत कल्पवृक्ष के लेखक राम शर्मा तर्कवागीश ने भी क्षेत्रीय आधार पर अनेक भेदों-उपभेदों का विवेचन किया है। मार्कण्डेय ने कुल भेदों की संख्या 27 तक पहुँचा दी—ब्राचड, लाट, वैदर्भ, उपनागर, नागर, बार्बर, आवन्त्य, मागध, पांचाल, टक्क, मालव, कैकेय, गौड़, औढ्, वैवपाश्चात्य, पान्ड्य, कौन्तल, सैंहल, कलिंग, प्राच्य, कार्णाट, काञ्ज्य, द्राविण, गौर्जर, आभीर, मध्य देशीय और बैताल। वैयाकरणों द्वारा अपभ्रंश के मुख्यत: तीन भेद स्वीकार किए गए—

1. नागर
2. उपनागर
3. ब्राचड

1. नागर—यह गुजरात की बोली थी। इसकी व्युत्पत्ति नागर ब्राह्मणों तथा नगर से मानी जाती है। यह शिष्ट भाषा थी। अपभ्रंश का अधिकांश साहित्य नागर अपभ्रंश में ही लिखा गया।

2. उपनागर—यह राजस्थान की बोली थी। इसका स्वरूप नागर और ब्राचड के सम्मिश्रण से तैयार हुआ है।

3. ब्राचड—यह सिन्ध की बोली थी।

सनत्कुमार चरिउ की भूमिका में याकोबी ने उत्तरी, दक्षिणी, पूर्वी और पश्चिमी अपभ्रंश के चार भेदों का उल्लेख किया है। डॉ० तगारे ने उत्तरी भेद को मान्यता नहीं दी। उन्होंने केवल तीन ही भेदों का निर्देश किया।

1. पूर्वी अपभ्रंश—इस भेद की परिकल्पना सरह, कण्ह आदि बौद्ध सिद्धों के दोहाकोशों की भाषा के आधार पर की गई है। पूर्वी अपभ्रंश की भाषा-वैज्ञानिक विशेषताएँ इस प्रकार निर्दिष्ट की गई हैं।

1. इसमें क्ष का परिवर्तन क्ख या ख से हुआ है। जैसे—क्षण>खण।
2. श सुरक्षित हैं।

3. पूर्व कालिक तथा क्रियार्थक संज्ञा के प्रत्ययों में सम्मिश्रण नहीं हुआ है।

4. द्व का रूपान्तर दु में मिलता है। जैसे—द्वार>दुआर।

5. व का ब परिवर्तन जैसे—वेद>बेअ। अपभ्रंश के अध्येताओं ने पूर्वी अपभ्रंश के इस भेद को केवल पूर्वी प्रभाव माना है। वास्तव में दोहाकोशों की भाषा पछांही है। पूर्व के कवियों ने विभाषा की उपेक्षा करके शौरसेनी अपभ्रंश को ही काव्य भाषा स्वीकार किया है। चर्यापदों की भाषा का स्वरूप पूर्वी अधिक है।

2. दक्षिणी अपभ्रंश—दक्षिणी अपभ्रंश की अवधारणा, महापुराण, जसहर चरिउ, णायकुमार चरिउ और करकंडचरिउ आदि रचनाओं की काव्यभाषा पर आधारित है। इनका रचना क्षेत्र बरार और मानखेट है। डॉ० तगारे का यह भेद ठोस भाषावैज्ञानिक तथ्यों पर आधारित नहीं है।

डॉ० नामवर सिंह ने इस भेद का खंडन करते हुए लिखा है 'पुष्पदन्त की भाषा को मराठी की जननी सिद्ध करने के आवेश में डॉ० तगारे की दृष्टि से यह ओझल हो गया कि पश्चिमी अपभ्रंश नाम से अभिहित 'भविसयत्त कहा' और दक्षिणी अपभ्रंश नाम से अभिहित महापुराण की भाषा में कोई मौलिक अन्तर नहीं है। दोनों ही की रचना परिनिष्ठित अपभ्रंश में हुई है। थोड़ा-बहुत जो अन्तर है वह शैली सम्बन्धी है और रचयिता भेद से इतना-सा भेद आ जाना स्वाभाविक है।

3. पश्चिमी अपभ्रंश—यह शौरसेनी प्राकृत का यह परवर्ती रूप है जो गुजरात और राजस्थान की बोलियों से मिश्रित हो गया है। इसी अपभ्रंश का प्राचीनतम रूप कालिदास के विक्रमोर्वशीयम् में दृष्टिगत होता है। अपभ्रंश की अधिकांश रचनाएँ—भविष्यदत्त कथा, परमात्म प्रकाश, योगसार, पाहुड़ दोहा, सावयधम्म दोहा आदि पश्चिमी अपभ्रंश में ही रची गई हैं।

अपभ्रंश की व्याकरणिक विशेषताएँ

अपभ्रंश में मध्यकालीन भाषाओं की ध्वनिगत और व्याकरणगत व्यवस्था कुछ और विकसित परिलक्षित होती है। अपभ्रंश तक भाषा में कुछ ऐसी परिवर्तन हुए जिनमें अपभ्रंश मध्यकाल की अपेक्षा आधुनिक काल की ओर अधिक झुक गई। विभक्तियों के घिस जाने के कारण भाषा में वियोगात्मकता के स्पष्ट लक्षण पैदा हो गए जो आधुनिक आर्यभाषाओं की प्रमुख विशेषता बन गई। आधुनिक भाषाओं में प्रयुक्त सर्वनामों, क्रिया पदों के रूप अपभ्रंश में ही विकसित हो गए थे। अपभ्रंश-व्याकरण के विभिन्न पक्षों पर दृष्टिपात करके विकासात्मक तत्त्वों को

आसानी से विश्लेषित किया जा सकता है—

ध्वनि गठन— अपभ्रंश में स्वरों और व्यजनों की व्यवस्था, लगभग प्राकृत जैसी ही रही है।

स्वर— अपभ्रंश में पालि-प्राकृत की तरह अ, आ, इ, ई, उ, ऊ, ऐ, (ह्रस्व ए), ए, ओ, ओ, ओ (ह्रस्व ओ) आदि स्वरों का विधान है। प्राचीन भा० आ० भाषा की ध्वनि ऋ का प्राकृतवत वर्ण विकार हुआ है। अधिकांशत ऋ का वर्ण विकार अ,इ,उ,ए, अर, रि में हुआ है। जैसे—कृष्ण>कण्ह, मृदु> मउ, कृपाण>किपाण, कृमि>किमि, पृच्छ>पुच्छ, मृत>मुअ, गृहस्थ>गेहत्थ, भ्रातृ>भायर, पितृ>पियर, ऋण>रिण, ऋद्धि>रिद्धि। अपभ्रंश में लृ का भी लोप ही रहा।

ऐ, औ को अपभ्रंश में पृथक करके बोला और लिखा जाता था जैसे—वैशाख>बइसाह (अ+इ), वैदेह>वइदेह। ऐ, औ के उच्चारण में ह्रस्वीकरण की प्रक्रिया भी सक्रिय थी, परिणामस्वरूप ऐ का वर्णविकार ए, इ में औ का ओ, उ में हो गया। जैसे—कैलास>केलास, ऐरावत>एरावय,, गौरी>गोरी, यौवन>जुब्बण।

स्वर-विकार की दिशाएँ

1. दीर्घीकरण—ऊष्माक्षर एवं अन्तस्थ के संयुक्त होने की स्थिति में पूर्व स्वर अनेक शब्दों में दीर्घ हो गए हैं। जैसे—कस्स>कासु, विश्वास>वीसास, जिह्वा>जीह, पतिगृह>पईहर।

ह्रस्वीकरण— अनेक शब्दों में दीर्घ स्वर हस्व में बदल गया है, जैसे गंभीर>गहिर, पाषाण>पाहण।

स्वर विपर्यय—उच्चारण सुविधा की दृष्टि से स्वरों में पारस्परिक विनिमय पर्याप्त मात्रा में हुआ है। इस प्रक्रिया में स्वर समानीकरण तथा विषमीकरण की स्थितियाँ परिलक्षित होती हैं, जैसे—अ>इ=पक्च>पिक्क, इ>उ=इच्छि > इच्छउ, आ>अ=मृगाङ्क >मिअंक, अ>उ=तस्य>तासु, ई>ऊ+विहीन>विहूण, ऊ>ए+नूपुर>णेउर।

स्वरागम— दो व्यंजनों के मध्य स्वर लाकर उच्चारण करने की प्रक्रिया स्वरागम है। इसे स्वरभक्ति भी कहते हैं—आर्य>आरिय, वर्ष>वरिस क्रिया>किरिया।

स्वर लोप— उच्चारण के समय किसी ध्वनि पर अधिक बलाघात होने के कारण उसके आस-पास की स्वर-ध्वनि लुप्त हो जाती है। उपविष्ट>बइट्ठ (आदि स्वर उ का लोप) भविस्यदत्त>भविसत्त (मध्य स्वर लोप) एअ>ए (अन्त्य स्वर का लोप)।

स्वरअनुनासिकीकरण—अपभ्रंश में व्यंजन लोप की क्षतिपूर्ति केलिए स्वर के अन्त में अनुस्वार का आगमन हुआ है। जैसे—दंशन, पंखि।

निरनुनासिकीकरण—अपभ्रंश में प्राचीन भारतीय आर्य भाषा की अनुनासिक ध्वनियों को निरनुनासिक भी किया गया है। जैसे—संस्कृत>सक्य, विशति>बीस।

स्वर सन्धि—अपभ्रंश में सन्धि की स्थिति लगभग प्राकृत जैसी ही है। सन्धि के कोई दृढ़ नियम नहीं हैं। कहीं-कहीं संस्कृत की तरह सवर्ण स्वरों को दीर्घ किया गया है; जैसे—केस+आवलिउ=केसावालिउ। मध्यम व्यंजन लोप के परिणाम स्वरूप बचे हुए उद्वृत्त स्वर को पूर्व स्वर के साथ सन्धि नहीं हुई। यहाँ सवर्ण दीर्घता वाला नियम नहीं लगा जैसे सहकार>सहआर, स्वर्णकार—सुणआर। परवर्ती अपभ्रंश में स्वर संकोच होने के कारण प्रयत्न दिखाई देते हैं। कई शब्दों में अ के साथ आनेवाले इ, उ, ए, ओ को सुरक्षित रखा गया है और अ का लोप कर दिया गया जैसे—वण्ण+उज्जलु>वण्णुज्जलि, कीर+ओलिउ=कीरोलिउ।

श्रुति—मध्यग व्यंजनों के लोप के परिणामस्वरूप अवशिष्ट और उ स्वर के स्थान पर क्रमशः य, व श्रुतियों का प्राधान्य हो गया। प्राकृत से अपभ्रंश तक का यह एक और विकासात्मक लक्षण है। अमृत>अमिअ>अमिय, कंचुक>कंचुव, अश्रु>अंसुव।

व्यंजन ध्वनियाँ

अपभ्रंश में कुल 29 व्यंजन ध्वनियाँ हैं—

क, ख, ग, घ, च, छ, ज, झ, ट, ठ, ड, ढ, ण

त, थ, द,ध, न, प, फ, ब, भ, म, य, र , ल, व, स, ह।

इनमें न के अस्तित्व के विषय में विवाद है। प्राकृत में न को सर्वत्र ण किया गया है। यद्यपि कुछ पुराने प्रमाण ऐसे उपलब्ध हैं जिनमें न का अस्तित्व सिद्ध होता है। कुछ विद्वान् अपभ्रंश में न व्यंजन की उपस्थिति नहीं मानते। यदि न को निकाल दिया जाय तो कुल व्यंजन ध्वनियों की संख्या 28 रह जाती हैं।

व्यंजन परिवर्तन

1. अपभ्रंश में प्राचीन भारतीय आर्यभाषा के शब्दारम्भ में आनेवाले सभी व्यंजन न, य,श, ष को छोड़कर प्रायः सुरक्षित हैं। इनका परिवर्तन क्रमशः ण, ज, स, में हुआ है, जैसे—नागर>णायर, यदि>जइ, शाखा>साहा।

2. मध्यग क, ग, च, त, द, प के लोप का विधान प्राकृत में ही हो गया था, अपभ्रंश में यथास्थिति बनी रही। इनके स्थान पर य, व श्रुति का विशेष प्रयोग अवश्य होने लगा।

3. दो स्वरों के बीच में आनेवाले ख, घ, थ, ध, फ, भ के स्थान पर ह हो गया है, जैसे—शाखा>साहा, पृथुल>पिहुल, अधर>अहर, मुक्ताफल>मुत्ताहल।

व्यंजन परिवर्तन की निम्नलिखित दिशाएँ परिलक्षित होती हैं—

1. लोप—लोप शब्दारम्भ मध्य तथा अन्त तीनों स्थानों पर हुआ है। जैसे—स्तन>थण, श्मशान>मसाण (आदि व्यंजन लोप), मनावेवि>मणाएवि सरलाविवि>सरलाइवि (मध्य व का लोप), पश्चात>पश्चा, संताप>संताउ (अन्त्य त् प का लोप)।

2. आगमन—जैसे—तत्क्षण>तत्तक्खण।

3. वर्ण विपर्यय—व्यंजन ध्वनियाँ कई शब्दों में पारस्परिक स्थान परिवर्तन कर लेती हैं। जैसे—ब्राह्मण>बाम्हण (इसमें ह, की जगह म और म की जगह ह आ गया है) इसी तरह ग्रीष्म में हुआ है जिसका अपभ्रंश रूप है गिम्ह। संयुक्त उष्म [स, ष श] जब हटने लगता है तो अगली ध्वनि में ह को प्रविष्ट कर देता है और पूर्व स्वर ह्रस्व हो जाता है इससे शब्द बनेगा गिह्म, यही वर्ण विपर्यय से हो गया गिम्ह।

4. समीकरण—पालि-प्राकृत में ही प्राचीन भारतीय आर्यभाषा के संयुक्त व्यंजनों के निर्बल अंशों का लोप हो गया और उनकी सत्ता सबल व्यंजन में लीन हो गई। इसके परिणामस्वरूप सबल व्यंजन ध्वनियाँ दित्त हो गईं।

(क) जैसे चक्र>चक्क, मार्ग>मग्ग, पक्व>पक्क।

(ख) त्य, थ्य, द्यः, ध्य का च्च, च्छ, ज्ज, ज्झ में रूपान्तर हुआ;

जैसे—सत्य>सच्च, रथ्या>रच्छा, संध्या>संज्झा या संज्झ

(ग) क्ष>क्ख, ज्ञ>ज, ण्ण जैसे द्राक्षा>दाक्खा, लक्षी>लक्खी, अज्ञानिन्>अण्णणिय, मनोज्ञ>मनोज।

(घ) ऊष्म व्यंजन के रहने पर ह का आगमन तत्पश्चात् द्वित्व जैसे—विनिश्चय>विनिच्छय, अष्ट>अट्ठ।

5. घोषीकरण—मध्यग क,ख, त, थ, प, फ आदि अघोष ध्वनियाँ घोष ग, घ, द, ध, ब, भ में प्रायः परिणत हो जाती हैं; जैसे—आकर>आगर, सुख>सुध, कथित>कधिद, शपथ>सबध । क, त, प के परिवर्तन के पर्याप्त उदाहरण मिलते हैं किन्तु ख, थ, फ के उदाहरण स्वल्प हैं। इनकी परिणति हकार में ही अधिक हुई है।

6. महाप्राणीकरण—अपभ्रंश में अल्पप्राण ध्वनियों को महाप्राण करने की प्रवृत्ति परिलक्षित होती है; जैसे—पुस्तक>पोत्थय, पश्चिम>पच्छिम, परसु>फरसु।

रूप-रचना

ध्वनि-व्यवस्था, ध्वनि विकार आदि दृष्टियों से अपभ्रंश प्राकृत परम्परा से भिन्न नहीं है। किन्तु रूप-रचना के क्षेत्र में इसमें उल्लेखनीय परिवर्तन हुए हैं, जिसके कारण यह भाषा प्राकृत से अलग अस्तित्व स्थापित कर लेती है। इसमें वियोगात्मकता के जो लक्षण उत्पन्न हुए वे उत्तरोत्तर बढ़ते ही गए। पालि और प्राकृत में पद रूपों में कई विभक्तियों के एकवचन कुछ के बहुवचन के रूप समान हो गए थे। प्राकृत में लिंग विधान कुछ और सरल हो गया। बहुत से नपु० लिंग शब्द—जैसे कम्मो, वम्मो, जसो आदि पूर्णतया पुल्लिग हो गए थे किन्तु बहुत से ऐसे शब्द भी प्रचलित थे जो नपुंसक थे।

किन्तु लिंग सम्बन्धी अव्यवस्था रह गई थी। अपभ्रंश में भी यह अव्यवस्था अवशेष है। अपभ्रंश में लिंग निर्णय प्रायः शब्द प्रवृत्ति पर निर्भर करता है। आकारान्त, ईकारान्त और ऊकारान्त शब्द प्रायः स्त्रीलिंग के अन्तर्गत आते हैं। अ,इ, उ, से अन्त होनेवाले शब्दों का लिंग निर्णय अवश्य कुछ जटिल है। अपभ्रंश में नपुंसक लिंग तथा पुल्लिग के रूपों में केवल प्रथमा बहुवचन में अन्तर होता है। दीर्घ स्वरों के ह्रस्व हो जाने के कारण काव्य में प्रयुक्त स्त्रीलिंग के शब्दों की पहचान सरल नहीं रह गई।

वचन—पालि-प्राकृत में ही द्विवचन समाप्त हो गया था। दो को सूचित करने के लिए 'दुवे' का प्रयोग किया जाने लगा। द्विवचन का समाहार बहुवचन में हो गया था। यही स्थिति अपभ्रंश में भी रही।

संज्ञा-रूप और प्रत्यय—अकारान्त कर्त्ता-कर्म एकवचन का रूप मुख्यतः उ प्रत्यय से सम्पन्न होता था। प्राकृत का ओकार ही उकार में बदल गया था, जैसे—गअवरु, कोलु, नरिंदु, सयलु आदि। यह उकार बहुलता अपभ्रंश की प्रमुख पहचान बन गई। रूपों में एकीकरण पहले शुरू हो गया था। अपभ्रंश में सरलीकरण की प्रवृत्ति प्रखर थी। ऐसा प्रतीत होता है कि आभीरादि जातियों को प्रा० आ०भा की विविध विभक्त्यात्मक रूपों को ग्रहण करने में सबसे अधिक कठिनाई होती थी। इसीलिए उन्होंने विभक्ति शून्य पदावली का प्रयोग आरम्भ कर दिया। एक विभक्ति का अर्थ देनेवाले रूप का अनेक विभक्तियों के अर्थ में प्रयोग करने की स्वतन्त्रता लोक में अवश्य थी। अपभ्रंश के व्यापक प्रचार-प्रसार में इस जन-प्रवृत्ति को भी समाहित किया गया। अपभ्रंश में कुल तीन ही विभक्तियाँ शेष रह गईं हैं—

1. प्रथम, षष्ठी और सप्तमी। प्रथमा विभक्ति द्वितीया के लिए भी यथावत व्यवहार में लाई जाती थी। षष्ठी से चतुर्थी, पंचमी का भी काम विधिवत लिया जाता था। तृतीया सप्तमी में समाहित हो गई थी।

2. अपभ्रंश में पालि-प्राकृत की तरह सभी प्रातिपादिक स्वरान्त हैं। सामान्यतः अकारान्त, आकारान्त, इकारान्त, ईकारान्त, उकारान्त, ऊकारान्त शब्द हैं। इनमें थोड़े रूप-भेद हैं। रूप रचना में अकारान्त की प्रबलता है। अपभ्रंश में कई दीर्घ स्वरान्त शब्दों के ह्रस्व हो जाने के कारण रूपों के सरलीकरण में और सुविधा हो गई।

लिंग—प्राचीन भा०आ०भा० में तीन लिंग थे किन्तु नपुंसक लिंग की रूप रचना प्रथम, द्वितीया में ही भिन्न रहती थी। शेष रूप पुल्लिग की तरह चलते थे।

अपभ्रंश में प्रथमा-द्वितीया में उ, आ, तृतीया-सप्तमी में ए, हि, हिं चतुर्थी, पंचमी, षष्ठी में हो, हं, हं के प्रयोग होते हैं।

परसर्गों का प्रयोग

अपभ्रंश में परसर्गों के प्रयोग का प्रमुख कारण है विभक्ति का घिस जाना। सघन और सटीक अर्थ प्रतीति के लिए परसर्गों की अनिवार्य आवश्यकता अनुभव की गई। संस्कृत, पालि, प्राकृत में भी विभक्तियों के रहते हुए भी विशिष्ट सम्बन्ध दिखाने के लिए परसर्गो का प्रयोग हुआ है। पंचतंत्र से कुछ उदाहरण प्रस्तुत किए जा सकते हैं 'यावत्कूपोपरि याति तावत्कूपमध्ये आत्मनः प्रतिबिम्ब ददर्श।' इस उदाहरण में उपरि और मध्ये के प्रयोग द्रष्टव्य हैं। अधिकरण क्रिया के घटित होने का स्थान सूचित करता है। देखने की क्रिया कूप पर हो रही है और कूप में हो रही हैं। दोनों के लिए समान विभक्ति अर्थ के अलगाव को व्यंजित न कर पाती।

इसी तरह समीप, कृते, सन्निके के भी प्रयोग उपलब्ध होते हैं। जैसे—भारसुक समीपं प्राप्तः, अर्थस्य सकलं प्रणष्टं। दूसरे प्रश्न का उत्तर रामविलास शर्मा के इस मंतव्य में निहित है जिसका प्रतिपादन आचार्य किशोरीदास बाजपेयी की मान्यताओं के आधार पर हुआ है 'कारक-चिन्ह स्वतन्त्र शब्दों के अवशेष हैं, जिनकी कभी स्वतंत्र सत्ता थी, ये अब चिन्ह मात्र रह गए हैं। स्वतंत्र शब्द थे तब भी मूल शब्द के पीछे चलते थे जब चिह्न रह गए, तब भी मूल शब्द के अनुगामी रहे। स्वतन्त्र शब्द की अपेक्षा उसका चिन्ह मूल शब्द से संयुक्त हो गया। इस प्रकार संलिश्ष्ट रूप का जन्म हुआ। (भारत के प्राचीन भाषा परिवार और हिन्दी, खंड 1, पृ० 101)। किशोरीदास बाजपेयी ने लिखा है कि 'कहते हैं-ये 'को', 'ने' आदि विभक्तियाँ नहीं, 'परसर्ग' हैं, क्योंकि किन्हीं शब्दों के ये घिसे हुए रूप हैं। परन्तु संस्कृत की विभक्तियाँ भी किन्हीं शब्दों के घिसे हुए रूप कही जा सकती हैं न? (हिन्दी शब्दानुशासन पृष्ठ 171)। परसर्गों के विकास में संज्ञा रूपों की अपेक्षा सर्वनामों की भूमिका अधिक महत्वपूर्ण है। अपभ्रंश में मुख्यतः अधोलिखित परसर्ग हैं—

करणार्थक परसर्ग—सउँ, सहु, सरिस, सञो।

सम्प्रदानार्थक परसर्ग—केहिं, किहं, तेहिं, तणेण, रेसि, रेसिं।

अपादानार्थक परसर्ग—लइ, होन्तउ, होत्त, हुंत, हुंति।

सम्बन्ध परसर्ग—केर-केरउ, केरी, केराई।

सर्वनाम

प्राचीन भारतीय आ०भाषा में 25 सर्वनाम परिगणित किए गए हैं। अपभ्रंश में इनकी संख्या काफी कम हो गई है। अपभ्रंश के सर्वनामों को निम्नलिखित वर्गों में रखा जा सकता है—

1. पुरुषवाचक—अस्मद्, (हउं), युष्मद् (तुहुं), तत् (सो)
2. निश्चयावाचक—इअम् (आय), एतद् (एह), अदस् (ओइ)
3. सम्बन्धवाचक—यत् (जो), तत् (सो)
4. प्रश्नवाचक—किम् (कवण, कोइ)
5. अनिश्चयवाचक—कोइ, किछु
6. निजवाचक—आत्मन् (अप्पण)
7. अन्य—सर्व (सव्व), अन्यत् (अण्णु), इतर (इयर)

1. पुरुषवाचक सर्वनाम—प्राकृत में द्विवचन की समाप्ति के कारण कारकीय रूपों में कमी तो आई। किन्तु अनेक बोलियों में प्रचलित रूपों को समाहित करने के कारण रूपों की वैकल्पिकता अभूतपूर्व ढंग से बढ़ गई।

अपभ्रंश में इस वैकल्पिकता को कम किया गया जिसमें रूपों में सरलता आ गई। रूपरचना की मूल प्रकृति प्राकृत कते समान ही है। अपभ्रंश में उत्तम पुरुष सर्वनाम हउं (अस्मद्) की रूपरचना इस प्रकार है—

एकवचन	बहुवचन
हउं,(हमुँ, हमु), मइं	अम्हे, अम्हइं, अम्हेहिं
महु, मज्झु	अम्हं, अम्हासु

मध्यम पुरुष सर्वनाम—युष्मद (तुहुं) का प्राचीन भा०आ भाषा में एकवचन की प्रकृति 'त्व' है और बहुवचन की युष्म। प्राकृत में त्व का तु विकार है। युष्म का विकार तुम्ह है। ध्वनि-परिवर्तन की जो प्रक्रिया मध्यकालीन आ०भाषाओं में परिलक्षित हैं उसके अनुसार य का रूपान्तर त में असम्भव है तु के सादृश्य पर तुम्ह रूप बन सकता है। पिंशल ने प्राचीन रूप तुम की कल्पना की है। आलोच्य भाषा में कर्त्ता एकवचन में अधिकांशतः तुहुं का व्यवहार हुआ है। तुहुं की रचना प्रक्रिया लगभग वैसी ही है जैसी हउं की। उदाहरणार्थ—

एकवचन—तुहुं, तइं, तुज्झ,

बहुवचन—तुम्हें, तुम्हेहिं, तुम्हासु

प्रथम पुरुष या अन्य पुरुष—उत्तम पुरुष (हउं) तथा मध्यम पुरुष (तुहुं) के अलावा जितने भी सर्वनाम हैं उनकी परिगणना अन्य पुरुष या प्रथम पुरुष में की जाती है। प्रा०भा आर्य भाषाओं में प्रथम पुरुष के सार्वनामिक रूपों में लिंग भेद भी ध्यातव्य था। अपभ्रंश में सरलीकरण के कारण लिंगों का भेद कुछ शिथिल हो गया। अपभ्रंश साहित्य तथा व्याकरण में स्त्रीलिंग का प्रयोग अत्यल्प है। विभक्तियों के बहुवचन सूचक रूपों को बड़ी कठिनाई से ढूँढा जा सकता है। पुरुषवाची अन्य पुरुष के सर्वनामों की रचना पद्धति में परम्परा का अनुसरण अधिक है। इनमें ध्वनि परिवर्तन भी प्रायः नहीं हुआ है। रूपों में वैकल्पिकता भी 'हउं' और तुहुं की अपेक्षा कुछ अधिक है। वचन भेद तथा लिंग भेद की शिथिलता के कारण रूपों में साम्य दिखाई देता है। सो (तत्) पुंल्लिग का रूप इस प्रकार है।

एकवचन	बहुवचन
सो, सु, से, तं, तइं, तें	तेतेहिं, तहुं, ताहं या तेसु

स्त्रीलिंग

सा, स, ताइं, तीए	ताउ, तेहिं, ताहिं

निश्चनावाचक सर्वनाम—अपभ्रंश में प्रा० भा० आ०भाषा का इदम् प्रातिपादिक आअ, इय प्रकृति को अपनाता है। इसकी रूप-रचना इस प्रकार होती है—कर्त्ता-कर्म-एकवचन-आउ, आओ, आय, बहुवचन-आया, आए। कारण-एकवचन-आएण, आएँ; बहुवचन- आयहिं, आयएहिं। अपादान-सम्बन्ध एकवचन-आयहो; बहुवचन-आयुहं-आयहिं। नपुंसक लिंग में कर्त्ता-कर्म एकवचन में इमु आदेश होता है। स्त्रीलिंग तथा पुल्लिग के रूपों का सम्मिश्रण हुआ है। एतद् का अपभ्रंश में **एय तथा एह** तो रूपान्तर हुए हैं। इन्हीं को प्रकृति मानकर रूप-रचना की गई है। जैसे—कर्त्ता-कर्म एकवचन-एहो, एहु, एउ, इउ, बहुवचन-ए, इय,ए।

दूरत्व बोधक अदस् अपभ्रंश में ओ रूप में स्वीकृत हुआ है। इसके रूप ओ, ओहु, ओइ आदि हैं।

सम्बन्धसूचक सर्वनाम—संस्कृत यत्, तत्, अपभ्रंश में ज, त, की प्रकृति में ढले हैं। ज का रूप-कर्त्ता, जु-जे-जे, कर्म-जं-जें, करण-जेण, जे-जेहिं, अपादान-जउ, जहे-जहु, सम्बन्ध-जासु, जसु जहे-जाहं, जाह, अधिकरण-जहिं, जत्ति। स्त्री० जा-जाउ, जं-जाउ, जाइं जाए-जेहिं, जाहे-जाहिं, जाहि-जाहिं, जाहिं क्रमशः है। नपु० जं-जाइं (प्रथमा, द्वितीया) शेष पुल्लिग की तरह होते हैं।

प्रश्नवाचन—कवण, काइं, को के मूल में क प्रकृति है। क रूप भी ज, त की तरह ही चलाए जाते हैं।

निजवाचन-सर्वनाम—अपभ्रंश में आत्मन् का रूपान्तर अप्प में हुआ है- इसके रूप कर्त्ता-कर्म-अप्प, अप्पा, अप्पु, अप्पउ, अप्पय, अप्पणय।

विविध सर्वनाम—सर्वे का रूप अपभ्रंश सव्व बनता है। कर्त्ता-कर्म में एकवचन-बहुवचन की मर्यादा नहीं है। रूपों की वैकल्पिकता प्रत्येक विभक्ति में अधिक है।

सव्व के लिए एक दूसरा प्रयोग साहु भी है। यह सभी का रूपान्तर है। सर्व की तरह सभ भी पुराना लोक प्रयोग हो सकता है। सव्व का सब्ब फिर महाप्राणीकरण के कारण सव्व>सभ>साहु रूप बन सकते हैं। कुछ विद्वान इसे सर्व+खलु से व्युत्पन्न मानते हैं।

परिणामवाची

इतना, उतना, कितना, जितना—इतना का अपभ्रंश रूप एत्तिउ या एत्तिल या एत्तुल कहीं-कहीं एवडु भी है।

उतना को अपभ्रंश में तेत्तिउ और तेत्तिल या तेतुल कहते हैं।

जितना अपभ्रंश में जित्तिउ, जेत्तिल या जेत्तुल है।

कितना प्रा०आ० आर्यभाषा का कियत् या कियत्थ अपभ्रंश में कित्तिउ या स्वार्थिक ल के संयोग से केत्तुल या केत्तिल बना।

संख्यावाची विशेषण

संख्यावाची विशेषण रूप परिवर्तन के कारण आ०आ० भाषाओं के काफी समीप आ गए हैं। कई स्थानों पर तो उनको यथावत् स्वरूप निर्मित हो गया है। अपभ्रंश में प्रमुख संख्या-रूप इस प्रकार हैं—

एक्क, एक, एग—एक परवर्ती अपभ्रंश का रूप है।

दु, वे—प्रा०भा०आ० के द्वौ से एक रूप द के आधार पर दूसरा ब के आधार पर विकसित हुआ है। एक और दो से सम्बन्धित संख्याओं का प्रयोग सभी विभक्तियों तथा कारकों में उपलब्ध है। तिण्ण, तिण्णि, तिअ, समास में ति, ते, चउ, पंच, छ, सत्त, सात, अट्ठ, णव, दस, इगारह, ग्यारह, बारह, तेरह, चउदह, पण्णरह, सोलह, सत्तारह, अट्ठारह, एगुणबीस या एक्कुणबीस, बीसइ, बीस, तीस, तीसा, चालीस, पण्णस, सट्ठि, सत्तरि, असौ, णवइ आदि।

क्रमवाचक संख्या—पढम (प्रथम), बीयउ, दुइजो, दुज्जा, दूसरह (दूसरा), तीथ, तइजो, तिज्ज (तीसरा), चउथ, चउथय, पंचम, पंचवें, छट्ठम, षट्टय, सत्त, अट्ठ, णव में भी व जोड़े जाते हैं।

आवृत्तिमूलक विशेषण—गुण प्रत्यय जोड़कर तिगुण, चउगुण, ऊण जोड़कर, दूण आदि विशेषण बनते हैं।

समुदायवाची—एक्कइ, दुक्कइ, एक्कल, चउक्क

अपूर्णांकबोधक—पाउण (पौना), सवायअ (सवाया), साड्ढ (साढे)

क्रिया-रूप

अपभ्रंश में मूल धातुओं में ध्वनि परिवर्तन के साथ ही अर्थगत परिवर्तन भी घटित हुए हैं। लोक में प्रचलित अनेक ऐसी क्रियाओं को जिन्हें साहित्यकारों ने उपेक्षित छोड़ दिया था उनको भाषा में महत्व दिया गया। फलस्वरूप अपभ्रंश में बहुत सी ऐसी धातुएँ प्रयुक्त मिलती हैं जिनकी पूर्व साहित्य में उपस्थिति नहीं है जैसे— बोल्ल, घोट्ट, लुक्क, चव, छोल्ल, उल्ह, झर, घल्लि आदि। अपभ्रंश में शब्दानुकरणात्मक धातुओं के नव निर्माण की पहल मिलती है। वातावरण को जीवन्त रूप में प्रस्तुत करने के लिए ध्वन्यात्मक क्रियाओं की भूमिका बड़ी महत्वपूर्ण है। इसके अलावा नाम से धातु बनाने की पुरानी परम्परा भी सक्रिय रही। संस्कृत में प्रचलित धातुओं को मूल रूप में स्वीकार करके अपभ्रंश ने अपनी भाषिक क्षमता की समृद्धि की। प्रा०भा०आ० भाषा की कुल धातुएँ तो यथावत स्वीकृत हुईं और कुछ ध्वनि परिवर्तन के साथ। यथावत स्वीकृत होनेवाली धातुएँ हैं—चल, चिंत, चर आदि, ध्वनि परिवर्तन के साथ लिह (लिख), पढ़ (पठ), कह (कथ) आदि। इन समस्त धातुओं में काल, अर्थ, वाच्य, पुरुष और वचन के अनुसार विभिन्न प्रत्ययों का योग किया गया है। क्रिया रूपों में सरलीकरण तथा एकीकरण की प्रवृत्ति प्रमुख है। इकारान्त से भिन्न धातुओं में अ को समाविष्ट किया जाने लगा। रूपों के सरलीकरण की प्रवृत्ति इन उदाहरणों में दृष्टिगत की जा सकती है—लिखति>लिहइ, रोदिति>रूवइ, चोरयति>चोरइ, श्रृणीति>सुणइ, धुनोति>धुणइ।

वर्तमान काल—वर्तमान में अधोलिखित प्रत्ययों के संयोग से प्रथम, मध्यम एवं उत्तम पुरुषों में एकवचन तथा बहुवचन के अलग-अलग रूप बनते हैं—

एकवचन	बहुवचन
प्रथम पु०—इ-चलइ	ह-चलहिं
मध्यम पु०— हि-चलहि	हु-चलहु
उत्तम पु०—उं, उ-चलउँ, चलउ	हुँ-चलहुँ

भविष्य काल—अपभ्रंश में भविष्य सूचक प्रत्यय स और इ हैं। संस्कृत स्य सेस्स>स का विकास हुआ। स का कालान्तर में ह हो गया। अन्त में लगनेवाली तिङ्तीय विभक्तियाँ वर्तमान कालवाची ही है; जैसे—प्रथम पु० हसिहिइ, हसीसइ-हसिहिहि, हसीसहिं

प्राचीन भा०आ० भाषा में तव्य प्रत्यय चाहिए के अर्थ में प्रयुक्त होता था उसी से म०भा०भा० में इव्व और अब का विकास हुआ। अपभ्रंश तक यह व या ब के रूप में योग रहा। जैसे देखव, धरब, पढव आदि। अवधी में भविष्य काल में प्रयुक्त होनेवाले ब का विकास इसी का परिणाम है।

भूतकाल—अपभ्रंश में भूतकालिक क्रिया रचना मुख्यतः कृदन्तीय है। आख्यात प्रयोग बड़ी कठिनाई से ढूँढ़े गए हैं जिनकी संख्या दो-तीन से अधिक नहीं है जैसे-आसी, अहेसु। संस्कृत क्त (त) के लिए अपभ्रंश में अ, अइ, अथवा य-इय प्रयोग हैं; जैसे—गअ, चलिअ, पढिय, अवलोइय, पत्तु, (अपभ्रंश उकार)।

विध्यर्थ—अपभ्रंश में विध्यर्य क्रिया रूपों का विधान मुख्यतः मध्यम पुरुष में ही मिलता है। प्रथम पुरुष तथा उत्तम पुरुष के प्रयोग विरल हैं। प्रथम पु० एकवचन में उ प्रत्यय जैसे करउ, उत्तम, पु०बहु० हं जैसे—पउजहं, पुजइं, कुछ प्रयोग निर्दिष्ट किए जा सकते हैं। मध्यम पुरुष एकवचन में इ-करि, धरि, उ-चढु, पेक्खु, ए-करे, धरे, हि-पेसहि, उहहि, सृ-भणसु, करसु, हु-वंचहु, करहु तथा बहुवचन हु-मारहु, णीसरहु, प्रत्ययों का विधान किया गया है।

सम्भाव्यार्थ—करिज्जहि, मणिज्जहि (एकवचन) करिज्जहु, चिंतिज्जहु (बहु०)

शक्यार्थ—पाविज्जइ, लज्जिज्जउ।

विध्यर्थ—णासिज्जइ, संतोसिज्जइ।

संयुक्तकाल—अपभ्रंश में क्रियातिपत्ति अर्थ में ज्ज या ज्जा का आदेश होता है, कृदन्त न्त और माण का भी प्रयोग होता है जैसे-कंरतु, मुणंती, करंती।

संयुक्तकाल—क्रिया के प्रवाह को दर्शित करने के लिए शतृ प्रत्यय के अन्त या अन्त के साथ सहायक क्रिया जोड़ी जाती है। जैसे—आँखि देखत आछ, सहि रहिअउ दुरवत्थ।

पूर्वकालिक क्रिया—इ, इउ, इवि, अवि, एप्पि, एप्पिणु, एवि, एविणु, प्रत्ययों के संयोग से पूर्वकालिक क्रिया का निर्माण होता है; जैसे चलि करि, अंचिवि करिवि, मुयवि, जेप्पि, णवेप्पिणु, भणेवि, करेविणु।

संज्ञार्थक किया—संज्ञार्थक क्रिया एवं, अण, अणह, एप्पि, एप्पिणु, एवि, एविणु, प्रत्यन्त होते हैं। जैसे—देवं, जीवेवउ, करण, जेंवण, भुज्जणहं, जेप्पि, चएप्पिणु, पालेवि आदि।

प्रेरणार्थक क्रिया—आव-बैठाव, पढ़ाव। अव-दक्खव। आबइ करावइ, वृद्धावइ। अइ-दंसइ, पाढइ। आर-पाइसार, विय-कराविय, खवाविय आदि।

अव्यय

शब्द रूप में परिवर्तित न होनेवाले उपसर्ग तथा निपात को अव्यय कहते हैं। अपभ्रंश में प्रयुक्त उपसर्ग प-पलंव, पर-पराहव, अप-अपवग्ग, अव-अवहर अणु-अणुहवइ, अव-अवइल, निर-निरवहराइ, नि-निघोस, णि-णिग्गुण दू-दूसह, वि-वियाण, अ-अजेय, आ-आवाइ, नि-ग्गिह, एहि-एहिवाल, अह-अइआर, सु-सुरभ, उ-उवइ, अहि (अभि) अहिमाण, पडि-पडिहार, परि-परिआण, उव-उबएसे-

निपात—ऊँचे-नीचे अर्थों में निपतित होने के कारण कुछ पदों को निपात कहते है। इनके तीन विभाग हैं—

1. **उपमार्थक**—न, नउ, नइ, नावइ, जणि, जणु

2. **पादपूरणार्थ**—हि,इ, घइं, खइ, जु, उ, जि आदि।

3. **कर्मोपसंग्रहार्थ**—अ,व, अहवइ, अनु, छुड़े (यदि) जइ, णवर (केवल), जेअ, अवस, अहो, अरे।

आधुनिक व्याकरण की दृष्टि से अव्यवों का विभाजन इस प्रकार किया जाता है—

क्रियाविशेषण—कुछ क्रिया विशेषण संज्ञा पर आधारित है—चिरु, थिरु, धीरु, इत्थंतरि, दरि, णिच्छइ, तुरिय, सव्ववार। कुछ सर्वनामों के आधार पर बनाए गए हैं—कउ, केत्थु, केम। कुछ क्रियाविशेषण परंपरागत हैं—अज्जु, भीतर, एक्कट्ठ।

कालवाची क्रियाविशेषण—1. जाम, जाउं, जामहिं (जब तक के लिए), 2. ताम, ताउं, तामहिं (तब तक), 3. पच्छइ (पश्चात्) 4. एम्वंहि (इस समय) 5. जब्बे, जाबे, जबे (जब के लिए) 6. तब्बे, तबे(तब) तो, ताउ, तउ 7. अबे, अबहि 8. कबहु, कया, कइयहां 9. अज्जु 10. चिरु 11. सहु (एदा)

देशवाची—1. जेत्थु, जतु, (जित्थु, जेतहिं, जहिं)

2. तेत्थु तत्तु, तित्थु, तत्थ, तेत्तहे तेत्तहि, तहि

3. केत्थु, कत्थ, कित्थु, कहि

4. एत्थु, इत्थु, इत्थि

5. कउ, कहन्तिह

6. उप्परि, उप्पर, ऊपर

7. भित्तर

8.अग्गि, अग्गे

9. पच्छइ, पाछु, पाछे, पछ

10. वाहिर, वाहिरू, वाहओ

11. निअर

प्रकारवाची अव्यय-किस प्रकार—केम, किम, किह, किध, कह, कइँ, केवँ, केव, किम्ब आदि।

जिस प्रकार—जेम, जिम, जिह, जिम्ब, जेबँ जिह, जेहउ आदि (संस्कृत यथा)

तिस प्रकार—तेम, तिम, तिह, तिध, तेहि, तहा (संस्कृत तथा)

परस्पर—अवरोप्परू

प्राय—प्राउ, प्राइम्व, प्राइव

इस प्रकार—एम्ब, एम्बइ, एंवहिं, एव, एउ, एउं

शीघ्र—झत्ति (हिन्दी झट), सज्ज

भावबोधक अव्यय—अहु, अहो, हउं, हउं हहा, हाहा, छि छि, थू थू।

शब्द-रचना

अपभ्रंश में शब्द रचना में तद्धित और कृत, प्रत्ययों की सहातया ली गई है, तद्धित प्रत्यय और तद्धितान्त शब्द—

स्वार्थिक—अ (संस्कृत क) गुरुअ, लहुअ (लघुक)

डा, डी—हिअडा, गोरडी

अल्ल, इल्ल, उल्ल, उल्ली—नवल्ल, विलउल्ल, कुडुल्ली।

क्क-गुरुक्क, धानुक्क।

उ-पुणु, विणु, हियडउ।

एं-अ-अवसं, अवस।

भाववाचक प्रत्यय प्प, प्पण—बड़प्पण, भल्लप्पण, महप्प। त्त-सुरत्त, इम-धुत्तिम, तण-भल्लतण, हियतण।

कर्त्तुत्वबोधक प्रत्यय-अ—खबणअ, विणअ। **कारय, गारय**-खयकारय, **खय-गारिअ, आर**-सोन्नार, कम्मार, **अण**-सुहावण, कंपावण। **हार-हारी**-करिणहार, कलिहारी, इर-इरो-कन्दिर, किल्लिरी। **इल्ल**-कणिल्ल, गामेल्ल। **आरि-आरी**-भिक्खआरि, भिक्खारी। आव-बढ़ाव, कोहावी।

सम्बन्धार्य प्रत्यय-**इत**- जोवणइत्त (यौवनवती)

ई-कापडी (कार्यतिक), हाथी।

व-हणुव (हनुमान), **वन्त**-पुणवन्त। मई-धणमई, कणयमई। **बाल**-यणवल, आल-गुआल, आलु। य-सद्धालुयइय-पराइय।

स्त्री प्रत्यय अ–देवय, गुह (गुहा),

आ–सिआ, अज्जा, दइआ (या)

इ–जणणि, तरुणि

ई–वाइणी, महेली

णी–सिस्सणी

कृत् प्रत्यय—शतृ-(वर्तमानकालिक) अपभ्रंश में अन्त शेष-पठन्त, चलन्त, सहन्त। क्त (भूत कूदन्त) त का अ शेष- जैसे-पढ़िअ, गअ।

तळ-(भविष्य)अपभ्रंश में व्व जैसे-एव्वउं

कर्त्तुवाचक—तार-अहित्तार, कत्तार

भाववाचक—अण-पयडिण, खंचण आदि।

परवर्ती अपभ्रंश या अवहट्ठ

प्राकृत-अपभ्रंश के रचनाकारों ने अपभ्रंश के लिए अवहंस, अवभंस, अवहत्थ आदि शब्दों का प्रयोग किया है। ये प्रयोग प्रायः बारहवीं शताब्दी के पूर्व के हैं। बारहवीं शताब्दी के बाद के अपभ्रंश रचनाकारों ने अपनी काव्य भाषा को अवहट्ठ कहा है। ज्योतिरीश्वर ठाकुर 'वर्णरत्नाकार' में छह भाषाओं को जाननेवाले भाट का जिक्र करते हैं। 'पुनु कइसन भाट, संस्कृत, पराकृत, अवहट्ठ, पैशाची, शौरसैनी, मागधी छहु भाषक तत्त्वज्ञ, इन छह भाषाओं में अवहट्ठ का उल्लेख विचारणीय है। प्राकृतपैंलम, के टीकाकार वंशीधर ने प्राकृतपैंगलम् की भाषा को अवहट्ठ माना है। 'यया भाषा अयं ग्रन्थो रचितः सा अवहट्ठ भाषा'। संदेशरासक के रचयिता अद्दहमाण चार प्रमुख काव्य भाषाओं का उल्लेख करते हैं—अवहट्ठ, सक्कय पाइयंमि, पेसाइयंमि भासाए लक्खण छन्दाहरणे सुकइत्तं भूसियं जेहिं। विद्यापति कहते हैं—

सक्कय वाणी बुहअन भावइ
पाउअ रस को मम्म न पावइ
देसिल बअना सब जन मिट्ठा
तं तैसन जम्पओ अवहट्ठा।

उपर्युक्त अवहट्ठ के सभी प्रयोग अपभ्रंश के स्थान पर ही या अपभ्रंश के लिए किए गए हैं।

अवहट्ठ शब्द के मूल में संस्कृत शब्द अपभ्रष्ट हे। प का विकार व के रूप में हुआ और ष्ट>ट्ठ में परिवर्तित हुआ है। पालि-प्राकृत के ध्वनि परिवर्तन के नियमों में निर्दिष्ट किया जा चुका है कि यदि संयुक्त व्यंजन में ऊष्म व्यंजन (स, ष, श) होता है तो वह अगली ध्वनि में ह को प्रविष्ट कर जाता है, ट में ह मिलकर फिर द्वित्व हुआ–ट्+ह=ट्ठ। महाप्राण मध्यग व्यंजन भ का ह हो गया है। अर्थ की दृष्टि से अवहंस तथा अवहट्ठ में कोई अन्तर नहीं है। उल्लेख

किया जा चुका है अवहट्ठ का प्रयोग परवर्ती रचनाकारों द्वारा ही किया गया है। इस प्रयोग के पीछे क्या उनका कोई नया मंतव्य या अभिप्राय है अथवा अनायास ही ऐसा किया है। डॉ० शिवप्रसाद सिंह का विचार है कि 'इससे सहज अनुमान किया जा सकता है कि अवहट्ठ ाब्द पीछे का है और इसका प्रयोग परवर्ती अपभ्रंश के कवियों ने पूर्ववर्ती अपभ्रंश की तुलना में थोड़ी परिवर्तित भाषा के लिए किया।.....कहना चाहें तो कह सकते हैं कि वह प्रयोग जान बूझकर हुआ और अपभ्रष्ट भी भ्रष्टता (भाषाशास्त्र की शब्दावली में विकास) दिखाने के लिए किया गया, यानी इस शब्द के मूल में परिनिष्ठित अपभ्रंश के और भी अधिक विकसित होने की भावना थी। (कीर्तिलता और अवहट्ठ भाषा, पृ० 6)।

अपभ्रंश भाषा और साहित्य के अध्येताओं ने प्राय: अवहंस तथा अवहट्ठ को अलग मानकर अध्ययन नहीं किया है। इन्हें पूर्ववर्ती तथा परवर्ती अपभ्रंश कहने से भी मूल मान्यता में कोई फर्क नहीं पड़ता है। अपभ्रंश की सम्पूर्ण विशेषताओं का विवेचन करते समय पूर्ववर्ती और उत्तरवर्ती भेद को अमान्य करके ही चला गया है। शिवप्रसाद सिंह ने इस नाम की सबसे अधिक वकालत की है।........इस शब्द में इस प्रकार के अर्थ की कोई ध्वनि न होते हुए भी उसके प्रयोक्ताओं के कालक्रम और उनकी भाषा की विशेषताओं को देखते हुए यह नाम कोई बहुत अनुचित नहीं कहा जा सकता।' (कीर्तिलता और अवहट्ठ भाषा पृ० 7)।

अपभ्रंश भाषा आरम्भ से ही शब्द ग्रहण एवं व्याकरण की दृष्टि से उदार थी। अपनी इसी उदारता के कारण यह संस्कृत प्राकृत की परिनिष्ठत परम्परा से विचलित होकर लोक परम्पराओं की ओर मुड़ती गई। बारहवीं शताब्दी तक परिनिष्ठित अपभ्रंश ग्राम्यं अपभ्रंश की अपेक्षा कुछ भिन्न हो गई थी। साहित्यिक भाषा लोक तत्त्वों को ग्रहण तो करती है किन्तु उसमें सहज-स्वच्छन्द विकास की उतनी गुंजायश नहीं रहती। साहित्य-सृजन की प्रक्रिया में भाषा स्थिर एवं परिनिष्ठित होती जाती है। हेमचन्द्र के समय तक अपभ्रंश भाषा का रूप बहुत कुछ स्थिर हो गया था। हेमचन्द्र ने व्याकरण लिखकर अपभ्रंश को स्थिर करने में विशेष सहयोग किया। मोटेतौर से बारहवीं शताब्दी तक (दसवीं के अंतिम तक भी कहा जा सकता है) अपभ्रंश का प्रयोग स्वाभाविक रीति से हुआ। उसके बाद व्याकरण के आधार पर कुछ साहित्यिक रचनाएँ हुई, जिनके विश्लेषण से विकास के सूत्रों की पहचान सम्भव नहीं हो पाती। लेकिन सौभाग्य से कुछ कवियों ने साहित्य-सृजन के लिए ऐसी भाषा को माध्यम बनाया जिसमें लोक भाषा के विकसित रूपों का सर्वाधिक समावेश था। इनकी काव्य भाषा में परिवर्तन के लक्षण बहुत ही स्पष्ट हैं। नामवर सिंह देश्यमिश्रित साहित्य की

महत्ता पर प्रकाश डालते हुए लिखते हें, 'इस मिश्रित भाषा में रचे हुए ग्रंथ काव्य की दृष्टि से उत्कृष्ट हैं ही आधुनिक देशी भाषाओं के आधुनिक रूप के अध्ययन की दृष्टि से भी बहुत महत्वपूर्ण हैं। भारतीय आर्यभाषा के इतिहास अथवा विकास की दृष्टि से परवर्ती अपभ्रंश का यह देश्यमिश्रित साहित्य विशेष महत्व का है और सच्चे अर्थों में परवर्ती अपभ्रंश' यही है, परिनिष्ठित अपभ्रंश में लोक भाषा या क्षेत्रीय भाषा की परिवर्तित ध्वनियों एवं शब्दों, तथा व्याकरणिक रूपों के समावेश से जो काव्यभाषा निर्मित हुई उसे ही परवर्ती अपभ्रंश या अवहट्ठ कहा गया है। अवहट्ठ अपभ्रंश एवं आधुनिक आर्यभाषाओं के बीच की कड़ी है। एक तरफ यह अपभ्रंश है और दूसरी तरफ यही पुरानी हिन्दी भी है। इसके कुछ प्रयोग अपभ्रंश के हैं और कुछ देश भाषा हिन्दी, मैथिली या बंगला के।

अवहट्ठ की विशेषताएँ

ध्वनि-व्यवस्था—अवहट्ठ की ध्वनि-व्यवस्था अपभ्रंश के लगभग समान ही है । स्वरों में मुख्यत: अ, आ, इ, ई, उ, ऊ, ए, ओ, ए, ओ के ही प्रयोग होते रहे। संयुक्त स्वर ऐ, औ क्रमश: ए, ओ अथवा अइ, अउ रूप में ही स्वीकृत हैं। चर्यागीर्ति कोश, कीर्तिलता में ए, औ के यथावत प्रयोग मिल जाते हैं। इससे यही सिद्ध होता है कि आधुनिक हिन्दी में ए, और स्वरों का जो प्रचलन हुआ है उनकी स्थिति अवहट्ठ काल में भी थी। इनका उच्चारण अइ अउ था जैसा कि वर्तमान अवधी में है अथवा मूल स्वर अए, अओ जैसा ब्रजभाषा में है। सिद्धों की सन्धा भाषा पर विचार करते हुए डॉ० मंगलबिहारी शरण सिन्हा ने इन्हें आ०भा० आर्यभाषा के ए, औ के समान बताया है। इससे उच्चारण सम्बन्धी भ्रम का निवारण नहीं हो पाता। कीर्तिलता में भुववै, तैसना, बोलै, करा, चौहट्ठ आदि शब्दों में ए, औ के जो प्रयोग हैं। वे सम्भवत: अइ, अउ को ही सूचित करते हैं। ऋ तत्सम शब्दों में लिखा जाता है किन्तु उच्चारण रि हो गया था। जैसे—मृगी। अधिकांशत: ऋ का रूपान्तर अ, आ, इ, उ में ही हुआ है—जैसे- तृतीय>तइला, कृष्ण>काण्ह, गृह>गिह, तृण>तिन, तिण, दृष्टि>दिठ्ठि, पृच्छ>पुच्छ। विसर्ग के स्थान पर ओ, उ दोनों मिलते हैं, जैसे—आरद्दो, पसिद्धो, चंदणु, मंडलु।

अपभ्रंश की तरह ही अवहट्ठ में स्वरों के लो, समानीकरण, विषमीकरण ह्स्वीकरण, दीर्घीकरण के प्रयत्न परिलक्षित होते हैं। जैसे—अस्ति>स्थि (अ-का लोप तिण>तिणि (इ, इ का समानता) नूपुर>णेवर (ऊ का ए) इक्षु>इक्ख (उ का अ)।

क्षतिपूरक दीर्घीकरण—प्राकृत अपभ्रंश में प्रा०भा०आ० भाषा के संयुक्त व्यंजनों के स्थान पर द्वित्व व्यंजन हो गए थे। जैसे—कार्य>कज्ज, नृत्य>णच्च।

अवहट्ठ में द्वित्व व्यंजन का समीकरण एवं सरलीकरण हुआ।

द्वित्व व्यंजन के अर्धांश को हटाकर केवल एक को सुरक्षित रखा गया। व्यंजन की इस क्षति की पूर्ति पूर्व स्वर को दीर्घ करके की गई। इसी प्रक्रिया को क्षतिपूरक दीर्घीकरण कहा गया है। अवहट्ठ की यह सर्वप्रमुख विशेषता है, जैसे-मित्र>मित्त>मीत, निश्वास>निस्सास>नीसास, ईश्वर>इस्सर>ईसर। क्षतिपूरक दीर्घीकरण का प्रभाव पूर्ववर्ती स्वरों के अलावा परवर्ती स्वरों पर भी पड़ा है। जैसे—गुल्म>गुमा, रत्न>रअणा।

उच्चारण की सुविधा के लिए कई शब्दों में द्वित्व व्यंजन को एक तो किया गया गया किन्तु क्षतिपूरक दीर्घीकरण नहीं हुआ; जैसे—कर्णिणकार>कण्णियार, कर्पूर>कप्पूर>कपूर। क्षतिपूरक-दीर्घीकरण का प्रभाव आधुनिक हिन्दी बोलियों पर विशेष रूप से पड़ा। प्राचीन तत्सम शब्दों के तद्भव रूप इसी तरह निर्मित हुए हैं।

सानुनासिकता—अवहट्ठ में सानुनासिकता की प्रवृत्ति बढ़ गई है। उच्चारण में अनुस्वार को भी ह्रस्व करके पूर्व स्वर को दीर्घ किया गया। जैसे—अञ्चल>आँचल, अंग>आँग, चन्द्र>चांद। सानुनासिकता का प्रभाव इतना अधिक था कि सम्पूर्ण शब्द में कोई भी ध्वनि सानुनासिक न होने पर भी अनुनासिकता लाई गई; जैसे—अक्षि>आँखि, अश्रु>अंसू, उत्साह>उंच्छाह। आरम्भिक हिन्दी पर अवहट्ठ की इस प्रवृत्ति का गहरा असर पड़ा। जूल ब्लाक का विचार है कि अकारण सानुनासिकता की प्रवृत्ति दीर्घ स्वर के बाद र अथवा ऊष्म वर्ण या महाप्राण ओष्ठ्य स्पर्श व्यंजन के होने पर होती है।

स्वर-संकोचन या स्वर-सन्धि—शब्द मध्यग व्यंजनों क, ग, च, ज, त, द, प, य, व के लोप के कारण जो स्वर शेष रहते थे उन्हें सुरक्षित रखने का प्रयत्न किया जाता था। अपभ्रंश तक उनकी अन्य स्वरों के साथ प्रायः सन्धि नहीं करते थे। अवहट्ठ काल तक सामान्यतः संप्रयुक्त स्वरों की सन्धि की जाने लगी, जैसे—अन्धकार>अन्धआर>अन्धार, उतिष्ठ>उइष्ठ>ऊठ, उपवास>उपआस> उपास, स्वर्णकार>सुण्णआर>सुण्णार।

व्यंजन व्यवस्था— अवहट्ठ में व्यंजनों की व्यवस्था लगभग वैसी ही है जैसी अपभ्रंश में, किन्तु लोक भाषाओं के प्रभाव के कारण कुछ ऐसे व्यंजनों का महत्व पुनः बढ़ गया जिन्हें कई शताब्दियों तक उपेक्षित कर दिया गया था। प्राकृत अपभ्रंश में ङ् और ञ वर्गाधीन व्यंजनों के केवल अनुस्वार के द्वारा सूचित किया जाता था। इसीलिए अपभ्रंश भाषा के विद्वानों ने व्यंजनों की गणना करते समय ङ् ञ को छोड़ दिया है। अवहट्ठ में ङ् और ञ का व्यवहार प्रमुखता से होने लगा था। सिद्धों की सन्धा भाषा तथा कीर्तिलता में इनके व्यवहार हुए हैं।

जैसे—भङ्ग, शंङ्क। पूर्वी भाषाओं में अब भी ङ ध्वनि अपने शुद्ध रूप में उच्चरित होती है। इसी तरह पूर्वी अवहट्ठ में ञ की भी प्रबलता परिलक्षित होती है। कीर्तिलता में सभी अनुनासिक स्वरों के लिए ञ का ही इस्तेमाल किया गया है; जैसे—जानि, गाञो, ञेहा, आदि।

हिन्दी में प्रयुक्त होनेवाली ड़, ढ़ ध्वनियाँ सिद्धों की भाषा में मिलती है। इनका उच्चारण डॉ० धीरेन्द्र वर्मा के अनुसार उत्क्षित न होकर पार्श्विक होता था। सुनीतकुमार चटर्जी का विचार है कि आधुनिक आर्यभाषाओं में प्रयुक्त होनेवाली ड़ ढ़ का उत्क्षिप्त उच्चारण म०भा०आ० के संक्राति काल में ही होने लगा था। इनके आधुनिक लिपि संकेतों के विकास के विषय में कुछ अन्तिम रूप से नहीं कहा जा सकता। अवहट्ठ में न ध्वनि के अस्तित्व को स्वीकार किया जा सकता है।

ऊष्म व्यंजनों में श, स, ष तीनों का प्रयोग मिलता है। अधिकांशतः स का प्रचलन है। किन्तु पूर्वी अवहट्ठ में श का प्रयोग मुख्यतः तत्सम शब्दों में नहीं किया गया है। लेखन में ष दृष्टिगत तो है किन्तु इसका मूल उच्चारण सुरक्षित नहीं कहा जा सकता। ष का उच्चारण ख रहा होगा जैसा कि कुछ शब्दों से स्पष्ट है—षण्डिअ (खंडित), षाण (खान) क्ष का उच्चारण क्ख होता था।

मध्यग क, ग, च, ज, त, द, प, व का लोप मध्यग महाप्राण व्यंजन ख, घ, थ, ध, भ, के स्थान पर ह का प्रयोग प्राकृत-अपभ्रंश की तरह ही हुआ है; जैसे—रतनाकर>रयणायर, बुधजन>बुहयण, प्रभूतः>पहुओ, शशधर>ससहर, मुखेन>मुहेण, अधर>अहर, युगल>जुअल, गाथा>गाह, लोचन>लोयण। जैसा कि निर्देश दिया जा चुका है कि अवहट्ठ मं संप्रयुक्त स्वर को पूर्व स्वर से या तो सन्धि कर दी जाती है या य, व श्रुति लाकर उसके अस्तित्व का चिन्ह सुरक्षित रखा जाता है। संयुक्त व्यंजनों का द्वित्वीकरण, त्य, थ्य,द्य, ध्य का च्च, च्छ, ज्ज, ज्झ रूपान्तर अपभ्रंश की तरह ही है।

पद-विचार

वचन—अवहट्ठ में अपभ्रंश की तरह वचन दो हैं—एकवचन और बहुवचन। दो को सूचित करने के लिए दुइ, वेवि आदि संख्यावाची शब्दों के प्रयोग किए जाते हैं। अवहट्ठ में एकवचन तथा बहुवचन के भेद को भी गम्भीरता के साथ मान्यता नहीं दी गई हैं। एकवचन के स्थान पर बहुवचन तथा बहुवचन के स्थान पर एकवचन के प्रयोग आसानी से देखे जा सकते हैं। लुप्त-विभक्तिक प्रयोग में वचन का निर्णय क्रिया-रूपों के आधार पर ही सम्भव हो पाता है।

लिंग

भाषा में लिंग निर्णय की जटिलता प्रा०भा०आ० भाषा काल से ही चली आ रही है। इस जटिलता से मुक्त होने की चेष्टा लगातार लोक में चलती रही। हेमचन्द्र के समय तक विकसित अपभ्रंश में लिंग-व्यवस्था पर्याप्त अनियमित हो गई थीं, अवहट्ठ में नपुंसक लिंग की स्थिति प्रायः नष्ट हो गई है। कुछ प्रयोगों को अपवाद ही माना जा सकता है। संदेशरासक में नपुंसक के प्रयोग मिल जाते हैं जैसे—गिरितरुवराइं, रिक्खाइं। कीर्तिलता में लिंग सम्बन्धी लचीलापन एवं अस्थिरता सहज ही द्रष्टव्य हैं।

विभक्तिक-रूप

अवहट्ठ में प्रातिपादिक पालि-प्राकृत-अपभ्रंश की तरह स्वरान्त ही हैं। इसमें अ,आ,इ, उ, ऊ, ए,ऐ, ओ आदि स्वरों से अन्त होनेवाले प्रतिपादिक मिलते हैं, इनमें अकारान्त रूपों की प्रबलता है। इकारान्त और उकारान्त रूपों को भी अकारान्त में ढालने का यत्न हुआ है; जैसे—गुरु>गरुअ, लक्ष्मी>लच्छिअ।

अवहट्ठ में विभक्तियों की विभिन्नता बहुत कम हो गई है। एक ही विभक्ति भिन्न-भिन्न कारकों में प्रयुक्त होती है। कर्म, सम्प्रदान, करण, अपादान कारकों में भी एकीकरण होने लगा। ए विभक्ति जो तृतीया तथा सप्तमी के लिए प्रयुक्त होती थी कर्म तथा सम्प्रदान के लिए भी सिद्धों के द्वारा प्रयुक्त की गई हैं। जैसे—चित्ते, सुणे, दुःखे (दुख को)।

चतुर्थी, षष्ठी और पंचमी समूह की विभक्तियों के विषय में डॉ० शिवप्रसाद सिंह का निष्कर्ष है—'आश्चर्य की वस्तु है कि जो विभक्ति समूह अपभ्रंश काल में सर्वप्रधान माना जाता था, इसकी विभक्तियाँ कीर्तिलता में बहुत कम मिलती हैं। पूर्व क्षेत्र में भाषिक परिवर्तन की गति अधिक तेज थी और इस क्षेत्र के रचनाकार निर्धारित मापदंड से अपेक्षाकृत कुछ अधिक लोकभाषा की ओर मुड़ने की चेष्टा करते हैं। कीर्तिलता की भाषा के सन्दर्भ में निकाले गए उपर्युक्त निष्कर्ष के आधार पर कहा जा सकता है कि अवहट्ठ में विभक्ति प्रयोगों से मुक्त होने की प्रबल भावना थी। जो विभक्तिक प्रयोग हैं उनमें अधिक लचीलापन है तथा कहीं-कहीं केवल परम्परा का निर्वाह या परिनिष्ठित अपभ्रंश का प्रभाव है।

विभक्तिक प्रयोगों पर दृष्टिपात करने से यह ज्ञात है कि परवर्ती अपभ्रंश (अवहट्ठ) में तृतीया और सप्तमी विभक्तियों का वर्चस्व रहा। तृतीया, सप्तमी की हि, हिं विभक्तियाँ कर्म, सम्प्रदान, अपादान, सम्बन्ध सभी के लिए प्रयुक्त होने लगी थीं। अवहट्ठ में न्हि और न्ह दो ऐसे नए विभक्ति चिह्न हैं जो अपभ्रंश हैं। इनका विकास प्राकृत आण के ण और अपभ्रंश हि के संयोग से

माना जाता है। इनका प्रयोग कर्म, सम्प्रदान, करण, अधिकरण और सम्बन्ध सभी कारकों में हुआ है।

निर्विभक्तिक प्रयोग

विभक्तियों के लगातार अपक्षय का यह परिणाम हुआ कि अवहट्ठ भाषा के बिना विभक्ति चिह्नों का प्रयोग किए ही कारकीय अर्थ में शब्दों का प्रयोग होने लगा। आ० भारतीय आर्यभाषाओं की भाषिक सरलता के क्षेत्र में अवहट्ठ का यह सबसे बड़ा योगदान है। संदेशरासक, कीर्तिलता, उक्तिव्यक्तिप्रकण, प्राकृत पैंगलम् आदि रचनाओं में प्राय: सभी विभक्तियों के लिए निर्विभक्तिक प्रयोग उपलब्ध होते हैं—यथा।

अधिकरण—केअइ धूलि सव्व दिस पसरइ (प्राकृतपैंगलम्)
जइ पिम्म विओय विसंठुलयं हियय (संदेश०)

परसर्ग :

निर्विभक्तिक पदों का प्रयोग बढ़ जाने के कारण अर्थ के अनर्थ होने की आशंका स्वाभाविक थी। अर्थ की स्पष्टता बनाए रखने के लिए परसर्गों का व्यवहार जरूरी हो गया। परिनिष्ठित अपभ्रंश में ही कुछ गिने-चुने परसर्गों की शुरुआत हो गई थी। अवहट्ठ में इनकी संख्या बढ़ गई। इन परसर्गों का प्रयोग अवहट्ठ भाषियों या रचनाकारों का मौलिक अन्वेषण नहीं है बल्कि परम्परागत लोक-व्यवहार की साहित्यिक मान्यता है। अवहट्ठ में प्रयुक्त प्रमुख परसर्गों का विवरण इस प्रकार है—

कर्त्ता—न्ने

करण—सम, सन, सउ, सऊँ, सत्थिहि, से, तण

सम्प्रदान—इसके तीन प्रमुख परसर्ग हैं, केहिं, रेसि लागि। अवहट्ठ में रेसि का प्रयोग विरल है। इनके अलावा कारण और काजि के भी प्रयोग पूर्वी अवहट्ठ में मिलते हैं।

केहिं, किहँ, लागि, लग्गहिं, कारण, काज

अपादान—हुंतउ, हुंते, सउँ, सञो के प्रयोग अपादान के लिए होते हैं। सउं, सञो करण का परसर्ग था जो अपादान के लिए भी प्रयुक्त होने लगा।

सम्बन्ध—परिनिष्ठ अपभ्रंश में सम्बन्ध के लिए केरए और तण मुख्यत: दो परसर्ग मिलते हैं। अवहट्ठ में केर के विकसित रूप क, का, कै, को, की मिलने लगते हैं।

केर से एर और अर या र विकसित हुए जो सिद्धों की भाषा में प्रयुक्त मिलते हैं। बंगला, उड़िया, असमी में इन्हें स्वीकृति मिली है।

अधिकरण—महि, माँझ, उप्परि, ऊपर, भीतर आदि।

सर्वनाम

अवहट्ठ तक सर्वनामों का रूप लगभग हिन्दी के समान हो गया। सर्वनाम के स्वरूप पर दृष्टिपात करने से यह ज्ञात होता है कि अवहट्ठ भाषा में कुछ नए प्रयोग प्रचलित हो गए थे जिनकी तलाश अपभ्रंश साहित्य में कठिनाई से ही हो सकती है।

उत्तम पुरुष सर्वनाम—'मैं' अवहट्ठ में मुख्यतः हउं, हौं, के रूप में प्रयुक्त हैं—

अवहट्ठ में कर्त्ता कारक के लिए मइं का भी प्रयोग हुआ है। भरतेश्वर बाहुबली रास में मुख्यतः मइं का भी प्रयोग है—

मइं पुण लोपिय भाईय भीति।

मइं हारिउं भाइ।

कीर्तिलता में मो, मोञे तथा उक्तिव्यक्तिप्रकरण में मोहि भी व्यवहृत हुए हैं, बहुवचन—अम्हे, कर्म कारक में 'मइं' करण-मइं-अम्हिहि, सम्बन्ध-मह, महु, मज्झ, मुझ (भरतेश्वर बाहु०) मोर, मेरा, अम्ह (बहु०) उत्तम पुरुष सर्वनाम के अन्य रूप हैं।

मध्यपुरुष

(तू या तुम)

अवहट्ठ में मध्यम पुरुष के रूप प्रायः उत्तम-पुरुष के ढंग पर ही बने हैं—

कर्त्ता—तुहुं, तूँ, तुम्हें, तुम्ह (एकवचन), तुम्हें (बहु०)

कर्म—तोहिं, तोके

करण—तइँ, तुम्हेहिं (बहु०) एकवचन में भी प्रयोग होता है।

षष्ठी—तुअ, तुह, तुज्झ, तुझ, तु, तोहोर, तोरा

अन्यपुरुष

अवहट्ठ में हिन्दी वह का प्रयोग नहीं मिलता किन्तु इसका पूर्व रूप अवश्य परिलक्षित होता है। कीर्तिलता में आहु रूप उपलब्ध है जिससे वह का सम्बन्ध स्थापित किया जा सकता है। अवहट्ठ में इसके अन्य रूप उ, व, स, से, सो, ता, तहि हैं जिनका व्यवहार सिद्धों की भाषा में है। अपभ्रंश वाले रूप भी अवहट्ठ में चलते रहे हैं।

निकटवर्ती—हिन्दी यह के अवहट्ठ रूप—इहु, एहु, एहो, एही, एह, एउ, इय आदि। बहुवचन—ए, ई।

सम्बन्धवाचक सर्वनाम—हिन्दी जो के अवहट्ठ रूप—

प्रथमा—ज, जा, जे, जो, जु, जं, जहि (एकवचन), जे (बहुवचन) जिस, जहि, जासु, जहिर, जसु

प्रश्नवाचक सर्वनाम—कौन तथा क्या के अवहट्‌ठ रूप—

प्रथम—को, कवणु, के, कवणं, कमन

अनिश्चयावाचक सर्वनाम—कहु, केहु, काहु, कोइ, कोए।

निजवाचक सर्वनाम—अप्पण, अपन, अपने, अपनेहु, अप्प, सञो, णिअ, णिज।

अन्य के लिए आण, सबके लिए सव्व प्रयुक्त हैं।

सार्वनामिक विशेषण

पुरुषवाचक और निजवाचक सर्वनामों को छोड़कर शेष सभी प्रकार के सर्वनाम विशेषणवत प्रयुक्त किए जा सकते हैं। परम्परया मूल सार्वनामिक विशेषणों को 'सार्वनामिक विशेषण' के अन्तर्गत ग्रहण नहीं किया गया है। ऐसा तथा कितना, जितना आदि को सार्वनामिक विशेषण माना गया है। अवहट्‌ठ में हिन्दी ऐसा के लिए अइस, अस, ऐसो, रूप चलते हैं; जैसा>जइसओ, तैसा>तइसना, कैसा के लिए कइसे, कस, कैसे प्रयोग मिलते हैं। परिमाणवाचक इतना के लिए एत्ता, एते, एत्ति, एत्ते, कितना के लिए कत, कत्त, कतन्हि। उतना-उत्ता, उत्ते, जितना-जित्ता, जित्ते आदि।

संख्यावाचक विशेषण

अवहट्‌ठ में प्रयुक्त **पूर्णांक बोधक** संख्याएँ अपभ्रंश से आगे विकसित होने की सूचना देती है। जैसे—त्रीणि>तिन्नि, तीनू, तीनहु, चारी, पंच, सत, दस, बीस, अठ्ठाइस आद।

अपूर्णांकबोधक—अद्ध, अद्धे, दियड्ढ़, तितीय

आवृत्तिवाचक—पढम, पहिल, दोसरी, तीसरा, चोत्थय, चउग्गुण।

समुदायवाचक—दोण्णवि, तीनुहु, तिना, तिनिए, पञ्जेहिं

क्रिया-विशेषण अव्यय

अवहट्‌ठ में अधोलिखित क्रियाविशेषण अव्ययों के प्रयोग होते हैं—

कालवाचक—अज्ज, अजु, अनुदिन, अहरह, जवे, जवें, जबहीं, जहि, जाव, तवें, तहिं, ताव, तावइ, तोवि, ततो, तब्बे, तबहीं, अबहिं, णित, निति, तक्खण।

स्थानवाचक—कहिं,कहीं, इअ, इथ्थिय, उत्थि, एत्थ, एहु, उपर, निअर, पाछा, बगल, दुर, बाहिर, अब्भन्तरु, भीतर, जहिं, जहाँ, तहि आदि।

रीतिवाचक—अइसें, अइसी, कइसण, कइसे, काञि, जइसने, जइसा, जिम, तइसन, तइसा, तिम।

निशेधवाची—ण, णउ, णह, णि, न, नाहिं, म,मा, आदि।

विस्मयसूचक—अहो, अह

सदृशसूचक—जनि, जनु, सञो, समाण, णं, व्व,सारिच्छ।

विविध-अवस, कलु, तो

क्रिया

मध्यकालीन भा०आ० भाषाओं में क्रियाओं की रूप रचना में सरलीकरण की प्रवृत्ति थी। अवहट्ठ तक क्रियाओं का ढाँचा प्रा०आ० भाषाओं से एकदम भिन्न हो गया। वे संयोगात्मकता से वियोगात्मकता की ओर तीव्र गति से उन्मुख हुईं। कृदन्तों के सहारे क्रिया निर्माण पर विशेष बल दिया जाने लगा। अवहट्ठ काल में संयुक्त क्रियाओं का प्रयोग बढ़ गया। परिनिष्ठत अपभ्रंश से भिन्न अवहट्ठ की क्रियाओं की प्रमुख विशेषताएँ इस प्रकार हैं।

सामान्य वर्तमान काल

सामान्य वर्तमान के रूप अपभ्रंश की तरह ही है। अन्तर केवल इतना है कि अवहट्ठ में अन्तिम संप्रयुक्त स्वर संयुक्त हो जाते हैं। जैसे—

बोइल>बोलै। संदेशरासक में असंयुक्त रूप में प्रयोग मिलते हैं। जैसे—उल्ललइ, पसंसेइ, णच्चेइ। अइ का अए या अ, ए रूपान्तर भी मिलता है। जैसे—कोहाएँ जपए, भखअ, करे।

उक्तिव्यक्तिप्रकरण में अ से अन्त होनेवाले वर्तमानकालिक क्रिया का व्यवहार किया गया है—जब जब धर्मु बाढ़ तब तब पापु ओहट। अवहट्ठ में संस्कृत प्रभाव से करन्ति, वर्तमान काल में बूझसि, जाणामि भी मिलते हैं।

आज्ञार्थ

कहहु, करहु, कहहि, कहसि, कह, सुन, सनि, कहउ, करे, पढउ आदि।

वर्तमानकालिक कृदन्त

अवहट्ठ में वर्तमान कालिक कृदन्त रूपों का वर्तमान काल की क्रिया के लिए प्रयोग होने लगा। इनके साथ सहायक क्रिया की भी अनिवार्य आवश्यकता अनुभव की जाने लगी थी।

संस्कृत न्ता (कढ़न्ता, करन्ता) त रूप में हो गया। जैसे—कइसे लागत आंचर बतास।

भूलकालिक कृदन्त

भूतकाल से सम्बद्ध तिङ्तीय रूप अपभ्रंश में ही लुप्त हो गए थे। अवहट्ठ

में मुख्यत: कृदन्तीय रूपों से ही भूतकाल को व्यक्त किया गया है। भूतकाल के प्रमुख प्रत्यय निम्नलिखित हैं—

उ=गयउ

अ=उइअ

आ=बाढ़ा, इआ-संचरिआ, ईआ-पूरीआ

या=गया, जाया

पूर्वी अवहट्ठ में ल प्रत्ययान्त रूप भी मिलते हैं-मातेल, कहल, भेल। इनका सम्बन्ध प्राकृत इल्ल से जोड़ा गया है। कुछ विद्वान् इसे इत (प्राकृत) से विकसित (इत>इड>इर>इल) मानते हैं।

भविष्यकाल

तिङ्न्तीय तद्भव—करिसइ, करिसहि, करिंसुं, करिसहुं।

ह रूप—करिहइ, करिहहिं, करिहहि, करिहतु, करिहउँ। इनके कुछ रूप ऐसे भी उपलब्ध है जिनमें स्वर संकोच मिलता है—

बुज्झिह, करिह आदि।

कृदन्तीय—संस्कृत तव्य से विकसित अव्व प्रत्यय भी भविष्य के अथं में प्रयुक्त होने लगा। सिद्धों की भाषा में खाइब, जाइब प्रयोग द्रष्टव्य हैं। उक्ति-व्यक्तिप्रकरण में ब वाले रूप सहज प्राप्य है, जैसे—पढ़ब, अभ्यासबि, देखब, करब।

पूर्वकालिक क्रिया

इवि, अवि, एवि, एविणु अप्पि, इय, इ प्रत्ययों को लगाकर पूर्वकालिक क्रियाएँ बनाई गई हैं। जैसे—घुट्टिवि, झंपवि, मन्नाएवि, लेविणु, सहप्पि, पेसिय करि।

संज्ञार्थक क्रिया

संज्ञा का अर्थ देनेवाली क्रियाएँ अवहट्ठ में इस प्रकार हैं—

अणह, णउ, अणु, अण जैसे—कहणह, धरणउ, कहणु, सहण।

ना, वा, बा, ब—जीअना, भोअना, कहबा, हेरब।

ए, ई-गणए, वाही (खेनेवाला) पारगामि (पार जानेवाला)।

प्रेरणार्थक क्रिया

वए, आव, आवै, आए—करावए, बैठाव, लवावै, पलटाए।

कर्मवाच्य के रूप

वर्तमानकालिक—अ-कहिअ (कहा जाता है)

इ-कहिअइ, उ-कड्ढिउ, ओ-कहिओ, इज्जइ-कहिज्जइ।

सामान्य भूत—अ-लंघिअ, उ-पढिअउ, ओ-दीट्ठओ।

सामान्य भविष्यत—करिहइ, करिसइ।

भाववाच्य

अघ्घाइ, विहरिज्जइ, जाव आदि।

सहायक क्रिया

आछ, अछ, अच्छि, आह है। हो, हुअउँ, हुअ, हो, भउँ। रह, रहै। भूतकालिक था तथा भविष्य-कालिक गा से सम्बद्ध सहायक क्रियाएँ अवहट्ठ में नहीं मिलतीं।

संयुक्त क्रिया

संयुक्त क्रियाओं का विशेष प्रचलन अवहट्ठ की प्रमुख विशेषता है। ये क्रियाएँ वर्तमान, भूत तथा पूर्वकालिक कृदन्तों से निर्मित होती हैं। संज्ञार्थक क्रिया से भी इनका निर्माण होता है। इनमें से एक क्रिया आरम्भ सूचक या सामर्थ्य सूचक या प्राप्ति सूचक या पूर्णता सूचक होती है। दो संयुक्त क्रियाओं से कभी-कभी क्रमिकता तथा विशिष्टता (क्रियाविशेषण रूप में) का भी बोध होता है।

संयुक्त क्रियाओं के कुछ उदाहरण दर्शनीय हैं—

रंडतउ जाइ, भग्गा घर एन्तु, सज्जा किआ, धाए बोल जाअ, लेहु जानी, टुटि गेलि, कहण सक्कइ, भागए चह। एक ही क्रिया की पुनरुक्ति भी हुई है-छाडु छाड़, छोइ छोइ।

संयुक्त काल

कृदन्त और तिङन्त संयोग से वर्तमान अपूर्ण भूत की क्रिया बनाने की परिपाटी अवहट्ठ में परिलक्षित होती है। भूतकालवाला रूप तो अवहट्ठ का बिलकुल अपना है—

को तहां जेवँत आछ (वहाँ कौन खाता था)।

मेहु जेट्ठ गरिट्ठ अच्छ (मेरा ज्येष्ठ गरिष्ठ है)

वाक्य-विन्यास

अवहट्ठ में लुप्त विभक्तिक प्रयोगों के बढ़ जाने के कारण वाक्य-विन्यास में पदों का स्थान महत्वपूर्ण हो गया। वाक्य में कर्त्ता, कर्म और क्रिया का क्रमिक विन्यास प्रारम्भ हो गया, उदाहरणार्थ—

केवट नाव घटाव। मेघु नदी बढ़ाव।

संयुक्त क्रियाओं के प्रयोग से भी वाक्य गठन में नवीनता उत्पन्न हुई है। जैसे—

आँखि देखत आछ। भोजन करत आछ।

शब्द-समूह

अवहट्‌ठ में ब्राह्मण धर्म के पुनरुत्थान के कारण तत्सम शब्दों का प्रयोग बढ़ने लगा है। ध्वनि-परिवर्तन के कारण निर्मित शब्दों की समानता से अर्थभेद एवं अर्थप्रतीति भ्रामक हो गई थी। जैसे—नभ से नह (णह) और नख से नह (णह) शब्द बने हैं। इनमें भेद करने के लिए यह आवश्यक हो गया है कि एक शब्द तत्सम वाला ग्रहण किया जाय।

शब्दकोश पर विदेशी और देशी भाषाओं का भी प्रभाव दिखाई देता है। कीर्तिलता, समररास, रणमल्ल छन्द, वर्णरत्नाकर आदि रचनाओं में विदेशी शब्दों के प्रयोग परिलक्षित होते हैं।

विदेशी शब्दों के कुछ उदाहरण इस प्रकार हैं—उज्जीर, खाण, दरबार, कलीला, कसीदा, दहलीज आदि।

देशी शब्द—हाँडी, हल्लइ, खिंखणी (लोमड़ी), उगहिंअ, अग्घाणी, खाइआ ओसा, ओड्‌ढण आदि।

आरम्भिक हिन्दी

अवहट्ठ भाषा का निर्माण अपभ्रंश में क्षेत्रीय या देशी भाषाओं के अधिकाधिक मिश्रण से ही हुआ है। तत्कालीन साहित्यकार परम्परागत भाषा के मोह के कारण यदि एक तरफ अपभ्रंश से चिपके हुए थे तो दूसरी तरफ स्वतंत्र भाषाओं के रूप में पूर्णतया विकसित जनभाषा की उपेक्षा करना भी उनके बस का नहीं था। अपभ्रंश मिश्रित देशी भाषाओं को समझना साधारण लोगों के बूते की बात नहीं रह गई थी। अवहट्ठ जो जनोन्मुखी काव्यभाषा थी उसे भी समझने के लिए शिक्षित होना आवश्यक था। संदेशरासक का रचनाकार अब्दुल रहमान अपने काव्य का सही पाठक मध्यवर्गीय व्यक्ति को मानता है। यह मध्यवर्गीय व्यक्ति शिक्षा की दृष्टि से पंडित और मूर्ख के बीच का व्यक्ति है। आरम्भ में अपभ्रंश देशी भाषा (जनभाषा) अवश्य थी किन्तु धीरे-धीरे वह रूढ़ काव्यभाषा बन गई। प्राकृतों के बाद साहित्यिक प्रतिष्ठा प्राप्त करने पर उसमें बहुत से देशी तत्त्व परवर्ती अपभ्रंश में आए और कुछ पुरानी हिन्दी में या अन्य प्रादेशिक भाषाओं से। वास्तव में अवहट्ठ की रचनाओं के द्वारा ही पुरानी हिन्दी की विशेषताओं को उद्‌घाटित किया जाना चाहिए।

अवहट्ठ को परवर्ती अपभ्रंश मानकर उसे विद्वानों ने एक तरह से अपभ्रंश ही कहा है। ऐसी स्थिति में आरम्भिक हिन्दी की सीमा जायसी, सूर, तुलसी की रचनाओं में प्रयुक्त काव्य भाषा तक बढ़ा दी गई है। कबीर की भाषा के उदाहरण कम ही दिए गए हैं। अवहट्ठ की अधिकांश विशेषताएँ उपर्युक्त कवियों की भाषा में अन्वेषित की जा सकती हैं, बहुत-सी समान विशेषताओं को निर्दिष्ट किया भी गया है। तब तो इन कवियों की भाषा को भी अवहट्ठ कहना चाहिए, किन्तु वस्तुस्थिति ऐसी नहीं है। इसके विपरीत अपभ्रंश या अवहट्ठ को पुरानी हिन्दी जूनी हिन्दी, प्रारम्भिक हिन्दी कहने-समझने की परम्परा अवश्य चल पड़ी है। वस्तुस्थिति यथावत ऐसी नहीं है। अपभ्रंश में हिन्दी है, अवहट्ठ में उससे भी अधिक हिन्दी समाहित है।

अतः अवहट्ठ को यदि विद्वानों ने पुरानी हिन्दी कहा है तो उसमें किसी बड़े भ्रम की गुंजाइश नहीं है। डॉ० रामविलास शर्मा का कहना है 'उसे (अपभ्रंश) आधुनिक आर्यभाषाओं की जननी या इनका पूर्व रूप नहीं कहा जा सकता। जातीय भावना के प्रसार से यह आग्रह उत्पन्न हुआ कि अनेक विद्वान् अपभ्रंश को पुरानी बंगला, पुरानी हिन्दी, पुरानी गुजराती आदि कहने लगे।

अपभ्रंश कवियों की एक रूढ़ भाषा थी। हेमचन्द्र के समय में भी इसे ग्राम्य भाषाओं से अलग माना गया था। अपभ्रंश में देशी भाषाओं के जो तत्त्व आए उनका विकास साहित्य में अपभ्रंश की प्रतिष्ठा से पहले हो चुका था। (भारत के प्रा०भा०प० और हिन्दी, 198) शर्मा जी ने बहुत दबाव देकर यह सिद्ध किया है कि अपभ्रंश देशी भाषा नहीं थी। पीछे इसके विषय में विचार किया जा चुका है कि अपभ्रंश एक गण विशेष या जाति विशेष द्वारा अपनाई गई भारतीय प्राकृत है। इसमें केवल देशी शब्द या रूप रचना ही नहीं है बल्कि एक जातीय संस्कार भी है जो साहित्य में व्यक्त हुआ है। अपने जन्मकाल से ही अपभ्रंश लोकोन्मुख रही है। देशीपन से ऊपर उठ जाने के बाद भी समयानुसार क्षेत्रीय भाषाओं के विकसित तत्त्वों को स्थान देकर इस भाषा ने कतिपय देशी भाषाओं का पूर्व रूप होने का जो अधिकार प्राप्त किया वह कम महत्व का नहीं है।

चूँकि ध्वनिगत, रूपगत परिवर्तनों का जो क्रम पालि, प्राकृत में शुरू हुआ वह अधिकाशत: अपभ्रंश से होकर आधुनिक भाषाओं में आया। यह भी अपभ्रंश को पूर्व रूप समझे जाने का एक प्रमुख कारण है। हमारे सामने भाषाओं का इतिहास समझने का प्रमुख साधन लिखित साहित्य ही है। अपभ्रंश में आए हुए आधुनिक भाषाओं के सभी तत्त्व शताब्दियों पूर्व एकदम उसी रूप में विकसित हो गए थे यह मानना भी उचित नहीं है। उनमें से कुछ का ही अस्तित्व परम्परागत लोक भाषाओं में माना जा सकता है। लाक भाषाओं में घटित हुए परिवर्तनों के लक्षण साहित्य में भी प्रकट होते रहे। यह क्रम वैदिक से लेकर अपभ्रंश या अवहट्ठ तक में मिलता है। अवहट्ठ में पुरानी हिन्दी के लगभग सभी लक्षण दृष्टिगत होते हैं। इनमें से कुछ अपभ्रंश से विकसित हैं और कुछ स्वतंत्र रूप से क्षेत्रीय भाषाओं में प्रचलित तत्त्व हैं जिन्हें साहित्य में स्थान नहीं मिला था।

आरम्भिक हिन्दी की ध्वनि-व्यवस्था

अवहट्ठ की रचनाओं में आरम्भिक हिन्दी की ध्वनि-गठन की खोज की जा सकती है। अवहट्ठ तक वैदिक ध्वनियों का जो भी विकसित रूप है वही आरम्भिक हिन्दी का भी प्रतिनिधित्व करता है। क्षेत्रीय भाषाओं के विशेष प्रभाव या क्षेत्रीय भाषाओं की अलगावादी प्रवृत्ति के कारण कुछ ध्वनियों के उच्चारण या प्रयोग में कुछ अन्तर भी दृष्टिगत होते हैं। ये अन्तर वर्तमान बोलियों में भी विद्यमान हैं। आरम्भिक हिन्दी में निम्नलिखित स्वर प्राप्त होते हैं—

अ, आ, इ, ई, उ, ऊ, ए, ऐ, ओ, औ

1. ए तथा ओ के ह्रस्व रूप भी मौजूद थे। ऋ का उच्चारण रि हो गया था।

2. प्राकृत-अपभ्रंश में ए तथा औ के रूपान्तर ए, ओ में हो गए थे। इन परिवर्तनों से निर्मित्त शब्दावली आरम्भिक हिन्दी से होती हुई वर्तमान हिन्दी तक चली आई है। पश्चिमी क्षेत्र में ऐ, औ का उच्चारण अए, अओ के समीप हो गया था। अतएव इनकी स्थिति मूल स्वर के समीप पहुँच गई थी। ह्रस्व ए, औ

का अस्तित्व प्राचीन राजस्थानी, ब्रजभाषा, अवधी, पुरानी मगही सभी भाषाओं में है। कौरवी में ऐ को ए, तथा औ को ओ बोलने की परम्परा आज भी सुरक्षित है।

स्वर-परिवर्तन की दिशाएँ

1. **स्वरलोप—जैसे**—अछइ>छइ, अरण्य>रण्ण>रन (होते रत के रोझ-कबीर)

2. **स्वरागत**—अस्तुति>स्तुति, अकलंकित>कलंकित, अस्थान>स्थान।

ह्रस्वीकरण—आरम्भिक हिन्दी में भी दर्शनीय है, जैसे—जामातृक>जमाई पुरानी राज०, अवधी), वाणिज्यकार>वाणिजार (कीर्ति०), दीपावली>दिवारी

दीर्घीकरण—ह्रस्व स्वरों का दीर्घरूप अधिकांशत: क्षतिपूर्ति का परिणाम कहीं-कहीं अकारण दीर्घीकरण भी हुए हैं—

क्षतिपूरक दीर्घीकरण—मनुष्य>मानुख, वत्स>बाछा।

अकारण दीर्घीकरण—सदृश>सरिस>सारिषा (वीसल)मृगा>म्रिगा।

क्षतिपूरक अनुनासिकीकरण—चित>चिंत, मित्त>मित, अञ्चल>आँचर।

संप्रयुक्त स्वर का संयुक्त स्वर में परिवर्तन—अपभ्रंश तक मध्यग व्यंजनों के लोप के परिणामस्वरूप अवशिष्ट स्वरों को सुरक्षित रखने की चेष्टा की गई है किन्तु अवहट्ठ में देशी भाषाओं के प्रभाव के कारण संप्रयुक्त स्वरों को संयुक्त किया जाने लगा। जैसे—बइठाव>बैठाव, (बोलति>बोलइ)>बोलै, करै, अन्धार, पुत्तलिआ>पूतली, मऊर>मोर, उवाज्झाय>ओझा, चउवेई>चौबे आदि।

स्वर भक्ति—उच्चारण की सुविधा के लिए आरम्भिक हिन्दी में भी प्राकृत अपभ्रंश की तरह स्वरों का संयोग कर दिया गया है, जैसे-द्वार>दुआर (अवधी), सूर्य>सूरज, प्रकार>परकार।

व्यंजन

आरम्भिक हिन्दी में अपभ्रंश की सभी व्यंजन ध्वनियाँ प्रचलित रहीं। संस्कृत तत्समता का प्रभाव बढ़ने के कारण पुरानी ध्वनियों का व्यवहार होने लगा। डॉ० शिवप्रसाद सिंह ने कीर्तिलता की भाषा में वर्तमानकालीन आर्यभाषा की सभी ध्वनियों का निर्देश किया है—

क ख ग घ ङ   च छ ज झ ञ

ट ठ ड ढ ण   त थ द ध न

प फ ब भ म   य र ल व श ष स ह

डॉ० विश्वनाथ त्रिपाठी ने प्रारम्भिक अवधी में उपर्युक्त सभी व्यंजनों को अन्वेषित किया है। प्राचीन अवधी की रचनाओं में श का प्रयोग विरल है। इसका उच्चारण शायद ही तालव्य रहा हो, सम्भावना दंत्य उच्चारण की ही है। जैसे— अवधी की प्रकृति है। पुरानी अवधी में ष ध्वनि नहीं है। आरम्भिक

हिन्दी में ष या तो स हो गया था या श अथवा ख।

मूर्धन्य उत्क्षिप्त ड़, ढ़ अवहट्ठ में ही विकसित हो गई थीं। आरम्भिक हिन्दी में (सिद्धों की भाषा, प्रारम्भिक अवधी)। इनके प्रयोग दृष्टिगत होते हैं फुड़म, लोड़इ, केड़अल, गढ़, पढ़ई, बाढ़इ। इनका प्रयोग अधिकांशत: दो स्वरों के मध्य में होता है।

अवहट्ठ काल तक क वर्गीय ध्वनियों का उच्चारण स्थान कुछ आगे खिसक आया था। इनका उच्चारण जिह्वापश्च तथा कोमल तालु से होने लगा था। च, छ, ज, झ का उच्चारण स्पर्श संघर्षी हो गया था। हिन्दी में इन ध्वनियों को शुद्ध तालव्य नहीं माना गया है बल्कि ये तालुवर्स्य कही गई है। इसी तरह न को वर्त्स्य माना गया है।

मध्यग म को वँ, म्ब, करने की प्रवृत्ति अधिक है—कवॅल, अंब्रित, गाँव, अनुनासिक व्यंजनों के स्थान पर अनुस्वार लगाने की परम्परा अपभ्रंशवत चलती रही जैसे—लंक, कुंडर, खम्भ। पश्चिमी बोलियों में ण ध्वनि की प्रबलता है और पूर्वी में न की।

आरम्भिक हिन्दी में व्यंजन ध्वनियों में अनेक परिवर्तन भी दृष्टिगत होते हैं—

य>ज=युग>जुग, यौवन>जोवन

य>इ, = पुण्य>पुन्नि, नायक>नाइक

र>ल= हरिद्र>हलदि, सरिता>सलिता

ल>र=उज्ज्वल>उजार, उजियार

ड>र=झगड़ा>झगरो, किवाड़>किवार

ण > न = गुण>गुन, चरण>चरन

ष>ख स=विष>विख, विस

श>स= दर्शन>दरसन

ह>घ= सिंहल>सिंघल

मध्यग क, ग, च, ज, त, द, प के लोप होने के अवहट्ठ तक जो तद्भव शब्द निर्मित हुए थे उनके कुछ प्रयोग तो आरम्भिक हिन्दी में मिलते हैं किन्तु तत्समीकरण की प्रवृत्ति के कारण शब्दों में इन ध्वनियों को सुरक्षित रखने का प्रयत्न किया जाने लगा। राज>राय, घात>घाव, कोकिल>कोइल, अन्धकार>अंधियार, तपई>तवइ आदि पुराने प्रयोग हैं। पुरानी राजस्थानी, पुरानी अवधी, ब्रजभाषा आदि में उपर्युक्त मध्यग ध्वनियों को सुरक्षित देखा जा सकता है—रातऊ कंचुआ अति सुहु चाँगउ। राउल बेलि), कोकिल पीउ पुकारत पावा (जायसी)।

मध्यग ख, घ, थ, ध, भ की भी यही स्थिति है। अपभ्रंश की तरह इनके स्थान पर ह विकार हुआ है। जैसे—मुख>मुँह, मेघ>मेह, कथा>कहं

(किहनी>अवधी, साधु>साहु, वधिर>वहिर, गम्भीर>गहिर, सौभाग्य>सोहाग आदि। तत्सम शब्दों में इन ध्वनियों को सुरक्षित रखा गया है—दुख, सुख, सोभा, सुधायो, अकथ, कथनी, मेघ आदि।

संयुक्त व्यंजन—आरम्भिक हिन्दी में अपभ्रंश के द्वित्व व्यंजनों में से एक को हटा दिया गया। क्षतिपूर्ति के लिए पूर्व स्तर को दीर्घ किया गया। जैसे—सच्च>साँच, अक्खि>आँखि, पुत्त>पूत, अज्ज>आज। वीरभाव से युक्त छन्दों में अपभ्रंश की द्वित्व प्रणाली का प्रचलन रीतिकाल तक रहा। इसे भाषा की स्वाभाविक प्रवृत्ति नहीं माना जा सकता। क्ष का रूपान्तर ख या क्ख में तथा ज्ञ का ग्यं, या यं में किया गया है—क्षमा>खिमाँ, अक्षर>अक्खिर, ज्ञान>ग्यान, अज्ञानी>अयानी।

रूप-रचना

आरम्भिक हिन्दी तक कारकीय रचना काफी संकुचित हो गई। निर्विभक्तिक प्रयोग बढ़ गए। कारक का भाव प्रकट करने के लिए परसर्गों को अलग से जोड़ा जाने लगा। प्रातिपदिकों के वैविध्य हो जाने के बावजूद कोई कठिनाई नहीं थी क्योंकि कुछ गिने-चुने प्रत्ययों का संयोग प्रायः समान रूप से सभी प्रातिपादिकों के साथ कर दिया जाता था। लिंग और वचन दो ही रह गए।

आरम्भिक हिन्दी में प्रयुक्त विभक्तिक प्रत्यय इस प्रकार हैं—

कर्त्ता—कर्म में प्रयुक्त अपभ्रंश की उ विभक्ति अवधी ब्रज में भी चलती रही।

कर्त्ता-कर्म-उ जैसे सचु, आश्रमु, जलु

करण-**अधिकरण**-इ,ए,इं,एं,आँ, हि, जैसे—कटाराई,

राजे, कबीरै, संजाँ, सतरुपहि।

तीरथि करै (कर्म)

कटारइ मरऊं (करण)

दूतें तोररे (करण) सम्बन्ध—हि-पंखिहि

हिं-का प्रयोग मुख्यतः बहुवचन के लिए प्रायः सभी कारकों में होता है। लेकिन कई स्थानों पर इसका एकवचन में भी व्यवहार किया गया है। कबीर ग्रंथावली में एकवचन के लिए यह प्रत्यय कई बार इस्तेमाल हुआ है। अधिकांश प्रयोग कर्म कारक के अर्थ में हैं, जैसे—मानुख जनमहिं पाइकै, खसमहिं छाँहि चहूँ दिसि धावा, चला कमानहिं डारि।

न्ह, न्हि, न, नि—अवहट्ठ न्ह, न्हि विभक्तिक चिह्न पुरानी अवधी-ब्रज से ग्रहण किए गए हैं। परिनिष्ठित अपभ्रंश में ये विभक्तियाँ प्रयुक्त नहीं मिलतीं। न, नि का विकास इ के लोप होने से हुआ। परवर्ती अवधी और ब्रज में इनके अधिक प्रयोग मिलते हैं। ये विभक्तिक प्रत्यय कर्म, सम्प्रदान, करण, अधिकरण, सम्बन्ध प्रायः कारकों में प्रयुक्त हुए हैं।

ह-षष्ठी विभक्ति का प्राचीन रूप पुरानी राजस्थानी, ब्रज, अवधी आदि में प्रायः लुप्त हो गया। काव्य की भाषा में परम्परा अनुसरण के कारण इनके एकाध अवशेष मिल जाते हैं-वनह माहि (पुरानी राज०) जादू कुलह अभग्ग (पृथ्वीराज रासो)।

निर्विभक्तिक प्रयोग—संज्ञा शब्दों में बिना कोई विकार लाए विभिन्न कारकों में प्रयोग का विधान अवहट्ठ में ही हो गया था। अपभ्रंश पर लोक भाषाओं के प्रभाव के कारण ऐसा हुआ है।

कारकीय परसर्ग

आरम्भिक हिन्दी में कारकीय परसर्गों की संख्या उल्लेखनीय ढंग से बढ़ गई है। पुरानी राजस्थानी, ब्रजभाषा, अवधी, मैथिली आदि में विविध कारकों के लिए अनेक परसर्गों का प्रयोग दृष्टिगत होता है।

कर्म-सम्प्रदान—नइँ (पु०राज०) प्रारम्भिक खड़ीबोली में इसके प्रयोग की सम्भावना की जा सकती है। आरम्भिक हिन्दी में मुख्यतः कहं, कह, कौ, कै, कहँ, को, कों, कूँ प्रयुक्त हैं।

करण अपादान—सेंती, सेतं, सिउं, सन, सौं, सउँ, सैं, तै, तैं, थैं, से, सुँ, हुतें, हंत-हुति।

सम्प्रदान—तन, तइं, लागि।

सम्बन्ध—केर, केरा, केरी, कर, कै, का, क, कौ, की।

अधिकरण—माँझ, मंझारी, माँह, मँह, मैं, मो, मह, में, ऊपरि (अव्यय) पर, पै।

परसर्गवत प्रयुक्त अन्य शब्द

कर्म-सम्प्रदान—ताइ, लौं (तक के लिए), पइ (से), पहं (पास), लागि, लग्गि (के लिए)।

करण-अपादान—संगि, साथि, कारण, कारनि।

अधिकरण—पासि, परे।

वचन

एकवचन से बहुवचन बनाने के लिए भी विभक्तिक प्रत्ययों का प्रयोग किया जाता है जैसे—

नि=नैननि, अन=सखियन, न्ह=वीथिन्ह, ऐ=कलोलै, लटैं, आँ=अखियाँ, छतियाँ

लिंग

पुल्लिंग=कुँवर, राजा, कलियुग

स्त्रीलिंग=गंग, लंका, आगि, औरति

स्त्री प्रत्यय

आ-माता, ई-छपरी, लकुटी, इ- भयावनि, इनि-पापिनि, सिंघिनि, नी-

चाँदनी, इया-कमरिया, ईनी-दुलहिनी

सर्वनाम

पुरुषवाचक—आरम्भिक हिन्दी में अपभ्रंश के पुरुषवाची सर्वनामों में किंचित् उच्चारण भेद अवश्य हो गया है किन्तु उनकी मूल प्रकृति की समरूपता सुरक्षित है। आरम्भिक हिन्दी में प्रयुक्त पुरुषवाची सर्वनाम इस प्रकार है—

उत्तम पुरुष एकवचन, कर्त्ता कारक-हौं । अपभ्रंश हउँ का विकास ब्रज तथा अवधी में हौं के रूप में और पुरानी राजस्थानी में हूँ के रूप में हुआ। ब्रजभाषा में हौं का प्रचलन अन्य बोलियों की अपेक्षा अधिक है।

उत्तम पुरुष एकवचन के तिर्यक् रूप मो, मोंहि, मुझ, मुज्झ हैं।

उत्तमपुरुष बहुवचन हम प्राकृत हमुं या अपभ्रंश अम्हे (अम्हे>हम) से विकसित माना जाता है। विभिन्न कारकीय विभक्तियों के योग से हम, हमें, हमको, हमका, हमके, हमहि, हमार, हमारा, हमारे आदि रूप निर्मित होते हैं।

मध्यम पुरुष		**एकवचन**	**बहुवचन**
	सामान्य-	तुहँ, तुं, तूँ	तुम, तुम्ह, तुम्हं
		तु, तैं, तै	तुहि, तुहु, तोह
	तिर्यक्-	तुहि, तोहि, तोह, तो	तुम्ह, तुम, तुह, तुझ, तुज्झ
अन्य पुरुष—		सो, से, सेइ	ते, वे , वै
	दूरवर्ती-सामान्य-	वह, उह, ऊ, वो, ओ	
	तिर्यक्-	तेहि, तिह, ओ, ओहि ता, उस, तासु, ताहि	उन्ह, उन, तिन, विन
निकटवर्ती		सामान्य-यह, एह, ई, एहु,	ये, ए, इन्ह, एह,
		तिर्यक्- यहि, या, इस	इन, इन्ह
सम्बन्धसूचक सर्वनाम			
		सामान्य-जो, जेइं, जे, सो	जेइ, जे, जिन्ह
		तिर्यक्—जा,जेहिं, जिह	जिन जिन्ह जिन्हैं
		जिह, जिस, तिस,	जिनहि, तिन, तिन्ह, तिन्हैं
प्रश्नवाचक सर्वनाम (प्राणिवाचक)			
	सामान्य-	कवण, कवन, कौन,को, के	किन्ह, के, किनि
	तिर्यक्-	केहि, का, काह, काहे	

प्रश्नवाचक सर्वनाम—(अप्राणिवाचक) का, काह, काहे, क्या आदि।

अनिश्चयवाचक सर्वनाम—कोउ, कोई, काहु, अउर, औरन्ह, परा, पराइहि, कवनिउ, कहु, किछु, किसी, किनहं।

निजवाचक सर्वनाम—आप, आपु, आपना, अपना, अपन, आपनौ, अपने, अपनी, आपुन, रावरो, रउरे, आदि।

अन्य सर्वनाम— सब, सभ, सबहिंन,, सबहिन, सबही आदि।

सार्वनामिक विशेषण

इन्हें परिमाण, गुण और स्थान की दृष्टि से तीन समूहों में रखा जा सकता है-

परिमाणवाची—सार्वनामिक विशेषण—एतउ, एत्ता, एत, एती, इतना, एतनइं, जेतउ, जेता, जेतो, जेते, जितना, तेतउ, तेता, तेते, तेतो, केते, केती, केतिग, कतना

प्रणालीबोधक या रीतिवाचक—अस, अइसो, ऐसो, ऐसा, इसउ, तस, तैस, तइसउ, तैसो, तैसा, कस, कैस, कैसा, किसउ, कैसो, जस, जैस, जैसा, जैसो, जेसे आदि।

संख्यावाचक विशेषण—आरम्भिक हिन्दी में अपभ्रंश के संख्यावाची विशेषण बहुत कुछ आधुनिक हिन्दी के समान हो गए थे। उदाहरणार्थ—एकु, एक (एक्क), दोउ, तीनि, चार, दस, अठाइस, चौंतीस, छप्पन (छप्पण), सौ, सहस।

संख्या-विशेषण अपूर्णांक बोधक—अद्धा, आधा, आधी, पाव, पौने, तिहाई, सवा, अढ़ाई, आदि।

विशेषण-आवृत्ति सूचक—दोनउं, दुहँ, दूनो, दूनी, दुहेरा, तिगुना, तीनिउं, चउगुणा (ना), पाँची, दसहुँ, सौ बार।

विशेषण-क्रम सूचक—पहिला, पहिलै, दोसर, दूसर, दूजो, दूजो, दूनी तीजउ, चौथे, चउथै, पंचे, छठा, सातवाँ आदि।

विशेषण-संख्या अनिश्चित—बहु, बहुत, बहुतै, अनेक, सकल, सारा, केतिक, अनन्त आदि।

गुणवाचक विशेषण—अगाध, अद्‌भुत, अकेल, अकेला, अधिक, अधिकै, ओछी, झूंठा, झूठैं, झूंठी, पातरा आदि। गुणवाचक विशेषण पर विशष्य के लिंग भेद का असर परिलक्षित होता है। कबीरग्रंथावली में अवधी, ब्रज तथा खड़ीबोली तीनों में प्रयुक्त विशेषणों की मूल प्रकृति देखा जा सकती है।

क्रिया

आरम्भिक हिन्दी में काल रचना तीन प्रकार से हुई है—

1. तिङ्न्त तद्‌भव

2. कृदन्त तद्भव

3. संयुक्त

1. तिङ्न्त तद्भव—इसके रूप तीन कालों में मिलते हैं—सामान्य वर्तमान काल, सामान्य भविष्य और आज्ञार्थ।

वर्तमान निश्चयार्थ—

	एकवचन	**बहुवचन**
प्रथम पुरुष या अन्य पुरुष	अइ, अहि, अ,ऐ, ए, य, इ	अहिं, अइं, ऐं, एँ
	देखइ, कहहि, कह वसै, मिले, खाय, होइ	लावहिं, करई, कहँ, पावें
मध्यम पुरुष	असि, अहि, धावसि, मरहि	अहु, औ, ओ बूझहु, आवौ, करो,
उत्तम पुरुष	अउँ, औं, ऊँ, देखउँ, आनौं, सुमिरौं, पाऊँ, फिरूँ	अहि, एँ, हि, धाहहिं, करें, जाँहि

वर्तमान निश्चयार्थ के रूपों का प्रयोग स्वतन्त्रतापूर्वक वर्तमान सम्भावनार्थ के लिए भी होता है।

मध्यम पुरुष बहुचन के रूप आज्ञार्थ में भी प्रयुक्त होते हैं।

वर्तमान आज्ञार्थ

प्रथम या अन्य पुरुष	अइ, अहि, अउ, अ, ए, ऐ, जूजइ, जन्महि, पाउ, करे, संचरै	अहिं कहहि
मध्यम पुरुष	इ, उ, औ, ओ, असि, अहि, अहु, सुनि, जाउ, बसो, सुनो, जानसि, जाहि, सुनहू	अहु अह, सकहु, करह
उत्तम पुरुष	अउं, औं, अहुं, ऊँ, पावऊँ, लिखौं, लिखउं, मायँ	अहिं, पूछहिं

आज्ञार्थ का प्रयोग मध्यम पुरुष में अधिक व्यापक है। एकवचन तथा बहुवचन के भेद को भी समाप्त करने का प्रयत्न परिलक्षित होता है।

विध्यर्थ

हुजिउं (उत्तम पु० एक०), करिजै, सुणिजो, पढ़िए, खेलिए, कीजै

सामान्य भविष्यत्—

प्राचानी राजस्थानी के भविष्यवाची रूप अपभ्रंश परम्परा के समीप हैं,

जैसे—करिसइ, करिस्यइं

अवधी में भी स वाले रूपों का प्रयोग मिल जाता है—विकल होसि तैं कपि के मारे। ब्रज-अवधी में ह प्रकार वाले रूप स्वीकृत हुए हैं—

एकवचन	बहुवचन
होइहै, जाइहि	मरिहैं, मरिहहिं

ब्रज और खड़ी बोली में आरम्भिक अवस्था में ही ग प्रकारवाले रूप चल पड़े थे। जैसे—तुम को जबाब देत में दुःख होयगो (वार्ता 24;7) कबीरग्रंथावली में होइगा, होइगो, होइगी आदि प्रयोग उपलब्ध हैं।

कृदन्त तद्भव

अपभ्रंश अवहट्ठ में संस्कृत के शतृ प्रत्यय वाले रूप अतः प्रत्ययान्त होते थे। इनका प्रयोग सहायक क्रिया के साथ अथवा स्वतन्त्र रूप में सामान्य वर्तमान के लिए होने लगा था। अवधी-ब्रज और खड़ीबोली में इस परम्परा को सुरक्षित रखा गया। जैसे—कनक वरन **चमकत** है देहा (लो०क०), पुल्लिग में तु, स्त्रीलिंग में ति या तो लगाने की परम्परा भी पुरानी है।

भूतकालिक कृदन्त

अपभ्रंश में भूतकाल के लिए क्तः प्रत्यय से निर्मित रूप चलते थे। प्राचीन हिन्दी में भूतकालिक कृदन्तीय रूपों को ही अपनाया गया- दिया, जनमिया, बोलिया, बोले, आयो, बूड़ा, जला, खेला, बोयौ दियौ। पूर्वी बोलियों में ला प्रत्ययान्त रूप भी प्रचलित हैं-छिबैला, मिलैला। इसमें कारक के लिंग परिवर्तन का प्रभाव क्रिया के ऊपर भी पड़ता है। जैसे—फूटी, गइली, तोड़ी, आइ, बूझी, जली आदि।

भविष्यत् कृदन्त

अब्ब का संकुचित रूप ब अवधी आदि बोलियों में भविष्य के लिए बहु प्रचलित हो गया। जैसे—

काह उतर हम देब (मिर० 127)। अन्य प्रयोग जाब, देखाउब, होब, उधारब आदि।

भूत सम्भावनार्थ

वर्तमानकालिक कृदन्त वाक्यात्मक स्तर पर भूत सम्भावना का अर्थ प्रकट करते हैं—होती, होते, पड़ता, करता, देतेउँ, भरतिउं, देतिसि।

पूर्वकालिक कृदन्त

तपाइ तपाइ, पकडि—धातु शून्य

होइ, लगाइ, आइ—इ, ई प्रत्यय

छाँडिं करि, देखिकै—करि, कै प्रत्यय
रोए, आए—ए प्रत्यय
खाय, खोय—य प्रत्यय
देखकर—कर प्रत्यय (खड़ीबोली में)
पकरि के—के प्रत्यय

संज्ञार्थक क्रिया

खेलना, बोलना, उरहना, चलनो, राचनौ, आवन, सूखन, देबे, मरिबे, पढिबा, नाचिबौं।

सहायक क्रिया

आरम्भिक हिन्दी में वर्तमानकाल में प्रयुक्त सहायक क्रिया या अस्तित्ववाची क्रिया के विविध रूप इस प्रकार हैं—

	एकवचन	बहुवचन
प्रथम पुरुष	अछ, आछ, है छइ, अछइ, है, बाट, बा	अछइं, छइं आछहिं, अहहौं, हहि, हैं
मध्यम पुरुष	अछइ, छइ, अहिसि, है	अछउ, छउ, होहु, आछहु, बाटहु, हौ,
उत्तम पुरुष	छउँ, छूँ, आछौं, अहौं, हउं, हौं, हों, हूँ	छूँ, हहिं, अहहीं, हैं
भूतकालिक सहायक क्रिया	एकवचन	बहुवचन
	हुत, होत, हुयउ, हुआ, भा, भयौ, हो, हो, हुतौ, हुतौ, हतो	होते, हे, हुते, हते, भएं, भए, हुए, थे
भविष्यकालिक सहायक क्रिया	होइहि, होब, होइगा, होइगो, होइगी, होसि	होगेउ, होहिंगे, ह्वैहैं, होहुगे

प्रेरणार्थ क्रिया

जलावइ, मारइ, ऊतारइ, पाठवइ, (पठवइ), बिछावहिं, लड़ावा, बैठारेउ, चलाया, कराया, सुनावत आदि।

पुरानी राजस्थानी में—जगाउइ, लगाउइ, बइसारइ, घटारइ विशिष्ट हैं।

संयुक्त क्रिया

आरम्भिक हिन्दी में अपभ्रंश की अपेक्षा संयुक्त क्रियाओं का प्रयोग बढ़ गया है। पूर्वकालिक क्रिया के साथ मुख्य क्रिया या वर्तमानकालिक कृदन्त के

साथ क्रिया जोड़कर संयुक्त क्रिया का निर्माण किया जाता है। संज्ञार्थक क्रिया तथा भूत क्रिया के साथ भी सहायक क्रिया का संयोग किया जाता है। एक ही क्रिया की पुनरावृत्ति करके भी संयुक्त क्रिया बनाई जाती है। तिङ्न्त और कृदन्त के संयोग से भी संयुक्त क्रियाएँ बनती हैं।

वर्तमान कृदन्त+सहायक क्रिया या तिङ्न्त-तद्‌भव-कबीर कहता जात हूँ, ब्याज बढ़ता जाइ (कबीर०) चलत पाए (सूर०), खेलत फिरै (कविता०)

भूतकालिक कृदन्त के साथ संयोग

कोनैं बैठे खाइए, चुग्यौ, चाहतु, गएउ हेराई, काल्हि हमहिं कैसे निदरत ही।

पूर्वकालिक कृदन्त के साथ संयोग

उठा अकुलाइ, सुनि सके, निकसि आई, फेरि लियौ। लिखि देहु, छाँडि चला, उतरि परा, काटि डारउँ।

संज्ञार्थक क्रिया के साथ संयोग

सूनावन लागे, लरनै लागा, खेलन लागे, लैबो करौ।

संयुक्त क्रिया से काल रचना

सामान्य वर्तमान—ताकतो कहाँ अब देति है सिच्छा, चहत है, जानता है, चितवत हौं, कहता हूँ, कहते हैं।

अपूर्ण भूतकाल—को तहाँ जेंवत आछ, जाँचन जाइ था (कार्यारम्भ-सूचक) पढ़ावइ लागे, सुनावन लागे।

पूर्ण वर्तमान—(आसन्न भूत) मुकुट धरे साथ हैं, खड़ा है, भूली हैं।

पूर्ण भूत—लिएउं छुडाई आजु गई हुती भोरहिं हौं। आया था, दीया था।

कर्मवाच्य

ईजइ—कीजइ, कीजै, लीजै, कहीजइ

ईह—कहीइ, जाणोइ, धीरइ, धरिअ (इ>अ)

ईयइ—कहीयइ, बोलयइ (ई>इ)

इए—पाइए, भेटिए,

एत—मरियतु, कहियत, जानियत

जाना क्रिया का प्रयोग करके कर्मवाच्य रूप अवधी-ब्रज दोनों में बनाए जाते हैं—

वरनी न जाति है, बिसरि न जाइ, कही न जाई

क्रिया विशेषण

आरम्भिक हिन्दी में अपभ्रंश से विकसित क्रिया-विशेषण विशेष रूप से पाए जाते हैं—

कालवाचक

आज, अजौं, अजहूँ, आजु, आजहिं, अब, तबहीं, तबै, तब, तौ, जब, जबहिं, जब लग, जहिया, तहिया, कहिया, जउलहि, जौलौं, जद, जउ, तउलहिं,कब, कदे, कबहुँ, कबहुंक, काल्हि, परों, अन्तकालि, बहुरि, फुनि, पुनि, फिरि, पाछे, भागे, अगवई, सदाई, नित, छिन, छिनु, तुरित, तुरत आदि।

स्थानवाचक

यहाँ, इहाँ, ह्याँ इहवाँ, इत, इतै, ऊहाँ, उहवाँ, हाँ, उत, तहाँ, तहवाँ, तहीं, जहाँ, जहँ, जहवाँ, जित, कहाँ, कहाँ, लौ, कित, कत, कहवाँ, कितै, कतहूँ, कहूँ, जत, तत, बाहर, भीतर, निकट, पास, उपर, ऊपर।

रीतिवाचक

ऐसे, ऐसो, अइस, अस, यौं, यूं, तैसे, तैसो, तैसिय, तइस, जैसे, तैसे, जैसन, जस, कैसे, कस, किमि, जिमि, ज्यूं, क्यौं, काहै, कै।

निषेधवाचक

न, ना, नहीं, नाहीं, नहु, मत, मति, जनि, विनु, बिन, नाइं।

परिणामवाचक

कछू, कछु, बहुत, केतो, अति, अपार, तिल, किच्छौ, अधिक।

समुच्चबोधक (अव्यय)

संयोजक—और, अउर, अउ, औ, अवर।

विकल्पात्मक—कइ, कै, कि, की, नत, वरु।

आश्रितवाक्य संयोजक—जो, जउ, जनु, जनि, कै, जो, जानहु।

शब्दभंडार—आरम्भिक हिन्दी के शब्द भंडार में अपभ्रंश की अपेक्षा तत्सम शब्दों के ग्रहण की प्रवृत्ति अधिक है। जायसी, सूर, तुलसी साहित्य में क्रमशः तत्सम शब्दों, का व्यवहार बढ़ता गया है। मुसलमानों के सम्पर्क के कारण अरबी-फारसी शब्दों का भी हिन्दी में तेजी से आगमन हुआ। क्षेत्रीय भाषाओं की महत्ता के कारण बहुत से देशी शब्दों को भी साहित्य में स्थान मिल गया।

हिन्दी के विकास में अपभ्रंश का योग

भारतीय आर्यभाषा क्षेत्र में समय-समय पर प्रतिष्ठित होनेवाली साहित्यिक भाषाएँ पूर्ववर्ती भाषाओं से बहुत कुछ ग्रहण करते हुए भी अपनी मूल प्रकृति में भिन्न रहीं, क्योंकि प्रत्येक की आधार-भूत बोली भिन्न थी। पूर्ववर्ती भाषा के प्रभाव को देखकर यह निष्कर्ष देना उचित नहीं माना जा सकता है कि एक साहित्यिक भाषा ने दूसरी साहित्यिक भाषा को जन्म दिया है। साहित्यिक भाषा उस जनबोली के तत्त्वों को भी समय-समय पर ग्रहण करती रहती है जो बहुत समय बाद कतिपय कारणों से अपनी क्षेत्रीय सीमाओं से उठकर व्यापक साहित्यिक भाषा बन जाती है। इसीलिए संस्कृत के बाद साहित्यिक प्रतिष्ठा पानेवाली पालि और साहित्यिक प्राकृतों के बहुत से तत्त्व वैदिक में दृष्टिगत होते हैं। इसी तरह अपभ्रंश की अनेक विशेषताओं को प्राकृतों में देखा जा सकता है। तेरहवीं शताब्दी में साहित्यिक भाषा बननेवाली हिन्दी एकाएक तो कहीं से प्रकट नहीं हो गई। वह पहले भी अवश्य थी किन्तु उसका असली स्वरूप क्या था कैसे ज्ञात हो, जो साहित्यिक साध्य है वह है अपभ्रंश भाषा का। अपभ्रंश में हिन्दी या अन्य आधुनिक आर्यभाषाओं का बहुत पुराना रूप कुछ न कुछ समाहित अवश्य है। परवर्ती अपभ्रंश जिसे अवहट्ठ कहते हैं उसमें तो देशी भाषाओं का समावेश बहुत अधिक है। हिन्दी के विकास में अपभ्रंश के योगदान पर विचार करते समय हम प्रायः उपर्युक्त तथ्य को ओझल करके चलते हैं। भाषा की कुछ तो सहज विकासात्मक स्थितियाँ हैं जो सामाजिक व्यवहार से एक पीढ़ी से दूसरी पीढ़ी में संक्रमित होती रहती हैं। ये विकासात्मक स्थितियाँ साहित्य में भी परिलक्षित होती हैं जिन्हें परवर्ती भाषा का साहित्य अपना लेता है। इन स्थितियों को भी एक भाषा का दूसरी भाषा के लिए योगदान मान लिया जाता है।

इसी तरह साहित्यिक रूढ़ियों तथा परम्पराओं का भी क्रम चलता रहता है। इस सन्दर्भ में यह तथ्य भी विचारणीय है कि जब किसी समुदाय विशेष की बोली साहित्यक भाषा के पद पर आसीन होती है तो उस भाषा के बोलनेवालों

के जातीय संस्कार साहित्य में विशेष रूप से उभरकर आते हैं। अपभ्रंश भाषा में परम्परागत साहित्य से जो अन्तर दिखाई देता है वह उसके भाषा-भाषियों के विशेष संस्कार, रीति-रिवाजों तथा भावों का प्रतिपलन माना जा सकता है।

अपभ्रंश के नए साहित्यिक तेवर से हिन्दी ने बहुत कुछ ग्रहण किया है। माध्यम भाषा बन जाने के कारण अनेक धार्मिक सम्प्रदायों तथा अन्य भाषाभाषियों ने भी इसमें अपने भावों और विचारों का योग किया है।

भाषिक या साहित्यिक योगदान की चर्चा करते समय हम केवल इतना देखते हैं कि कौन-कौन ऐसे तत्त्व हैं जो पूववर्ती भाषा से उत्तरवर्ती भाषा में ग्रहण किए गए हैं। अपभ्रंश के योगदान का विश्लेषण भी इसी परम्परागत मान्यता के अनुसार किया जा रहा है। वैसे मेरा अपना मत है कि ऐसे भाषिक तत्त्व जो अपभ्रंश से हिन्दी में ग्रहीत हुए वे प्राचीन (अपभ्रंश कालीन) हिन्दी के ही हैं। भाषा का विकास जितना सहज है साहित्य का विकास उतना नहीं। इसके सृजन में रचनाकार की प्रतिभा, समाज और संस्कार सम्मिलित रूप से उत्तरदायी होते हैं। अपभ्रंश के रचनाकारों ने परम्परागत रूढ़ियों तथा लोक भावों को अपनाकर साहित्य को उत्कृष्ट बनाया। हिन्दी साहित्य को अपभ्रंश की काव्य परम्पराओं ने खूब प्रभावित किया। दूसरे शब्दों में कह सकते हैं कि भाषाभेद के साथ नई परिस्थितियों तथा सम्भावनाओं को आत्मसात् करते हुए अपभ्रंश के कतिपय काव्य-रूप हिन्दी में प्रचलित हो गए।

भाषिक योगदान

मध्यकालीन आर्यभाषाओं में घटित ध्वन्यात्मक परिवर्तनों को अपनाकर अपभ्रंश ने उन्हें हिन्दी को सौंप दिया, लोक प्रचलित या सहज रूप से विकसित ध्वनियों को अपभ्रंश में स्थान मिल गया; जैसे—ह्रस्व ए, ओ तथा मूर्धन्य ड़, ढ़। ये नई ध्वनियाँ हिन्दी में भी स्वीकृत हुईं। ऋ तथा विसर्ग के लोप की स्थितियाँ परम्परागत ढंग से हिन्दी में बनी रहीं; जैसे—मृत्यु>मीचु, कृत>किअ, घृत>घिअ>घी; विसर्ग को छोड़ ही दिया गया। औ से ओ तथा ऐ से ए का विकास भी अपभ्रंश से हिन्दी में आया, जैसे—चोर, गोरा, एरावत, आदि।

नासिक्य व्यंजनों के संयोग के लिए अपभ्रंश में अनुस्वार का प्रयोग आरम्भ हुआ। हिन्दी में भी उसे मान्यता प्राप्त हुई। जैसे—पञ्च>पंच, गङ्गा>गंगा, हिन्दी>हिंदी, पम्पा>पंपा, टुण्ड>टुंड।

संस्कृत के संयुक्त व्यंजनों के स्थान पर द्वित्व का प्रयोग मध्यकालीन भाषाओं की प्रमुख विशेषता है। अपभ्रंश में भी या वैशिष्ट्य परिलक्षित होता है। वीररस की कविता सृजन के लिए द्वित्व शब्दावली विशेष रूप से उपयुक्त थी। आदिकालीन तथा मध्यकालीन हिन्दी कविता में यह शैली अपनाई गई। परवर्ती

अपभ्रंश में द्वित्व व्यंजनों के सरलीकरण का प्रयत्न किया गया। क्षतिपूरक दीर्घीकरण तथा अनुनासिकीकरण के द्वारा द्वित्व व्यंजन का समीकरण किया गया। जैसे—अद्ध>आधा, हत्थ>हाथ, सुण्णार>सुनार, अक्षि>आँख, वक्र>बाँक। हिन्दी की अधिकांश तद्भव शब्दावली इसी नियम के अनुसरण से निर्मित है।

प्राकृत तक मध्यग क, ग, च, ज, त, द, के लोप के कारण जो स्वर अवशिष्ट थे उनकी सन्धि नहीं की जाती थी। अपभ्रंश में इन स्वरों को पूर्व स्वर के साथ संयुक्त किया जाने लगा। जैसे—अन्धकार>अन्धआर, अन्धार>सहकार>सहाआर>सहार, करइ>करै। संकोचन की यह प्रक्रिया हिन्दी में भी प्रचलित हुई।

संयुक्त स्वरों के स्थान पर य श्रुति का भी अपभ्रंश में आगमन हुआ। हिन्दी में भी यही स्थिति है जैसे राज्न्>राअ>राय। विद्वानों ने अपभ्रंश में परम्परागत ध्वनियों के उच्चारण स्थान के परिवर्तन की सम्भावना की है। हिन्दी की कुछ ध्वनियों का उच्चारण स्थान इसी पूर्व परिवर्तन का प्रतिफल है, उदाहरण के लिए क वर्गीय ध्वनियाँ जो अपभ्रंश से पूर्व कंठ्य थी उत्तरवर्ती अपभ्रंश में कोमल तालव्य हो गईं। इसी तरह तालव्य च वर्ग तालु वर्त्स्य हो गया।

व्याकरणिक रूपों में भी मध्यकालीन आर्यभाषाओं में क्रमशः सरलीकरण हो रहा था। अपभ्रंश तक विभक्ति रूप सिमटकर केवल तीन वर्गों में सीमित रह गए। प्रथमा विभक्ति के एकवचन में प्रयुक्त उ विभक्ति-चिह्न इतना प्रभावशाली रहा कि परवर्ती हिन्दी की अनेक बोलियों (विशेषतः अवधी, ब्रज) में उकारान्त शब्दों का बहुत बाद तक प्रचलन रहा। जैसे—रामु, कामु आदि। तृतीया सप्तमी विभक्ति के इ, ई, एं, ऐ तथा बहुविभक्तिक चिह्न हिं का प्रयोग आरम्भिक 'हिन्दी' में दर्शनीय हैं, ये विभक्तिक चिह्न अपभ्रंश के ही हैं। अपभ्रंश में एक विभक्ति चिह्न प्रायः दो विभक्तियों के लिए प्रयुक्त होता था। हिन्दी में इनका और भी विस्तार हो गया। उदाहरण के लिए 'हि' को ले सकते हैं, हिन्दी में इसका प्रयोग प्रायः सभी कारकों के लिए किया गया है।

वाक्य में निर्विभक्तिक पदों का प्रयोग अपभ्रंश का सबसे बड़ा योगदान है। भाषा के सरलीकरण के इतिहास में निर्विभक्तिकता सर्वाधिक महत्वपूर्ण घटना है। यही आधुनिक आर्यभाषाओं का एक ऐसा लक्षण है जो उसे प्राचीन भाषाओं से अलग करता है। निर्विभक्तिक पदों के प्रयोग के कारण अर्थ की स्पष्ट प्रतीति का बाधित होना स्वाभाविक है। इसके लिए परसर्गों का व्यवहार शुरू हुआ। परिनिष्ठित अपभ्रंश में तो अति सीमित परसर्ग थे किन्तु परवर्ती अपभ्रंश (अवहट्ठ) में परसर्गों की संख्या काफी बढ़ गई थी।

कर्त्ता—न्ने, **करण**-सम सन, सउ, सउं, सं, तण, **सम्प्रदान**—केहि, रेसि, लागि, **अपादान**—हुंतउं, हुँते, सउँ, **सम्बन्ध**—केरए, केरा, केर, कइ, क, का,

अधिकरण—महिं, माँझ, उप्परि, ऊपर, अवहट्ठ, में प्रयुक्त परसर्ग है। इनमें से अधिकांश आरम्भिक हिन्दी में भी व्यवहृत हैं। कुछ आज भी लोक बोलियों में प्रचलित हैं। हिन्दी ने का विकास न्ने से, से का विकास सम, सउं, सइ से, सम्बन्ध का के की का विकास अपभ्रंश केरअ से, में, पर का विकास महि, तथा उप्परि से निर्दिष्ट किया गया है।

हिन्दी के अधिकांश सर्वनाम अपभ्रंश में ही बन गए थे। ब्रजभाषा का हौं अपभ्रंश हउं का ही विकसित रूप है। खड़ीबोली तथा अवधी में प्रचलित मैं (मइं) परवर्ती अपभ्रंश में मिलने लगता है। तुहुँ, तुम्हे, तुज्झ, सो, से, ते आदि पुरुषवाची अपभ्रंश सर्वनाम हिन्दी के पूर्व रूप को सूचित करते हैं। दूरत्व बोधक अदस् का रूप अपभ्रंश में ओ, ओहु, ओइ है। अवधी में ओ (वह) वहु, तथा ओइ का प्रयोग अब भी होता है। सम्बन्धसूचक सर्वनाम जो, जे, प्रश्नवाचक को, के, कवन (हिन्दी कौन) निजवाचक अप्प, अप्पण (हिन्दी आप, अपना) समूहवाचक सब्ब (हिन्दी सब) हिन्दी सर्वनामों के निकटवर्ती पूर्वरूप हैं। इनमें से अधिकांश तो हिन्दी के समान हैं।

अपभ्रंश में प्रयुक्त सार्वनामिक विशेषणों को अवधी में तो यथावत् स्वीकार किया गया है किन्तु परिनिष्ठित हिन्दी में थोड़ा उच्चारण भेद है। जैसे—जइस, कइस, तइस, अइस, (जैसा, कैसा, तैसा, ऐसा)। हिन्दी में इत्ता, कित्ता, जित्ता, तित्ता (इतना, कितना, जितना) अपभ्रंश एत्तिउ, केत्तिउ, जेत्तिउ, तेत्तिउ से विकसित हैं। संख्यावाची विशेषण एक्क और एक; दु और दो, क्रमवाचक पढ़म और प्रथम दुज्जा और दूजा, चउथ और चौथ आवृत्तिमूलक -तिंगुण और तिगुना, चउगुण और चौगुना, अपूर्णांकबोध पाउण और पौना, सवायअ और सवाया में नगण्य अन्तर है।

क्रिया

हिन्दी के क्रिया-रूपों के निर्माण में अपभ्रंश का उल्लेखनीय योगदान है। शब्द रूपों की तरह क्रिया-रूपों के सरलीकरण की दिशा में यह भाषा स्वच्छन्दता पूर्वक अग्रसर हुई है। अपभ्रंश की क्रियाएँ हिन्दी क्रियाओं के लगभग समान हो गई हैं। वर्तमानकालिक अपभ्रंश क्रियाएँ करइ>हिन्दी करै, अपभ्रंश करहु> हिन्दी करहु, अपभ्रंश करउं>हिन्दी करौं विकासात्मक स्थितियों तथा अभिन्न सम्बन्धों की सूचना देती हैं। इसी तरह अपभ्रंश के भविष्यकालिक ह तथा स वाले रूपों को हिन्दी के अनेक बोलियों में हल्के परिवर्तन के साथ दृष्टिगत किया जा सकता है; जैसे—हसिहिइ>हसिहै, हसिहिहिं>हसिहैं, हसिहिउं> हसिहौं आदि। अपभ्रंश के शक्यार्थ, विध्यर्थ ज्जइ प्रत्ययान्त रूप हिन्दी में जै बन गए; जैसे—करिज्जइ>करीजै। हिन्दी में प्रयुक्त आज्ञार्थ क्रिया रूप, करु, मारहु, करहु अपभ्रंश के ही हैं। अपभ्रंश की प्रेरणार्थक क्रियाएँ करावइ,

वैठाव (हिन्दी बैठाओ), पढ़ाव (हिन्दी पढ़ाओ) आदि हिन्दी में भी प्रचलित हैं।

अपभ्रंश में कुछ ऐसी क्रियाओं का निर्माण किया गया जो ध्वनियों के अनुकरण से सम्बद्ध हैं और कुछ देशी धातुओं का साहित्यिक उद्धार किया गया। चख, कढ़, दडवडइ, खुरूक्क, ढुक्क, बोल्ल, लुक्क, चव, झूर, घल्लि । ये धातुएँ हिन्दी भी सम्पत्ति हैं।

क्रिया के तिङ्तीय रूपों की अपेक्षा कृदन्तीय रूपों के प्रयोग की व्यापक शुरुआत अपभ्रंश से हुई है। भूतकाल के सभी तिङ्तीय क्रिया भेदों को छोड़कर केवल कृदन्तीय रूप स्वीकृत हुए। जैसे—गअ, पढ़िअ आदि। हिन्दी में भी भूतकाल के कृदन्तीय प्रयोग अपनाए गए। परवर्ती अपभ्रंश में संयुक्त क्रिया का व्यवहार होने लगा था जो हिन्दी में भी मान्य हुआ।

अपभ्रंश में विदेशी शब्दावली का भी ग्रहण होने लगा था। हिन्दी प्रदेश में ब्रज तथा अवधी की साहित्यिक प्रतिष्ठा हो जाने पर परम्परागत विदेशी शब्दावली हिन्दी में भी चली आई।

साहित्यिक योगदान

अनुभूतियों, विचारों की दृष्टि से अपभ्रंश साहित्य अत्यन्त गहन और शैली की दृष्टि से उत्कृष्ट है। परम्परागत काव्य रूपों तथा काव्य रूढ़ियों को अपनाते हुए अपभ्रंश के रचनाकारों ने युगीन आवश्यकताओं तथा अपेक्षाओं के अनुकूल काव्य को जनमानस की भावनाओं से सम्पृक्त किया है। भारतीय साहित्य का अन्तः प्रवाह भाषा के विकास या परिवर्तन से कभी भी खंडित नहीं हुआ। उसकी मूल चेतना यद्यपि अपरिवर्तित रही किन्तु वह सामाजिक मनोवृत्तियों तथा सामाजिक सम्बन्धों के परिवर्तन से अप्रभावित नहीं रह सका। फलस्वरूप पुरातनता नवीनता में ढलती रही। नए सामाजिक एवं मानवीय सन्दर्भ में साहित्य की परिभाषा, स्वरूप और ढाँचा बदलता रहा।

अपभ्रंश साहित्य प्राचीन परम्पराओं को नए ढंग से ग्रहण करता है। उपेक्षित लोक परम्पराओं एवं जन भावनाओं को महत्व देता है। अनेक काव्य-रूपों तथा शैलियों को प्रतिष्ठित करता है। इसकी लोक चेतना तथा अभिव्यक्ति की नई भंगिमा ने हिन्दी साहित्य को खूब प्रभावित किया। काव्य-रूपों के विस्तार से हिन्दी ने बहुत कुछ ग्रहण किया। अपभ्रंश में प्रबन्ध काव्य, चरितकाव्य, खंडकाव्य, मुक्तक काव्य— बारहमासा, फाग, चर्चरी, बेलि, षट्ऋतु वर्णन आदि काव्य रूप परिलक्षित होते हैं।

हिन्दी साहित्य-विशेषतः भक्ति-साहित्य में राम और कृष्ण से सम्बद्ध पौराणिक आख्यान विविध रंग-रूपों में व्याप्त है। अनेक कवियों ने इनसे सम्बद्ध कथाओं और चरितों के आधार पर अपनी अनुभूतियों, विचारों तथा भावों को

व्यक्त किया है। राम और कृष्ण हिन्दी के भक्तकवियों की वैयक्तिक भावनाओं के ही मूर्त्त रूप नहीं हैं बल्कि तत्कालीन सम्पूर्ण भारतीय जनमानस के प्रतिनिधि चरित हैं। परम्परागत कथा की सीमाओं के अन्तर्गत तथा कभी-कभी सीमा के बाहर जाकर कवियों ने अपनी धार्मिक मान्यताओं को प्रतिपादित तथा व्यंजित किया। अपभ्रंश के जैन रचनाकारों ने अपने धर्म की महत्ता सिद्ध करने के लिए इन महापुरुषों से सम्बद्ध घटनाओं में मनचाहा परिवर्तन किया। कथा को तर्क सम्मत बनाकर लोक जीवन में उसकी विश्वसनीयता बढ़ाना इनका लक्ष्य था। जैन रामकथा में हनुमान वानर नहीं हैं। इसी तरह रावण दस सिरों वाला नहीं है। कथा को कुछ सीमा तक तार्किक भले ही बनाया गया हो किन्तु उसमें अलौकिता एवं दिव्यता का अभाव नहीं है। अपभ्रंश में रामकथा के आधार पर सृजित महाकवि स्वयंभू का पउमचरिउ है। पउचरिउ तथा रामचरितमानस के मूल संकल्प में अद्‌भुत साम्य है। यद्यपि दोनों कवियों की धार्मिक मान्यताएँ नितान्त भिन्न हैं। किन्तु दोनों ने बेहिचक रामकथा को अपने मंतव्य के अनुसार उपस्थिति किया है। विनय प्रदर्शन, दुर्जन-सज्जन स्मरण, रामकथा के लिए सरोवर का रूपक दोनों महाकाव्यों में समान हैं।

पुष्पदन्त ने अपने महापुराण में कृष्ण लीलाओं का मनोरम चित्र प्रस्तुत किया है। इनके कृष्ण नटखट तो हैं, वीर पुरुष भी हैं। कृष्ण के प्रति पुष्पदन्त के मन में उस तरह का भक्ति भाव नहीं है जैसा कि मध्यकालीन कृष्ण भक्त कवियों में ।

अपभ्रंश और हिन्दी के रामकथा, कृष्णकथा काव्यों में दृष्टिकोण का ही अन्तर है। दोनों में काव्यरूप एवं शैली की समानता है, दोनों में लोक-भाषा तथा लोकजीवन से जुड़ने की भावना है। अपभ्रंश काव्य में कृष्ण के साथ राधा का भी उल्लेख मिलता है जिसका श्रीमद्‌भागवत जैसे उपजीवय ग्रन्थ में उल्लेख नहीं मिलता। हिन्दी कृष्ण भक्तिकाव्य में राधा के चरित्र को काफी महत्व मिला है।

जैन धर्म से सम्बद्ध अन्य अनेक पौराणिक तथा लोकप्रिय पुरुषों के चरित के आधार पर यथोधर चरित, जंबूस्वामीचरित, नेमिनाथ चरित, करकंड़चरित, नाग कुमारचरित आदि की रचनाएँ हुई हैं। भरतेश्वर तथा बहुबली के चरित को लेकर अपभ्रंश में भरतेश्वर बाहुबलीरास रचा गया। हिन्दी के रासों काव्य अपभ्रंश के चरित काव्यों से अधिक प्रभावित हुए हैं। जैसे—पृथ्वीराजरासो, हम्मीररासो, खुमाणरासो आदि। अपभ्रंश की रासोकाव्य परम्परा हिन्दी में और अधिक जीवन्त एवं सशक्त दिखाई देती हैं। जैन कवियों ने अपभ्रंश काव्यों से सम्बद्ध कथाओं के आधार पर जम्बूस्वामीरास, गौतमरास, समरसाहरास, यशोधररास, सीलसुदर्शनरास, श्रीपालरास की रचनाएँ की।

अपभ्रंश में क्षीण प्रबन्धधर्मा मुक्तक 'संदेश रासक' लिखा गया। इसके एक

हल्के कथा सूत्र में एक विरहिणी की विरह दशाओं को निबद्ध किया गया है। इसमें विरहिणी की मनोदशा का अंकन षड्ऋतुओं की पृष्ठभूमि में हुआ है। हिन्दी की रचना बीसलदेवरास इसी तरह काव्य है जिसममें कथा मात्र एक बहाना है। नायिका का विरह वर्णन ही इसका मुख्य विषय है। बीसलदेवरास ऐसे रासो काव्यों की परम्परा का प्रतिनिधित्व करता है जिनमें गीत-नृत्य की प्रधानता थी।

हिन्दी साहित्य में सूफी तथा असूफी प्रेमाख्यानों की जो बृहद् परम्परा है उसका पूर्व रूप अपभ्रंश साहित्य में सुरक्षित है। अपभ्रंश का एक सुप्रसिद्ध कथा काव्य है 'भविष्यदत्त कहा'। श्रुतिपंचमी व्रत का फल बताने के लिए कवि ने इस कथा को लोक आधार या मौलिक कल्पना से सृजित किया है। हिन्दी में लिखी गई प्रेमाख्यानक रचनाओं—पद्मावती, मधुमालती, मृगावती आदि का आधार मुख्यतः लोक कथाएँ हैं जिनके माध्यम से आध्यात्मिक विचारों को अभिव्यंजित करने का प्रयास किया गया है।

प्रबन्ध-काव्यों की तरह अपभ्रंश के मुक्तक काव्यों की भावधारा तथा शैली का हिन्दी मुक्तक काव्यों पर प्रभाव परिलक्षित होता है। जैन रहस्यवादी मुक्तक काव्यों—परमात्मप्रकाश, योगसार, पाहुड दोहा, दोहा पाहुड, वैराग्यसार, आनन्द तिलक, संयम मंजरी में आत्मा-परमात्मा की एकता, बाह्यडम्बरों की निरर्थकता, संसार की अनित्यता, गुरु की महिमा आदि विषयों पर विस्तार से प्रकाश डाला गया है।

जैनों द्वारा रचित कुछ ऐसी कृतियाँ हैं जो आचरण की शुचिता पर बल देती है। जैसे—देवसेन कृत सावयधम्म दोहा। हिन्दी में भी जैनों द्वारा इस परम्परा का पोषण किया गया है। मध्यकालीन जैनेतर भक्ति काव्यों पर भी उपर्युक्त विचारधारा का प्रत्यक्ष या अप्रत्यक्ष प्रभाव दृष्टिगत होता है। जैनधर्म का अहिंसा भाव विशेष रूप से ग्राह्य हुआ है।

सिद्धों द्वारा प्रतिपादित सहज साधना मन तथा इन्द्रियों को वश में करने के उपाय, इन्द्रिय-निरोध, आडम्बरों का विरोध प्रायः यथावत सन्त साहित्य में प्रतिफलित हुए हैं। लोक-उपमानों तथा लोक-रूपकों द्वारा सिद्धों ने तीक्ष्ण भाषा शैली में आडम्बरमूलक कर्म तथा वर्ण भेद मूलक धर्म को तहस-नहस करके शाश्वत एवं सार्वभौमिक धर्म स्थापना का संकल्प लिया। इसी संकल्प को पूर्ण करने का प्रयत्न सन्तों ने भी किया। इन लोगों को इस दिशा में कितनी सफलता मिल पाई यह अलग सवाल है।

विविध छन्दात्मक काव्यों में नयनंदि कृत सुदर्शनचरिउ और लाखू कृत जिनदत्तचरिउ उल्लेखनीय हैं। इन्हीं काव्यों के समान शैली केशवदास की रामचन्द्रिका में है।

अपभ्रंश काव्यों की रचना शैली का भी हिन्दी प्रर प्रभाव पड़ा है। चरित काव्यों की कडवकवद्ध शैली, प्रश्नोत्तर शैली, वस्तु-वर्णन, आरम्भ में वन्दना, कवि परिचय आदि काव्य-रूढ़ियाँ अपभ्रंश तथा हिन्दी दोनों में बहुत कुछ समान हैं।

काव्यभाषा के परिवर्तन के साथ कुछ प्रमुख छन्दों में परिवर्तन हुआ है। जिस तरह अनुष्टुप् संस्कृत का, गाथा प्राकृत का प्रमुख छन्द रहा उसी तरह दोहा अपभ्रंश का अत्यधिक प्रिय छन्द रहा। तुकान्त छन्दों की प्रथा अपभ्रंश से ही शुरू हुई। हिन्दी में मात्रिक छन्दों की प्रधानता अपभ्रंश के प्रभाव के कारण ही है। काव्य रूपों, काव्य परिस्थितियों तथा प्रसंगों के भेदानुसार अपभ्रंश कवियों ने नए छन्दों का प्रयोग किया। इन कवियों ने छन्द-प्रयोग में बहुत कुछ मौलिकता तथा स्वतन्त्रता प्रदर्शित की जैसे—दो भिन्न छन्दों को मिलकार एक छन्द बना देना, चतुष्पदी एवं षट्पदी छन्दों का द्विपदी की तरह प्रयोग करना आदि। इनके द्वारा प्रयुक्त अनेक छन्द गेय हैं।

अपभ्रंश कवियों ने चरित काव्यों में सबसे अधिक प्रयोग समचतुष्पदी वर्ग के छन्दों का किया है। उनके द्वारा समद्विपदी, घत्ता तथा कुछ अन्य छन्दों के प्रयोग भी किए गए हैं। अर्ध समचतुष्पदी (दोहक) तथा मित्रवृत्तों (द्विभंगी) का प्रयोग प्रायः स्फुट रचनाओं में हुआ है, यद्यपि कुछ कवियों ने इनका प्रयोग भी चरित काव्यों में किया है। (प्राकृत-अपभ्रंश साहि०-डॉ० रामसिंह तोमर) हिन्दी कवियों ने भी छन्द प्रयोग में विषय तथा प्रसंग का ख्याल रखा है। चरितकाव्यों की कडवक शैली जो चार पद्धडिया छन्दों के साथ एक घत्ता जोड़कर बनती है, की परम्परा हिन्दी के प्रेमाख्यानक एवं चरितकाव्यों में ग्रहीत हुई है। हजारीप्रसाद द्विवेदी चौपाई को अपभ्रंश के अलिल्लाह छन्द से विकसित मानते हैं। नामवर सिंह का कहना है कि 15 मात्राओंवाले चउपई छन्द में एक मात्रा बढ़ाकर चौपाई बना लिया गया। जायसी तथा तुलसी के प्रबन्ध काव्यों में चौपाइयों के बीच चौपाई भी दिखाई दे जाती है।

उत्तरवर्ती अपभ्रंश काल में रोला के साथ उल्लाला जोड़कर 'छप्पय' छन्द बनाया जाने लगा था। संदेशरासक में छप्पय छंद का प्रयोग उपलब्ध होता है। हिन्दी कवि सूदन ने द्विपदी, उल्लाला, घत्ता, स्कन्धक आदि द्विपदियों, मात्रा, मधुभार आदि चतुष्पदियों का निर्दोष प्रयोग किया है। अन्य अनेक अपभ्रंश छन्दों को हिन्दी के कवियों ने स्वीकार किया है। जैसे—मालती, ऊधो, विज्जुमाला आदि। अपभ्रंश का प्रिय छन्द दोहा के प्रबन्धकाव्य तथा मुक्तकाव्य दोनों में ही अपनाया गया।

अपभ्रंश में छन्दों के मेल से द्विभंगी, त्रिभंगी का निर्माण किया जाता था। लघु रचनाओं के गायन में ध्रुवक की पुनरावृत्ति भी की जाती थी। पद की

संरचना में ये तत्त्व महत्वपूर्ण हैं। पदों के निर्माण में लोक रागों की भी प्रेरणाा या योगदान माना जाता है। हिन्दी में पद शैली पर्याप्त लोकप्रिय हुई है।

अपभ्रंश के कवियों ने अलंकार विधान भी नूतन ढंग से किया। ग्राम्य कहे जाने उपेक्षित उपमानों को साहित्यिक बनाकर काव्य में अद्‌भुत जीवन्तता लाने में इन्हें विशेष सफलता मिली। स्वयंभू और पुष्पदन्त ऐसे रचनाकार हैं जिन्होंने अपनी रचनाओं में अलंकरण का उत्कृष्ट वातावरण उपस्थित किया है। अपभ्रंश के मुक्तकारों द्वारा प्रयुक्त लोक उपमानों तथा प्रतीकों की प्रभावात्मकता इतनी सशक्त थी कि हिन्दी के सन्त कवियों तथा रीतिकालीन कवियों ने उनसे काफी प्रेरणा प्राप्त की। सिद्धों और सन्तों में रूपक-साम्य अपेक्षाकृत अधिक है। दोनों में रुई धुनने, विवाह, वीणा वादन, पद निर्माण, ताला-कुंजी के रूपक समान अर्थों में प्रयुक्त हुए हैं।

अलंकरण के अतिरिक्त अपभ्रंश कवियों ने ध्वन्यात्मक शब्दों का प्रयोग करके वातावरण को सजीव बनाया है। भ्रमर के गुंजन, वाद्य यंत्रों की ध्वनि, फूलों की महक तथा वर्षा की आवाज के लिए ध्वनि साम्य पर ध्वन्यात्मक शब्द गढ़े गए हैं। पुष्पदन्त के महापुराण से कुछ पंक्तियों उद्‌धृत हैं—

अंतइं लंबंतइं ललललंति रत्तइं पवहंतइ झलझलंति,

हिन्दी के चारण कवियों में यह प्रवृत्ति विशेष रूप से दिखाई देती है। सूर ने भी भहरात, झहरात, अररात तरु (पद 1214 सूरसागर सभा०) जैसे ध्वन्यात्मक शब्दों का इस्तेमाल कई पदों में किया है।

अपभ्रंश में प्रचलित कथानकों तथा कथानम रूढ़ियों का संघात हिन्दी रचनाओं में दिखाई देता है। अपभ्रंश में पूर्ववर्ती भाषाओं में निबद्ध कथाकाव्यों की अपेक्षा कथानक रूढ़ियों का निर्वाह अधिक हुआ है। इसका प्रमुख कारण अपभ्रंश के कथाकाव्यों पर लोककथाओं का व्यापक प्रभाव है। प्रेम-प्रसंग में पशु-पक्षियों का प्रयोग, प्रेम की कठिन परीक्षा, गौरा-पार्वती द्वारा प्रेमी जनों की सहायता, योगी वेश या व्यापारी रूप में सिंहलदीप की यात्रा, सिंहलदीप की सुन्दरियों की प्रसिद्धि, स्वप्रदर्शन, चित्रदर्शन या प्रत्यक्षदर्शन द्वारा प्रेमभाव का अंकुरित होना, दोहद, वीरता प्रदर्शन के बाद किसी पराजित राजा की कन्या का पत्नी रूप में प्राप्त करना आदि ऐसी कथानक रूढ़ियाँ हैं जो अपभ्रंश और हिन्दी दोनों में हैं।

अपभ्रंश और हिन्दी के शृंगारिक मुक्तकों में भी प्रसंगोद्‌भावना की दृष्टि से पर्याप्त साम्य है। दंतक्षत, नखक्षत, विरहिणी की अतिशय कृशता, विरह ताप का आधिक्य, दिन गिनने से उँगली का घिस जाना, शीतोपचार का दाहक होना आदि मुक्तक काव्य की रूढ़ियाँ मानी जा सकती हैं। अपभ्रंश और हिन्दी दोनों

भाषाओं में निबद्ध मुक्तकों में इनके ऊहात्मक चित्र अंकित किए गए हैं।

चूडुल्लउ चुण्णी होइ सइ मुद्धि कवोलि निहित्तउ।
सासानल जाल झलक्किअ उ वाह-सलिल-संसित्तउ॥

रीतिकालीन नायिका के छूने से—

थार गयो चटकि पटक नारियर गयो,
मुद्रा औटि चाँदी भई विरह की आँच तें॥

यह ऐसी नायिका है जिसका प्रियतम अभी परदेश जाने का मुहूर्त पूछ रहा है।

निष्कर्ष रूप में कहा जा सकता है कि अपभ्रंश साहित्य ने काव्य-रूपों, भाव-व्यंजना, शैली, छन्द, अलंकार, कथानक, रूढ़ियों आदि अनेक दृष्टियों से हिन्दी साहित्य की समृद्धि में योगदान किया है।

आधुनिक भारतीय आर्यभाषाएँ और हिन्दी

भाषा का परिवर्तन निरन्तर जारी रहा। 1100 ई० के पश्चात् भारतीय आर्यभाषा का आधुनिक काल शुरू हुआ। कैकेय प्राकृत (अपभ्रंश) से लहँदी, टक्क से पंजाबी, ब्राचड़ अपभ्रंश से सिन्धी, नागर अपभ्रंश से गुजराती, उपनागर अपभ्रंश से राजस्थानी, शौरसेनी प्राकृत से पश्चिमी हिन्दी, अर्धमागधी से पूर्वी हिन्दी, मागधी (अवहट्ठ) अपभ्रंश से बिहारी हिन्दी, मागधी के उत्तरीरूप से बंगला, दक्षिणी से असमिया, उत्कली से उड़िया, महाराष्ट्री से मराठी, दरद (खस) से पहाड़ी भाषाएँ विकसित मानी गई हैं। अपने विकास के दौरान ये भाषाएँ अन्य प्राकृतों से भी प्रभावित हुई हैं।

वर्गीकरण—हार्नले महोदय ने सर्वप्रथम आर्यों के पूर्व और पश्च आगमन के आधार पर भाषाओं का वर्गीकरण किया। हार्नले का विचार है कि आर्यों का पहला दल आकर आधुनिक पंजाब में बसा। फिर जब दूसरे दल ने इन पर हमला किया तो प्रथम खेवे में आए आर्य पूर्व, दक्षिण और पश्चिम में खिसक गए। इन्हें बहिरंग आर्य कहा गया। द्वितीय खेवे में आए आर्य पंजाब,उत्तर प्रदेश के पश्चिमी भाग और उसके आस-पास बस गए। इन्हें अन्तरंग आर्य कहा गया। अन्तरंग और बहिरंग आर्यों की भाषा में स्थान और काल भेद के कारण ध्वनिगत और रूपगत अन्तर उत्पन हो गया। अन्तरंग और बहिरंग भाषाओं के वर्ग निर्धारण के अलावा उन्होंने भाषाओं को चार वर्गों में विभक्त किया:—

1. **पूर्वी गौडियन**—पूर्वी हिन्दी के साथ, बंगला, असमी, उडिया।

2. **पश्चिमी गौडियन**—पश्चिमी हिन्दी, राजस्थानी, गुजराती, सिन्धी, पंजाबी।

उत्तरी गौडियन—गढ़वाली, नेपाली, पहाड़ी सहित।

दक्षिण गौडियन—मराठी।

डॉ० जार्ज ग्रियर्सन ने हार्नले महोदय के पूर्वोक्त सिद्धान्त आर्यों के अन्तरंग और बहिरंग वर्ग को ध्यान में रखकर 'लिग्विस्टिक सर्वे ऑफ इण्डिया' नामक पुस्तक में भारतीय भाषाओं का प्रथम वर्गीकरण प्रस्तुत किया:—

1. बाहरी उपशाखा—(अ) पश्चिमोत्तरी समुदाय(लहँदा, सिन्धी)।

(ब) दक्षिण समुदाय—मराठी।

(स) पूर्वी समुदाय—उड़िया, बंगली ,असमी, बिहारी

2. मध्यवर्ती उपशाखा—(अ) मध्यवर्ती समुदाय (पूर्वी हिन्दी)

3. भीतरी उपशाखा—(अ) केन्द्रीय समुदाय (पश्चिमी हिन्दी, पंजाबी, गुजराती, भीली, खान्देशी)

(ब) पहाड़ी समुदाय (पूर्वी, मध्यवर्ती, पश्चिमी)।

कुछ समय पश्चात् ग्रियर्सन महोदय ने अपने इस वर्गीकरण के सुधरे हुए नवीन रूप को प्रकाश में लाया:—

1. मध्यदेशी—पश्चिमी हिन्दी।

2. अन्तर्वर्त्ती—पश्चिमी हिन्दी में विशेष सन्निकट पंजाबी, राजस्थानी, गुजराती, पहाड़ी का पूर्वी, पश्चिमी, मध्य रूप। पूर्वी हिन्दी (बहिरंग से सम्बद्ध)।

3. बहिरंग—पश्चिमोत्तरी (लहँदा, सिन्धी), दक्षिणी (मराठी), पूर्वी (बिहारी, उड़िया, असमी, बंगाली)।

डॉ० सुनीत कुमार चटर्जी ने ग्रियर्सन के वर्गीकरण के ध्वनिगत, व्याकरणगत आधारों का खंडन करते हुए उनके वर्गीकरण को अवैज्ञानिक सिद्ध किया:—

ग्रियर्सन के अनुसार बहिरंग में ल का र या ड प्रयोग मिलता है। अवधी, ब्रज, खड़ीबोली अर्थात् मध्यदेशीय और अन्तर्वर्ती में भी तो वे प्रयोग हैं, जैसे जर से जल, भीड़ से भीर, किंवाड़ से किंवार।

2. ग्रियर्सन के अनुसार बाहरी वर्ग में द का परिवर्तन ड में हुआ है। चटर्जी का विचार है कि मध्यवर्ती में भी ऐसा ही है, जैसे हिन्दी में दृष्टि>दीठि>डीठि, दंड>डंड, दोलिका>डोली।

3. ग्रियर्सन का कथन है कि संस्कृत की म्ब ध्वनि बाहरी भाषाओं में रूप म में विकसित हुई तथा भीतरी भाषाओं में ब रूप में। चटर्जी का कथन है कि भीतरी में भी इसके बहुत से उदाहरण मिलते हैं; जैसे—निम्ब>नीम,

जम्बुक>जामुन। बंगला जो बाहरी वर्ग की भाषा है निम्बुक के लिए नेबू तथा लेबू दोनों प्रयोग मिलते हैं। ग्रियर्सन के सिद्धान्त के विपरीत यह ध्वनि परिवर्तन हुआ है।

4. ग्रियर्सन के अनुसार अल्पप्राणीकरण की प्रक्रिया बाहरी भाषाओं में घटित हुई, भीतरी वर्ग में नहीं। भीतरी वर्ग की भाषा हिन्दी में भगिनी का बहन होना इस तथ्य को असमीचीन सिद्ध करता है।

5. ग्रियर्सन के विचार से बाहरी वर्ग में र का लोप मिलता है। चटर्जी का कहना है भीतरी वर्ग में और के लिए औ, पर के लिए पै का प्रयोग मिलता है जिसमें र ध्वनि लुप्त है।

6. बाहरी वर्ग में संस्कृत की स ध्वनि ह में परिवर्तित हुई है। भीतरी वर्ग की भाषा पश्चिमी हिन्दी में भी केसरी के लिए केहरि या केहरी का प्रयोग है।

7. ग्रियर्सन ने ध्वनि परिवर्तन के अन्तर के साथ ही कुछ व्याकरणिक अन्तरों को भी रेखांकित करने का यत्न किया, जैसे—उनका कहना है कि बाहरी वर्ग की भाषा में सम्बन्ध तत्त्व का अर्थ तत्त्व के साथ अब भी संयोग है। अतः भाषा अधिक संयोगात्मक है, जैसे बंगली, रामेर बोई (राम की किताब), चटर्जी कहते हैं कि भीतरी वर्ग में भी कुछ संयोगात्मकता अवशिष्ट है, जैसे ब्रज में पूतहिं (कर्म), भौनहिं (अधिकरण)। ग्रियर्सन महोदय ई स्त्री प्रत्यय को बाहरी वर्ग की विशेषता बतलाते हैं जबकि भीतरी वर्ग में भी ई स्त्री प्रत्यय के रूप में प्रयुक्त होता है। इस प्रकार हम देखते हैं कि ग्रियर्सन के वर्गीकरण के सभी आधार सुनीत कुमार चटर्जी द्वारा खंडित कर दिए जाते हैं। डॉ० चटर्जी ने अपना अपेक्षाकृत अधिक वैज्ञानिक वर्गीकरण प्रस्तुत किया:—

1. उदीच्य—सिन्धी, लहँदी, पंजाबी।

2. प्रतीच्य—गुजराती, राजस्थानी।

3. मध्यदेशीय—पश्चिमी हिन्दी।

4. प्राच्य—पूर्वी हिन्दी, बिहारी, उड़िया, असमिया, बंगाली।

5. दाक्षिणात्य—मराठी

डॉ० चटर्जी का यह वर्गीकरण बहुत मौलिक नहीं है। इसमें हिन्दी के विविध रूपों को अलग भाषा मानकर दूसरे-दूसरे वर्ग में रखा गया है। भारतीय संविधान, लोक-व्यवहार, भाषा की प्रकृति तथा एक-दूसरे भाषा-भाषी की बोधगम्यता को देखते हुए यह वर्गीकरण समीचीन नहीं प्रतीत होता। डॉ० धीरेन्द्र वर्मा ने इसमें कुछ सुधार करने का प्रयास किया। उनका वर्गीकरण इस प्रकार है—

1. उदीच्य—सिन्धी, लहँदी, पंजाबी।

2. प्रतीच्च—गुजराती।

3. मध्यप्रदेशीय—राजस्थानी, पश्चिमी हिन्दी, पूर्वी हिन्दी, बिहारी,

4. प्राच्य—उड़िया, असमिया, बंगाली।

5. दक्षिणात्य—मराठी।

डॉ० भोलानाथ तिवारी सम्बद्ध अपभ्रंशों के आधार पर इन भाषाओं के वर्ग बनाने की सलाह देते हैं—

शौरसेनी—पश्चिमी हिन्दी, पहाड़ी, राजस्थानी, गुजराती।

मागधी—बिहारी, बंगाली, आसामी, उड़िया।

अर्धमागधी—पूर्वी हिन्दी।

महाराष्ट्रीय—मराठी।

ब्राचड-पैशाची—सिन्धी, लहँदा, पंजाबी।

डॉ० हरदेव बाहरी ने आधुनिक आर्यभाषाओं का वर्गीकरण इस प्रकार किया है:—

हिन्दी वर्ग

मध्य पहाड़ी, राजस्थानी,
पश्चिमी हिन्दी, पूर्वी हिन्दी,
बिहारी (ये सभी हिन्दी की उपभाषाएँ हैं) पूर्वी (उड़िया, बंगला, असमिया)

हिन्दीतर (अ-हिन्दी) वर्ग

उत्तरी (नेपाली)
पश्चिमी (पंजाबी, सिन्धी, गुजराती)
दक्षिणी (सिंहली, मराठी)

उपर्युक्त वर्गीकरणों में अधिकांशत: क्षेत्रीयता को ही प्रमुख आधार माना गया है। भोलानाथ तिवारी ने भाषाओं के उद्‌गम से सम्बद्ध अपभ्रंशों को ध्यान में रखा जिससे उनकी प्रवृत्ति को भी समझा जा सके। वास्तव में मूल उद्‌गम तथा स्थानीय सम्पर्क भाषाओं का प्रभाव दोनों ही किसी भाषा की प्रवृत्तियों को निश्चित करते हैं। बिहारी को हिन्दी के वर्ग में माना जाता है जबकि बंगला से भी प्रवृत्तिगत साम्य रखती है, किन्तु भाषिक विकास के दौरान बिहारी भाषा हिन्दी के अधिक समीप आती गई है। अत: इसे हिन्दी के साथ रखना अनुचित नहीं है।

सामान्य विशेषताएँ:—भाषा कठिनता से सरलता और स्थूलता से सूक्ष्मता की ओर विकसित होती है।

1. भारतीय आर्यभाषा में सरलीकरण की प्रवृत्ति जारी रही। परिनिष्ठित

हिन्दी में परिवर्तन का क्रम जितना तेज रहा उतना पंजाबी, बंगला आदि में नहीं। पंजाबी में मध्यकालीन अधिक है बंगला में कम किन्तु हिन्दी से अधिक है।

2. संस्कृत में एक वस्तु या भाव के लिए कई शब्द प्रचलित थे। आधुनिक भाषाओं में अलग-अलग शब्दों में से खास स्थानीय प्रयोग प्रचलित हुए। जैसे—आँख के लिए संस्कृत में अक्षि, चक्षु, नेत्र अनेक शब्दों का प्रयोग होता था। पंजाबी में अक्षि का अक्खि रूप प्रचलित है जो मध्यकालीन भाषाओं में ध्वनि परिवर्तन के कारण निर्मित हुआ था। बंगला में चक्षु से चोख शब्द बना।

3. आधुनिक आर्य भाषाओं ने प्रायः वही ध्वनियाँ हैं जो मध्यकालीन भाषाओं में थीं—अ,आ, इ, ई, उ, ऊ, ए, ऐ, ओ, औ, मूल स्वर के अतिरिक्त संयुक्त स्वरों आइ, आउ, इआ का भी प्रयोग मिलता है। पंजाबी में उदासीन अ तथा अवधी में जपित स्वरों का प्रयोग इनकी निजी विशिष्टता है।

4. ऋ ध्वनि तत्सम शब्दों में लिखी जाती है किन्तु उच्चारण रि, रु, की तरह होता है।

5. स, श, ष तीनों का लिखने में प्रयोग प्रचलित है किन्तु उच्चारण स, श, का ही होता है।

6. च वर्गीय ध्वनियों में विविधता आ गई है। मराठी में च का त्स, ज का दज् होता है।

7. मूर्धन्य ध्वनियों में ड़, ढ़ नवीन है।

8. क़, ख़, ग़, ज़, फ़ आदि ध्वनियों का आगमन विदेशी प्रभाव के कारण हुआ।

9. आधुनिक भाषाओं में मध्यकालीन द्वित्व व्यंजनों के स्थान पर एक व्यंजन करके पूर्व स्वर को दीर्घ कर दिया गया, जैसे-कम्म>काम, सच्च>साँच, हत्थ>हाथ, पंजाबी में पूर्व रूप अधिक प्रचलित हैं।

10. बलात्मक स्वराघात सुरक्षित है। कुछ में संगीतात्मकता भी है।

11. बहुत से स्वरान्त शब्द व्यंजनान्त हो गए हैं, जैसे-राम, (राम्)।

कुछ अपवादों को छोड़कर भाषा वियोगात्मक हो गई हैं। सभी में परसर्गों का प्रयोग होता है।

व्याकरणिक रूप रचना अधिक आसान हुई है। कारकों के स्थान पर परसर्गों के प्रयोग के कारण कारकीय रूप रचना समाप्त हो गई है,केवल शब्दों के दो रूप अविकारी और विकारी अवशिष्ट हैं।

वचन दो हैं। प्रवृत्ति एकवचन के प्रयोग की हैं, जैसे—मैं के लिए हम का प्रयोग विशेषकर शिक्षित महिलाओं में।

गुजराती, मराठी को छोड़कर प्रायः सभी में दो लिंग हैं। गुजराती, मराठी में तीन लिंग हैं।

आधुनिक युग में वैज्ञानिक आविष्कारों की प्रधानता के कारण विदेशी शब्दों का भंडार बढ़ रहा है। अन्य भारतीय भाषाओं में भी शब्दों के विशेष आदान-प्रदान जारी हैं। सिन्धी, लहँदा, पंजाबी, गुजराती, मराठी, बंगला, असमी, उड़िया, नेपाली, सिंहली, आदि आधुनिक आर्यभाषाएँ हैं।

आधुनिक आर्य भाषाओं का संक्षिप्त परिचय

1. सिन्धी—यह सिन्ध प्रदेश की भाषा है जो पाकिस्तान में है। विभाजन के समय कुछ सिन्धी भारत में भी फैल गए। उनके द्वारा सिन्धी का प्रयोग किया जाता है। यह भाषा गुजराती और लहँदी से विशेष रूप से सम्बन्धित है। सिन्धी में गद्य और पद्य दोनों मिलता है। शाह मखदूम, मुहम्मद जमान इसके प्रसिद्ध कवि हैं। इस भाषा की तीन प्रमुख बोलियाँ हैं—

1. सिराकी
2. विचोली
3. लाड़ी

विचोली सामान्य साहित्यिक भाषा के रूप में प्रयुक्त होती है। थरेली, लासी, कच्छी अन्य बोलियाँ हैं।

सिन्धी ब्राचड अपभ्रंश से निकली है। **ग, ज, ड, ब,** जिनका उच्चारण कण्ठ पिटक बन्द करके द्वित्व रूप में होता है, ये सिन्धी की विशिष्ट ध्वनियाँ हैं। इस भाषा के सभी शब्द स्वरान्त हैं। सिन्धी की पुल्लिग संज्ञाएँ उकारान्त एवं ओकारान्त हैं। यह अपभ्रंश तथा प्राकृत के प्रभाव के कारण है। स्त्रीलिंग संज्ञाएँ अकारान्त तथा आकारान्त दोनों हैं। हिन्दी में अकारान्त अधिकतर पुल्लिग होता है। लिंग तथा वचन हिन्दी की तरह दो ही हैं। सर्वनाम हिन्दी से भिन्न हैं—मैं के लिए माँ, आउँ, अपने के लिए पँहाँजे का प्रयोग होता है। अवधी की तरह क्रिया के साथ सार्वनामिक प्रत्यय का प्रयोग होता है, जैसे—मारिआइमि =उसने मुझको मारा। संज्ञा में भी इसी तरह का प्रयोग है—भासि =उसका भाई, पुट्रउँ = हमारा बेटा।

सिन्धी के शब्द भंडार में फारसी शब्दों का आधिक्य है। लेखन में लहँदा, गुरुमुखी, फारसी तीनों लिपियाँ प्रचलित हैं।

लहँदा—यह पश्चिमी पंजाब (पाकिस्तान) की भाषा है। लहँदा का शाब्दिक अर्थ सूर्यास्त है। इसीलिए इसे लहँदे की बोली, सूर्यास्त की भाषा भी कहते हैं। मुलतानी, डेरावाली, पोठीवारी, अवाणकारी इसकी प्रमुख बोलियाँ हैं। मुलतानी में साहित्यिक रचनाएँ भी उपलब्ध हैं। कुछ विद्वान इसे स्वतन्त्र भाषा न

मानकर पंजाबी की उपभाषा मानते हैं क्योंकि पंजाबी और लहँदा में पर्याप्त समता है। लहँदी में उच्चारण में बलात्मक स्वराघात तथा उच्चावरोही सुर रहता है। सिन्धी की तरह क्रिया के सार्वनामिक प्रत्ययों का प्रयोग इसमें भी होता है, जैसे—गेयुम (मैं गया), गेआस (वह उसके लिए गया)।

पंजाबी—यह भारतीय पंजाब प्रदेश की भाषा है। इसका क्षेत्र अम्बाला से लाहौर तक और जम्बू-चम्बा, शिमला से भटिंडा तक फैला हुआ है। माझी, डोगरी, मालवाई, पोबाधी, राठी, भट्टियानी इसकी प्रमुख बोलियाँ हैं। माझी आदर्श साहित्यिक भाषा है।

पंजाबी साहित्यिक दृष्टि से भी सम्पन्न भाषा है। नानक, वारिस शाह, मोहन सिंह, अमृता प्रीतम उल्लेखनीय साहित्यकार हैं।

पंजाबी में संयुक्त स्वरों को स्वर भक्ति लगाकर बोलने की प्रवृत्ति है। जैसे—स्टेट से स्टेट, स्टुडेन्ट=सटूडेन्ट, मित्र=मित्तर।

द्वित्व शब्दों का अब भी प्रयोग होता है, जैसे—अट्ठ, अक्ख, पुत्त, मनुक्ख।

स्त्रीलिंग बहुवचन में संज्ञा के साथ आँ का प्रयोग होता है, जैसे—वातॉ, राण्याँ या राणियाँ, लड़कियाँ। स्त्रीलिंग, पुल्लिग दोनों में तिर्यक बहुवचन के साथ भी यही आँ प्रयुक्त होता है, जैसे—घराँ, जूँआँ, हिन्दी में इस आँ के स्थान पर ओं का प्रयोग चलता है, जैसे—घरों, जूओं, बातों आदि।

पंजाबी के कई परसर्ग हिन्दी से भिन्न हैं :—

हिन्दी	**पंजाबी**
कर्म—को	कर्म-नूँ
करण—से	करण—थों
सम्बन्ध—का, के, की	सम्बन्ध, दा, दे, दी

पंजाबी में स्त्रीलिंग के साथ प्रयुक्त विशेषण का आवश्यकतानुसार वचन परिवर्तन किया जाता है। जैसे—अच्छी लड़की (एकवचन), अच्छियाँ लड़कियाँ (बहुवचन)।

सर्वनामों—की रचना हिन्दी से भिन्न दिखती है। जैसे—अस्सी (हम), तुस्सी (तुम), असादा (हमारा), तुसाडा (तुम्हारा)।

हिन्दी का वर्तमान कृदन्त—ता, ते, ती, पंजाबी में दा, दे, दी होता है, जैसे—करता =कर दा, करते= कर दे, करती = करदी।

हिन्दी में स्त्रीलिंगसूचक क्रिया को बहुवचन बनाने के लिए सहायक क्रिया में ही विकार लाया जाता है, जैसे—करती थी से करती थीं। करती को ज्यों का त्यों रहने दिया जाता है। पंजाबी में मुख्य क्रिया तथा सहायक क्रिया दोनों में

परिवर्तन किया जाता है, जैसे—करती थीं = करदियाँ सन, करती होंगी = करदियाँ होगनियाँ।

गुजराती—यह गुजरात प्रदेश की भाषा है। इसके बोलनेवालों की पर्याप्त संख्या महाराष्ट की राजधानी बम्बई में है। गुजराती का सम्बन्ध गुर्जर जातियों में है। गुजराती में प्राचीन काल से ही साहित्यिक रचना होने लगी थी। हेमचन्द्र के व्याकरण में कुछ छन्द ऐसे हैं जो प्राचीन गुजराती के स्वरूप का संकेत देते हैं। मध्यकाल में नरसी मेहता का वैष्णव-काव्य अत्यधिक लोकप्रिय रहा। इस परम्परा को अग्रसर करनेवालों में प्रेमानन्द भट्ट, वल्लभ, कालिदास, रेवाशंकर, सोमन भट्ट उल्लेखनीय हैं। आधुनिक गुजराती साहित्य पर्याप्त समृद्ध है। गोवर्धन राम त्रिपाठी, डॉ० ध्रुव नाना लाल, कन्हैया लाल माणिकलाल मुंशी, काका कालेलकर की साहित्यिक सेवाएँ प्रशंसनीय हैं। नागरी, बम्बइया, गामडिया, सुरती, अनाबला, पाटीदारी, बड़ोदरी, पट्टनी, काठियावाड़ी आदि गुजराती की उपबोलियाँ हैं। गुजराती की अपनी लिपि विकसित हो गई हैं जो कैथी लिपि से साम्य रखती है।

गुजराती में मध्यकालीन भाषा के संयुक्त व्यंजनों को हटाकर पूर्व स्वर को क्षतिपूर्ति के लिए हिन्दी के समान ही दीर्घ किया गया है, जैसे—धृष्ट=धीठ, चक्र=चाक।

बोलचाल में क, ख, ग, ध्वनियाँ च, छ, ज, में बदल जाती हैं, जैसे—लाग्यो = लाज्यो।

स को ह बोलते हैं, जैसे—सूरज से हूरज।

दन्त्य और मूर्धन्य ध्वनियाँ आपस में बदल गई हैं, जैसे—दीढो/डीढो।

गुजराती में दो वचन और तीन लिंग हैं।

परसर्गों में हिन्दी का, के, की और लिए के स्थान पर गुजराती में नो, ना, नीं और माटे का प्रयोग होता है। सर्वनाम हिन्दी बोलियों से मिलते हैं, जैसे—हूँ (मैं) आम, अमें (हम), तूँ (तू) तमे, ते (वह) आदि। वर्तमान सहायक क्रिया छूँ, छे और भूत सहायक क्रिया हतो, हती हैं।

मराठी—यह महाराष्ट्र प्रदेश की भाषा है। इस भाषा का सम्बन्ध महाराष्ट्री प्राकृत से माना जाता है। मराठी भाषा में दसवीं शताब्दी के शिलालेख प्राप्त हुए हैं। मराठी का आदि कवि होने का श्रेय मुकुन्दराय (1128-1198) को है। नामदेव, ज्ञानदेव, एकनाथ, तुकाराम, रामदास, श्रीधर, महीपत आदि प्रमुख कवि हैं। मराठी का आधुनिक साहित्य खूब विकसित है। साहित्य की विविध विधाएँ, नाटक, कहानी, कविता आदि में मराठी साहित्य अन्य आधुनिक आर्य भाषाओं के बीच अपना महत्त्वपूर्ण स्थान रखता है। विजय तेन्दुलकर की नाट्य रचनाएँ

अन्य भाषाओं में अनूदित होकर अत्यन्त लोकप्रिय हो गई हैं। मराठी देवनागरी लिपि में लिखी जाती है।

मराठी में ळ सुरक्षित है। ऋ का उच्चारण रु होता है। पद के अन्त में न, ण हो जाता है। मराठी में वचन दो और लिंग तीन हैं। परसर्गों में हिन्दी से कुछ वैषम्य है, जैसे—करण = नेक, शी, सम्प्रदान = ला, ते, अपादान ऊन/इन। सर्वनाम हिन्दी से किंचित् भिन्न हैं—मैं = मी; हम = अम्हि, मुझ = मज, तुम = तू, तुम्हीं, वह = तो, यह= हो।

वर्तमानकालिक त रूप और भूतकालिक क्रिया का ल रूप हिन्दी से मिलता-जुलता है। क्रियार्थक संज्ञा हिन्दी की तरह आकारान्त न होकर ऐकारान्त होती है, जैसे—करना के स्थान पर करणें।

बंगला—बंगला मागधी प्राकृत के पूर्वी रूप से विकसित हुई है। इसके दो रूप हैं—1. पूर्वी बंगला, 2. पश्चिमी बंगला। पूर्वी बंगला बंगलादेश की भाषा है। इसका केन्द्र ढाका है। पश्चिमी बंगला भारतीय प्रान्त पश्चिमी बंगाल की भाषा है। बंगला साहित्य चौदहवीं शती के बाद से मिलने लगता है। डॉ० सुनीत कुमार चटर्जी बंगला साहित्य का प्रारम्भ 950 ई० से मानते हैं। बंगला का आधुनिक साहित्य अन्य आधुनिक भारतीय आर्य भाषाओं से अधिक समृद्ध है। अंग्रेजी साहित्य से प्रभाव ग्रहण करके इसने अन्य भाषाओं के साहित्य का निर्देश किया।

राजा राममोहन राय, बंकिमचन्द्र, माइकेल, मधुसूदन, रवीन्द्रनाथ टैगोर, द्विजेन्द्रलाल राय, शरच्चन्द्र आदि नाम बहुत प्रसिद्ध है।

बंगला की साहित्यिक भाषा में संस्कृत के तत्सम शब्दों का बाहुल्य है।

बंगला में अ का उच्चारण ह्रस्व ओ की तरह होता है, जैसे—जल = जोल, भला = भाली, कवि = कोबि आदि। व का ब और य का ज, स का श, उच्चारण होता है, जैसे—वक = बकू, योग = जोग, सरवर = शरबर। संयुक्त व्यंजनों का उच्चारण तद्भव रूप में किया जाता है, जैसे—विद्या = बिज्जा अथवा विद्दा परीक्षा = पीरिक्खा। बंगला क्रिया में लिंग परिवर्तन नहीं होता, जैसे—मैं चलूँगा और मैं चलूँगी दोनों के लिए आमि चलिबो। इसलिए बंगला भाषी लोग हिन्दी वाक्यों के प्रयोग में लिंग सम्बन्धी गलतियाँ अधिक करते हैं। वचन दो हैं। बहुवचन के लिए दिग, गुलि, सब, गण आदि जोड़े जाते हैं। बंगला अपेक्षाकृत अधिक योगात्मक भाषा है। विशेषण हिन्दी की तरह आकारान्त न होकर अवधी की तरह अकारान्त है किन्तु उच्चारण में फर्क है, जैसे—ऊपर निर्देश किया गया है। भूतकालिक क्रिया ल रूप भोजपुरी से, भविष्य ब रूप तथा वर्तमान त रूप अवधी से साम्य रखता है। किन्तु वाक्य में प्रयोग करते समय क्रिया की रूप-

रचना भिन्न हो जाती है।

असमी—दक्षिणी असम लखीमपुर से गोलपारा तक असमी बोली जाती है। 13वीं शताब्दी से असमी का साहित्य मिलने लगता है। हेम सरस्वती को असमी का प्रथम कवि माना जाता है। असमी के गद्य तथा सुव्यवस्थित इतिहास की परम्परा अन्य भारतीय आर्यभाषाओं से प्राचीन है। असमी की अपनी लिपि है। असमी और बंगला में प्रवृत्तिगत समानता अधिक है। असमी में च, छ के स्थान पर स और स के स्थान पर ह अथवा ख हो जाता है। य् का ज़ और व का ब होना हिन्दी तथा बंगला के समान ही है। ड़, ढ़, र, र्ह के रूप में उच्चरित होता है। असमी में परसर्गों की स्थिति इस प्रकार है—

कर्म—क

करण—ए, एरे

सम्प्रदान—लै, लँके

सम्बन्ध—अर, अरे

अधिकरण—अत, अते

असमी भाषा में क्रिया के साथ लिंग और वचन का भेद नहीं किया जाता। तू खाता/तुम खाते/तुम खाती हो सभी के लिए ही क्रिया तुमि या तोमालोके खा इशा का प्रयोग होगा। भूतकालिक क्रिया का ल रूप और भविष्यकालिक ब रूप बंगला से साम्य रखता है।

उड़िया—उड़िया, उड़ीसा प्रान्त के अतिरिक्त दक्षिणी-पश्चिमी मेदनीपुर (बंगला), टेक्कालि, उद्यान खंड, तरला, इच्छापुर (आन्ध्रप्रदेश) सिंहभूमि, सराईकेला, खरसुआ, (बिहार), रायगढ़, सारगढ़, काँकेर, बस्तर (मध्य प्रदेश) में बोली जाती है। उड़िया ओड धातु से बना है। ओड का अर्थ खेती करना होता है। आडु (किसान) से इसका नाम ओडिशा पड़ा। इसके अन्य प्राचीन नाम उत्कल तथा कलिंग हैं। उत्कल से भाषा का नाम उत्कली भी बनता है। उड़िया का प्राचीन साहित्य कृष्ण-भक्ति से सम्बद्ध रहा। बलरामदास, जगन्नाथ, पंचसखा, दीनकृष्ण, गोपालकृष्ण आदि मध्यकाल के प्रसिद्ध कवि हैं। आधुनिक युग में फकीर मोहन, गंगाधर, गोपालचंद्र, नन्दकिशोर, कुन्तलकुमारी, नीलकंठदास आदि प्रमुख हैं।

उड़िया और बंगला में पर्याप्त समानता है। हिन्दी के समान य, व ध्वनियाँ क्रमशः ज, ब में परिवर्तित हो जाती हैं। ऋ का उच्चारण मराठी की तरह रु होता है। श, ष को स की तरह बोला जाता है। बहुवचन बनाने के लिए बहुवचनसूचक शब्द मन, लोक, गण का प्रयोग किया जाता है। संज्ञा के साथ इया अथवा उवा प्रत्ययों का प्रयोग पूर्वी हिन्दी के समान है। परसर्गों में कर्म

सम्प्रदान का कु, अपादान रु, सम्बन्ध न, अधिकरण र विशिष्ट हैं। सर्वनामों की रूपरचना सरल है। भूतकाल में ल, भविष्य में ब, वर्तमान में इ, उ का प्रयोग होता है। जैसे—करिलि, करिबि, करइ।

नेपाली—यह नेपाल की भाषा है। यह पहाड़ी का पूर्वी रूप है इसीलिए इसको कुछ विद्वान पूर्वी पहाड़ी की भी संज्ञा देते हैं। नेपाली की दो प्रमुख बोलियाँ हैं—थरुहरी और डोटाल। नेपाली में उच्चारगत अनुनासिकता अधिक है। नेपाली में व्याकरणिक लिंग भेद नहीं किया जाता। स्त्रियों के लिए स्त्रीलिंग बाकी सबके लिए पुल्लिग का व्यवहार किया जाता है। बहुवचन बनाने के लिए हरु शब्द जोड़ा जाता है। पुल्लिग शब्द एकवचन में ओकारान्त तथा बहुवचन में आकारान्त होते हैं। कर्त्ता में ले, कर्म-सम्प्रदान में मा, माँ, परसर्गों का प्रयोग किया जाता है। सर्वनामों में म (मैं), तं (तू), तिमि, आपु (स्वयं) उल्लेखनीय हैं। पूर्वी भाषाओं में ल भूतकालिक क्रिया रूप का सूचक है किन्तु नेपाली में भविष्य का। हिन्दी में खाना, करना, नेपाली में खांनु, गनूँ बन जाता है।

सिंहली—इस भाषा का प्रमुख क्षेत्र दक्षिणी लंका है। पाँचवी सदी ई० पूर्व में विजय नाम के राजा के साथ कुछ भारतीय लंका पहुँचकर निवास करने लगे। ये लोग भारत के किस भाग से गए थे, यह विवाद का विषय है।

हिन्दी और उसकी उपभाषाएँ

हिन्दी का अर्थ—हिन्दी शब्द फारसी भाषा की देन है। फारसी में संस्कृत की स ध्वनि ह में बदल जाती है। सिन्धी से फारसी में हिन्द और सिन्धी से हिन्दी बनता है। सिन्ध के आस-पास के स्थान और निवासियों को क्रमशः हिन्द या हिन्दोस्तान तथा हिन्दी या हिन्दोस्तानी कहा गया है। आगे चलकर इस शब्द का अर्थ विस्तार हो गया, हिन्दी तथा हिन्दोस्तानी से समस्त भारत और भारतवासियों का बोध होने लगा। हिन्दी साहित्य के मध्यकाल में अनेक विद्वानों ने हिन्दी शब्द का इसी व्यापक अर्थ में प्रयोग किया है। फिरदौसी, अलबरूनी, अमीर खुसरो आदि का नाम लिया जा सकता है। ईरान के एक बादशाह ने 'पंचतंत्र' का अनुवाद ईरानी में करवाया। 'कलीला व दिमना' नामक इस पुस्तक की भूमिका में यह उल्लेख है कि इसका अनुवाद 'जबाने हिन्दी' से किया गया। 'जबाने हिन्दी' का यह प्रयोग संस्कृत के लिए हुआ। धीरे-धीरे हिन्दी शब्द का अर्थ विस्तार किंचित संकुचित हुआ और मध्यदेश की भाषा के रूप में प्रयुक्त होने लगा। हिन्दी के मध्यकालीन कवियों कबीर, जायसी, सूर, तुलसी, बिहारी ने हिन्दी के लिए भाषा या भाखा शब्द का प्रयोग किया है। भाषा शब्द के प्रयोग की परम्परा उन्नीसवीं शताब्दी के आरम्भ तक मिलता है। 1802 में लल्लूलाल 'भाषामुंशी' के पद पर नियुक्त किए गए थे। अठारहवीं शताब्दी में अरबी शब्दों के बाहुल्य से युक्त हिन्दी की एक शैली विकसित हुई जिसे उर्दू कहा गया।

आज हिन्दी का प्रयोग पंजाब, हिमाचल प्रदेश, राजस्थान, दिल्ली, उत्तर प्रदेश, मध्य प्रदेश और बिहार की भाषाओं के लिए किया जाता है। इस व्यापक क्षेत्र में हिन्दी के अनेक उपरूप तथा बोलियाँ हैं। हिन्दी शब्द उन सभी उपभाषाओं तथा बोलियों का प्रतिनिधित्व करता है। आजकल हिन्दी शब्द का व्यवहार परिनिष्ठित साहित्यिक तथा प्रशासनिक कामकाज में प्रयुक्त हिन्दी भाषा के लिए होता है। हिन्दी की अन्य बोलियों के लिए बोली-विशेष का नाम

अवश्य लिया जाता है।

उपभाषाएँ—हिन्दी प्रदेश पर्याप्त विस्तृत है। आधुनिक भाषाओं के विकास के पूर्व इस प्रदेश में मुख्यत: पाँच प्राकृतें प्रचलित थी। उपनागर अपभ्रंश से राजस्थानी, शौरसेनी से पश्चिमी हिन्दी, अर्धमागधी से पूर्वी हिन्दी, मागधी से बिहारी हिन्दी, खस से पहाड़ी हिन्दी का विकास हुआ। इस प्रकार हिन्दी की पाँच उपभाषाएँ हुई—

1. राजस्थानी हिन्दी,
2. पश्चिमी हिन्दी,
3. पूर्वी हिन्दी,
4. बिहारी हिन्दी,
5. पहाड़ी हिन्दी।

इन भाषाओं की अपनी खास साहित्यिक परम्परा है। इनकी अपनी बोलियाँ और उपबोलियाँ हैं। इनमें से किसी एक की कोई बोली साहित्यिक स्तर को प्राप्त करके सारे मध्य देश की सामान्य भाषा बनती रही है। राजस्थानी की डिंगल भाषा, पश्चिमी हिन्दी की ब्रजभाषा, खड़ीबोली को क्रमश: यह गौरव प्राप्त हुआ। इन भाषाओं का विस्तार समय-समय पर मध्यदेश के बाहर सम्पूर्ण भारत में भी होता रहा है। किन्तु ये स्वतन्त्र भाषाएँ न होकर हिन्दी भाषा की उपभाषाएँ ही हैं। इनमें विषमता कम समता के तत्त्व अधिक हैं।

राजस्थानी हिन्दी

राजस्थान प्रदेश की भाषा का नाम राजस्थानी है। इसके अतिरिक्त यह सिन्ध और मध्य प्रदेश के भी कुछ भागों में बोली जाती है। ग्रियर्सन ने राजस्थान के भाषा रूपों के लिए इसे एक सामूहिक नाम के रूप में प्रयुक्त किया है। राजस्थानी का प्राचीन रूप डिंगल व्यापक रूप से साहित्यिक व्यवहार की भाषा थी। अनेक रासो ग्रन्थों, 'ढोला मारू-रा दूहा', 'किसन रुक्मिणी री बेलि' आदि में इसी भाषा का प्रयोग किया गया है। राजस्थानी कवयित्री मीरा, सन्त कवि दादू दयाल, चरणदास और हरिदास आदि की वाणियाँ प्रसिद्ध ही हैं। राजस्थानी में गद्य की भी परम्परा मिलती है। राजस्थानी की अनेक बोलियाँ और उपबोलियाँ हैं। जिनमें चार बोलियाँ प्रमुख हैं—

1. मारवाड़ी,
2. जयपुरी,
3. मेवाती,
4. मालवी।

मारवाड़ी का क्षेत्र जोधपुर, अजमेर, किशनगढ़, मेवाड़, सिरोही, पालनपुर, जैसलमेर, अमरकोट, बीकानेर, जयपुर तक फैला है। विशुद्ध मारवाड़ी जोधपुर तथा उसके आस-पास की बोली है।

जयपुरी—जयपुर नगर की बोली है। बूँदी और कोब में भी इस बोली से सम्बद्ध उपबोली प्रचलित है। जयपुरी बोली का दूसरा नाम ढूँढाढी है।

मेवाती—मेओ जाति से सम्बन्धित स्थान मेवाती और बोली मेवाती कहलाई। वह अलवर, भरतपुर के उत्तरी-पश्चिमी भाग तथा गुड़गाँव के दक्षिणी पूर्वी भाग में बोली जाती है।

मालवी—मध्यप्रदेश के मालवा प्रान्त की बोली है। शुद्ध मालवी का क्षेत्र उज्जैन, इन्दौर और देवास हैं।

राजस्थानी की विशेषताएँ—राजस्थानी उपभाषा में ट वर्गीय ध्वनियों की प्रधानता है। स्वर के मध्य और अन्त में ल ध्वनि प्राय: ळ में बदल जाती है। ऋ और ष लेखन में प्रचलित हैं किन्तु उच्चारण की विशुद्धता बरकरार नहीं हैं। ण, ड़ का प्रयोग अधिक होता है। उत्तर-पश्चिमी तथा दक्षिणी क्षेत्र की बोलियों में च का स, ज का ज़ और झ का ज्ह, स का ह उच्चारण किया जाता है। महाप्राणीकरण जैसे—कंत से कंथ, अल्पप्राणीकरण समाधि से समादि के अनेक उदाहरण मिलते हैं।

एकवचन से बहुवचन बनाने के लिए सामान्य हिन्दी ओं के स्थान पर आँ का प्रयोग सर्वाधिक प्रचलित है। जैसे—खेत से खेताँ, रात से राताँ। ओकारान्त एकवचन को बहुवचन बनाने के लिए आकारान्त कर दिया जाता है, जैसे—तारों से तारा, घोड़ों से घोड़ा। राजस्थानी में संयोगात्मक भाषा तत्त्व अपेक्षाकृत अधिक हैं। राजस्थानी में हिन्दी की तरह परसर्गों का प्रयोग किया जाता है। कर्त्ता ने (मालवी तथा मेवाती बोली में प्रयुक्त) कर्म—को, कूँ, ने-नै, नां रहइ, प्रति, खे, करण—ती, ते, थी, से—हंत, नई, करि, ऊं, सम्प्रदान—कूँ, को, ने, नै रैताइ, काजि, बैइ, माटे, अपादान—ताइं, सउं, थउ, हुत, पासइ, सम्बन्ध—रा, रे, री, का, की, के, केर, केरा, अधिकरण—में, मधि मांह, पर, उपरि, सिरि आदि परसर्गों के प्रयोग होते हैं। इनमें से अधिकांश शुद्ध हिन्दी में यथावत् प्रयुक्त होते हैं। सर्वनामों का प्ररूप हिन्दी के समान ही है किन्तु परसर्गों की विविधता उन्हें विविध रूपों में ढाल देती है, जैसे—कर्म में मैं का बहुवचन म्हानं, करण में म्हांती, सम्प्रदान म्हांजै, अपादान म्हांती, सम्बन्ध अम्हीणी विशिष्ट प्रतीत होते हैं। वर्तमान सहायक क्रिया छूँ, भूत थयो, हुई, भविष्य स अथवा ल रूप हैं, जैसे—देखसी, बूड़ेला।

पश्चिमी हिन्दी

इस उपभाषा का क्षेत्र पश्चिम में पंजाबी और राजस्थानी की सीमा से आरम्भ होकर पूर्व में अवधी, बघेली की सीमा, उत्तर में पहाड़ी, दक्षिण में मराठी की सीमा तक विस्तृत है। इस उपभाषा के क्षेत्र के अन्तर्गत पाँच प्रमुख बोलियाँ बोली जाती हैं—

1. खड़ीबोली,
2. बाँगरू,
3. ब्रजभाषा,
4. कन्नौजी,
5. बुन्देली।

बम्बई, मद्रास, हैदराबाद के मुसलमानों घरों में प्रयुक्त बोली जिसे दक्खिनी हिन्दी की संज्ञा दी जाती है इसी उपभाषा वर्ग की मानी जाती है। इस प्रकार बोलियों की संख्या 6 हो जाती है। इनमें खड़ी बोली, बाँगरू और दक्खिनी आकार बहुला बोलियाँ हैं, अन्य ब्रजभाषा, कन्नौजी, बुन्देली ओकार बहुला हैं। इन बोलियों में खड़ी बोली (अन्य नाम कौरवी) तथा ब्रजभाषा ही प्रमुख हैं। बाकी तो इन्हीं बोलियों की उपबोलियाँ हैं।

विशेषताएँ—पश्चिमी हिन्दी में अ विवृत्त ध्वनि है। ऐ, औ मूल स्वर हैं। य, व का उच्चारण सुरक्षित है। ण, का भी स्पष्ट उच्चारण किया जाता है। कुछ बोलियों में ळ ध्वनि भी पाई जाती है। आकार बहुला बोलियों में ड़ की तुलना में ड, न की तुलना में ण, ओकार बहुला बोलियों में ण, ड़, श की तुलना में क्रमशः न, र, स अधिक बोला जाता है। उच्चारण में महाप्राण ध्वनियों को अल्पप्राण कर दिया जाता है, जैसे—भी = बी, भूख = भूक।

आकारान्त तथा ओकारान्त पुल्लिग शब्दों को वाक्यों में प्रयोग करते समय एकारान्त कर दिया जाता है। बहुवचन में आ को ओ तथा ओ को अन कर दिया जाता है।

पश्चिमी हिन्दी के प्रमुख परसर्ग हैं—कर्त्ता-ने, नें, नै; कर्म—को, कूँ, कों, करण-अपादान—तें, सेती, सम्बन्ध—का, के, की, को, अधिकरण—में, मैं, पर, पै। सर्वनाम—मैं, हौं, हमारा, हमारो, म्हारो, तुम, तिहारो आदि उल्लेखनीय हैं।

वर्तमान सहायक क्रिया है, हैं, हौं, हो, भूतसहायक था, थे, हतो, हो आदि भविष्य सहायक क्रिया ग रूप, जैसे—चलेगा, चलैगा और ह रूप चलिहौ, चलिहौं आदि हैं।

पश्चिमी हिन्दी की प्रमुख बोली ब्रज तथा खड़ीबोली के प्रचुर साहित्य से प्रायः सभी अध्येता परिचित हैं अतः उसका उल्लेख करना आवश्यक प्रतीत नहीं होता।

पूर्वी हिन्दी

इसका क्षेत्र काफी विस्तृत है। पश्चिम में कानपुर से पूर्व में मिर्जापुर, उत्तर में लखीमपुर-नेपाल की सीमा से दक्षिण में दुर्ग-बस्तर की सीमा तक पूर्वी हिन्दी का क्षेत्र हैं। अवधी, बघेली, छत्तीसगढ़ी इसकी तीन प्रमुख बोलियाँ हैं। इन बोलियों में पारस्परिक साम्य अन्य उपभाषा की बोलियों से अधिक है। इन बोलियों में साहित्यिक महत्ता सिर्फ अवधी की है। इन बोलियों में ण ध्वनि के स्थान पर न, ल के स्थान पर र तथा श, ष के स्थान पर स बोला जाता है। य, व को क्रमशः ए, उ अथवा ज, ब बोलते हैं। जैसे—युवा >जुवा, यश > जस, वकील>बकील/उकील, यह>जेह। शब्दों के मध्य तथा अन्त में ड ध्वनि नहीं आती। ऐ, औ मूलस्वर न होकर संयुक्त स्वर हैं। ऐ का उच्चारण अइ और औ का उच्चारण अउ होता है, जैसे—पैसा = पइसा, औरत = अउरत।

संज्ञा शब्दों का एकवचन, तिर्यक् एकवचन, सामान्य बहुवचन एक समान रहते हैं। कर्त्ताकारक के परसर्ग ने का प्रयोग नहीं किया जाता है। पूर्वी हिन्दी की बोलियों के प्रमुख परसर्ग हैं—

कर्त्ता— ०

कर्म-सम्प्रदान—क, का, कहँ, कु, के, को, कइ

सम्प्रदान—कह्याँ, बरे, बदे, बाड़े

करण-अपादान—से, सेन, सेंती, सन, लग, भइ, हुत, ते

सम्बन्ध—के, कर, केर, के, का, की, करि

अधिकरण—माँ, में, माँहि, माँझ, मझारी, पर, प, मइहाँ

क्रिया की रूप-रचना इस उपभाषा में जटिल है। यह जटिलता तिङ्त्तीय रूपों के अवशेष तथा सार्वनामिक प्रत्ययों के प्रयोग से उत्पन्न होती है, जैसे—मैं आता हूँ को, इस उपभाषा में आइत-ई बोलते हैं। खात्या नाहीं = (तुम खाते क्यों नहीं), कहिस का अर्थ है उसने कहा। भविष्य में ह, ब के प्रयोग किए जाते हैं। अहँ, आटे, बाटे आदि वर्तमान सहायक क्रियाएँ हैं।

पूर्वी और पश्चिमी हिन्दी में अन्तर

पूर्वी और पश्चिमी हिन्दी में भौगोलिक सीमा तथा पारस्परिक बिरासत में अन्तर होने के कारण उच्चारणगत तथा व्याकरणिक भेद उत्पन्न हो गए। पूर्वी हिन्दी अर्धमागधी प्राकृत (या अपभ्रंश) से विकसित हुई। अर्धमागधी तक भारतीय भाषा के जो भी ध्वन्यात्मक तथा व्याकरणिक परिवर्तन घटित हुए वे स्वाभाविक रूप से पूर्वी हिन्दी में ग्रहीत हुए। पश्चिमी हिन्दी शौरसेनी प्राकृत में विकसित हुई। इसे शौरसेनी की भाषिक विशेषताएँ प्राप्त हुईं। पूर्वी हिन्दी की सीमा पहाड़ी, बिहारी तथा पश्चिमी हिन्दी की सीमा का संस्पर्श करती है। सीमा

प्रदेश की भाषा अपनी निकटतम भाषा से कुछ न कुछ प्रभावित होती है। इसी तरह पश्चिमी हिन्दी, पंजाबी, राजस्थानी, पहाड़ी, पूर्वी हिन्दी, मराठी भाषाओं की सीमा से जुड़ी होने के कारण इनसे कुछ प्रभावित हुई है।

1. पूर्वी हिन्दी में अ पश्चिमी हिन्दी की अपेक्षा संवृत्त तथा वृत्ताकार है।

2. पूर्वी हिन्दी में इ, उ का उच्चारण पश्चिमी की तुलना में अधिक ह्रस्व है। पश्चिमी में इसे कुछ दीर्घ करके बोला जाता है।

3. पूर्वी हिन्दी में ऐ, औ संयुक्त स्वर हैं, जबकि पश्चिमी हिन्दी में ये मूल स्वर हैं। दोनों उपभाषाओं में इनका उच्चारण इस प्रकार है—

पूर्वी हिन्दी	**पश्चिमी हिन्दी**
जइस	जैसा (जेसा), (जैसो)
कइसा	कैसा (केसा), (कैसो)
पइसा	पैसा (पेसा)
कउन	कौन (कोण)
अउर	और (ओर)

4. पूर्वी हिन्दी में शब्द के मध्य में आनेवाले ह का पश्चिमी हिन्दी में लोप कर दिया जाता है। पूर्वी हिन्दी के एहि और ओहि के आरंभिक स्वर पश्चिमी हिन्दी में य तथा व श्रुति में परिणत हो जाते हैं। पूर्वी हिन्दी की उन बोलियों में भी यह प्रवृत्ति है जो पश्चिमी हिन्दी की सीमावर्तिनी हैं। जैसे—

पूर्वी	**पश्चिमी**
दिहेसि	दिया
एहिका	याको
ओहिका	वाको

5. पूर्वी हिन्दी के बहुत से विशेषण तथा सर्वनाम जो अकारान्त हैं पश्चिमी हिन्दी में आ/ओकारान्त हो जाते हैं—

पूर्वी	**पश्चिमी**
बड़	बड़ो, बड़ा
भल	भलो, भला
छोट	छोटो, छोटा
मोर	मेरो, मेरा
तोर	तेरो, तेरा

6. पश्चिमी हिन्दी की ड, ढ, ल ध्वनियों के स्थान पर पूर्वी में ड़, ढ़, या र बोला जाता है। जैसे—

पश्चिमी	पूर्वी
तोडा	तोरा, तोड़ा
पढा	पढ़ा
थाली	थारी

7. शब्द के आदि में पढ़नेवाले य, व पश्चिमी हिन्दी में प्राय: सुरक्षित हैं जबकि पूर्वी हिन्दी में ज/ए ब/उ में परिवर्तित हो जाते हैं।

पश्चिमी	पूर्वी
यह	एह, जेह
यह	ऊ
वकील	उकील, वकील

8. पश्चिमी हिन्दी में ळ ध्वनि है, पूर्वी में नहीं है।

व्याकरणिक अन्तर

1. पूर्वी हिन्दी में संज्ञा के तीन-तीन वैकल्पिक रूप प्रचलित हैं जबकि पश्चिमी हिन्दी में ऐसा नहीं है। जैसे—घोड़, घोडवा, घोड़ौना। पूर्वी हिन्दी में संज्ञा पदों में उवा तथा इया प्रत्यय प्राय: लगाए जाते हैं जबकि पश्चिमी हिन्दी में इनके प्रयोग प्रचलित नहीं हैं।

2. संज्ञा के आकारान्त प्रातिपादिक के तिर्यक् रूप पश्चिमी हिन्दी में एकारान्त हो जाते हैं जबकि पूर्वी हिन्दी में मूल रूप जैसे ही बने रहते हैं। जैसे—लड़के का घर और लरिका का घर।

3. पश्चिमी हिन्दी में 'ने' परसर्ग महत्वपूर्ण परसर्ग है। कर्त्ता में तो इसका प्रयोग होता ही है कर्म में भी प्रयुक्त हो जाता है। पूर्वी हिन्दी में कर्त्ता कारक परसर्ग रहित है अर्थात् ने परसर्ग का प्रयोग किए बिना ही वाक्य बनाया जाता है। सम्बन्ध कारक का 'का' परसर्ग पूर्वी हिन्दी में कर्म के लिए प्रयुक्त होता है। जैसे—तोहका (तुमको), मोका (मुझको) पूर्वी बोलियों का सम्प्रदानार्थ बरे-बदे भी विशिष्ट है।

4. पश्चिमी हिन्दी और पूर्वी हिन्दी में सर्वनामों की रचनाओं में भी कुछ भेद दृष्टिगत होते हैं। जैसे—

पूर्वी हिन्दी	पश्चिमी हिन्दी
मइ (मइं)	मैं, हौं
तिर्यक्-मो	मुज, मो

मोर	मेरा, मेरो, मेरौ
हमार	हमारौ, हमारा, म्हारो
तुअ, तइ	तू
तो, तोका, तोके	तो तुज (तुझ)
तोर, तोहार	तेरा, तोको, तुजको, तोके, तिहारो, थारो, थारा।
वोह, ऊ, वहि	वह, उस, बिस, वे
वो, उन्ह	उन
अस, जस, कस, तस	ऐसा, जैसा, कैसा, तैस, ऐसो, जैसो, कैसो

5. पश्चिमी हिन्दी में वर्तमान काल का रूप प्राचीन तिङ्तीय रूपों का अवशेष है। जैसे—मैं खाऊँ हूँ (मैं खाता हूँ)। पूर्वी हिन्दी में वर्तमान का रूप प्रायः कृदन्तीय है। जैसे—हम खात अही। पूर्वी हिन्दी में तिङ्तीय अवशेष भी उपलब्ध है। सर्वनाम और क्रिया का अभेद्य तादात्म्य पूर्वी हिन्दी क्रियाओं की प्रमुख विशेषता है। जैसे—खाइस (उसने खाया), आइतो (मैं आता हूँ), खाये (तूने खाया), खायेन (हमने खाया या मैंने खाया)।

भविष्य काल में 'गा' प्रत्यय वाले रूप पूर्वी हिन्दी में नहीं चलते केवल ह और ब वाले रूप प्रचलित हैं। भूतकाल में पूर्वी हिन्दी में आ प्रत्यय, पश्चिमी में या/यो प्रत्यय जुड़ते हैं—सहायक क्रियाओं में भी दोनों में भेद है—

पूर्वी हिन्दी	पश्चिमी हिन्दी
वर्तमान—देखत, जात	देखे, खाये, जातो, जुरतो
भविष्य—देखब, देखिहै, देखिहों	देखिहौं, देखिहैं, देखूँगा
भूत—देखा, करा, भवा गवा, गा	देख्या, कियो, किया, देख्यो, भयो, गयो, गिया, गया
सहायक क्रिया—वर्तमान—अहै, आटे, बाटे, अहेसि, अहेन, अहेउं	है, हैं, हूँ, हौं, हो
भूत—रहेन, रहेस, रहा, रहिन	था, थें, थी, हो, हे, हतो, हुतो, तो, ही, हती, ती आदि।
संज्ञार्थक क्रिया—	देखब, पिअब, देखना, देखनो

6. पश्चिमी हिन्दी के कुछ अव्यय पूर्वी हिन्दी से भिन्न हैं। जैसे—

पश्चिमी हिन्दी	पूर्वी हिन्दी
ऐसे, ऐसो	अस, अइस
इत, इतै, कित, कितै	इहाँ, एहर, कतउ, कतहुं

7. संख्यावाची विशेषणों में उच्चारण भेद दृष्टिगत होता है। पश्चिमी हिन्दी में दूसरा के लिए दूजो, पूर्वी हिन्दी में दोसर, पश्चिमी हिन्दी में तीजो, पूर्वी हिन्दी तीसर होता है। पश्चिमी हिन्दी के एकु, द्वै, ग्यारहै, चउदै क्रमशः पूर्वी हिन्दी में एक, तुइ, इगारा, चउदा उच्चरित होते हैं।

बिहारी हिन्दी

बिहारी हिन्दी का क्षेत्र वर्तमान बिहार प्रान्त है। बिहारी की एक प्रमुख बोली भोजपुरी का अधिकांश क्षेत्र पूर्वी उत्तर प्रदेश में पड़ता है, ऐसी स्थिति में बिहारी नाम समीचीन नहीं रह जाता। बिहारी के अन्तर्गत दो अन्य प्रमुख बोलियाँ मैथिली और मगही हैं। इन बोलियों में इतनी विषमता है कि डॉ० सुनीत कुमार चटर्जी जैसे श्रेष्ठ भाषा वैज्ञानिक इन्हें एक वर्ग में रखना उचित नहीं समझते। मैथिली में साहित्यिक रचनाओं की परम्परा मिलती है।

बिहारी उपभाषा पूर्वी हिन्दी की तरह अकार बहुला है, अर्थात् शब्दों का अन्त अ से अधिक होता है। पूर्वी हिन्दी में अन्त अ का उच्चारण प्रायः नहीं किया जाता। इसलिए उच्चारण में शब्द व्यंजनान्त होते जा रहे हैं। बिहारी में अ का स्पष्ट उच्चारण होता है, जैसे—रामऽ, कमऽला। शेष ध्वनियों में बिहारी तथा पूर्वी हिन्दी में समरूपता है।

पूर्वी हिन्दी की तरह बिहारी में भी संज्ञा के दो-तीन रूप प्रचलित हैं, जैसे—सोनार, सोनरवा, सोनरउ। तृतीय (करण कारक) में परसर्गों के अलावा विभक्त्यात्मकता भी अवशिष्ट हैं, जैसे—रघुएँ (रघु से)। प्रमुख कारकीय परसर्गों का विवरण इस प्रकार है—

कर्त्ता— ०

कर्म-सम्प्रदान—के, कें, लाग, वास्ते, लेल, खातिर

करण-अपादान—से, सै, सअ, सेती

सम्बन्ध—क, के, केर, कै, केरा

अधिकरण—मे, मो, में, परि, पर

सर्वनामों में तोहनी, तोहरनी, हमनी, हमरनी विशिष्ट प्रयोग हैं। बहुवचन बनाने के लिए सभ, लोकनि, लोगनि, लोगन आदि समूहवाची शब्दों का प्रयोग किया जाता है, जैसे—हम सभ, तू लोगन या लोकनि। मैथिली में सहायक क्रिया छै, छह, छल, भोजपुरी बाटे, रहल, मगही है, हल, है। मैथिली में आदर, अनादर आदि के ध्यान से क्रिया के अनेक रूप विकसित हो गए हैं।

पहाड़ी बोली—पहाड़ी क्षेत्रों की बोली होने के कारण इसे पहाड़ी हिन्दी कहा गया है। नेपाली, कुमायूंनी, तथा गढ़वाली इसकी प्रमुख बोलियाँ हैं। साहित्यिक प्रयोग की दृष्टि से क्रमशः नेपाली तथा गढ़वाली महत्वपूर्ण हैं। प्राचीन

काल में यहाँ अनार्य जातियाँ निवास करती थीं। किन्तु इस क्षेत्र में ऋषियों-मुनियों के साधना केन्द्र स्थापित हो जाने से आर्यभाषाओं का प्रभाव बढ़ता रहा।

पहाड़ी की ध्वनि व्यवस्था प्रायः हिन्दी के समान है। आ का उच्चारण कहीं-कहीं अधिक विवृत्त है। ए, ऐ का उच्चारण तत्सम शब्दों के साथ अइ, अउ या आइ, आउ करने का प्रयत्न किया जाता है। व्यंजन ध्वनियों में ल, ड़, ढ़, न्ह, म्ह, रह, लह भी प्रयुक्त होते हैं। स्वरों में सानुनासिक स्वरों का आधिक्य है।

पुल्लिग संज्ञाएँ ओ/आकारान्त है। बहुवचन के प्रत्यय न और अँ हैं। स्त्रीलिंग संज्ञाएँ तिर्यक् रूप में यथावत् बनी रहती हैं।

परसर्गों में कर्त्ता-करण—ले, ल, कर्म-सम्प्रदान-कन, कँ, कहँ, कणि, हुणि, अपादान—ऐ, हे, बटे, ले, थें, थै, सम्बन्ध-को, का, की, क्, आ, ए, अधिकरण—में, मैं, पर, मो, लो।

भूत क्रिया छियो, छिया, छिय से सम्पन्न होती है, जैसे—मैं गया था = मैं गोछिये। वर्तमान काल की रचना हिन्दी से अधिक भिन्न है। जैसे—मैं जाता हूँ = मैं जानूँ या मैं हिटनूं। भविष्यत् में ल रूप चलता है—मैं जाऊँगा = मैं जुल/जालै/जालो। क्रिया विशेषणों से इतकै (यहाँ), उतकै (वहाँ), तल्ली (नीचे), मल्ली (ऊपर), पछिन (पीछे) उल्लेखनीय हैं।

हिन्दी की प्रमुख बोलियाँ

राजस्थानी की बोलियाँ

1. मारवाड़ी

मरुभूमि से सम्बद्ध होने के कारण इस क्षेत्र का नाम मारवाड़ पड़ा। इसकी बोली को मारवाड़ी कहते हैं। जोधपुर और उसके आस-पास की बोली शुद्ध मारवाड़ी है। इसके अलावा इसका क्षेत्र मेवाड़, पूर्वी सिन्ध, जैसलमेर, बीकानेर, दक्षिणी पंजाब तथा जयपुर के उत्तरी-पश्चिमी क्षेत्र तक परिव्याप्त है। यह राजस्थानी हिन्दी की प्रमुख बोली है। इसके बोलनेवालों की संख्या 72 लाख से भी अधिक आँकी गई है।

मारवाड़ी में आ कुछ अधिक अकृतोष्ठ है। ऐ, औ का तत्सम शब्दों में अइ, अउ किन्तु तद्भव में ऐ, औ मूल स्वर के रूप में प्रयोग किया जाता है। च् और छ् स रूप में सुनाई देते हैं, जैसे—चक्की = सक्की, छाछ = सास। कुछ शब्दों में अल्पप्राणीकरण की प्रवृत्ति के कारण ह ध्वनि लुप्त हो जाती है, जैसे—भूख = भूक्, रहणो = रैणो, कह्यौ = कयो। स का उच्चारण श की तरह किया जाता है। मारवाड़ी में ध़ और स़ विशिष्ट क्लिक ध्वनियाँ हैं जिनका उच्चारण श्वास को किंचित भीतर खींचकर किया जाता है।

परसर्गों में कर्म-सम्प्रदान—नैं, कनै, रै, करण-अपादान—सूँ, ऊँ, सम्बन्ध—रो, रा, री, तणो, हन्दो, अधिकरण—माँय, माहि विशेष रूप से उल्लेखनीय हैं।

संज्ञा शब्द एकवचन में प्राय: ओकारान्त रहते हैं। बहुवचन आकारान्त तथा आँकारान्त होता है, जैसे—घोड़ो एकवचन, घोड़ा बहुवचन है।

सर्वनामों में (मैं) हूँ, म्हूँ, म्हे, (तुम) तूँ, थूँ, तमे, (वह) वो, ऊ परिनिष्ठित हिन्दी से भिन्न हैं।

वर्तमानकालिक सहायक क्रिया हूँ, हाँ, भूतकालिक हो, हा, ही ब्रजभाषा की तरह, भविष्यत्कालिक ल रूप, के छिटपुट किन्तु ह्वेहूँ तथा ह्वेहाँ के व्यापक प्रयोग होते हैं। वर्तमान काल में तो प्रत्यय चलतो, भूतकाल में ओ-ई प्रत्यय चल्यो, मारी भविष्यकाल में ह और स प्रत्यय-चलहूँ, चलसूँ (चलूँ भी प्रयुक्त होते हैं)।

परिनिष्ठित हिन्दी की संज्ञार्थक क्रिया, जैसे—चलना, खाना, मारवाड़ी में चलण, चलणो, चलबो आदि विविध रूपों में प्रचलित है।

कुछ क्रिया विशेषण भी हिन्दी से भिन्न हैं, जैसे—अब-अमैं, जब-जद, जदी, कब-कद, कदी, यहाँ-अठी, वहाँ-उठै, उठी आदि।

नमूना—एक सेठ जी हा बोत धनवान। घर रा भंडार धन अर धान ऊँ धरिया। सेठ जी ने एक दिन सूझी—देस-देसरा बड़ा घणाई आदमी मारे घरे कामकाज ने आवे पण राजा जी कदेई नहीं आया। राजाजी ने बुलावणा चइजे। मारी कदर गाँव में जादा बढ़ जावेला।[1] [एक सेठ जी बहुत धनवान थे। घर का भंडार धन और धान्य से भरा था। सेठ जी को एक दिन सूझा—देश-देश के बड़े धनी आदमी मेरे घर काम-काज में आते हैं परन्तु राजा जी कभी नहीं आए। राजा जी को बुलाना चाहिए। (जिससे) मेरी कद्र गाँव में अधिक बढ़ जाएगी।]

मालवी

उज्जैन के आस-पास मालवा प्रान्त की बोली मालवी है। यह दक्षिणी-पूर्वी राजस्थानों का प्रतिनिधित्व करती है। इसके बोलनेवालों की संख्या लगभग 60 लाख है।

इस बोली में न की अपेक्षा ण, ऐ, औ की तुलना में ए, ओ, ड़ की तुलना में ड ध्वनियाँ अधिक प्रचलन में हैं। अल्पप्राणीकरण की विशेष प्रवृत्ति के कारण ह का लोप प्राय: हो गया है, जैसे—लुहार का लुवार तथा लुआर, साहब से साब। भी का बी, हाथ का हात उच्चारण भी इसी प्रवृत्ति के कारण है। स्वर समानीकरण अधिक मिलता है, जैसे—ठाकुर = ठाकर, हरिण = हरण। स्वरों का ह्रस्वीकरण तथा दीर्घीकरण खूब हुआ है, जैसे—भलाई = भलई, अढ़ाई = अड़ई, पड़ोसी = पाड़ोसी। परसर्गों में कर्ता—ने, कर्म-सम्प्रदान-के, खे, रे, करण-अपादान—सूँ, ऊँ, से, सम्बन्ध-को, का, की, रो, री, अधिकरण—में, पर, ऊपर आदि प्रयुक्त होते हैं।

सर्वनामों में, में (मैं) म्हे, तूँ, तम, थ, थाँ, थारो, ऊ, उका, स्त्री यो, कूँण (कौन) की, कै, के विशिष्ट हैं।

---

1. ग्रामीण हिन्दी बोलियाँ, डॉ० हरदेव बाहरी, पृ० 128।

संज्ञा शब्दों को बहुवचन बनाने के लिए समूहवाची शब्द हर, होर, होरो तथा होनों जोड़ा जाता है।

वर्तमान सहायक क्रिया—हूँ, है, हो

भूत क्रिया—था

भविष्य क्रिया—गा (चलूँगा)

पूर्वकालिक क्रिया—चलने, चलाने (चलकर)

संज्ञार्थक क्रिया—चलनों (चलना)

डाँगी,, सोंड़वली, राँगड़ी, भोयारी, पाटवी, कटियाई, उमठवाड़ी, रतलामी, डँगेसरी आदि मालवी की उपबोलियाँ हैं।

नमूना—जेने थारो माल रामजनी के साथ उड़ै दियो उना छोरा के वास्ते सेल दीवी [जिससे तुम्हारा धन वेश्या के साथ उड़ा दिया उस लड़के के लिए जियाफत दी।][1]

2. जयपुरी या ढूँढाड़ी

यह जयपुर के आस-पास बोली जाती है। जयपुर शहर 17वीं शताब्दी में बसाया गया तब से ही इस क्षेत्र की बोली का नाम जयपुरी पड़ा। इसका प्राचीनतर नाम ढूँढाड़ी है। इसकी पश्चिमी सीमा पर स्थित ढूँढ़ या भीट के कारण इस नाम का प्रचलन हुआ। इसके बोलनेवालों की संख्या 36 लाख से अधिक है। किन्तु जिस वेग से भारतीय जनसंख्या विकसित हुई है, यही अनुमान किया जा सकता है कि यह संख्या 50 लाख तक अवश्य ही पहुँच गई होगी।

मालवी की तरह इस बोली में भी समानीकरण की प्रवृत्ति अधिक है, जैसे—पंडित = पंडत, दिन = दन। ह का लोप, ल का ळ, न का ण परिवर्तन मालवी के समान है। आकारान्त शब्दों को ओकारान्त करने की प्रवृत्ति है। कर्त्ता में परसर्ग नहीं लगता। कर्म—नै, कै, करण-अपादान—सूं, सें, सम्प्रदान—नै, कनै, सम्बन्ध—को, का, की, अधिकरण—मैं, ऊपर, मालै प्रयुक्त परसर्ग हैं।

सर्वनामों में उत्तमपुरुष में मूंनै, मनै, म्हांको, मध्यमपुरुष में तुम के लिए थे, थाँके, थाँनै, अन्य पुरुष में वै, ऊंकी विशिष्ट रूप हैं।

सहायक क्रिया—छूँ, छाँ हैं। वर्तमान क्रिया—ऊँ, आँ परक हैं, जैसे—पलूँ चलाँ (चलता, चलते), भूतकालिक क्रिया—ओपरक, जैसे—चल्यो (चला), हिन्दी था के लिए छो और थे के लिए छा का प्रयोग होता है। भविष्यकाल में स और ल दोनों रूप प्रचलन में है, जैसे—चलूला और चलस्याँ।

---

1. **ग्रामीण हिन्दी बोलियाँ, पृ० 145।**

नमूना—बिन्दणी घूँघटा की ओट म से देख री छी [दुलहिन घूँघट की ओट से देख रही थी]। मैं अभागण मारो मूँडो दिखावो कौ न चाऊँ [मैं अभागिन अपना मुँह दिखाना नहीं चाहती]।[1]

मेवाती

उत्तरी-पूर्वी राजस्थान की प्रमुख बोली मेवाती का क्षेत्र अलवर, भरतपुर एवं गुड़गाँव के आस-पास पड़ता है। इस क्षेत्र के कुछ भाग में मेओ नामक जाति निवास करती थी। इसी से इसका नाम मेवाती के रूप में मान्य हुआ।

इस बोली में अल्पप्राणीकरण, न के ण, ल के ळ होने की प्रवृत्ति जयपुरी की ही तरह है। इस बोली तथा जयपुरी में पर्याप्त साम्य है। जयपुरी में प्रयुक्त कर्म-सम्प्रदान का नै परसर्ग हरियाणी की तरह कर्त्ता के साथ भी प्रयुक्त होता है। सम्बन्ध में को, का, की तथा अपादान में सूँ, सैं के प्रयोग इस बोली को जयपुरी से अलग करते हैं।

सर्वनामों में मैं, हम, हमा, तू, थारो, वो, वैह बहुत कुछ पश्चिमी हिन्दी की तरह हैं।

भूतकालिक कृदन्त शे, ई, प्रत्यय से युक्त होते और वर्तमानकालिक कृदन्त त है। चलता हूँ के लिए चलूँ, चला के लिए चल्यो, चलूँगा के लिए चलूँगो का प्रयोग किया जाता है।

नमूना—तेरे पीछे कैंह को छोरा आवै है। वह को बाप वैह नै दूर ही तैं आवतो देख्यो [तेरे पीछे किसका लड़का आता है। उसके बाप ने उसको दूर ही से आते देखा]।

पश्चिमी हिन्दी की प्रमुख बोलियाँ

ग्रियर्सन महोदय ने पश्चिमी हिन्दी के अन्तर्गत पाँच बोलियों का उल्लेख किया है—खड़ीबोली, बाँगरू, ब्रजभाषा, कन्नौजी, बुन्देली। डॉ० भोलानाथ तिवारी 'निमाड़ी' को भी इसी के अन्तर्गत मानते हैं। डॉ० हरदेव बाहरी पश्चिमी हिन्दी के दो वर्गों—आकार बहुला तथा ओकार बहुला का उल्लेख करते हैं। उन्होंने दक्खिनी हिन्दी को भी इसी वर्ग में रखा है। मुख्यतः इस वर्ग में छह बोलियाँ हैं।

इन बोलियों में कौरवी तथा ब्रजभाषा प्रतिनिधि बोलियाँ हैं। शेष हरियाणी, दक्खिनी, कौरवी की, बुन्देली और कन्नौजी ब्रजभाषा की उपबोलियाँ हैं।

खड़ीबोली या कौरवी

खड़ीबोली का अर्थ है स्टैण्डर्ड या परिनिष्ठित भाषा। खड़ीबोली संज्ञा मूलतः

---

1. **वही, पृ० 134।**

कौरवी को साहित्यिक भाषा बनने के पश्चात् प्राप्त हुई। परिनिष्ठित भाषा के रूप में इसमें अन्य बोलियों के आवश्यक तत्त्वों को भी ग्रहण किया गया है। बोली रूप में इसे कौरवी कहना ही अधिक समीचीन है। हिन्दुस्तानी, सरहिन्दी, वर्नाक्यूलर आदि अन्य नामों से भी इसे पुकारा गया है।

इसका क्षेत्र रामपुर, मुरादाबाद, बिजनौर, मेरठ, मुजफ्फरनगर, सहारनपुर, देहरादून के मैदानी हिस्से, अम्बाला के पूर्वी भाग, कलसिया और पटियाला के पूर्वी भाग तक विस्तृत है। शुद्ध कौरवी का क्षेत्र गंगा और यमुना के उत्तरी दोआब (देहरादून का मैदानी हिस्सा, सहारनपुर, मुजफ्फरनगर और मेरठ के पूरे जिले एवं बुलन्दशहर जिले का अधिकांश उत्तरी भाग) तक सीमित है। अवशिष्ट क्षेत्र की बोली अन्य भाषाओं से प्रभावित है। बोलनेवालों की संख्या एक करोड़ से अधिक है।

विशेषताएँ—मूल कौरवी में लोक-साहित्य उपलब्ध है जिसमें गीत, गीत-नाटक, लोक-कथा, गप्प, पहेली आदि हैं। कौरवी से विकसित खड़ीबोली के साहित्यिक भंडार की विशालता सर्वविदित है। आधुनिक काल में खड़ीबोली ही ज्ञान-विज्ञान, पठन-पाठन तथा लेखन की माध्यम भाषा है।

अ, आ, इ, ई, ठ, ऊ, ए, ऐ, ओ, औ, ऑ सामान्य स्वर हैं। और पूर्वी बोलियों में संयुक्त स्वर है किन्तु इसमें मूल स्वर है। ऑ का प्रयोग केवल अंग्रेजी शब्दों से साथ ही नहीं बल्कि हिन्दी में भी होता है, जैसे—गॉय। ऐ भी मूल स्वर है, जैसे पैसा, अवधी की तरह इसे पइसा नहीं कहते।

परिनिष्ठित हिन्दी में पाए जाने वाले व्यंजनों में (क, ख, ग, घ, ङ; च, छ, ज, झ, ञ, ट, ठ, ड, ढ, ण, त, थ, द, ध, न, प, फ, ब, भ, म, य, र, ल, व, स, ह, तो हैं ही इनके अतिरिक्त कुछ संयुक्त व्यंजन जैसे—न्ह, ण्ह, ल्ह, ल्ह, र्ह, म्ह, भी प्रयुक्त होते हैं। परिनिष्ठित हिन्दी की तुलना में कौरवी में स्वरों की दीर्घता कुछ कम होती है। दीर्घ स्वरों के बाद के द्वित्त व्यंजनों के उच्चारण के कारण यह दीर्घता स्पष्ट रूप से कम हो जाती है, जैसे—लोट्टा, गाड्डी, धोत्ती में ओ, आ की मात्राएँ। कौरवी के शब्द या तो व्यंजनान्त हैं या दीर्घ स्वरान्त। ए के के उच्चारण की तीन प्रवृत्तियाँ हैं—दीर्घ बलाघात युक्त बछेड़ा, दीर्घ बलाघातहीन टके, ह्रस्व एक्का।

ऐ, औ का उच्चारण ए, ओ के रूप में किया जाता है। उच्चारण के खड़ेपन अथवा तान के एकाएक ऊँची होने के कारण या पश्च ध्वनि पर बलाघात के कारण आदि के स्वर लुप्त हो जाते हैं, जैसे—इकट्ठा का कट्ठा, मिठाई का मठाई, मंदिन का मंदर, अनाज का नाज, इलाज का लाज।

महाप्राण ध्वनियों की महाप्राणता दब जाती है अत: वे अल्पप्राण के रूप में सुनाई देती हैं, जैसे—भूख = भूक, धोखा = धोका, झूठ = झूट।

न के स्थान पर ण प्राय: हो जाता है, जैसे—भगवान् = भागवान, मानुष = माणस, लेन-तेन = लेण-देण, ड़, ढ़ की अपेक्षा ड, ढ अधिक व्यापक हैं।

र, ल, ळ, ड़ ध्वनियाँ आपस में परिवर्तित हो जाती है, जैसे—माल = माळ , चपरासी = चपड़ासी। कुछ शब्दों को एक साथ सन्धि करके बोला जाता है, जैसे—छिप गया = छिब्गा, हाँ भाई = हम्बई।

व्याकरणिक विशेषताएँ—खड़ीबोली या कौरवी का व्याकरण परिनिष्ठित हिन्दी से बहुत भिन्न नहीं है। आ से अन्त होनेवाले पुल्लिग संज्ञा शब्द तिर्यक् एकवचन और मूल बहुवचन में प्राय: एकारान्त होते हैं। बहुवचन का तिर्यक् रूप ओंकारान्त तथा ऊँकारान्त दोनों प्रचलित हैं, जैसे—लोन्डा-लोन्डे, लोन्डों, लोन्डूँ, बेट्टा, बेट्टे, बेट्टों, बेट्यूँ। परिनिष्ठित हिन्दी में ऊँ रूप नहीं चलता। कुछ शब्द एकवचन तथा बहुवचन में एक समान रहते हैं, जैसे—पत्थर, धोबी आदि। स्त्रीलिंग शब्दों का बहुवचन रूप एँकारान्त और आकारान्त दोनों होते हैं, जैसे—बातें और बाताँ।

परसर्गों—का विवरण इस प्रकार हैं—

कर्त्ता—ने, ० (बिना परसर्ग के भी वाक्य बन जाते हैं, जैसे—वह (ओह) दिया।

कर्म—को, कूँ, (ने का प्रयोग भी होता है) जैसे—मैंने जाणा है (मुझको जाना है) ने के स्थान पर कहीं-कहीं नूँ भी प्रचलित है।

करण-अपादान—से का प्रयोग अधिक व्यापक है। सेत्ती, ते, सों, का भी प्रचलन है।

सम्बन्ध—का, के, की।

अधिकरण—में, पै, प, पे।

सर्वनाम—उत्तम पुरुष	**एकवचन**	**बहुवचन**
	मैं (में)	हम
	मैंने	हमने
तिर्यक्	मझ, मुजको	हमको
	मेरा	हमारा, म्हारा
मध्यमपुरुष	तू,	तम
तिर्यक्	ते, तुझको	तमें
	तेरा	तुम्हारा या थारा
अन्य पुरुष	ऊ, ओ, ओह	वो, वोह, वे
तिर्यक्	उस	उन

(यह) ई, ए, यू, यो, या अन्य रूप हैं।

उच्चारण और ध्वनि भेद के कारण जो, जौन, कौन, ऐसा, अभी आदि क्रमशः जो, जोण, कोण, असा, इसी में परिवर्तित हो जाते हैं। जब, तब को जिब, तिब कहते हैं, कितने का संक्षिप्त रूप कै, कोई का को, क्या का के रूप प्रचलित हैं।

क्रिया रूप—खड़ीबोली के ग्रामीण रूप अर्थात् कौरवी में वर्तमान कृदन्त परिनिष्ठित हिन्दी की तरह त रूप नहीं होता। सम्भाव्य वर्तमान से ही सामान्य वर्तमान का काम चल जाता है; जैसे—में मारूँ हूँ (मैं मारता हूँ)। में जाऊँ हूँ (मैं जाता हूँ।)

भूतकालिक कृदन्त आ न होकर या है जैसे—चल्या, मिल्या, गिया (गया)। भूत निश्चयार्थ वर्तमान की तरह रहता है सिर्फ भूत की सहायक क्रिया लगा दी जाती है, जैसे—मैं मारता था = मैं मारूँ था।

भविष्यत् में ग रूप ही है किन्तु उच्चारण द्वित्व हो जाता है। जैसे—खाऊँग्गा। क्रिया रूपों में संक्षिप्तीकरण की भी प्रवृत्ति परिलक्षित होती है। जैसे—जांगा (जाऊँगा), खांगे (खाएंगे)।

सहायक क्रिया—वर्तमान

	एकवचन	बहुवचन
उत्तम पुरुष	हूँ	हें
मध्यम पुरुष	हे	हो
अन्य पुरुष	हे	हों

भूत

था	थे

नमूना—परियों के दिए समान से सेखचिल्ली बहुत खुश होगा। ऊ टेसण, पै गिया, अर, टिकड लैके घर की ओड कूचल दिया। उसनै रास्ते में टोकरी तै रुपए निकालने सुरू कर दिए।[1]

[परियों द्वारा दिए गए सामान शेखचिल्ली बहुत खुश हुआ। वह स्टेशन पर गया और टिकट लेकर घर की ओर चल दिया। उसने रास्ते में इस टोकरी से पैसे निकालने शुरू कर दिए]

हरियाणी या बाँगरू

इस बोली का क्षेत्र दिल्ली, रोहतक, कर्नाल, जींद, नाभा, हिसार के पूर्वी भाग, दक्षिणी-पूर्वी पटियाला आदि में विस्तृत है। प्राचीन काल में यही क्षेत्र कुरुक्षेत्र या ब्रह्मावर्त नाम से विख्यात था। बोलनेवालों की संख्या 30-32 लाख

1. **ग्रामीण हिन्दी बोलियाँ, पृ० 57।**

से अधिक है। इस बोली-क्षेत्र की सीमाओं पर खड़ीबोली, अहीरवाली, मारवाड़ी तथा पंजाबी बोली जाती हैं। अतः इनका इस पर प्रभाव होना स्वाभाविक है।

हरियाणी में स्वरों के उच्चारण में अधिक विविधता है। अ का उ, ए, ओ में प्रायः परिवर्तन किया जाता रहता है। जैसे—कहाउँ, कोहाउँ, रहा = रेह्या, जबाब = जुबाब। खड़ीबोली कौरवी और हरियाणी (बाँगरू) में पर्याप्त साम्य है। हरियाणी के संज्ञा रूप तिर्यक् बहुवचन में कौरवी की तरह ओकारान्त न होकर पंजाबी, राजस्थानी की तरह आँकारान्त होते हैं, जैसे—घोड़ाँ, माणसाँ, छोर्याँ आदि।

नै परसर्ग कर्त्ता, कर्म, सम्प्रदान तीनों में प्रयुक्त होता है। सम्प्रदान का ल्याँ, अधिकरण का महँ, माँह, हरियाणी और कौरवी के प्रमुख विभेदक तत्त्व हैं।

सर्वनामों में पुल्लिग योह, याह (स्त्री०) मन्ने, मन्नै, तन्ने, तन्नै, थाने, थारा, जौण, कौण विशिष्ट हैं।

सहायक क्रिया—वर्तमान सूँ, साँ, हूँ, सैं, सै, से (होने के लिए), सों हैं। भूत सहायक क्रिया था है। मारता था को मारदा था भी कहा जाता है। शेष सभी बातें प्रायः कौरवी के समान हैं।

नमूना—बड़ा भाई चलो चल चलो चल एक बियाबान जंगल में पहुँचा। ओठैं क्या देखा अक सेरणी पड़ी रोण लाग री अर कहण लागी अंक औ जाण वाले मेरा तें काँडा काड जा। [बड़ा भाई चलता-चलता एक निर्जन जंगल में पहुँचा। वहाँ क्या देखा कि एक शेरनी पड़ी रो रही है और कह रही है कि ओ जानेवाले मेरा काँटा निकाल दे]।

दक्खिनी हिन्दी—इस बोली का मूलाधार 14-15 वीं सदी के मध्य दिल्ली के आस-पास प्रचलित खड़ीबोली थी। दक्षिणी की ओर कई बार उत्तर के मुसलमानों का आक्रमण हुआ। अलाउद्दीन खिलजी (1307 ई०), मुहम्मद तुगलक (1327 ई०), निजाम (1723 ई०) की दक्षिण प्रदेशों की विजय सम्बन्धी उपलब्धियाँ महत्वपूर्ण हैं। समय-समय पर पंजाब और दिल्ली के आस-पास के लोग जो सैनिक, राजकर्मचारी, धर्मप्रचारक के रूप में गुजरात, महाराष्ट्र, हैदराबाद के कुछ क्षेत्रों में बस गए अपनी मूल बोली को यहाँ भी प्रयुक्त करते रहे, इसी बोली को दक्खिनी कहा गया है। विद्वानों ने बोलनेवालों की संख्या 40 लाख तक आँकी है।

1. दक्खिनी की प्रायः सभी ध्वनियाँ हरियाणी की तरह हैं। आ, इ (जपित) उ (जपित) विशिष्ट हैं।

2. फारसी-अरबी की ध्वनियाँ ख़, ग़, ज़, फ़, भी प्रचलित हैं। कभी-कभी सामान्य क, ख को ख़ करके बोलते हैं, जैसे—तडकना =तड़खना, खाक़ (खाख)।

3. ह के पहले आनेवाले अ का उच्चारण ऐ करके किया जाता है। ह का उच्चारण इसी स्वर में विलीन हो जाता है—ठकेरते = ठैरते, पहला = पैला, शहर = शैर।

4. कौरवी की तरह अल्पप्राणीकरण की प्रवृत्ति प्रधान है, जैसे समझ=समज, कुछ =कुच, मुझे = मुजे (इनमें झ, छ आदि महाप्राण ध्वनियाँ हैं जो अल्पप्राण ज, च में बदल गई हैं)।

5. महाप्राणीकरण के भी कुछ उदाहरण मिल जाते हैं, जैसे—उल्ठा, फंखड़ी। पंजाबी की तरह मध्यकालीन भारतीय आर्यभाषाओं के द्वित्व रूप अब भी इसमें मिलते हैं—मिट्ठा, किच्चड़।

6. न्द, न्ध, म्ब के स्थान पर क्रमशः न, म, म्म हो गया है, जैसे—चान्दनी =चाननी, बान्धना = बानना, गुम्बद = गुम्मद।

व्याकरण—संज्ञा शब्दों का बहुवचन आ, ओं या अन् होता है, जैसे—दोस्त = दोस्ताँ, दिनों, पुतलाँ, जनन्।

परासर्ग

कर्त्ता—ने, नी, नै।

कर्म—कू, कँ, । ने नी के भी प्रयोग होते हैं।

करण—ते, तें, सूँ, से, सेती।

सम्प्रदान—तइँ, कूँ, को, काज, खातिर।

अपादान—ते, तैं, थे, सूँ, थें, थे।

सम्बन्ध—का, के, की, केरे, केरी, कियाँ।

अधिकरण—मनै, माने, मंह, उपर, पे, पै, पर।

सर्वनाम—मैं, मुज, हम, तू, तुम, तुझ कौरवी के वह, वो वे समान हैं किन्तु परसर्गों के साथ इनकी रूप-रचना कहीं-कहीं भिन्न हो जाती है, जैसे—हमना, तुमना, तिर्यक् मुँजे, उनों आदि।

निजवाचक सर्वनाम अपस का प्रयोग अधिक प्रचलित है।

स्त्रीलिंग विशेषण विशेष्य के वचन के अनुसार बदल जाते हैं, जैसे—अच्छी लड़की, अच्छियाँ लड़कियाँ। सहायक क्रिया वर्तमान अछूँ, अछें, अछो,भूत था, थ्या, थे, अथे, भविष्य हूँगा, होंगे आदि उल्लेखनीय हैं।

नमूना—येह समझ लेको उने कीड़े खाना छोड़ दिया, हौर तीतर कबूतर के शिकार पो जपने लगा। धोबी बाशा का भी तमाशा देख्या था, हौर बगोला कीड़े खाना छोड़ देकर कबूतर के कुधन झाँकता है। [यह समझ लेकर उसने कीड़े खाना छोड़ दिया। हौर तीतर कबूतर के शिकार की प्रतीक्षा करने लगा। धोबी

बाज का तमाशा देखा था। हौर बगला कीड़े खाना छोड़कर कबूतर की ओर निहारता।]

ब्रजभाषा

पश्चिमी हिन्दी की ओकार बहुला उपवर्ग की प्रतिनिधि बोली ब्रजभाषा का क्षेत्र मथुरा, आगरा, भरतपुर, धौलपुर, करौली, ग्वालियर का पश्चिमी हिस्सा, जयपुर का पूर्वी हिस्सा, गुड़गाँव का पूर्वी हिस्सा, बुलन्दशहर, अलीगढ़, एटा, मैनपुरी तथा गंगापार के क्षेत्र बदायूँ, बरेली, नैनीताल की तराई में फैला है। शौरसेनी प्राकृल से विकसित ब्रजभाषा के अध्ययन से अन्य कई बोलियों बुन्देली, कन्नौजी, राजस्थानी, गढ़वाली, कुमायूँनी आदि को सरलता से समझा जा सकता है। 27 हजार वर्गमील में विस्तृत क्षेत्र में बोलीगत समरूपता नहीं रह सकती। यही कारण है कि इस क्षेत्र में अनेक उपबोलियाँ बन गई हैं, जैसे—नैनीताल की बोली भुक्सा, एटा, मैनपुरी, बदायूँ और बरेली जिले की बोली अन्तर्वेदी, धौलपुर और पूर्वी जयपुर की बोली, डांगी, करौली की जादोबाटी। मथुरा, अलीगढ़ तथा पूर्वी आगरे की बोली आदर्श ब्रजभाषा के रूप में मान्य है। बोलनेवालों की संख्या 1 करोड़ 30 लाख से अधिक है।

16वीं से 20 वीं सदी के आरम्भ तक ब्रजभाषा साहित्यिक महत्व की सामान्य भाषा थी। जो गौरव आज खड़ीबोली को प्राप्त है वही उस समय ब्रजभाषा को प्राप्त था। परिनिष्ठित हिन्दी के गौरवपूर्ण स्थान पर अधिष्ठित होने के कारण यह बोली का नाम छोड़कर भाषा के नाम से विभूषित हुई। ब्रजभाषा में प्रचुर साहित्यिक कृतियाँ उपलब्ध हैं। सूरदास, नन्ददास, बिहारी, मतिराम, भूषण, देव, भारतेन्दु हरिश्चन्द्र,जगन्नाथदास रत्नाकर आदि ब्रजभाषा के अमर कलाकार हैं।

ब्रजभाषा की व्याकरणिक विशेषताएँ

ध्वनि व्यवस्था—ब्रजभाषा में प्रायः वही ध्वनियाँ हैं जो मानक हिन्दी में हैं, कुछ ध्वनियों के उच्चारण में किंचित् अन्तर अवश्य है। मूल स्वर अ, आ, इ, ई उ, ऊ, ए, ऐ ओ, औ हैं। इनमें ऐ तथा औ के ह्रस्व रूप भी प्रचलित हैं। स्वरों के अनुनासिक तथा संयुक्त रूप भी प्रयुक्त होते हैं। उदासीन अ, इ, उ के जपित रूप भी ब्रजभाषा में हैं। ऋ का उच्चारण हिन्दी की अन्य बोलियों की तरह रि होता है। अपभ्रंश प्रभाव के कारण शब्दान्त में इ, उ के अवशेष उपलब्ध होते हैं। जैसे—रामु, आनु, कालि।

परिनिष्ठित हिन्दी के ए, ओ स्वर ब्रजभाषा में ऐ, औ हो जाते हैं जैसे—ऊधो>उधौ, करें>करैं, ने>नै। शब्दान्त आ के ओ होने की भी प्रवृत्ति है—झगड़ा>झगरो, बसेरा>बसेरो।

ब्रजभाषा में पाई जानेवाली व्यंजन ध्वनियाँ इस प्रकार हैं—

कंठ्य—क्, ख्, ग्, घ्, ङ्

तालव्य—च्, छ्, ज्, झ्, ञ्

मूर्धन्य—ट्, ठ्, ड्, ढ्, ड़्, ढ़्

दन्त्य—त्, थ्, द्, ध्, न्

ओष्ठ्य—प्, फ्, ब्, भ्, म्

अन्तस्थ—य्, र्, ल्, व्,

ऊष्म—स्, ह

उपर्युक्त व्यंजन ध्वनियों के उच्चारण स्थान का निर्देश डॉ० धीरेन्द वर्मा के अनुसार है। (ब्रजभाषा व्याकरण-पृ० 46) हिन्दी की व्यंजन ध्वनियों के उच्चारण स्थान के किंचित परिवर्तन का संकेत अनेक विद्वानों द्वारा किया गया है। ब्रजभाषा को इसका अपवाद नहीं कहा जा सकता। क वर्गीय ध्वनियों का उच्चारण स्थान कोमल ताल्, च वर्गीय ध्वनियों का तालु वर्त्स्य, न का स्थान वर्त्स्य, च का स्थान तालु निर्दिष्ट किए गए हैं। घ, ञ, ण, न, म अनुनासिक हैं। इनका प्रयोग वर्गाधीन है। ण का उच्चारण ब्रजभाषा में नहीं होता। इसका स्थान न ध्वनि ले लेती है। साहित्य में ण के प्रयोग दो स्वरों के मध्य में हुए हैं। न और म का प्रयोग शब्द के आदि, मध्य दोनों में मिलते हैं। ल और ड ध्वनियों को कई स्थानों पर र में बदल दिया जाता है—झगड़ा>झगरो, साड़ी>सारी। य और व का यथावत् उच्चारण करते हैं किन्तु य का ज और व का ब भी हुआ है। ड़, ढ़ शब्द के मध्य में आनेवाले व्यंजन हैं। श, ष का समाहार स में हो गया है। ष को ख भी बोलते हैं। परिनिष्ठित हिन्दी में न, म, र, ल के महाप्राण रूप नहीं हैं, ब्रजभाषा में इनके महाप्राण भी हैं; जैसे—न्हात, सम्हारो, उरहानों।

संज्ञा-प्रातिपादिक

ब्रजभाषा में संज्ञा शब्द अ, आ, इ, ई, उ, ऊ, ओ, औ आदि स्वरों से अन्त वाले हैं; जैसे—बात, गाय, सखा, सौति, हाँसी, मधु, बीछू, तिनको, माथौ आदि।

लिंग

हिन्दी की अन्य बोलियों के समान ब्रजभाषा में भी शब्दों को दो लिंगों—पुल्लिग और स्त्रीलिंग के अन्तर्गत रखा जाता है। डॉ० उदयनारायण तिवारी का मत है कि ब्रजभाषा में कभी-कभी नपुंसक लिंग भी मिलता है। यह इसकी प्राचीनता का द्योतक है। उत्तरी भारत की अधिकांश बोलियों से यह लिंग लुप्त हो चुका है। इन बोलियों में नपुंसक संज्ञापद पुल्लिग में परिवर्तित हो गए

हैं, किन्तु ब्रजभाषा में कहीं-कहीं यह लिंग आज भी सुरक्षित है। उदाहरणस्वरूप क्रियाबोधक संज्ञा का लिंग इसमें नपुंसक था। यही कारण है कि ब्रजभाषा में केवल पुल्लिग मारनो ही नहीं मिलता अपितु अधिकतर इसका नपुंसक रूप मारनौ ही मिलता है। साहित्यिक ब्रजभाषा की अपेक्षा ग्रामीण ब्रजभाषा में नपुंसक का रूप ही अधिक प्रचलित है। उदाहरणस्वरूप सोने का नपुंसक रूप सोनौं अथवा सोनों ही ग्रामीण ब्रजभाषा में प्रचलित है।' (हिन्दी भाषा का उद्‌भव और विकास—पृ० 240-41)

पुल्लिग से स्त्रीलिंग बनाने के लिए अधोलिखित प्रत्ययों के प्रयोग होते हैं—

1. अकारान्त संज्ञाओं के स्थान पर इनि या इनी, न, आनी प्रत्यय लगते हैं; जैसे—ग्वाल+इनि=ग्वालिनि, ग्वाल+इनी=ग्वालिनी, शेर+नी=शेरनी, जेठ+आनी= जेठानी।

2. आकारान्त संज्ञाओं में ई का योग होता है; जैसे—लरिका+ई=लरिकी, छोरा+ई=छोरी।

वचन

ब्रजभाषा में वचन दो हैं—एकवचन तथा बहुवचन। बहुवचन बनाने के लिए जो चिह्न लगाए जाते हैं वे कारकीय चिह्नों से अभिन्न हैं।

एकवचन	बहुवचन	प्रत्यय
किताब	किताबें	एं
,,	किताबन	अन
,,	किताबैं	ऐं
रोटी	रोटीन	न

तिर्यक् बहुवचन—अन, नि, न, ओं, न्ह, औ से सम्पन्न होते हैं—

आम+अन = आमन, हाट+नि=हाटनि, गली+न=गलिन, काँटा+ओं=काँटों, रोटी+याँ (आँ) = रोटियाँ, वीथी+न्ह=वीथिन्ह

परसर्ग

कर्त्ता—ने, नैं

कर्म-सम्प्रदान—को, कौं, कूँ, कू, एं, ए, कैं, के,

करण-अपादान—ते, तै, सू, सूँ, से, तैं, सें

सम्बन्ध—को, की, कि, कौ

अधिकरण—में, मैं, माँह, पे, पै, प, लौं

सर्वनाम

ब्रजभाषा में पुरुषवाची सर्वनामों की दोहरी स्थिति है। प्रथम तो ब्रजभाषा के निजी रूप हैं और दूसरे खड़ीबोली (कौरवी) वाले रूप।

उत्तम पुरुष सर्वनाम

	एकवचन	बहुवचन
सामान्य—	हौं, हों, मैं, में, हुँ	हम
तिर्यक्—	मों, मोहिं, मुज	हम, हमनि, हमौं, हमकों
	मुहि, मोसों, मेरौ, मोसों	हमारौ

मध्यमपुरुष

	एकवचन	बहुवचन
सामान्य—	तू, तूँ, तैं, तें	तुम
तिर्यक्—	तो, तुज, तोको, तोसों	तुम, तुम्हौं, तुमन, तुमसौं
	तेरो, तिहारो, तोपै	तुम्हारो, तिहारो

अन्य पुरुष (वह)

सामान्य—	वह, बू, वु, वो, वा	बे, वे, वै, उन, विन्हौ
	बा, विस, वाहि, वाको	उनकौ, उनसौ

निश्चयवाचक निकट पद

सामान्य—	यह, यिह, इ, ई	ये, यै, जे
	या, इस, याहि	इन, इनि, इन्हौं

सम्बन्धवाचक सर्वनाम

	एकवचन	बहुवचन
मूलरूप	जो	जे
तिर्यक्	जा	जिन
	जाहि, जिह, जिहि, जेहि, जासु	जिन्हैं, जिनहि, जिन्हें

नित्यसम्बन्धी सर्वनाम

मूलरूप	सो	ते, से
तिर्यक्	ता	तिन
	ताहि	तिन्हैं

प्रश्नवाचक सर्वनाम

प्रश्नवाचक सर्वनामों का वचन भेद नहीं होता है

सामान्य—को, कौन

तिर्यक्—का, कौन, काहिं, कौनै

अचेतन पदार्थों के लिए कहा, काहे

अनिश्चयवाचक सर्वनाम

(वचन भेद नहीं)

सामान्य—कोऊ, कोई

तिर्यक्—काहू कछुक (अचेतन पदार्थों के लिए)

निजवाचक सर्वनाम आप, आपन, अपनो, अपने, अपनौ।

प्रचार वाचक सर्वनाम (सर्वनाम मूलक विशेषण)
ऐसे, ऐसो, तैसो, तैसे आदि।

परिणाम वाचक

एते, एती, जेते, जेतिक, तेतै, केतौ, केतिक

वर्तमान कृदन्त

वर्तमानकालिक कृदन्त व्यंजनान्त धातुओं में अत तथा स्वरान्त धातुओं में त लगाकर बनाए जाते हैं। जैसे—सेवत, सुनत जात। इनके अन्य रूपान्तर अतु-सेवतु अति-राजति, तो-इतराती।

भूतकालिक कृदन्त

पुल्लिग एकवचन— **ओ, औ, जैसे**—दीनो, कीनो, कीनौ
यो, यौ—गयो, भयो, पायौ

बहुवचन— **ए,, ये, यै**—चले, पढ़े, बनाये, लग्यै

स्त्री० **एकवचन ई**—गई, आई, **बहुवचन ईं**—गिरीं, आईं

पूर्वकालिक कृदन्त

प्रत्यय	इ	–	करि, समुझि
	य	–	खाय, खोय
	ऐ	–	लै, दै, चितै

साधारण पूर्वकालिक कृदन्त में कभी-कभी कैं, के, कें भी संयुक्त किए जाते हैं—पकरि के, नाचि कैं

संज्ञार्थक कृदन्त

नो, नौ—चलनो, करनो, करनौं

बो—चलिबो, करिबो, हंसिबो

साधारण या भूतकाल (तिङ्तीय विकास)

वर्तमान निश्चयार्थ

अन्य पुरुष

	एकवचन	बहुवचन
	ए—मिले	एं—गावें, रहें
	ऐ—करै, मिलै	ऐं—गावैं, रहैं
	इ—होइ	
	य—खाय	
मध्यम पुरुष	अहि-सकहि, मिलहि	औ, आवौ ओ, करो
उत्तम पुरुष	औं,- फिरौं ऊँ—पाऊँ ओं-जानों	ए, आइँ-करें (करइँ) हिं-जाँहिं

भविष्य निश्चयार्थ

(ग लगाकर)

	एकवचन		बहुवचन	
अन्य पु०	ऐगो, यगो	जुरैगो, होयगो	एंगे-यगे,	राखेंगे, करेंगे
	एगौ-करेगो		होयगे	
	स्त्री-ऐगी	तरैगी	अहिगी	बूझहिंगी
	एहिगी	तरहिगी		
मध्यम पु० पुल्लिग	यगौ	देयगौ	औगे	करौगे
स्त्री०	ऐगी	डरैगी	अहुगी	करहुगी
उत्तम पु०	ऊंगौ	करूँगौ	एँगे	करेंगे
	औगी	करौगी		

ग लगाकर

		एकवचन		बहुवचन
अन्य पु०	इहै—	रहिहै	इहैं	रहिहैं
मध्यम पु०	इहै—	रहिहै	इहौं	रहिहौं
उत्तम पु०	इहौं—	रहिहौं	इहैं	रहिहैं

वर्तमान आज्ञार्थ

उ = सुनु, अ = सुन, इ = सुनि, हि = सुनहि, अहु = सुनहु, ओ = सुनो।

भूत सम्भावनार्थ

अतो—	आवतो	अते—	आवते
अती—	आवती	अतीं—	आवतीं

वर्तमान

	एकवचन	बहुवचन
अन्य पु०	है (ऐ)	हैं (ऐं)
मध्यम पु०	है (ऐ)	हौ (औ)
उत्तम पु०	हौं, हों, हूँ (औं)	हैं (ऐं)

भूत (था, थे, थी के लिए)

पुल्लिंग	हो, हौ, हुती, हुतौ, हतो, तो	हे, हते, हुते, ते
स्त्रीलिंग	ही, हती, हुती, ती	हीं, हतीं, हुतीं, तीं

संयुक्त काल

वर्तमान अपूर्ण निश्चयार्थ—देति है, जाति हौं, जानत हो

वर्तमान पूर्ण निश्चयार्थ—हम पढ़े एक साथ हैं, भयौ है

भूत अपूर्ण निश्चयार्थ—आप पाक करत हुते, गावत हुती

भूत पूर्ण निश्चयार्थ—आली हौं गई ही आजु

प्रेरणार्थक क्रिया

करायो, कहावै, उपजावत, जिवाय।

संयुक्त क्रिया

ब्रजभाषा में परिष्ठित हिन्दी की तरह संयुक्त क्रियाओं के भी प्रयोग मिलते हैं जैसे—चली जाति, खेलत फिरैं, घेरि लियौ, चुग्यौ चहतु, बरसन लगे, लैं सकै आदि।

क्रिया विशेषण

कालवाचक—अब, तब, तौ, तद, जब, जौलौं, नित, आजु, पुनि, फिरि, आगे, छिनु, पहिले।

स्थानवाचक—यहाँ, ह्याँ, इत, इतै, उहाँ, उत, तहँ, तित, जहँ, जित, कित, कितै, कहतूँ, कहूँ, अनत, पाछे, निकट, ढिग।

विधिवाचक—ऐसौ, ऐसे, अस, यों, वैसे, तैसे, जस, जैसे, जिमि, जो, कैसे, किमि, मनो, मानौं, जनु, जनों, बर।

निषेधकवाचक—नहीं, नहिं, नाहीं, नाहिन, ने, जिन-जिन।

कारण वाचक—क्यौं, क्यों, कतक, कत

परिमाण वाचक—केतो, कछू, कछुक, नैंक, अति।

विशेषण—संख्यावाची कई विशेषणों का उच्चारण हिन्दी से भिन्न हैं। जैसे—एकु, द्वै, ग्यारहै, चउदै, किरोड़। इसी तरह उच्चारण भेद क्रमवाचक विशेषण में भी परिलक्षित होते हैं। जैसे—पैहलै, दूजै, छठ्यों आदि।

वाक्य रचना

पद्यात्मक रचनाओं में शब्दों के क्रम में काफी उलटफेर मिलता है। गद्य में पहले कर्त्ता इसके बाद कर्म तथा अन्त में क्रिया रहती है, जैसे—सब गुनी जन मेरो जस गावत हैं।

बुंदेली

उत्तर में यमुना, उत्तर-पश्चिम में चंबल, दक्षिण में मध्य प्रदेश के जबलपुर तथा सागर जिले के बीच दक्षिण-पूरब में रीवाँ एवं मिर्जापुर के पर्वतीय भागों से बुंदेलखंड की सीमा बनती है। यहाँ बुंदेला क्षत्रियों का बाहुल्य रहा इसीलिए इस क्षेत्र को बुंदेलखण्ड की संज्ञा प्राप्त हुई। बुंदेली इसी क्षेत्र की बोली है किन्तु स्मरणीय है कि बुंदेली बोली इस क्षेत्र में कुछ जगहों पर नहीं बोली जाती और इस सीमा से बाहर भी कुछ क्षेत्रों में बोली जाती है। झाँसी, जालौन, हमीरपुर, ग्वालियर, भोपाल, ओरछा, सागर, नृसिंहपुर तथा होशंगाबाद में विशुद्ध बुंदेली प्रचलित है। दतिया, पन्ना चरखारी, दमोह, बालाघाट, नागपुर आदि में मिश्रित बुंदेली बोली जाती है। बोलनेवालों की संख्या 92 लाख से कुछ अधिक है।

बुंदेली में अधिक साहित्यिक रचनाएँ उपलब्ध नहीं हैं। इस क्षेत्र में जो साहित्य लिखा गया उसे ब्रजभाषा के अन्तर्गत माना गया यद्यपि उसमें बुंदेली की स्पष्ट छाप है। ऐन साई की दार्शनिक कविता, इसुरी का फाग और गंगाधर का प्रेम-काव्य उल्लेखनीय हैं।

विशेषताएँ

ध्वनिगत—1. बुंदेली में ऐ, औ का उच्चारण मूल स्वर तथा संयुक्त स्वर दोनों रूपों में होता है। ब्रजभाषा की तरह स्वरों के अनुनासिक रूप भी मिल जाते हैं। ए, ओ का ह्रस्व रूप भी प्रचलन में हैं।

2. उच्चारण में अल्पप्राणीकरण की प्रवृत्ति मिलती है—गधा = गदा, दूध = दूद, भूख = भूँक।

3. ड, ढ का प्रयोग कम किया जाता है। ड की जगह र बोला जाता है, जैसे—करोड़ = करोर, दौड़ = दौर। बुंदेली में कुछ विचित्र ध्वनि परिवर्तन घटित हुए—हड = हँड़स, अवकास=उकाश, अँगूठा=ऊँठा, कम्बल=कमरो, सीढ़ियाँ= छिड़ियाँ, बिवाह=व्याब आदि।

कभी-कभी र लुप्त भी हो जाता है—गारी = गाई, भारी = भाई।

व्याकरणगत विशेषताएँ—संज्ञा का सामान्य आकारान्त रूप एकवचन तथा बहुवचन में एक सा देखा जा सकता है, जैसे—साँप। आकारान्त हिन्दी संज्ञा रूप बुंदेली में प्रायः ओकारान्त होते हैं। इनके बहुचन रूप एकारान्त होते हैं। तिर्यक् बहुवचन बनाने के लिए प्रायः सभी पुल्लिग शब्दों में अन् और अन प्रत्यय लगाया जाता है, जैसे—साँपन, घोरन्, रातन, बहुवचन हिन्दी एं के स्थान पर बुंदेली ऐं होता है—रातें = रातैं। इसमें अवधी की तरह इया अथवा व प्रत्यय भी संज्ञा के साथ जुड़ते हैं। जैसे—लड़किया, लड़कीवा।

परसर्गों का विवरण इस प्रकार है—

कर्त्ता—ने, नै, न्हैं।

कर्म-सम्प्रदान—कौ, को, कूँ, खों, खाँ।

करण-अपादान—से, सें, सो, सौं।

सम्बन्ध—की, के, कौ, खौ, खी, खे, खैं,

अधिकरण—में, मैं, पै, लौ।

'के लिए' के अर्थ में 'के लानै', के संगै/खातिर अन्य परसर्गों का भी प्रयोग होता है।

सर्वनाम उत्तम पु०—मैं, मे, हम लो, तिर्यक्-मो।

मध्यम पु०—तू, तुम्, तें, तै, तुम, तुम लोग, तिर्यक्—तो।

अन्य पु०—वौ (वह) वौ, ओ, ऊँ, वे, बे, तिर्यक्—ऊ, ऊँ, वा (स्त्री) जो, जौ, जे, ये।

विशेषण—आकारान्त विशेषण प्रायः हिन्दी के समान होते हैं ।संख्यावाची विशेषणों में कुछ का उच्चारणों हिन्दी से भिन्न हैं, जैसे—चउदा, सोरा, उन्नैस आदि।

क्रिया-पद-वर्तमान सहायक तथा अस्तित्ववाचक क्रिया हौं (हूँ) औं, हों, ओ, हैं, हें, एँ, हौ (हो), हौं (हों), **भूत सहायक** क्रिया—हतो, हते, हती (था, थे, थी) तो, ते, ती रूप भी प्रचलित है।

भविष्यत्—ह, ग, न रूप प्रचलित हैं किन्तु कभी-कभी वर्तमान के द्वारा भी भविष्य का काम चला लिया जाता है, जैसे—जैहौं, जैहन, जैहत, जैहै, जैबो।

वर्तमानकालिक—कृदन्त-त रूप, मारत, मारतौ, भूतकृदन्त-ओ, रूप-मारो, गओ, खायो।

संज्ञार्थक क्रिया—मारनै, मारबो (मारना)।

पूर्वकालिक—खाके, जाकै, सोके (खाकर, जाकर, सो करके अर्थ में)।

अव्यय—आझई, परसौं, पैले (पहले), नेंक (बिल्कुल) आदि विशिष्ट अव्यय हैं।

नमूना—कुछू दिनां पैलें की बात है, एक चलतौ-फिरतौ आदमी एक राजा के दरबार में पोंचौ। मुजराकर चाकरी के लाने बिनती करी, मरजी भई के अबै तों काँउँ कौतउं काम है नइयाँ, फिर अब कौनऊ जांगा हुए तब देखी जै। [कुछ दिन पहले की बात है एक चलता-फिरता (चंट) आदमी एक राजा के दरबार में पहुँचा। मुजरा करके नौकरी के लिए बिनती की, आज्ञा हुई कि अभी तो कोई काम है नहीं, फिर जब कोई जगह होगी तो देखा जाएगा।]

कन्नौजी

फरूखाबाद जिले में स्थित आधुनिक कन्नौज जिसका प्राचीन नाम कान्यकुब्ज उपलब्ध होता है के नाम पर आलोच्य बोली का नाम कन्नौजी पड़ा। कन्नौज प्राचीनकाल में एक स्वतन्त्र राज्य था। इस बोली का क्षेत्र इटावा, फरूखाबाद, शाहजहाँपुर, कानपुर, हरदोई और पीलीभात के जिलों में विस्तृत है। विशुद्ध कन्नौजी, इटावा तथा फरूखाबाद में बोली जाती है।

ध्वनिगत विशेषताएँ

1. कन्नौजी में ह्रस्व ए, ओ, न्ह्, म्ह, रह, ल्ह ध्वनियाँ प्रयुक्त होती हैं।

2. ड, ड़, ढ, ढ़ में स्पष्ट भेद हैं।

3. ण का प्रचलन नहीं है। ड़, ल की तुलना में र का प्रयोग व्यापक है।

4. न के स्थान पर ल, व के स्थान पर ब/उ बोला जाता है—हलूमान (हनूमान), वसुल = बसूल = उसूल।

5. व्यंजन संयोग तथा वाक्यों में शब्द संयोग उल्लेखनीय हैं—वास्साह (बादशाह), जग्गै (जगह), थग्गयो (थक गया), लोभ्मति करो (लोभ मत करो)।

6. महाप्राणीकरण तथा अल्पप्राणीकरण के बहुत से उदाहरण मिल जाते हैं।

7. मध्य ह के लोप की भी प्रवृत्ति मिलती है—मनाही = मनाई, रहे = रए।

8. पुल्लिग संज्ञा के साथ उ का प्रयोग ब्रजभाषा तथा अवधी की तरह किया जाता है—कानु, पेटु, किसानु।

व्याकरणगत विशेषताएँ

संज्ञा—पुल्लिग सामान्य एकवचन आ/ओकारान्त है, जैसे—लरिका, काँटो तिर्यक् एकवचन तथा सामान्य बहुवचन का रूप एकारान्त और आकारान्त दोनों होते हैं, जैसे—काँटे, घोड़े, लरिका, तिर्यक् बहुवचन न प्रत्यय से सम्पन्न होता है, जैसे—घोड़िन, लरिकन।

स्त्रीलिंग बनाने के लिए आइन, इया, ई प्रत्ययों को जोड़ा जाता है, जैसे—पठकाइन, बकरिया, घोड़ी।

परसर्ग

कर्त्ता—ने, नै, नें

कर्म-सम्प्रदान—को, कौ, काँ, कँ, ऐं, कउ, का

करण-अपादान—से, सें, सेती, सन, करि, तैं, ते

सम्बन्ध—को, के, की, कर

अधिकरण—में, मैं, मों, माँ, माँझ, मइहाँ, महिआँ, पे, पै, पर लों, ए, के खातिर, के ताई, के मारे का भी परसर्ग रूप में प्रयोग होता है।

सर्वनाम

उत्तम पुरुष	**एकवचन**	**बहुवचन**
सामान्य	मैं, महँ, हम	हम, हमु
तिर्यक्	मो, मोकौ, मोसे	हम, हमैं, हमको
मध्यम पुरुष		
सामान्य	तू, तूँ, तैं	तुम, तुम्ह
तिर्यक्	तो, तोको, तोसों	तुम, तुम्हें
	तौरी	तुम्हारो
अन्य पुरुष	**एकवचन**	**बहुवचन**
सामान्य	ऊ, उह,ओ	वे, वैं, बैं
तिर्यक्	उहि, बाको	उन, उन्हें, ऊनैं

ई, यहू, जे, जइ, इन, उनको, यहि, जउन, तउन, कौनु, अन्य पुरुष के अन्य रूप हैं।

क्रिया—अस्तित्ववाची तथा सहायक क्रिया

वर्तमान—हूँ, हौं, हो (हूँ) हैं, हैंगे, है, हैगो, हौ, हउ आदि।

भूत—थो, थे, थी, थीं, ही, हते, हती, हतीं।

भविष्य—इस क्रिया में ह रूप अधिक प्रचलित है। ग रूप का भी प्रयोग होता है, जैसे—हुइहौं, हुइहें, हुइहैं, हुइहो, जाएगा,जायगो आदि।

वर्तमान कृदन्त—त, तु, से बनता है, जैसे—हम चलत है, तू चलत हौ

भूत कृदन्त—ओकारान्त-चलो, गयो, स्त्रीलिंग-चली गई

तिङ्तीय प्रयोग भी प्रचलित है, जैसे—मैं, मारूँ, तू मारे

संज्ञार्थक क्रिया—चलनो, चलिबो, चलन। पूर्वकालिक क्रिया-चलिके, चलके

नमूना—इकु बनिओ हतो। उइकै एकु लरिका हतो। जौ लरिका ज्वान हुई गओ तो बिहाउ करि दओ। वौ कत्तु कठुनाई हतो। [एक बनिया था। उसके एक लड़का था। जब लड़का जवान हो गया तो विवाह कर दिया। वह कुछ करता नहीं था।]

पूर्वी हिन्दी की बोलियाँ

अवधी

अवधी पूर्वी हिन्दी की महत्वपूर्ण बोली है। अयोध्या से औध या अवध प्रान्त बनता है। इसी के आधार पर इसे अवधी कहते हैं। इस बोली के अन्य नाम भी सुझाए गए हैं जिनमें मुख्य हैं पूर्वी कोसली तथा बैसवाड़ी। पूर्वी (पूरविया) संज्ञा बिहारी बोलियों के लिए भी चलती है। अतः अवधी के लिए यह सार्थक नाम नहीं है। कोसली कुछ हद तक ठीक नाम है। बैसवाड़ी तो अवधी की एक क्षेत्रीय बोली है। इस नाम में अव्याप्ति का दोष है।

क्षेत्र—अवधी लखीमपुर, खीरी, बहराइच, गोंडा, बाराबंकी, लखनऊ, उन्नाव, फैजाबाद (पूर्वी हिस्सा छोड़कर), सुल्तानपुर, प्रतापगढ़, रायबरेली, जौनपुर और मिर्जापुर के पश्चिमी भाग फतेहपुर और इलाहाबाद में बोली जाती है। इसकी पश्चिमी सीमा में कन्नौजी और बुन्देली हैं और पूरब में भोजपुरी बोली का क्षेत्र है। दक्षिण में इसी की उपबोलियाँ बघेली-छत्तीसगढ़ी हैं। उत्तरी क्षेत्र नेपाली भाषा का है। बोलनेवालों की संख्या दो करोड़ से कुछ अधिक है।

उद्भव—अवधी का विकास अर्धमागधी से माना जाता है। अर्धमागधी का जो साहित्यिक रूप उपलब्ध है, उसमें अवधी की कुछ प्राचीन विशेषताएँ दृष्टिगत होती हैं। डॉ० बाबूराम सक्सेना का मत है, 'पूर्वी हिन्दी का सम्बन्ध जैन अर्धमागधी की अपेक्षा पालि से ही अधिक है, किन्तु वास्तव में पालि, जैन

अर्धमागधी से पुरानी भाषा है, इधर जैन अर्धमागधी ग्रंथों का सम्पादन तो ईस्वी सन् की पाँचवी शताब्दी में हुआ था। इससे हम यह कल्पना कर सकते हैं कि प्राचीन अर्धमागधी बाद की अर्धमागधी से भिन्न थी और इस प्राचीन अर्धमागधी में ही अवधी की उत्पत्ति हुई।

साहित्यिक भाषा तथा बोलचाल की भाषा में सदैव से काफी अन्तर रहा है। अर्धमागधी के प्राचीन और नव्य रूप की कल्पना करके अवधी की सार्थक उत्पत्ति सिद्ध नहीं की जा सकती है। वास्तव में भाषाओं के जो भी साहित्यिक साक्ष्य हमें उपलब्ध हैं उनका स्वरूप क्षेत्रीय बहुत कम है। व्यापक प्रचार-प्रसार की चिन्ता के कारण कई क्षेत्रीय बोलियों के तत्त्व उनमें सम्मिलित हो गए हैं। डॉ० रामविलास शर्मा का मत ठीक इसके विपरीत हैं 'अवधी किसी अर्धमागधी प्राकृत या अपभ्रंश की पुत्री नहीं है।' अवधी का मूलाधार प्राचीन कोसली समुदाय की गणभाषाएँ हैं। कारक रचना और क्रियापद रचना दोनों में इस समुदाय की विशेषता थी। इसी से भाषा की संश्लिष्ट प्रकृति का जन्म हुआ।'

'कोसल की जनपदीय भाषा उत्तर भारत में लगभग डेढ़ हजार साल तक सम्पर्क भाषा रही है। गौतम बुद्ध और श्रावस्ती के वैभव काल से लेकर बारहवीं सदी में गोविन्द चन्द्र गहड़वार और दामोदर पंडित के समय तक अवधी वह भूमिका निबाहती रही थी। संस्कृत, पालि, प्राकृत का व्यवहार इस अवधी की अपेक्षा बहुत सीमित था, ग्रंथ रचना में उनकी प्रधानता थी, बोलचाल के स्तर पर अवधी का व्यवहार होता था।' शर्मा जी के मत को आसानी से स्वीकार करना सम्भव नहीं है। एक तो इनका मत कल्पनाश्रित अधिक है पुष्ट प्रमाणों पर आधारित कम।

संस्कृत, पालि, प्राकृत (साहित्यिक प्राकृतें) तीनों भाषाओं का निर्माण क्या बोलियों का आधार ग्रहण किए बिना ही हो गया था। बौद्ध तथा जैन प्रचारकों के द्वारा संस्कृत के विरुद्ध पालि या प्राकृत को धर्म प्रचार की भाषा चुनने के पीछे क्या सर्वसाधारण के बोधत्व का प्रश्न नहीं था? तत्कालीन साहित्यिक भाषाओं में पुरानी अवधी के तत्त्व तो हैं किन्तु शत-प्रतिशत अर्धमागधी को अवधी का पूर्व रूप नहीं माना जा सकता। बोलचाल की अवधी उससे भिन्न थी जिसे अवहट्ठ में अधिक महत्व मिला है। तेरहवीं-चौदहवीं शताब्दी में तो यह साहित्यिक भाषा के रूप में आगे आ गई—उन भाषिक तत्त्वों को लिए-दिए जिन्हें साहित्यिक भाषाओं से ग्राम्य मान कर उपेक्षित कर दिया था। ये तत्त्व आकाश से नहीं टपक पड़े थे बल्कि लोक में अपनी सम्पूर्ण अर्थवत्ता के साथ मौजूद थे।

ध्वनिगत विशेषताएँ

1. अवधी में हिन्दी की प्रायः सभी ध्वनियाँ मिलती हैं। अ, आ, इ, ई, उ, ऊ, ए, ऐ, ओ, औ प्रमुख स्वर ध्वनियाँ हैं। अवधी में ए, ओ के ह्रस्व रूप भी

प्रचलित हैं। बेटवा, लोटवा में प्रयुक्त 'ए, ओ' ह्रस्व स्वर हैं। ऐ, औ, मूल स्वर न होकर संयुक्त स्वर हैं। इनका उच्चारण संस्कृत परम्परा की याद दिलाता है। अवधी में पैसा का पइसा तथा औरत का अउरत उच्चारण किया जाता है। ऋ की स्थिति मानक हिन्दी की तरह है। ऋ का स्वर-रूपान्तर, अ, इ, उ परम्परागत तद्भव शब्दों में सुरक्षित देखा जा सकता है; जैसे—मातृ>माइ (माई), बुड्ढा (वृद्धा), तिनका (तृण)। ऋ की अरि या इरि के रूप में भी उच्चरित किया जाता है; जैसे—अतिरित, मिरगा, ऋ, का रि भी होता है जैसे रितु। इ, ए, उ का जपित रूप भी प्रयुक्त होते हैं जैसे—भींजि, रामु, काहेसे। स्वरों के अनुनासिक रूप भी प्रचलित हैं—भींग, पूँछ, सोंठि।

व्यंजन ध्वनि, व्यवस्था में भी मानक हिन्दी से थोड़ा भेद परिलक्षित होता है। अवधी में ण ध्वनि नहीं है। इसका स्थान ग्रहण करती है न, जैसे—बाण से बान। ड़ के स्थान पर र और ल के स्थान पर स का आगमन शब्द के मध्य या अन्त में होता है। ड़ मानक हिन्दी में भी आरम्भ में प्रयुक्त नहीं है। आरंभिक र और ल दोनों सुरक्षित रहते हैं; जैसे—राम, लाम, (लम्बा या दूर) किन्तु शब्द-मध्य या शब्दान्त में ल का स्थानापन्न र से होता है और कहीं-कहीं ड़ का भी र से जैसे—थाली>थारी, हल>हर, साड़ी>सारी। पांड़े में ड़ सुरक्षित हैं। स, ष, श में से केवल स का प्रचलन है। ष, श को स की तरह ही उच्चरित किया जाता है जैसे शुक्ल>सुकुल, कौशल>कउसल, ष का एक उच्चारण ख भी है; जैसे—वर्षा>बरखा, पुरुष>पुरिख या पुरुख। ह के दो रूप अघोष और सघोष हैं। जैसे—हम (अघोष ह), नह (सघोष ह)। उच्चारण की सुविधा के लिए व्यंजनों का संयोग भी कर दिया जाता है। जैसे—बाप महतारी>बाम्महतारी, चोर लइगा>चोल्लइगा। न्ह्, म्ह्, ल्ह्, रह् संयुक्त ध्वनियाँ हैं जो शब्दों के मध्य में प्रयुक्त होती हैं।

व्याकरणगत विशेषताएँ

संज्ञा—अवधी में प्रातिपादिक अधिकांशतः स्वरान्त हैं। अन्य स्वरों की अपेक्षा अन्त्य अ की प्रधानता है। वैसे अन्य स्वरों से युक्त प्रातिपादिकों की भी प्रचुरता है। जैसे—

अ—	घोर	(ड़)	घर	जाप,	बाभन
आ—	राजा,	बाछा (बछवा),		लरिका,	संज्ञा
इ—	राति	भगति,		आँखि,	जोति
ई	अंगुरी,	सामी,		पानी	लछिमी
उ	जीउ,	आँसु,		पिउ,	रितु
ऊ	गोरू,	पलटू,		साधू,	गुरू

अवधी में आ/अकारान्त और ईकारान्त संज्ञाओं के तीन-तीन रूप प्रचलित हैं; जैसे—लरिका-लरिकवा-लरिकौना, बिटिया, विट्टी, विटियवा। इया या उवा या वा प्रत्यय अधिकाशंतः शब्दों के साथ लगा दिए जाते हैं; जैसे—रतिया, बतिया, भिन्सरवा (सवेरे), संझवा। विदेशी शब्द भी इन प्रत्ययों से मुक्त नहीं रह सके है जैसे—रजिस्टरवा

लिंग-निर्णय

अवधी में संज्ञा शब्दों को दो लिंगों के अन्तर्गत रखा जाता है। कुछ अपवादों को छोड़कर अ या आकारान्त शब्द पुल्लिग तथा इ अथवा ईकारान्त शब्द स्त्रीलिंग होते हैं। पुल्लिग से स्त्रीलिंग बनाने के लिए इन या इनि प्रत्यय लगाए जाते हैं। जैसे—मालिन, पंडिताइनि, सिंघिनी। अवधी के अन्य स्त्री प्रत्यय ई, इया, हैं। जैसे—बिट्टी, बुढ़िया।

वचन

अवधी में वचन दो ही हैं—1. एकवचन 2. बहुवचन। पुल्लिग व्यंजनान्त शब्दों में उ जोड़ने की प्रवृत्ति अपभ्रंश के प्रभाव के कारण साहित्यिक अवधी में अवशिष्ट है। सामान्य एकवचन तथा तिर्यक् एकवचन का रूप प्रायः एक-सा रहता है। जैसे—

लरिका क काम (तिर्यक् एकवचन) खड़ीबोली में होगा—लड़के का काम (तिर्यक् एकवचन)।

लरिका जात रहा (सामान्य एकवचन)

लड़का जा रहा था (खड़ीबोली)

एकवचन से बहुवचन बनाने के लिए अ/आकारान्त शब्दों में ए प्रत्यय लगाया जाता है। जैसे—

एकवचन		बहुवचन
घोड़ (र)	=	घोड़वे
सपन	=	सपने
बात	=	बातें (अनुनासिकता सहित)

कभी-कभी एकवचन को सीधे बहुवचन के लिए प्रयोग में ला दिया जाता है। जैसे—

लरिका खात रहिन।

तिर्यक् बहुवचन में न, नि, न्ह, न्हि, के भी प्रयोग होते हैं।

सरग तराइन मांझ बसावउं

यहि वातनि तैं ओखर पावसि

दर्व दान विप्रन्ह का दीन्हा

नैनन्हिं छूटि रकत कै धारा

परसर्ग

कर्त्ता—परसर्ग का प्रयोग नहीं होता। जैसे—ऊ किताब पढ़िस (उसने किताब पढ़ा)।

कर्म-सम्प्रदान—का, का, कहँ, कु, कूँ, के, कहूँ

करण-अपादान—से, सेनी, सेन, सन, ते, सों, सेंती, हुंत

सम्प्रदान—बरे, बदे

सम्बन्ध—क, की, के, कर

अधिकरण—में, माँ, म, माँझ, मंह, महुं, पा, पे, पर

सर्वनाम

पुरुषवाची सर्वनाम—उत्तम पुरुष—मैं

	एकवचन	बहुवचन
मूलरूप—	मइं,मैं	हम, हम लोग
तिर्यक्—	मो	हम, हमहिं
कर्म-सम्प्रदान—	मोका, मोकहूँ, मोकउँ, मोके, मोहिका	हमका, हमकहँ, हमकहुँ, हमके
करण—	मोसे, मोसन, मोसों	हमसे, हमसन, हमसों
सम्बन्ध—	मोर,	हमारा
अधिकरण—	मोहि माँ,	हम माँ
	मोपे, मो पर	हम पर

मध्यपुरुष (तुम)

	एकवचन	बहुवचन
सामान्य—	तू, तूं, तहं, तोइ	तुम, तुम्ह, तू सब
		तुम लोग
तिर्यक्—	तो, तोहिं, तोहि	तुम, तुम्ह
कर्म-सम्प्रदान—	तोका, तोहिके, तोके, तोकेहूँ, तोकहँ	तुमका, तुम्हका
करण-अपादान—	तोसे, तोसों	तुमसे, तुम्हसे
	तोसन	तुमसों, तुमसन

सम्बन्ध—	तोर	तुमार, तोहार
अधिकरण—	तोहिमाँ, तोपे	तुम्हहिं, माँ, तुमपे
अन्य पुरुष (वह)		
सामान्य—	ऊ	वेइ, तेइ (ऊ)
तिर्यक्—	ऊ, ओ, ओह	ओ, ओन
	ओके, ओसे	ओनके, ओनका
	ओकर, ओह पर	ओनके, ओनकर
	ओहि के, ओहि से	ओनपे, ओनपर
	ओहिकर, ओहिपर	ओनमाँ
अन्य पुरुष (यह)		
सामान्य—	ई, एह	ए
		इन, इनका
तिर्यक्—	ए, एहके, एहका	(एनका), एनसे
	एके, एका, एसे, एहपे	एनमाँ, इनपर

सम्बन्धवाचक सर्वनाम

	एकवचन	बहुवचन
सामान्य—	जो, जेइ, जे	जेई, जे
तिर्यक्—	जेहि, जेह, जिह	जिन, जिन्ह

प्रश्नवाचक सर्वनाम

	को, कउन	के, किन्ह, किनि
	काहे, केहि	

निजवाचक सर्वनाम

आपन, अपने, आपु, आपुहिं

रीतिवाचक सर्वनाम

अस, अइसी, तस, तइसी, जस, जइस, कस, इस

परिणामवाचक

एतनइ, एतना, एत्ता, कतै

संख्यावाचक—केते, जेते, कइ

क्रिया—

सहायक क्रिया-वर्तमान—	अहै (अहइ)	अहैं (अहइं)
	अहिसि	अहहु
	अहौं	अही

आटे, बाटे से भी सहायक क्रियाओं का निर्माण होता है। जैसे—बाटइ, बाटइं (बाटें) बाटेसि-वाटसिं बाटउ (हु), बाटौ, बाटी आदि।

भूत—रहा, रहे, रहेन, रही, भा, भे, भये

वर्तमान कृदन्त—त रूप जैसे—देखत, खात, पियत

देखत तव बदन कमल मन मन अनंद होई

भूत-कृदन्त—अ = चला, देखा, करा, पावा, भवा

भविष्य-कृदन्त—ब, ह = देखब, करब, होइहै, करिहै, जइहइं आदि।

संज्ञार्थक क्रिया—ब = देखब, करब, जाव खड़ीबोली में इनके स्थान पर देखना, करना, जाना क्रिया रूप होते हैं।

पूर्वकालिक क्रिया—कइके, खाइ के, सोइके, रहिके (खड़ीबोली में करके, खाकर, सोकर आदि)

वर्तमान सम्भाव्य—देखी, देखउ, देखें, देखसि

आज्ञार्थ—देखि, देखु-सुन, कर, करहु, जाहु

प्रेरणार्थक क्रिया—करावइ, पढ़ावइं, वैटावइ, कराई, पढ़ाई, खोदावा, लड़ावा

अव्यय (क्रिया विशेषण)

कालवाचक—अब, अबह, अबहीं, तव, तबइ, तबहीं, फुनि, जउलइ, आजु, नित, घरी-घरी, छिन, तहिया, कहिया, तहिया, (जिस दिन, किस दिन, उस दिन के लिए)

स्थानवाचक—कतऊ, कतहूँ, कहूँ, बाहिर, बीच, उहाँ, तहाँ, तहवाँ, नियर, कहवां, तर, पास।

रीति वाचक—अस, तस, जस, अइसा, कइसा

परिणामवाचक—कछु, बहुतै, बहु, अधिक, अतिसा

निषेधवाची—न, नाहीं, बिनु, बिना, जनि, जिन

समुच्चयबोधक अव्यय—अउ, अउर

विशेषण

गुणवाचक विशेषण प्राय: आकारान्त होते हैं। जैसे—भल, नीक, छोट, मोट,

संख्यावाची विशेषण—एक, दुइ, तीनि, चारि, पाँच, छइ, सात, आठ, नव, दस, इगारा, बारा, तेरा, चउदा, सोरा आदि।

नमूना—एक गाँव माँ एक अहिर रहा। ऊ बड़ा भोंग रहा। सबेरे जब सोय के उठै तो पहले अपने महतारी का चार टन्नी धमकाय दियै तव कौनौ काम करत रहा। बेचारी बहुत पुरनिया रही नाहीं तौ का मजाल रहा केऊ देहिं पै तिरिन छुआय देत॥

बघेली

बघेलखंड की बोली का नाम बघेली है। बघेले राजपूतों के नाम पर इस क्षेत्र का नाम बघेलखंड प्रचलित हुआ। यह बोली रीवाँ, जबलपुर, दमोह, माँडला, बालाघाट, बाँदा, फतेहपुर तथा हमीरपुर जिलों के कुछ भागों में बोली जाती है। अनेक भाषावैज्ञानिक बघेली को स्वतन्त्र बोली की मान्यता नहीं प्रदान करते। इसे अवधी की एक उपबोली माना जाता है। बघेली में लोक साहित्य उपलब्ध है।

विशेषताएँ—अवधी और बघेली में बहुत-सी समानताएँ हैं।

अवधी की ओ और ए ध्वनियों के उच्चारण में क्रमशः व और य श्रुति ला दी जाती है, जैसे—घोड़ = घ्वाड़, पेट = प्याट, खेत = ख्यात। अवधी व को बघेली में ब बोलते हैं, जैसे—आवा = आबा।

परसर्गों में कर्म-सम्प्रदान में कहा, करण-अपादान में तार अवधी परसर्गों से अतिरिक्त हैं।

सर्वनाम में उच्चारण की भिन्नता है, जैसे—हम्ह, म्वार (मोर), त्वार आदि।

विशेषण में हा अतिरिक्त जोड़ दिए जाते हैं, जैसे—अधिकहा, निकहा। पूर्वकालिक क्रिया में देखके, करके, के प्रयोग होते हैं। भूतकाल में ता, ते, तो रूप भी प्रचलित हैं, जैसे रहे ते, रही ती (रहे थे, रही थी), भविष्य में ह रूप अधिक प्रभावी है, जैसे—जहौं, करिहौं।

नमूना—अइसै-अइसै एक राजा रहैं। उनके सात रानी रहैं। राजा बुढ़ाय चलें पैं उयें रानिन माँ कोहू के लड़का न होयं, राजा सोचिन हमरे मरे के बाद को राजा होई, को राज चलाई।

[ऐसे-ऐसे एक राजा था। उनके सात रानियाँ थी। राजा बुड्ढे हो गए परन्तु उन रानियों में किसी को लड़का न हुआ। राजा ने सोचा कि हमारे मरने के बाद कौन राजा होगा, कौन राज चलाएगा।]

छत्तीसगढ़ी

छत्तीसगढ़ों वाले क्षेत्र को छत्तीसगढ़ तथा उसकी बोली को छत्तीसगढ़ी कहते हैं। बोली का क्षेत्र, रायपुर, बिलासपुर, सम्भलपुर, काँकेर, नन्दगाँव, सरगुजा, उदयपुर, चाँदा के उत्तरी-पूर्वी भाग, बालाघाट का पूर्वी भाग, बस्तर

और बिहार के पलामू तक फैला हुआ है। इस बोली क्षेत्र की सीमाओं पर भोजपुरी, मगही बघेली, मराठी, उड़िया और तेलगू बोली जाती है। अतः इन बोलियों का प्रभाव पड़ना स्वाभाविक है। इसमें लोक साहित्य की रचना हुई है।

ध्वनिगत विशेषताएँ

छत्तीसगढ़ी में अ, आ, इ, ई, उ, ऊ, ए, ओ, ऐ, औ स्वरों के अतिरिक्त ह्रस्व ए, ओ, का भी प्रयोग होता है। अ, इ, उ के ह्रस्वतर रूप भी चलतें हैं। व्यंजन ध्वनियों में ङ, ञ, ण ध्वनियाँ अपने वर्ग के साथ न ध्वनि के रूप में उच्चारित होती हैं, जैसे—पंचम, अण्ट, सण्ट आदि।

श को स के स्प में बोलने की प्रवृत्ति है—अवधी की तरह ष को ख बोलने की भी आदत हैं, जैसे—दोष = दोख, भाषा =भाखा।

महाप्राणीकरण की प्रवृत्ति विशेष रूप से उल्लेखनीय है, जैसे—इलाखा, धौड़ (दौड़), फुन (पुनि), स का छ, ल का र, य व का ज ब या ए उ उच्चारण इसकी अन्य ध्वनिगत विशेषताएँ हैं।

व्याकरण की विशेषताएँ

संज्ञा बहुवचन का रूप एकवचन की तरह होता है। तिर्यक् बहुवचन में न का प्रयोग कभी-कभी किया जाता है, जैसे—लरिकन, बइलन। सामान्य बहुवचन बनाने के लिए 'मन' प्रत्यय जोड़ते हैं, जैसे—लरिका मन, बेटी मन। सर्वनाम के साथ भी यह प्रत्यय जोड़ा जाता है। पक्षियों और जानवरों के साथ 'गंज' प्रत्यय जोड़ते हैं, जैसे—घोड़ागंज।

स्त्री प्रत्यय निन और इन, आनी, इया दोनों प्रचलित हैं, जैसे—नतनिन, जेठानी, बुढ़िया।

परसर्ग

कर्त्ता—०

कर्म-सम्प्रदान—का, ल, ला

करण-अपादान—ले, से

सम्प्रदान—खातिर, बर

सम्बन्ध—के

अधिकरण—माँ, में, ऊपर

सर्वनाम

उत्तम पुरुष	एकवचन	बहुवचन
सामान्य रूप	मैं, में	हम, हमन
तिर्यक् रूप	मो	हम

मध्यम पुरुष

सामान्य रूप	तू, तैं, ते	तुम, तुम्मन
तिर्यक् रूप	तो	तुम्ह

अन्य पुरुष

सामान्य रूप	वो, ओ, (वह)	उन, ओमन
तिर्यक् रूप	वो, ओ	उन, उन्ह
सामान्य रूप	ए, इया (यह)	इन, एमन
तिर्यक् रूप	ये, ए	इन, इन्ह

जे, जो, जेमन, ते, तउन, तेमन, कउन, कोनूमन आदि अन्य सार्वनामिक रूप हैं।

विशेषण—अवधी की तरह आकारान्त होते हैं। जैसे—बड़, छोट, नान आदि। कुछ विशेषण अकारान्त भी हैं, जैसे—बड़का, मझिला आदि।

क्रिया

वर्तमान सहायक क्रिया—हवउँ (हूँ), हवन् (हैं), हवस (हो), हवै (हे)

भूत—रहेंव, रहेन, रहे

भविष्य—ह और ब रूप-चलहूँ, चलबौ, चलबे, चलिहअ

क्रिया के साथ त और ह को जोड़कर थ बना देते हैं, जैसे—करथन (करते हैं)

वर्तमान कृदन्त—त रूप—देखत, रहत, खात

भूत-कृदन्त—देखत रहेंव, चलेंव, चलेन, चलेस

पूर्वकालिक क्रिया—चलके

संज्ञार्थक क्रिया—चलब, देखन, (अवधी की तरह) क्रिया के सम्भाव्य और आज्ञार्थ रूप प्रायः तिङ्न्तीय रूपों से सम्पन्न होते हैं, जैसे—चलौं, चल, चली आदि। अव्यय—परों, नरों, पहाती (पै भटते), अन्ते (अन्यत्र), एकोत (एक और), का बर (क्यों), अभीच (अबही) विशिष्ट अव्यय हैं।

नमूना—खेती के बुता ल हमन अषाढ़ के महिना ले सुरू करथन। सब ले पहली हमन गर्मी म खेत म खातु डारेरथन। ओला खेत म बिद्या देथन। [खेती के कात को हम लोग अषाढ़ के महीने से शुरू कर देते हैं। सबसे पहले हम लोग गर्मी में खेत में खाद डालते हैं। उसको खेत में बिछा देते हैं।]

बिहारी हिन्दी की बोलियाँ

1. भोजपुरी—बिहार के एक जिले भोजपुर के नाम से एक व्यापक क्षेत्र का नाम भोजपुरी क्षेत्र पड़ गया। इसी क्षेत्र की बोली भोजपुरी है। इस भोजपुर को राजा भोज के वंशजों ने स्थापित किया था। भोजपुरी का एक लम्बा क्षेत्र है जो उत्तर में नेपाल की दक्षिणी सीमा के निकट से शूरू होकर दक्षिण में छोटा नागपुर तक, पश्चिम में पूर्वी मिर्जापुर,वाराणसी, अम्बेदकर नगर से लेकर पूर्व में राँची और पटना के निकट तक फैला है, जिसमें बस्ती के कुछ भाग, गोरखपुर, देवरिया, राँची तथा पालामऊ आदि सम्मिलित हैं। भोजपुरी का अधिकतर क्षेत्र उत्तर प्रदेश में पड़ता है इसलिए इसे बिहारी बोली मानने में कुछ विद्वानों को संकोच होता है।

भोजपुरी में साहित्य रचना की दीर्घ परम्परा मिलती है। मध्यकालीन भक्त कवियों—कबीरदास, चरनदास, धरमदास, धरणीदास आदि ने भोजपुरी में अपनी कुछ वाणियाँ प्रस्तुत कीं। ठाकुर कवि का 'विदेशिया' बहुत ही लोकप्रिय रहा। सिनेमा में भी भोजपुरी को स्थान मिला है।

विशेषताएँ—1. भोजपुरी की ध्वनियाँ अवधी के समान हैं। ण ध्वनि नहीं है।

2. शब्दों के मध्य में आनेवाले, र का प्राय: लोप हो जाता है, जैसे—लइका (लरिका), कइ (करि)।

3. अवधी की तरह ल, ड़ का परिवर्तन र में हो जाने की भी प्रवृत्ति है—जैसे—पतला = पातर, थोड़ा = थोर, बाल = बार, मछली = मछरी।

4. म्ब, म्भ संयुक्त व्यंजन म और म्ह में बदल जाते हैं।

कदम (कदम्ब), लाम (लम्बा), सम्हाल (सम्भाल), न्न, न्ध, क्रमश: न्न, न्ह हों जाते हैं, जैसे—सुन्नरी (सुन्दरी), चान (चन्द), सिनूर (सिन्दूर), कान्ह (कन्धा)।

भोजपुरी में ङ एक स्वतन्त्र ध्वनि के रूप में प्रयुक्त होती है—टाङ्, वाङ् आदि।

इस बोली में महाप्राणीकरण, स्वरभक्ति, अल्पप्राणीकरण, अघोषीकरण, वर्ण-विपर्यय की भी प्रवृत्ति परिलक्षित होती है—

महाप्राणीकरण—सब = सभ, महाभारत = महाभारथ, ठंडा = ठंढा

घोषीकरण—डॉक्टर = डागडर, शकुन = सगुन।

वर्ण-विपर्यय = लखनऊ = नखलऊ।

व्याकरणगत विशेषताएँ—अवधी की तरह भोजपुरी में भी संज्ञा के दो-तीन रूप बनते हैं, जैसे—लड़का, लइका, लइकवा, सोनार, सोनरा, सोनरवा।

स्त्रीलिंग संज्ञाएँ इकारान्त या इँकारान्त होती हैं, जैसे—नातिनि, राति।

परसर्ग

कर्ता— ० बिना परसर्ग के

कर्म-सम्प्रदान—के, कें, ला, ले, लागि, वास्ते, खातिर

करण-अपादान—से, सें, सो

सम्बन्ध—क, के, कर, कै, का

अधिकरण—में, मों, परि, पर

वचन—एकवचन से बहुवचन बनाने के लिए न, न्ह, सभ, लोगन या लोकन प्रत्यय लगाए जाते हैं, जैसे—लइकन, लइकन्ह, तू लोगन, एकवचन का तिर्यक् रूप मूल रूप जैसा रहता है। बहुवचन तिर्यक् में उपर्युक्त प्रत्ययों का ही प्रयोग होता है।

विशेषण—भोजपुरी के विशेषण खड़ीबोली की तरह आकारान्त होते हैं, जैसे—बड़का, निकका, अवधी की तरह अकारान्त भी होते हैं, जैसे—पातर आदि। संख्यावाची विशेषणों में दू, तीनि, चारि, छव, पनरह, अनैंस आदि विशिष्ट रूप हैं। बंगला की तरह संख्याओं के साथ ठे, ठो, लगा दिया जाता है, जैसे—दूठो मेहरिया, तीनठे अदिमी।

सर्वनाम

उत्तम पुरुष	**एकवचन**	**बहुवचन**
सामान्य रूप	मैं, में, हम	हम लोग, हम
तिर्यक् रूप	मो, मोके, हमरा	हमन-हमनी के हमरन
मध्यम पुरुष	**एकवचन**	**बहुवचन**
सामान्य रूप	तू, तैं, तें	तु लोग
तिर्यक् रूप	तो-तोके, तोहरा के तोरा से, तोरा में	तो-तोहनी का तोहनी से, तोहरनी में

आदरसूचक—रउवाँ, रउआँ, रउरा आदि

अन्य पुरुष

सामान्य रूप	ऊ, उ (वह)	उन्ह, ऊ लोग
तिर्यक् रूप	ओ, ओहके, ओसे ओके, ओम्में	उन्हके, ओ लोगन के ओकरन से, उनहन के

सामान्य रूप	ई, इ (यह)	इन्ह, ई लोग
तिर्यक् रूप	ए, एहके	इन्हके, इन्हन से

जे, जो, जवन, के, कवन आदि अवधी से मिलते हैं।

क्रिया

वर्तमान सहायक क्रिया—बार्टी, बाड़ी, बाडे, हउआ, हई, हउएँ आदि।

भूत—रहला, रहलीं, रहलाँ

भविष्य—होइबे, करिबे, खइबा आदि

कृदन्त रूप—वर्तमान कृदन्त—त रूप—चलत, खात, पियत

भूत कृदन्त—ल, लि,ली-गयल, गहली, खइली, खाइलि।

आज्ञार्थ—चल, खा

संज्ञार्थक क्रिया—देखके, करल

पूर्वकालिक क्रिया—खाइके, सुनिके

नमूना—भगवान के अइसन मरजी भइल की खूब पानी बरसवलें। आ गंगा माई अब अपने पेटे के बाहर पानी उगिलि दिहलीं जवने से गीरहत्ते लोगन के जीनगी खराब करे खातिर बाढ़ि लेआके लोगन के खेते में पानी भरि देहलीं।

[भगवान् की ऐसी इच्छा हुई कि (उन्होंने) खूब पानी बरसा दिया। और गंगा माँ ने अब अपने पेटे के बाहर पानी उगल दिया जिससे गृहस्थ लोगों की जिन्दगी खराब करने के लिए बाढ़ लाकर लोगों के खेत में पानी भर दिया।]

मगही—मगही शब्द मागधी का विकृत रूप हैं। यह बोली सम्पूर्ण गया, पटना और हजारीबाग तथा मुंगेर, पालामऊ, भागलपुर, राँची के कुछ भागों में बोली जाती है।

विशेषताएँ—1. अ अपेक्षाकृत विवृत ध्वनि है।

2. श, ष, स में केवल स प्रचलित है।

3. ल की जगह र बोला जाता है।

मगही की ध्वनिगत विशेषताएँ भोजपुरी के समरूप हैं। हिन्दी की अन्य बोलियों की तरह स्वरों के अनुनासिक रूप, महाप्राणीकरण, अल्पप्राणी, घोषीकरण आदि के पर्याप्त उदाहरण मिल जाते हैं।

व्याकरणगत विशेषताएँ—1. संज्ञा के तीन-तीन रूप अवधी, भोजपुरी की तरह मगही में भी चलते हैं, जैसे—चाऊ, नउआ, नउअवा।

वचन—व्यंजनान्त शब्द सामान्य एकवचन और तिर्यक् एकवचन में एक जैसे रहते हैं। आजकल तिर्यक् रूप में ए जोड़ने की प्रवृत्ति भी मिलती है, जैसे—बात से बातें,घर से घरे। मूल और तिर्यक् बहुवचन में न तथा अन्य प्रत्यय जोड़े जाते हैं, जैसे—घोरन, बहिनीअन। मूल बहुवचन के लिए एकवचन के साथ भोजपुरी की तरह 'सब', लोगनि समूहवाची शब्दों का प्रयोग करते हैं, जैसे—तू सब, ऊ लोगनि।

परसर्ग—भोजपुरी से बहुत भिन्न नहीं हैं।

कर्त्ता— ०

कर्म-सम्प्रदान—के, ला, लेल, लागी, प, बदे, वास्ते

करण-अपादान—से, सें, सती, सेती

सम्बन्ध—क, के, केर, करी

अधिकरण—में, मो, पर, ते, (विशिष्ट)

सर्वनाम

उत्तम पुरुष	एकवचन	बहुवचन
सामान्य रूप	हम, मोरा	हमनी, हम सब, हमरन
तिर्यक् रूप	मो,मोरा, मोर	हमनी, हमनीके
	मोराके, हमराके	हमनीसे, हमरनी केर
मध्यम पुरुष		
सामान्य रूप	तू, तों	तोहनी, तोहरनी, तू लोग
तिर्यक् रूप	तोरा, तेरा के तोरा सें	तोहनीके, तोहरनी से
अन्य पुरुष		
सामान्य रूप	ऊ (वह)	ऊ लोग, उन्हकनी
तिर्यक् रूप	ओह, ओकरा	उन्ह, उन्हकरा
	ओहके, ओकरासे	उन्हके, उन्हकरासे
सामान्य रूप	ई (यह)	ई लोग, इन्हकनी
तिर्यक् रूप	एह, एकरा	इन्ह, इन्हकरा

सार्वनामिक विशेषण एतना, एत्तेक, ओतना, जेतना, जेत्तेक, जइसन, तइसन, कइसन उल्लेखनीय हैं।

विशेषण—अधिकतर र और ल से अन्त होते हैं, जैसे—हरियर, सूखल, भळल आदि।

संख्यावाची विशेषणों के कुछ विशिष्ट उच्चारण प्रचलित हैं, जैसे—एगो, दू, छो, इगारह आदि।

क्रिया

वर्तमान सहायक क्रिया—उत्तम पुरुष—ही, हकी, हिकूँ (मैं हूँ, हम हैं)

मध्यम पुरुष—हे, है, हहीं, (तू है, तुम हो)

अन्य पुरुष—है, हे, हो (वह हैं), हहिन, है, हैन, हथिन (वे हैं)

भूत सहायक क्रिया—उत्तम पुरुष—इलू, हली (मैं था), हलीं, हलिए (हम थे)

मध्यम पुरुष—हलें, हले (तम था), हल, हलहू, हलहुन (तुम थे)

अन्य पुरुष—हल, हलै (वह था), हलन (वे थे)

उपर्युक्त विवरण से स्पष्ट है कि मगही में सहायक क्रिया की रूप रचना विविध और जटिल है। इसमें कर्त्ता, कर्म दोनों के लिए आदरार्थी और अनादरार्थी क्रिया का अलग-अलग विधान है।

वर्तमान कृदन्त—त रूप—देखत, देखित

भूत कृदन्त—ल रूप—देखल, भयल

भविष्य कृदन्त—ब रूप—होब, होबइ, इ रूप—होई, होती, होतिन

संज्ञार्थक क्रिया—चलल, चलब

पूर्वकालिक—देखके, कर

नमूना—एक आदमी हलक। उ एक दिन आपन ससुरारी जाइत हलई तो ओकार माई दू आना पइसा देलई, आउ कहलहई की कुछ खा लिहें। तो लड़िकवा मिठाई के दोकान पर जाके कहलई की दू आना के कुछो दे दा।

[एक आदमी था। वह एक दिन अपनी सुसराल जा रहा था तो उसकी माँ ने दो आने पैसे दिए और कहा कि कुछ खा लेना। तो लड़का मिठाई की दुकान पर जाकर कहा कि दो आने का कुछ भी दे दो।]

मैथिली

यह बिहार के मिथिला क्षेत्र की बोली है। मिथिला नाम मिथि नामक एक प्राचीन राजा, मिथिला नाम एक ऋषि से सम्बद्ध किया जाता है। एक अन्य मत के अनुसार मिथ का अर्थ एक साथ या मिला हुआ है। यह प्रदेश मुख्यतः वैशाली, विदेह तथा अंग राज्यों का मिला हुआ रूप है। इसके नामकरण का जो भी आधार हो किन्तु यह नाम पर्याप्त प्राचीन है। इस नाम का उल्लेख याज्ञवल्क्य स्मृति तथा वाल्मीकि रामायण में मिलता है। इस क्षेत्र का अन्य नाम तीरभुक्ति या तिरहुत है। अतः बोली को तिरहुतिया भी कहा जाता है। मैथिली पूर्वी चम्पारण,

मुजफ्फरपुर, मुंगेर, भागलपुर, दरभंगा, पूर्णिया, उत्तरी संथाल परगना, माल्दह, दिनाजपुर, नेपाल की तराई के कुछ क्षेत्र में बोली जाती है। मैथिली साहित्य की दृष्टि से अधिक सम्पन्न है। विद्यापति, उमापति, नन्दीपति, रामापति, मनबोध झा आदि इसके प्रसिद्ध साहित्यकार हैं। मैथिली को स्वतन्त्र भाषा का स्तर प्राप्त हो गया है। बिहार प्रान्त में उच्च कक्षाओं में इसके पठन-पाठन की व्यवस्था है।

ध्वनिगत विशेषताएँ—1. शब्दों के अन्त में आनेवाली अ, इ, उ उदासीन स्वर ध्वनियाँ उच्चारण में स्पष्ट सुनाई देती हैं।

2. भोजपुरी की तरह न्द के स्थान पर न्न, न्ध के स्थान पर न्ह, म्ब के स्थान पर म्म हो जाता है; जैसे—चानन (चन्दन), चुम्मा (चुम्बन)। श और ण को अधिकतर स और न बोलते हैं।

व्याकरणगत विशेषताएँ—अवधी, भोजपुरी की तरह संज्ञा के तीन-तीन रूप प्रचलित हैं। जैसे—घर, घरवा, घरउवा, घोर (घोड़ा) घोरा, घोरउआ।

एकवचन से बहुवचन बनाने के लिए न प्रत्यय जोड़ते हैं, जैसे—घरन, घोरन, पोथिन। सामान्य तथा तिर्यक् रूप प्राय: एकसमान रहते हैं।

बहुवचन बनाने के लिए सभ लोकिन आदि समूहवाची शब्दों का इस्तेमाल करते हैं।

करण कारक के ऐं और अधिकरण कारक के ए विभक्तिक अवशेष को छोड़कर अधोलिखित परसर्गों का प्रयोग किया जाता है—

कर्त्ता— ०

कर्म-सम्प्रदान—के, के, ले, लैं, लेल, खातिर

करण-अपादान—से, सें, सैं, सौं

सम्बन्ध—क, केर, के, कर

अधिकरंण—में, माँ, मों

सर्वनाम

उत्तम पुरुष	**एकवचन**	**बहुवचन**
सामान्य रूप	हम	हमनी, हमरा, सभ, हम सब
तिर्यक् रूप	मोरा, हमरा, मोरा के, हमरा के	हमनी का, हमनी से
मध्यम पुरुष		
सामान्य रूप	तो, तोंह	तोहनी, तोहरा
तिर्यक् रूप	तोरा, तोहरा	तोहनीका

	तोराके, तोरासे	तोहराका
	तोर	तोहरासों
अन्य पुरुष		
सामान्य रूप	ई (यह)	इन्ह
तिर्यक् रूप	एह, एहके, एहसे	इन्हकरासे, इन्हके
सामान्य रूप	ओ (वह)	उन्ह
तिर्यक् रूप	ओह	उन्ह, उन्हरा

विशेषण—संख्यावाची विशेषणों के कुछ विशिष्ट उच्चारण प्रचलित हैं, जैसे—दू, द्यौ, एगारह, चउबन, तिरानबे।

सार्वनामिक विशेषण—एतवाय, एतेक (इतना), ओतवाय, ओतै, ओतना (उतना) आदि निजी प्रयोग हैं।

क्रिया—मैथिली के क्रिया रूप अन्य हिन्दी बोलियों की तुलना में अधिक विविध और जटिल हैं। कर्त्ता एवं कर्म कारकों में आदर और अनादर भाव के अनुसार क्रिया में परिवर्तन कर दिया जाता है।

वर्तमान काल की सहायक क्रिया—उत्तम पुरुष—छिअहु, छौं, छूँ, थिकहुँ, छिऐन्हि, थिकिएन्ह

मध्यम पुरुष—छहै, छहो, छै, थिके, थिको, थिऐन्हि, थिकिएन्हि

अन्य पुरुष—अछि, अछ, छै, थिक, थिको, छथून्हि, छथून

भूतकाल की सहायक क्रिया—उत्तम पुरुष—छलहुँ, छलिअहु, छलिऐन्ह, रही, रहों, हली, रहिऐन्हि।

मध्यम पुरुष—छलाह, छला, छलअ, छलहुन्ह, छलिऐन्ह, रहा, रहलें, रहिऐन्हि।

अन्य पुरुष—छलै, छले, छल, छलथुन्ह, छलहिन्ह, रहै, रहे, रहल, रहथीन्ह।

वर्तमान कृदन्त—त रूप—खाइत— तिङ्तीय रूप भी प्रचलित हैं, जैसे—हम चलैं छी (मैं चलता हूँ)।

भूत कृदन्त—चलल, देखल, खाइल

भविष्य कृदन्त—चलब, खाइब,चलिहे

संज्ञार्थक क्रिया—चलब, देखल

पूर्वकालिक क्रिया—देखि के, खाइ के।

अव्यय—तखन (तब), ओइठाम (वहाँ), कत्ते (कहाँ), इमहर (इधर), जेना (ज्यों), जे (यदि) आदि विशिष्ट हैं।

नमूना—बहुत दिनक बात अछि। एक गाँव में लालू नामक एक आदमी रहैत छल। ओकर घर में तीन आदमी रहैक—औ अपने, ओकर माए और ओकर बहु। ओकरा एकेटा धिया-पूता नैंह छलैंक । ओकर माए आन्हर रहैक। ताहि लेल औ चिन्तित रहैत छल। [बहुत दिनों की बात है। एक गाँव में लालू नाम का एक आदमी रहता था। उसके घर में तीन आदमी थे। वह खुद, उसकी माँ और उसकी पत्नी। उसके एक लड़की थी पुत्र नहीं था। उसकी माँ अन्धी थी। उसको लेकर वह चिन्तित रहा करता था]।

पहाड़ी हिन्दी की प्रमुख बोलियाँ

पहाड़ी हिन्दी की प्रमुख दो बोलियाँ हैं—1. कुमायुँनी 2. गढ़वाली।

1. कुमायुँनी—कुमायूं शब्द का सम्बन्ध संस्कृत कूर्मांचल से है। कुमायुँनी नैनीताल के उत्तरी भाग अल्मोड़ा, पिथौरागढ़, चमोली तथा उत्तर काशी जिलों में बोली जाती है, कुमायुँनी की करीब 12 उपबोलियाँ हैं जिनमें खसपरजिया, कुमैयाँ, फल्द कोटिया, पछाई, चौगरखिया, दानपुरिया आदि प्रमुख हैं।

कुमायुँनी साहित्यिकारों में गुमानी पन्त, कृष्णदत्त पांडे, सिवदत्त सत्ती आदि उल्लेखनीय हैं। बोलनेवाले 9 लाख से कुछ अधिक हैं।

ध्वनिगत विशेषताएँ—1. कुमायुँनी की ध्वनियाँ प्राय: हिन्दी के समान हैं। हिन्दी की कतिपय बोलियों की तरह इसमें भी ए, ओ के दीर्घ एवं ह्रस्व रूप दोनों प्रचलित हैं।

2. आ का उच्चारण कुछ परिस्थितियों में सामान्य स्थिति से किंचित ह्रस्व होता है; जैसे—च्याला, बानि।

3. ए के बाद आ ध्वनि पड़ने पर ए का उच्चारण या किया जाता है। जैसे—तेरा = त्यारा, मेळा = म्याला।

4. कुमायुँनी में श, ळ, भी पाए जाते हैं।

5. अल्पप्राणीकरण कुमायुँनी की प्रमुख प्रवृत्ति है। जैसे—सीख = सीक्, हाथ = हात।

व्याकरणगत विशेषताएँ—हिन्दी के आकारान्त शब्द कुछ क्षेत्रों में ओकारान्त, कुछ क्षेत्रों में अवधी की तरह अकारान्त होते हैं, जैसे—चेलो, आँखो। ओकारान्त एकवचन का बहुवचन रूप आकारान्त होता है, जैसे—च्याला, आँखा। बहुत से एकवचन का बहुवचन में समान रहते हैं, जैसे—वल्द, जोगी, बामण आदि। तिर्यक् बहुवचन न प्रत्यय जोड़कर बनाया जाता है, जैसे—बल्दन, चेलन, आदमिन आदि।

परसर्ग

कर्त्ता—ले, ल

कर्म-सम्प्रदान—कन, कणि, कँ, कहँ, कैं, हुणि

करण-अपादान—ले, ल, ऐ, हे, वैं, थैं

अधिकरण—में, मे, मों, पर

विशेषण—विशेषण ओकारान्त तथा अकारान्त दोनों होते हैं। संख्यावाची विशेषणों में दुइ, ग्यार, चउद, पन्द्र आदि उल्लेखनीय हैं।

सर्वनाम

उत्तम पुरुष	**एकवचन**	**बहुवचन**
सामान्य रूप	मैं, में,	हम, हम लोगोन
तिर्यक् रूप	मैं, में-मैकणो, मेरो, म्योरा	हमन ले, हमनथैं
मध्यम पुरुष		
सामान्य रूप	तू, तु	तुम, तुमि, लोग
तिर्यक् रूप	त्वी, त्वे	तुम, तुमन, तुमकणी, तुमनथैं
अन्य पुरुष		
सामान्य रूप	वी, उ (वह)	वूं, वे
तिर्यक् रूप	वी, उइ = वीकणि	उन, उनन
	वीथै, उइको, उइथै	उनले, उननहै
सामान्य रूप	यो, य	ये, यों
तिर्यक् रूप	ये, थेकणी	इन, इनूले
	येथैं	इनकणी।

जो, जे, ते, तौं, को, कौ, कूण आदि अन्य सर्वनाम हैं।

क्रिया

वर्तमान कृदन्त—नो रूप, जैसे—मैं हिटनो, मैं जानु, (मैं जाता हूँ) आदि रूप बनते हैं।

भूत कृदन्त—अ, इ, ओ रूप, जैसे—मैं गोच्छी, मैं रयो।

भविष्य कृदन्त—लो, लै, ली रूप, जैसे—जालो, जालै, जाली (जाऊँगा, जाऊंगी)

संज्ञार्थक क्रिया—हितण, थूरणो, चराणो

पूर्वकालिक क्रिया—हिटि (चलकर), थूरि बेर (मारकर) देखि बेर

(देखकर)।

करनेवाला के अर्थ में करनियाँ, चलनेवाला के अर्थ में हिटनेर आदि विशिष्ट प्रयोग हैं।

वर्तमान् सहायक क्रिया—छूँ, छुँ, छै, छे, छन्।

भूत सहायक क्रिया—छियूँ, छियाँ, छिये, छिया, छियो आदि।

नमूना—नानि बैणि कि नन्दै कि सासू बिमार छै। उ सैणि एक आदिम दगड़ जाने लोटि गै। मैं अभागिनी तु कणी आपण मुख देखौण नी चानि। [छोटी बहन की ननद की सास बीमार है। वह स्त्री एक पुरुष के साथी जाती गिर गई। मैं अभागिन तुझे अपना मुँह दिखाना नहीं चाहती।]

गढ़वाली

प्राचीन युगीन उत्तराखंड या केदार खंड अनेक गढ़ों में विभक्त हो जाने के कारण मध्यकाल में गढ़वाल की संज्ञा से अभिहित किया गया। गढ़वाली बोली का क्षेत्र मुख्यत: टेहरी, अलमोड़ा, देहरादून का उत्तरी भाग, सहारनपुर, बिजनौर, मुरादाबाद का उत्तरी भाग है। गढ़वाली बोलनेवालों की संख्या 9 लाख से कुछ अधिक है। गढ़वाली का लोक साहित्य समृद्ध हैं। मांगल, जागर, पंवाड़ा, झुमैलो आदि काव्य रूप अत्यन्त मार्मिक हैं। आधुनिक लेखकों में चन्द्रमोहन, तारादत्त गैरोला, तोताकृष्ण गैरोला, चक्रधर बहुगुणा, भोलादत्त देवरानी, भगवती प्रसाद पांथरी आदि उल्लेखनीय हैं।

ध्वनिगत विशेषताएँ—गढ़वाली में स्वर ध्वनियों की स्थिति हिन्दी से किंचित भिन्न है। यह भिन्नता उच्चारण स्थान, सम्वृतता और विवृतता के कारण है। क वर्गीय व्यंजन कुछ पीछे अर्थात् कण्ठ और काकल के बीच से उच्चरित होते हैं। च वर्ग उच्चारण की दृष्टि से कहीं दन्तमूलीय या वर्त्स्य-दन्त्य हो गया है। प वर्ग का उच्चारण ओठ को कुछ आगे निकाल कर किया जाता है। कहीं-कहीं ह का लोप स का छ, ल का ळ हो गया है। र, ड, ल, ळ ध्वनियों की परस्पर अदली-बदली होती रहती हैं, जैसे—शरील (शरीअ), दलेद्र (दरिद्र), काड़ो (काला), काळो (काला)।

ए और ओ में क्रमश: या और वा श्रुतियाँ मिलती हैं, जैसे—त्याल (तेल), स्वाच (सोच)।

अल्पप्राणीकरण और महाप्राणीकरण दोनों के उदाहरण मिल जाते हैं, जैसे—सँजा (साँझ), दूद (दूध), भौत (बहुत), बखरा (बकरा)।

व्याकरणगत विशेषताएँ—गढ़वाली में सामान्य एकवचन का रूप ओ उकारान्त होता है और बहुवचन आकारान्त। इस सम्बन्ध में स्मरणीय है कि हिन्दी में आकारान्त एकवचन है। इसके विपरीत गढ़वाली में बहुवचन तिर्यक्

एकवचन सामान्य बहुवचन की तरह आकारान्त होता है। तिर्यक् बहुवचन में औ या यूँ प्रत्यय लगाते हैं; जैसे—

	एकवचन	बहुवचन
सामान्य रूप	नौनो=नोनु (लड़का)	नौना
तिर्यक् रूप	नौना	नौनौ/नौन्यूँ

अन्य स्वरों से समाप्त होनेवाले शब्दों को सामान्य एकवचन, बहुवचन, तिर्यक् एकवचन में एक समान रखा जाता है। सिर्फ तिर्यक् बहुवचन में औं/ऊँ जोड़ा जाता है, जैसे—

	एकवचन	बहुवचन
सामान्य रूप	रात	रात
तिर्यक् रूप	रात	रातौं/रात्यूँ

परसर्ग

कर्त्ता—न, ने, ल

कर्म-सम्प्रदान—क, कूँ, कौं, कैं, तैं, तई, से, सणी, हणी, छनैं, छनीं, अ

करण-अपादान—से सी, न, ल, ऐइ, आउ, बिटे, ते, न

सम्बन्ध—को, कु, की, र, री, रा, औअ

अधिकरण—मा, माँ, मथे, मजे, हिं पर, उ, वो, तलक, तनैं आदि।

स्त्री प्रत्यय—हिन्दी के आन और नी स्त्री प्रत्यय गढ़वाली में आण और णी रूप में प्रयुक्त होते हैं, जैसे—जेठाण (उच्चारण में ज्यठाण), मास्टरणी आदि।

सर्वनाम

उत्तम पुरुष

	एकवचन	बहुवचन
सामान्य रूप	मैं, मी, आउँ, मु	हम
तिर्यक् रूप	मैं, मी, मे-तें, मैं-कु मीसि, मेरी	हमुं, हमसणि, हमारो

मध्यम पुरुष

सामान्य रूप	तू, तुइन, ताऊँ	तुम, तुमन
तिर्यक् रूप	तोई, तोइकू, तोइते, तेरो	तुमु, तुमसणि, तुमते, तुमारो

अन्य पुरुष

सामान्य रूप	वह, उ, वा	वे, से, ओ, ऊ

वे-वेसणि, वैसि	ऊंसणि, बूँसि
वेकी, वैमाँ	ऊँको, वूमाँ

यो, या, एइन, यूंन (यह) जो, जु, जेइन आदि अन्य रूप हैं। प्रश्नवाची रूप की, कूण, कू, कौं।

विशेषण—गढ़वाली में विशेषण प्राय: ओकारान्त होते हैं, जैसे—स्वाणो (सुन्दर), कालो (काला)। संख्यावाची कुछ विशेष उच्चारण के स्तर पर भिन्न प्रतीत होते हैं, जैसे—सअक, द्वि, चउर, नउ, ग्यार, त्याइस आदि।

सार्वनिक विशेषणों में एशो, वैशो, इथा, इथका, ततरो आदि विशिष्ट हैं।

क्रिया

वर्तमान सहायक क्रिया—छौं, छन, छै

भूत—छयो, छों, थौ, थो, था

भविष्य—लो-चलली, चलला

वर्तमान कृदन्त—हिन्दी त का सघोष रूप द जैसे—चलदो, चलदी

भूत कृदन्त—यो-चल्यो, पिन्यो, नी-दीनी, लीनी

पूर्वकालिक क्रिया—चलि, चलिअ, चलिक

संज्ञार्थक क्रिया—चलणु, खाणु

नमूना—अपण शरीर रखण का वास्ता मानख का वास्ता खाण खाण जरूरी छ। खाण नि मिली त आदमी चल न सकदो। यशा एक गाड़ी और बशीन को चलाण वास्ता पिटरोल व कोयला की जरूरत हौन्दी वैशा शरीर की बशीन कु चलौणा का वास्ता भोजन खाण जरूरी छ। [अपने शरीर की रक्षा के लिए मनुष्य के लिए खाना खाना जरूरी है। खाना नहीं मिलेगा तो आदमी चल नहीं सकता। जैसे एक गाड़ी और मशीन को चलाने के लिए पेट्रोल व कोयले की जरूरत होती है वैसे ही शरीर की मशीन को चलाने के लिए भोजन खाना जरूरी है।]

मानक हिन्दी की संरचना

ध्वनि-गठन

स्वर—अ, आ, इ, ई, उ, ऊ, ए, ऐ, ओ, औ, ऋ की सत्ता परम्परित शब्दों के प्रयोग के कारण बनी हुई है। पालि में विकसित एँ, ऑ, हिन्दी में अपनाए गए। अंग्रेजी के प्रभाव से आगत आ भी है।

व्यंजन ध्वनियों में फारसी के क़, ख़, ग़, ज़, फ़, को स्थान मिल रहा है। पढ़े-लिखे लोग जिस प्रकार संस्कृत के शब्दों की शुद्धता पर ध्यान देते हैं उसी तरह अरबी-फारसी के शब्दों पर भी साधारण लोगों की भाषा में इन ध्वनियों को हिन्दीकृत क, ख, ग, ज, फ के रूप में बोला-लिखा जाता है। कभी-कभी शब्दों के अर्थ भेद के लिए क़, ख़, आदि ध्वनियों को लिखना या बोलना आवश्यक हो जाता है, जैसे जरा (वृद्धावस्था), ज़रा (थोड़ा), खोल (खोलना), ख़ोल (आवरण)। ण का शुद्ध उच्चारण बहुत कम लोग कर पाते हैं। इसे डँ की तरह बोलते हैं। हिन्दी में ड़, ढ़ भी नई ध्वनियाँ हैं जो प्राकृत से विकसित होकर हिन्दी में पूर्ण प्रतिष्ठित हो गईं। श, ष, स में से श, स का उच्चारण सुरक्षित है। ष को श की तरह ही बोला जाता है। न्ह, म्ह, ल्ह, र्‌ह संयुक्त ध्वनियाँ बोल चाल में तो हैं किन्तु इन्हें वर्णमाला में स्थान नहीं दिया गया है।

वर्गीकरण और विशेषताएँ

स्वर-मात्रा के अनुसार—हिन्दी स्वरों को दो भागों में बाँटा जाता है—

1. ह्रस्व—अ, इ, उ, एँ, ऑ
2. दीर्घ—आ, ई, ऊ, ए, ऐ, ओ, औ

उच्चारण में जिह्वा की स्थिति के अनुसार—स्वरों के तीन भेद हैं—

अग्र स्वर—इनके उच्चारण में जीभ का अगला भाग उठता है—इ, ई, ए, ऐ।

मध्यस्वर—इनके उच्चारण में जीभ का मध्य भाग उठता है—अ

पश्च स्वर—इनके उच्चारण में जीभ का पिछला भाग उठता है—आ, ओ, उ, ऊ, ओ, औ।

मुखविवर के खुलने के आधार पर—स्वरों के चार भेद हैं—

विवृत्त—मुँह एकदम खुला—आ

अर्धविवृत्त—मुँह आधा खुला—अ

अर्धसम्वृत्त—थोड़ा भिचा-ए, ओ

सम्वृत्त—लगभग बन्द—इ, ई, उ, ऊ

ओष्ठों की स्थिति के अनुसार—स्वर के दो भेद हैं—

वृत्तमुखी—(गोल ओष्ठ की स्थिति) उ, ऊ, ओ, ओ, औ

अवृत्तमुखी—इ, ई, आ, ऐ

उच्चारण स्थान की दृष्टि से—

कोमल तालव्य—अ, आ

कठोर तालव्य—इ, ई

कंठ तालव्य—ए, ऐ

कंठोष्ठ्य—ओ, औ

ओष्ठ्य—उ, ऊ

अ, आ, इ, ई, उ, ऊ, ए, ओ मूल स्वर हैं तथा ऐ, औ संयुक्त स्वर। इन समस्त स्वरों को मौखिक कहा जाता है यदि इनमें ं, ँ लग जाता है तो अँ, ऊँ, ई आदि अनुनासिक हो जाते हैं।

व्यंजन—उच्चारण स्थान की दृष्टि से व्यंजनों के अधोलिखित भेद हैं—

कोमल तालव्य—क, ख, ग, घ, ङ

मूर्धन्य—ट, ठ, ड़, ढ़, ण, ष

तालु वर्त्स्य—च, छ, ज, झ, ञ, ण

तालव्य—य

वर्त्स्य—न, न्ह, स, ज़, ल, ल्ह, र, र्ह

दन्त्य—त, थ, द, ध

ओष्ठ्य—प, फ, ब, भ, म, व

दन्त्योष्ठ्य—फ़, व

जिह्वामूलीय—क़, ख़, ग़

नासिक्य—ङ; ञ, ण, न, म

काकल्य—ह

श्वास के आभ्यन्तर (भीतरी) प्रयत्न के अनुसार

स्पर्श—क से म तक

स्पर्श संघर्षी—च वर्ग के उच्चारण में श्वास स्पर्श करके रगड़ के साथ (संघर्ष करता) निकलती है इसीलिए च, छ, ज, झ, ञ को स्पर्श-संघर्षी कहते हैं।

संघर्षी—कुछ ध्वनियाँ ऐसी हैं जिनके उच्चारण में जीभ बहुत हल्का स्पर्श करती है। श्वास विशेष घर्षण के साथ निकलती है; जैसे—श, ष, स, ह, ख़, ग़, ज़, फ़।

पार्श्विक—कभी-कभी कुछ ध्वनियों के उच्चारण में हवा जीभ के पक्षों (पार्श्व) से निकल जाती हैं, इन्हें पार्श्विक ध्वनि कहते हैं, जैसे—ल।

लुंठित—इस प्रकार की ध्वनियों में श्वास जीभ के नोंक से लुढ़कती हुई निकलती है, जैसे—र।

उत्क्षिप्त—इस प्रकार की ध्वनियों के उच्चारण में जीभ का उत्क्षेप होता है। जीभ मूर्धा से टकराकर थोड़ा आगे खिसक जाती है, जैसे—ड़, ढ़,

अल्पविवृत्त—इसमें मुख द्वार थोड़ा खुला रहता है। जैसे—य, व

बाह्य प्रयत्न के अनुसार—

सघोष—ऐसी ध्वनियों के उच्चारण में स्वरतंत्रियों परस्पर निकट रहती हैं, जिससे कम्पन या तरंग पैदा होती है; जैसे—ग, घ, ङ, ज, झ, ङ, ड, ढ, ण, द, ध, न, ब, भ, म, य, र, ल व।

अघोष—इनके उच्चारण में स्वरतन्त्रियाँ दूर रहती हैं। अतः कम्पन नहीं होता—क, ख, च, छ, ट, ठ, त, थ, प, फ, श, ष।

बाह्य प्रयत्न के अन्तर्गत प्राणत्व—के आधार पर भी ध्वनियों का वर्गीकरण किया जाता है। प्राण का शाब्दिक अर्थ वायु या वायु की शक्ति है। कुछ व्यंजनों के उच्चारण में श्वास-वायु का जोर अधिक लगता है कुछ में कम। जिसके उच्चारण में अधिक बल लगता है उन्हें महाप्राण और जिसमें कम बल लगता है उन्हें अल्पप्राण कहते हैं। महाप्राण में ह ध्वनि का किंचित समावेश रहता। हिन्दी व्यंजनों की स्थिति इस प्रकार है—

अल्पप्राण—क, ग, ङ, च, ज, ञ, ट, ड, ण, त, द, न, प, ब, म, ड़, र, ल

महाप्राण—ख, घ, छ, झ, ठ, ढ, थ, ध, फ, भ, ढ

अनुनासिकता के आधार पर—

1. **मौखिक**—क, ख, ट, ठ
2. **अनुनासिक**—कँ, खँ, गँ
3. **नासिक्य**—ङ, ञ, ण, न, म

हिन्दी भाषा के स्वनिम

स्वन विज्ञान के अन्तर्गत निर्देश किया जा चुका है कि 'स्वनिम' का निर्धारण भाषा के व्यावहारिक पक्ष से सम्बद्ध है। जिन्हें स्वर, व्यंजन के रूप में समझा जाता है। वे वास्तव में एक व्यक्ति नहीं जाति हैं। कलम, कमल, कटक, कचक आदि शब्दों में आनेवाले 'क' में उच्चारण की दृष्टि से सूक्ष्म भेद हैं। यह अन्तर ध्वनि के बाद आनेवाली ध्वनि के प्रभाव के कारण है। कलम का 'क' ल से प्रभावित है, कमल का 'क' म से तथा कटक का ट से प्रभावित है। अंग्रेजी में इसका भेद ज्यादा स्पष्ट रहता है। जैसे—Tomato (टोमैटो), Stop—(स्टाप),

Nation (नेशन) यहाँ 'ट' को ठ, ट, तथा श के रूप पढ़ा गया है। इस तरह के प्रयोगों में 'स्वन' व्यतिरेकी नहीं होते हैं। इन्हें 'स्वनिम' के स्वनकल्प या उपस्वन माना जाता है। हिन्दी में दो प्रकार के स्वनिम हैं—

1. **खंड्य स्वनिम**—स्वर और व्यंजन ऐसे ही स्वनिम हैं। इन्हें अलग-अलग बोला-लिखा जा सकता है। इनकी सत्ता स्वतंत्र है। जैसे—अ, आ, क, ख, आदि। खंड्य स्वनिम के दो भेद हैं—स्वर और व्यंजन।

2. **खंडेतर स्वनिम**—ये ऐसे स्वनिम हैं जो अर्थभेदक तो हैं किन्तु इन्हें अलग-अलग उच्चरित नहीं किया जाता है। इनके पाँच उपभेद हैं—

1. दीर्घता, 2. अनुनासिकता, 3. बलाघात, 4. अनुतान, 5. संहिता।

स्वर स्वनिम—

अ—अमल, कमल

आ—आम, कमाल, कमला

इ—मिल, सिल, तिनका

ई—मील, सील, तीन (का)

उ—कुल, तनु, धनुष, सुर,

ऊ—कूल, तनू, सूर, भालू

ए—बेर, शेर, मेल, भेष

ऐ—बैर, सैर, मैल, भैंस

ओ—ओखली, बोरा, गोमती, मोल

औ—औरत, गौरा, गौरी, दौड़

ये स्वर आपस में व्यतिरेकी तथा अर्थभेदक हैं। एक की जगह पर दूसरा जाए तो पूरा अर्थ बदल जाता है। अ की जगह आ जाए। जैसे—कम-काम या अन्य स्वर आ जाए; जैसे—कमल से कोमल, कमाल, कमला, कमलू। इसी तरह मल, माल, मिल, मील, मेल, मैल, मोल, मौलि, मुल, मूल आदि की निर्मिति है।

व्यंजन स्वनिम

क—कड़ा, कल, कसम

ख—खड़ा, खल, खसम

ग—गड़ा, गल

घ—घड़ा

च—चलना

छ—छलना

ज—जलना

झ—झलना

इसी तरह सचल, विछल, में भी एक ही परिसर के होने पर भी च तथा छ में अर्थ भेद पैदा करने की क्षमता है।

ट—टेला, ठ—ठेला, ड—डेला, ढ—ढेला

टाट, ठाट, डाट, ढाल

त—तान, थ—थान, द—दान, ध—धान, न—नान

प—पली, फ—फली, ब—बली, भ—भली, म—मली

य—यह, र—रह, ल—लह, व—वह

स—साल, श—शाल, ह—हाल

हिन्दी में न्ह, म्ह, ल्ह को भी स्वनिम माना गया है। ङ, ञ, ण, न, म वर्गाधीन व्यंजन हैं। ङ, ञ के प्रयोग शब्दारम्भ में नहीं होते हैं। ण और न परस्पर विनिमेय हैं किन्तु कुछ स्थलों पर इनमें अर्थभेदक क्षमता दिखाई देती है; जैसे—अणु-अनु। विनिमेय, जैसे—रावण-रावन, श्रावण-सावन। ड और ड़ भी स्वतंत्र स्वनिम हैं; जैसे—जोड़—रोड। ज्यादातर ड़ ड का उपस्वन ही है। ड़ शब्दारम्भ में नहीं आता है। ढ और ढ़ की भी लगभग यही स्थिति है।

खंड्येतर स्वनिम—ये वास्तव में ध्वनि गुण हैं। इनके पाँच भेद हैं—

1. दीर्घता—हिन्दी में स्वर की ह्रस्वता तथा दीर्घता से खंड्य स्वनिम बनते हैं। व्यंजन में भी कभी-कभी उच्चारणगत दीर्घता होती है। इस दीर्घता से व्यंजन द्वित्व हो जाते हैं और उनका अर्थ बदल जाता है; जैसे—कला-कल्ला, आसन—आसन्न।

बलाघात—किसी शब्द पर या वाक्य पर बलाघात करने से भी अर्थ में सूक्ष्म परिवर्तन आ जाता है। जैसे—

1. मुझे **एक** रुपए का नोट चाहिए।
2. मुझे **एक रुपए** का नोट चाहिए।
3. मोहन को **एक दरवाजावाला** मकान चाहिए।
4. मोहन को **एक** दरवाजावाला मकान चाहिए।

पहले वाक्य में बलाघात एक पर है जिससे अर्थ निकलता है कि नोट एक हो चाहे एक का हो चाहे पाँच या दस का हो। दूसरे वाक्य में बलाघात एक रुपए पर है। नोट एक रुपए वाला ही होना चाहिए। तीसरे वाक्य में एक दरवाजावाला घर बलाघात है, इसलिए वह विशेषण के रूप में प्रयोग में आ रहा है। मकान ऐसा हो जिसमें एक ही दरवाजा हो। चौथे वाक्य में एक पर बलाघात है। मकान एक हो उससे अधिक नहीं।

अनुनासिकता—अनुनासिकता हिन्दी में अर्थभेदक हैं, जैसे—खास, खाँस, गोद-गोंद, है—हैं, सवार-सँवार।

अनुतान—इसके प्रयोग से वाक्य के अर्थ पर उतना असर नहीं आता जितना भाव पर।

श्याम **खाना** खाया।

श्याम खाना खाया।

श्याम खाना **खाया**।

जिस शब्द पर तान ऊँची होगी, वक्ता उस पर विशेष बल देकर एक तरह से प्रश्न पूछना चाहता है या उत्तर देनेवाला तान के द्वारा उसी अधिक बल के साथ निर्दिष्ट करेगा।

संहिता—उच्चारण में शब्दों के संगम तथा विच्छेद से भी अर्थ का परिवर्तन होता है। जैसे—

1. होली—हो-ली

2. सिरका—सिर का

आक्षरिक संरचना—एक अथवा अधिक ध्वनियों की वह संरचना जिसका उच्चारण एक झटके से हो जाए उसे 'अक्षर' कहते हैं। इसमें स्वर शीर्ष होता है क्योंकि वह सुनने में अधिक मुखर होता है। व्यंजन कम मुखर होता है। इसलिए उसे गह्वर कहते हैं। व्यंजन पहले भी हो सकता है और बाद में भी। हिन्दी के निम्नलिखित एकाक्षरी शब्द हैं—आ, खा, गा, जो, सो

आग् अब् आम्।

मात्र एक स्वर, स्वर-व्यंजन, व्यंजन-स्वर, स्वर-व्यंजन-व्यंजन, व्यंजन-व्यंजन-स्वर, अनेक तरह से अक्षरों का निर्माण हुआ है। कुछ शब्द देखने में तो अनेक अक्षर के लगते हैं। परन्तु वे एकाक्षरी माने जाते हैं क्योंकि उनमें शिखर एक होता है; जैसे—शस्त्र्, कान्त् (व्यंजन-क+स्वर आ +व्यंजन न्+व्यंजन त्) यदि इनका उच्चारण शस्त्र तथा कान्त किया जाए तो ये द्वय अक्षरी होंगे क्योंकि दो स्वरों के कारण दो शिखर बन जाएंगे। अक्षर का विभाजन उच्चारण को ध्यान में रखकर किया जाता है न कि लेखन को। शब्दों की संरचना एकाक्षरी, द्वयाक्षरी, त्रयाक्षरी, चारअक्षरी, पाँच अक्षरी अनेक प्रकार की हैं। जैसे—

एकाक्षरी—आ, जा

द्वयाक्षरी—गधा, राधा

त्रयाक्षरी—जाइए, महिला, विधाता

चारअक्षरी—जाइएगा, खाइएगा

पाँचअक्षरी—प्राध्यापिकाएँ

अक्षर विभाजन के नियम—

1. शब्द के आरम्भ के एक या अधिक व्यंजन अगले स्वर के साथ मिलकर अक्षर में परिणत होते हैं, जैसे—विमल (वि+मल), प्रेमी (प्रे+मी), रागी (रा+गी)

2. शब्दांत में आनेवाले एक या एकाधिक व्यंजन पूर्व स्वर के साथ मिलकर अक्षर बनाते हैं। जैसे—विभक्त (वि+भक्त्), तमाशबीन (तमास्+बीन्)

3. शब्द के बीच में आनेवाले व्यंजनों में पहला व्यंजन पूर्व स्वर के साथ जाता है तथा बाद के व्यंजन परवर्ती स्वर से सम्बद्ध होते हैं; जैसे—वक्त (वक्+त), सान्द्रता (सान्द्र+ता), न्ह, म्ह, र्ह, ल्ह के लिए यह नियम लागू नहीं है। इनका विभाजन इस प्रकार होगा—कान्हा (का+न्हा), सम्हाल (स+म्हाल), शब्द के मध्य में स्वर पूर्व य, र, ल, व के पूर्व कोई व्यंजन आए तथा दोनों मिलकर संयुक्त व्यंजन बनाते हों तथा वे अल्पप्राण हो तो विभाजन इस प्रकार होगा। उपन्यास (उ+पन्+न्यास) विक्रय (विक् +क्रय), अन्वय (अन्+वय)।

जहाँ महाप्राण व्यंजन आता है उसके पूर्व एक अल्पप्राण भी उच्चरित होता है; जैसे—रखा (रक्+खा), अध्यापक (अद्+ध्या+पक)। म्ह, न्ह, के पूर्व एक व्यंजन और उच्चरित होता है। जैसे—नन्हा (नन्+न्हा), खम्हा (खम्+म्हा)। आक्षरिक विभाजन कभी-कभी सीमा पर नहीं होता है बल्कि दो ध्वनियाँ मिलकर एक ही अक्षर बनाती हैं। जैसे—अज्ञ, विज्ञ आदि। समास के कारण जब शब्दाकृति बदलती है तो भी आक्षरिक विभाजन में अन्तर आ जाता है। जैसे—जिला अधीश में चार अक्षर हैं किन्तु जिलाधीश में तीन हैं।

शब्द-संरचना

समास—हिन्दी में प्राय: दो शब्द के ही समस्त पद होते हैं, अव्ययी भाव, तत्पुरुष, बहुब्रीहि, द्वन्द्व, सभी प्रकार के समस्त पद उपलब्ध हैं—

1. **अव्ययी भाव**—इसमें पहला पद अव्यय होता है। वही प्रधान भी होता है जैसे—निडर, बेखटक, रातोरात, आमरण।

2. **तत्पुरुष**—इसमें दूसरा पद प्रधान होता है। जैसे—महान्ध, धर्मभ्रष्ट, अटूट आदि।

3. **कर्मधारय**—पीताम्बर,

4. **बहुब्रीहि**—इसमें अन्य पद प्रधान होता है। जैसे—घनश्याम, तपोधन, अबला।

5. **द्वन्द्व**—इसमें दोनों पद प्रधान होते हैं। जैसे—राम-श्याम, दाल-रोटी।

6. **द्विगु**—पंचवटी, दोमुख।

प्रत्यय

शब्द या धातु में अर्थ परिवर्तन लाने के लिए शब्दान्त में प्रत्यय जोड़े जाते हैं। ये दो प्रकार के हैं—

1. **कृत प्रत्यय**—क्रिया या धातु में जुड़नेवाले प्रत्यय—जैसे—चुर-अ=चोर, बूझ+अक्कड़=बुझक्कड़।

2. तद्धित प्रत्यय—क्रिया से भिन्न संज्ञा, सर्वनाम आदि में लगनेवाले प्रत्यय जैसे—गरम+आहट=गरमाहट, मीठा+आस= मिठास, लड़क+पन= लड़कपन।

स्त्री प्रत्यय

पुल्लिग से स्त्रीलिंग बनानेवाले प्रत्ययों को स्त्री प्रत्यय कहते हैं। संस्कृत के टाप् (आ), ङीप् (ई), ङीप् (ई) प्रत्ययों का प्रयोग हिन्दी में भी होता है।

हिन्दी में प्रयुक्त होनेवाले स्त्री प्रत्यय अन, इन, नी, ईया, आइन आदि हैं।

1. आ—बाला, प्रियतमा, महाशया
2. ई—नर्तकी, हरिणी, गोपी, छोरी
3. अन—धोबन, मालन, दुल्हन
4. इन—नाइन, चमारिन, धोबिन
5. नी—मोरनी, ऊँटनी, शेरनी, सिंहानी, स्यारनी
6. इया—बिटिया, चुहिया, कुतिया
7. आनी—जेठानी, देवरानी, सेठानी
8. आइन—पंडिताइन, ललाइन, ठकुराइन

हिन्दी में विदेशी प्रत्यय

आना—घराना

कार—जानकार

दा—(दानी) (पात्र-सूचक)—पानदान, गोंददानी, गिंसारदान

दाँ—(ज्ञानी के अर्थ में)—उर्दूदाँ, अंग्रेजीदाँ, साईसदाँ

दार—फलदार, छायादार, चमकदार

बन्द—मोहरबन्द

खाना—डाकखाना

बाज—बैठकबाज

ये सभी प्रत्यय फ़ारसी के हैं और तद्धित हैं। कुछ विद्वान अंग्रेजी के इज़्म, इष्ट और डम, जैसे—बुद्धिज्म, बुद्धिस्ट आदि को हिन्दी में आगत प्रत्यय मानते हैं परन्तु ये अभी हिन्दी में अपनाए नहीं जा सके हैं, इसीलिए इन्हें हिन्दी में स्थान नहीं दिया जा सकता है।

उपसर्ग

उपसर्ग शब्द का निर्माण उप+सृज+घञ से हुआ है जिसका अर्थ है, पास छोड़ा हुआ। किसी शब्द में अर्थ का परिवर्तन लाने के लिए उपसर्ग को उस शब्द के पूर्व जोड़ा जाता है। प्रत्यय और उपसर्ग में मुख्य अन्तर यही है कि उपसर्ग शब्द के पूर्व जुड़ता है किन्तु प्रत्यय शब्द के बाद, जैसे—अनुरूप, अभिज्ञान में अनु, अभि उपसर्ग हैं जो रूप और ज्ञान शब्द के पहले जुड़े हुए हैं। रंगीला और उड़ंकू में ईला तथा अंकू प्रत्यय हैं जो रंग और उड़ (ना) के बाद जुड़े हुए हैं।

हिन्दी में बहुत से संस्कृत के तत्सम शब्दों का प्रयोग होता है। उन शब्दों में संस्कृत के उपसर्ग प्रयुक्त होते हैं। संस्कृत में उपसर्गों की संख्या 22 मानी गई है—

प्र—(अधिक) प्रकाश, प्रचार, प्रहार

परा—(पीछे, उल्टा) पराभव, पराक्रम, पराजय

अप—(दूर या बुरा) अपहरण, अपमान

सम्—(सम्यक् रूप) संहार, संस्कार, सम्मान

अनु—(पीछे या साथ) अनुगमन, अनुकरण, बनुचर

अव (नीचे, दूर) अवतार, अवनत, अवमान

आ (तक, कम) आजीवन, आदीर्घ

निस्—(बाहर, बिना) निस्तार, निष्कासन, निश्चय

निर (बाहर, बिना) निर्दोष, निर्गम

दुस् (कठिन) दुस्सह, दुष्काल

दुर् (बुरा) दुराचरण, दुराग्रह दर्भिक्ष

अति (अधिक, उल्लंघन) अत्यन्त, अतिचार, अतीत

अधि (ऊपर) अधीक्षक, अधिकार, अधिष्ठान

अभि (की ओर) अभिगयन, अभिधान

अपि (निकट) अपिधान, अपिकर्ण

उद् (ऊपर) उद्भव, उच्चारण, उत्सव

उप (पास) उपयोग, उपहार, उपकार

प्रति (ओर, वापस) प्रतिष्ठा, प्रतिगमन

वि (विशेष, अलग) विज्ञान, वियोग

नि (नीचे) निक्षेप, निपात, निकाय

सु (अच्छा) सुयश, सुजन

परि (चारों ओर) परिसर, परिगणत

एक साथ कई उपसर्ग जुड़ जाते हैं, जैसे—अत्याचार (अति+आ+चार) अभिविहित (अभि+वि+हित) दुरभिसंधि (दूर+अभि+संधि) आदि।

कुछ अव्यय और विशेषण भी उपसर्गों के समान क्रिया से जुड़ते हैं, जैसे—

अन्तः-अन्तर्धान, अन्तर्हित	तिर (स्) तिरोधान, तिरोहित
असत्—असत्कार	तिरस्-तिरस्कार
अलं-अलंकार	पुनः-पुनरागमन, पुनर्विवाह
आवि-आविष्कार, आविर्भाव	पुरः-पुरस्कार, पुरश्चरण, पुरोहित
उभय-उभयलिंग, उभयपाद	प्राक्-प्राक्कल्पना, प्राक्कर्म
कु-कुसंग, कुतर्क	प्रादुः-प्रादुर्भूत, प्रादुर्भाव
कि-किंचित, किन्तु	बहिः-बहिष्कार, बहिर्मुख
चिर-चिरकाल, चिरायु	सत्-सत्कार, सत्पथ
तद्-तदाकार, तत्काल, तद्गुण	स-सवर्ण, सगोत्र

हिन्दी उपसर्ग

कुछ उपसर्ग हिन्दी के तद्भव शब्दों के साथ प्रयुक्त होते हैं। इन्हें विद्वानों ने तद्भव उपसर्ग की संज्ञा दी है, जैसे—

अ (नहीं) अकाज, अनाथ

अन (नहीं) अनमोल, अनपढ़

अध (आधा) अधमरा, अधजला, अधकटा

उन् (एक कम) उन्तीस, उन्तालीस

औ (निषेध, हीनतासूचक) औगुन, औढर

कु (क) कुपूत, कपूत

दु (बुरा, हीन) दुबला, दुधारा

स (सुन्दर) सपूत

विदेशी उपसर्ग

विदेशी शब्दों के साथ विदेशी उपसर्ग प्रयुक्त होते हैं। कम (कमजोर), खुश (खुशबू), गैर (गैरहाजिरी), दर (दरअसल), ना (नापसन्द), ब (बखूबी), बे (बेईमान), बद (बदचलन), ला (लापरवाह), हर (हरसाल)। इन उपसर्गों के माध्यम से हिन्दी में बहुत कम शब्द निर्मित हुए हैं, जैसे—हर वर्ष, नासमझ, बेकाम, बेगम आदि।

व्याकरणिक कोटियाँ

संज्ञा, सर्वनाम, लिंग, वचन, कारक तथा क्रिया का लिंग, वचन, पुरुष, काल वाच्य आदि के अनुसार विभिन रूप निर्मित होते हैं जिन्हें व्याकरणिक रूप कहते हैं।

संज्ञा के रूप और वचन

हिन्दी में दो वचन हैं—एकवचन और बहुवचन

अकारान्त पुल्लिग संज्ञा को एकवचन से बहुवचन में रूपान्तर करने के लिए ए कर दिया जाता है, जैसे—लड़का से लड़के। तिर्यक् रूप ओं होता है—लड़कों। शेष पुल्लिग संज्ञाएँ मूल बहुवचन तिर्यक् एकवचन में अपरिवर्तित रहती हैं, जैसे—पत्थर, मुनि, घर, बालक, साधु। तिर्यक् बहुवचन में ओं ही लगाया जाता है, उकारान्त और ईकारान्त स्त्रीलिंग संज्ञाओं में मूल बहुवचन बनाने के लिए आँ तथा तिर्यक् बहुवचन बनाने के लिए क्रमशः आँ और ओं जोड़ा जाता है, जैसे—राशियाँ, राशियों, लड़की-लड़कियाँ, लड़कियों।

आकारान्त स्त्रीलिंग शब्दों में 'एँ' भी जुड़ता है। जैसे—महिलाएँ, अप्सराएँ आदि। अन्य स्त्रीलिंग शब्दों में अधिकतर एँ लगता है। जैसे—बहनें, वस्तुएँ, गौएँ। परसर्ग को लगाकर विभिन्न कारकों में इन्हीं रूपों का यथावत् प्रयोग कर लेते हैं। जैसे—लड़का का, लड़के का, लड़कों से, लड़के में आदि। वचन रूपों की विस्तृत तालिका।

	एकवचन	**बहुवचन**
सामान्य रूप	लड़का	लड़के
तिर्यक् रूप	लड़के	लड़कों
सामान्य रूप	मुनि	मुनि
तिर्यक् रूप	मुनि	मुनियों
सामान्य रूप	लड़की	लड़कियाँ
सामान्य रूप	माला	मालाएँ
तिर्यक् रूप	माला	मालाओं
सामान्य रूप	रात	रातें
तिर्यक् रूप	रात	रातों

संज्ञा के रूप और लिंग

हिन्दी में लिंग निर्णय पर्याप्त कठिन है। हिन्दी में लिंग व्यवस्था की जो परम्परा संस्कृत से आई वह भी कम पेचीदी नहीं है। चेतन पुरुष को पुल्लिग तथा चेतन स्त्री को स्त्रीलिंग कहने की प्रवृत्ति होते हुए भी अचेतन को भी

पुल्लिग तथा स्त्रीलिंग के अन्तर्गत स्थान मिलता गया। यह स्थिति सिर्फ संस्कृत में ही नहीं बल्कि विश्व की अनेक प्राचीन भाषाओं में भी है। व्याकरणिक लिंग और प्राकृतिक लिंग में समरूपता नहीं मिलती। संस्कृत में दारा पुल्लिग है जबकि इसका अर्थ स्त्री है। इसी प्रकार स्त्री बोधक कलत्रं तथा स्त्री क्रमश: नपुंसक लिंग एवं स्त्रीलिंग हैं। संस्कृत में लिंग निर्णय शब्द में लगे प्रत्यय के आधार पर निश्चित किया जाता था। संस्कृत में तीन लिंग-पुल्लिग, स्त्रीलिंग तथा नपुंसक लिंग थे।

हिन्दी में इस लिंग व्यवस्था को सरल बनाने का यत्न किया गया। फलस्वरूप नपुंसक लिंग हटा दिया गया। संस्कृत में ही नपुंसक लिंग कमजोर पड़ने लगा था। प्रथमा, द्वितीया को छोड़कर इसकी रूप रचना पुल्लिग के समान होती थी। मध्यकालीन भारतीय आर्य भाषाओं में तीन लिंगों की स्थिति कुछ न कुछ बनी रही। उत्तर कालीन अपभ्रंश में दो लिंगों का (पुल्लिग, स्त्रीलिंग) व्यवहार होने लगा। हिन्दी में संस्कृत के सभी नपुंसक लिंग पुल्लिंग बन गए, जैसे—फल, फूल, औषध, दूध, साहित्य आदि। पुल्लिग से स्त्रीलिंग बनाने की विधि संस्कृत काल से लगभग उसी तरह चली आ रही है। संस्कृत के स्त्री प्रत्यय आ, ई, नी, आनी यथावत्, अथवा थोड़े से परिवर्तन के साथ हिन्दी में भी प्रयुक्त होते हैं।

विशेषण

प्राचीन भारतीय आर्यभाषा में विशेषण को विशेष्य के लिंग, वचन, कारक के अनुरूप रखा जाता था। संज्ञा रूपों की तरह विशेष की रूप-रचना जटिल थी। हिन्दी में अत्यन्त सरलता आ गई। आकारान्त विशेषण पद में किंचित् परिवर्तन किया जाता है। अन्य विशेषण प्राय: यथावत् रहते हैं। जैसे—

अच्छा लड़का
अच्छे लड़के
अच्छी लड़की
अच्छी लड़कियाँ

चतुर या सुन्दर लड़का, लड़के, लड़की, लड़कियाँ कुछ भी कह सकते हैं, किन्तु चतुर में कोई परिवर्तन नहीं करना है। हिन्दी में संख्यावाची विशेषण संस्कृत के ही हैं उनमें ध्वनि परिवर्तन अवश्य हो गया है। जैसे—दौ-दो, त्रीणि-तीन, चत्वारि-चार, पंच-पाँच।

कारक

जिसका क्रिया से साक्षात् या परम्परागत सम्बन्ध होता है उसे कारक कहते हैं। नागेश भट्ट के अनुसार 'क्रियानिष्पादकत्वं' कारकत्वम्। कुछ वैयाकरण संक्षिप्त परिभाषा के बदले कुछ अधिक गहराई में उतरना चाहते हैं। उनका कहना है वस्तुतः कारक वह है जो (नाम से) लगी विभक्ति के अर्थ द्वारा क्रिया के

साथ अन्वित या सम्बद्ध होता है। नाम और क्रिया के बीच सम्बन्ध स्थापन में नामगत विभक्ति का बड़ा महत्व है। इसके उल्लेख के बिना कारक की परिभाषा अधूरी रह जाती है। कारकत्व क्रिया के साथ प्रातिपादिक का सम्बन्ध छह प्रकार से स्थापित होता है। इसीलिए संस्कृत व्याकरण में कर्त्ता, कर्म, करण, सम्प्रदान, अपादान, अधिकरण केवल छह कारक माने गए हैं। सम्बन्ध कारक का सम्बन्ध नाम से होता है अतः यह कारक नहीं है। हिन्दी सम्बन्ध को भी कारकों में परिगणित किया गया है।

कर्त्ता

क्रिया का करनेवाला कर्त्ता है। 'किसी व्यापार या चेष्टा का आश्रय ही कर्त्ता कहलाता है। व्यापार अथवा क्रिया के आश्रयत्व के प्राधान्य के कारण यह स्वतन्त्र है। कारकों में इसीलिए कर्त्ता प्रधान भी है। हिन्दी में कर्त्ता परसर्ग सहित और परसर्ग रहित दोनों होता है। इसका परसर्ग 'ने' पश्चिमी हिन्दी में प्रयुक्त होता है किन्तु पूर्वी हिन्दी में लुप्त है। मानक हिन्दी में इसका प्रयोग भूतकाल की सकर्मक क्रिया के साथ होता है। वर्तमान, भविष्य तथा भूतकाल अकर्मक के रहने पर यह लुप्त रहता है।

कर्म कारक

जो कुछ कर्त्ता द्वारा किया जाए वही कर्म है या किसी व्यापार या चेष्टा का जो फल है उसके आश्रय को कर्म है। जैसे—राम फल खाता है। राम में खाने की चेष्टा है किन्तु खाना फल पर आश्रित है। पाणिनी इसी बात को सूत्र रूप में प्रस्तुत करते हैं—

कर्तुरीप्सिततमं कर्म।

कर्त्ता की तरह हिन्दी में यह परसर्ग सहित तथा परसर्ग रहित दोनों तरह से प्रयुक्त होता है। जैसे—राम फल खाता है (परसर्ग रहित), मैंने राम को बुलाया है। (परसर्ग सहित)

करण

जिसके द्वारा (साधन विशेश) फल प्राप्ति की चेष्टा की जाती है—साधकतमं करणम्। जैसे—राम ने बाण से रावण को मारा। इसमें रावण को मारने का कार्य (फल) बाण के माध्यम से सम्पन्न हुआ, इसीलिए बाण करण है। करण कारक का प्रयोग क्रिया सिद्धि में साधक है, अतः प्रधानतः इसका इसी रूप में व्यापक प्रयोग होता है। किन्तु इसके अलावा रीति, मूल्य, तुलना, अंग विकार, मानसिक विकार, कारण, उद्देश्य आदि का बोध कराने के लिए भी करण कारक प्रयुक्त होता है।

1. साधक वाचक—हम कान से सुनते हैं।

2. **निष्कर्षाधायक**—रावण अपने दराचार से राक्षस समझा जाता था।

3. **मूल्यवाचक**—भाव, मूल्य या दर के लिए संस्कृत में तृतीया का प्रयोग करते थे। हिन्दी में अधिकांशत: अधिकरण का परसर्ग लगाते हैं, गल्ला आजकल महँगे भाव से (में) बिकता है।

रीतिवाचक—मैं आसानी से यह काम कर सकता हूँ।

अवस्थावाचक—क्या मैं जाति से छोटा हूँ।

सम्प्रदान

जिसके लिए कर्त्ता क्रिया करता है; दूसरे शब्दों में वह कर्म के द्वारा जिसे चाहता है उसे सम्प्रदान कहते हैं (कर्मणा यमभिप्रैति स सम्प्रदानम्) कर्म और सम्प्रदान में अधिक भेद नहीं प्रतीत होता 'जब दृश्यगति बोधक क्रिया का लक्ष्य व्यक्ति होता है तब प्राय: सम्प्रदान का प्रयोग चलता है, किन्तु लक्ष्य पर यदि जोर दिया जाता है तो सामान्यत: कर्म या अधिकरण कारक का व्यवहार होता है। लक्ष्य के अनिश्चित रहने पर भी प्राय: सम्प्रदान का प्रयोग होता है। (हिन्दी कारकों का विकास—डॉ० शिवनाथ, पृ० 44)। देना, कहना, दिखाना, प्रतिज्ञा करना, रचना, नमना, प्रत्यक्ष होना आदि क्रियाओं के साथ परम्पर या चतुर्थी (सम्प्रदान) का प्रयोग चलता है। वस्तु, इच्छा, योग्य तथा पर्याप्तर्थ में भी सम्प्रदान का प्रयोग होता है। जैसे—इस आदमी के लिए वह पर्याप्त है। चाँदी आभूषण के लिए है। सम्प्रदान कारक में को, के लिए परसर्गों का इस्तेमाल होता है।

अपादान

कोई वस्तु या व्यक्ति जब किसी से अलग हो तो अपादान होता है। पाणिनि का सूत्र है 'ध्रुवमपायेऽपादानाम्' वियोग होने की स्थिति में जो ध्रुव है वह अपादान है। जैसे—राम मोहन के घर से चला गया। वृक्ष से पत्ते गिरते हैं। सूचना पाने, सुनने, सीखने के अर्थ में संस्कृत और हिन्दी दोनों में अपादान कारक का प्रयोग होता है। जैसे—स्वजन से सुत विनाश सुनकर, आप से जानकर, गुरु से विद्या सीखी। माँगना चाहना, इनकार करना, असहमत होना, सम्बन्ध तोड़ना, छूटना, अधिकार या स्थान से च्युत होना, दूर रहना, भयभीत होना, उत्पन्न होना, आरम्भ सूचक तथा अन्तर सूचक क्रियाओं के साथ अपादान का प्रयोग होता है। जैसे—मैं आपसे दस रुपए माँगता हँ, वह उसके पाने से इनकार कर सकते थे, राम ने अपने पुत्र से नाता तोड़ लिया। उसे सभी झंझटों से छुटकारा मिल गया। भ्रष्ट अधिकारी को पद से हटा दिया गया। पाप से दूर रहो। काम से जी नहीं चुराना चाहिए। लड़का शेर से भयभीत हो गया। अनाज मेरे खेत से पैदा हुआ है। कल से कार्य शुरू कर दें, वह मुझसे श्रेष्ठ है। अपादान में 'से' परसर्ग का प्रयोग होता है।

सम्बन्ध कारक

सम्बन्ध और सम्बोधन का रिश्ता सीधे क्रिया से नहीं रहता। सम्बन्ध कारक किसी व्यक्ति या वस्तु से किसी अन्य व्यक्ति या वस्तु के सम्बन्ध की सूचना देता है। सम्बन्ध कारक का प्रयोग स्व-स्वामि, कार्य-कारण, जाति-व्यक्ति, गुण-गुणी, सामान्य-विशेष, गम्य-गमक, सामीप्य, समूह, अवयव-अवयवी तथा जन्य-जनक अनेक रूपों में हो सकता है। हिन्दी में व्यवहार करना, बाजी लगाना, जुआ खेलना आदि क्रियाओं के साथ सम्बन्ध परसर्ग प्रयुक्त होते हैं। जैसे—कमलापति लाखों का व्यवहार करता है या बाजी लगाता है या जुआ खेलता है। क्रियार्थी संज्ञा के बाद सम्बन्धपरक परसर्ग का प्रयोग निश्चय बोधक अर्थ में होना हिन्दी का वैशिष्ट्य है जैसे—धनिया के जीते जी यह नहीं होने का (गोदान)। हिन्दी में सहसूचक निपातों साथ, संग, समेत, सहित के संसर्ग में षष्ठी का प्रयोग चलता है। जैसे—आप के साथ जाऊँगा। तुल्यता सूचक शब्दों के साथ भी षष्ठी का विधान है। जैसे—राम के तुल्य-सदृश या समान कौन है। तद्रूप, समुच्चय, तद्देश या तत्काल बोध के लिए भी सम्बन्ध परसर्ग लगाया जाता है। जैसे—ज्यों की त्यों, पैसा का पैसा गया और कुछ लाभ नहीं हुआ। बात की बात में। सम्बन्ध में का, के, की परसर्गों का व्यवहार होता है।

अधिकरण

यह कर्त्ता और कर्म का आधार होता है। कर्त्ता और कर्म का आधार होने के कारण क्रिया से भी इसका सम्बन्ध स्थापित हो जाता है। पाणिनि का मत है—आधारोऽधिकरणम्। भर्तृहरि का स्पष्ट विचार है कि अधिकरण का क्रिया के साथ असाक्षात् सम्बन्ध है—कर्तुकर्म व्यवहितामसाक्षाद्धारयतुरयत् क्रियाम्। अधिकरण का प्रयोग मुख्यतः आधार, भाव, हेतु तथा निर्धारण के अर्थों में होता है। आधार जहाँ कार्य की गति है या व्यक्ति या वस्तु किसी स्थान विशेष में है। इसका बोध कराने के लिए अधिकरण का प्रयोग करते हैं। जैसे—मैंने कमरे में प्रवेश किया। किताब मेज पर है। गिना जाना, माना आदि क्रियाओं के साथ सप्तमी या अधिकरण होता है। वह बड़े लोगों में गिना जाता है। लगना, लगाना, पड़ना, झुकना, विश्वास करना जिस गुण विशेष को तुलना के लिए ग्रहण किया जाए आदि के साथ अधिकरण होता है। काम में लगी, जमीन पर गिर पड़ा, उस पर झुक गया, आप पर मुझे विश्वास है। कोमलता और लालिमा में उसके अंग कमल को भी मात करते हैं।

अधिकरण में लगनेवाले परसर्ग में, पर हैं।

सर्वनाम

संज्ञा के बदले जो बोला जाए वह सर्वनाम है। सर्व सब नाम—जो सब नामों के लिए प्रयुक्त हो। मोहन कहने से एक व्यक्ति विशेष का बोध होता है, किन्तु

मैं, तुम, वह हर व्यक्ति के लिए प्रयुक्त हो सकता है। संस्कृत में सर्वनामों के रूप विविध थे।यद्, तद्, अष्मद्, युष्मद् आदि का रूप सभी विभक्तियों में चलता था। प्रथम पुरुष के साथ लिंग भेद भी था। हिन्दी में सार्वनामिक रूपों में सरलता आ गई। किन्तु संज्ञा और विशेषण की अपेक्षा विविधता अधिक है। सर्वनाम के कई भेद हैं—

1. पुरुषवाचक सर्वनाम

उत्तम पुरुष	**एकवचन**	**बहुवचन**
सामान्य	मैं, हम	हम, हम लोग, हम सब
तिर्यक्	मुझ (मुझे, मुझको)	हम से, हमारे, हममें
	हमें, मेरा; मुझमें	
मध्यपुरुष	**एकवचन**	**बहुवचन**
सामान्य	तू, तुम	तुम, तुम लोग
तिर्यक्	तुझ, तुम्ह	तुमको, तुमसे
	तुम्हें, तुझको	तुम्हारा, तुममें
	तुम्हें; तुम्हारा	
	तुझसे, तेरे	
	तेरा	
अन्य पुरुष		
निश्चयवाचक्	**एकवचन**	**बहुवचन**
सामान्य (निकटवर्ती)	यह	ये
(तिर्यक्)	इस	इन
(वह)		
सामान्य	वह	वे
	उस	उन

अनिश्चयबोधक सर्वनाम—कोइ, कुछ-कोई

प्रश्नवाचक सर्वनाम—कौन, क्या

आदरवाचक—आप

निजवाचक—अपना

सार्वनामिक विशेषण—जैसा, तैसा, ऐसा, कैसा

परिणामवाचक सर्वनाम—इतना, जितना

क्रिया

हिन्दी में 1 गण, 1 पद, 1 वाच्य, 3 प्रयोग, 3 पुरुष, 3 लकार, 2 वचन, 2 लिंग हैं।

हिन्दी में दो तरह के धातु रूप हैं।

1. संस्कृत की परम्परा से आगत मूल या सिद्ध धातु।

2. साधित या यौगिक धातु।

1. संस्कृत की बहुत सी धातुएँ ध्वनि परिवर्तन के साथ ध्वनि में ग्रहीत हुई हैं, जैसे—पठ् से पढ़, वर्ध से बढ़ा, भू से हो, दा से दे, रूद से रो। कुछ हिन्दी की धातुएँ संस्कृत के विकरणयुक्त धातुओं के आधार पर बनी हैं, जैसे—नृत्य (नृत्+य) नच्च>नाच, श्रु+नु=सुन।

हिन्दी में प्रयुक्त कुछ धातुओं का सम्बन्ध मूलतः लोकभाषा में प्रचलित धातु रूपों से है।

प्राकृत—अपभ्रंश में इन धातुओं का प्रचुर प्रयोग मिलता है, जैसे—चढ़, भुल्ल (भूल), चख; डूब, बटोर। विद्वानों ने इनके संस्कृत मूल को खोजने का तार्किक प्रयास किया है किन्तु इनमें उन्हें ध्वनि परिवर्तन की दूरारूढ़ कल्पना करनी पड़ी है। वास्तविकता यह है कि पहले साहित्य में शब्द नहीं बनते बल्कि लोक में बनते हैं। साहित्यकार उसके अर्थ में कभी-कभी नया परिवर्तन लाता है। संस्कृतनिष्ठ शब्द तथा धातु के साथ ही कुछ उसी अर्थ के सूचक शब्द और धातु रूप लोकभाषा में भी प्रचलित रहे। प्राकृत-अपभ्रंश में ऐसे शब्दों को स्थान मिला। उपर्युक्त शब्द ऐसे ही हैं। उदाहरण के लिए एक शब्द को लिया जा सकता है—भूल। इसकी संस्कृत धातु है विस्मर। इसका विकास यों है—विस्मर>उस्मर>स्मुर>म्हुर>भुल्ल>भूल।

कुछ देशज धातुओं का मूल अभी नहीं ढूँढ़ा जा सका है, जैसे—रोकना, ठेलना; झपना, झगड़ना, ठोकना, गिरना, डपटना, इसमें ठोकना और डपटना ध्वन्यात्मक धातुएँ प्रतीत होती हैं।

यौगिक धातु—इसके अन्तर्गत हिन्दी की णिजन्त या प्रेरणार्थक धातुएँ आती हैं। क्रिया पदों के प्रयोग की दृष्टि से दो रूप हैं—

1. तिङ्न्तीय। 2. कृदन्तीय।

1. तिङ्न्तीय रूप—प्रयोग में क्रिया के अनेक रूपों की रचना होती थी। संस्कृत में दस लकारों में चलनेवाले विविध रूप तिङ्न्तीय हैं। इनके प्रयोग में वचन, भाव, पुरुष आदि का ध्यान रखना पड़ता था। हिन्दी में तिङ्न्तीय क्रिया पद बहुत कम हैं : जैसे—**आज्ञार्थ**-लिख, लिखो। **सम्भाव्यार्थ**—लिखूँ, लिखें, लिखे आदि। हिन्दी की भविष्यत्कालिक रूप भी इसी से बनता है।

जैसे—लिखेगा, लिखेगी, लिखेंगे बोलियों में प्रयुक्त लिखिहौं, लिखिहैं, आदि। अपूर्ण वर्तमान और अपूर्ण भूत भी इसी से बनता है। जैसे—लिख रहा था।

2. कृदन्तीय पद—क्रियाओं में प्रत्यय लगकार बनाए गए कृदन्तीय पदों जो वर्तमान और भूत में विशेष रूप से प्रयुक्त होते हैं के द्वारा वाक्य रचना अपेक्षाकृत अधिक आसान हो गई। इसी सरलता के कारण यह विधि अधिक प्रचलित होती गई। मध्यकालीन भारतीय आर्यभाषाओं तथा प्राकृत-अपभ्रंश में यह प्रवृत्ति अधिक व्यापक हो गई। हिन्दी में आज्ञार्थ, सम्भाव्यार्थ तथा भविष्य को छोड़कर शेष सभी प्रकार की काल रचना कृदन्तीय है।

भूतकृदन्तीय—आ (या)—गया, खाया, पढ़ा, किया—हिन्दी पुरुषवाची तथा स्त्रीवाची प्रत्यय से गया (आ), गई (ई) बनते हैं, इसी प्रकार किया बना। इनके सादृश्य पर—सोचा, मिला, पाया आदि निर्मित हुए।

पूर्वकालिका अथवा असमापिका क्रिया में प्रयुक्त इ, जैसे—पढ़ि

वर्तमानकालिक 'न्त'—से पढ़ता, लिखता आदि बने होंगे। हिन्दी की कतिपय बोलियों में पढ़त, लिखत।

सहायक क्रिया—हिन्दी में सहायक क्रिया के माध्यम से काल रचना का विस्तार किया जाता है। सहायक क्रियाओं का विवरण इस प्रकार है—

है-हैं (वर्तमान काल), तू जाता है, वह जाता है, इसका बहुवचनीय रूप 'हैं' है। हैं का प्रयोग उत्तम पुरुष बहुवचन तथा अन्य पुरुष बहुवचन के साथ होता है जैसे—हम जाते हैं। वे जाते हैं।

हो-(वर्तमान सम्भाव्य) तुम यह काम करते हो।

हूँ-मैं जाता हूँ।

था-इसकी व्युत्पत्ति 'स्थिति' से माना जा सकता है उदाहरण—गया था।

भविष्यत् गा, गे, गी,—वह जाएगा, वे जाएँगे, वह जाएगी।

संज्ञार्थक क्रिया—ऐसे क्रियापद जो संज्ञा भी हों। जैसे—चलना, खाना, पढ़ना। इसमें लगनेवाला न प्रत्यय का विकास संस्कृत अन से हुआ।

विविध कालों में क्रिया की रूप रचना इस प्रकार है—

1. वर्तमान (अपूर्ण)

उत्तम पुरुष	मैं पढ़ता हूँ।	हम पढ़ते हैं।
मध्यम पुरुष	तू पढ़ता है।	तुम पढ़ते हो।
अन्य पुरुष	वह पढ़ता है।	वे पढ़ते हैं।

2. वर्तमान (आज्ञार्थ)

उत्तम पुरुष	मैं पढ़ूँ।	हम पढ़ें।

मध्यम पुरुष	तू पढ़।	तुम पढ़ो।
अन्य पुरुष	वह पढ़े।	वे पढ़ें।

3. वर्तमान (सम्भावनार्थ)

उत्तम पुरुष	अगर मैं पढ़ूँ।	अगर हम पढ़ें।
मध्यम पुरुष	अगर तू पढ़े।	अगर तुम पढ़ो।
अन्य पुरुष	अगर वह पढ़े।	अगर वे पढ़ें।

टिप्पणी—वर्तमान आज्ञार्थ तथा सम्भावनार्थ में क्रिया का रचना भेद नहीं है। अगर लगा देने से क्रिया का भाव बदल जाता है।

4. वर्तमान (पूर्ण)

उत्तम पुरुष	मैं चला हूँ।	हम चले हैं।
मध्यम पुरुष	तू चला है।	तुम चले हो।
उत्तम पुरुष	यह चला है।	वे चले हैं।

5. वर्तमान (अपूर्ण सम्भाव्य)

उत्तम पुरुष	मैं पढ़ता होऊँ।	हम पढ़ते होवें।
मध्यम पुरुष	तू पढ़ता हो।	तुम पढ़ते होओ।
अन्य पुरुष	वह पढ़ता हो।	वे पढ़ते हों/होवें।

6. वर्तमान (पूर्ण सम्भाव्य)

उत्तम पुरुष	मैं चला होऊँ।	हम चले होवें।
मध्यम पुरुष	तू चला होवे।	तुम चले होओ।
अन्य पुरुष	वह चला हो/होवे।	वे चले होवें।

7. (भूत अपूर्ण)

उत्तम पुरुष	मैं पढ़ता था।	हम पढ़ते थे।
मध्यम पुरुष	तू पढ़ता था।	तुम पढ़ते थे।
अन्य पुरुष	वह पढ़ता था।	वे पढ़ते थे।

8. भूत (पूर्ण)

उत्तम पुरुष	मैं चला था।	हम चले थे।
मध्यम पुरुष	तू चला था।	तुम चले थे।
अन्य पुरुष	वह चला था।	वे चले थे।

9. भूत (पूर्ण सम्भाव्य)

उत्तम पुरुष	मैं चला होता।	हम चले होते।

मध्यम पुरुष	तू चला होता।	तुम चले होते।
अन्य पुरुष	वह चला होता।	वे चले होते।

10. भूत (अपूर्ण सम्भाव्य)

उत्तम पुरुष	मैं पढ़ता होता।	हम पढ़ते होते।
मध्यम पुरुष	तू पढ़ता होता।	तुम पढ़ते होते।
अन्य पुरुष	वह पढ़ता होता।	वे पढ़ते होते।

11. भूत (निश्चयार्थ)

उत्तम पुरुष	मैं चला।	हम चले।
मध्यम पुरुष	तू चला।	तुम चले।
अन्य पुरुष	वह चला।	वे चले।

12. भूत (सम्भावनार्थ)

उत्तम पुरुष	मैं पढ़ता।	हम पढ़ते।
मध्यम पुरुष	तू पढ़ता।	तुम पढ़ते।
अन्य पुरुष	वह पढ़ता।	वे पढ़ते।

13. भविष्यत (अपूर्ण)

उत्तम पुरुष	मैं पढ़ता होऊँगा।	हम पढ़ते होंगे।
मध्यम पुरुष	तू पढ़ता होगा।	तुम पढ़ते होगे।
अन्य पुरुष	वह पढ़ता होगा।	वे पढ़ते होंगे।

14. भविष्यत (पूर्ण)

उत्तम पुरुष	मैं पढ़ चुकूँगा।	हम पढ़ चुकेंगे।
मध्यम पुरुष	तू पढ़ चुकेगा।	तुम पढ़ चुकोगे।
अन्य पुरुष	वह पढ़ चुकेगा।	वे पढ़ चुकेंगे।

15. भविष्यत (निश्चयार्थ)

उत्तम पुरुष	मैं पढ़ूँगा।	हम पढ़ेंगे।
मध्यम पुरुष	तू पढ़ेगा।	तुम पढ़ोगे।
अन्य पुरुष	वह पढ़ेगा।	तुम पढ़ोगे।

16. भविष्यत (आज्ञार्थ)

मध्यम पुरुष	तू पढ़ना।	तुम पढ़ना।

विशेष—कुछ कालों से सकर्मक क्रिया कर्त्ता के अनुसार नहीं बदलती इसीलिए पढ़ना क्रिया के बदले चलना के रूपों को दर्शित किया गया है।

संयुक्त क्रिया

संयुक्त क्रियाओं का प्रयोग संस्कृत में भी होता था। अवहट्ट में इसके प्रयोग में वृद्धि हुई। हिन्दी में तो इसका प्रचुर प्रयोग होने लगा। हिन्दी में कुछ क्रियाएँ ऐसी हैं जो दूसरी क्रियाओं के साथ जुड़कर अर्थ भेद उत्पन्न करती हैं। अन्य क्रियाओं के सहयोग में ये अपना मूल अर्थ या तो खो देती हैं या गौण हो जाती हैं। जैसे—उठ पड़ा में पड़ा का अर्थ नगण्य हो गया है। इसी तरह रो दिया में दिया का कोई स्वतन्त्र अर्थ नहीं है। प्रमुख संयुक्त क्रियाएँ अधोलिखित हैं—

आना—घिर आना, भाग आना

उठना—चौंक उठना

चुकना—पढ़ चुकना

जाना—भूल जाना, सो जाना, खो जाना

डालना—मार डालना, तोड़ डालना

देना—राय देना

पड़ना—चल पड़ना, उठ पड़ना

बैठना—उठ बैना, खा बैठना

रखना—रोक रखना, सोच रखना

लेना—खा लेना, पा लेना

सकना—चल सकना, पढ़ सकना

रहना—सोते रहना

करना—खाया करना

इन संयुक्त क्रियाओं के प्रयोग वर्तमान तथा भूत दोनों में होते हैं। जैसे—

वर्तमान—सेना बढ़ती आ रही है।
लड़के चिल्लाते जा रहे हैं।

आज्ञार्थ—पढ़ते रहना; कहीं जाना मत।

विध्यर्थ—पढ़ना चाहिए, सोना चाहिए।

निषेध—जाने न पाए।

भूतकाल—चौंक उठा, सो गया, चल पड़ा, उठ बैठा।

क्रिया विशेषण

प्राचीन भारतीय आर्यभाषा में विकारी और अविकारी दो तरह के क्रिया विशेषण थे। हिन्दी में भी यही स्थिति है। विकारी क्रिया विशेषण, जैसे—वह सीधा बैठता है, वे सीधे बैठते हैं। अविकारी क्रिया विशेषण अधिक हैं—अतः,

यथा, तथा तेज, वृथा, पुन: आदि।

वाक्य रचना

वाक्य—पूर्ण अर्थ की प्रतीति करानेवाले सार्थक शब्द समूह को वाक्य कहा जाता है। वास्तव में हमारी भाषा में व्यक्त करने तथा अन्तर्मन में सोचने की प्रक्रिया वाक्य में ही होती है। अत: वाक्य को ही भाषा की लघुतम इकाई मानना चाहिए। भर्तृहरि ने अपने 'वाक्यपदीयम्' में वाक्य ही की वास्तविक सत्ता मानी है। कुछ मीमांसक ऐसे भी थे जिन्होंने पद की सत्ता प्रधान मानी और वाक्य को पदों का जोड़ा हुआ रूप।

वाक्य को शब्दों का समूह भी नहीं कहा जा सकता। जैसे—

प्रश्न—आप कब आए?

उत्तर—कल। इस वाक्य में एक ही शब्द है।

कभी-कभी एक ही भाव को व्यक्त करने के लिए कई वाक्यों का प्रयोग करना पड़ता है। ऐसी स्थिति में वाक्य को एकदम पूर्ण भी नहीं कहा जा सकता। संक्षेप में—वाक्य ऐसा सार्थक ध्वनि समूह है जो अपेक्षाकृत पूर्ण होता है तथा जिसमें प्रत्यक्ष या अप्रत्यक्ष क्रिया भाव होता है।

वाक्य में प्रयुक्त होने पर कई शब्दों का रूप परिवर्तित या विकृत हो जाता है। विकारी या परिवर्तित होनेवाले शब्दों के चार भेद माने गए हैं।

1. संज्ञा।
2. सर्वनाम।
3. विशेषण।
4. क्रिया।

वाक्य की सही, रचना करने के लिए इनमें होनेवाले परिवर्तनों से अवगत होना आवश्यक है।

संज्ञा—किसी जीव, पदार्थ, स्थान, गुण, भाव, कर्म आदि के नाम को संज्ञा कहते हैं। संज्ञा के तीन प्रमुख भेद हैं—

1. व्यक्तिवाचक संज्ञा—राम, बम्बई, गंगा, सीता।

2. जातिवाचक संज्ञा—लड़का, बिल्ली, पर्वत।

जातिवाचक संज्ञा के दो उपभेद हैं—

(क) समूहवाचक संज्ञा—कक्षा, परिवार, संघ आदि समूहवाचक संज्ञाएँ अभिप्रायानुसार एकवचन तथा बहुवचन दोनों में प्रयुक्त हो सकती हैं। जैसे—मेरी कक्षा में सौ विद्यार्थी हैं। भवन के अभाव में विद्यालय की सभी कक्षाएँ पेड़ के नीचे चलती हैं।

(ख) द्रव्यवाचक संज्ञा—सोना, चाँदी, वायु, गेहूँ, घी, चीनी आदि। इन पदार्थों का बोध परिमाण में होता संख्या में नहीं, जैसे—एक किलो घी, चीनी, थोड़ा गेहूँ।

3. भाववाचक संज्ञा—लम्बाई, चौड़ाई, क्रोध, सौन्दर्य, यौवन, बुढ़ावा।

भाववाचक संज्ञा बनाते समय विशेष सावधानी बरतनी चाहिए, जैसे—मित्रता, सौन्दर्य, सुन्दरता, कौशल आदि स्वयं भाववाचक हैं, कृत्रिमता लाने के चक्कर में इन्हें मित्रताई, सौन्दर्यता, सुन्दरताई, कौशल्य नहीं बनाना चाहिए।

क्रियार्थक संज्ञा—कुछ विद्वानों ने क्रियार्थक संज्ञा, जैसे—उठना, बैठना, खाना, पीना, को संज्ञा के एक भेद के रूप में परिगणित करने की सलाह दी है।

जातिवाचक संज्ञा के विकार—

लड़का जाता है (एकवचन)

लड़के जाते हैं (बहुवचन)

यह मेरे **लड़के** की किताब हैं (तिर्यक् एकवचन)। यद्यपि लड़का एक है, किन्तु ऐसे नहीं कहा जा सकता—यह मेरे लड़का की किताब है।

आपके **लड़कों** ने खूब कमाल दिखाया (तिर्यक् बहुवचन)।

लड़की पढ़ती है (एकवचन)।

लड़कियाँ पढ़ती हैं (बहुवचन)।

लड़की ने खाना बनाया (तिर्यक् एकवचन)।

लड़कियों ने खाना बनाया (तिर्यक् बहुवचन)।

नियम—1. पुल्लिंग आकारान्त शब्द कुछ अपवादों को छोड़कर तिर्यक् एकवचन और सामान्य बहुवचन में एकारान्त हो जाते हैं। जैसे—लड़का-लड़के, बच्चा-बच्चे, रास्ता-रास्ते, घंटा-घंटे (संस्कृत के कर्त्ता, दाता, भ्राता, पिता, सखा आदि सम्बन्धियों के नाम काका, चाचा, नाना, मामा, फूफा, बाबा आदि एकारान्त नहीं होते)।

2. आकारान्त से भिन्न शब्द तिर्यक् एकवचन तथा सामान्य बहुवचन में अपरिवर्तित रहते हैं, जैसे—घर अच्छा है, घर अच्छे हैं।

घर का सामान हटा दो (तिर्यक् प्रयोग)।

माली नहीं आया (एकवचन)।

गाली नहीं आए (बहुवचन)।

माली ने अच्छा काम नहीं किया (तिर्यक् एकवचन), जिन शब्दों के एकवचन रूप अविकृत रहते हैं उनमें स्पष्टता के लिए लोग; वृन्द, गण, आदि

शब्द लगाते हैं। जैसे—माली लोग, मुनिवृन्द, पक्षीगण।

स्त्रीलिंग संज्ञा शब्द

1. इ, ई या इया स्त्री प्रत्ययान्त शब्दों का सामान्य बहुवचन इयाँ होता है। जैसे—लड़कियाँ, चिड़ियाँ, रीतियाँ, साड़ियाँ, नालियाँ।

2. इससे भिन्न स्त्री प्रत्ययान्त शब्दों में एँ जोड़ा जाता है। जैसे—वस्तुएँ, आँखें, रातें।

पुल्लिग और स्त्रीलिंग दोनों प्रकार के शब्दों का तिर्यक् बहुवचन का रूप ओकारान्त होता हैं। जैसे—बच्चों ने अच्छा गाना सुनाया।

साधुओं की भीड़ बढ़ती जा रही है।

ऋषियों, मुनियों, के उपदेश आज भी सार्थक हैं।

नदियों का पानी बढ़ गया है। इन बातों में क्या रखा है।

3. सम्बोधन बहुवचन ओकारान्त होता है ओंकारान्त नहीं। कुछ सज्जन सभा को सम्बोधित करते हुए कहते हैं—भाइयों जबकि कहना चाहिए भाइयो और बहनो।

सर्वनाम

संज्ञा (नाम) के स्थान पर जिनका प्रयोग किया जाए वह है सर्वनाम जैसे—मैं, तुम, वह आदि। सर्वनाम के छह भेद हैं—

1. पुरुषवाचक—उत्तमपुरुष

मैं जाता हूँ (एकवचन)।

मैंने देखा (एकवचन)।

तिर्यक् रूप-मुझको, मुझे, मुझसे, मुझपर, मेरा।

हम जाते हैं (बहुवचन)।

हमने देखा है (बहुवचन)।

तिर्यक् रूप—हमको, हमें, हमसे, हमपर, हमारा

मध्यमपुरुष

तू जाता है (एकवचन)

तूने क्या किया (एकवचन)

तिर्यक् रूप—तुझको, तुझे, तुझसे, तुझमें, तेरा

तुम जाते हो (एकवचन)	एकवचन के रूप में भी तुम का प्रयोग होता है।
तुमने खा लिया (बहुवचन)	

अन्य पुरुष

वह जाता है (एकवचन)।

उसने खना खाया (तिर्यक् एकवचन)।

अन्य तिर्यक् रूप—उसे, उसको, उससे, उसमें, उसका।

वे जाते हैं (बहुवचन)।

उन्होंने रास्ता रोक लिया (तिर्यक् बहुवचन)।

अन्य तिर्यक् रूप—उन्हें, उनको, उनसे, उनमें उनका।

यह-एकवचन।

तिर्यक्—(इस) इसने, **इसे,** इसको इसमें, इसका।

बहुवचन—ये

तिर्यक्—(इन) इन्होंने, **इनको,** इन्हें, इनसे, इनमें, इनका।

सम्बन्धवाचक सर्वनाम—मेरे पास एक गाय है जो शहर से लाई गई है।

प्रश्नवाचक सर्वनाम—आप से कौन मिलने आया था? उसे क्या चाहिए?

निजवाचक सर्वनाम—मैं स्वयं जाऊँगा। तुम अपने घर चले आओ। मैं अपना काम खुद करूँगा। वह अपने घर में हैं। हिन्दी में निजता किसी सर्वनाम से सम्बन्ध दिखाने के लिए 'अपने' शब्द का प्रयोग उत्तम पु०, मध्यम पु० तथा अन्य पु० के साथ हो जाता है किन्तु अंग्रेजी में ऐसा नहीं है। उसमें 'यू' के साथ 'योर' 'आई' के साथ 'माई', 'ही' के 'हिज', 'शी' के साथ 'हर' होता है।

विशेषण

जो संज्ञा की विशेषता बताए, जैसे—अच्छी लड़की। हिन्दी में विशेषणों का रूपान्तर बहुत आसान है। आकारान्त विशेषण विशेष्य के अनुसार बदलते हैं किन्तु अन्य विशेषण अपरिवर्तित रहते हैं। जैसे—अच्छा लड़का, अच्छे लड़के, अच्छी लड़की, अच्छी लड़कियाँ। सुन्दर लड़का, सुन्दर लड़के, सुन्दर लड़की, सुन्दर लड़कियाँ।

क्रिया

क्रिया से किसी कार्य करने या होने का बोध होता है।

क्रिया संज्ञा, सर्वनाम के लिंग, वचन आदि के अनुसार परिवर्तित होती है—

राम जाता है।

सीता जाती है।

तुम खाते हो।

तू जाता है।

वह जाता है।

वे जाते हैं।

मैं जाता हूँ।

हम जाते हैं।

विशेष—'व्याकरणिक कोटियाँ' के अन्तर्गत क्रिया का विस्तृत विवरण देखिए।

काल

काल के मुख्य रूप तीन हैं—

1. वर्तमान—मैं खाता हूँ, वह है।
2. भूत—वह गया।
3. भविष्य—वह जाएगा।

वर्तमान के तीन भेद होते हैं—

(क) सामान्य वर्तमान—वर्तमान में होनेवाले सामान्य कार्य तथा स्वभाव का बोध होता है। जैसे—राम पढ़ता है, वह झूठ बोलता है, सोहन खाता है।

(ख) सम्भाव्य वर्तमान—शायद वह खाता हो। सम्भवत: वह पढ़ता हो।

(ग) संदिग्ध वर्तमान—वह आज (शायद ही) आता होगा।

भूत के नौ भेद होते हैं—

(क) सामान्य भूत—भूत काल की सामान्यता का बोध होता है, जैसे—वह गया। उसने भोजन किया।

(ख) आसन्न भूत—कार्य का आरम्भ भूत काल में हो किन्तु समाप्ति वर्तमान में, जैसे—राम गया है। लड़कियाँ गई हैं।

(ग) पूर्ण भूत—कार्य की समाप्ति भूतकाल में ही हो गई रहती है, जैसे—वह गया था। मैंने पढ़ा था। उसने लिखा था।

(घ) अपूर्ण भूत—भूतकाल में कार्य की नियमितता का बोध होता है। इसे नेमी भूत भी कहा जाता है, जैसे—मैं चलता था, वह खाता था, सीता खाती थी।

(ङ) सामान्य संकेत—चाह या शर्त का बोध होता है। कार्य पूर्ण हो सकता था किन्तु किसी कारणवश न हो सका, जैसे—यदि मैं चलता तो अवश्य पहुँच जाता। यदि मैं चाहता तो झगड़ा न होता।

(च) नेमी संकेत—इच्छा या शर्त के साथ आदत अथवा नियमितता का भी बोध होता है, जैसे—यदि वे व्यायाम करते होते तो स्वस्थ हो जाते। यदि वे

दूध पीते होते तो दुबले न होते।

(छ) सम्भाव्य भूत—किसी कार्य की भूत में होने की सम्भावना व्यक्त की जाती है, जैसे—शायद वह आया हो, सम्भव है वह घर छोड़ दिया हो।

(ज) संदिग्ध भूत—भूतकाल में कार्य होने का सन्देह या अनिश्चय व्यक्त होता है—वह गया होगा। राम आया होगा।

भविष्य काल के दो भेद हैं—

(क) सामान्य भविष्यत्—किसी कार्य के भविष्य में होने की सामान्यता का बोध होता है, जैसे—मैं जाऊँगा, तुम खाओगे।

(ख) सम्भाव्य भविष्य—भविष्य में कार्य होने की सम्भावना रहती है, जैसे—वह आज आता होगा। वे पीते होंगे।

क्रिया किसके अनुसार होगी—

1. कर्त्तृवाच्य में वर्तमान, भविष्य तथा भूत (अकर्मक) की क्रिया कर्त्ता के अनुसार होती है—

राम जाता है—(राम एकवचन पुल्लिग अतः क्रिया एकवचन पुल्लिग)।

सीता जाती है—(सीता कर्त्ता एकवचन स्त्रीलिंग अतः क्रिया भी तदनुसार)।

वे जाते हैं—(वे कर्त्ता बहुवचन अतः क्रिया बहुवचन)

इसी प्रकार—(भविष्य)

मैं जाऊँगा।

सीता जाएगी।

राम आएगा।

भूत अकर्मक

मैं गया।

सीता गई।

राम नहाया।

वह सो गया।

2. कर्मवाच्य में प्रत्येक काल की क्रिया तथा कर्त्तृवाच्य के भूतकाल की सकर्मक क्रिया (परसर्ग ने सहित कर्त्ता के साथ) कर्म के अनुसार होती है—

जैसे—पत्र लिखा जाता है।

पुस्तक पढ़ी गई।

पुस्तक पढ़ी जाएगी।

राम ने पुस्तक पढ़ी।

सीता ने ग्रन्थ देखा।

} कर्मवाच्य

उपर्युक्त वाक्यों में क्रिया पत्र, पुस्तक तथा ग्रन्थ के अनुसार है।

भूतकाल की सकर्मक क्रिया के कुछ और उदाहरण

राम ने मेला देखा।

राम ने मिठाई खाई।

राम ने पुस्तक पढ़ी।

सकर्मक और अकर्मक की पहचान—क्रिया में क्या या किसको लगाने से यदि कोई उत्तर निकलता है तो क्रिया सकर्मक है, यदि कोई उत्तर नहीं निकलता तो क्रिया अकर्मक है, जैसे—

राम ने खाया (क्या खाया-उत्तर-फल खाना या अन्य कोई पदार्थ)—सकर्मक।

3. भाववाच्य में क्रिया सदा पुल्लिग एकवचन में रहती है—

यहाँ सोया नहीं जाता।

लिखा नहीं जाता।

4. क्रिया सकर्मक है, भूतकाल की है, कर्त्ता के साथ न परसर्ग लगा है इसके बावजूद यदि कर्म के साथ 'को' परसर्ग लगा हो तो क्रिया अन्य पुरुष एकवचन में रहेगी कर्म के अनुसार नहीं। जैसे—उन लोगों ने बदमाश आदमी को खूब पीटा, राम ने उसके घर को मनमानी लूटा।

5. यदि एक से अधिक कर्त्ता हैं और वे भिन्नार्थक तथा परसर्ग रहित हैं तो क्रिया बहुवचन की होगी जैसे—

राम और श्याम कोलकाता गए।

उमा और सीता आ गईं।

6. यदि कर्त्ता भिन्न-भिन्न लोगों में हैं तो क्रिया निकटतम कर्त्ता के लिंग के अनुसार होगी—सीता और राम आए। लड़के और लड़कियाँ आईं।

निर्जीव संज्ञा के अन्वय में क्रिया एकवचन की होती है; जैसे—राम के पास एक घड़ी और एक कलम है।

7. कभी-कभी वाक्य में कर्त्ता कई पुरुषों में आता है ऐसी स्थिति में पहले अन्य पुरुष, फिर मध्यम पुरुष, तदन्तरं उत्तम पुरुष को रखना चाहिए। क्रिया अंतिम पुरुष के अनुसार होगी—

राम, तुम और हम खाएंगे।

वह और तुम जाओगे।

कारकीय चिन्हों का प्रयोग

ने—भूतकाल में सकर्मक क्रिया के कर्त्ता के साथ ने का प्रयोग होता है, अन्य कर्त्ता के साथ नहीं।

जैसे—राम ने मिठाई खाई (सकर्मक क्रिया)।

का, के लिए—कुछ सर्वनामों के साथ इनका प्रयोग नहीं होता; जैसे—मुझका, मुझ के लिए।

विशेष—शेष के प्रयोग सरल हैं।

वाक्य में पदक्रम

1. पहले कर्त्ता, फिर मुख्य कर्म, फिर गौण कर्म तत्पश्चात् क्रिया आती है; जैसे—राम ने सोहन को पुस्तक दी। राम कर्त्ता, सोहन मुख्य कर्म, पुस्तक गौण कर्म, दी क्रिया)।

2. विशेषण विशेष्य के पूर्व रखा जाता है। जैसे—मेरे छोटे भाई ने काली गाय को पकड़ लिया (छोटे विशेषण, भाई विशेष्य, काली विशेषण, गाय विशेष्य)।

3. कर्त्ता का विशेषण कभी-कभी बाद में भी आता है, जैसे—राम सुन्दर है।

4. सर्वनाम का विशेषण सर्वनाम के बाद आता है; जैसे—वह भला है। यह लड़का मूर्ख है।

5. प्रश्नवाचक सर्वनाम क्रिया से पहले रखे जाते हैं, जैसे—वह कौन आया है?

6. ही, भी, तो, भर, तक आदि अव्यय उन्हीं शब्दों के बाद लगाए जाते हैं, जिन पर बल देना होता है अथवा निश्चितता प्रकट करनी होती है; जैसे—

राम ही घर गया (राम कर्त्ता पर बल)।

राम घर ही गया (घर कर्म पर बल)।

राम गया ही (गया क्रिया पर बल)।

उसने अपने पिता तक से नहीं पूछा (पिता पर बल)।

मोहन तक ने इसकी जाँच पड़ताल नहीं की (मोहन कर्त्ता पर बल)।

7. यदि, जब, जहाँ, ज्योंही आदि प्रधान वाक्य के पूर्व आते हैं तो इनके साथ क्रमशः तो, तब, वहाँ त्योंही आश्रित वाक्य के पूर्व रखे जाते हैं। जैसे—

यदि वह परिश्रम करेगा तो सफल हो जाएगा।

जब वह आ जाए, तब आप चले जाएँ।

जहाँ जाएँगे,, वहाँ पाएँगे।

वह ज्योंही पहुँचा, लड़का त्योंही भाग गया।

8. आश्रित वाक्य उस शब्द के निकट होना चाहिए जिनकी विशेषता बताने के लिए वह प्रयुक्त है, जैसे—वह आदमी, जो परसों यहाँ आया था, मोटर से कुचलकर मर गया।

9. भावावेश में अथवा किसी भाव को तीव्रता प्रदर्शित करने के लिए पद-क्रम में उलटफेर भी कर दिया जाता है, जैसे—आप जाएंगे जरूर, पुस्तक सीता ने पढ़ी।

अर्थ के आधार पर वाक्य के प्रकार

1. विधानार्थक—राम ने खाना खाया।

राम पढ़ता है।

2. निषेधार्थक—उसने पुस्तक नहीं पढ़ी।

राम नहीं आया।

3. प्रश्नवाचक—तुम क्यों आए हो?

4. आज्ञार्थक—खाना खाओ। घर जाओ।

5. सन्देहार्थक—शायद वह आज आ जाए।

इस तरह पत्र आपने लिखा होगा।

6. इच्छार्थक—ईश्वर तुम्हारा कल्याण करे।

आओ घूमने चलें।

संकेतार्थक—लड़के को कहीं कोई काम मिल जाता तो मैं निश्चिन्त हो जाता। शायद तुम्हें जाना पड़े।

विस्मयादिबोधक—अहा; कैसा सुहावना मौसम है।

अरे; तुम यहीं रह गए।

रचना के आधार पर वाक्य के प्रकार

1. सरल वाक्य—जिस वाक्य में एक उद्देश्य और एक विधेय रहता है। जैसे—राम खूब पढ़ता है। स्वामी विवेकानन्द ने सदैव भारती अद्वैत दर्शन की महत्ता प्रतिपादित की।

2. मिश्र वाक्य—मिश्र वाक्य में एक प्रधान सरल वाक्य होता है और एक अथवा अनेक सरल वाक्य होते हैं। दोनों प्रकार के वाक्य एक-दूसरे के अधीन रहते हैं। जैसे—(1) जब राम आया था तब तुम कहाँ चले गए थे? (2) मुझे यह ज्ञात है कि वह यहाँ नहीं रहता।

पहले वाक्य में जब राम आया था, प्रधान उपवाक्य है तब तुम कहाँ चले गए थे आश्रित उपवाक्य है। दूसरे वाक्य में मुझे यह ज्ञात है, प्रधान उपवाक्य है

कि वह यहाँ नहीं रहता, आश्रित वाक्य।

3. संयुक्त वाक्य—जिस वाक्य में एक से अधिक स्वतन्त्र वाक्य हों। जैसे—मैं जाऊँगा और श्याम खेलेगा।

दो या दो से अधिक स्वतन्त्र वाक्यों के साथ कोई आश्रित उपवाक्य आए तो भी सम्पूर्ण संयुक्त वाक्य ही होगा। राम ने कहा कि तुम यहाँ से चले जाओ किन्तु उसने सुना ही नहीं।

वाक्य का विस्तार—लघु वाक्य बीज वाक्य होता है। बीज वाक्य फैलकर दीर्घ हो जाता है—

राम के पिता के मित्र का घर।

पिता के मित्र का घर।

मित्र का घर।

इसी प्रकार—वह लड़का पढ़ता है।

वह छोटा लड़का पढ़ता है।

वह छोटा लड़का खूब पढ़ता है।

उद्देश्य और विधेय

जिसके विषय में कहा जाए वह उद्देश्य तथा जो कुछ कहा जाए वह विधेय है, जैसे—राम पढ़ता है में राम उद्देश्य है तथा पढ़ता है विधेय।

वाक्य परिवर्तन

1. विधानार्थक और निषेधात्मक—

वह ईमानदार है—विधानार्थक।

वह ईमानदार नहीं है—निषेधात्मक।

उसने कोई भी प्रयत्न नहीं छोड़ा—निषेधात्मक।

उसने सभी प्रयत्न किए—विधानार्थक।

2. प्रश्नवाचक और निश्चयवाचक—

राणा प्रताप की वीरता से कौन परिचित नहीं है? प्रश्नवाचक।

राणा प्रताप की वीरता से सभी परिचित हैं—निश्चयवाचक।

3. विस्मयादिबोधक और सामान्य—

ओह इतना सुन्दर—विस्मयादि बोधक।

यह बहुत सुन्दर है—सामान्य।

यह बड़ा निर्दयी है—सामान्य।

अरे इतना निर्दयी—विस्मयादिबोधक।

4. विशेषण की तुलनात्मक अवस्था में परिवर्तन—

कोलकाता भारत का सबसे बड़ा नगर है।

कोलकाता से बड़ा भारत में कोई दूसरा नगर नहीं है।

5. वाच्य में परिवर्तन—

वह पुस्तक पढ़ता है—कर्त्तृवाच्य।

पुस्तक उसके द्वारा पढ़ी जाती है—कर्मवाच्य।

सरल और मिश्र वाक्य—

अच्छे छात्र गुरुजनों की आज्ञा मानते हैं—सरल।

जो अच्छे छात्र हैं वे गुरुजनों की आज्ञा मानते हैं—मिश्र।

जो आदमी परिश्रम करता है वह जीवन में सफल अवश्य होता है—मिश्र वाक्य।

परिश्रम करनेवाला आदमी जीवन में सफल अवश्य होता है—सरल वाक्य।

संयुक्त और सरल—

विश्वविद्यालय बन्द होने पर छात्र अपने घर जाने लगे—सरल।

विश्वविद्यालय बन्द हुआ और छात्र अपने घर जाने लगे—संयुक्त।

संयुक्त और मिश्र

वह पुस्तक चाहता था और वह उसे मिल गई—संयुक्त वाक्य।

वह जो पुस्तक चाहता था उसे मिल गई—मिश्र वाक्य।

ज्योंही मैं कॉलेज पहुँचा भीड़ तितर-बितर हो गई—मिश्र वाक्य।

मैं कॉलेज पहुँचा और तुरन्त भीड़ तीतर-बितर हो गई—संयुक्त वाक्य।

हिन्दी की शब्द-सम्पदा

प्रत्येक भाषा अपने शब्द भंडार की समृद्धि के लिए अपनी जननी भाषा, सहभाषा तथा विदेशी भाषाओं की ऋणी होती है। हिन्दी भाषा इसका अपवाद नहीं है। हिन्दी का शब्द कोष संस्कृत, प्राकृत, अपभ्रंश आदि पूर्व प्रचलित आर्य भाषाओं तथा अरबी, फारसी, तुर्की, अंग्रेजी आदि विदेशी भाषाओं के शब्दों से निर्मित हुआ है। कालक्रमानुसार कुछ शब्द नवीन अर्थों की व्यंजना के साथ हिन्दी में प्रचलित हुए जो उसकी निजी सम्पत्ति के रूप में स्वीकार किए जा सकते हैं। हिन्दी के सम्पूर्ण शब्दों को चार वर्गों में रखा जा सकता है—

1. तत्सम
2. तद्‌भव
3. देशी
4. विदेशी।

तत्सम—तत् का अर्थ है उसके (संस्कृत), सम का अर्थ है समान अर्थात् संस्कृत के समान। इस प्रकार तत्सम शब्द वे शब्द हैं जो संस्कृत से बिना किसी परिवर्तन के हिन्दी में चले आए हैं, जैसे—कमल, सुर, दिन, सत्य, शय्या, कवि, हरि, शत्रु, मति आदि। बहुत से संस्कृत-शब्द मध्यकालीन आर्य-भाषाओं में अपना स्वरूप अक्षुण्ण बनाए रहे और फिर हिन्दी में आ गए। कुछ शब्दों को सीधे संस्कृत से ग्रहण कर लिया गया। इन शब्दों को परम्परागत शब्दों की कोटि

में रखा जा सकता है। आधुनिक ज्ञान-विज्ञान तथा प्राविधिक युग में हिन्दी की अभिव्यक्ति क्षमता बढ़ाने के लिए संस्कृत की धातुओं तथा प्रत्ययों से बड़ी संख्या में शब्दों का निर्माण किया गया है। ये शब्द संस्कृत-कोशों में वर्तमान अर्थ-सन्दर्भ में नहीं मिलते। इन नवनिर्मित शब्दों में वैज्ञानिक, प्राविधिक तथा प्रशासकीय शब्दों का आधिक्य है, जैसे—प्रशासक, अधीक्षक, अभियंता, पर्यवेक्षक, परिचालक, प्राध्यापक, निदेशक, पत्राचार, प्रभाग, अनुभाग आदि। हिन्दी में प्रयुक्त होनेवाले तत्सम शब्दों में संज्ञा, सर्वनाम, क्रिया, विशेषण सभी हैं। संज्ञा शब्दों का बाहुल्य है। बहुत में ऐसे शब्द हैं जिनके मूल अर्थ में परिवर्तन आ गया है, जैसे—जंघा, परिवार, कटि का संस्कृत अर्थ क्रमशः घुटने और टखने के बीच का भाग (जंघा), घेरनेवाला या नौकर-चाकर समूह (परिवार), नितम्ब या कूल्हा (कटि) होता था किन्तु हिन्दी में इनका दूसरा अर्थ लिया जाता है। ऐसे शब्द चूँकि संस्कृत से लिए गए हैं और ध्वनि परिवर्तन के बिना प्रचलित हैं इसलिए इन्हें तत्सम शब्द ही माना जाता है।

तद्‌भव—ऐसे शब्द जो संस्कृत शब्दों से उद्‌भूत या विकसित हैं, जैसे—कान्ह, साँच, मिथ्या, दूध, हाथ आदि। हिन्दी के क्रियापद और सर्वनाम तद्‌भव ही हैं। संज्ञापदों की भी पर्याप्त संख्या है। हिन्दी की मौलिक शब्दावली की दृष्टि से तद्‌भव का विशेष महत्व है। हिन्दी में बहुत से तद्‌भव शब्द हैं जो अपनी परम्परा से भिन्न अर्थ रखते हैं, जैसे—चाकू, आप, गाभिन, थान आदि।

देशी—देशी या देशज शब्दों की परिभाषा विवादास्पद है। कतिपय विद्वानों का मत है कि देशज शब्दों की प्रकृति प्रत्ययमूला व्युत्पत्ति नहीं दी जा सकती। हेमचन्द, बीम्स, भंडारकर आदि विद्वानों के मतानुसार इन शब्दों की संस्कृत से व्युत्पत्ति सिद्ध करना कठिन है। चटर्जी ने आर्यभाषा से इतर द्रविड़, कोल शब्दों को देशज माना है। आर्यभाषा अपनी विकास परम्परा में अनेक अनार्य शब्दों को अपनाती रही इसलिए आर्य और अनार्य शब्दों का निर्णय बहुत आसान नहीं है। यह भी सम्भव है कि बहुत से शब्द लोक में चलते रहे हों किन्तु साहित्य में उनका प्रयोग न हुआ हो। समय-समय पर लोक में नए-नए शब्द गढ़े जाते रहते हैं। देशी शब्दों के अन्तर्गत तीन प्रकार के शब्द हैं—

1. ऐसे शब्द जिनकी व्युत्पत्ति ज्ञात नहीं है, जैसे—पेड़, धब्बा, झंझट, पेठा,

2. ऐसे शब्द जो अनार्य भाषाओं से लिए गए हैं, जैसे—गोड़, ढकना, गोद आदि।

3. ऐसे शब्द जो देशी कारीगरी से बनाए गए हैं—पों-पों, चूं-चूं, दुल्हन, झिलमिल, डगमग, सटकना आदि। कुछ शब्द विदेशी प्रत्ययों से गढ़ लिए गए हैं

जिन्हें डॉ० बाहरी ने दोगले शब्दों की संज्ञा दी है, जैसे—तिमाही, फूलदान, रेल-यात्रा आदि।

विदेशी शब्द—ऐसे शब्द जो विदेशी भाषाओं से लिए गए हैं। प्राचीन काल से ही भारतीयों का सम्पर्क विदेशियों के साथ होता रहा। आधुनिक आर्यभाषा काल में तो यह सम्पर्क अधिक स्थाई तथा प्रभावी रहा। 8-9 सौ वर्षों तक हिन्दी विदेशी भाषाओं के सम्पर्क में रही। प्रत्यक्ष अथवा अप्रत्यक्ष रूप से हिन्दी में बहुत से विदेशी शब्द में आ गए। विदेशी शब्दों के आगमन की परम्परा बहुत प्राचीन है किन्तु तत्कालीन भाषाविदों को इसकी विशेष जानकारी नहीं थी। देशी और विदेशी भाषाओं के तुलनात्मक अध्ययन से इस क्षेत्र में पर्याप्त ज्ञान सम्भव हो सका। हिन्दी भाषा ने समयानुसार फारसी, अरबी, तुर्की, अंग्रेजी आदि के शब्दों को ग्रहण करके अपनी जीवन्तता और उदारता का परिचय दिया है।

फ़ारसी शब्द—ईरान और अरब से भारत का प्राचीन काल से सांस्कृतिक और व्यापारिक सम्बन्ध था। प्राचीन फारसी और संस्कृत में बहुत से शब्दों में पर्याप्त साम्य भी पाया जाता है, जैसा कि पूर्वोल्लेख किया जा चुका है कि भारत-ईरानी एक ही परिवार की भाषाएँ हैं। मुसलमानों के आगमन के पश्चात् फ़ारसी तथा अरबी शब्दों की संख्या हिन्दी में बढ़ने लगी। दसवीं सदी से ही यह सिलसिला जारी हो गया। मुसलमानों ने यहाँ की राज्यसत्ता हथिया ली। अतः शासन होने के नाते यह स्वाभाविक था कि उनकी भाषा की प्रशासनिक तथा अन्य क्षेत्रों से सम्बद्ध शब्दावली लोक में प्रचलित होती। फ़ारसी से आगत शब्दों को अधोलिखित कोटियों में विभक्त किया जा सकता है—

1. शासन सम्बन्धी शब्द—हिन्दी साहित्य के मध्यकाल में बहुत से फ़ारसी के शासन सम्बन्धी शब्द प्रचलित हुए। उनकी अर्थवत्ता निरन्तर सटीक बनी रही। आज भी उनकी लोकप्रियता इतनी ज्यादा है कि किसी सामान्य व्यक्ति को यह एहसास भी नहीं होता कि ये शब्द विदेशी हैं, जैसे—अदालत, इजलास, सरकार, हुक्म, चपरासी, खजांची, हाकिम, नायब, तहसीलदार, सिपाही, हवलदार, संगीन, कमान, तीर, हमला, मुलजिम, वजीर, सिक्का, सिफारिश आदि। कुछ शब्दों के संस्कृतीकरण का प्रयत्न हो रहा है, जैसे—सेना, वजीर-मन्त्री, सचिव आदि।

वेश-भूषा सम्बन्धी शब्द—कमीज, कुर्ता, पाजामा, मोजा, साफा, सलवार, चादर, रजाई, रूमाल आदि।

खाद्यपदार्थ सम्बन्धी शब्द—(मिष्ठान) बरफी, हलवा, जलेबी, गुलाबजामुन, (फल-मेवा-सब्जी)—बादाम, सेब, अनार, अंगूर, मुनक्का, किशमिश, पिस्ता, सब्जी, तरकारी, चुकंदर, खरबूजा, कद्दू आदि।

स्थानसूचक शब्द—मुहल्ला, परगना, तहसील, जिला, शहर, देहात, कस्बा आदि।

श्रृंगार तथा सजावट सम्बन्धी शब्द—सुरमा, हजामत, साबुन, आईना, कुर्सी, तख्त, मेज, इत्र आदि।

रोग सम्बन्धी—बुखार, बवासीर, सुजाक, जुकाम, नासूर, हकीम, नब्ज आदि।

धर्म सम्बन्धी—मजहब, नमाज, खुदा आदि। **अन्य शब्द**—दलाल, हलवाई, जिल्दसाज, दीवार, मंजिल आदि।

हिन्दी ने फारसी के संज्ञा शब्दों को ही नहीं बल्कि सर्वनाम, क्रिया, क्रिया विशेषण, विशेषण आदि शब्दों को भी अपनाया है।

सर्वनाम—खुद, फलाँ (अमुक के अर्थ में)

क्रिया—खरीदना, फरमाना, वसूलना आदि।

क्रिया विशेषण—जरूर, शायद, बिलकुल, हमेशा, जबरदस्ती, आखिर, बेशक आदि।

विशेषण—बदनाम, बेकार, बेहया,ज्यादा, कम, नरम, सख्त, खुश, नाखुश, साफ, गन्दा आदि।

अरबी-फारसी के माध्यम से आनेवाले बहुत से शब्द मूलतः अरबी के हैं, जैसे—हाकिम, हिरासत, फैसला, मुन्सिफ, वजीर, हज, ईद, मोहर्रम, बलगम, किताब आदि।

तुर्की—मुस्लिम शासकों में गुलाम पूर्णतः खिलजी और तुगलक अंशतः तुर्क थे। तुर्क शासकों और सैनिकों द्वारा बहुत से तुर्की शब्द प्रचलित हुए। जैसे—चाकू, कैंची, गलीचा, बहादुर, उर्दू, चम्मच, दारोगा, बीबी, बारूद आदि।

चूँकि तुर्की, अरबी के शब्द फारसी के माध्यम से अधिक आए हैं। इसीलिए इन शब्दों को फारसी के अन्तर्गत परिगणित कर लिया जाता है।

अंग्रेजी शब्द—यद्यपि अंग्रेजों का भारत आगमन 1579 ई० से ही शुरू हो गया था किन्तु अंग्रेजी शिक्षा एवं सभ्यता आदि का व्यापक प्रभाव पड़ना 19वीं सदी से प्रारम्भ हुआ। अंग्रेजी माध्यम से शिक्षित लोगों ने अपनी भाषा में अंग्रेजी शब्दों को अधिक स्थान दिया। 'अंग्रेजी के हिन्दी में प्रचलित शब्दों की संख्या चार-पाँच सौ तक सीमित हैं।' अंग्रेजी से आगत शब्दों में शासन, यन्त्र, पोशाक, खान-पान, वैज्ञानिक आविष्कार, दवा आदि से सम्बन्धित शब्द हैं, जैसे—कोर्ट, अपील, कलेक्टर, आर्डरली, रेल, इंजिन, शर्ट, पैंट, शूट, बिस्कुट, टोस्ट

आइस्क्रीम, कैमरा, टाइपराइटर, टेलीप्रिण्टर, कुनैन, क्लोरोफार्म आदि।

पुर्तगाली शब्द—भारत का सम्बन्ध पुर्तगाली लोगों से भी रहा। अत: हिन्दी में पुर्तगाली के भी थोड़े बहुत शब्द मिलते हैं, जैसे—अलमारी, आलपिन, आया, भाव, पादरी, पिस्तौल आदि।

फ्रांसीसी—कार्तूस, कूपन, बेसिन, अंग्रेज आदि।

डच—बम, तुरूप।

चाय और लीची चीनी भाषा से तथा रिक्शा जापानी से लिए गए हैं।

हिन्दी के विविध रूप

राष्ट्रभाषा

राष्ट्रभाषा के बिना कोई भी राष्ट्र राष्ट्र नहीं कहला सकता। जिस प्रकार किसी राष्ट्र की सीमाएँ, सीमाओं के अन्तर्गत पड़नेवाले भूखंड, देशवासी तथा संस्कृति महत्वपूर्ण हैं उसी प्रकार राष्ट्र के विचारों की संवाहिका सामान्य राष्ट्रीय भाषा भी आवश्यक है। डॉ० देवेन्द्रनाथ शर्मा में राजनीतिक एकता अपने आप में महत्त्व शून्य और बेमानी है यदि राष्ट्र के हृदय एक नहीं हो पाता। हृदय की एकता तब तक असम्भव है जब तक वाणी की एकता न हो। यदि एक व्यक्ति दूसरे की बात समझ ही नहीं पाता तो एकता का अनुभव कैसे हो सकता है। एक राष्ट्र का दो आदमी अपनी भाषा में बात न करे यह लज्जा की बात है। 'टाबर ऑफ वैबन' की कथा की ओर संकेत करे हुए भाषा की एकता की महत्ता आचार्य क्षितिमोहन सेन ने भी प्रतिपादित की है—'आदर्श और साधना की एकता मनुष्य को एकता जरूर देती है, परन्तु भाषा की भिन्नता मनुष्य की इस एकता को जाग्रत नहीं होने देती। यूरोपीय प्राचीन कथा में सुना जाता है कि भाषा की भिन्नता के कारण ही, 'टाबर ऑफ वैबन' टूट पड़ा था, और वही मनुष्य जो इस महती साधना के लिए दिन-रात एक कर रहे थे, भाषा की भिन्नता के कारण आपस में ही लड़ने लगे थे और उन्होंने अपनी ही निर्माण की हुई वस्तु को स्वयं ही गिरा दिया था।'

भारत बहुभाषाई राष्ट्र है। जिन 22 भाषाओं को संविधान में मान्यता दी गई है उनके अलावा भी कुछ भाषाएँ ऐसी हैं जो अपने स्वतन्त्र अस्तित्व का दावा करती हैं। आसामी, बंगाली, गुजराती, हिन्दी, कन्नड़, काश्मीरी, मलयालम,

मराठी, उड़िया, पंजाबी, संस्कृत, तमिल, तेलगू, उर्दू, सिन्धी, कोंकणी, मणिपुरी, बोडो, मैथिली, डोंगरी, संथाली, नेपाली ये समस्त भाषाएँ भारत राष्ट्र में प्रयुक्त होती हैं। इसलिए ये सभी सम्मान्य हैं। इनमें लिखा गया साहित्य भारतीय साहित्य का अभिन्न अंग है। इन्हीं राष्ट्रीय भाषाओं में से एक भाषा को राष्ट्र भाषा के लिए चुना गया था। यह चयनित भाषा थी—हिन्दी, जो मुक्तिकामी नेताओं के संघर्ष की वाणी थी। अनेक भारतीय भाषाओं में से एक को 'राष्ट्रभाषा' कहने से अन्य भाषाओं की उपेक्षा या अवमानना नहीं होती। यदि हिन्दी राष्ट्रभाषा है तो अन्य भाषाएँ इस तर्क से अराष्ट्रीय भाषाएँ सिद्ध नहीं हो जातीं। यदि 'मोर' को राष्ट्रीय पक्षी माना गया है तो क्या अन्य पक्षियों को राष्ट्र से बलिष्कृत कर दिया गया है। क्या उनके प्रति लगाव नहीं है। यदि राष्ट्रीय पशु चीता है तो क्या हमें भारतीय हाथियों पर गर्व नहीं है। यदि राष्ट्रीय पुष्प कमल है तो क्या गुलाब, चमेली आदि सैकड़ों पुष्पों की मादक गंध भारतीय वायुमंडल में व्याप्त नहीं है। इसलिए 'राष्ट्रभाषा' संज्ञा के विरुद्ध जो आपत्तियाँ उठाई गई वे नितान्त भ्रामक थीं। स्वतन्त्रता से पहले हिन्दी की परिकल्पना राष्ट्रभाषा के रूप में ही की गई। सुभाषचन्द्र बोस की इस आकांक्षा में इसी तथ्य का निरूपण है 'प्रान्तीय ईर्ष्या-द्वेष को दूर करने में जितनी सहायता हमें हिन्दी प्रचार से मिलेगी, उतनी दूसरी किसी चीज से नहीं मिल सकती। यदि हम लोगों ने तन, मन से प्रयत्न किया, तो वह दिन दूर नहीं है, जब भारत स्वाधीन होगा और उसकी राष्ट्रभाषा होगी हिन्दी।' प्रश्न यह उठता है कि क्या स्वाधीनता से पूर्व हिन्दी राष्ट्रभाषा नहीं थी। हम इस समय राष्ट्रभाषा का जो अर्थ करते हैं उस अर्थ में तो हिन्दी राष्ट्रभाषा थी ही। सुभाषचन्द्र बोस जी का मंतव्य भाषा के उस रूप से हैं जो सम्पूर्ण भारत में शिक्षा, संस्कृति तथा शासन की भाषा हो। इसका तात्पर्य यह है कि संविधान लागू होने से पूर्व राष्ट्रभाषा और राजभाषा में कोई विभाजक रेखा नहीं थी। राष्ट्रभाषा में राजभाषा से कुछ अधिक सम्मानजनक बोध सन्निहित था। राष्ट्र के अन्य प्रतीकों की भाँति उसके साथ भावनात्मक लगाव था। राजभाषा की अर्थ व्याप्ति राष्ट्रभाषा की तुलना में अधिक सीमित है। राष्ट्र से सम्बद्ध परम्पराओं, रीति-रिवाजों तथा भावनाओं के साथ सम्पूर्ण राष्ट्र से सम्बद्ध परम्पराओं, रीति-रिवाजों तथा भावनाओं के साथ सम्पूर्ण राष्ट्रीय चेतना की अभिव्यक्ति का माध्यम और प्रतीक है राष्ट्रभाषा। शासन-प्रशासन के काम-काज की माध्यम भाषा है राजभाषा। राजभाषा का शाब्दिक अभिप्राय है राज्य या राजा की भाषा। जब राजा विदेशी होगा, तो भाषा भी विदेशी होगी। फ़ारसी और अंग्रेजी इसी तर्क से भारत में राजभाषाएँ बनी थीं। राज्य-व्यवस्था में सम्बद्ध जन-प्रतिनिधि यदि विदेशी मानसिकता का होगा तो भी राजभाषा विदेशी होगी। राष्ट्रभाषा की अधिकारिणी कोई स्वदेशी भाषा ही हो सकती है। राजभाषा के लिए यह अनिवार्यता नहीं है।

राष्ट्रभाषा के लिए व्यापक जनाधार अनिवार्य है। बहुभाषाई राष्ट्र के बहुसंख्यक की जीवित और सशक्त भाषा ही राष्ट्रभाषा की अधिकारिणी होती है। स्वतन्त्रता संग्राम के दौरान विदेशी वस्तुओं के बहिष्कार और स्वदेशी वस्तुओं के उपयोग की भावना जाग्रत हुई थी। उसी भावना की प्रेरणा से अंग्रेजी के बहिष्कार और स्वदेशी भाषा हिन्दी के इस्तेमाल के प्रयास किए गए। राष्ट्रभाषा के पद पर प्रतिष्ठित होनेवाली भाषा की कुछ आवश्यक विशेषताएँ होनी चाहिए—

1. वह राष्ट्र के बहुसंख्यकों की बोली हो।

2. वह राष्ट्र की सांस्कृतिक एवं भाषिक विरासत की सशक्त उत्तराधिकारी हो।

3. उसकी शब्द सामर्थ्य तथा अभिव्यंजनात्मक क्षमता उत्कृष्ट हो।

4. उसकी व्याकरणिक संरचना सरल, बोधगम्य और वैज्ञानिक हो।

5. उसका व्यापक क्षेत्रीय विस्तार हो।

6. उसमें जीवन्तता तथा सजीवता होनी चाहिए। उसकी प्रकृति विकासोन्मुख हो ताकि नए शब्दों तथा ध्वनियों को आत्मसात् कर सके।

7. उसकी अपनी पूर्ण वैज्ञानिक लिपि होनी चाहिए। सौभाग्य से हिन्दी के पास उपर्युक्त सभी विशेषताएँ हैं। इसीलिए इसे ही राष्ट्रभाषा माना गया। राजभाषा के लिए केवल इतनी ही अपेक्षा है कि वह शासन संचालन के लिए उपयुक्त हो। उसके पास मानक पारिभाषिक (शासन-सम्बन्धी) शब्दावली हो।

राष्ट्रभाषा तथा राजभाषा का अलगाव राष्ट्र के लिए घातक होता है। राजभाषा राष्ट्रभाषा को धीरे-धीरे कमजोर करती रहती है। नौकरी पाने की अभिलाषा से नवशिक्षित युवकों का झुकाव राजभाषा की ओर अधिक होता है। भौतिक सुख-समृद्धि की कामना की पूर्ति राजभाषा से ही होती है। अतएव राष्ट्रभाषा का पठन-पाठन तथा चिन्तन उपयोगितावादी मनोवृत्ति से प्रभावित होता है। भारत राष्ट्र ऐसा है जहाँ राष्ट्रभाषा हिन्दी है, घोषित संवैधानिक राजभाषा भी हिन्दी है किन्तु व्यवहारिक स्तर पर राजभाषा का स्थान अंग्रेजी के द्वारा अधिग्रहीत है। इससे हिन्दी का कितना नुकसान हो रहा है, सबको ज्ञात है। अंग्रेजी के पठन-पाठन के प्रति लोगों में आकर्षण बढ़ता ही जा रहा है। अंग्रेजी स्कूलों में बच्चों को भर्ती कराने के लिए क्या नहीं किया जा रहा है। सवाल यह है कि अंग्रेजी के प्रति क्या भारतीयों में प्रेम जाग पड़ा है या सिर्फ रोटी-रोजी की माँग है। राष्ट्रभाषा हिन्दी के साथ अन्य राष्ट्रीय भाषाओं को कम हानि नहीं उठानी पड़ रही है। कोई विदेशी भाषा राजभाषा बनकर तत्सम्बन्धी राष्ट्र की संस्कृति को भी प्रभावित करती हैं। उसमें विदेशी मानसिकता घर करती जाती हैं। अतः राष्ट्रभाषा और राजभाषा का अद्वैत आवश्यक है।

स्वतन्त्रता संग्राम के दौरान हिन्दी

हिन्दी भाषा को अपने शैशव काल में ही विदेशी भाषाओं से टकराहट झेलनी पड़ी। मुस्लिम आक्रमणों के फलस्वरूप जब देश में मुस्लिम सत्ता कायम हुई तो उसी के साथ ही फ़ारसी भाषा भी प्रतिष्ठित हुई। फ़ारसी शासकों की भाषा थी हिन्दी। शासितों की इस नई भाषा ने संस्कृत, हिन्दी आदि भाषाओं को द्वितीय श्रेणी में धकेल दिया। हिन्दी व्यापक जन-जीवन से जुड़ी थी अत: इसका प्रचार-प्रसार बराबर बना रहा। बहुत से शासकों ने भी इसकी अस्मिता तथा शक्ति को अच्छी तरह से पहचाना था। काश्मीर का शासक जैनुलाबुद्दीन 1420 ई० में फ़ारसी के साथ हिन्दी और तिब्बती का ज्ञान प्राप्त किया था। ब्लाखमैन ने कोलकाता रिव्यू में लिखा है 'सभी दस्तू-उल अमलों से इस बात की पुष्टि होती है कि प्रारम्भ से लेकर अकबर के शासनकाल के मध्य तक सभी सरकारी कागजात हिन्दी में रखे जाते थे।' सिकन्दर लोदी के शासन काल में हिन्दी कर्मचारियों के लिए फ़ारसी सीखना इसलिए अनिवार्य नहीं था क्योंकि हिन्दी में भी लिखने का रिवाज था। मुसलमानों के समय में सिक्कों तथा शाही फरमानों में हिन्दी का वैकल्पिक प्रयोग होता था।

अंग्रेजी शासन कायम होने के बाद हिन्दी-फ़ारसी या हिन्दी-उर्दू का संघर्ष अधिक गहराता गया। जब भी अंग्रेजी शासक ने किसी क्षेत्रीय या राष्ट्रीय भाषा को आम व्यवहार तथा सरकारी कामकाज की वैकल्पिक भाषा बनाना चाहा तभी हिन्दी की जगह उर्दू या फारसी द्वारा हड़प ली गई। फोर्ट विलियम कॉलेज में हिन्दी तथा हिन्दुस्ती के विषय में अजीब-सी नीति अपनाई गई। कम्पनी के निर्देशक मंडल ने महसूस किया कि यह आशा करना व्यर्थ होगा कि निर्धन वर्गों के लोग जो अदालतों में वादी या प्रतिवादी के रूप में आते हैं एक विदेशी भाषा सीख लेंगे। अधिक उचित और सुगम यह होगा कि स्वयं न्यायाधीश क्षेत्र की भाषा सीख लें। राजा राममोहन राय ने 1826 ई० में बंगदूत नामक हिन्दी का पत्र निकाला। वे यद्यपि अंग्रेजों द्वारा चलाई गई आधुनिक शिक्षा व्यवस्था के समर्थक थे, किन्तु देश की एकता के लिए हिन्दी का पठन-पाठन अनिवार्य मानते थे। फ्रेडरिक जॉन शोर ने फ़ारसी तथा अंग्रेजी दोनों भाषाओं के प्रयोग पर आपत्ति व्यक्त की थी, वे अदालतों में हिन्दुस्तानी भाषा और नागरी लिपि के समर्थक थे। इतना सब होते हुए भी 1837 में अदालतों की भाषा उर्दू हो गई। अशिक्षा, गरीबी तथा जागरुकता के अभाव में हिन्दी प्रदेशों में इस निर्णय के विरुद्ध कोई सार्वजनिक आन्दोलन नहीं हुआ। बिहार में प्रबल रूप से माँग की जाती रही कि अदालतों में उर्दू तथा फ़ारसी लिपि के स्थान पर हिन्दी तथा नागरी लिपि को प्रतिष्ठित किया जाए। परिणामस्वरूप 1873 में बंगाल सरकार (उस समय बिहार भी बंगाल में था) ने यह आदेश जारी किया कि पटना, भागलपुर तथा छोटा

नागपुर के डिवीजनों की अदालतों में तथा दफ्तरों में सब विज्ञप्तियाँ तथा घोषणाएँ हिन्दी भाषा तथा नागरी लिपि में जारी की जाएँ।

हिन्दी प्रदेश के बाहर के नेता हिन्दी की सम्मानपूर्ण प्रतिष्ठा की माँग बराबर करते जा रहे थे। 1864 ई० में बंगाल के नेता डॉ० राजेन्द्र लाल मित्र ने हिन्दी का प्रबल समर्थन किया। निरन्तर संघर्ष जारी रहा। 1880 में बंगाल के लेफ्टिनेन्ट गवर्नर ऐशले ने आदेश दिया कि जनवरी, 1881 से अदालत के सब कागजात देवनागरी लिपि में लिखे जाए तथा जनता की ओर से जो कागज अदालतों में प्रेषित किए जाए वे भी इसी लिपि में हों। मुसलमानों की ओर से उर्दू के प्रति अन्धश्रद्धा बढ़ती रही, हिन्दी-उर्दू विवाद के कारण ही सैयद अहमद खाँ ने शिक्षा आयोग के सामने गवाही देते हुए कहा कि समाज के केवल छोटी श्रेणियों के लोग हिन्दी पढ़ते हैं या वे लोग जो व्यापार करते हैं। इस तरह का विरोध वही मुसलमान करते थे जो भारत की मिट्टी तथा हवा में पले हुए भी अभारतीय एहसास से युक्त थे। सभी मुसलमानों में वैमनस्य की भावना नहीं थी। 19 अगस्त, 1882 ई० के 'पायोनियर' के अंक में प्रकाशित इलाहाबाद हाईकोर्ट के जज सैयद महमूद का यह कथन उक्त उदारतावादी विचार की ओर संकेत करता है। 'हिन्दी और उर्दू का विवाद एक कठिन विषय है। उर्दू की अपेक्षा हिन्दी का प्रचार चाहनेवालों की संख्या बहुत अधिक है, यदि आयोग यह निश्चय करे कि पश्चिमोत्तर प्रान्त के स्कूलों में हिन्दी का अधिक प्रचार हो तो मैं सच्चे मन से इसका अनुमोदन करूँगा। शिक्षा आयोग के प्रश्न का उत्तर प्रस्तुत करते हुए भारतेन्दु हरिश्चन्द्र ने कहा कि 'यदि आप दो सार्वजनिक नोटिस एक उर्दू में तथा एक हिन्दी में लिखकर भेज दें तो आपको आसानी से मालूम हो जाएगा कि प्रत्येक नोटिस को समझनेवालों का अनुपात क्या है।' भारतेन्दु जी ने सैयद अहमद खाँ के कथन का विरोध किया। भारतेन्दु का विचार था कि यदि नागरी लिपि को सरकारी मान्यता मिल जाएँ तो पेशकार, सरिश्तेदार, मुहर्रिर आदि उस अवसर से पूर्णतया वंचित हो जाएँगे जिसके द्वारा वे लूट-खसोट करते हैं। भारतेन्दु जी ने 'निज भाषा उन्नति अहै सब उन्नति को मूल' का स्वर बुलन्द किया। उन्होंने इस बात से आश्चर्य व्यक्त किया कि यही ऐसा देश है, जहाँ अदालती भाषा न तो शासकों की मातृभाषा है और न प्रजा की। उन्नीसवीं शती के अन्तिम दशक में हिन्दी आन्दोलन और तेज हुआ। भारत मित्र, विद्या प्रकाश और हिन्दी पत्रों ने फारसी लिपि की कमियों का साग्रह उद्‌घाटन किया। 1893 में नागरी प्रचारिणी सभा की स्थापना हुई। इसने रोमनलिपि के प्रचलित किए जाने का कड़ा विरोध किया। 1828 ई० में मदन मोहन मालवीय के नेतृत्व में एक शिष्ट मण्डल सर एंटोनी मैकडोनल (लेफ्टिनेन्ट गवर्नर) से इलाहाबाद में मिला। उन्होंने देवनागरी के पक्ष में अपना विचार व्यक्त करते हुए मुसलमानों

द्वारा उठाए गए विरोध की ओर भी संकेत किया।

राष्ट्रीय चेतना की अभिवृद्धि के साथ ही भारतीय राष्ट्रीय कांग्रेस तथा अन्य सुधारवादी संस्थाओं का उद्‌भव हुआ। आर्य समाज, ब्रह्म समाज, प्रार्थना समाज, थियोसोफिकल सोसाइटी आदि संस्थाओं के द्वारा हिन्दी प्रदेश में जो जन-जागृति आई उसका असर भाषा के विकास पर भी हुआ। हिन्दी चेतना को झकझोरने में आर्य समाज का सर्वाधिक महत्वपूर्ण हाथ था। स्वामी दयानन्द द्वारा संस्थापित आर्य समाज के कतिपय उद्देश्यों में राष्ट्रीय भाषा का प्रचार-प्रसार भी सम्मिलित था। गुजराती भाषा-भाषी होते हुए भी स्वामी जी अपने भाषाणों में अनवरत रूप से हिन्दी का ही प्रयोग करते थे। स्वामी जी ने अपने प्रभाव और सदुपदेश से राज-परिवारों में हिन्दी को स्थान दिलाया। आर्यसमाज द्वारा स्थापित शिक्षण-संस्थाओं ने भी हिन्दी भाषा के प्रचार में योग दिया, गुरुकुल ही एक ऐसी संस्था थी जिसने हिन्दी माध्यम द्वारा सर्वप्रथम उच्च शिक्षा दी, आर्य समाज द्वारा पत्र-पत्रिकाएँ तथा धार्मिक साहित्य के प्रकाशन किए गए। हिन्दी की सेवा तथा नवयुवकों में वैदिक धर्म-ज्ञान का संचार करने के लिए सिद्धान्त-सरोज, सिद्धान्त-रत्न, सिद्धान्त-भास्कर आदि धार्मिक परीक्षाएँ प्रचलित की गई। ब्रह्म समाज के नेता केशव चन्द्र ने भारतीय एकता के लिए हिन्दी भाषा के राष्ट्रीय प्रयोग पर बल दिया। थियोसाफिकल सोसाइटी की प्रचारिका ऐनी बेसेन्ट ने हिन्दी भाषा का समर्थन करते हुए कहा था, 'हिन्दी जाननेवाला आदमी सम्पूर्ण भारतवर्ष में यात्रा कर सकता है और उसे हर जगह हिन्दी बोलनेवाले मिल सकते हैं। भारत के सभी स्कूलों में हिन्दी की शिक्षा अनिवार्य होनी चाहिए। सर्वतोन्मुखी हिन्दी जागृति के फलस्वरूप ही 18 अप्रैल, 1900 में सरकार द्वारा नागरी को विशेष मान्यता प्रदान की गई। 1905 में सभा के सम्मेलन में लोकमान्य तिलक ने कहा कि, 'सर्वसाधारण लिपि का प्रश्न राष्ट्रीय आन्दोलन का एक अंग है। वास्तव में सम्पूर्ण भारत में एक सर्वमान्य भाषा होनी चाहिए। राष्ट्र के एकीकरण के लिए सम्पूर्ण भारत से अधिक बलशाली कोई तत्व नहीं।'

महात्मा गाँधी राष्ट्रभाषा की महत्ता को अच्छी तरह अनुभव करते थे। उनका कथन कथन था कि 'यह सोचना कि अंग्रेजी हमारी राष्ट्रभाषा हो सकती है दौर्बल्य का प्रतीक है। राष्ट्रीय भाषा में चार चीजों की पूर्ति करने की क्षमता होनी चाहिए।

1. सरकारी अमला उसे सुगमता से समझ सके।

2. यह सम्पूर्ण भारत में धार्मिक, आर्थिक तथा राजनीतिक अन्तर व्यवहार का माध्यम बन सके।

3. वह बहुसंख्यक भारतवासियों की बोली हो।

'वह कौन-सी भाषा है जो इन चारों चीजों की पूर्ति करती है। हमें मानना पड़ेगा कि वह भाषा हिन्दी है।'

खिलाफत आन्दोलन के पहले गाँधी जी हिन्दी शब्द का प्रयोग करते थे बाद में हिन्दू-मुस्लिम एकता को ध्यान में रखकर या यों कहा जाए मुसलमानों को खुश करने के लिए हिन्दी-हिन्दुस्तानी शब्द का प्रयोग करने लगे।

16 मार्च, 1927 को कौंसिल ऑफ स्टेट में सेठ गोविन्ददास ने एक प्रस्ताव द्वारा माँग की कि भारतीय विधान मंडल में हिन्दी या उर्दू में भी भाषण करने की अनुमति मिलनी चाहिए। अंग्रेज बहादुरों तथा नामांकित सदस्यों की संख्या अधिक होने के कारण सेठ जी का यह प्रस्ताव पारित नहीं हो सका। सन् 1935 के भारत शासन अधिनियम के अन्तर्गत जब प्रान्तों में विधान सभाएँ निर्वाचित हुईं तब हिन्दीभाषी प्रान्तों में बहुमत कांग्रेस का था। अब हिन्दीभाषी प्रान्तों में हिन्दी को पहले की अपेक्षा अधिक मान्यता मिलने लगी थी। सरकारी अमले में कुछ ऐसे उत्साही व्यक्ति थे जो हिन्दुस्तानी के स्थान पर विशुद्ध संस्कृतनिष्ठ हिन्दी का प्रयोग करते थे। भारत-विभाजन के बाद सारी मान्यताएँ हिल गईं। स्वतंत्रता प्राप्ति के साथ हिन्दी का एक विशेष प्रकार का संघर्ष समाप्त हो गया। स्वतन्त्र भारत के संविधान के अनुच्छेद 343 (1) में यह उपबन्ध रखा गया कि भारत की राजभाषा हिन्दी और लिपि देवनागरी होगी।

राजभाषा—दीर्घकालीन संघर्ष के परिणामस्वरूप संविधान के अनुच्छेद 343 खंड 1 के अनुसार संघ की भाषा हिन्दी और लिपि देवनागरी घोषित की गई। भारतीय संविधान में हिन्दी को भी राष्ट्रभाषा नहीं कहा गया है। उसे संघ की राजभाषा या संघ की भाषा घोषित किया गया है। इस घोषणा के बाद राष्ट्रभाषा का तात्पर्य बदल गया। राष्ट्र की जितनी भाषाएँ हैं, वे सभी राष्ट्रभाषाएँ हैं। सम्पर्क भाषा या राजभाषा या संघ की भाषा है हिन्दी। संविधान 26 जनवरी, 1950 को लागू हो गया किन्तु हिन्दी राजभाषा के रूप में तत्काल लागू नहीं की गई। संविधान में ही उल्लेख कर दिया गया था कि राजभाषा के रूप में अंग्रेजी 15 वर्षों तक चलती रहेगी। तत्पश्चात् उसके स्थान पर हिन्दी को प्रतिष्ठित कर दिया जाएगा। इस कालावधि में राष्ट्रपति आदेश के द्वारा राजकीय प्रयोजनों में से किसी एक के लिए अंग्रेजी भाषा के साथ हिन्दी भाषा का तथा भारतीय अंकों के अन्तर्राष्ट्रीय रूप के साथ-साथ देवनागरी रूप के प्रयोग को प्राधिकृत कर सकेगा। इस अवधि के पश्चात् भी संसद विधि द्वारा अंग्रेजी भाषा का ऐसे प्रयोजनों के लिए प्रयोग कर सकेगी जैसा कि ऐसी विधि में उल्लिखित है। (अनुच्छेद 343 (3))। अनुच्छेद की अंतिम पंक्ति इस अविध को शिथिल कर देती है। इसके दुरुपयोग की सम्भावना थी ही जो बाद में प्रत्यक्ष हुई। अनुच्छेद 344 राजभाषा के लिए आयोग बनाने का प्राविधान करता है। संविधान के प्रारम्भ से पाँच वर्ष

के बाद तत्पश्चात् 10 वर्ष बाद आदेश द्वारा राष्ट्रपति एक आयोग गठित करेगा जो निम्नलिखित मामलों पर अपनी सिफारिशें प्रेषित करेगा—

(क) संघ के राजकीय प्रयोजनों के लिए हिन्दी भाषा के उत्तरोत्तर अधिक प्रयोग के विषय में।

(ख) संघ के राजकीय प्रयोजनों में से सब या किसी एक के लिए अंग्रेजी भाषा के प्रयोग-प्रतिबन्ध के विषय में।

(ग) उच्चतम न्यायालय तथा उच्च न्यायालय की कार्यवाहियों में प्रयुक्त होनेवाली भाषा के विषय में।

(घ) संघ के किसी एक या अधिक उल्लिखित प्रयोजनों के लिए प्रयोग किए जानेवाले अंकों के विषय में।

(ङ) संघ की राजभाषा तथा संघ और किसी राज्य के बीच अथवा एक राज्य और दूसरे राज्य के बीच संचार की भाषा तथा उनके प्रयोग के बारे में राष्ट्रपति द्वारा आयोग से पृच्छा किए हुए किसी अन्य विषय पर।

राष्ट्रपति द्वारा बनाया गया आयोग भारत की औद्योगिक, सांस्कृतिक और वैज्ञानिक उन्नति तथा लोकसेवाओं के बारे में अहिन्दी भाषा-भाषी क्षेत्रों के लोगों के न्यायपूर्ण दावों और हितों का यथासम्भव ध्यान रखेगा। अनुच्छेद 351 के अनुसार हिन्दी भाषा की समृद्धि, प्रसार और विकास का दायित्व केन्द्रीय सरकार पर डाला गया है। यहाँ हिन्दी के भावी स्वरूप को भी निर्दिष्ट किया गया है। इसके ऐसे रूप को विकसित करना है जो सामासिक संस्कृति के सभी तत्त्वों की अभिव्यक्ति का माध्यम बन सके तथा उसकी मौलिकता में हस्तक्षेप किए बिना हिन्दुस्तानी और अष्टम अनुसूची में उल्लिखित अन्य भारतीय भाषाओं के रूप, शैली और पदावली को आत्मसात करते हुए जहाँ तक आवश्यक या वांछनीय हो वहाँ तक उसके शब्द-भंडार के लिए मुख्यतः संस्कृत से तथा गौणतः अन्य भाषाओं से शब्द ग्रहण करते हुए उसकी समृद्धि सुनिश्चित करना संघ का कर्तव्य होगा। अनुच्छेद 345 यह उपबन्धित करता है कि राज्य का विधानमंडल विधि द्वारा राज्य के राजकीय प्रयोजनों में से सब या किसी के प्रयोग के लिए राज्य में प्रयुक्त होनेवाली भाषाओं में से किसी एक या अनेक को अंगीकार कर सकता है। किन्तु संघ के प्रयोजनों के लिए प्रयुक्त होनेवाली प्राधिकृत भाषा ही एक राज्य और दूसरे राज्य के बीच में तथा किसी राज्य और संघ के बीच में संचार के लिए राजभाषा होगी। अनुच्छेद 348 (1) न्यायिक और विधायी प्रक्रियाओं के लिए हिन्दी भाषा का प्राविधान करती है। संसद जब तक विधि द्वारा अन्यथा उपबन्ध न करे तब तक उच्चतम न्यायालय और उच्च न्यायालय में सब कार्यवाहियाँ और विधेयक, अधिनियम आदेश, नियम, विनिमय के

प्राधिकृत पाठ अंग्रेजी भाषा में होंगे। 348 (2) के अनुसार राज्यपाल राष्ट्रपति की पूर्वसम्मति से हिन्दीभाषा का या उस राज्य में राजकीय प्रयोजन के लिए प्रयोग होनेवाली किसी अन्य भाषा का प्रयोग उस राज्य में मुख्य स्थान रखनेवाले उच्च न्यायालय में की कार्यवाहियों के लिए प्राधिकृत कर सकेगा। राज्यविधानपालिका अंग्रेजी को छोड़कर किसी अन्य भाषा को विधान निर्माण एवं प्रत्यायोजित विधान के लिए प्राधिकृत कर सकती है, लेकिन राज्य के राज्यपाल के प्राधिकार के अन्तर्गत अंग्रेजी में उसका अनुवाद सरकारी राजपत्र में प्रकाशित होना आवश्यक है और वही अंग्रेजी का प्राधिकृत पाठ माना जाएगा। संघ की राजभाषा के रूप में अंग्रेजी से हिन्दी भाषा में परिवर्तन के लिए जो सीमा निर्धारित की गई है, वह उच्चतम तथा उच्च न्यायालयों की कार्यवाहियों पर लागू नहीं होती। यह विषय संसदीय विधान के द्वारा नियमित किया जाता है। न्यायिक कार्यवाहियों एवं विधान निर्माण पर जो प्रतिबन्ध पन्द्रह वर्षीय काल सीमा के बीच के लिए निर्धारित किए गए थे, वे समाप्त हो गए।

राष्ट्रपति ने संविधान प्रदत्त अधिकारों का प्रयोग करते हुए 1956 में अंग्रेजी के साथ हिन्दी के प्रयोग को अधोलिखित कार्यों के लिए प्राधिकृत किया।

1. जनता के साथ पत्र व्यवहार के लिए।

2. सरकारी पत्रिकाओं, प्रशासनिक तथा संसद में प्रस्तुत की जानेवाली रिपोर्टों के लिए।

3. सरकारी संकल्प तथा विधायी अधिनियमितियों के लिए।

4. विदेशी सरकारों, दूतों तथा अन्तर्राष्ट्रीय संगठनों के साथ किए जानेवाले पत्र-व्यवहार के लिए।

5. संधियों और संविदाओं के लिए।

6. हिन्दी को राजभाषा के रूप में स्वीकार करनेवाले राज्यों के साथ पत्र-व्यवहार के लिए।

7. राजनयिकों तथा अन्तर्राष्ट्रीय संगठनों के लिए जारी किए जानेवाले कागजातों के लिए।

1955 में राजभाषा आयोग का गठन किया गया, इसके अध्यक्ष थे। तत्कालीन बम्बई राज्य के मुख्यमंत्री बालगंगाधर खरे। अन्य राज्यों से 20 सदस्यों को इस आयोग में सम्मिलित किया गया था। इस आयोग ने सरकारी, गैरसरकारी अधिकारियों, नागरिकों तथा संस्थाओं से सम्बद्ध व्यक्तियों से सम्पर्क करके एक प्रतिवेदन तैयार किया जिसे जुलाई 1956 में राष्ट्रपति को सौंप दिया। इस प्रतिवेदन में हिन्दी के महत्व को गहराई से अनुभव किया गया था। इस आयोग के मुख्य सुझाव अधोलिखित हैं—

1. शिक्षा प्रशासन, सार्वजनिक जीवन तथा दैनिक क्रियाकलापों में विदेशी भाषा (अंग्रेजी) का प्रयोग औचित्यपूर्ण नहीं है।

2. हिन्दी सम्पूर्ण भारत के लिए सुस्पष्ट माध्यम भाषा है।

3. 14 वर्ष की वय तक के प्रत्येक विद्यार्थी की हिन्दी का ज्ञान कराया जाना चाहिए ताकि वह सार्वजनिक गतिविधियों तथा सरकारी क्रियाकलापों से अवगत हो सके।

4. सम्पूर्ण देश में माध्यमिक स्तर तक हिन्दी की शिक्षा अनिवार्य की जानी चाहिए। विश्वविद्यालयों में भी इच्छुक छात्रों के लिए हिन्दी माध्यम से शिक्षण की व्यवस्था होनी चाहिए।

5. वैज्ञानिक एवं तकनीकी शिक्षण संस्थाओं में यदि विद्यार्थी भिन्न-भिन्न भाषाओं से सम्बद्ध हो तो हिन्दी को सामान्य माध्यम भाषा के रूप में स्वीकार किया जाना चाहिए।

6. प्रशासनिक कर्मचारियों के लिए हिन्दी का ज्ञान आवश्यक माना जाना चाहिए।

7. संसद और विधानमंडल की कार्यवाहियों में हिन्दी के साथ क्षेत्रीय भाषा का भी प्रयोग होना चहिए। विशिष्ट परिस्थितियों में ही अंग्रेजी के इस्तेमाल की छूट दी जाए। देश में सम्पूर्ण साविधिक ग्रन्थ हिन्दी में उपलब्ध कराए जाएँ।

8. विशेष न्यायालयों में निर्णय यदि एक क्षेत्र में सीमित न हो तो वे निर्णय और आदेश मूल रूप से हिन्दी में लिखे जाएँ।

9. अखिल भारतीय तथा केन्द्रीय सेवाओं में कर्मचारियों के लिए हिन्दी की योग्यता आवश्यक की जाए। अतः तत्सम्बन्धित परीक्षाओं में हिन्दी का अनिवार्य प्रश्नपत्र होना चाहिए परन्तु अहिन्दी भाषियों के सुविधा की दृष्टि से उनका स्तर साधारण होना चाहिए।

आयोग के प्रतिवेदन पर विचार करने के लिए 1957 ई० में गोविन्द वल्लभ पन्त की अध्यक्षता में एक संसदीय समिति गठित की गई। इस समिति ने अपनी रिपोर्ट 4 फरवरी, 1959 को राष्ट्रपति के पास प्रस्तुत की। 27 अप्रैल, 1960 को संविधान के अनुच्छेद 344 के खंड (6) की व्यवस्था के अनुसार राष्ट्रपति ने संघ की राजभाषा के सन्दर्भ में एक आदेश निर्गत किया—

1. हिन्दी तथा अन्य भारतीय भाषाओं में वैज्ञानिक तथा तकनीकी शब्दावली के निर्माण व समन्वय हेतु शिक्षा मंत्रालय को एक आयोग का गठन करने का आदेश दिया गया। इसे हिन्दी प्रचार का दायित्व सौंपा गया तथा प्रचार कार्य में संलग्न गैर-सरकारी संस्थाओं की सहायता करने को कहा गया है।

2. केन्द्रीय सरकार के स्थानीय कार्यालय अपने आन्तरिक कार्यों के लिए हिन्दी का प्रयोग करें।

3. उच्चतम न्यायालय की भाषा अन्ततः हिन्दी होना चाहिए। विभिन्न राष्ट्रीय भाषाओं के कानून-विशेषज्ञ प्रतिनिधियों को मिलाकर एक स्थाई आयोग गठित किया जाए। यह मानक विधि शब्दकोश, हिन्दी में कानून और कानूनी शब्दावली का निर्माण करें।

4. तृतीय श्रेणी से नीचे, औद्योगिक संस्थाओं और कार्य प्रभारित कर्मचारियों को छोड़कर शेष सभी केन्द्रीय कर्मचारियों के लिए सेवाकालीन प्रशिक्षण अनिवार्य कर दिया जाए। गृह मंत्रालय द्वारा हिन्दी टंकण तथा आशुलेखन के प्रतिक्षण की व्यवस्था की जाए।

इस आदेश के ही आलोक में गृह-मंत्रालय ने 27 मार्च, 1961 को एक कार्यालय ज्ञापन निकाला। इसमें वैज्ञानिक शब्दावली के निर्माण, अहिन्दी भाषी कर्मचारियों के लिए हिन्दी प्रशिक्षण, संघ के सरकारी काम काज के लिए जरूरी नियमों और मैनुअल का हिन्दी अनुवाद आदि कार्यक्रम शुरू करने की व्यवस्था है।

राजभाषा के रूप में हिन्दी की प्रगति राजभाषा अधिनियम 1963 द्वारा बाधित हो गई। इस अधिनियम में अनुच्छेद 345 में वर्णित अवधि के होते हुए भी अंग्रेजी भाषा को अनिश्चित काल तक प्रयोग किए जाने के लिए उपबन्ध किया गया है। इस प्रकार हिन्दी को पूर्ण रूप से प्रतिष्ठित करने की अवधि को अनिश्चित काल के लिए आगे बढ़ा दिया गया।

इसके बाद राजभाषा (संशोधन) अधिनियम 1967 को पारित किया गया। इस अधिनियम में राजभाषा की उन्नति को अन्य भारतीय भाषाओं के साथ जोड़कर देखा गया है। इसमें हिन्दी के विकास और प्रसार के लिए केन्द्र सरकार से अधिक गहन और व्यापक कार्यक्रम बनाने की अपेक्षा की गई। इस कार्यक्रम की वार्षिक रिपोर्ट दोनों सदनों में प्रस्तुत करने की व्यवस्था की गई। इस अधिनियम में भारतीय संविधान में उल्लिखित सभी 15भाषाओं की उन्नति, त्रिभाषा फार्मूला लागू करने का प्राविधान किया गया। केन्द्रीय सेवाओं में हिन्दी या अंग्रेजी किसी एक भाषा के ही ज्ञान को प्रर्याप्त मानने तथा अखिल भारतीय स्तर की प्रतियोगी परीक्षाओं में भारतीय भाषाओं को माध्यम के रूप चयन करने की छूट पहली बार दी गई। केन्द्रीय सेवाओं में हिन्दी माध्यम हो जाने के कारण राजभाषा के विकास में काफी मदद मिली। इस अधिनियम की व्यवस्था के अनुसार गृहमंत्रालय द्वारा कई प्रशासनिक आदेश जारी किए गए, जो इस प्रकार हैं—

1. केन्द्रीय सरकार द्वारा हिन्दी अपनानेवाले राज्यों से हिन्दी में पत्र-व्यवहार किया जाए।

2. कर्मचारियों द्वारा टिप्पणी तथा आलेखन हिन्दी या अंग्रेजी किसी एक भाषा में तैयार किया जाए।

3. हिन्दीभाषी क्षेत्रों के चतुर्थ श्रेणी के कर्मचारियों की सेवा पंजिका हिन्दी में लिखी जाए।

4. जनता के प्रयोग में आनेवाले फार्मों को हिन्दी, अंग्रेजी तथा क्षेत्रीय भाषाओं में छपवाए जाएं।

वर्ष 1976 में राजभाषा से सम्बन्धित कुछ नियम बनाए गए। राजभाषा नियमों के अनुसार सम्पूर्ण देश को तीन भागों में विभाजित किया गया है। इस विभाजन का प्रमुख प्रयोजन यह है कि जिस क्षेत्र में हिन्दी का अधिक प्रचलन है वहाँ उसका अधिकाधिक प्रयोग किया जाए। जहाँ कम प्रचलन है वहाँ धीरे-धीरे उसके प्रयोग को बढ़ाया जाए। जहाँ बिल्कुल प्रचलन नहीं है वहाँ उसके प्रयोग के लिए आवश्यक तैयारियाँ की जाएँ। क-क्षेत्र के अन्तर्गत बिहार, उत्तर प्रदेश, मध्य प्रदेश, राजस्थान, हरियाणा, हिमाचल प्रदेश तथा दिल्ली राज्य आते हैं। ख-क्षेत्र में पंजाब, महाराष्ट्र, गुजरात, चंडीगढ़ एवं अंडमान हैं। शेष राज्य ग-क्षेत्र के अन्तर्गत हैं। क-क्षेत्र के राज्यों के साथ केन्द्रीय सरकार के कार्यालयों द्वारा हिन्दी में पत्र व्यवहार की व्यवस्था की गई है। इन राज्यों को भेजे जानेवाले तार भी कम से कम 25 प्रतिशत देवनागरी में होने चाहिए।

क-वर्गीय राज्यों में आयोजित भर्ती की परीक्षाओं में वैकल्पिक माध्यम हिन्दी को तथा प्रशिक्षण केन्द्रों में हिन्दी माध्यम से प्रशिक्षण की व्यवस्था की जाए। हिन्दी में लिखे पत्रों का उत्तर हिन्दी में देना अनिवार्य कर दिया गया है। राजभाषा अधिनियम तथा नियमों के अनुसार कुछ सरकारी दस्तावेज, जैसे—संकल्प, सामान्य, आदेश, नियम, अधिसूचनाएँ, प्रशासनिक रिपोर्ट, करार आदि को हिन्दी और अंग्रेजी में द्विभाषिक रूप से जारी करना आवश्यक है।

प्रत्येक मंत्रालय के संयुक्त सचिव स्तर के अधिकारी की नियुक्ति सरकारी प्रयोजनों के लिए समय-समय पर जारी किए जानेवाले आदेशों के क्रियान्वयन को सुनिश्चित करने के लिए की गई है। हिन्दी के प्रचार-प्रसार में बढ़ावा देने के लिए सभी वर्गों का सहयोग अपेक्षित है। इसीलिए 27 मंत्रालयों में हिन्दी सलाहकार समितियाँ गठित की गई हैं। इन समितियों के अध्यक्ष सम्बन्धित मंत्रालय के मंत्री होते हैं। इनमें संसद सदस्यों, हिन्दी के विशिष्ट विद्वानों आदि के अतिरिक्त मंत्रालय के सभी सम्बन्धित एवं अधीनस्थ कार्यालयों, उद्यमों, निगमों के वरिष्ठ अधिकारी सदस्य के रूप में सम्मिलित हैं। इन समितियों की त्रय

मासिक बैठक होती है जिसमें हिन्दी के प्रयोग को बढ़ावा देने के लिए विस्तार से विचार विमर्श किया जाता है। जिन नगरों में केन्द्रीय सरकार के दस से अधिक कार्यालय हैं वहाँ राजभाषा कार्यान्वयन समितियाँ बनाई गई हैं। इन समितियों में केन्द्रीय कार्यालयों के वरिष्ठ अधिकारी सदस्य के रूप में शामिल होते हैं और निर्धारित समय में बैठकें करके हिन्दी के प्रयोग के विषय में उपाय ढूँढ़ते हैं।

प्राविधिक युग में यांत्रिक साधनों के बिना किसी भी राष्ट्र की प्रगति सम्भव नहीं है। हिन्दी के विकास के लिए यह आवश्यक है कि यांत्रिक साधनों को भी विकसित किया जाए। देवनागरी के सामान्य टाइपराइटरों के निर्माण पर ध्यान दिया गया है। हिन्दी के टंकण मशीनों, टेलीप्रिन्टरों, कम्प्यूटरों आदि के उत्पादन पर भी बल दिया जा रहा है। सरकारी कर्मचारियों को हिन्दी में कामकाज करने के लिए कई प्रोत्साहन देने की व्यवस्था की गई है। हिन्दी की परीक्षा उत्तीर्ण करनेवाले कर्मचारियों को वेतन वृद्धि तथा नकद पुरस्कार दिए जाते हैं। हिन्दी तथा अंग्रेजी दोनों में टंकण करनेवाले टंककों तथा आशुलिपिकों को प्रोत्साहन भत्ता मिलता है।

समस्त केन्द्रीय कार्यालयों में हिन्दी में किए जानेवाले कार्यों की देखरेख के लिए हिन्दी अधिकारी की नियुक्ति की गई है। अनेक मंत्रालयों से हिन्दी में पत्र-पत्रिकाएँ निकाली जा रही हैं। उच्चतम न्यायालय निर्णय पत्रिका, उच्च न्यायालय निर्णय पत्रिका, आजकल, समाचार जगत, योजना, खेती, समाज-कल्याण, विज्ञान बालभारती आदि पत्रिकाओं का नामोल्लेख किया जा सकता है।

भारत सरकार के काम-काज में हिन्दी के प्रयोग को बढ़ावा देने की दृष्टि से कुछ योजनाओं को छठीं पंचवर्षीय योजना में सम्मिलित किया गया है। इसके अन्तर्गत राजभाषा नीति के अनुपालन के लिए सरकारी मशीनरी को चुस्त करना, हिन्दी शिक्षण योजना का विस्तार करना, हिन्दी शिक्षण संस्थान की स्थापना करना, प्रशासनिक साहित्य के अनुवाद कार्य की मात्रा को बढ़ाना तथा अनुसंधान आदि योजनाएँ सम्मिलित हैं।

हिन्दी का प्रचार-प्रसार भारत में ही नहीं अपितु संसार के अन्य देशों में भी हो रहा है। विश्व के 90 विश्वविद्यालयों में हिन्दी पढ़ाने की व्यवस्था है। अन्तर्राष्ट्रीय स्तर पर विचार विनिमय के लिए अब तक चार विश्व हिन्दी सम्मेलन सम्पन्न हो चुके हैं। इस तरह हिन्दी भाषा राष्ट्रीय तथा अन्तर्राष्ट्रीय सम्पर्क भाषा के रूप में विकसित हो रही है।

सरकार की अन्य योजनाओं तथा कार्यक्रमों की तरह ही राजभाषा से सम्बन्धित प्रयत्नों के परिणाम बहुत सन्तोषजनक नहीं है। स्वार्थी तत्त्वों तथा नौकरशाही से हिन्दी का प्रयोग बाधित होता जा रहा है। सरकार की ढुलमुल

नीति के कारण अंग्रेजी के प्रति आम लोगों का राग बढ़ता जा रहा है। पूर्व प्रधानमंत्री श्री राजीव गांधी के ही शब्दों में कह सकते हैं 'हमें थोड़ा सोचना चाहिए कि यह क्यों हो रहा है। अगर इतने लोग हिन्दी समझते हैं तो कार्यवाही क्यों हिन्दी में नहीं हो पाती। क्या हमारे आँकड़े ठीक हैं? क्या सचमुच 99 प्रतिशत लोग किसी विभाग में हिन्दी को इतनी अच्छी तरह से समझते हैं कि वे विभाग का काम हिन्दी में कर पाएँगे या खाली इतनी अच्छी तरह समझते हैं कि वो अपने एलाउंस ले पाएँगे। अगर हमें खाली एलाउंस लेना है तो और बात है लेकिन अगर हिन्दी का प्रचार होना है, हिन्दी में काम होना है तो बहुत ज्यादा अच्छी तरह से हमें हिन्दी की जानकारी करनी पड़ेगी।' (राष्ट्रभाषा सन्देश-भाग 21, 6, 30 सितम्बर, 1985 से उद्‌धृत) हिन्दी की प्रगति में बाधा मुख्यतया अंग्रेजी के कारण है। उसका वर्चस्व बढ़ने से हिन्दी के लिए खतरा पैदा हो गया है। राजभाषा के भविष्य पर प्रश्न चिह्न लगा हुआ है। देखना है कि संघर्ष में ही जन्मी हिन्दी अपने अस्तित्व को कहाँ, किस रूप में निर्धारित करती है।

सम्पर्क भाषा

भारतीय संविधान में हिन्दी को राजभाषा का दर्जा प्राप्त है। राजभाषा के रूप में इसके वास्तविक प्रयोग की स्थितियाँ विवादास्पद हैं लेकिन बहुसंख्यक की भाषा होने के कारण हिन्दी केवल हिन्दीभाषी राज्यों के नागरिकों के बीच ही सम्पर्क का काम नहीं करती बल्कि हिन्दीतर प्रान्तों में भी लोग हिन्दी को ही सम्पर्क का माध्यम बनाते हैं। कन्याकुमारी से कश्मीर तक, कटक से अमृतसर, बीकानेर तक यदि किसी भाषा में विचारों-भावों का आदान-प्रदान हो सकता है तो वह भाषा है हिन्दी। हिन्दी निश्चित रूप से सम्पर्क का कार्य कर रही है। एक बंगला भाषी जब तमिलनाडु जाता है तो वह यदि किसी भारतीय भाषा के सहारे अपना कार्य व्यापार सम्पन्न करना चाहता है तो उसे हिन्दी का व्यवहार करना पड़ता है। भारत के बड़े व्यवसायिक नगरों में हिन्दी का बहुत अधिक प्रचलन है। बम्बई और कोलकाता में तो ऐसा लगता है कि हम हिन्दी प्रदेश के किसी महानगर में हैं। दिल्ली भारत की राजधानी है। भारत के कोने-कोने से लोगों को दिल्ली आना पड़ता है। दिल्ली में आम व्यवहार की भाषा हिन्दी ही है। भारत के तीर्थों में और पर्यटक स्थलों में हिन्दी का ही बोलबाला है। केदारनाथ, बद्रीनाथ, जगन्नाथपुरी, रामेश्वरम्, द्वारिका आदि तीर्थों में विभिन्न भाषा-भाषियों के बीच सम्पर्क का काम हिन्दी ही करती है। सम्पर्क भाषा के रूप में हिन्दी अपनी भूमिका सम्यक् निर्वाह कर रही है। सम्पर्क भाषा के रूप में हिन्दी अपनी भूमिका का सम्यक् निर्वाह कर रही है। सम्पर्क भाषा के रूप में इसे जनसाधार में स्वयम् अपनाया। इसमें किसी सरकारी आदेश या अध्यादेश आदि का कोई

हस्तक्षेप नहीं है। हिन्दी, संस्कृत, प्राकृत,अपभ्रंश की उत्तराधिकारिणी है। उत्तर भारत की जितनी भाषाएँ हैं उनमें और हिन्दी में अधिकाधिक साम्य है इसलिए जो व्यक्ति हिन्दी को बोलना और समझना चाहता है उसे अधिक कठिनाई नहीं होती। मध्यकाल में कृष्णभक्ति के प्रचार प्रसार के साथ हिन्दी को गुजरात, महाराष्ट्र, पंजाब, बंगाल, उड़ीसा आदि क्षेत्रों में पहुँचने का अवसर मिला। हिन्दी की प्रमुख बोली ब्रजभाषा में सम्पूर्ण भारत में साहित्य सृजन भी हुआ है। स्वतंत्रता आन्दोलन के समय भारतीय नेताओं ने बड़े उत्साह के साथ हिन्दी को अंग्रेजी के विकल्प में प्रतिष्ठित और विकसित करना चाहा है सुभाषचन्द्र बोस, केशवचन्द्र, सरोजनी नायडू, काका कालेलकर, महात्मा गांधी, लाला लाजपतराय आदि लोगों ने इस दिशा में महत्वपूर्ण प्रयत्न किए। मध्यकालीन मुसलमानों ने भी अपने शासन के विस्तार के उपक्रम में हिन्दी को महाराष्ट्र, आन्ध्र और कर्नाटक में फैलाया। हिन्दी को राजभाषा के रूप में जो संवैधानिक अधिकार मिला है उसके प्रति भी जो भारतीयों का आदर भाव है। व्यवसायीकरण और औद्योगीकरण के इस युग में यह बात स्पष्ट हो गई है कि यदि धंधा व्यापार करना है या नौकरी करना है तो अंग्रेजी के अलावा प्रमुख भाषा हिन्दी का ज्ञान आवश्यक है। हिन्दी प्रदेश बहुत बड़ा है इसलिए यहाँ माल के क्रय-विक्रय की भी बहुत सम्भावना है। इस समय यातायात, व्यवसाय और उससे भी अधिक सिनेमा के कारण हिन्दी को समझने और सीखने की प्रक्रिया तेज हो गई।

संचार भाषा

आज का युग सूचना क्रान्तिकारी भाषा इच्छाओं, भावों और विचारों को एक स्थान से दूसरे स्थान, एक व्यक्ति से दूसरे व्यक्ति के पास पहुँचने का मुख्य साधन भाषा मुख्यता वाक् व्यापार है। दो या अधिक व्यक्ति आमने-सामनेवार्ता करके विचारों का आदान-प्रदान करते हैं यदि वक्ता और श्रोता दूर स्थित हों तो सीधे सम्पर्क करना सम्भव नहीं होता। यदि व्यक्ति अपने विचारों को दूर-दूर तक फैलाना चाहता है उसे स्थायी बनाना चाहता है तो उसे संचार के अन्य साधनों का उपयोग करना पड़ता है। प्राचीनकाल से ही हस्तलेखों, शिलालेखों, ताम्रपत्रों तथा पत्रों के माध्यम से व्यक्ति अपने विचारों, भावों, मान्यताओं को स्थाई बनाने का प्रयत्न करता रहा है। वर्तमान समय में संचार के दो प्रमुख माध्यम हैं—

(1) मुद्रित माध्यम (2) इलेक्ट्रॉनिक माध्यम।

1. मुद्रित माध्यम—इसमें पत्र-पत्रिकाएँ आती हैं।

2. इलेक्ट्रॉनिक माध्यम—इसमें रेडियो, टेलीविजन, कम्प्यूटर, इंटरनेट आदि को सम्मिलित किया जा सकता है।

हिन्दी भाषा ने आधुनिक युग में आरम्भ से ही पत्र-पत्रिकाओं में अपना स्थान बनाया। स्वतंत्रता आन्दोलन के समय जन-जागरण लाने के लिए हिन्दी में दैनिक, साप्ताहिक, पाक्षिक, मासिक आदि अनेक प्रकार की पत्र-पत्रिकाएँ प्रकाशित हैं। हिन्दी पत्रों का पाठक वर्ग निरन्तर बढ़ता गया है। इस समय दैनिक जागरण, हिन्दुस्तान, अमर उजाला, हिन्दुस्तान टाइम्स, स्वतंत्र भारत आदि राष्ट्रीय स्तर के दैनिक समाचार पत्रों के अलावा हर महानगर से कोई न कोई स्थानीय समाचार पत्र प्रकाशित होता है।इसी तरह अनेक साप्ताहिक पाक्षिक पत्र भी निकल रहे हैं। कुछ पत्रिकाएँ जो अंग्रेजी में छपती थी उनका उसी शीर्षक से हिन्दी में भी प्रकाशन होने लगा है। इण्डिया टुडे, आउट लुक आदि इसी तरह की पत्रिकाएँ हैं। टेलीविजन तथा आकाशवाणी में भी हिन्दी का व्यापक व्यवहार हो रहा है। अनेक प्रयोजित कार्यक्रम हिन्दी में प्रसारित होते हैं। धर्म, शिक्षा, विज्ञान, समाचार आदि को प्रसारित करनेवाले टेलीविजन के अनेक चैनल सक्रिय हैं। डिसकवरी चैनल में हिन्दी माध्यम को भी स्थान मिल गया है। आजकल सहारा समय, नेशनल चैनल आदि में हिन्दी समाचार तथा अन्य कार्य क्रम प्रसारित होते हैं। आस्था चैनल मुख्य रूप से धर्म से सम्बन्धित है। संचार माध्यमों में हिन्दी की मुठभेड़ अंग्रेजी के साथ है। चूँकि शिक्षितों का एक ऐसा मध्य वर्ग विकसित हो गया है। जिसके मस्तिष्क पर अंग्रेजी भूत की तरह सवार है उसे ऐसा प्रतीत होता है कि अंग्रेजी आधुनिकता का पर्याय है। इसलिए वह अंग्रेजी और हिन्दी का अनुचित सम्मिश्रण करना चाहते हैं। इससे हिन्दी की मूल प्रकृति को क्षति पहुँचती है। अंग्रेजी के प्रभाव के कारण संचार भाषा हिन्दी में भी नामों के संक्षिप्त प्रयोग प्रचलित हो गए, जैसे—सपा, भाजपा, बसपा आदि। हिन्दी संचार माध्यमों के द्वारा विश्वव्यापी भाषा बन रही है। यद्यपि उसके मार्ग में अनेक कठिनाई हैं। संचार माध्यमों को चूँकि जन-साधारण तक पहुँचना है इसलिए वे जन-भाषा की उपेक्षा नहीं कर सकते हैं। इसलिए हिन्दी का महत्व बना रहे। हिन्दी का प्रयोग वैज्ञानिक तकनीकी क्षेत्र में हो रहा है। वैज्ञानिक तकनीकी शब्दावली आयोग हिन्दी में सभी विषयों की शब्दावली के विषयों का निर्माण किया। विज्ञापनों में भी हिन्दी प्रभावशाली भाषा सिद्ध हुई। हिन्दी की देशज शब्दावली भी विज्ञापन के क्षेत्र में प्रयोग में लाई जा रही है। विज्ञापन की भाषा का एक उदाहरण देखिए—

'आप के शहर में हंगामा, सूरत से आई हुई साड़ियों में भयंकर छूट, कुरमुरे, चुरमुरे आदि।

विज्ञापन की भाषा में आकर्षित करने की क्षमता होनी चाहिए और उसमें यदि तुकबन्दी रहती है या गीतात्मकता रहती है तो उसका विशेष प्रभाव पड़ता है। जैसे—हँसता बचपन, रोग से छुट्टी, इन्हें पिलाओ मुगली घुट्टी विज्ञापन का

इतना जादुई प्रयोग होता है कि उपभोक्ता वस्तु के लाभ-हानि को भी भूल जाते हैं। हिन्दी में फैक्स भेजने की सुविधा उपलब्ध है। टेलीप्रिन्टर, टेलेक्स, टेलीग्राफ, इण्टरनेट आदि भी हिन्दी भाषा में कार्य करते हैं। हिन्दी में कम्प्यूटर के अनेक सॉफ्टवेयर उपलब्ध हैं; जैसे—माइक्रोसॉफ्ट वर्ड, वर्ड परफेक्ट, वर्ड स्टार, वर्ड लॉर्ड अक्षरमाला, वेंचुरा, पेजमेकर आदि प्रमुख वर्ड प्रोसेसर प्रचलन में हैं। हिन्दी में वर्तनीशोधक, ग्रामरचेकिंग आदि अनेक सुविधाएँ उपलब्ध हैं।

केन्द्रीय हिन्दी संस्थान द्वारा शक्ति सॉफ्टवेयर हिन्दी-अंग्रेजी अनुवाद के लिए तैयार किया है। हिन्दी भाषा शिक्षण के लिए निम्नलिखित साफ्टवेयर उपलब्ध हैं—

1. लीला, 2. लिंगोटेक, 3. ऑन लाइन कोर्सेस, 4. अक्षर एनीमेशन, 5. रैपिडली लर्न हिन्दी, 6. वीजुअल हिन्दी, 7. भारतवाणी 8. हिन्दी टीचर, 9. आओ हिन्दी पढ़ें, 10. हिन्दी गुरु।

लीला, लर्न इन्डियन लैंग्वेजेन थ्रो आरटीफिसियल इनटेलीजेन्स का संक्षेपण है। यह पैकेज सी० डैक पुणे के द्वारा तैयार किया गया है। इसमें ध्वनि तथा उच्चारण के मानकों का ज्ञान प्राप्त होता है। कोश की भी व्यवस्था है। शब्दों के ग्राफिक्स/चित्र भी उपलब्ध हैं। लिंगोटेक में 16 अन्तर्राष्ट्रीय भाषाएँ हैं। यह यूनिक्स पर चलता है। इसके द्वारा सही उच्चारण भी सीखा जा सकता है। ऑन लाइन कोर्सेस में हिन्दी कानवर्सेशन लेसन्स, हिन्दी लेशन, उपलब्ध हैं। हिन्दी में डारा संसाधन हार्डवेयर तथा सॉफ्टवेयर दोनों विकल्पों में उपलब्ध हैं। जिस्ट प्रोद्योगिकी के जरिए एक प्लग मदर बोर्ड पर लगा दिया जाता है। इससे रोमन के सभी पैकेजों का प्रयोग द्विभाषिक या बहुभाषिक सम्भव हो जाता है। सॉफ्टवेयर पैकेज फ्लापी डिस्क के रूप में उपलब्ध है। इस पैकेज के दो प्रकार हैं—समर्पित साफ्टवेयर प्रोग्राम—यह डाटा संसाधन का साफ्टवेयर है। डी-वेस III, IV इस सम्बन्ध में उल्लेखनीय हैं। जनरल परपज सॉफ्टवेयर इनवारनमेन्ट (सामान्य उद्देश्यीय सॉफ्टवेयर परिवेश) की सहायता से डी-बेस, लोटस, सॉफ्टबेस, क्लिपर, फाक्सप्रो आदि पर हिन्दी में काम किया जा सकता है।

हिन्दी में अनेक वेबसाइट भी उपलब्ध हैं—

1. W.W.W. gadnet . Com—इस पर हिन्दी भाषा का इतिहास, कविताएँ गीत आदि उपलब्ध हैं।

2. WWW. hindi bhasha . Com.—इस पर हिन्दी भाषा से सम्बन्धित जानकारी उपलब्ध है।

3. WWW. rosettastone. Com—इसमें हिन्दी सहित विश्व की सभी मुख्य भाषाओं का ज्ञान प्राप्त करने की सुविधा उपलब्ध है।

4. WWW. dol. nic-in—यह केन्द्रीय राजभाषा विभाग का साइट है, इसमें राजभाषा से सम्बन्धित नियमों, अधिनियमों, तिमाही, छमाही, वार्षिक विवरण है। इसमें हिन्दी सीखने की भी सुविधा है।

5. W.W.W. tdil. gov. in—इसमें सूचना प्रौद्योगिकी मंत्रालय द्वारा हिन्दी के विकास सम्बन्धी तकनीकी जानकारी दी जाती है। इसमें अनुसन्धानरत संगठन की भी सूचनाएँ रहती हैं। इसमें एक अणु पत्रिका 'विश्वभारत' भी पठनीय है।

6. WW. Cstt. nic in—यह केन्द्रीय वैज्ञानिक तथा तकनीकी शब्दावली आयोग का साइट है। इसमें अनेक विषयों के तकनीकी शब्दकोश उपलब्ध हैं।

हिन्दी में ई-मेल की सुविधाएँ विकसित हो गई हैं। ई-मेल के साइट 1. WWW. e. Patra . Com. 2. WWW. Mail jol. Com. 3. WWW. Langoo. Com. 4. WWW. cdac india Com. 5. WWW. Bharatmail. Com. 6. WWW. dainik jagaran com. 7. WWW. radiffmail. Com. 8. WWW. rajbasha. nic. in

माध्यम भाषा

भाषा वैज्ञानिकों तथा शिक्षाविदों की मान्यता है कि बच्चों को प्राथमिक तथा माध्यमिक शिक्षा उनकी मातृभाषा में दी जानी चाहिए। मातृभाषा सीमित सामाजिक सन्दर्भों के लिए उपयोगी होती है किन्तु ज्ञान-विज्ञान के उन्नत विषयों के लिए उसे आवश्यकतानुसार समुन्नत और समृद्ध करना पड़ता है। भारतीय पारम्परिक शिक्षा व्यवस्था में मातृभाषा के साथ ही एक राष्ट्रीय स्तर की ज्ञान-विज्ञान व्यापक अभिव्यक्ति के लिए एक सक्षम समर्थ भाषा को विकसित किया गया था। संस्कृत इसी तरह की भाषा थी जो अपनी समकालीन बोलियों (प्राकृतों) से भिन्न भारतीय भाषाओं के तत्त्वों के मेल से निर्मित हुई थी। संस्कृत में दर्शन, राजनीति, पुराण-इतिहास, वैद्यक गणित तथा अन्य वैज्ञानिक विषयों पर पुस्तकें लिखी गईं। मध्यकाल में मुस्लिम शासन की स्थापना के बाद फारसी भाषा को भी राजभाषा के रूप में अपनाया गया लेकिन फारसी व्यापक माध्यम भाषा नहीं बन सकी। अंग्रेजी सत्ता स्थापित होने के बाद अंग्रेजी माध्यम को महत्त्व मिला। अंग्रेजी माध्यम से अध्ययन करनेवाले विद्यार्थियों के लिए सरकारी विभागों में कार्य करने का अधिक अवसर रहता है। अंग्रेजी में मुद्रित पुस्तकों का व्यापक बाजार बन रहा था। अत: अन्य भाषाओं में प्रकाशित ज्ञान-विज्ञान की सूचनाएँ अंग्रेजी में अधिक सुलभ थीं, इसलिए अंग्रेजी का वर्चस्व स्थापित होता गया। अंग्रेजी माध्यम से शिक्षा प्राप्त करना सामान्य भारतीयों के बूते की बात नहीं थी। कुछ धनी-सम्पन्न वर्ग ही इससे लाभान्वित हो रहा था। नवजागरण की चेतना के प्रचार-प्रसार, आम भारतीयों को शिक्षित करने की चिन्ता भारतीय मनीषियों तथा नेताओं को हुई। हिन्दी प्रदेश में अनेक एंग्लो-वर्नाक्युलर स्कूल

खोले गए। हिन्दी में पाठ्य पुस्तकें तैयार की गई। राजा शिव प्रसाद सितारे हिन्द ने भूगोल तथा इतिहास की पुस्तकें लिखीं थीं। ईस्ट इंडिया कम्पनी के अधिकारियों को हिन्दी सिखाने के लिए 1800 ई० में कोलकाता में फोर्ट विलियम्स कॉलेज खोला गया। वहाँ भी भारतीय भाषाओं में पुस्तकें तैयार की गईं।

स्वतन्त्रता के बाद एक बार फिर अंग्रेजी के विकल्प में हिन्दी के माध्यम बनाने की माँग उठी। माध्यमिक ही नहीं उच्च स्तर के पाठ्यक्रमों में भी हिन्दी माध्यम को स्वीकार किया गया। हिन्दी प्रदेश के अनेक विश्वविद्यालयों में प्राकृतिक विज्ञान तथा सामाजिक विज्ञान की पढ़ाई हिन्दी माध्यम से होने लगी। 1984 से 1990 के बीच अनेक औद्योगिक संस्थानों, आयुर्विज्ञान संस्थान, विधि के साथ अभियांत्रिकी तथा भारतीय नागरिक सेवाओं में हिन्दी माध्यम को अनुमति दी गई। अभियांत्रिकी तथा तकनीकी शिक्षा के उच्च अध्ययन के क्षेत्र में कुछ छिट-पुट उदाहरणों को छोड़कर हिन्दी माध्यम की व्यापक प्रतिष्ठा नहीं हो पाई है। सामाजिक विज्ञान के विविध विषयों जैसे—भूगोल, अर्थशास्त्र, समाजशास्त्र, इतिहास, राजनीतिशास्त्र की उच्च स्तरीय शिक्षा-दीक्षा हिन्दी माध्यम से सफलता से हो रही है। हिन्दी में पुस्तकों के अभाव को दूर करने के अनेक विश्वविद्यालयों में अनुवाद के सेल खोले गए। अनेक अंग्रेजी पुस्तकों का हिन्दी अनुवाद करके उचित मूल्य पर उनका वितरण किया गया। मानक शब्दावली के लिए वैज्ञानिक तथा तकनीकी शब्दावली आयोग की स्थापना की गई है। मानव संसाधन विकास मंत्रालय के अन्तर्गत कार्यरत इस आयोग ने सभी विषयों की पारिभाषिक शब्दावली तैयार किया है और उनके प्रयोग सम्बन्धी समस्याओं पर विचार-विमर्श हेतु भारत में कोने-कोने में गोष्ठियाँ तथा कार्यशालाएँ आयोजित कर रहा है। विषय विशेषज्ञों की राय-मशविरे से उनका कार्य प्रगतिशील है। विभिन्न प्रान्तों में स्थापित हिन्दी अकादमियाँ भी इस दिशा में कार्यशील हैं।

एन० सी० ई० आर० टी० ने राज्य सरकारों तथा नेशनल इंफोफर्मिटिक्स सेंटर के साथ मिलकर एक सर्वे कराया जिसकी रिपोर्ट अमर उजाला के दिनांक 22.1.07 को प्रकाशित हुई। उसके अनुसार प्राथमिक स्तर 92 प्रतिशत स्कूलों में मातृभाषा के माध्यम से शिक्षा दी जाती है। प्राथमिक स्तर पर अंग्रेजी पढ़ाने की प्रवृत्ति बढ़ी है। 87.49 प्रतिशत स्कूलों में प्राथमिक स्तर पर अंग्रेजी पढ़ाई जाती है जबकि 59.70 प्रतिशत स्कूलों में इस स्तर पर हिन्दी सिखाई जाती है। 46.79 प्रतिशत प्राथमिक स्कूलों में हिन्दी माध्यम से पढ़ाई होती है। 47.41 प्रतिशत उच्च प्राथमिक और 41.32 प्रतिशत माध्यमिक और 48.11 प्रतिशत उच्च माध्यमिक स्कूलों में हिन्दी माध्यमिक से शिक्षा दी जाती है।

भारतीय वैज्ञानिकों का शोध स्तर तथा कार्य विदेशियों की तुलना में बेहतर है किन्तु उनकी कार्य करने तथा सोचने की भाषा अंग्रेजी है। भारतीयों के ज्ञान-विज्ञान विदेशी लाभ तो उठाते हैं किन्तु उन्हें भारतीय ज्ञान अंग्रेजी भाषा में उपलब्ध हो जाता है इसलिए हिन्दी जानने-समझने की उन्हें उतनी चिन्ता नहीं रहती है। परम्परागत ज्ञान जैसे योग, दर्शन आदि को हिन्दी माध्यम से प्रचारित-प्रसारित किया जा सकता है। इंग्लैण्ड में योग गुरु रामदेव जी ने हिन्दी में ही योग शिक्षा का एक कार्यक्रम किया। भारतीय मूल के लोगों के अलावा अनेक ब्रिटिश अंग्रेजी भाषियों ने उसे हिन्दी माध्यम से समझने की चेष्टा की। अमेरिका ने अपने यहाँ हिन्दी को बढ़ावा देने के लिए बजट का प्रावधान किया है। विदेशों में हिन्दी शिक्षकों की माँग बढ़ रही है। व्यावसायिक कारणों से हिन्दी को महत्त्व मिलेगा और उसका असर शिक्षा के माध्यम पर भी पड़ेगा।

लिपि

लिपि—मनुष्य के मुख से निसृत ध्वनि लहर एक व्यक्ति से दूसरे व्यक्ति के कान में पहुँचकर शून्य में विलीन हो जाती है। भाषा या ध्वनि का प्रभाव मनुष्य की स्मृति में सुरक्षित रहता है किन्तु कालान्तर में वह भी धूमिल होने लगता है। परिणामत: नष्ट भी हो जाता है। ज्ञान-विज्ञान के प्रचुर तत्त्वों को मात्र स्मृति में सुरक्षित रखना सम्भव भी नहीं है। ज्ञान-विज्ञान और साहित्य से सम्बद्ध भावों और विचारों को सुरक्षित रखने तथा दूर स्थित व्यक्तियों के लिए सम्प्रेष्य बनाने के लिए ध्वनि चिह्नों का आविष्कार किया गया जिन्हें लिपि की संज्ञा दी गई।

आरम्भ में भावों या विचारों को व्यक्त करने के लिए चित्रों के प्रयोग किए गए जिन्हें चित्र लिपि कहते हैं। धीरे-धीरे इन चित्रों का अर्थ विस्तृत हुआ होगा। इनका तात्पर्य केवल उतना ही नहीं रह गया जितना चित्र में प्रदर्शित किया गया था। इनसे प्रतीक रूप में पूरा शब्द व्यक्त होने लगा। धीरे-धीरे चित्र संक्षिप्त हो गए और अक्षर रूप में ढल गए। ये अक्षर ध्वनि विशेष को प्रकट करने लगे। इस प्रकार ध्वनिमूलक लिपि विकसित हुई। भारत की समस्त लिपियाँ अक्षरात्मक है।

भारत में लिपि कला का विकास बहुत प्राचीन है। सिन्धु घाटी की खुदाई में लिपि के प्राचीनतम नमूने प्राप्त हुए हैं। आर्यों के भारतागमन के पश्चात् खंरोष्ठी और ब्राह्मी लिपियों का विशेष प्रचार हुआ। 'ललित विस्तार' नामक ग्रंथ में कहा गया है कि बोधिसत्व ने 64 लिपियाँ सीखी थी। इनमें ब्राह्मी तथा खरोष्ठी लिपियों का उल्लेख है। प्राचीन रचनाकारों तथा मनीषियों ने लिपि के महत्व को पूर्णतया समझा था। 'रघुवंश' में कालिदास लिखते हैं 'लिपेर्यथावद्ग्रहणेन वाङ्मय नदीमुखेनेव समुद्रमाविशत्' अर्थात् लिपि के यथावत् ग्रहण [ज्ञान] से वाङ्मय तक उसी तरह पहुँचा जाता है जैसे नदी के द्वारा समुद्र तक पहुँचा जाता है। 'प्राचीन भारत में प्रारम्भिक पाठशालाओं को लिपिशाला ही कहा जाता था। 'तेषां दारकाणां मातृकां वाचयातम्' अर्थात् जैसे ही बालक लिपि का उच्चारण करते हैं, इस वर्णन में लिपि को सीखने की प्रक्रिया का स्पष्ट वर्णन है। [देवनागरी का

क्रमिक विकास—चि० शिवराम मूर्ति का लेख-पृ० 19] अथर्ववेद में उल्लेख है 'हे पृथ्वी हम तुम्हें भौतिक बन्धनों से आबद्ध कर देंगे। तुम्हारा शरीर दो योग का है—समानी और विकृत। जो कुछ भी तुम पर लिखा गया है वह एक विशिष्ट धातु से लिखा गया है।' पाणिनी ने लिपि और लिपिकार का उल्लेख किया है।

रामायण [वाल्मीकि] में हनुमान सीता के सम्मुख राम के नाम से अंकित अँगूठी प्रस्तुत करते हैं—रामनामांकित चेदि पश्य देविअंगुलीयकम्।

प्राचीन काल में भारतीय भूमि पर आए हुए अनेक यात्रियों ने अपने यात्रा विवरणों में भारतीयों के लेखन ज्ञान का परिचय दिया है। चीनी यात्री ह्वेनसांग के विवरण से ज्ञात होता है कि भारतीय लिपि सब लिपियों से पुरातन है। उसने जन्मपत्री के प्रचलन तथा सड़कों के किनारे मील-स्तम्भों का भी उल्लेख किया है। पुरातात्विक स्रोतों से भी लिपि ज्ञान तथा उनके प्रयोग की प्राचीनता के द्योतक अनेक अभिलेख प्राप्त हुए हैं। श्री विण्टरनित्स के अनुसार भारत में लेखन कला का विकास 18वीं शताब्दी ईसा पूर्व में हो चुका था। वेदों के रचनाकाल का निश्चय न हो पाने के कारण इस तिथि को अन्तिम नहीं माना जा सकता। किन्तु इतना तो निश्चित एवं निर्विवाद है कि बौद्धकालीन भारत में लेखन कला पूर्ण विकसित थी।

खरोष्ठी—प्राचीन लिपियों में खरोष्ठी तथा ब्राह्मी दो प्रमुख लिपियाँ हैं। खरोष्ठी के नाम के विषय में अनेक अनुमान किए गए हैं। डॉ० प्रजिलुस्की के विचार से यह लिपि आरम्भ में गधे की खाल पर लिखी जाती थी इसलिए इसे खरपृष्ठी कहते थे। इसी से खरोष्ठी संज्ञा का विकास हुआ। डॉ० राजबली पाण्डेय के अनुसार खर (गधे) के ओष्ठ (ओठ) के समान भद्दी लिखावट होने के कारण इसे खरोष्ठी कहा जाता था। इस लिपि में वर्णों की संख्या 37 है। जिनमें 11 वर्ण आरमाइक से लिए गए हैं और 26 वर्ण ब्राह्मी के हैं। इसे विदेशी लिपि माना जाता है। इस लिपि के नमूने शाहबाजगढ़ी (पंजाब युसुफजई जिला) और मानसेरा (पंजाब का हजरा जिला) में अशोक के शिलालेखों में उपलब्ध हैं। विद्वानों का अनुमान है कि उत्तर पश्चिमी भारत में लगभग एक हजार वर्ष तक इस लिपि का व्यवहार होता रहा। खरोष्ठी हखमनी साम्राज्य की राजलिपि थी। यह भू-भाग कभी ईरानियों के अधिकार में था जिससे यहाँ इस लिपि का प्रचलन हुआ। इसे दाहिने से बाएँ ओर लिखा जाता है। देवनागरी का इस लिपि से कोई सम्बन्ध नहीं है। अतः इस पर यहाँ पर विस्तृत विचार अपेक्षित नहीं है।

ब्राह्मी—देवनागरी लिपि के विकास को ब्राह्मी से ही सन्दर्भित किया जाता है। ब्राह्मी ऐसी लिपि है जो देवनागरी की ही नहीं बल्कि अधिकांश भारतीय लिपियों की जननी है। ब्राह्मी के व्युत्पत्ति की तीन सम्भावनाएँ हैं—

1. ब्रह्मा द्वारा निर्मित होने के कारण इसे ब्राह्मी कहते हैं।

2. ब्राह्मणों द्वारा निर्मित तथा प्रयुक्त होने के कारण इसे ब्राह्मी कहते हैं।

3. ब्रह्म वेद या ज्ञान की संरक्षिका होने के कारण यह लिपि ब्राह्मी है।

ब्राह्मी लिपि की उत्पत्ति के विषय में विद्वानों के अनेक मत हैं। डॉ० अल्फ्रेड मूलर, जेम्स प्रिंसेप तथा सेनार्ट आदि ब्राह्मी की उत्पत्ति यूनानी लिपि से मानते हैं। इनका विचार है कि सिकन्दर के आक्रमण के पश्चात् यूनानियों के सम्पर्क से भारतीयों ने लिखने की कला सीखी। पहले ही उल्लेख किया जा चुका है कि भारत में लिपि कला का ज्ञान बहुत प्राचीन है। मोहनजोदड़ो तथा हड़प्पा की खुदाई से इसके कतिपय प्रमाण प्राप्त हुए हैं। छठीं शताब्दी ई० पू० के बौद्ध ग्रंथ सुत्तंत में 'अक्खरिका' का उल्लेख मिलता है। छान्दोग्योनिषद्, तैत्तिरीय उपनिषद, में अक्षर, वर्ण, स्वर, मात्रा आदि के उल्लेखों से भी भारत में लिपि ज्ञान की प्राचीनता सिद्ध होती है। अतः यूनानी लिपि से ब्राह्मी की उत्पत्ति मात्र कल्पना है।

टेलर तथा केनन ने ब्राह्मी लिपि की उत्पत्ति दक्षिणी सामी लिलि से, बेवर, कस्ट, बेनफे तथा जेनसन ने सामी लिपि की फीनीशियन शाखा से सिद्ध की है। ब्राह्मी तथा सामी लिपि में साम्य बहुत कम है। इसीलिए ब्राह्मी के उत्पत्ति सामी से सिद्ध करने का प्रयास अतार्किक एवं अवैज्ञानिक है। गौरीशंकर हीराचन्द ओझा का कथन है 'उच्चरित अक्षर और लिखित वर्ण के सम्बन्ध को निभाने के उद्देश्य का विचार करें तो ब्राह्मी लिपि सर्वोत्तम है। ऐसी (सेमेटिक या सामी जैसी) अपूर्ण और क्रमरहित लिपि को लेकर, उसकी लिखावट का रुख पलटकर वर्णों को तोड़-मरोड़कर, केवल अठारह उच्चारणों के चिह्न उसमें पाकर बाकी उच्चारणों के संकेत स्वयं गढ़कर स्वरों के लिए मात्रा चिह्न बनाकर अनुस्वार और विसर्ग की कल्पना कर स्वर-व्यंजन को पृथक् कर, उन्हें उच्चारण के स्थान और प्रयत्न के अनुसार नए क्रम से सजाकर सर्वांगपूर्ण योग्यता जिस जाति में मानी जाती है, क्या वह इतनी सभ्य नहीं रही होगी कि केवल अठारह अक्षरों के संकेतों के लिए दूसरों का मुँह न ताककर उन्हें स्वयं ही अपने लिए बना लें। (प्राचीन लिपिमाला, पृ० 29) डॉ० सुनीतिकुमार चाटुर्ज्या ने ब्राह्मी लिपि का विकास सिन्धुघाटी लिपि से माना है। उनका कहना है कि यह सोचना अधिक समीचीन होगा कि ईसा-पूर्व दसवीं शताब्दी में किसी समय ऋचाओं और मन्त्रों के वैदिक साहित्य तथा अपने पूर्वजों के यज्ञ सम्बन्धी ब्राह्मण ग्रंथों के संकलनकर्त्ताओं ने मोहनजोदड़ो की अंतिम रेखिक लिपि से एक प्रकार की आदि ब्राह्मी लिपि का विकास किया और इस प्रकार ब्राह्मी लिपि अस्तित्व में आई।' एडवर्ड थामस आदि विद्वानों ने ब्राह्मी लिपि के मूल आविष्कार का श्रेय द्रविड़ों को दिया है। डाउसन, कनिंघम और थामस का विचार है कि आर्यों ने

किसी चित्र लिपि से ब्राह्मी का विकास किया। वासुदेव शरण अग्रवाल ब्राह्मी की कतिपय विशेषताओं की ओर ध्यान आकर्षित करते हुए कहते हैं कि 'ब्राह्मी को वास्तव में भारतीय मस्तिष्क का एक चमत्कार समझना चाहिए जिसमें स्वर और व्यंजनों के सुव्यवस्थित चिन्हों द्वारा वर्णमाला की सभी मूलभूत ध्वनियों का स्पष्ट विभाजन है। सबसे पहले उसमें सामान्य स्वर और संयुक्त स्वर हैं। फिर कण्ठय, तालव्य, मूर्धन्य, दन्त्य और ओष्ठ्य पाँच वर्गों में विभाजित स्पर्श व्यंजन हैं जिन्हें भारत में क्रमशः क वर्ग, च वर्ग, ट वर्ग, त वर्ग और प वर्ग कहते हैं। इन 25 व्यंजनों के अन्त में चार अन्तस्थ और तीन शर् प्रत्याहार के अक्षर एवं महाप्राण (ह) हैं। यदि हम इन व्यंजनों में स्वर चिन्हों की पूर्ण संख्या-उनके ह्रस्व और दीर्घ में जोड़ दें तो हमें 47 या 48 चिन्ह देवनागरी और लगभग सभी भारतीयों लिपियों में मिलते हैं।'

ब्राह्मी की प्रमुख विशेषताएँ उसे भारतीय लिपि ही सिद्ध करती हैं—

1. ब्राह्मी के अक्षर उच्चारण के आधार पर लिखे जाते हैं।

2. इसके कुल 64 चिन्ह हैं।

3. इसमें दीर्घ तथा ह्रस्व मात्राओं का प्रयोग मिलता है।

4. अक्षरों का ध्वनि सम्बन्धी विभाजन उच्चारण के आधार पर हुआ है।

5. चिन्हों के द्वारा स्वरों का सम्बन्ध व्यंजन से किया गया है। (पुराभिलेख-डॉ० शिवस्वरूप सहाय-पृ० 25)

ब्राह्मी लिपि का प्राचीनतम नमूना 5वीं सदी ईसवी पूर्व का है। धीरे-धीरे इसका विस्तार तथा क्षेत्रीय भेद बढ़ता गया। ईसा पूर्व तीसरी शताब्दी में ब्राह्मी का विस्तार लगभग सम्पूर्ण भारत में था। इसे तत्कालीन राष्ट्रीय लिपि कहा जाए तो अत्युक्ति न होगी। इसके पश्चात् ईसा पूर्व दूसरी शताब्दी में शुंग ब्राह्मी के रूप में तत्पश्चात् प्रथम शताब्दी में कुशाण ब्राह्मी के रूप में इसका विकास परिलक्षित होता है। ब्राह्मी की उत्तरी शैली से गुप्तकाल में गुप्तलिपि विकसित हुई। इसका फैलाव समस्त उत्तरी भारत में था। दक्षिण में भी इसी का एक भेद मंजूषा शिरस्क (बाक्स हैडेड) का प्रचलन हुआ, इसे पल्लव लिपि कहा गया है। छठी-सातवीं शताब्दी में गुप्त लिपि से कुटिल लिपि का विकास हुआ जिसका वास्तविक नाम सिद्ध लिपि है। इसे सिद्धमातृका भी कहते हैं। इसका प्रचार भारत में ही नहीं सीमित था बल्कि मध्य एशिया तथा जापान तक धार्मिक ग्रंथों का लेखन इसी लिपि में किया गया। इस लिपि का प्राचीनतम साक्ष्य जापान के होरी ऊजी मंदिर में सुरक्षित ताड़पत्रों पर अंकित हस्तलेख है।

देवनागरी लिपि—बोधगया के महानाम शिलालेख में और लेखमंडल की प्रशस्ति में (588 ई०) नागरी के कतिपय लक्षण स्पष्ट होने लगते हैं। सातवीं

शताब्दी में ये लक्षण और भी स्पष्ट हो गए थे और आठवीं शताब्दी तक तो देवनागरी पूर्णतया विकसित हो गई थी। सिद्धमातृका से 8-9वीं सदी के आसपास प्राचीन नागरी का विकास हुआ जिसे उत्तर भारत में नागरी और दक्षिण भारत में नन्दि नागरी कहते थे। इन दो लिपि भेदों के अतिरिक्त पश्चिम में अर्धनागरी तथा पूर्व की पूर्वी नागरी भी उल्लेखनीय हैं। गुजरात के राजा जयभट्ट ने अपना हस्ताक्षर देवनागरी में किया है। उसने लिखा है 'स्वहस्तोमम जयभट्टस्य'। देवनागरी में लिखे गए शिलालेखों में सबसे प्राचीन राष्ट्रकूट दंतिवर्ग के समय (724 ई०) का समंगद का शिलालेख माना जाता है। इसके पश्चात् 780 ई० में लिखित गोविन्दराज द्वितीय का धुलिया शिलालेख, प्राप्त होता है। राष्ट्रकूट राजाओं ने अपने शिलालेखों में देवनागरी के प्रयोग की परम्परा को सुरक्षित रखा। गोविंदराज तृतीय के पैथन शिलालेख (794 ई०) और ध्रुवराज के बड़ौदा शिलालेख को उदाहरणस्वरूप प्रस्तुत किया जा सकता है। दसवीं शताब्दी तक देवनागरी परिपक्वास्था को प्राप्त कर चुकी थी। ग्यारहवीं शताब्दी में इसका व्यापक प्रचार गुजरात, राजस्थान और दक्षिणी भारत में हो गया था। इस समय के अनेक शासकों जैसे हैहय, परमार, चंदेल, गाहड़वाल, चाहमान आदि ने देवनागरी को ही अपनाया था। सिद्धमातृका से नागरी और शारदा दो लिपियों का विकास हुआ। शारदा से टाकरी, लहन्डा, गुरुमुखी तथा कश्मीरी लिपि का विकास हुआ। नागरी की पूर्वी शाखा से बंगला, असमी, उड़िया आदि लिपियाँ विकसित हुईं।

देवनागरी के वर्तमान लिपि चिन्हों का विकास अनेक रूपान्तरों से गुजरने के पश्चात् सुनिश्चित हुआ। ब्राह्मी से देवनागरी तक अक्षरों की बनावट में पर्याप्त परिवर्तन हुए हैं। मौर्यकालीन ब्राह्मी लिपि में अक्षर सीधे तथा कोणाकार हैं। अक्षरों की ऊँचाई को समान रखने की चेष्टा परिलक्षित होती है। अक्षरों के शिरोभाग खुले दिखाई देते हैं। खड़ी, पड़ी रेखाओं, वृत्तों, अर्धवृत्तों, कोण, बिन्दु आदि के आधार पर अक्षरों का निर्माण किया गया है। जैसे—

+ (क), (द) ' (ट) ० (ठ) (ग)

कृषाप काल तक ब्राह्मी लिपि में थोड़ा और परिवर्तन हुआ है। अक्षर बौने तथा चौड़े दृष्टिगत होते हैं। अक्षरों की बनावट में कुछ अधिक उतार-चढ़ाव है। ह्रस्व स्वरों में थोड़ा-सा परिवर्तन करके दीर्घ रूप बनाया जाने लगा। अनुस्वार और विसर्ग के लिए बिन्दुओं का प्रयोग भी शुरू हो गया। साँची के अभिलेख में ल का पूर्ण रूप प्राप्त होता है। अ की बनावट नागरी के अधिक समीप आ गई थी। आ की मात्रा कुछ नीचे खिसक गई है।

गुप्तकाल में अक्षर अपेक्षाकृत अधिक कोणदार हो गए और दाहिनी भुजा पहले की अपेक्षा अधिक लम्बी हो गई थी। जैसे—

अशोक कालीन ब्राह्मी	गुप्तकालीन ब्राह्मी	नागरी
+	+	क
ʿ	~	ग
ग्र	ग्र	त

गुप्तकालीन लिपि में अक्षरों की बनावट के साथ उनमें लगनेवाली मात्राओं में भी बदलाव आया है। विस्तृत क्षेत्र में ब्राह्मी लिपि के प्रचार-प्रसार के कारण नए-नए प्रयोग हो रहे थे। इन्हीं नवीन प्रयोगों के परिणामस्वरूप कुटिल लिपि का निर्माण हुआ। ग्यारहवीं शताब्दी तक देवनागरी के वर्तमान स्वरूप का निर्माण हो गया था।

देवनागरी के नामकरण का आधार—देवनागरी के नाम के विविध आधार बताए गए हैं। कुछ विद्वानों ने नाग लिपि से विकसित लिपि को नागरी माना जिसका बार्नेट ने जोरदार खंडन किया। कुछ विद्वानों के अनुसार गुजरात के नागर ब्राह्मणों से सम्बद्ध होने के कारण इसका नाम नागरी पड़ा। देवभाषा संस्कृत इसी लिपि में लिखी जाती थी इसलिए देव शब्द को जोड़कर देवनागरी शब्द रच लिया गया। पं० आर० श्याम शास्त्री का मत है कि देवताओं की उपासना के लिए त्रिकोणादि यन्त्रों के बीच कुछ सांकेतिक चिन्ह निर्मित किए जाते थे। इन चिन्हों को देवनागर कहते थे। उसी के समान होने के कारण इसे देवनागरी कहा गया। कुछ लोग इसका सम्बद्ध चन्द्रगुप्त तथा पाटलिपुत्र से जोड़ना चाहते हैं। उनका कथन है कि चन्द्रगुप्त को देव तथा पाटलिपुत्र को नगर कहते थे। देवनागर से प्रचलित होने के कारण इसे देवनागरी कहा गया है।

विशेषताएँ—देवनागरी भारत की व्यापक तथा प्रधान लिपि है। इसकी लोकप्रियता अन्य लिपियों से अधिक है। यह विश्व की सबसे अधिक वैज्ञानिक लिपि है—

1. इसमें 11 स्वर और 35 व्यंजन ध्वनियाँ हैं। संयुक्त व्यंजन क्ष, त्र, ज्ञ इनके अतिरिक्त है। नई ध्वनियों के लेखन की आवश्यकता तथा विदेशी ध्वनियों के आगमन को ध्यान में रखकर ड़, ढ़, क़, ग़, ज़, फ़ को भी देवनागरी में स्थान दिया जाने लगा है।

2. देवनागरी अक्षरों का नाम ध्वनि के अनुकूल है। जैसे—ग, अंग्रेजी में जी (G) (प्रयोग ग के लिए) इसी प्रकार आई (I) का प्रयोग इ ध्वनि के लिए होता है।

3. प्रत्येक ध्वनि का अपना एक निश्चित चिह्न है। जैसे—अंग्रेजी में S स, ज दोनों है और क के लिए C, K, Q तीन लिपि चिह्नों का प्रयोग किया जाता है।

4. देवनागरी में जितना लिखा जाता है उतना पढ़ा भी जाता है। इसमें कोई

ध्वनि साइलेन्ट (मूक) नहीं रखी जाती। इसके विपरीत रोमन में Half, walk, Knife में L और K साइलेन्ट हैं।

5. स्वरों और व्यंजनों का क्रम बड़ा वैज्ञानिक है—पहले हृदय स्वर फिर दीर्घ। क से म तक स्पर्श व्यंजन य से व तक अन्तस्थ स, ष, श, ह ऊष्म व्यंजन हैं। वर्ग का पहला वर्ण सघोष हैं। पाँचवें वर्ण (ङ, ञ, न, ण, म) अनुनासिक हैं।

6. देवनागरी वर्णों में लिखा गया शब्द अपेक्षाकृत कम जगह घेरता है। जैसे—नार्दर्न (उत्तरी) Northern, अम्बरीष Ambrish, धर्म Dharma

7. देवनागरी के संयुक्त व्यंजन भी स्पष्ट रूप से उच्चरित होते हैं। जैसे—सच्चा, अच्छा, अंग्रेजी के grass, Batte आदि में संयुक्त वर्ण का स्पष्ट उच्चारण नहीं होता।

देवनागरी लिपि के दोष—1. देवनागरी में संयुक्त व्यंजनों के लिखने की कई पद्धतियाँ प्रचलित हैं। जैसे—प्रेम (पेम), नर्म, कद्र, यत्र, यत्न। प्रथम तीन शब्दों में र तीन तरह से वर्ण के साथ संयुक्त किया गया है। र् को संयुक्त करने की विधि लगभग निश्चित हो गई है। र् ध्वनि का उच्चारण यदि होनेवाले वर्ण के बाद होता है तो र् का संयोग वर्ण में किया जाता है, जैसे—प्रेम, भ्रम, क्रम। यदि र् का उच्चारण पहले हो तो र ऊपर लगाया जाता है। जैसे—नर्म, मर्म? त्र, त्न में त्र का का प्रचलन अधिक व्यापक हो रहा है।

2. देवनागरी लिपि को सही अर्थों में राष्ट्रीय लिपि बनाने के लिए द्रविड़ के ष़, ळ, र, न, मराठी च, ज, कश्मीरी अे, ओ, ऐ, एं, वर्त्स्य च, ज,य ध्वनियों के लिए नए लिपि चिन्हों को अपनाना चाहिए। इसके लिए नए लिपि चिन्ह बन गए हैं।

3. वर्णों, संयह्नताक्षरों और मात्राओं को मिलाकर 403 की बड़ी संख्या हो जाती है। इसलिए टंकण में असुविधा होती है।

4. कुछ अक्षरों की बनावट ऐसी है कि रेखा इधर-उधर होने पर वे दूसरे अक्षर होने का भ्रम पैदा कर देते हैं। जैसे—ध(घ), भ (म)

5. ए, ओ का ह्रस्व रूप भाषा में प्रचलित हैं किन्तु देवनागरी लिपि में इनके अलग चिन्ह नहीं हैं। इन्हें ऍ, ऑ लिखा जाता है।

6. देवनागरी लिपि पूर्ण रूप से वर्णात्मक नहीं है। जैसे—कर्म (क् +अ+र+म्+अ) पाँच ध्वनियाँ हैं किन्तु लिखी गई तीन। व्यंजन में अ स्वर अन्तर्भुक्त रहता है। थोड़े से ज्ञान से कोई कठिनाई नहीं होती है।

देवनागरी का परिष्कृत रूप

देवनागरी को राष्ट्रीय लिपि बनाने के लिए उसमें नए चिह्नों का विधान किया

गया है। स्वर ध्वनियों की अभिव्यक्ति के लिए कश्मीरी भाषा की कुछ ध्वनियों के लिए अे, ओ, ऐ, ए़ चिन्ह जोड़े गए हैं। फारसी की ध्वनियों के लिए अ़ि, अ़ी, अ़ै (जैसे अ़िबादत, अ़ीद, अ़ैन) रखे गए हैं। ऐ, औ की दोहरी भूमिका मान्य है। हिन्दी में इसका उच्चारण अए, अओ होगा; जैसे—पैसा, कैसा, औरत, और आदि किन्तु संस्कृत में अइ, अउ होगा; जैसे—भैरवी, गौरी आदि। अंग्रेजी O के लिए ऑ का विधान है जैसे—डॉक्टर। तत्सम शब्दों में ऋ लिखा जाना चाहिए रि नहीं, जैसे—ऋषि, ऋतु आदि। ह्रस्व एँ, औं, ए ओ के अलावा हैं।

व्यंजन ध्वनियों में फारसी क़, ख़, ग़, ज़, फ़ आदि को लिखा जाना चाहिए जैसे—क़लम, ख़ास, क़ागज, फ़ैज़ाबाद फ़ारसी, सर्दी, सरदी, बर्फ, बरफ दोनों सही माने जाएँगे। पंचम व्यंजनों के स्थान पर (.) अनुस्वार) लगाई जाए। जैसे—गंगा, चंचल, डंडा, पंपा आदि। अनुस्वार वर्गाधीन व्यंजनों में ही सटीक हैं। यदि दो अनुनासिक व्यंजनों का संयोजन करना है तो अनुस्वार न लगाकर व्यंजन लिखा जाना चाहिए जैसे—अन्न, धम्म, वण्ण, आञ्ञा। अन्य, रम्य, अरण्य आदि में भी अनुस्वार से काम नहीं चल सकता है। संयुक्त व्यंजनों के लिए नए सुझाव दिए गए हैं।

1. खड़ी पाई वाले व्यंजनों की पाई हटा दी जाए जैसे—क्, ख्, ग्, घ्, च्, ज्, त्, थ्, न्। उदाहरण के लिए निम्न शब्दों को ले सकते हैं—रिक्थ, व्याख्या, रग्घू, मिथ्या, सत्य, वध्य, रम्य, अन्य आदि।

2. जिन व्यंजनों में खड़ी पाई नहीं लगी है उन्हें स्वर विहीन करने के लिए ् (हल) लगाना चाहिए; जैसे—विद्‌या, टट्‌टू, पुद्‌ध, चड्‌ढा, चिह्‌न, ब्रह्‌मा।

3. र के संयोजन की तीनों पद्धतियाँ चलती रहेंगी। जैसे—द्रव, ट्राय, धर्म,

चिह्नों तथा स्त्रीलिंग रूपों में समरूपता लाने के लिए अनेक बहुवचन प्रत्ययों में भी परिवर्तन किए गए हैं। 'थ' श्रुतिवाले शब्दों के बहुवचन 'ए' से बनेंगे; जैसे—गया से गए। हुआ से हुए, नया से नए, नई, गई, आई, रूपों को मानक माना गया है। जिन शब्दों के मूल में ही प ध्वनि है उनमें यह नियम लागू नहीं होगा; जैसे—अव्यय से अव्यायीभाव, मितव्ययी आदि।

परसर्गों को संज्ञा पदों के साथ न रखकर अलग रखना चाहिए। जैसे—राम ने, मोहन को, श्याम से, घर पर, घर में आदि। किन्तु सर्वनामों में जोड़कर लिखा जाए। जैसे—उसने, उसको, मैंने, मुझसे आदि।

जहाँ दो या अधिक क्रियाओं का प्रयोग हो उन्हें भी अलग-अलग लिखा जाना चाहिए। जैसे—वह जा रहा है।

अव्यय सदा अलग लिखे जाएँ—वहाँ तक, उनके साथ, किन्तु समस्त पदों में अव्यय साथ लिखे जाएँ। जैसे—प्रतिदिन, यथास्थिति, यथासम्भव।

हाइफन द्वन्द्व पदों में हाइफन लगाया जाए। जैसे—दाल-रोटी, माता-पिता।

सा का प्रयोग भी हाइफन लगाना चाहिए। जैसे—तुम-सा, राम-जैसा। तत्पुरुष समास में अर्थ की स्पष्टता के लिए हाइफन लगाना अपेक्षित हैं—जैसे—भाषा-विज्ञान, भू-तत्त्व, गंगा-जल आदि। यदि उन्हें एक साथ जोड़कर लिखा जाए तो हाइफन की आवश्यकता नहीं होगी।

अनुस्वार तथा अनुनासिक चिह्न—अनुस्वार व्यंजन के स्थान (ङ, ञ, न, म, ण) के लिए आता है किन्तु अनुनासिक स्वर का गुण है। जैसे—चाँद, आँख, हँस आदि। चंद, हंस, दंड, गंगा आदि में अनुस्वार (ं) न्, ण्, ङ् आदि के लिए प्रयुक्त है।

पूर्ण विराम—खड़ी पाई पूर्ण विराम की सूचक है, अंग्रेजी की तरह बिन्दी नहीं। जैसे—राम जाता है। राम जाता है, नहीं।

अर्ध विराम—(1) एक वाक्य के साथ दूसरे वाक्य या वाक्यांश का सम्बन्ध बताने के लिए अर्द्ध विराम प्रयोग में लाया जाता है। जैसे—मकान बहुत दिनों तक नहीं टिकेगा; इसकी छतें जर्जरित हो गई हैं।

(2) प्रधान वाक्य से सम्बद्ध अन्य सहायक वाक्यों को जो अर्थ में पूर्ण है को अलगाने के लिए, का प्रयोग होता है—मैं विद्यालय गया; सहयोगी छात्रों से मिला; पढ़ाई की; घर लौट आया।

अल्पविराम—एक साथ कई संज्ञा पद जब कर्त्ता के रूप में आएँ तो उन्हें अल्प विराम से अलग किया जाता है—राम, मोहन, सोहन और भरत चले गए।

वाक्य में यदि को वाक्यांश सूचक शब्द आ जाए तो अल्पविराम लगाकर उसे अलग कर लेते हैं—हाँ, मैं कल ही आ रहा हूँ।

कभी-कभी संशोधन के बाद की अल्प विराम लगा देते हैं। जैसे—राम, तुम अभी रुको।

प्रश्नवाचक चिह्न—जहाँ प्रश्न पूछा जाए या व्यंग्य हो या अनिश्चिय की स्थिति हो वहाँ, प्रश्नवाचक (?) लगाते हैं। क्या आप जा रहे हैं? यही आपका सहयोग है? शायद कहीं आपसे मुलाकात है?

विस्मयादिबोधक चिह्न—करुणा, भय, हर्ष, विषाद की मन:स्थिति में जब विस्मय की अभिव्यक्ति हो तब (!) विस्मयादिबोधक चिह्न लगता है—अरे! आप इतने दुखी हैं। वाह! वह इतना वीर है। ओह! वह इतनी सुन्दर है।

उद्धरण चिह्न—लेखक का नाम, पुस्तक का नाम, एक वाक्य का उद्धरण आदि में इकहरे उद्धरण चिह्न का प्रयोग होता है। जैसे—'कामायनी', जयशंकर 'प्रसाद', 'निराला'। जब कोई बड़ा उद्धरण दिया जाता है तो दुहरे उद्धरण चिह्न लगाते हैं। जैसे—

"हिमगिरि के उत्तुंग शिखर पर
बैठ शिला की शीतल छाँह
एक पुरुष भीगे नयनों से
देख रहा है प्रलय प्रवाह"

विवरण चिह्न (कोलन)—किसी पद के विषय में यदि कुछ विवरण देना है तो विवरण चिह्न का प्रयोग होता है जैसे—भाषा :—ध्वनि प्रतीकों की व्यवस्था है।

कोष्ठक चिह्न—वाक्य में प्रयुक्त किसी शब्द को स्पष्ट करने के लिए कोष्ठक चिन्ह का प्रयोग किया जाता है। जैसे—मेरे गुरु जी (प्रो० रघुवंश) ने अनेक पुस्तकें लिखी हैं।

सुधार—लोकमान्य तिलक ने 1904 ई० में अपने पत्र 'केसरी' द्वारा हिन्दी टाइपों को ध्यान में रखकर लिपि सुधार के कार्य का श्रीगणेश किया। काका कालेलकर ने अ की बारहखड़ी (अ, आ, अि, ओ,अु, अू, अे, अै, ओ, औ, अं, अः) का जो सुझाव दिया था उसे गांधी जी के 'हरिजन सेवक' नामक पत्र में अमल में लाया जाता था। गुजराती में इसे स्वीकार कर लिया गया है।

डॉ० श्यामसुन्दर दास ने पंचमाक्षरों (ङ्, ञ्, ण्, न्, म्) के बदले (ं) अनुस्वार के प्रयोग की सलाह दी।

हिन्दी साहित्य सम्मेलन ने लिपि सुधार की दिशा में कदम उठाया था। सन् 1935 'नागरी लिपि सुधार' नाम की एक समिति गठित की गई। 1945 में नागरी प्रचारिणी सभा द्वारा तथा 1947 में उत्तर प्रदेश सरकार द्वारा नरेन्द्रदेव की अध्यक्षता में गठित समिति ने अपनी सिफारिशें दी। इनकी प्रमुख सिफारिशें अधोलिखित हैं—

1. अ की बारह खड़ी भ्रमपूर्ण है।

2. अनुस्वार और पंचमकार के बदले अनुस्वार का प्रयोग किया जाना चाहिए।

3. द्विविध अक्षरों में अ, झ, ध, भ, क्ष, त को अपनाया गया।

4. मराठी ळ को वर्णमाला में स्थान दिया जाए।

1953 में उत्तर प्रदेश सरकार द्वारा आहूत अन्य प्रदेशों के सरकारी प्रतिनिधियों की सभा में किंचित् परिवर्तन के साथ नरेन्द्रदेव कमेटी की सिफारिशों को स्वीकार कर लिया गया। इस सभी में ख को और ि के स्थान पर दाहिनी ओर आधी लकीर को स्वीकृति दी गई। 1957 में गठित एक प्रादेशिक सम्मेलन में दाहिनी तरफ आधी लकीर लगाने का विरोध किया गया इसके स्थान पर (ि) को ही स्वीकार किया गया।

देवनागरी अंक

अंकों का विकास गिनने के लिए प्रयोग की जानेवाली रेखाओं से हुआ। जैसे—, ~, ~ १, =, =, २।

एक अन्य विद्वान् का विचार है कि अंकों के लेखन में प्रयुक्त पहले अक्षर से अंकों का विकास हुआ। जैसे—ए (क), द्व (ि), त्र (िणि)। शून्य के विकास हो जाने से सरलता आ गई। नागरी अंकों का विकास ब्राह्मी अंकों से माना गया है।

हिन्दी भाषा का मानकीकरण और देवनागरी लिपि

हिन्दी प्रदेश बहुत विस्तृत है। इतने विस्तृत क्षेत्र में अनेक उपभाषाओं तथा बोलियों का होना असम्भव नहीं है। अलग-अलग गण-समाजों के अस्तित्व के कारण बोलियों का विकास भी अलग-अलग मूलों से हुआ, यद्यपि विकास क्रम में बोलियों का पारस्परिक आदान-प्रदान तथा प्रभाव इतना अधिक रहा कि अनेकता में एकता का प्रबल सूत्र निर्मित हो गया। हिन्दी प्रदेश की जो भी बोली साहित्यिक स्तर पर प्रतिष्ठित हुई उसने अन्य बोलियों के तत्त्वों को भी स्वीकार किया। एकता के प्रयास के बावजूद अनेकता एकदम नष्ट नहीं हो गई। मानक भाषा पर लोकभाषा का रंग समय-समय पर चढ़ता रहा और उसे प्रभावित करता रहा। यही कारण है कि साहित्यिक भाषा का मानक रूप शिथिल होता रहा। प्राकृत, अपभ्रंश, ब्रजभाषा, अवधी सभी भाषाओं के मानकीकरण को क्षेत्रीय प्रभावों ने खंडित किया है। शिक्षा तथा छापेखाने का प्रचार-प्रसार के कारण खड़ीबोली पूर्व प्रतिष्ठित भाषाओं के समक्ष आनेवाले खतरों से बहुत कुछ मुक्त है। उच्चारणगत तथा व्याकरणगत रूप भेदों के रहते हुए भी लिपि की एकरूपता के कारण शिक्षित समुदाय में भाषा का मानक रूप सुदृढ़ होता जा रहा है।

मानकीकरण लिपि के आधार पर अधिक आसानी से सक्रिय होता है। यदि व्यापक क्षेत्र में समान लिपि का प्रचलन होता है तो मानक रूपों का प्रसार सरलता से हो जाता है।

खड़ीबोली सम्पर्क भाषा के रूप में आधुनिक काल के पूर्व ही व्यापक क्षेत्र में प्रयुक्त होने लगी थी। स्वतन्त्रता संग्राम के दौरान इसका प्रयोग और अधिक व्यापक हो गया। मुसलमानों में खड़ीबोली रेख़ता या उर्दू के रूप में प्रचारित हुई, हिन्दुओं द्वारा जिस शैली को अपनाया गया उसे हिन्दवी कहते थे। फ़ारसी के प्रति विशेष लगाव के कारण उर्दू परसियन लिपि में लिखी जाने लगी। मध्यकाल में चूँकि फ़ारसी राजभाषा थी अतः यह दबाव तथा आग्रह स्वाभाविक था कि जो नई सम्पर्क भाषा प्रतिष्ठित हो वह फ़ारसी लिपि में ही लिखी जाए। खड़ीबोली की एक शैली उर्दू, फ़ारसी लिपि को अपना चुकी थी। तत्कालीन लेखकों तथा

धर्मप्रचारकों ने हिन्दी के उस मूल रूप को समय रहते ही पहचान लिया जो सामान्यजनों के बीच प्रचलित था। राजा शिवप्रसाद सितारे हिन्द तक हिन्दी को फ़ारसी की ओर उन्मुख करने का जो षड़यंत्र चल रहा था। यदि लिपि के स्तर पर भी यह षड़यंत्र सफल हो जाता तो हिन्दी भाषा अपनी होकर भी विदेशी शरीर में प्रविष्ट हो जाती। उसे पहचानना हमारे लिए मुश्किल हो जाता। उर्दू शैली (या भाषा) की तरह ही वह अलग-अलग हो जाती। देवनागरी लिपि अपनी श्रेष्ठ वैज्ञानिकता तथा पूर्णता के कारण फ़ारसी के साथ भी महत्वपूर्ण स्थान बना चुकी थी। मध्यकाल के अनेक बादशाहों ने फ़ारसी के साथ देवनागरी का इसीलिए प्रयोग किया कि वे जो कुछ लिखना या लिखवाना चाहते थे वह यथावत् पढ़ा जा सके। लोधियों तथा सूरियों ने अपने सिक्कों में नागरी अक्षरों का प्रयोग किया है। 'निदान यहाँ बताया जाता है कि भाग्य से इतने सिक्के प्राप्त हो चुके हैं कि उनके द्वारा सिद्ध हो जाता है गजनी के महमूद से लेकर दिल्ली के श्री सुल्तान अहमद आदिल साहि सूर तक के सिक्कों पर नागरी विराजमान है।' महमूद के सिक्कों पर तो संस्कृत का भी प्रभाव है। उदाहरणार्थ—'अयं टंकं महमूद घटिते हिजिरियेन संवति 418।'

सुल्तान मुहम्मद बिन तुगलक के शासन में 'मसित कूपप्रपादेवायतन' निर्माण हो गया तो पहले उसका उल्लेख संस्कृत में (देवनागरी लिपि में) हुआ और फिर उसका चार महीने के बाद फारसी में दिया गया।' बुरहानपुर की आदिलशाही मसीत में भी नागरी अक्षरों में संस्कृत खुदी हुई है।

हिन्दी भाषा और फ़ारसी लिपि का घालमेल अंग्रेजी शासन की देन है। जब फ़ारसी सरकार की अदालत से बहिष्कृत हुई और उसके स्थान पर देश-भाषाओं को स्थान दिया गया तब भी फ़ारसी लिपि का वर्चस्व बना रहा। फ्रेडरिक जान शोर ने फ़ारसी तथा अंग्रेजी दोनों भाषाओं के प्रयोग पर आपत्ति व्यक्त की थी और अदालतों में हिन्दुस्तानी भाषा तथा नागरी लिपि का समर्थन किया था।1873 में बंगाल सरकार ने यह आदेश जारी किया कि पटना, भागलपुर तथा छोटा नागपुर डिवीजनों की अदालतों तथा दफ्तरों में सब विज्ञप्तियाँ तथा घोषणाएँ हिन्दी भाषा तथा नागरी लिपि में जारी की जाएँ।' 1870 ई० में बंगाल के गवर्नर ऐशले ने देवनागरी के पक्ष में अपना आदेश जारी किया। संघर्षों का ही परिणाम था जिससे 1900 में सरकार ने नागरी को विशेष मान्यता प्रदान की। भारत के संविधान में ऐसी हिन्दी को राजभाषा का दर्जा दिया गया जिसकी लिपि देवनागरी है। हिन्दी को जब राजभाषा के लिए चुना जा रहा था उस समय भी फ़ारसी लिपि तथा रोमन लिपि के पक्ष में विचार किए गए। देवनागरी की तुलना में फ़ारसी तथा रोमन लिपियों की अपूर्णता के कारण इनके पक्ष में दिए गए तर्क ठहर नहीं सके।

नागरी लिपि का प्रयोग सातवीं शताब्दी से ही राष्ट्रीय स्तर पर होने लगा था। मध्य प्रदेश में प्रतिहार और गहड़वाल, मालवा के परमार, पूर्व में पाल और सेन, उड़ीसा के गंग, पश्चिम के चाहमान और उत्तर में चंबा और काश्मीर राजाओं के द्वारा नागरी का व्यवहार किया गया। जिस तरह व्यापक क्षेत्र में कोई भाषा प्रयुक्त होती है तो उसके उच्चारण एवं व्याकरणिक रूपों में वैविध्य उत्पन्न हो जाता है, उसी तरह लिपि के भी व्यापक व्यवहार से उसकी बनावट में भेद पैदा हो जाता है। परिणामस्वरूप अनेक सहयोगी लिपियों का विकास हो जाता है। एक मानक लिपि को विकसित करने के लिए क्षेत्रीय भेदों-उपभेदों को त्यागना पड़ता है। लिपि चित्रों के ध्वनि संकेतों को भी शिक्षा के मध्यम से प्रचारित करने की आवश्यकता होती है। नई भाषाओं (विदेशी) के संसर्ग के कारण आगत नई ध्वनियों के लिए नए संकेत बनाने पड़ते हैं। देवनागरी लिपि में एक ही ध्वनि के लिए अनेक वैकल्पिक संकेत प्रचलित हो गए थे। हिन्दी भाषा के मानकीकरण के लिए यह आवश्यक था कि लेखन के स्तर पर एकरूपता बनाए रखने के लिए एक ध्वनि के लिए एक ही चिह्न को प्रयुक्त किया जाए। टंकण तथा मुद्रण के लिए तो लिपि की एकरूपता अनिवार्य थी। देवनागरी में जिन अक्षरों के दोहरे रूप प्रचलित थे वे इस प्रकार हैं—

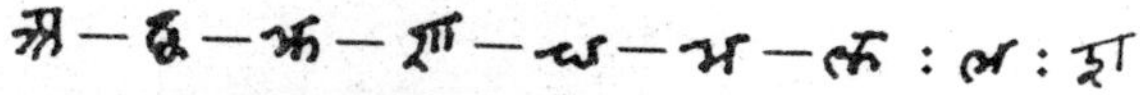

उपर्युक्त द्विविध चिह्नों में से द्वितीय को अर्थात् अ, छ, झ, ण, ध, भ, ल, श को मानक माना गया है। टंकण तथा मुद्रण में इन्हीं का प्रयोग व्यापक रूप से हो रहा है। इनमें से कहीं-कहीं दूसरे रूपों का भी प्रयोग मिल जाता है विशेषतः हस्तलेखों में। यह पुरानी आदत का परिणाम है जो धीरे-धीरे समाप्त हो जाएगा। संयुक्त व्यंजनों तथा कुछ मात्राओं के प्रयोग को लेकर कुछ भ्रम था जिसका विविध समितियों के माध्यम से निराकरण किया गया। संयुक्त व्यंजनों को लिखने की अनेक पद्धतियाँ प्रचलित थी जैसे—प्ेम, प्रेम, मर्म, भद्रा, अच्छा, विद्या। संयुक्त र् के सम्बन्ध में कुछ नियम निश्चित किए गए हैं। यदि र् का उच्चारण संयुक्त वर्ण के पूर्व है तो र् को उस वर्ण के ऊपर लगाया जाए। जैसे—मर्म। यदि र् का उच्चारण संयुक्त वर्ण के बाद हो तो उस वर्ण के बाएँ नीचे की तरफ लगाया जाए जैसे—भद्र, प्रेम। द्य का संयुक्त रूप द्य, द्द का द्द; त्र का मानक माने गए हैं। अल्पप्राण तथा महाप्राण के संयोग होने पर अल्पप्राण पूरा लिखा जाता है और महाप्राण को नीचे लटका दिया जाता था परन्तु अब द्व, द्ध लिखने का विधान किया गया है। छोटी इ की मात्रा पहले दाहिनी ओर आधी लकीर से दर्शाया जाता था। बाद में इसे अस्वीकार कर दिया गया और इसे बाईं ओर लगाया जाने लगा—जैसे कि।

अरबी–फ़ारसी से आगत शब्दों में प्रयुक्त ध्वनियों को व्यक्त करने के लिए देवनागरी के परम्परागत चिह्नों में बिन्दु लगाने की आवश्यकता महसूस की गई। प्रारम्भ में तो विदेशी शब्दों की अपनी भाषा की प्रकृति में ढालकर ग्रहण करने का आग्रह था। कालान्तर में यह अनुभव किया गया कि विदेशी ध्वनियों को देवनागरी में यथावत् स्वीकार कर लेने से कहीं–कहीं अर्थ की भेदकता समाप्त हो जाती है, जैसे खोल (खोलना),ख़ोल (रजाई का खोल) ,जरा (वृद्धावस्था), ज़रा (थोड़ा) देवनागरी अक्षरों में बिन्दु लगाकर क़, ख़, ग़, ज़, फ़ बनाए गए हैं। इनमें क, ख, ग, का उच्चारण अलितिह्वीय है तथा ज, फ, संघर्षी हैं। ऐतिहासिक विकास क्रम में कुछ ध्वनियाँ ऐसी विकसित हो गईं जिनके लिए लिपि चिह्नों को निर्मित करना पड़ा। ड़, ढ़ ऐसी ही उत्क्षिप्त ध्वनियाँ हैं जो परम्परागत ड और ढ से काफी भिन्न हैं। ह्रस्व ए, ओ के लिए नए लिपि संकेतों की आवश्यकता महसूस की जा रही है। देवनागरी को राष्ट्रीय लिपि बनाने के लिए मराठी ळ को स्वीकार कर लिया गया है। किन्तु मानक हिन्दी में ल, ळ भेदक ध्वनि नहीं है। कौरवी; बाँगरू में ळ ध्वनि व्यापक है किन्तु पूर्वी बोलियों के ल को प्रमुखता देकर सर्वत्र उसी का व्यवहार किया जाता है। अतः ळ मराठी में तो चल रहा है हिन्दी में इसका महत्व न होने के कारण केवल वर्णमाला में ही निर्दिष्ट किया जाता है।

देवनागरी में कुछ लिपि चिह्न ऐसे हैं जिनके उच्चारण में एकरूपता नहीं है, ऐ, औ पश्चिमी हिन्दी में तो मूल स्वर हैं किन्तु पूर्वी हिन्दी में संयुक्त स्वर। वैदिक में इनका उच्चारण आइ, आउ तथा संस्कृत में अइ, अउ था। मानक हिन्दी में इन्हें मूल स्वर ही माना गया है इनका उच्चारण अए, अओ जैसा है। कुछ अपवादों को छोड़कर जब पूर्वी क्षेत्र का व्यक्ति इनका उच्चारण करता है तो मानक उच्चारण पर ही ध्यान केन्द्रित करता है। परम्परागत उच्चारण परिवर्तनों के कारण व और ब का उच्चारण भेद लगभग समाप्त हो गया है। इससे शब्दों की रचना प्रक्रिया भी प्रभावित हुई है। उच्चारण भेद के कारण शब्दों के विविध रूप प्रचलित हो गए हैं। इन विविध रूपों में से एक का चयन करके हिन्दी के मानक रूप का निर्धारण किया जा चुका है। जैसे—

विविध रूप	**मानक रूप**
धोबिन, धोबन, धोबण	धोबिन
नाइनि, नाउनि, नाइणि	नाइन
ओरत, औरत, अउरत	औरत
पैसा, पेसा, पइसा	पैसा
महत्व, महत्त्व	महत्त्व

तत्व, तत्त्व	तत्त्व
दु:ख, दुख	दुख

कुछ वैकल्पिक प्रयोग तो उच्चारण वैविध्य के परिणाम न होकर वर्तनी के कारण है—

हुआ, हुवा, हुए, हुये, हुयी, हुई	हुआ, हुए, हुई
गया, गये, गए, गई, गयी	गया, गए, गई

हिन्दी प्रदेश में एक ही वस्तु तथा सम्बन्ध के लिए अनेक पर्याप्त प्रचलित हैं। क्षेत्रीय रंग लाने के लिए क्षेत्रीय शब्दों का इस्तेमाल कुछ साहित्यिक विधाओं में किया जाता है किन्तु इनमें किसी एक रूप को ही मानक माना जा सकता है।

विविध रूप	**मानक रूप**
नाती, धवेता	नाती
मायका, नैहर, पीहर	मायका
घुइयाँ, अरूइ, अरवी	अरवी
गूँथना, सानना, माँडना	गूँथना

राजभाषा के रूप में हिन्दी का प्रचार-प्रसार जैसे-जैसे बढ़ रहा है उसकी व्यावहारिक, प्रशासनिक तथा कार्यालयी शब्दावली में विकास हो रहा है। केन्द्रीय सरकार यद्यपि पारिभाषिक शब्दावली का निर्माण कार्य स्वयं संचालित करती है फिर भी अनेक सरकारी विभागों में अलग-अलग स्तर पर भी अनुवाद कार्य सम्पन्न होते रहते हैं। आपसी तालमेल के अभाव में एक ही वस्तु, पद तथा कार्य के लिए अनेक पारिभाषिक शब्द प्रचलित हो जाते हैं। जैसे—

विविध रूप	**मानक रूप**
चुनाव, निर्वाचन	चुनाव
कार्यकाल, पदावधि, कार्यावधि	कार्यकाल
वरिष्ठता, ज्येष्ठता	वरिष्ठता
निदेशक, निर्देशक	निदेशक

अवधी-ब्रज तथा खड़ी बोली में सर्वनामों के विविध रूप व्यवहृत होते हैं। सर्वनाम तथा क्रिया ही दो ऐसी व्याकरणिक कोटियाँ हैं जिनसे भाषा या बोली का अलगाव प्रकट होता है। जो समान रूप हैं उनमें भी उच्चारणगत अन्तर है। उत्तम पुरुष एकवचन का 'मैं' मानक हैं। इसका उच्चारण अवधी में मइं, खड़ीबोली (कौरवी) में होता है। ब्रज में इसका दूसरा रूप हौं अधिक प्रचलित है। सर्वनामों के विविध रूपों में यद्यपि मानक रूपों का निर्धारण हो गया है, किन्तु फिर भी कुछ प्रयोग यत्र-तत्र प्रचलित हो गए हैं—

विविध रूप	मानक रूप
मैं, में, मइं, हौं, मोर, मेरा	मैं, मेरा
हम, हमारा, म्हारा, हमारा	हम, हमारा
तुइ, तइ, तू, तेरा, तोर	तू, तेरा
तुम, तम, थारा, तुम्हारा	तुम, तुम्हारा
वह, ऊ, वोह, विस, उस	वह, उस
वे, बे, वो, उन, विन	वे, उन

परसर्गों तथा तिर्यक् रूपों के प्रयोग कई क्षेत्रों में मानक रूपों से भिन्न दृष्टिगत होते हैं। जैसे—

1. मैंने जाना है। (पश्चिमी प्रयोग)
2. मेरो को जाना है। (बम्बइया प्रयोग)
3. मुझको जाना है।
4. मुझे जाना है।

इनमें चौथा प्रयोग मानक है 'मुझे जाना है।'

भूतकालिक कुदन्तों के लेखन में द्वैध मिलता है। जैसे—गया, गये-गए, हुई, हुयी, हुए, हुये। इनमें किसे मानक माना जाए यह एक समस्या है। संस्कृत का क्तः प्रत्यय मध्यकालीन भाषाओं में अ के रूप में परिणत हुआ था जैसे गतः >गओ>गअ, कृतः>किअ। अपभ्रंश में कई कृदन्तों में अ की जगह य श्रुति आ गई; जैसे—हुय, किय।

1. हुय उब्बिबिर बयण खलिय विवरीय गय।
2. जिण किय एक अवत्थ खोइ-रइ रहिययण।

(संदेश रासक)

विकास की दृष्टि से तो य वाला रूप ही सही है। किन्तु मानक 'ए' है। जैसे—गए हुए, किए।

सहायक क्रियाओं में भी मानकीकरण के प्रयास हुए हैं। 'कहते भए' जैसे प्रयोगों को त्याग दिया गया। इसके स्थान पर 'कहते हुए' का प्रयोग होने लगा है। हिन्दी प्रदेश में प्रचलित अनेक सहायक क्रिया रूपों में कुछ को मानक माना गया है—

विविध प्रयोग	मानक
अहै, अछइ, आछे, छे, है, हे	है, हैं
अहउं, हौं, हुँ, हो, हौं, हउ	हूँ, हो

था, थे, ता, ते, हतो, हते, हते

ही, हती, हुती था, थे, थी

एकता की दृष्टि से मानकीकरण महत्वपूर्ण होते हुए भी कई स्थितियों में विनाशक भी है। इससे कई बोलियों का अस्तित्व खतरे में पड़ जाता है। बहुत-सी सशक्त और सार्थक शब्दावली का लोप होने लगता है। जैसे—धूप-घाम, कुत्ता-कुक्कुर, दीवार-भीत, खरीदना-विसहना। इनमें घाम, कुकुर, भीत, विसहना अवध प्रदेश के शब्द हैं जो संस्कृत परम्परा से जुड़े होने पर भी मानक हिन्दी में मान्य नहीं हैं या अत्यल्प प्रयुक्त हैं। इस तरह के हजारों शब्द शिक्षित समाज के बीच अप्रयुक्त रहकर कुछ समय बाद समाप्त हो जाएगी। साहित्यिक स्तर पर इन रूपों को भी सुरक्षित रखना चाहिए। जिससे भाषा की निरंकुशता से मुक्त हुआ जा सके।